MEIKEL-IMHOF-RIEDEL

Grundbuchrecht

Kommentar zur Grundbuchordnung unter Berücksichtigung des Rechts der Länder der Bundesrepublik und Westberlins

5., völlig umgearbeitete Auflage

von

Dr. Wilhelm Imhof
Staatsbankdirektor
in München

und

Dr. Hermann Riedel
Landgerichtsrat
in München

Band III:
Anhang und Register

1960

J. SCHWEITZER VERLAG, BERLIN W 35

Satz, Druck und Bindearbeiten:
Dr. F. P. Datterer & Cie. – Inh. Sellier – Freising

Inhaltsverzeichnis zu Band III

Anhang und Register

Anhang
(Anh)

Anhang

(*Anh*)

Inhaltsübersicht

Vorbemerkung

zum Anhang

Der Anhang enthält in Ergänzung der im Teil *GT* (Gesetzestexte) und im Kommentarteil (*GesReg* unter I) abgedruckten gesetzlichen Vorschriften eine Zusammenstellung der sonst noch wichtigsten einschlägigen Bestimmungen des umfassenden Grundbuchrechts, um die Benützung des Kommentars zu erleichtern. Bei dem Umfang der Rechtsquellen des gesamten materiellen und formellen Gesetzesrechts war es ohnedies nur möglich einen kleinen Ausschnitt aus den einschlägigen Rechtsquellen zum Abdruck zu bringen, großenteils nur auszugsweise. Hierbei wurde im wesentlichen von praktischen Bedürfnissen ausgegangen.

Hinweise auf die in den 3 Bänden des Kommentars abgedruckten, sich auf die einzelnen Länder beziehenden Gesetze befinden sich im Sachregister.

I. Allgemeines

1. Gesetz über die Eintragung von Zinssenkungen im Grundbuch

vom 11. Mai 1937 RGBl I 579 **Anh 1**

§ 1

Für die Bewilligung des Gläubigers einer Hypothek oder Grundschuld zur Eintragung einer Zinssenkung im Grundbuch genügt die schriftliche Form (§ 126 BGB).

§ 2

Zur Eintragung einer Zinssenkung bei einer Hypothek oder Grundschuld bedarf es der Bewilligung und der Zustimmung des Eigentümers des Grundstücks nicht.

§ 3

Der *Reichs*minister der Justiz bestimmt im Einvernehmen mit dem *Reichs*minister der Finanzen, dem *Reichs*wirtschaftsminister und dem *Reichs*minister für Ernährung und Landwirtschaft den Zeitpunkt, zu dem dieses Gesetz außer Kraft tritt.

2. Anlegung und Führung des Grundbuchs in Einzelheften mit herausnehmbaren Einlagebogen **Anh 2**

a) **AV RJM vom 21. Juni 1936** RMBl 171 = DJ 1033
idF vom 4. Mai 1937 RMBl 266 = DJ 1029

Auf Grund des § 1 Abs 3 der GBO idF der Bek vom 5. August 1935 (RGBl I S 1073) ordne ich folgendes an:

§ 1

(1) Bei den Grundbuchämtern Düsseldorf und Zell (Mosel) wird das Grundbuch in dem durch die bestehenden Anordnungen bestimmten Umfang nicht in festen Bänden, sondern in Einzelheften mit herausnehmbaren Einlagebogen geführt[1]).

(2) Jedes Heft umfaßt ein Grundbuchblatt.

---

[1]) § 1 I aF lautete: „Bei den GBÄmtern Charlottenburg, Königswusterhausen. Cottbus, Neuruppin, Königsberg iPr, Breslau, Köln (Mosel), Hamm und Düsseldorf wird das GB in dem durch die bestehenden Anordnungen bestimmten Umfang nicht in festen Bänden, sondern in Einzelheften mit herausnehmbaren Einlagebogen geführt." — Die weitere Regelung ergibt sich aus der AV RJM vom 4. Mai 1937 *Anh 3* bzw aus der VO vom 21. Dezember 1957 *Anh 4*.

§ 2

(1) Im Bezirk des Amtsgerichts Düsseldorf sowie in den Grundbuchbezirken, in denen die in § 1 bezeichnete Grundbuchform etwa neu eingeführt wird, ist der Inhalt der vorhandenen Grundbuchblätter mit tunlichster Beschleunigung auf Blätter der neuen Form nach Maßgabe der folgenden Vorschriften zu übertragen.

(2) a) Das bisherige Blatt ist nach § 36 der Grundbuchverfügung vom 8. August 1935 (RMBl S 637) zu schließen.

b) Zu dem in § 36 unter a vorgeschriebenen Durchkreuzen der Seiten kann Tintenrotstift benutzt werden.

c) Im Schließungsvermerk (§ 36 unter b) ist die Nummer des neuen Blattes anzugeben. Zur Herstellung des Schließungsvermerks darf ein Stempel benutzt werden.

(3) a) Für die Herrichtung des neuen Blattes gelten die Vorschriften der §§ 29, 30 Abs 1b bis i, § 39 Abs 3 der Grundbuchverfügung sinngemäß.

b) Die einzelnen Grundbuchhefte erhalten fortlaufende Nummern. Diese schließen an die Nummern des festen Grundbuchs an, beginnen jedoch erst mit dem nächsten vollen Hundert nach der letzten Nummer der Grundbuchblätter im festen Grundbuch. Die Nummer eines geschlossenen Blattes kann für ein neues Blatt desselben Grundbuchbezirks wieder verwendet werden. Ihr ist in diesem Fall ein A (B, C usw) beizufügen.

§ 3

Die näheren Bestimmungen über die technische Ausgestaltung der in § 1 bezeichneten Grundbuchform treffen die zuständigen Oberlandesgerichtspräsidenten nach Anweisung durch den *Reichs*minister der Justiz. Die bereits getroffenen Anordnungen dieser Art bleiben unberührt.

§ 4

Für die Einrichtung des Grundbuchblatts sind die Vorschriften der Grundbuchverfügung maßgebend. Über die Anpassung bereits angelegter Grundbuchblätter an die Vordrucke der Grundbuchverfügung ergeht besondere Anordnung.

§ 5

(1) Die zuständigen Oberlandesgerichtspräsidenten werden ermächtigt, unbeschadet des § 4, nähere Bestimmungen über die Gestaltung des Vordruckes zu treffen, insbesondere hinsichtlich der Breite der Spalten sowie ihrer Anordnung auf den Einlagebogen.

(2) Die Oberlandesgerichtspräsidenten können ferner bestimmen, daß auf je einem Einlagebogen der zweiten oder dritten Abteilung nur Eintragungen, die sich auf dasselbe Recht beziehen, vorgenommen werden dürfen.

(3) Bereits getroffene Anordnungen der in Abs 1 und 2 bezeichneten Art bleiben unberührt.

§ 6

(1) Insoweit die in § 1 bezeichnete Grundbuchform eingeführt ist, sind § 37 Abs 2 der Grundbuchverfügung und die Vorschriften der Grundbuchverfügung, die Grundbuchbände voraussetzen, nicht anzuwenden.

(2) a) Geht die Zuständigkeit für die Führung eines oder mehrerer Grundbuchblätter auf ein anderes Grundbuchamt über und ist bei beiden beteiligten Grundbuchämtern für die in Frage kommenden Bezirke die in § 1 bezeichnete Grundbuchform eingeführt, so sind die betroffenen Blätter nicht zu schließen, sondern an das nunmehr zuständige Grundbuchamt abzugeben. § 26 Abs 3, 4, 6 und 7 der Grundbuchverfügung ist entsprechend anzuwenden. Im Falle des § 27 der Grundbuchverfügung ist nach Satz 1 und § 26 Abs 3 der Grundbuchverfügung zu verfahren.

b) Ist dagegen die in § 1 bezeichnete Grundbuchform nur bei einem der beteiligten Grundbuchämter für den in Frage kommenden Bezirk eingeführt, so ist nach § 25 Abs 1 und 2, § 26 Abs 3, 4, 6 und 7 der Grundbuchverfügung zu verfahren. Im Falle des § 27 der Grundbuchverfügung ist nach § 25 Abs 1, 2, § 26 Abs 3 der Grundbuchverfügung zu verfahren.

c) Geht die Zuständigkeit für die Führung des Grundbuchs über eines von mehreren auf einem gemeinschaftlichen Blatt eingetragenen Grundstücken oder über einen Grundstücksteil auf ein anderes Grundbuchamt über, so ist § 25 Abs 3, 4 der Grundbuchverfügung anzuwenden. Das gleiche gilt in den Fällen des § 27 der Grundbuchverfügung.

§ 7

Die Allgemeine Verfügung des Preußischen Justizministers vom 24. Oktober 1929 zur Ausführung der Grundbuchordnung (JMBl S 319) und die Allgemeine Verfügung des Reichsministers der Justiz vom 25. November 1935 über die Anlegung und Führung des Lose-Blatt-Grundbuchs bei dem Amtsgericht Düsseldorf (RMBl S 847) werden aufgehoben.

b) **AV RJM vom 4. Mai 1937** RMBl 266 = DJ 1029 **Anh 3**

Auf Grund des § 1 Abs 3 GBO idF der Bek vom 5. August 1935 (RGBl I S 1073) ordne ich folgendes an:

§ 1[1])

. . . .

§ 2

(1) Bei den Grundbuchämtern Charlottenburg, Königswusterhausen, Cottbus, Neuruppin, Königsberg iPr, Breslau, Köln und Hamm sind die in Einzelheften mit herausnehmbaren Einlagebogen geführten Grundbuchblätter in feste Grundbuchbände (§ 2 der Grundbuchverfügung vom 8. August 1935, RMBl S 637) umzuschreiben.

(2) Auf die Umschreibung sind die Vorschriften des Abschnitts B II und E der zur Durchführung der §§ 67, 69 der Grundbuchverfügung in Preußen ergangenen AV vom 27. Februar 1936 (DJ S 356) und vom 19. Mai 1936 (DJ S 847) anzuwenden[2]).

(3) Die Umschreibung ist zur selbständigen Wahrnehmung durch den Rechtspfleger nicht geeignet.

c) **VO über die Führung der Grundbücher bei den Amtsgerichten Zell (Mosel) und Düsseldorf** **Anh 4**

vom 21. Dezember 1957 BAnz Nr 247 = SaBl 1958, 19

Auf Grund des § 1 Abs 3 der GBO idF der Bek vom 4. August 1935 (RGBl I S 1073) in Verbindung mit Art 129 Abs 1 des GG wird mit Zustimmung des Bundesrates verordnet:

§ 1

(1) Bei dem Grundbuchamt Zell (Mosel) sind die in Einzelheften mit herausnehmbaren Einlagebogen geführten Grundbuchblätter in feste Bände umzuschreiben.

(2) Auf die Umschreibung sind die Vorschriften der Abschnitte B II und E der zur Durchführung der §§ 67, 69 der Grundbuchverfügung in Preußen ergangenen AV vom 27. Februar 1936 (DJ S 356) und vom 19. Mai 1936 (DJ S 347) anzuwenden[2]).

§ 2

§ 1 Abs 1 der AV RJM vom 21. Juni 1936 (RMBl S 171, DJ S 1033) idF der AV vom 4. Mai 1937 (RMBl S 266, DJ S 1029) erhält folgende Fassung[3]):

---

[1]) Dazu *Fußn 1 Seite* 2329 [2]) Dazu *Anh 37 ff.* [3]) *vgl Anh 2*

„(1) Bei dem Grundbuchamt Düsseldorf wird das Grundbuch in dem durch die bestehenden Anordnungen bestimmten Umfang nicht in festen Bänden, sondern in Einzelheften mit herausnehmbaren Einlagebogen geführt."

§ 3

Diese Verordnung gilt auch im Lande Berlin, sofern sie im Lande Berlin in Kraft gesetzt wird.

3. Zuständigkeitsübertragungen

a) Übertragung von Zuständigkeit des Justizministeriums auf den Oberlandesgerichtspräsidenten in Karlsruhe

Anh 5

1. Bek RJM vom 16. März 1936 DJ 446

Durch Erlaß vom 16. März 1936 habe ich auf Grund des § 1 des 2. Ges zur Überleitung der Rechtspflege auf das Reich vom 5. Dezember 1934 (RGBl I S 1214) die im § 1 Abs 5 des Badischen AG GBO vom 13. Oktober 1925 (GVBl S 182) dem Justizministerium zugewiesene Zuständigkeit zur Bestimmung des Tages, an welchem bei Übergang eines Grundstücks in eine zum Bezirk eines anderen Grundbuchamts gehörige Markung die Zuständigkeit der beteiligten Grundbuchämter wechselt, auf den Oberlandesgerichtspräsidenten in Karlsruhe übertragen.

Anh 6

2. Bek RJM vom 27. April 1936 DJ 703

Durch Erlaß vom 27. April 1936 habe ich auf Grund des § 1 des 2. Ges zur Überleitung der Rechtspflege auf das Reich vom 5. Dezember 1934 (RGBl I S 1214) die in den §§ 8, 9 des Badischen AG GBO vom 13. Oktober 1925 (GVBl S 182) dem Justizministerium zugewiesenen Aufgaben auf den Oberlandesgerichtspräsidenten in Karlsruhe übertragen.

b) Bayern

Anh 7

AV RJM vom 2. November 1937 DJ 1760

Durchführung der Grundbuchverfügung in Bayern

Ich ermächtige die Oberlandesgerichtspräsidenten in München, Nürnberg, Bamberg und Zweibrücken, bei Änderungen der Grenzen der Steuergemeinden, die sich im Rahmen der laufenden Verwaltung ergeben, gemäß § 65 Halbsatz 2 der Grundbuchverfügung auch die Grenzen der Grundbuchbezirke zu ändern.

Die AV vom 10. Februar 1937, betreffend die Durchführung der Grundbuchverfügung in Bayern (DJ S 258) wird hierdurch gegenstandslos und deshalb aufgehoben.

4. Grundbucheinsicht

Anh 8

AV RJM vom 29. Juni 1937 DJ 1029

Grundbucheinsicht der Bauschutzvereine

Auf Grund des § 12 Abs 3 der GBO ordne ich folgendes an:

Bauschutzvereine und die von ihnen beauftragten Personen sind befugt, das Grundbuch einzusehen und eine Abschrift zu verlangen, ohne daß es der Darlegung eines berechtigten Interesses bedarf, wenn der *Reichs*wirtschaftsminister bescheinigt, daß ein berechtigtes Interesse des Vereins an der Einsicht des Grundbuchs allgemein anzuerkennen ist.

5. Landesrentenbank

AV RJM vom 12. Januar 1940 DJ 99 Nr 41 **Anh 9**

Umwandlung der Preußischen Landesrentenbank in eine Anstalt des Reichs mit dem Namen „Deutsche Landesrentenbank"

Nach dem Gesetz vom 7. Dezember 1939 (RGBl I S 2405ff.) ist die Preußische Landesrentenbank (Preuß Gesetz vom 29. Dezember 1927 — GS S 283 — in der Fassung der Bekanntmachung vom 1. August 1931 — GS S 154) eine Anstalt des Reichs mit dem Namen Deutsche Landesrentenbank geworden. Die Regelung des Gesetzes läßt erkennen, daß es sich dabei nicht um die Schaffung einer neuen Rechtspersönlichkeit, die anstelle der Preußischen Landesrentenbank getreten ist, handelt, sondern nur um eine organisatorische Umgestaltung und Namensänderung. Demgemäß werden die Gerichte insbesondere bei schwebenden Anträgen auf Eintragung in das Grundbuch die Namensänderung auch ohne ausdrückliche Anregung der Beteiligten zu berücksichtigen haben. Bereits vorhandene Eintragungen können von Fall zu Fall bei Vorlage der Akten im Geschäftsgang richtig gestellt werden.

6. Landesrecht

a) **Bayern** **Anh 10**

Dienstanweisung für die Grundbuchämter

vom 27. Februar 1905
bay JMBl 63
(auszugsweise)

I. Abschnitt

Grundbuchamt, Grundbuchbeamter

I. Grundbuchamt

§ 1 *Sachliche Zuständigkeit*

Für die Führung des Grundbuchs und für die sonstigen Verrichtungen des Grundbuchamts sind die Amtsgerichte zuständig (Art 1 des AG GBO).

II. Grundbuchbeamter

§ 3 *Allgemeines*

(1) Die Geschäfte des Grundbuchamts werden von dem Amtsrichter (Grundbuchbeamten) geführt.

. . . .

§ 8 *Allgemeine Amtspflichten*

(1) Der Grundbuchbeamte hat alle Geschäfte des Grundbuchamts richtig, genau und rasch zu erledigen. Er soll darauf hinwirken, daß die Eintragungen im Grundbuch mit den tatsächlichen Verhältnissen und mit der Rechtslage soweit möglich in Übereinstimmung gebracht und erhalten werden. Zu diesem Zwecke soll er, soweit es nach den Umständen geboten ist, die Beteiligten aufklären und die Stellung der erforderlichen Anträge herbeizuführen versuchen.

(2) In allen das Grundbuch betreffenden Angelegenheiten hat der Grundbuchbeamte strenge Verschwiegenheit zu beobachten.

II. Abschnitt
Verfahren in Grundbuchsachen

I. Allgemeines

§ 12 *Geschäftszeit*

Für den Dienst der Grundbuchämter finden die allgemeinen Vorschriften über die Geschäftszeit bei den Amtsgerichten Anwendung.

§ 13 *Gerichtsferien*

Auf das Verfahren in Grundbuchsachen sind die Gerichtsferien ohne Einfluß (Art 8 des AG GBO, § 10 des FGG).

. . . .

§ 17 *Feststellung der Persönlichkeit*

(1) Wenn die Person, von der ein Antrag gestellt oder eine Erklärung mündlich abgegeben wird, dem Grundbuchbeamten nicht bekannt ist, hat er sich Gewißheit über die Persönlichkeit zu verschaffen. An bestimmte Beweisregeln ist er dabei nicht gebunden. Er hat sich seine Überzeugung in freier und gewissenhafter Würdigung aller Verhältnisse zu bilden und ist für schuldhafte Unterlassung der nötigen Vorsicht verantwortlich. Er wird um so vorsichtiger verfahren müssen, je größer nach den Umständen die Möglichkeit und das Interesse einer absichtlichen Täuschung sein kann.

(2) Werden Auskunftspersonen zur Feststellung der Persönlichkeit beigezogen, so hat der Grundbuchbeamte deren Glaubwürdigkeit zu prüfen. Bei der Prüfung ist mit besonderer Sorgfalt zu verfahren, wenn einzelne Personen gewohnheitsmäßig Bestätigungen zur Feststellung der Persönlichkeit abgeben, ohne daß ersichtlich ist, wie sie dazu kommen, die vorgestellten Beteiligten zu kennen, oder wenn sich aus sonstigen Gründen ein Verdacht gegen die Zuverlässigkeit der Auskunft ergibt.

(3) Andererseits wird je nach Lage der Sache die Bestätigung der Persönlichkeit durch einen Gegenbeteiligten, die Vorzeigung unverdächtiger Legitimationsbehelfe oder sonstiger Beweisbehelfe, unter Umständen auch eine im Gespräch bewiesene genaue Sachkenntnis genügen können.

. . . .

§ 25 *Siegelung*

Die zur Hinausgabe an die Beteiligten bestimmten Ausfertigungen der Beschlüsse, Verfügungen und Protokolle des Grundbuchamts, ferner die beglaubigten Abschriften von Grundbuchblättern und die beglaubigten Auszüge aus Grundbuchblättern, die Hypothekenbriefe, Grundschuldbriefe und Rentenschuldbriefe, die Bestätigungen, Bescheinigungen, Zeugnisse und Beglaubigungen sind zu siegeln. Als Siegel dient das Siegel des Amtsgerichts. Bezüglich der Verwendung des Trockensiegels und des Farbdrucksiegels gelten die Vorschriften der Bek vom 2. Oktober 1902 (JMBl S 962ff.). Die Unterschriften der Beschlüsse und Verfügungen sowie die Protokolle und Vermerke, die bei den Grundbuchanlagen verwahrt werden, brauchen nicht gesiegelt zu werden.

. . . .

IV. Erledigung der Eintragungsanträge

1. Erledigung durch Eintragung

§ 53 *Allgemeines*

(1) Der Grundbuchbeamte hat den Antrag auf Eintragung in das Grundbuch auf seine Gesetzmäßigkeit und Vollständigkeit zu prüfen und ihn, wenn alle Voraussetzungen des Gesetzes und der Ausführungsvorschriften erfüllt sind, durch Eintragung in das Grundbuch zu vollziehen.

(2) . . . .

(3) Die Entscheidung über den Antrag und die Eintragung sind möglichst zu beschleunigen.

. . . .

2. Bekanntmachung der Eintragung

§ 56 *an die Beteiligten*

(1) Jede Eintragung, also nicht nur die Eintragung eines Rechtes, sondern zB auch die Eintragung einer Löschung oder die Eintragung einer Änderung der Bezeichnung der Grundstücke, soll unmittelbar nach dem Vollzuge

1. dem Antragsteller — wenn die Eintragung auf das Ersuchen einer Behörde erfolgt ist (§ 38 GBO), der ersuchenden Behörde —,
2. dem eingetragenen Eigentümer des von der Eintragung betroffenen Grundstücks,
3. allen aus dem Grundbuch ersichtlichen Personen, zu deren Gunsten die Eintragung erfolgt ist oder deren Recht durch sie betroffen wird,

bekannt gemacht werden. Die Eintragung eines Eigentümers soll auch denjenigen Personen bekannt gemacht werden, für welche eine Hypothek, Grundschuld, Rentenschuld, Reallast oder ein Recht an einem solchen Rechte eingetragen ist (§ 55 der GBO). Die in § 493 bezeichneten Eintragungen sind dem Besitzer des Hypothekenbriefs, Grundschuldbriefs oder Rentenschuldbriefs bekannt zu machen.

(2) Wird die den Eintragungsantrag enthaltende Urkunde von einem bayerischen Notariate vorgelegt und geht sie mit der Eintragungsbestätigung (§ 55) an das Notariat zurück, so hat der Notar den bei der Errichtung der Urkunde Beteiligten die Eintragung bekannt zu machen (vgl § 565 Abs 2, § 574). Der Benachrichtigung dieser Personen durch das Grundbuchamt bedarf es nicht.

(3) Wurde der neue Eigentümer infolge freiwilliger Veräußerung eingetragen, so soll in die im Abs 1 Satz 2 vorgeschriebene Bekanntmachung die Mitteilung des Preises aufgenommen werden, um den das Grundstück veräußert worden ist . . . .

(4) Die Bekanntmachung der Eintragung erfolgt an die im Abs 1 bezeichneten Personen nur, soweit ihr Name und ihr Wohnort aus dem Grundbuch ersichtlich oder leicht zu ermitteln sind. Zu weitergehenden Nachforschungen nach dem Wohnorte der Beteiligten ist der Grundbuchbeamte nicht verpflichtet.

(5) Die Bekanntmachung unterbleibt, soweit die zu benachrichtigenden Personen auf sie verzichtet haben. Die Verzichtserklärung ist an eine Form nicht gebunden.

§ 57 *an das Rentamt zur Katasterumschreibung*

Die Eintragungen, die eine Änderung des Bestands oder der Bezeichnung der Grundstücke oder der Person des Eigentümers zum Gegenstand haben, sind nach Maßgabe der Vorschriften der §§ 578, 579 dem *Rentamte* mitzuteilen.

§ 58 *an die Regierung bei aufgegebenen Grundstücken*

Die Eintragung des Verzichts auf das Eigentum an einem Grundstücke (§ 928 des BGB) ist der Regierung, Kammer der Finanzen, in deren Bezirke das Grundstück liegt, anzuzeigen.

§ 59 *an andere Grundbuchämter bei Gesamtbelastungen*

Wenn mehrere mit einem Rechte belastete Grundstücke in den Grundbüchern verschiedener Grundbuchämter eingetragen sind, haben die Grundbuchämter von jeder dieses Recht betreffenden Eintragung nach Maßgabe der Vorschriften des § 279 Mitteilung zu machen.

§ 60 *an das Oberlandesgericht bei Fideikommißgrundstücken*

. . . .

§ 61 *an die Bezirkspolizeibehörde im Falle der Zwangsenteignung*

Nach der Eintragung der aus der Einleitung der Zwangsenteignung sich ergebenden Verfügungsbeschränkung ist die Bezirkspolizeibehörde von den Eintragungen zu benachrichtigen, von denen die Grundstücke betroffen werden, auf die der Vermerk sich bezieht.

§ 62 *Form der Bekanntmachung*

(1) . . . .

(2) Für die Zustellung der Mitteilung gelten die Vorschriften der §§ 105 bis 112.

(3) Auf der den Eintragungsantrag oder die Eintragungsbewilligung enthaltenden Urkunde, die zu den Grundbuchanlagen genommen wird, ist kurz zu vermerken, welchen Personen die Eintragung bekannt gemacht wurde . . . . .

. . . .

4. Behandlung nicht gerechtfertigter Anträge

. . . .

§ 72 *Formlose Erinnerung*

(1) Durch die Vorschrift des § 64 ist nicht ausgeschlossen, daß in den Fällen, in denen ein Antrag infolge eines offensichtlichen Irrtums oder Versehens des Antragstellers einen leicht zu beseitigenden Mangel enthält oder auf einem offensichtlichen Irrtum beruht, dem Antragsteller vor der Erlassung einer förmlichen Zwischenverfügung Gelegenheit zur sofortigen Ergänzung oder Berichtigung oder zur Zurückziehung des Antrags gegeben wird (formlose Erinnerung), sofern es mit dem Geschäftsgange vereinbar ist und nicht in die Rechte Dritter eingreift. Dieses Verfahren ist namentlich dann zweckmäßig, wenn der Antrag durch die Vermittlung einer Behörde, insbesondere eines Notariats, eingeht und die unverzügliche Hebung des Mangels zu erwarten ist.

(2) Der Grundbuchbeamte hat aber, wenn er dieses Verfahren einschlägt, im Auge zu behalten, daß die formlose Erinnerung weder als eine Erledigung im Sinne des § 17 der GBO gelten kann, noch die Befugnis zur Eintragung eines Widerspruchs oder einer Vormerkung im Falle des Eingehens eines weiteren, dasselbe Recht betreffenden Antrags gibt. Da ein vor der Beseitigung des Mangels eingehender Antrag, durch den dasselbe Recht betroffen wird, erst nach der Erledigung des im Wege der formlosen Erinnerung behandelten Antrags erledigt werden darf (vgl § 17 GBO), soll der Grundbuchbeamte, wenn ein weiterer Antrag eingeht, ehe der durch die formlose Erinnerung gerügte Mangel des früher gestellten Antrags beseitigt ist, sofort eine förmliche Zwischenverfügung erlassen, in der eine Frist zur Hebung des Eintragungshindernisses bestimmt wird. Das weitere Verfahren richtet sich sodann nach den Vorschriften der §§ 65 bis 67.

(3) Auch wenn ein dasselbe Recht betreffender weiterer Antrag nicht gestellt wird, kann der Grundbuchbeamte, der sich zunächst mit der formlosen Erinnerung begnügt hat, eine förmliche Zwischenverfügung erlassen, wenn der Antragsteller die Ergänzung, Berichtigung oder Zurückziehung des Antrags verzögert oder wenn sich sonst ergibt, daß die Bestimmung einer Frist zur Hebung des Hindernisses erforderlich ist.

(4) Die Vorschriften des § 71 finden auf die Fälle der formlosen Erinnerung entsprechende Anwendung.

§ 73 *Tätigkeit von Amts wegen*

(1) Durch die Vorschrift des § 64 ist auch nicht ausgeschlossen, daß der Grundbuchbeamte selbst zur Beseitigung von Eintragungshindernissen in der Weise mitwirkt, daß er die Beteiligten über die Maßnahmen zur Ergänzung schriftlich oder mündlich aufklärt. Er kann zu diesem Zwecke, sofern dadurch die sachgemäße Erledigung sich am einfachsten und ohne unnötige Beschwerung der Beteiligten herbeiführen läßt, die Beteiligten veranlassen, persönlich bei dem Grundbuchamt zu erscheinen. Ein Zwang zum Erscheinen darf indessen nicht geübt werden; insbesondere ist die Anordnung oder

Verhängung von Ordnungsstrafen für den Fall des Ausbleibens in dem zum persönlichen Erscheinen festgesetzten Termine nicht zulässig.

(2) Die Vorschriften des § 72 Abs 2, 3, 4 finden entsprechende Anwendung.

. . . .

V. Protokolle

. . . .

9. Ablehnung der Beurkundung

§ 101

Dem Grundbuchbeamten obliegt auch die Beurkundung von Erklärungen, die einen Eintragungsantrag nicht enthalten oder mit einem solchen nicht unmittelbar verbunden sind. Er darf deshalb die Beurkundung einer vor ihm abgegebenen Erklärung, wenn er für die Vornahme der Beurkundung an sich zuständig ist, nicht von der Prüfung abhängig machen, ob der beabsichtigten Eintragung Hindernisse entgegenstehen. Ebensowenig darf er die Beurkundung von Erklärungen, deren Abgabe vor ihm erfolgen muß oder kann, deshalb verweigern, weil nicht gleichzeitig die Eintragung bewilligt und beantragt wird, sofern nach den Vorschriften des BGB oder der sonstigen Gesetze schon an die Erklärung vor dem Grundbuchamt unabhängig von der Eintragung rechtliche Wirkungen geknüpft sind. Er darf also zB die Beurkundung der Erklärung des Gläubigers, daß er die Löschung einer Hypothek bewilligt und beantragt, nicht deshalb ablehnen, weil die Zustimmung des Eigentümers zur Löschung nicht vorliegt. Ebensowenig darf er zB die Beurkundung der Auflassung deshalb ablehnen, weil nicht gleichzeitig die Eintragung der Auflassung in das Grundbuch beantragt wird oder weil der die Änderung im Bestande der Grundstücke ausweisende Auszug aus dem Messungsverzeichnisse nicht vorliegt oder weil der Veräußerer nicht als Eigentümer in dem Grundbuch eingetragen ist oder weil der als Vertreter des Eigentümers Auftretende nicht in der Lage ist, eine den Vorschriften des § 29 der GBO entsprechende Vollmacht vorzulegen. Der Grundbuchbeamte soll aber in solchen Fällen die Beteiligten darüber aufklären, welche Hindernisse der Wirksamkeit ihrer Erklärungen oder der Vollziehung einer beantragten oder beabsichtigten Eintragung in das Grundbuch entgegenstehen; er soll, wenn sie gleichwohl auf der Beurkundung bestehen, in dem Protokoll feststellen, daß die Aufklärung erfolgt ist. Er darf die beantragte Beurkundung nur dann schlechthin ablehnen, wenn der Inhalt des Geschäftes gegen ein Strafgesetz verstößt oder wenn das Geschäft offenbar ungültig ist. Im Falle der Ablehnung ist ein förmlicher, schriftlicher Beschluß (§ 22) zu erlassen, der die Gründe der Ablehnung ersehen läßt.

. . . .

IV. Abschnitt

Das Grundbuch

I. Einleitung

. . . .

2. Das Sachregister

§ 179 *Zweck des Sachregisters*

Das Sachregister dient als amtliches Verzeichnis der Grundstücke im Sinne des § 2 Abs 2 der GBO . . . . Es gibt ferner Aufschluß darüber, an welche Stelle des Grundbuchs die einzelnen Grundstücke oder die Anteile an einem in Gemeinschaft stehenden Grundstücke sowie die den Grundstücken gleichstehenden Rechte eingetragen sind.

. . . .

IV. Grundbuchblatt

1. Allgemeines

§ 218 *Einteilung des Grundbuchs in Grundbuchblätter*

Das Grundbuch eines jeden Grundbuchbezirkes besteht aus Grundbuchblättern. Das Grundbuchblatt ist die für die Darstellung der Rechtsverhältnisse an einem Grundstücke bestimmte besondere Stelle im Grundbuche (vgl § 3 der GBO).

§ 219. *Grundbuchblatt für ein Grundstück, gemeinschaftliches Grundbuchblatt für mehrere Grundstücke*

(1) Für jedes Grundstück wird in dem Grundbuche des Grundbuchbezirkes, in dem das Grundstück liegt, ein Grundbuchblatt geführt (Ausnahmen vgl § 502).

(2) Für mehrere Grundstücke des nämlichen Eigentümers kann ein gemeinschaftliches Grundbuchblatt (§ 4 der GBO) geführt werden, wenn sie in dem nämlichen Grundbuchamtsbezirke liegen und wenn sie entweder frei von Hypotheken, von Grundschulden und von Rentenschulden oder mit den nämlichen Hypotheken, Grundschulden oder Rentenschulden belastet sind.

. . . .

V. Eintragungen in das Grundbuch

. . . .

2. Titel

a) Eintragungen in den Titel

§ 293

Der Titel ist zur Eintragung des Grundstücks, des Erbbaurechts oder des sonstigen den Grundstücken gleichstehenden Rechts (vgl § 221) bestimmt, für das das Grundbuchblatt geführt wird. Im einzelnen sind in den Titel einzutragen:

1. die Bezeichnung des Grundstücks oder des Rechtes, bei gemeinschaftlichen Grundbuchblättern die Bezeichnung der Grundstücke oder der Rechte;
2. die besondere Eigenschaft eines Grundstücks oder eines Rechtes, die in seiner Zugehörigkeit zu dem Familiengut einer standesherrlichen Familie, zu einem Familienfideikommisse, zu einem Lehen oder zu einem landwirtschaftlichen Erbgute besteht (Art 13, 14 des AG GBO);
3. die Abschreibung eines Grundstücks zum Zwecke der Übertragung auf ein anderes Grundbuchblatt und die Übertragung eines bisher auf einem anderen Grundbuchblatt eingetragenen Grundstücks;
4. die Vereinigung mehrerer Grundstücke zu einem Grundstücke (§ 890 Abs 1 des BGB);
5. jede Änderung in der Bezeichnung und im Bestande (Plannummer, Benennung und Kulturart, Flächeninhalt) eines Grundstücks oder in der Bezeichnung oder im Inhalt eines Rechtes, ferner die Abschreibung eines Grundstücksteils und seine Eintragung als selbständiges Grundstück (§ 7 der GBO) oder seine Vereinigung mit anderen Grundstücken oder Grundstücksteilen;
6. die Zuschreibung eines Grundstücks zu einem anderen Grundstück als Bestandteil (§ 890 Abs 2 des BGB);
7. jede Änderung der in den Nr 2, 4, 6 bezeichneten Eintragungen;
8. das Ausscheiden eines Grundstücks oder eines Grundstücksteils oder eines Rechtes aus dem Grundbuche nach § 3 Abs 2 der GBO;
9. die Vermerkung von Rechten, die dem jeweiligen Eigentümer des auf dem Grundbuchblatt eingetragenen Grundstücks zustehen, und die Berichtigung dieses Vermerks im Falle der Änderung oder der Aufhebung des Rechtes oder der Teilung des berechtigten Grundstücks (§ 9 der GBO);

10. der Widerspruch gegen die Richtigkeit einer im Titel enthaltenen Eintragung (§§ 892, 899 des BGB, § 18 Abs 2, § 53 der GBO);

11. die Abschließung des Grundbuchblatts.

. . . .

c) Familiengut, Familienfideikommiß, Lehen, Erbgut

§ 301 *Angabe der besonderen Eigenschaft in der Form einer Überschrift*

Auf den Grundbuchblättern für Grundstücke, die zu dem Familiengut einer standesherrlichen Familie, zu einem Familienfideikommisse, zu einem Lehen oder zu einem landwirtschaftlichen Erbgute gehören, ist diese Eigenschaft im Titel anzugeben, (Art 13 Abs 1, Art 14 des AG BGO). Die Angabe soll in der Form einer Überschrift der ersten Eintragung im Titel gemacht werden.

. . . .

e) Vereinigung von Grundstücken

§ 314 *Allgemeine Vorschriften*

(1) Mehrere Grundstücke desselben Eigentümers können dadurch zu einem Grundstücke vereinigt werden, daß der Eigentümer sie als ein Grundstück in das Grundbuch eintragen läßt (§ 890 Abs 1 des BGB). Die Vereinigung wird nicht dadurch ausgeschlossen, daß die Grundstücke in verschiedenen Grundbuchamtsbezirken liegen (. . . . .; vgl § 2 Ab 1 Nr 4).

(2) Für die vereinigten Grundstücke wird, solange die Vereinigung dauert, ein Grundbuchblatt geführt; auf diesem Blatte ist ausdrücklich erkennbar zu machen, daß die mehreren Grundstücke als ein Grundstück eingetragen werden.

(3) Da im Hinblick auf die Bestimmungen über die Einrichtung des Grundbuchblatts (§§ 219, 227) die Eintragung verschieden mit Hypotheken, Grundschulden oder Rentenschulden belasteter Grundstücke auf einem Blatte nicht zulässig ist und immer die Gefahr der Verwirrung mit sich bringen würde (§ 5 der GBO), soll die Vereinigung in das Grundbuch nur eingetragen werden, wenn die Grundstücke nicht verschieden mit Hypotheken, Grundschulden oder Rentenschulden belastet sind. Sind die Grundstücke verschieden mit Erbbaurechten, Vorkaufsrechten, Reallasten oder Dienstbarkeiten belastet, so ist von Fall zu Fall zu prüfen, ob nicht von der Vereinigung Verwirrung zu besorgen ist. Besteht die Gefahr der Verwirrung, so ist die Eintragung der Vereinigung abzulehnen (§ 5 der GBO).

. . . .

h) Zuschreibung als Bestandteil

§ 333 *Allgemeines*

(1) Ein Grundstück kann dadurch zum Bestandteil eines anderen Grundstücks gemacht werden, daß der Eigentümer es diesem im Grundbuch als Bestandteil zuschreiben läßt (§ 890 Abs 2 des BHB). Die Zuschreibung wird nicht dadurch ausgeschlossen, daß die Grundstücke in verschiedenen Grundbuchamtsbezirken liegen (. . . .; vgl § 2 Abs 1 Nr 2, Abs 2).

(2) Für das Hauptgrundstück und für die diesem als Bestandteil zugeschriebenen Grundstücke wird, solange die Zuschreibung dauert, ein Grundbuchblatt geführt. Auf diesem Blatte ist die Zuschreibung ausdrücklich erkennbar zu machen.

(3) Da im Hinblick auf die Bestimmungen über die Einrichtung des Grundbuchblatts (§§ 219, 227) die Eintragung von verschieden mit Hypotheken, Grundschulden oder Rentenschulden belasteten Grundstücken auf einem Blatte nicht zulässig ist und immer die Gefahr der Verwirrung mit sich bringen würde (§ 5 der GBO), soll die Zu-

schreibung in das Grundbuch nur eingetragen werden, wenn das Hauptgrundstück und die zuzuschreibenden Grundstücke nicht verschieden mit Hypotheken, Grundschulden oder Rentenschulden belastet sind. Hierdurch ist aber nicht ausgeschlossen, daß ein mit Pfandrechten nicht belastetes Grundstück einem mit Hypotheken, Grundschulden oder Rentenschulden belasteten Grundstücke zugeschrieben wird, weil die an dem Hauptgrundstück bestehenden Hypotheken, Grundschulden und Rentenschulden sich mit der Zuschreibung ohne weiteres auf das zugeschriebene Grundstück erstrecken (§§ 1131, 1192, 1199 des BGB). Sind die Grundstücke verschieden mit Erbbaurechten, Vorkaufsrechten, Reallasten oder Dienstbarkeiten belastet, so ist von Fall zu Fall zu prüfen, ob nicht von der Zuschreibung Verwirrung zu besorgen ist. Besteht die Gefahr der Verwirrung, so ist die Eintragung der Zuschreibung abzulehnen (§ 5 der GBO).
. . . .

4. Zweite Abteilung

. . . .

m) Stockwerkseigentum

§ 397

Wenn für ein im Miteigentum stehendes und mit Stockwerksrechten belastetes Grundstück (Art 42 des ÜberlG) ein Blatt angelegt wird, sind die Sonderrechte der einzelnen Miteigentümer (die bisherigen Stockwerksrechte) als Belastung der einzelnen Anteilsrechte in die 2. Abteilung des Grundbuchblatts einzutragen. Die Anlegung eines Blattes für das mit Stockwerksrechten belastete Grundstück als Ganzes wird indessen nur selten vorkommen. In der Regel sind die Anteile der Miteigentümer (die bisherigen Stockwerksrechte) auf gesonderten Blättern eingetragen (vgl § 220 Abs 2, § 296 Abs 2). Aus diesen Sonderblättern ergibt sich der Umfang der Benutzungsrechte der einzelnen Berechtigten ohne weiteres aus der Beschreibung des Anteils im Titel. Eine Eintragung in die 2. Abteilung der Sonderblätter ist daher in diesem Falle nicht veranlaßt.
. . . .

5. Dritte Abteilung

. . . .

c) Hypothek cc) Sicherungshypothek

. . . .

δ) Zwangshypothek

§ 429 *Aufrechterhaltung des gemeinschaftlichen Blattes trotz verschiedenartiger Belastung der Grundstücke mit Zwangshyypotheken*

Von der allgemeinen Vorschrift, daß ein gemeinschaftliches Grundbuchblatt nur für gleichmäßig mit Hypotheken, Grundschulden oder Rentenschulden belastete Grundstücke geführt werden darf und daß deshalb, wenn eine verschiedene Belastung der auf einem Blatte eingetragenen Grundstücke eintritt, für die verschieden belasteten Grundstücke gesonderte Blätter anzulegen sind, ist in Ansehung der Zwangshypothek im § 227 Abs 4 eine Ausnahme zugelassen. Das gemeinschaftliche Blatt für mehrere Grundstücke kann auch dann bestehen bleiben, wenn nur auf einem dieser Grundstücke eine Zwangshypothek eingetragen wird oder wenn der Betrag der Forderung auf einzelne der auf dem nämlichen Blatte eingetragenen selbständigen Grundstücke verteilt wird....

ε) Arresthypothek

§ 430

(1) Die Eintragung einer Arresthypothek findet statt zur Vollziehung des Arrestes in ein Grundstück oder in ein den Grundstücken gleichstehendes Recht (§ 932 der ZPO). Die Voraussetzungen der Vollziehung des Arrestes durch die Eintragung einer Arresthypothek sind in den §§ 928, 929 der ZPO geregelt.

(2) Bei der Eintragung der Arresthypothek ist der nach § 923 der ZPO festgestellte Geldbetrag als der Höchstbetrag zu bezeichnen, für den das Grundstück oder die Berechtigung haftet. Die Hypothek ist demnach im Grundbuch als

„*Sicherungshypothek für den Höchstbetrag von ..... auf Grund Arrestbefehls ....*“

zu bezeichnen. Im übrigen finden auf die Eintragung der Arresthypothek die Vorschriften der §§ 427 bis 429 entsprechende Anwendung.

. . . .

XIII. Abschnitt

Das Bergwerks-Grundbuch

§ 591 *Bezirke*

(1) Für jeden Grundbuchamtsbezirk (Amtsgerichtsbezirk) wird ein „Bergwerks-Grundbuch“ geführt (vgl § 213). Dieses kann aus mehreren Bänden bestehen, die fortlaufend zu numerieren sind.

(2) Durch besondere Anordnung des Staatsministeriums der Justiz kann die Führung des Bergwerks-Grundbuchs für mehrere Grundbuchamtsbezirke einem Grundbuchamt übertragen werden (Art 7 des AG GBO).

(3) Das Bergwerks-Grundbuch wird erst angelegt, wenn sich ein Anlaß zur Eintragung ergibt.

§ 592 *Gegenstand der Eintragung*

In das Bergwerks-Grundbuch werden die Bergwerke eingetragen, die im Bezirke des Grundbuchamts betrieben werden oder, wenn sie nicht im Betriebe sind, im Bezirke des Grundbuchamts ihren Fundpunkt haben, und zwar auch dann, wenn das Feld sich in den Bezirk anderer Grundbuchämter erstreckt (vgl § 2 Abs 1 Nr 5). Ferner werden in das Bergwerks-Grundbuch eingetragen die den Grundstücken gleichstehenden unbeweglichen Kuxe des älteren Rechtes, soweit das Grundbuchamt zur Führung des Grundbuchs über sie zuständig ist.

§ 593 *Sachregister*

(1) Für das Bergwerks-Grundbuch wird ein besonderes Sachregister geführt.

(2) Das Sachregister zu dem Bergwerks-Grundbuch hat 3 Längsspalten.

(3) In die 1. Längsspalte werden die Bergwerke nach der alphabetischen Reihenfolge der Namen eingetragen. Führt ein Bergwerk neben dem Namen noch eine nähere Bezeichnung, zB „*Steinkohlenbergwerk Glückauf*“, so ist der Name („*Glückauf*“) für die Eintragung in das Sachregister auch dann maßgebend, wenn die Bezeichnung dem Namen vorausgeht. Neben dem Namen sind in der 1. Spalte anzugeben: die Benennung des Minerals, die Größe des Feldes und die Steuergemeinden, über die das Feld sich erstreckt. Unter mehreren Steuergemeinden ist diejenige an die 1. Stelle zu setzen, in deren Bezirk sich der Betriebsort oder der Fundpunkt befindet.

(4) Die 2. Längsspalte dient zur Angabe von Band und Seite des Bergwerk-Grundbuchs, in dem das Bergwerk eingetragen ist.

(5) Die 3. Spalte ist für die Bemerkungen bestimmt.

(6) Die unbeweglichen Kuxe werden in Anhängen zu dem Sachregister verzeichnet. Bei dem Bergwerk ist in der Spalte der Bemerkungen auf den das Verzeichnis der unbeweglichen Kuxe enthaltenden Anhang hinzuweisen.

(7) In das Sachregister müssen alle Bergwerke eingetragen sein, die in dem Bezirke des Grundbuchamts betrieben werden oder, wenn sie nicht im Betriebe sind, in dem Bezirke des Grundbuchamts ihren Fundpunkt haben, ferner alle unbeweglichen Kuxe an diesen Bergwerken; dabei macht es keinen Unterschied, ob für die einzelnen Bergwerke und Kuxe Grundbuchblätter bestehen oder nicht. Die zur Ausfüllung der 1. Spalte erforderlichen Aufschlüsse erteilt die Berginspektion.

(8) Änderungen in der Bezeichnung oder in dem Bestande (der Feldesgröße) eines Bergwerkes dürfen in das Sachregister nur auf Grund eines Ersuchens des Oberbergamts (Art 65 des Berggesetzes) eingetragen werden.

§ 594 *Grundbuchblatt*

(1) Auf die Einrichtung und Führung des Bergwerks-Grundbuchs und der Grundbuchblätter des Bergwerks-Grundbuchs finden die für die Einrichtung und Führung der Grundbücher und der Grundbuchblätter geltenden Vorschriften entsprechende Anwendung, soweit nicht in den folgenden Paragraphen ein anderes bestimmt ist. Das Gleiche gilt für die Anlagen zu dem Bergwerks-Grundbuch und für die Einsicht des Bergwerks-Grundbuchs.

(2) Für mehrere Bergwerke und für mehrere unbewegliche Kuxe desselben Berechtigten kann ein gemeinschaftliches Grundbuchblatt unter den gleichen Voraussetzungen geführt werden, unter denen die Führung eines gemeinschaftlichen Blattes für mehrere Grundstücke oder den Grundstücken gleichstehende Rechte zulässig ist.

§ 595 *Titel*

(1) Im Titel des Grundbuchblatts für ein Bergwerk ist das Bergwerk übereinstimmend mit den Angaben im Sachregister zu bezeichnen. Es sind also anzugeben:

1. der Name des Bergwerks,
2. die Benennung des Minerals,
3. die Größe des Feldes und die Steuergemeinden, über die das Feld sich erstreckt, wobei die Steuergemeinde, in deren Bezirke sich der Betrieb oder der Fundpunkt befindet, an die 1. Stelle zu setzen ist.

(2) Ferner ist im Titel anzugeben das Datum der Verleihungsurkunde und im Falle der Eintragung einer Änderung das Datum der Bestätigungsurkunde.

§ 596 *Erste Abteilung*

(1) In die 1. Abteilung sind Name, Stand und Wohnort des Bergwerkseigentümers einzutragen. Steht das Bergwerk einer Gewerkschaft oder einer Gesellschaft zu, so ist deren Name und Sitz einzutragen. Die Zahl der Kuxe, die Namen der Gewerke und der Name des Gewerkschaftsvertreters werden nicht eingetragen. Dagegen sind Gewerkschaften des alten Rechtes, die nicht in Gewerkschaften des neuen Rechtes umgewandelt wurden, als solche ausdrücklich zu bezeichnen.

(2) Als Erwerbsgrund ist bei dem 1. Eigentümer des Bergwerks die „Verleihung" unter näherer Bezeichnung der Verleihungsurkunde anzugeben. Im übrigen sind für die Eintragung des Eigentümers die für die Eintragung einer Eigentumsänderung an Grundstücken geltenden allgemeinen Vorschriften maßgebend.

§ 597 *Bekanntmachung der Eintragungen*

Jede Eintragung eines neuen Eigentümers ist dem Oberbergamte bekannt zu machen. Im übrigen gelten für die Bekanntmachung der Eintragungen in das Bergwerks-Grundbuch die allgemeinen Vorschriften.

§ 598 *Buchungsfreiheit*

Die allgemeinen Vorschriften über die Befreiung der Grundstücke von dem Buchungszwange finden auf die Bergwerke und die unbeweglichen Kuxe entsprechende Anwendung.

§ 599 *Zuschreibungen*

(1) Soll ein Bergwerk einem Grundstück als Bestandteil zugeschrieben werden (§ 890 Abs 2 des BGB), so ist es von dem Blatte des Bergwerks-Grundbuchs abzuschreiben und auf das Blatt des Grundstücks zu übertragen. In der 2. Spalte des Sachregisters

zum Bergwerks-Grundbuche sind der Grundbuchbezirk und Band und Seite des Grundbuchs, in dem das Bergwerk eingetragen ist, zu vermerken.

(2) Soll ein Grundstück einem Bergwerk als Bestandteil zugeschrieben werden, so ist es von seinem bisherigen Blatte abzuschreiben und in das Bergwerks-Grundbuch zu übertragen. Die Stelle, an der das Grundstück in dem Bergwerks-Grundbuch eingetragen ist, wird bei der Plannummer des Grundstücks in der 4. Spalte des Sachregisters seiner Steuergemeinde vermerkt.

(3) Für die Voraussetzungen, unter denen die Zuschreibung zulässig ist, gelten die allgemeinen Vorschriften.

b) **Niedersachsen**

1. AV nds MdJ vom 17. Februar 1951 NdsRpfl 42 — Anh 11

Vordruckauslagen für Hypotheken-, Grundschuld- und Rentenschuldbriefe

Ab 1. April 1951 sind für jeden verwendeten Vordruck für Hypotheken-, Grundschuld- und Rentenschuldbriefe gem § 136 Abs 7 KostO nF in Verbindung mit Abschnitt V der AV des früheren RJM vom 20. Juli 1936 — DJ 1936 S 1103 — wieder als Auslagen 10 Pf zu erheben.

Abschnitt IV meiner AV vom 2. November 1949 — NdsRpfl 1949 S 188 — wird aufgehoben.

2. Bek nds MdJ vom 21. Februar 1951 NdsRpfl 45 — Anh 12

Staatliche Genehmigung von Grunderwerb durch die evangelischen Landeskirchen und die katholische Kirche gemäß Art 7 § 1 des pr AG BGB

Nachstehenden RdErl des Herrn Nds Kultusministers vom 9. Februar 1951 gebe ich bekannt:

Mit Runderlaß vom 23. März 1937 — G I 750/37 II — (DJ 1937 S 799) hatte der frühere Reichs- und Preuß Minister für die kirchlichen Angelegenheiten sich die Entscheidung über die Genehmigung des Erwerbs von Grundstücken durch kirchliche juristische Personen vorbehalten, die unter die Grundstücksverkehrsbekanntmachung idF des *Reichs*gesetzes vom 26. Januar 1937 (RGBl I S 32) und die Ausführungsvorschriften hierzu fielen.

Nachdem die Bekanntmachung über den Verkehr mit landwirtschaftlichen Grundstücken vom 26. Januar 1937 (RGBl I S 32) einschließlich aller zusätzlicher Verordnungen und Erlasse durch das KRG Nr 45 (Amtsbl d Kontrollrats in Deutschland Nr 14 S 256) aufgehoben worden ist, ist der Erlaß vom 23. März 1937 gegenstandslos geworden. Die Zuständigkeit hinsichtlich der Erteilung der staatlichen Genehmigung für den Grunderwerb durch die Kirchen regelt sich demgemäß wieder nach dem Erlaß des früheren Preuß Ministers für Wissenschaft, Erziehung und Volksbildung vom 8. Oktober 1925 — G I Nr 1331 G II —. Hiernach ist mir die Erteilung der Genehmigung vorbehalten, soweit

a) es sich um den Erwerb von Grundstücken durch die evangelischen Landeskirchen (und ihre Verbände), die bischöflichen Stühle, Bistümer und Kapitel handelt oder

b) der Wert des zu erwerbenden Grundstücks den Betrag von 50000 DM übersteigt.

Für die übrigen Fälle (also insbesondere bei Grunderwerb der Kirchengemeinden im Wert zwischen 5000 DM und 50000 DM) ist die Zuständigkeit des Regierungspräsidenten gegeben, in dessen Bezirk die juristische Person ihren Sitz hat. Liegt das zu erwerbende Grundstück im Bezirk eines anderen Regierungspräsidenten, so ist dieser vor Erteilung der Genehmigung zu hören.

Die kirchlichen Behörden haben Abschrift dieses Erlasses erhalten. Die Grundbuchämter werden durch den Herrn Niedersächsischen Minister der Justiz verständigt werden.

Anh 13 3. AV nds MdJ vom 9. März 1951 NdsRpfl 58

Mitteilungspflicht der Grundbuchämter gegenüber Hypothekenbanken und gleichgestellten Kreditinstituten

Es werden aufgehoben:

a) die Allgemeinen Verfügungen des Preußischen Justizministers vom 9. und 16. September 1914 (JMBl S 706, 712),

b) die Verfügung des Herzoglichen Staatsministeriums in Braunschweig — Abt d Justiz — vom 19. September 1914 — B II 887 — (Zeitschrift für Rechtspflege im Herzogtum Braunschweig S 162),

c) die Verfügung des Oldenburgischen Ministers der Justiz vom 28. September 1914 (3119).

Anh 14 4. Bek nds MdJ vom 21. Mai 1954 NdsRpfl 99

Beurkundung von Grundstücksveräußerungsverträgen durch Postbeamte

Nachstehende vom Bundesminister für das Post- und Fernmeldewesen erlassene und in seinem Amtsblatt 1954 S 252 veröffentlichte Verfügung Nr 255/54 — VE 6401—3— gebe ich hier auszugsweise bekannt:

Beurkundung von Verträgen usw.

Auf Grund des Gesetzes des Landes Niedersachsen vom 23. Dezember 1953 zur Ergänzung des braunschweigischen und schaumburg-lippischen AG BGB (nds GuVBl Nr 30 S 93) werden vom 1. Mai 1954 an die Vorsteher der Postämter und für Behinderungsfälle deren berufene Vertreter ein für allemal dazu bestimmt, Verträge und Erklärungen, die eine Verpflichtung betreffen, die das Eigentum an einem im Geltungsbereich des braunschweigischen oder schaumburg-lippischen AG BGB liegenden Grundstück auf die Deutsche Bundespost zu übertragen, unter Beidrücken des Dienstsiegels oder Dienststempels des von ihnen geleiteten Postamts zu beurkunden.

c) Nordrhein-Westfalen

Anh 15 AV JM vom 26. Juli 1950 JMBl NRW 171 Nr 72

Bestimmung von Beamten zur Beurkundung von Grundstücksveräußerungsverträgen

Nachstehenden im MBl NRW 1950, 613 veröffentlichten Runderlaß des Finanzministers vom 20. Juni 1950 gebe ich zur Beachtung im Geschäftsbereich der Justizverwaltung bekannt:

Nach Art 12 § 2 des preuß AG BGB ist für die Beurkundung eines Vertrages, durch den sich der eine Teil verpflichtet, das Eigentum an einem in Preußen gelegenen Grundstück zu übertragen, falls dabei einer der Vertragsschließenden durch eine öffentliche Behörde vertreten wird, außer den Gerichten und Notaren auch der Beamte zuständig, welcher von dem Vorstande der zur Vertretung berufenen Behörde oder von der vorgesetzten Behörde bestimmt wird. Diese gesetzliche Bestimmung ist auch auf Verträge über die im Lande Nordrhein-Westfalen gelegenen Grundstücke anwendbar.

Ich bitte daher alle Landesbehörden, aus Ersparnisgründen von dieser Möglichkeit Gebrauch zu machen, vor allem in den Fällen, bei denen der Verpflichtungsvertrag (zB Kaufvertrag) nicht gleichzeitig mit der Auflassung beurkundet wird. Zur Klarstellung weise ich darauf hin, daß der vom Behördenvorstand bestimmte Beamte nur zur Beurkundung von schuldrechtlichen Veräußerungsverträgen (zB Kaufverträgen), nicht aber von dinglichen Rechtsgeschäften (zB Auflassung, Hypothekenbestellung) berechtigt ist. Seine Zuständigkeit erstreckt sich sowohl auf den Verkauf als auch auf den Ankauf von Grundstücken durch öffentliche Behörden im Lande Nordrhein-Westfalen. Zur Vermeidung von Formfehlern bitte ich nur solche Beamte zu bestimmen, die mit den einschlägigen gesetzlichen Bestimmungen vertraut sind.

d) **Württemberg**

Dienstvorschriften für die Bezirksnotariate **Anh 16**

vom 27. Oktober 1932 wü ABl 321

(auszugsweise)

. . . .

§ 3 *Geschäftskreis*

(1) Zu den amtlichen Aufgaben des Bezirksnotars gehören außer den Geschäften des Grundbuchamts und des ordentlichen Vormundschafts- und Nachlaßgerichts auch die besondere amtliche Verwahrung der Testamente und Erbverträge, die Aufnahme von öffentlichen Vermögensverzeichnissen (ausgenommen die Vermögensverzeichnisse zwischen Verlobten und Ehegatten), die öffentliche Beglaubigung solcher Verzeichnisse, die Abnahme eidesstattlicher Versicherungen im Fall des § 2356 Abs 2 BGB und die Besorgung des Kosten- und Kassenwesens seines Amts.

(2) Der Bezirksnotar hat der Bestellung zum Zwangsversteigerungskommissär und der Ernennung zum Konkursverwalter nach Art 291 Abs 2 Satz 2 und 296 Abs 1, 2 AG BGB Folge zu leisten.

§ 4 *Abgrenzung der amtlichen Geschäfte*

(1) Amtliche Geschäfte des örtlich zuständigen Bezirksnotars in seiner Eigenschaft als Grundbuchbeamter, Vormundschafts- und Nachlaßrichter sind alle Geschäfte, die in gesetzlichen oder Verwaltungsvorschriften dem Grundbuchamt und dem (ordentlichen) Vormundschafts- und Nachlaßgericht übertragen sind oder die mit solchen Geschäften im unmittelbaren Zusammenhang stehen.

(2) Zu den amtlichen Geschäften des örtlich zuständigen Bezirksnotars gehören:

1. in Grundbuchsachen (auch wenn ein Eintragungsantrag nicht vorliegt):

a) die Abfassung und die Beurkundung aller Verträge, welche die Übertragung des Eigentums an einem Grundstück zum Gegenstand haben, auch wenn Angebot und Annahme getrennt beurkundet werden, einschließlich allen zugehörigen Vertragsbestimmungen und Erklärungen,

b) die freiwillige Versteigerung von Grundstücken und die Beurkundung des Zuschlags,

c) die Abfassung, Beurkundung oder Beglaubigung aller zu einer Grundbuchsache gehörenden Bewilligungen, Anträge, Vollmachten und sonstigen Erklärungen einschließlich der Aufnahme damit zusammenhängender vollstreckbaren Urkunden,

d) die Behandlung aller bei dem Grundbuchamt eingehenden Ersuchen und Anträge,

e) die Erteilung der Teilbriefe, Zeugnisse, Ausfertigungen und Abschriften aus dem Grundbuch und den Grundakten,

f) die Abfassung von Erklärungen, durch welche die Abänderung von Entscheidungen eines Grundbuchamts nachgesucht wird,

g) die Gewährung der Einsicht in das Grundbuch und die Grundakten;

Umfaßt eines der unter a bis c aufgeführten Geschäfte gleichzeitig auch Grundstücke anderer Grundbuchamtsbezirke, so gilt das ganze Geschäft als amtliches, auch wenn die anderen Grundstücke auf nicht-württembergischer Markung liegen;

. . . .

Ist ein Bezirksnotariat mit mehreren Bezirksnotaren besetzt, so gilt jeder von ihnen für den ganzen Amtsbezirk des Bezirksnotariats als örtlich zuständig, auch wenn der Geschäftsverteilungsplan eine Teilung des Amtsbezirks vorsieht. Dies gilt auch für Bezirksnotariate, bei denen 2 Geschäftsabteilungen eingerichtet sind.

(3) Die Beratung der Beteiligten in Grundbuch-, Vormundschafts- und Nachlaßsachen ist in allen Fällen ohne Rücksicht auf die örtliche Zuständigkeit amtliche Aufgabe des Bezirksnotars.

§ 5 *Gebührenbezug*

(1) Die Gebühren für die Erledigung amtlicher Geschäfte werden zur Staatskasse erhoben.

(2) In Fällen, die teilweise amtliches Geschäft des Bezirksnotars, teilweise Geschäfte des öffentlichen Notars sind, ist für die Beurteilung der Frage, ob die Gebühren zur Staatskasse oder für den öffentlichen Notar zu erheben sind, ausschlaggebend, welcher Teil des Geschäfts den Anlaß zur Inanspruchnahme des Bezirksnotars gebildet hat.

§ 26 *Geschäftsregister des Grundbuchamts*

(1) Über die Verrichtungen des Grundbuchamts wird für jedes Kalenderjahr ein Register (Geschäftsregister B) nach Anlage 3 geführt. Das Geschäftsregister wird in dem Dienstraum des Grundbuchamts aufbewahrt.

(2) In dieses Geschäftsregister sind alle bei dem Grundbuchamt eingehenden Anträge auf Eintragungen sowie die solche Anträge ersetzenden Ersuchen von Behörden und weiterhin alle sonstigen anfallenden Geschäfte, die als Amtsgeschäfte des Grundbuchbeamten zu behandeln sind und einen Gebührenansatz zur Folge haben oder gemäß **Art 4 GKG einer Gebühr nicht unterliegen**, nach der Reihenfolge des Eingangs unter einer besonderen Nummer einzutragen. Der Grundbuchbeamte oder, wenn dieser sich nicht am Sitz des Grundbuchamts befindet, der ihn vertretende Ratschreiber hat sofort nach Eingang des Antrags oder Ersuchens die Spalten 1 bis 4 auszufüllen. Ist bei einer Eigentumseintragung die Auflassung von dem Grundbuchamt aufgenommen worden, so ist stets der Vermerk „*m. Aufl.*" beizufügen und zwar auch dann, wenn die Auflassung wegen der Kosten schon früher als besonderes Geschäft im Geschäftsregister einzutragen war. Ist bei einer anderen Eintragung oder Löschung die Bewilligung vom Grundbuchamt aufgenommen, beglaubigt oder entworfen worden, so ist der Vermerk „*m. B.*" beizusetzen, zB *Löschung einer Hypothek m. B., Vormerkung m. B., Löschung eines Widerspruchs m. B.* Gutsübergabeverträge sind hervorzuheben. Bei den Eigentumseintragungen ist die Zahl der Grundstücke in Klammern beizusetzen, zB *Eigentum (3)*. Gleichzeitig anfallende Geschäfte, die denselben Gegenstand und dieselben Beteiligten betreffen, zB *Kaufvertrag, Auflassung, Bestellung einer Kaufpreishypothek über dieselben Grundstücke zwischen denselben Vertragsschließenden*, sind unter einer Nummer in das Geschäftsregister einzutragen. Die Spalten 5 bis 7 des Geschäftsregisters sind vom Grundbuchamt auszufüllen.

(3) In das Geschäftsregister sind auch die von dem Grundbuchbeamten zu erledigenden Gesuche um Erteilung von beglaubigten oder unbeglaubigten Abschriften und Auszügen aufzunehmen; dagegen ist die Gestattung der Grundbucheinsicht nicht einzutragen. Die von den Ratschreibern gewährte Grundbucheinsicht und die Erteilung von Abschriften usw durch sie ist nicht in das Geschäftsregister B, sondern in das von ihnen zu führende Gebührenverzeichnis einzutragen.

Anlage 3
(§ 26)

Amtsgerichtsbezirk *Schondorf*

Grundbuchamt *Winterbach*

Geschäftsregister B

für das Kalenderjahr

19 . . .

Vorbemerkungen

1. Soweit der Wohnort der Antragsteller mit dem Sitz des Grundbuchamts zusammenfällt, ist er in Spalte 3 nicht anzugeben.
2. Außerordentliche Grundbuchgeschäfte (Feldweganlagen, Straßenbauten, Flußkorrektionen, Eisenbahnbauten, Ablösung von Realgemeinderechten, Feldbereinigungen) sind im Geschäftsregister tunlichst zu einer Nummer zu vereinigen. Ist dies wegen der Verschiedenheit in der Zeit der Antragstellung nicht möglich, so soll bei den zusammengehörigen Einträgen gegenseitig verwiesen werden.
3. Die Eintragung des Eigentums an mehreren Grundstücken, die derselbe Erwerber von einem Verkäufer usw durch ein Rechtsgeschäft erwirbt, ist nur als eine Eintragung zu zählen. Ebenso wird eine Gesamthypothek nur einfach gezählt, desgleichen ein Recht in Abteilung II, mit welchem mehrere Grundstücke belastet werden.

Lfd. Nr.	Tag des Einlaufs	Name und Wohnort des Antragstellers	Gegenstand des Geschäfts	Tag der Erledigung	Grundbuchheft (Blatt)	Die Kosten sind verrechnet in Kostenregister
1	2	3	4	5	6	7
			A. Rückstände vom Vorjahr. *keine.*			
			B. Neuer Anfall.			
1.	*Januar 2.*	*Georg Wezel*	*Kaufvertrag Eigentum m. Aufl.*	2. Jan.	105 I 3	II. 19
2.	,,	*Eugen Bach, Schorndorf*	*Eigentum m. Aufl.* *Vereinigung* *2 Briefhypotheken m. B.* *Buchhypothek m. B.* *Zeugnis* *Sicherungshypothek m. B.* *Zeugnis*	3. Jan.	} 107 I 1 ,, III 1,2 ,, III 3 ,, III 4	} II 2
3.	,,	*Julius Hofer*	*Löschung einer Hypothek*	*21. Jan.*	*Zurückweisg* *119 III 7*	*II. 133*
4.	*12.*	*Jakob Maier*	*Begl. Abschrift*	*12. Jan.*	*Akt. 126 44*	*II. 93*
5.	*16.*	*V. A. w.*	*Widerspruch*	*16. Jan.*	*237 III 6*	—
6.	*22.*	*Aug. Luppold*	*Verpfändung einer Grundschuld Zeugnis*	*22. Jan.*	*241 III 3*	II. 134
7.	*Februar 1.*	*Auton Kern*	*Eigentum m. Aufl.* *Löschung eines Nutzn. Rechts* *Löschung einer fideikomm. Belastg.* *Briefhypothek m. B.*	*2. Febr.*	*1305 I 1* *1305 II 1* *1305 II 1* *1305 III 2*	} II. 137

usw usw usw

Die Richtigkeit und Vollständigkeit dieses Geschäftsregisters beurkundet mit dem Anfügen, daß alle darin enthaltenen kostenpflichtigen Geschäfte, mit Ausnahme der in das neue Geschäftsregister übertragenen, in den Kostenregistern in das Soll gestellt sind.

In das neue Geschäftsregister wurden übertragen die Nummern:

............, den .... 19 ....

Bezirksnotar

Anh 17 II. Gleichberechtigungsgesetz

(auszugsweise)

Art 1

Änderung des BGB

6. . . . .

§ 1355

Der Ehe- und Familienname ist der Name des Mannes. Die Frau ist berechtigt, durch Erklärung gegenüber dem Standesbeamten dem Namen des Mannes ihren Mädchennamen hinzuzufügen; die Erklärung muß öffentlich beglaubigt werden.

. . . .

9. Die §§ 1363 bis 1483 einschließlich der Überschriften vor den §§ 1363, 1373, 1410, 1418, 1426, 1432 und 1437 werden durch folgende Vorschriften ersetzt:

6. Titel

Eheliches Güterrecht

I. *Gesetzlicher Güterstand*

§ 1363

(1) Die Ehegatten leben im Güterstand der Zugewinngemeinschaft, wenn sie nicht durch Ehevertrag etwas anderes vereinbaren.

(2) Das Vermögen des Mannes und das Vermögen der Frau werden nicht gemeinschaftliches Vermögen der Ehegatten; dies gilt auch für Vermögen, das ein Ehegatte nach der Eheschließung erwirbt. Der Zugewinn, den die Ehegatten in der Ehe erzielen, wird jedoch ausgeglichen, wenn die Zugewinngemeinschaft endet.

§ 1364

Jeder Ehegatte verwaltet sein Vermögen selbständig; er ist jedoch in der Verwaltung seines Vermögens nach Maßgabe der folgenden Vorschriften beschränkt.

§ 1365

(1) Ein Ehegatte kann sich nur mit Einwilligung des anderen Ehegatten verpflichten, über sein Vermögen im ganzen zu verfügen. Hat er sich ohne Zustimmung des anderen Ehegatten verpflichtet, so kann er die Verpflichtung nur erfüllen, wenn der andere Ehegatte einwilligt.

(2) Entspricht das Rechtsgeschäft den Grundsätzen einer ordnungsmäßigen Verwaltung, so kann das Vormundschaftsgericht auf Antrag des Ehegatten die Zustimmung des anderen Ehegatten ersetzen, wenn dieser sie ohne ausreichenden Grund verweigert oder durch Krankheit oder Abwesenheit an der Abgabe einer Erklärung verhindert und mit dem Aufschub Gefahr verbunden ist.

§ 1366

(1) Ein Vertrag, den ein Ehegatte ohne die erforderliche Einwilligung des anderen Ehegatten schließt, ist wirksam, wenn dieser ihn genehmigt.

(2) Bis zur Genehmigung kann der Dritte den Vertrag widerrufen. Hat er gewußt, daß der Mann oder die Frau verheiratet ist, so kann er nur widerrufen, wenn der Mann

oder die Frau wahrheitswidrig behauptet hat, der andere Ehegatte habe eingewilligt; er kann auch in diesem Falle nicht widerrufen, wenn ihm beim Abschluß des Vertrages bekannt war, daß der andere Ehegatte nicht eingewilligt hatte.

(3) Fordert der Dritte den Ehegatten auf, die erforderliche Genehmigung des anderen Ehegatten zu beschaffen, so kann dieser sich nur dem Dritten gegenüber über die Genehmigung erklären; hat er sich bereits vor der Aufforderung seinem Ehegatten gegenüber erklärt, so wird die Erklärung unwirksam. Die Genehmigung kann nur innerhalb von zwei Wochen seit dem Empfang der Aufforderung erklärt werden; wird sie nicht erklärt, so gilt sie als verweigert. Ersetzt das Vormundschaftsgericht die Genehmigung, so ist sein Beschluß nur wirksam, wenn der Ehegatte ihn dem Dritten innerhalb der zweiwöchigen Frist mitteilt; andernfalls gilt die Genehmigung als verweigert.

(4) Wird die Genehmigung verweigert, so ist der Vertrag unwirksam.

§ 1367

Ein einseitiges Rechtsgeschäft, das ohne die erforderliche Einwilligung vorgenommen wird, ist unwirksam.

§ 1368

Verfügt ein Ehegatte ohne die erforderliche Zustimmung des anderen Ehegatten über sein Vermögen, so ist auch der andere Ehegatte berechtigt, die sich aus der Unwirksamkeit der Verfügung ergebenden Rechte gegen den Dritten gerichtlich geltend zu machen.

. . . .

§ 1371

(1) Wird der Güterstand durch den Tod eines Ehegatten beendet, so wird der Ausgleich des Zugewinns dadurch verwirklicht, daß sich der gesetzliche Erbteil des überlebenden Ehegatten um $\frac{1}{4}$ der Erbschaft erhöht; hierbei ist unerheblich, ob die Ehegatten im einzelnen Fall einen Zugewinn erzielt haben.

(2) Wird der überlebende Ehegatte nicht Erbe und steht ihm auch kein Vermächtnis zu, so kann er Ausgleich des Zugewinns nach den Vorschriften der §§ 1373 bis 1383, 1390 verlangen; der Pflichtteil des überlebenden Ehegatten oder eines anderen Pflichtteilsberechtigten bestimmt sich in diesem Falle nach dem nicht erhöhten gesetzlichen Erbteil des Ehegatten.

(3) Schlägt der überlebende Ehegatte die Erbschaft aus, so kann er neben dem Ausgleich des Zugewinns den Pflichtteil auch dann verlangen, wenn dieser ihm nach den erbrechtlichen Bestimmungen nicht zustünde; dies gilt nicht, wenn er durch Vertrag mit seinem Ehegatten auf sein gesetzliches Erbrecht oder sein Pflichtteilsrecht verzichtet hat.

(4) Sind erbberechtigte Abkömmlinge des verstorbenen Ehegatten, welche nicht aus der durch den Tod dieses Ehegatten aufgelösten Ehe stammen, vorhanden, so ist der überlebende Ehegatte verpflichtet, diesen Abkömmlingen, wenn und soweit sie dessen bedürfen, die Mittel zu einer angemessenen Ausbildung aus dem nach Abs 1 zusätzlich gewährten Viertel zu gewähren.

§ 1372

Wird der Güterstand auf andere Weise als durch den Tod eines Ehegatten beendet, so wird der Zugewinn nach den Vorschriften der §§ 1373 bis 1390 ausgeglichen.

§ 1373

Zugewinn ist der Betrag, um den das Endvermögen eines Ehegatten das Anfangsvermögen übersteigt.

§ 1374

(1) Anfangsvermögen ist das Vermögen, das einem Ehegatten nach Abzug der Verbindlichkeiten beim Eintritt des Güterstandes gehört; die Verbindlichkeiten können nur bis zur Höhe des Vermögens abgezogen werden.

(2) Vermögen, das ein Ehegatte nach Eintritt des Güterstandes von Todes wegen oder mit Rücksicht auf ein künftiges Erbrecht, durch Schenkung oder als Ausstattung erwirbt, wird nach Abzug der Verbindlichkeiten dem Anfangsvermögen hinzugerechnet, soweit es nicht den Umständen nach zu den Einkünften zu rechnen ist.

§ 1375

(1) Endvermögen ist das Vermögen, das einem Ehegatten nach Abzug der Verbindlichkeiten bei der Beendigung des Güterstandes gehört. Die Verbindlichkeiten werden, wenn Dritte gemäß § 1390 in Anspruch genommen werden können, auch insoweit abgezogen, als sie die Höhe des Vermögens übersteigen.

(2) Dem Endvermögen eines Ehegatten wird der Betrag hinzugerechnet, um den dieses Vermögen dadurch vermindert ist, daß ein Ehegatte nach Eintritt des Güterstandes

1. unentgeltliche Zuwendungen gemacht hat, durch die er nicht einer sittlichen Pflicht oder einer auf den Anstand zu nehmenden Rücksicht entsprochen hat,
2. Vermögen verschwendet hat oder
3. Handlungen, in der Absicht vorgenommen hat, den anderen Ehegatten zu benachteiligen.

(3) Der Betrag der Vermögensminderung wird dem Endvermögen nicht hinzugerechnet, wenn sie mindestens 10 Jahre vor Beendigung des Güterstandes eingetreten ist oder wenn der andere Ehegatte mit der unentgeltlichen Zuwendung oder der Verschwendung einverstanden gewesen ist.

§ 1376

(1) Der Berechnung des Anfangsvermögens wird der Wert zugrunde gelegt, den das beim Eintritt des Güterstandes vorhandene Vermögen in diesem Zeitpunkt, das dem Anfangsvermögen hinzuzurechnende Vermögen im Zeitpunkt des Erwerbes hatte.

(2) Der Berechnung des Endvermögens wird der Wert zugrunde gelegt, den das bei Beendigung des Güterstandes vorhandene Vermögen in diesem Zeitpunkt, eine dem Endvermögen hinzuzurechnende Vermögensminderung in dem Zeitpunkt hatte, in dem sie eingetreten ist.

(3) Die vorstehenden Vorschriften gelten entsprechend für die Bewertung von Verbindlichkeiten.

(4) Ein land- oder forstwirtschaftlicher Betrieb, der bei der Berechnung des Anfangsvermögens und des Endvermögens zu berücksichtigen ist, ist mit dem Ertragswert anzusetzen; die Vorschrift des § 2049 Abs 2 ist anzuwenden.

§ 1377

(1) Haben die Ehegatten den Bestand und den Wert des einem Ehegatten gehörenden Anfangsvermögens und der diesem Vermögen hinzuzurechnenden Gegenstände gemeinsam in einem Verzeichnis festgestellt, so wird im Verhältnis der Ehegatten zueinander vermutet, daß das Verzeichnis richtig ist.

(2) Jeder Ehegatte kann verlangen, daß der andere Ehegatte bei der Aufnahme des Verzeichnisses mitwirkt. Auf die Aufnahme des Verzeichnisses sind die für den Nieß-

brauch geltenden Vorschriften des § 1035 anzuwenden. Jeder Ehegatte kann den Wert der Vermögensgegenstände und der Verbindlichkeiten auf seine Kosten durch Sachverständige feststellen lassen.

(3) Soweit kein Verzeichnis aufgenommen ist, wird vermutet, daß das Endvermögen eines Ehegatten seinen Zugewinn darstellt.

§ 1378

(1) Übersteigt der Zugewinn des einen Ehegatten den Zugewinn des anderen, so steht die Hälfte des Überschusses dem anderen Ehegatten als Ausgleichsforderung zu.

(2) Die Höhe der Ausgleichsforderung wird durch den Wert des Vermögens begrenzt, das nach Abzug der Verbindlichkeiten bei Beendigung des Güterstandes vorhanden ist.

(3) Die Ausgleichsforderung entsteht mit der Beendigung des Güterstandes und ist von diesem Zeitpunkt an vererblich und übertragbar; vorher kann sich kein Ehegatte verpflichten, über die Ausgleichsforderung zu verfügen.

(4) Die Ausgleichsforderung verjährt in 3 Jahren; die Frist beginnt mit dem Zeitpunkt, in dem der Ehegatte erfährt, daß der Güterstand beendet ist. Die Forderung verjährt jedoch spätestens 30 Jahre nach der Beendigung des Güterstandes. Endet der Güterstand durch den Tod eines Ehegatten, so sind im übrigen die Vorschriften anzuwenden, die für die Verjährung eines Pflichtteilsanspruchs gelten.

§ 1379

Nach der Beendigung des Güterstandes ist jeder Ehegatte verpflichtet, dem anderen Ehegatten über den Bestand seines Endvermögens Auskunft zu erteilen. Jeder Ehegatte kann verlangen, daß er bei der Aufnahme des ihm nach § 260 vorzulegenden Verzeichnisses zugezogen und daß der Wert der Vermögensgegenstände und der Verbindlichkeiten ermittelt wird. Er kann auch verlangen, daß das Verzeichnis auf seine Kosten durch die zuständige Behörde oder durch einen zuständigen Beamten oder Notar aufgenommen wird.

§ 1380

(1) Auf die Ausgleichsforderung eines Ehegatten wird angerechnet, was ihm von dem anderen Ehegatten durch Rechtsgeschäft unter Lebenden mit der Bestimmung zugewendet ist, daß es auf die Ausgleichsforderung angerechnet werden soll. Im Zweifel ist anzunehmen, daß Zuwendungen angerechnet werden sollen, wenn ihr Wert den Wert von Gelegenheitsgeschenken übersteigt, die nach den Lebensverhältnissen der Ehegatten üblich sind.

(2) Der Wert der Zuwendung wird bei der Berechnung der Ausgleichsforderung dem Zugewinn des Ehegatten hinzugerechnet, der die Zuwendung gemacht hat. Der Wert bestimmt sich nach dem Zeitpunkt der Zuwendung.

§ 1381

(1) Der Schuldner kann die Erfüllung der Ausgleichsforderung verweigern, soweit der Ausgleich des Zugewinns nach den Umständen des Falles grob unbillig wäre.

(2) Grobe Unbilligkeit kann insbesondere dann vorliegen, wenn der Ehegatte, der den geringeren Zugewinn erzielt hat, längere Zeit hindurch die wirtschaftlichen Verpflichtungen, die sich aus dem ehelichen Verhältnis ergeben, schuldhaft nicht erfüllt hat.

§ 1382

(1) Das Vormundschaftsgericht kann eine Ausgleichsforderung, soweit sie vom Schuldner nicht bestritten wird, auf Antrag stunden, wenn die sofortige Zahlung den Schuldner besonders hart treffen würde und dem Gläubiger eine Stundung zugemutet werden kann.

(2) Eine gestundete Forderung hat der Schuldner zu verzinsen.

(3) Das Vormundschaftsgericht kann auf Antrag anordnen, daß der Schuldner für eine gestundete Forderung Sicherheit zu leisten hat.

(4) Über die Höhe der Verzinsung und über Art und Umfang der Sicherheitsleistung entscheidet das Vormundschaftsgericht nach billigem Ermessen.

(5) Soweit über die Ausgleichsforderung ein Rechtsstreit anhängig wird, kann der Schuldner einen Antrag auf Stundung nur in diesem Verfahren stellen; die Entscheidung ergeht durch Urteil.

(6) Das Vormundschaftsgericht kann eine rechtskräftige Entscheidung auf Antrag aufheben oder ändern, wenn sich die Verhältnisse nach der Entscheidung wesentlich geändert haben.

§ 1383

(1) Das Vormundschaftsgericht kann auf Antrag des Gläubigers anordnen, daß der Schuldner bestimmte Gegenstände seines Vermögens dem Gläubiger unter Anrechnung auf die Ausgleichsforderung zu übertragen hat, wenn dies erforderlich ist, um eine grobe Unbilligkeit für den Gläubiger zu vermeiden, und wenn dies dem Schuldner zugemutet werden kann; in der Entscheidung ist der Betrag festzusetzen, der auf die Ausgleichsforderung angerechnet wird.

(2) Der Gläubiger muß die Gegenstände, deren Übertragung er begehrt, in dem Antrage bezeichnen.

§ 1384

Wird die Ehe geschieden, so tritt für die Berechnung des Zugewinns an die Stelle der Beendigung des Güterstandes der Zeitpunkt, in dem die Klage auf Scheidung erhoben ist.

§ 1385

Leben die Ehegatten seit mindestens 3 Jahren getrennt, so kann der Ehegatte, der zum Getrenntleben berechtigt ist, auf vorzeitigen Ausgleich des Zugewinns klagen; dies gilt nicht, wenn auch der andere Ehegatte ein Recht hat, getrennt zu leben.

§ 1386

(1) Ein Ehegatte kann auf vorzeitigen Ausgleich des Zugewinns klagen, wenn der andere Ehegatte längere Zeit hindurch die wirtschaftlichen Verpflichtungen, die sich aus dem ehelichen Verhältnis ergeben, schuldhaft nicht erfüllt hat und anzunehmen ist, daß er sie auch in Zukunft nicht erfüllen wird.

(2) Ein Ehegatte kann auf vorzeitigen Ausgleich des Zugewinns klagen, wenn der andere Ehegatte

1. ein Rechtsgeschäft der in § 1365 bezeichneten Art ohne die erforderliche Zustimmung vorgenommen hat oder
2. sein Vermögen durch eine der in § 1375 bezeichneten Handlungen vermindert hat

und eine erhebliche Gefährdung der künftigen Ausgleichsforderung zu besorgen ist.

(3) Ein Ehegatte kann auf vorzeitigen Ausgleich des Zugewinns klagen, wenn der andere Ehegatte sich ohne ausreichenden Grund beharrlich weigert, ihn über den Bestand seines Vermögens zu unterrichten.

§ 1387

Wird auf vorzeitigen Ausgleich des Zugewinns erkannt, so tritt für die Berechnung des Zugewinns an die Stelle der Beendigung des Güterstandes der Zeitpunkt, in dem die Klage auf vorzeitigen Ausgleich erhoben ist.

§ 1388

Mit der Rechtskraft des Urteils, durch das auf vorzeitigen Ausgleich des Zugewinns erkannt ist, tritt Gütertrennung ein.

§ 1389

Ist die Klage auf vorzeitigen Ausgleich des Zugewinns oder auf Nichtigerklärung, Scheidung oder Aufhebung der Ehe erhoben, so kann ein Ehegatte Sicherheitsleistung verlangen, wenn wegen des Verhaltens des anderen Ehegatten zu besorgen ist, daß seine Rechte auf den künftigen Ausgleich des Zugewinns erheblich gefährdet werden.

§ 1390

(1) Soweit einem Ehegatten gemäß § 1378 Abs 2 eine Ausgleichsforderung nicht zusteht, weil der andere Ehegatte in der Absicht, ihn zu benachteiligen, unentgeltliche Zuwendungen an einen Dritten gemacht hat, ist der Dritte verpflichtet, das Erlangte nach den Vorschriften über die Herausgabe einer ungerechtfertigten Bereicherung an den Ehegatten zum Zwecke der Befriedigung wegen der ausgefallenen Ausgleichsforderung herauszugeben. Der Dritte kann die Herausgabe durch Zahlung des fehlenden Betrages abwenden.

(2) Das gleiche gilt für andere Rechtshandlungen, wenn die Absicht, den Ehegatten zu benachteiligen, dem Dritten bekannt war.

(3) Der Anspruch verjährt in 3 Jahren nach der Beendigung des Güterstandes. Endet der Güterstand durch den Tod eines Ehegatten, so wird die Verjährung nicht dadurch gehemmt, daß der Anspruch erst geltend gemacht werden kann, wenn der Ehegatte die Erbschaft oder ein Vermächtnis ausgeschlagen hat.

(4) Ist die Klage auf vorzeitigen Ausgleich des Zugewinns oder auf Nichtigerklärung, Scheidung oder Aufhebung der Ehe erhoben, so kann eine Ehegatte von dem Dritten Sicherheitsleistung wegen der ihm nach den Abs 1 und 2 zustehenden Ansprüche verlangen.

§§ 1391 bis 1407 *entfallen*.

II. *Vertragsmäßiges Güterrecht*

1. Allgemeine Vorschriften

§ 1408

Die Ehegatten können ihre güterrechtlichen Verhältnisse durch Vertrag (Ehevertrag) regeln, insbesondere auch nach der Eingehung der Ehe den Güterstand aufheben oder ändern.

§ 1409

Der Güterstand kann nicht durch Verweisung auf ein nicht mehr geltendes oder auf ein ausländisches Gesetz bestimmt werden.

Hat ein Ehegatte zur Zeit der Eheschließung oder, falls der Vertrag später geschlossen wird, zu dieser Zeit seinen Wohnsitz im Ausland, so kann auf ein an diesem Wohnsitz geltendes Güterrecht verwiesen werden.

§ 1410

Der Ehevertrag muß bei gleichzeitiger Anwesenheit beider Teile vor Gericht oder vor einem Notar geschlossen werden.

§ 1411

(1) Wer in der Geschäftsfähigkeit beschränkt ist, kann einen Ehevertrag nur mit Zustimmung seines gesetzlichen Vertreters schließen. Ist der gesetzliche Vertreter ein Vormund, so ist außer der Zustimmung des gesetzlichen Vertreters die Genehmigung des Vormundschaftsgerichts erforderlich, wenn der Ausgleich des Zugewinns ausgeschlossen oder eingeschränkt oder wenn Gütergemeinschaft vereinbart oder aufgehoben wird. Der gesetzliche Vertreter kann für einen in der Geschäftsfähigkeit beschränkten Ehegatten keinen Ehevertrag schließen.

(2) Für einen geschäftsunfähigen Ehegatten schließt der gesetzliche Vertreter den Vertrag; Gütergemeinschaft kann er nicht vereinbaren oder aufheben. Ist der gesetzliche Vertreter ein Vormund, so kann er den Vertrag nur mit Genehmigung des Vormundschaftsgerichts schließen.

§ 1412

(1) Haben die Ehegatten den gesetzlichen Güterstand ausgeschlossen oder geändert, so können sie hieraus einem Dritten gegenüber Einwendungen gegen ein Rechtsgeschäft, das zwischen einem von ihnen und dem Dritten vorgenommen worden ist, nur herleiten, wenn der Ehevertrag im Güterrechtsregister des zuständigen Amtsgerichts eingetragen oder dem Dritten bekannt war, als das Rechtsgeschäft vorgenommen wurde; Einwendungen gegen ein rechtskräftiges Urteil, das zwischen einem der Ehegatten und dem Dritten ergangen ist, sind nur zulässig, wenn der Ehevertrag eingetragen oder dem Dritten bekannt war, als der Rechtsstreit anhängig wurde.

(2) Das gleiche gilt, wenn die Ehegatten eine im Güterrechtsregister eingetragene Regelung der güterrechtlichen Verhältnisse durch Ehevertrag aufheben oder ändern.

§ 1413

Überläßt ein Ehegatte sein Vermögen der Verwaltung des anderen Ehegatten, so kann das Recht, die Überlassung jederzeit zu widerrufen, nur durch Ehevertrag ausgeschlossen oder eingeschränkt werden; ein Widerruf aus wichtigem Grunde bleibt gleichwohl zulässig.

2. *Gütertrennung*

§ 1414

Schließen die Ehegatten den gesetzlichen Güterstand aus oder heben sie ihn auf, so tritt Gütertrennung ein, falls sich nicht aus dem Ehevertrag etwas anderes ergibt. Das gleiche gilt, wenn der Ausgleich des Zugewinns ausgeschlossen oder die Gütergemeinschaft aufgehoben wird.

3. *Gütergemeinschaft*

a) Allgemeine Vorschriften

§ 1415

Vereinbaren die Ehegatten durch Ehevertrag Gütergemeinschaft, so gelten die nachstehenden Vorschriften.

§ 1416

(1) Das Vermögen des Mannes und das Vermögen der Frau werden durch die Gütergemeinschaft gemeinschaftliches Vermögen beider Ehegatten (Gesamtgut). Zu dem Gesamtgut gehört auch das Vermögen, das der Mann oder die Frau während der Gütergemeinschaft erwirbt.

(2) Die einzelnen Gegenstände werden gemeinschaftlich; sie brauchen nicht durch Rechtsgeschäft übertragen zu werden.

(3) Wird ein Recht gemeinschaftlich, das im Grundbuch eingetragen ist oder in das Grundbuch eingetragen werden kann, so kann jeder Ehegatte von dem anderen verlangen, daß er zur Berichtigung des Grundbuchs mitwirke. Entsprechendes gilt, wenn ein Recht gemeinschaftlich wird, das im Schiffsregister oder im Schiffsbauregister eingetragen ist.

§ 1417

(1) Vom Gesamtgut ist das Sondergut ausgeschlossen.

(2) Sondergut sind die Gegenstände, die nicht durch Rechtsgeschäft übertragen werden können.

(3) Jeder Ehegatte verwaltet sein Sondergut selbständig. Er verwaltet es für Rechnung des Gesamtgutes.

§ 1418

(1) Vom Gesamtgut ist das Vorbehaltsgut ausgeschlossen.

(2) Vorbehaltsgut sind die Gegenstände,

1. die durch Ehevertrag zum Vorbehaltsgut eines Ehegatten erklärt sind;
2. die ein Ehegatte von Todes wegen erwirbt oder die ihm von einem Dritten unentgeltlich zugewendet werden, wenn der Erblasser durch letztwillige Verfügung, der Dritte bei der Zuwendung bestimmt hat, daß der Erwerb Vorbehaltsgut sein soll;
3. die ein Ehegatte auf Grund eines zu seinem Vorbehaltsgut gehörenden Rechtes oder als Ersatz für die Zerstörung, Beschädigung oder Entziehung eines zum Vorbehaltsgut gehörenden Gegenstandes oder durch ein Rechtsgeschäft erwirbt, das sich auf das Vorbehaltsgut bezieht.

(3) Jeder Ehegatte verwaltet das Vorbehaltsgut selbständig. Er verwaltet es für eigene Rechnung.

(4) Gehören Vermögensgegenstände zum Vorbehaltsgut, so ist dies Dritten gegenüber nur nach Maßgabe des § 1412 wirksam.

§ 1419

(1) Ein Ehegatte kann nicht über seinen Anteil am Gesamtgut und an den einzelnen Gegenständen verfügen, die zum Gesamtgut gehören; er ist nicht berechtigt, Teilung zu verlangen.

(2) Gegen eine Forderung, die zum Gesamtgut gehört, kann der Schuldner nur mit einer Forderung aufrechnen, deren Berichtigung er aus dem Gesamtgut verlangen kann.

§ 1420

Die Einkünfte, die in das Gesamtgut fallen, sind vor den Einkünften, die in das Vorbehaltsgut fallen, der Stamm des Gesamtgutes ist vor dem Stamm des Vorbehaltsgutes oder des Sondergutes für den Unterhalt der Familie zu verwenden.

§ 1421

Die Ehegatten sollen in dem Ehevertrag, durch den sie die Gütergemeinschaft vereinbaren, bestimmen, ob das Gesamtgut von dem Mann oder der Frau oder von ihnen gemeinschaftlich verwaltet wird. Enthält der Ehevertrag keine Bestimmung hierüber, so verwalten die Ehegatten das Gesamtgut gemeinschaftlich.

b) Verwaltung des Gesamtguts durch den Mann oder die Frau

§ 1422

Der Ehegatte, der das Gesamtgut verwaltet, ist insbesondere berechtigt, die zum Gesamtgut gehörenden Sachen in Besitz zu nehmen und über das Gesamtgut zu verfügen; er führt Rechtsstreitigkeiten, die sich auf das Gesamtgut beziehen, im eigenen

Namen. Der andere Ehegatte wird durch die Verwaltungshandlungen nicht persönlich verpflichtet.

§ 1423

Der Ehegatte, der das Gesamtgut verwaltet, kann sich nur mit Einwilligung des anderen Ehegatten verpflichten, über das Gesamtgut im ganzen zu verfügen. Hat er sich ohne Zustimmung des anderen Ehegatten verpflichtet, so kann er die Verpflichtung nur erfüllen, wenn der andere Ehegatte einwilligt.

§ 1424

Der Ehegatte, der das Gesamtgut verwaltet, kann nur mit Einwilligung des anderen Ehegatten über ein zum Gesamtgut gehörendes Grundstück verfügen; er kann sich zu einer solchen Verfügung auch nur mit Einwilligung seines Ehegatten verpflichten. Dasselbe gilt, wenn ein eingetragenes Schiff oder Schiffsbauwerk zum Gesamtgut gehört.

§ 1425

(1) Der Ehegatte, der das Gesamtgut verwaltet, kann nur mit Einwilligung des anderen Ehegatten Gegenstände aus dem Gesamtgut verschenken; hat er ohne Zustimmung des anderen Ehegatten versprochen, Gegenstände aus dem Gesamtgut zu verschenken, so kann er dieses Versprechen nur erfüllen, wenn der andere Ehegatte einwilligt. Das gleiche gilt von einem Schenkungsversprechen, das sich nicht auf das Gesamtgut bezieht.

(2) Ausgenommen sind Schenkungen, durch die einer sittlichen Pflicht oder einer auf den Anstand zu nehmenden Rücksicht entsprochen wird.

§ 1426

Ist ein Rechtsgeschäft, das nach den §§ 1423, 1424 nur mit Einwilligung des anderen Ehegatten vorgenommen werden kann, zur ordnungsmäßigen Verwaltung des Gesamtgutes erforderlich, so kann das Vormundschaftsgericht auf Antrag die Zustimmung des anderen Ehegatten ersetzen, wenn dieser sie ohne ausreichenden Grund verweigert oder durch Krankheit oder Abwesenheit an der Abgabe einer Erklärung verhindert und mit dem Aufschub Gefahr verbunden ist.

§ 1427

(1) Nimmt der Ehegatte, der das Gesamtgut verwaltet, ein Rechtsgeschäft ohne die erforderliche Einwilligung des anderen Ehegatten vor, so gelten die Vorschriften des § 1366 Abs 1, 3, 4 und des § 1367 entsprechend.

(2) Einen Vertrag kann der Dritte bis zur Genehmigung widerrufen. Hat er gewußt, daß der Ehegatte in Gütergemeinschaft lebt, so kann er nur widerrufen, wenn dieser wahrheitswidrig behauptet hat, der andere Ehegatte habe eingewilligt; er kann auch in diesem Falle nicht widerrufen, wenn ihm beim Abschluß des Vertrages bekannt war, daß der andere Ehegatte nicht eingewilligt hatte.

§ 1428

Verfügt der Ehegatte, der das Gesamtgut verwaltet, ohne die erforderliche Zustimmung des anderen Ehegatten über ein zum Gesamtgut gehörendes Recht, so kann dieser das Recht gegen Dritte gerichtlich geltend machen; der Ehegatte, der das Gesamtgut verwaltet, braucht hierzu nicht mitzuwirken.

§ 1429

Ist der Ehegatte, der das Gesamtgut verwaltet, durch Krankheit oder durch Abwesenheit verhindert, ein Rechtsgeschäft vorzunehmen, das sich auf das Gesamtgut bezieht, so kann der andere Ehegatte das Rechtsgeschäft vornehmen, wenn mit dem Aufschub Gefahr verbunden ist; er kann hierbei im eigenen Namen oder im Namen des verwaltenden Ehegatten handeln. Das gleiche gilt für die Führung eines Rechtsstreits, der sich auf das Gesamtgut bezieht.

§ 1430

Verweigert der Ehegatte, der das Gesamtgut verwaltet, ohne ausreichenden Grund die Zustimmung zu einem Rechtsgeschäft, das der andere Ehegatte zur ordnungsmäßigen Besorgung seiner persönlichen Angelegenheiten vornehmen muß, aber ohne diese Zustimmung nicht mit Wirkung für das Gesamtgut vornehmen kann, so kann das Vormundschaftsgericht die Zustimmung auf Antrag ersetzen.

§ 1431

(1) Hat der Ehegatte, der das Gesamtgut verwaltet, darin eingewilligt, daß der andere Ehegatte selbständig ein Erwerbsgeschäft betreibt, so ist seine Zustimmung zu solchen Rechtsgeschäften und Rechtsstreitigkeiten nicht erforderlich, die der Geschäftsbetrieb mit sich bringt. Einseitige Rechtsgeschäfte, die sich auf das Erwerbsgeschäft beziehen, sind dem Ehegatten gegenüber vorzunehmen, der das Erwerbsgeschäft betreibt.

(2) Weiß der Ehegatte, der das Gesamtgut verwaltet, daß der andere Ehegatte ein Erwerbsgeschäft betreibt, und hat er hiergegen keinen Einspruch eingelegt, so steht dies einer Einwilligung gleich.

(3) Dritten gegenüber ist ein Einspruch und der Widerruf der Einwilligung nur nach Maßgabe des § 1412 wirksam.

§ 1432

(1) Ist dem Ehegatten, der das Gesamtgut nicht verwaltet, eine Erbschaft oder ein Vermächtnis angefallen, so ist nur er berechtigt, die Erbschaft oder das Vermächtnis anzunehmen oder auszuschlagen; die Zustimmung des anderen Ehegatten ist nicht erforderlich. Das gleiche gilt von dem Verzicht auf den Pflichtteil oder auf den Ausgleich eines Zugewinns sowie von der Ablehnung eines Vertragsantrags oder einer Schenkung.

(2) Der Ehegatte, der das Gesamtgut nicht verwaltet, kann ein Inventar über eine ihm angefallene Erbschaft ohne Zustimmung des anderen Ehegatten errichten.

§ 1433

Der Ehegatte, der das Gesamtgut nicht verwaltet, kann ohne Zustimmung des anderen Ehegatten einen Rechtsstreit fortsetzen, der beim Eintritt der Gütergemeinschaft anhängig war.

§ 1434

Wird durch ein Rechtsgeschäft, das ein Ehegatte ohne die erforderliche Zustimmung des anderen Ehegatten vornimmt, das Gesamtgut bereichert, so ist die Bereicherung nach den Vorschriften über die ungerechtfertigte Bereicherung aus dem Gesamtgut herauszugeben.

§ 1435

Der Ehegatte hat das Gesamtgut ordnungsmäßig zu verwalten. Er hat den anderen Ehegatten über die Verwaltung zu unterrichten und ihm auf Verlangen über den Stand der Verwaltung Auskunft zu erteilen. Mindert sich das Gesamtgut, so muß er zu dem Gesamtgut Ersatz leisten, wenn er den Verlust verschuldet oder durch ein Rechtsgeschäft herbeigeführt hat, das er ohne die erforderliche Zustimmung des anderen Ehegatten vorgenommen hat.

§ 1436

Steht der Ehegatte, der das Gesamtgut verwaltet, unter Vormundschaft, so hat ihn der Vormund in den Rechten und Pflichten zu vertreten, die sich aus der Verwaltung des Gesamtgutes ergeben. Dies gilt auch dann, wenn der andere Ehegatte zum Vormund bestellt ist.

§ 1437

(1) Aus dem Gesamtgut können die Gläubiger des Ehegatten, der das Gesamtgut verwaltet, und, soweit sich aus den §§ 1438 bis 1440 nichts anderes ergibt, auch die Gläubiger des anderen Ehegatten Befriedigung verlangen (Gesamtgutsverbindlichkeiten).

(2) Der Ehegatte, der das Gesamtgut verwaltet, haftet für die Verbindlichkeiten des anderen Ehegatten, die Gesamtgutsverbindlichkeiten sind, auch persönlich als Gesamtschuldner. Die Haftung erlischt mit der Beendigung der Gütergemeinschaft, wenn die Verbindlichkeiten im Verhältnis der Ehegatten zueinander dem anderen Ehegatten zur Last fallen.

§ 1438

(1) Das Gesamtgut haftet für eine Verbindlichkeit aus einem Rechtsgeschäft, das während der Gütergemeinschaft vorgenommen wird, nur dann, wenn der Ehegatte, der das Gesamtgut verwaltet, das Rechtsgeschäft vornimmt oder wenn er ihm zustimmt oder wenn das Rechtsgeschäft ohne seine Zustimmung für das Gesamtgut wirksam ist.

(2) Für die Kosten eines Rechtsstreits haftet das Gesamtgut auch dann, wenn das Urteil dem Gesamtgut gegenüber nicht wirksam ist.

§ 1439

Das Gesamtgut haftet nicht für Verbindlichkeiten, die durch den Erwerb einer Erbschaft entstehen, wenn der Ehegatte, der Erbe ist, das Gesamtgut nicht verwaltet und die Erbschaft während der Gütergemeinschaft als Vorbehaltsgut oder als Sondergut erwirbt; das gleiche gilt beim Erwerb eines Vermächtnisses.

§ 1440

Das Gesamtgut haftet nicht für eine Verbindlichkeit, die während der Gütergemeinschaft infolge eines zum Vorbehaltsgut oder Sondergut gehörenden Rechtes oder des Besitzes einer dazu gehörenden Sache in der Person des Ehegatten entsteht, der das Gesamtgut nicht verwaltet. Das Gesamtgut haftet jedoch, wenn das Recht oder die Sache zu einem Erwerbsgeschäft gehört, das der Ehegatte mit Einwilligung des anderen Ehegatten selbständig betreibt, oder wenn die Verbindlichkeit zu den Lasten des Sondergutes gehört, die aus den Einkünften beglichen zu werden pflegen.

§ 1441

Im Verhältnis der Ehegatten zueinander fallen folgende Gesamtgutsverbindlichkeiten dem Ehegatten zur Last, in dessen Person sie entstehen:

1. die Verbindlichkeiten aus einer unerlaubten Handlung, die er nach Eintritt der Gütergemeinschaft begeht, oder aus einem Strafverfahren, das wegen einer solchen Handlung gegen ihn gerichtet wird;
2. die Verbindlichkeiten aus einem sich auf sein Vorbehaltsgut oder sein Sondergut beziehenden Rechtsverhältnis, auch wenn sie vor Eintritt der Gütergemeinschaft oder vor der Zeit entstanden sind, zu der das Gut Vorbehaltsgut oder Sondergut geworden ist;
3. die Kosten eines Rechtsstreits über eine der in den Nummern 1 und 2 bezeichneten Verbindlichkeiten.

§ 1442

Die Vorschriften des § 1441 Nr 2, 3 gelten nicht, wenn die Verbindlichkeiten zu den Lasten des Sondergutes gehören, die aus den Einkünften beglichen zu werden pflegen. Die Vorschriften gelten auch dann nicht, wenn die Verbindlichkeiten durch den Betrieb eines für Rechnung des Gesamtgutes geführten Erwerbsgeschäfts oder infolge eines zu einem solchen Erwerbsgeschäft gehörenden Rechtes oder des Besitzes einer dazu gehörenden Sache entstehen.

§ 1443

(1) Im Verhältnis der Ehegatten zueinander fallen die Kosten eines Rechtsstreits, den die Ehegatten miteinander führen, dem Ehegatten zur Last, der sie nach allgemeinen Vorschriften zu tragen hat.

(2) Führt der Ehegatte, der das Gesamtgut nicht verwaltet, einen Rechtsstreit mit einem Dritten, so fallen die Kosten des Rechtsstreits im Verhältnis der Ehegatten zueinander diesem Ehegatten zur Last. Die Kosten fallen jedoch dem Gesamtgut zur Last, wenn das Urteil dem Gesamtgut gegenüber wirksam ist oder wenn der Rechtsstreit eine persönliche Angelegenheit oder eine Gesamtgutsverbindlichkeit des Ehegatten betrifft und die Aufwendung der Kosten den Umständen nach geboten ist; § 1441 Nr 3 und § 1442 bleiben unberührt.

§ 1444

(1) Verspricht oder gewährt der Ehegatte, der das Gesamtgut verwaltet, einem gemeinschaftlichen Kind aus dem Gesamtgut eine Ausstattung, so fällt ihm im Verhältnis der Ehegatten zueinander die Ausstattung zur Last, soweit sie das Maß übersteigt, das dem Gesamtgut entspricht.

(2) Verspricht oder gewährt der Ehegatte, der das Gesamtgut verwaltet, einem nicht gemeinschaftlichen Kind eine Ausstattung aus dem Gesamtgut, so fällt sie im Verhältnis der Ehegatten zueinander dem Vater oder der Mutter zur Last; für den Ehegatten, der das Gesamtgut nicht verwaltet, gilt dies jedoch nur insoweit, als er zustimmt oder die Ausstattung nicht das Maß übersteigt, das dem Gesamtgut entspricht.

§ 1445

(1) Verwendet der Ehegatte, der das Gesamtgut verwaltet, Gesamtgut in sein Vorbehaltsgut oder in sein Sondergut, so hat er den Wert des Verwendeten zum Gesamtgut zu ersetzen.

(2) Verwendet er Vorbehaltsgut oder Sondergut in das Gesamtgut, so kann er Ersatz aus dem Gesamtgut verlangen.

§ 1446

(1) Was der Ehegatte, der das Gesamtgut verwaltet, zum Gesamtgut schuldet, braucht er erst nach der Beendigung der Gütergemeinschaft zu leisten; was er aus dem Gesamtgut zu fordern hat, kann er erst nach der Beendigung der Gütergemeinschaft fordern.

(2) Was der Ehegatte, der das Gesamtgut nicht verwaltet, zum Gesamtgut oder was er zum Vorbehaltsgut oder Sondergut des anderen Ehegatten schuldet, braucht er erst nach der Beendigung der Gütergemeinschaft zu leisten; er hat die Schuld jedoch schon vorher zu berichtigen, soweit sein Vorbehaltsgut und sein Sondergut hierzu ausreichen.

§ 1447

Der Ehegatte, der das Gesamtgut nicht verwaltet, kann auf Aufhebung der Gütergemeinschaft klagen,

1. wenn seine Rechte für die Zukunft dadurch erheblich gefährdet werden können, daß der andere Ehegatte zur Verwaltung des Gesamtgutes unfähig ist oder sein Recht das Gesamtgut zu verwalten, mißbraucht;

2. wenn der andere Ehegatte seine Verpflichtung, zum Familienunterhalt beizutragen, verletzt hat und für die Zukunft eine erhebliche Gefährdung des Unterhalts zu besorgen ist;
3. wenn das Gesamtgut durch Verbindlichkeiten, die in der Person des anderen Ehegatten entstanden sind, in solchem Maße überschuldet ist, daß ein späterer Erwerb des Ehegatten, der das Gesamtgut nicht verwaltet, erheblich gefährdet wird;
4. wenn der andere Ehegatte entmündigt ist und der die Entmündigung aussprechende Beschluß nicht mehr angefochten werden kann.

§ 1448

Der Ehegatte, der das Gesamtgut verwaltet, kann auf Aufhebung der Gütergemeinschaft klagen, wenn das Gesamtgut infolge von Verbindlichkeiten des anderen Ehegatten, die diesem im Verhältnis der Ehegatten zueinander zur Last fallen, in solchem Maße überschuldet ist, daß ein späterer Erwerb erheblich gefährdet wird.

§ 1449

(1) Mit der Rechtskraft des Urteils ist die Gütergemeinschaft aufgehoben; für die Zukunft gilt Gütertrennung.

(2) Dritten gegenüber ist die Aufhebung der Gütergemeinschaft nur nach Maßgabe des § 1412 wirksam.

c) Gemeinsame Verwaltung des Gesamtguts durch die Ehegatten

§ 1450

(1) Wird das Gesamtgut von den Ehegatten gemeinschaftlich verwaltet, so sind die Ehegatten insbesondere nur gemeinschaftlich berechtigt, über das Gesamtgut zu verfügen und Rechtsstreitigkeiten zu führen, die sich auf das Gesamtgut beziehen. Der Besitz an den zum Gesamtgut gehörenden Sachen gebührt den Ehegatten gemeinschaftlich.

(2) Ist eine Willenserklärung den Ehegatten gegenüber abzugeben, so genügt die Abgabe gegenüber einem Ehegatten.

§ 1451

Jeder Ehegatte ist dem anderen gegenüber verpflichtet, zu Maßregeln mitzuwirken, die zur ordnungsmäßigen Verwaltung des Gesamtgutes erforderlich sind.

§ 1452

(1) Ist zur ordnungsmäßigen Verwaltung des Gesamtgutes die Vornahme eines Rechtsgeschäfts oder die Führung eines Rechtsstreits erforderlich, so kann das Vormundschaftsgericht auf Antrag eines Ehegatten die Zustimmung des anderen Ehegatten ersetzen, wenn dieser sie ohne ausreichenden Grund verweigert.

(2) Die Vorschrift des Absatzes 1 gilt auch, wenn zur ordnungsmäßigen Besorgung der persönlichen Angelegenheiten eines Ehegatten ein Rechtsgeschäft erforderlich ist, das der Ehegatte mit Wirkung für das Gesamtgut nicht ohne Zustimmung des anderen Ehegatten vornehmen kann.

§ 1453

(1) Verfügt ein Ehegatte ohne die erforderliche Einwilligung des anderen Ehegatten über das Gesamtgut, so gelten die Vorschriften des § 1366 Abs 1, 3, 4 und des § 1367 entsprechend.

(2) Einen Vertrag kann der Dritte bis zur Genehmigung widerrufen. Hat er gewußt, daß der Ehegatte in Gütergemeinschaft lebt, so kann er nur widerrufen, wenn dieser wahrheitswidrig behauptet hat, der andere Ehegatte habe eingewilligt; er kann auch in diesem Falle nicht widerrufen, wenn ihm beim Abschluß des Vertrages bekannt war, daß der andere Ehegatte nicht eingewilligt hatte.

§ 1454

Ist ein Ehegatte durch Krankheit oder Abwesenheit verhindert, bei einem Rechtsgeschäft mitzuwirken, das sich auf das Gesamtgut bezieht, so kann der andere Ehegatte das Rechtsgeschäft vornehmen, wenn mit dem Aufschub Gefahr verbunden ist; er kann hierbei im eigenen Namen oder im Namen beider Ehegatten handeln. Das gleiche gilt für die Führung eines Rechtsstreits, der sich auf das Gesamtgut bezieht.

§ 1455

Jeder Ehegatte kann ohne Mitwirkung des anderen Ehegatten

1. eine ihm angefallene Erbschaft oder ein ihm angefallenes Vermächtnis annehmen oder ausschlagen;
2. auf seinen Pflichtteil oder auf den Ausgleich eines Zugewinns verzichten;
3. ein Inventar über eine ihm oder dem anderen Ehegatten angefallene Erbschaft errichten, es sei denn, daß die dem anderen Ehegatten angefallene Erbschaft zu dessen Vorbehaltsgut oder Sondergut gehört;
4. einen ihm gemachten Vertragsantrag oder eine ihm gemachte Schenkung ablehnen;
5. ein sich auf das Gesamtgut beziehendes Rechtsgeschäft gegenüber dem anderen Ehegatten vornehmen;
6. ein zum Gesamtgut gehörendes Recht gegen den anderen Ehegatten gerichtlich geltend machen;
7. einen Rechtsstreit fortsetzen, der beim Eintritt der Gütergemeinschaft anhängig war;
8. ein zum Gesamtgut gehörendes Recht gegen einen Dritten gerichtlich geltend machen, wenn der andere Ehegatte ohne die erforderliche Zustimmung über das Recht verfügt hat;
9. ein Widerspruchsrecht gegenüber einer Zwangsvollstreckung in das Gesamtgut gerichtlich geltend machen;
10. die zur Erhaltung des Gesamtgutes notwendigen Maßnahmen treffen, wenn mit dem Aufschub Gefahr verbunden ist.

§ 1456

(1) Hat ein Ehegatte darin eingewilligt, daß der andere Ehegatte selbständig ein Erwerbsgeschäft betreibt, so ist seine Zustimmung zu solchen Rechtsgeschäften und Rechtsstreitigkeiten nicht erforderlich, die der Geschäftsbetrieb mit sich bringt. Einseitige Rechtsgeschäfte, die sich auf das Erwerbsgeschäft beziehen, sind dem Ehegatten gegenüber vorzunehmen, der das Erwerbsgeschäft betreibt.

(2) Weiß ein Ehegatte, daß der andere ein Erwerbsgeschäft betreibt, und hat er hiergegen keinen Einspruch eingelegt, so steht dies einer Einwilligung gleich.

(3) Dritten gegenüber ist ein Einspruch und der Widerruf der Einwilligung nur nach Maßgabe des § 1412 wirksam.

§ 1457

Wird durch ein Rechtsgeschäft, das ein Ehegatte ohne die erforderliche Zustimmung des anderen Ehegatten vornimmt, das Gesamtgut bereichert, so ist die Bereicherung nach den Vorschriften über die ungerechtfertigte Bereicherung aus dem Gesamtgut herauszugeben.

§ 1458

Solange ein Ehegatte unter elterlicher Gewalt oder unter Vormundschaft steht, verwaltet der andere Ehegatte das Gesamtgut allein; die Vorschriften der §§ 1422 bis 1449 sind anzuwenden.

§ 1459

(1) Die Gläubiger des Mannes und die Gläubiger der Frau können, soweit sich aus den §§ 1460 bis 1462 nichts anderes ergibt, aus dem Gesamtgut Befriedigung verlangen (Gesamtgutsverbindlichkeiten).

(2) Für die Gesamtgutsverbindlichkeiten haften die Ehegatten auch persönlich als Gesamtschuldner. Fallen die Verbindlichkeiten im Verhältnis der Ehegatten zueinander einem der Ehegatten zur Last, so erlischt die Verbindlichkeit des anderen Ehegatten mit der Beendigung der Gütergemeinschaft.

§ 1460

(1) Das Gesamtgut haftet für eine Verbindlichkeit aus einem Rechtsgeschäft, das ein Ehegatte während der Gütergemeinschaft vornimmt, nur dann, wenn der andere Ehegatte dem Rechtsgeschäft zustimmt oder wenn das Rechtsgeschäft ohne seine Zustimmung für das Gesamtgut wirksam ist.

(2) Für die Kosten eines Rechtsstreits haftet das Gesamtgut auch dann, wenn das Urteil dem Gesamtgut gegenüber nicht wirksam ist.

§ 1461

Das Gesamtgut haftet nicht für Verbindlichkeiten eines Ehegatten, die durch den Erwerb einer Erbschaft oder eines Vermächtnisses entstehen, wenn der Ehegatte die Erbschaft oder das Vermächtnis während der Gütergemeinschaft als Vorbehaltsgut oder als Sondergut erwirbt.

§ 1462

Das Gesamtgut haftet nicht für eine Verbindlichkeit eines Ehegatten, die während der Gütergemeinschaft infolge eines zum Vorbehaltsgut oder zum Sondergut gehörenden Rechtes oder des Besitzes einer dazu gehörenden Sache entsteht. Das Gesamtgut haftet jedoch, wenn das Recht oder die Sache zu einem Erwerbsgeschäft gehört, das ein Ehegatte mit Einwilligung des anderen Ehegatten selbständig betreibt, oder wenn die Verbindlichkeit zu den Lasten des Sondergutes gehört, die aus den Einkünften beglichen zu werden pflegen.

§ 1463

Im Verhältnis der Ehegatten zueinander fallen folgende Gesamtgutsverbindlichkeiten dem Ehegatten zur Last, in dessen Person sie entstehen:

1. die Verbindlichkeiten aus einer unerlaubten Handlung, die er nach Eintritt der Gütergemeinschaft begeht, oder aus einem Strafverfahren, das wegen einer solchen Handlung gegen ihn gerichtet wird;
2. die Verbindlichkeiten aus einem sich auf sein Vorbehaltsgut oder sein Sondergut beziehenden Rechtsverhältnis, auch wenn sie vor Eintritt der Gütergemeinschaft oder vor der Zeit entstanden sind, zu der das Gut Vorbehaltsgut oder Sondergut geworden ist;
3. die Kosten eines Rechtsstreits über eine der in den Nummern 1 und 2 bezeichneten Verbindlichkeiten.

§ 1464

Die Vorschriften des § 1463 Nr 2, 3 gelten nicht, wenn die Verbindlichkeiten zu den Lasten des Sondergutes gehören, die aus den Einkünften beglichen zu werden pflegen. Die Vorschriften gelten auch dann nicht, wenn die Verbindlichkeiten durch den Betrieb eines für Rechnung des Gesamtgutes geführten Erwerbsgeschäfts oder infolge eines zu einem solchen Erwerbsgeschäft gehörenden Rechtes oder des Besitzes einer dazu gehörenden Sache entstehen.

§ 1465

(1) Im Verhältnis der Ehegatten zueinander fallen die Kosten eines Rechtsstreits, den die Ehegatten miteinander führen, dem Ehegatten zur Last, der sie nach allgemeinen Vorschriften zu tragen hat.

(2) Führt ein Ehegatte einen Rechtsstreit mit einem Dritten, so fallen die Kosten des Rechtsstreits im Verhältnis der Ehegatten zueinander dem Ehegatten zur Last, der den Rechtsstreit führt. Die Kosten fallen jedoch dem Gesamtgut zur Last, wenn das Urteil dem Gesamtgut gegenüber wirksam ist oder wenn der Rechtsstreit eine persönliche Angelegenheit oder eine Gesamtgutsverbindlichkeit des Ehegatten betrifft und die Aufwendung der Kosten den Umständen nach geboten ist; § 1463 Nr 3 und § 1464 bleiben unberührt.

§ 1466

Im Verhältnis der Ehegatten zueinander fallen die Kosten der Ausstattung eines nicht gemeinschaftlichen Kindes dem Vater oder der Mutter des Kindes zur Last.

§ 1467

(1) Verwendet ein Ehegatte Gesamtgut in sein Vorbehaltsgut oder in sein Sondergut, so hat er den Wert des Verwendeten zum Gesamtgut zu ersetzen.

(2) Verwendet ein Ehegatte Vorbehaltsgut oder Sondergut in das Gesamtgut, so kann er Ersatz aus dem Gesamtgut verlangen.

§ 1468

Was ein Ehegatte zum Gesamtgut oder was er zum Vorbehaltsgut oder Sondergut des anderen Ehegatten schuldet, braucht er erst nach Beendigung der Gütergemeinschaft zu leisten; soweit jedoch das Vorbehaltsgut und das Sondergut des Schulders ausreichen, hat er die Schuld schon vorher zu berichtigen.

§ 1469

Jeder Ehegatte kann auf Aufhebung der Gütergemeinschaft klagen,

1. wenn seine Rechte für die Zukunft dadurch erheblich gefährdet werden können, daß der andere Ehegatte ohne seine Mitwirkung Verwaltungshandlungen vornimmt, die nur gemeinschaftlich vorgenommen werden dürfen;
2. wenn der andere Ehegatte sich ohne ausreichenden Grund beharrlich weigert, zur ordnungsmäßigen Verwaltung des Gesamtgutes mitzuwirken;
3. wenn der andere Ehegatte seine Verpflichtung, zum Familienunterhalt beizutragen, verletzt hat und für die Zukunft eine erhebliche Gefährdung des Unterhalts zu besorgen ist;
4. wenn das Gesamtgut durch Verbindlichkeiten, die in der Person des anderen Ehegatten entstanden sind und diesem im Verhältnis der Ehegatten zueinander zur Last fallen, in solchem Maße überschuldet ist, daß sein späterer Erwerb erheblich gefährdet wird;
5. wenn der andere Ehegatte entmündigt ist und der die Entmündigung aussprechende Beschluß nicht mehr angefochten werden kann.

§ 1470

(1) Mit der Rechtskraft des Urteils ist die Gütergemeinschaft aufgehoben; für die Zukunft gilt Gütertrennung.

(2) Dritten gegenüber ist die Aufhebung der Gütergemeinschaft nur nach Maßgabe des § 1412 wirksam.

d) Auseinandersetzung des Gesamtguts

§ 1471

(1) Nach der Beendigung der Gütergemeinschaft setzen sich die Ehegatten über das Gesamtgut auseinander.

(2) Bis zur Auseinandersetzung gelten für das Gesamtgut die Vorschriften des § 1419.

§ 1472

(1) Bis zur Auseinandersetzung verwalten die Ehegatten das Gesamtgut gemeinschaftlich.

(2) Jeder Ehegatte darf das Gesamtgut in derselben Weise wie vor der Beendigung der Gütergemeinschaft verwalten, bis er von der Beendigung Kenntnis erlangt oder sie kennen muß. Ein Dritter kann sich hierauf nicht berufen, wenn er bei der Vornahme eines Rechtsgeschäfts weiß oder wissen muß, daß die Gütergemeinschaft beendet ist.

(3) Jeder Ehegatte ist dem anderen gegenüber verpflichtet, zu Maßregeln mitzuwirken, die zur ordnungsmäßigen Verwaltung des Gesamtgutes erforderlich sind; die zur Erhaltung notwendigen Maßregeln kann jeder Ehegatte allein treffen.

(4) Endet die Gütergemeinschaft durch den Tod eines Ehegatten, so hat der überlebende Ehegatte die Geschäfte, die zur ordnungsmäßigen Verwaltung erforderlich sind und nicht ohne Gefahr aufgeschoben werden können, so lange zu führen, bis der Erbe anderweit Fürsorge treffen kann. Diese Verpflichtung besteht nicht, wenn der verstorbene Ehegatte das Gesamtgut allein verwaltet hat.

§ 1473

(1) Was auf Grund eines zum Gesamtgut gehörenden Rechtes oder als Ersatz für die Zerstörung, Beschädigung oder Entziehung eines zum Gesamtgut gehörenden Gegenstandes oder durch ein Rechtsgeschäft erworben wird, das sich auf das Gesamtgut bezieht, wird Gesamtgut.

(2) Gehört eine Forderung, die durch Rechtsgeschäft erworben ist, zum Gesamtgut, so braucht der Schuldner dies erst dann gegen sich gelten zu lassen, wenn er erfährt, daß die Forderung zum Gesamtgut gehört; die Vorschriften der §§ 406 bis 408 sind entsprechend anzuwenden.

§ 1474

Die Ehegatten setzen sich, soweit sie nichts anderes vereinbaren, nach den §§ 1475 bis 1481 auseinander.

§ 1475

(1) Die Ehegatten haben zunächst die Gesamtgutsverbindlichkeiten zu berichtigen. Ist eine Verbindlichkeit noch nicht fällig oder ist sie streitig, so müssen die Ehegatten zurückbehalten, was zur Berichtigung dieser Verbindlichkeit erforderlich ist.

(2) Fällt eine Gesamtgutsverbindlichkeit im Verhältnis der Ehegatten zueinander einem der Ehegatten allein zur Last, so kann dieser nicht verlangen, daß die Verbindlichkeit aus dem Gesamtgut berichtigt wird.

(3) Das Gesamtgut ist in Geld umzusetzen, soweit dies erforderlich ist, um die Gesamtgutsverbindlichkeiten zu berichtigen.

§ 1476

(1) Der Überschuß, der nach der Berichtigung der Gesamtgutsverbindlichkeiten verbleibt, gebührt den Ehegatten zu gleichen Teilen.

(2) Was einer der Ehegatten zum Gesamtgut zu ersetzen hat, muß er sich auf seinen Teil anrechnen lassen. Soweit er den Ersatz nicht auf diese Weise leistet, bleibt er dem anderen Ehegatten verpflichtet.

§ 1477

(1) Der Überschuß wird nach den Vorschriften über die Gemeinschaft geteilt.

(2) Jeder Ehegatte kann gegen Ersatz des Wertes die Sachen übernehmen, die ausschließlich zu seinem persönlichen Gebrauch bestimmt sind, insbesondere Kleider, Schmucksachen und Arbeitsgeräte. Das gleiche gilt für die Gegenstände, die ein Ehegatte in die Gütergemeinschaft eingebracht oder während der Gütergemeinschaft durch Erbfolge, durch Vermächtnis oder mit Rücksicht auf ein künftiges Erbrecht, durch Schenkung oder als Ausstattung erworben hat.

§ 1478

(1) Sind die Ehegatten geschieden und ist einer von ihnen allein oder überwiegend für schuldig erklärt, so kann der andere verlangen, daß jedem von ihnen der Wert dessen zurückerstattet wird, was er in die Gütergemeinschaft eingebracht hat; reicht hierzu der Wert des Gesamtgutes nicht aus, so hat jeder Ehegatte die Hälfte des Fehlbetrages zu tragen.

(2) Als eingebracht sind anzusehen

1. die Gegenstände, die einem Ehegatten beim Eintritt der Gütergemeinschaft gehört haben;
2. die Gegenstände, die ein Ehegatte von Todes wegen oder mit Rücksicht auf ein künftiges Erbrecht, durch Schenkung oder als Ausstattung erworben hat, es sei denn, daß der Erwerb den Umständen nach zu den Einkünften zu rechnen war;
3. die Rechte, die mit dem Tod eines Ehegatten erlöschen oder deren Erwerb durch den Tod eines Ehegatten bedingt ist.

(3) Der Wert des Eingebrachten bestimmt sich nach der Zeit der Einbringung.

(4) Das in Absatz 1 bestimmte Recht steht auch dem schuldlosen Ehegatten zu, dessen Ehe auf Verlangen des anderen Ehegatten geschieden worden ist.

§ 1479

Wird die Gütergemeinschaft auf Grund der §§ 1447, 1448 oder des § 1469 durch Urteil aufgehoben, so kann der Ehegatte, der das Urteil erwirkt hat, verlangen, daß die Auseinandersetzung so erfolgt, wie wenn der Anspruch auf Auseinandersetzung in dem Zeitpunkt rechtshängig geworden wäre, in dem die Klage auf Aufhebung der Gütergemeinschaft erhoben ist.

§ 1480

Wird das Gesamtgut geteilt, bevor eine Gesamtgutsverbindlichkeit berichtigt ist, so haftet dem Gläubiger auch der Ehegatte persönlich als Gesamtschuldner, für den zur Zeit der Teilung eine solche Haftung nicht besteht. Seine Haftung beschränkt sich auf die ihm zugeteilten Gegenstände; die für die Haftung des Erben geltenden Vorschriften der §§ 1990, 1991 sind entsprechend anzuwenden.

§ 1481

(1) Wird das Gesamtgut geteilt, bevor eine Gesamtgutsverbindlichkeit berichtigt ist, die im Verhältnis der Ehegatten zueinander dem Gesamtgut zur Last fällt, so hat der Ehegatte, der das Gesamtgut während der Gütergemeinschaft allein verwaltet hat, dem anderen Ehegatten dafür einzustehen, daß dieser weder über die Hälfte der Verbindlichkeit noch über das aus dem Gesamtgut Erlangte hinaus in Anspruch genommen wird.

(2) Haben die Ehegatten das Gesamtgut während der Gütergemeinschaft gemeinschaftlich verwaltet, so hat jeder Ehegatte dem anderen dafür einzustehen, daß dieser von dem Gläubiger nicht über die Hälfte der Verbindlichkeit hinaus in Anspruch genommen wird.

(3) Fällt die Verbindlichkeit im Verhältnis der Ehegatten zueinander einem der Ehegatten zur Last, so hat dieser dem anderen dafür einzustehen, daß der andere Ehegatte von dem Gläubiger nicht in Anspruch genommen wird.

§ 1482

Wird die Ehe durch den Tod eines Ehegatten aufgelöst, so gehört der Anteil des verstorbenen Ehegatten am Gesamtgut zum Nachlaß. Der verstorbene Ehegatte wird nach den allgemeinen Vorschriften beerbt.

e) Fortgesetzte Gütergemeinschaft

§ 1483

(1) Die Ehegatten können durch Ehevertrag vereinbaren, daß die Gütergemeinschaft nach dem Tode eines Ehegatten zwischen dem überlebenden Ehegatten und den gemeinschaftlichen Abkömmlingen fortgesetzt wird. Treffen die Ehegatten eine solche Vereinbarung, so wird die Gütergemeinschaft mit den gemeinschaftlichen Abkömmlingen fortgesetzt, die bei gesetzlicher Erbfolge als Erben berufen sind. Der Anteil des verstorbenen Ehegatten am Gesamtgut gehört nicht zum Nachlaß; im übrigen wird der Ehegatte nach den allgemeinen Vorschriften beerbt.

(2) Sind neben den gemeinschaftlichen Abkömmlingen andere Abkömmlinge vorhanden, so bestimmen sich ihr Erbrecht und ihre Erbteile so, wie wenn fortgesetzte Gütergemeinschaft nicht eingetreten wäre.

10. Die §§ 1486, 1487 werden wie folgt gefaßt:

§ 1486

(1) Vorbehaltsgut des überlebenden Ehegatten ist, was er bisher als Vorbehaltsgut gehabt hat oder was er nach § 1418 Abs 2 Nr 2, 3 als Vorbehaltsgut erwirbt.

(2) Sondergut des überlebenden Ehegatten ist, was er bisher als Sondergut gehabt hat oder was er als Sondergut erwirbt.

§ 1487

(1) Die Rechte und Verbindlichkeiten des überlebenden Ehegatten sowie der anteilsberechtigten Abkömmlinge in Ansehung des Gesamtgutes der fortgesetzten Gütergemeinschaft bestimmen sich nach den für die eheliche Gütergemeinschaft geltenden Vorschriften der §§ 1419, 1422 bis 1428, 1434, des § 1435 Satz 1, 3 und der §§ 1436, 1445; der überlebende Ehegatte hat die rechtliche Stellung des Ehegatten, der das Gesamtgut allein verwaltet, die anteilsberechtigten Abkömmlinge haben die rechtliche Stellung des anderen Ehegatten.

(2) Was der überlebende Ehegatte zu dem Gesamtgut schuldet oder aus dem Gesamtgut zu fordern hat, ist erst nach der Beendigung der fortgesetzten Gütergemeinschaft zu leisten.

11. Die §§ 1494, 1495 werden wie folgt gefaßt:

§ 1494

(1) Die fortgesetzte Gütergemeinschaft endet mit dem Tode des überlebenden Ehegatten.

(2) Wird der überlebende Ehegatte für tot erklärt oder wird seine Todeszeit nach den Vorschriften des Verschollenheitsgesetzes festgestellt, so endet die fortgesetzte Gütergemeinschaft mit dem Zeitpunkt, der als Zeitpunkt des Todes gilt.

§ 1495

Ein anteilsberechtigter Abkömmling kann gegen den überlebenden Ehegatten auf Aufhebung der fortgesetzten Gütergemeinschaft klagen,

1. wenn seine Rechte für die Zukunft dadurch erheblich gefährdet werden können, daß der überlebende Ehegatte zur Verwaltung des Gesamtgutes unfähig ist oder sein Recht, das Gesamtgut zu verwalten, mißbraucht;
2. wenn der überlebende Ehegatte seine Verpflichtung, dem Abkömmling Unterhalt zu gewähren, verletzt hat und für die Zukunft eine erhebliche Gefährdung des Unterhalts zu besorgen ist;
3. wenn der überlebende Ehegatte entmündigt ist und der die Entmündigung aussprechende Beschluß nicht mehr angefochten werden kann;
4. wenn der überlebende Ehegatte die elterliche Gewalt über den Abkömmling verwirkt hat oder, falls sie ihm zugestanden hätte, verwirkt haben würde.

12. Die §§ 1497, 1498 werden wie folgt neu gefaßt:

§ 1497

(1) Nach der Beendigung der fortgesetzten Gütergemeinschaft setzen sich der überlebende Ehegatte und die Abkömmlinge über das Gesamtgut auseinander.

(2) Bis zur Auseinandersetzung bestimmt sich ihr Rechtsverhältnis am Gesamtgut nach den §§ 1419, 1472, 1473.

§ 1498

Auf die Auseinandersetzung sind die Vorschriften der §§ 1475, 1476, des § 1477 Abs 1, der §§ 1479, 1480 und des § 1481 Abs 1, 3 anzuwenden; an die Stelle des Ehegatten, der das Gesamtgut allein verwaltet hat, tritt der überlebende Ehegatte, an die Stelle des anderen Ehegatten treten die anteilsberechtigten Abkömmlinge. Die in § 1476 Abs 2 Satz 2 bezeichnete Verpflichtung besteht nur für den überlebenden Ehegatten.

13. § 1508 fällt weg.

14. § 1518 wird wie folgt gefaßt:

§ 1518

Anordnungen, die mit den Vorschriften der §§ 1483 bis 1517 in Widerspruch stehen, können von den Ehegatten weder durch letztwillige Verfügung noch durch Vertrag getroffen werden. Das Recht der Ehegatten, den Vertrag, durch den sie die Fortsetzung der Gütergemeinschaft vereinbart haben, durch Ehevertrag aufzuheben, bleibt unberührt.

15. Die §§ 1519 bis 1557 einschließlich der Überschriften vor den §§ 1519 und 1549

Errungenschaftsgemeinschaft,
Fahrnisgemeinschaft

fallen weg.

16. § 1561

Güterrechtsregister

wird wie folgt gefaßt:

§ 1561

(1) Zur Eintragung ist der Antrag beider Ehegatten erforderlich; jeder Ehegatte ist dem anderen gegenüber zur Mitwirkung verpflichtet.

(2) Der Antrag eines Ehegatten genügt

1. zur Eintragung eines Ehevertrages oder einer auf gerichtlicher Entscheidung beruhenden Änderung der güterrechtlichen Verhältnisse der Ehegatten, wenn mit dem Antrage der Ehevertrag oder die mit dem Zeugnis der Rechtskraft versehene Entscheidung vorgelegt wird;
2. zur Wiederholung einer Eintragung in das Register eines anderen Bezirks, wenn mit dem Antrag eine nach der Aufhebung des bisherigen Wohnsitzes erteilte, öffentlich beglaubigte Abschrift der früheren Eintragung vorgelegt wird;
3. zur Eintragung des Einspruchs gegen den selbständigen Betrieb eines Erwerbsgeschäfts durch den anderen Ehegatten und zur Eintragung des Widerrufs der Einwilligung, wenn die Ehegatten in Gütergemeinschaft leben und der Ehegatte, der den Antrag stellt, das Gesamtgut allein oder mit dem anderen Ehegatten gemeinschaftlich verwaltet.

(3) Im Falle des § 1357 Abs 2 genügt der Antrag des Mannes.

. . . .

22. Die §§ 1626 bis 1698 einschließlich der Überschriften vor den §§ 1627 und 1684

Elterliche Gewalt

werden durch folgende Vorschriften ersetzt:

§ 1626

(1) Das Kind steht, solange es minderjährig ist, unter der elterlichen Gewalt des Vaters und der Mutter.

(2) Der Vater und die Mutter haben, soweit sich aus den folgenden Vorschriften nichts anderes ergibt, kraft der elterlichen Gewalt das Recht und die Pflicht, für die Person und das Vermögen des Kindes zu sorgen; die Sorge für die Person und das Vermögen umfaßt die Vertretung des Kindes.

§ 1627

Die Eltern haben die elterliche Gewalt in eigener Verantwortung und in gegenseitigem Einvernehmen zum Wohle des Kindes auszuüben. Bei Meinungsverschiedenheiten müssen sie versuchen, sich zu einigen.

§ 1628

(1) Können sich die Eltern nicht einigen, so entscheidet der Vater; er hat auf die Auffassung der Mutter Rücksicht zu nehmen.

(2) Das Vormundschaftsgericht kann der Mutter auf Antrag die Entscheidung einer einzelnen Angelegenheit oder einer bestimmten Art von Angelegenheiten übertragen, wenn das Verhalten des Vaters in einer Angelegenheit von besonderer Bedeutung dem Wohle des Kindes widerspricht oder wenn die ordnungsmäßige Verwaltung des Kindesvermögens dies erfordert.

(3) Verletzt der Vater beharrlich seine Verpflichtung, bei Meinungsverschiedenheiten den Versuch einer gütlichen Einigung zu machen und bei seinen Entscheidungen auf die Auffassung der Mutter Rücksicht zu nehmen, so kann das Vormundschaftsgericht der Mutter auf Antrag die Entscheidung in den persönlichen und vermögensrechtlichen Angelegenheiten des Kindes übertragen, wenn dies dem Wohle des Kindes entspricht.

§ 1629

(1) Die Vertretung des Kindes steht dem Vater zu; die Mutter vertritt das Kind, soweit sie die elterliche Gewalt allein ausübt oder ihr die Entscheidung nach § 1628 Abs 2, 3 übertragen ist.

(2) Der Vater und die Mutter können das Kind insoweit nicht vertreten, als nach § 1795 ein Vormund von der Vertretung des Kindes ausgeschlossen ist; ein Elternteil kann jedoch Unterhaltsansprüche des Kindes gegen den anderen Elternteil geltend machen, wenn die Eltern getrennt leben. Das Vormundschaftsgericht kann dem Vater und der Mutter nach § 1796 die Vertretung entziehen.

§ 1630

(1) Das Recht und die Pflicht der Eltern, für die Person und das Vermögen des Kindes zu sorgen, erstreckt sich nicht auf Angelegenheiten des Kindes, für die ein Pfleger bestellt ist.

(2) Steht die Sorge für die Person oder die Sorge für das Vermögen des Kindes einem Pfleger zu, so entscheidet das Vormundschaftsgericht, falls sich die Eltern und der Pfleger in einer Angelegenheit nicht einigen können, die sowohl die Person als auch das Vermögen des Kindes betrifft.

. . . .

Art 8

Übergangs- und Schlußvorschriften

I. *Übergangsvorschriften*

1. . . . .
2. Hat die Frau vor Inkrafttreten dieses Gesetzes ihr Vermögen ganz oder teilweise der Verwaltung des Mannes überlassen, so bestimmen sich die Rechtsbeziehungen der Ehegatten, die sich aus der Überlassung ergeben, nach den Vorschriften des BGB in der Fassung dieses Gesetzes.
3. Haben die Ehegatten am 31. März 1953 im Güterstand der Verwaltung und Nutznießung des Mannes gelebt, so gelten, soweit die Ehegatten nichts anderes vereinbart haben, vom Inkrafttreten dieses Gesetzes an die Vorschriften über den Güterstand der Zugewinngemeinschaft.

   Jeder Ehegatte kann bis zum 30. Juni 1958 dem Amtsgericht gegenüber erklären, daß für die Ehe Gütertrennung gelten solle; § 1411 des BGB in der Fassung dieses Gesetzes gilt entsprechend. Die Erklärung ist dem Amtsgericht gegenüber abzugeben, in dessen Bezirk der Mann seinen Wohnsitz hat; hat der Mann im Geltungsbereich dieses Gesetzes keinen Wohnsitz, so ist das Amtsgericht Schöneberg in Berlin-Schöneberg zuständig. Die Erklärung muß gerichtlich oder notariell beurkundet werden. Das Amtsgericht hat die Erklärung dem anderen Ehegatten nach den für die Zustellung von Amts wegen geltenden Vorschriften der Zivilprozeßordnung bekanntzumachen. Auf den Lauf der Frist sind die für die Verjährung geltenden Vorschriften der §§ 203, 206 des BGB entsprechend anzuwenden. Auf Ersuchen des Amtsgerichts wird, wenn einer der Ehegatten dies beantragt, in das Güterrechtsregister eingetragen, daß die Ehegatten in Gütertrennung leben.
4. Haben die Ehegatten die Ehe zwischen dem 1. April 1953 und dem Inkrafttreten dieses Gesetzes geschlossen, so gelten die Vorschriften der Nr 3; haben die Ehegatten die Ehe erst nach der Verkündung dieses Gesetzes geschlossen, so gilt Nr 3 Abs 2 nicht.
5. Leben die Ehegatten zur Zeit des Inkrafttretens dieses Gesetzes im Güterstand der Gütertrennung des Bürgerlichen Gesetzbuchs, so gilt die Gütertrennung dieses Gesetzes. Die Vorschriften der Nrn 3 und 4 bleiben unberührt.

Die Ehegatten leben im Güterstand der Zugewinngemeinschaft, wenn die Gütertrennung eingetreten ist, weil
a) eine in der Geschäftsfähigkeit beschränkte Frau die Ehe ohne Einwilligung ihres gesetzlichen Vertreters geschlossen hat,
b) die Verwaltung und Nutznießung des Mannes geendet hat, weil über sein Vermögen der Konkurs eröffnet worden ist, oder
c) die Verwaltung und Nutznießung des Mannes geendet hat, weil der Mann für tot erklärt oder der Zeitpunkt seines Todes nach den Vorschriften des Verschollenheitsgesetzes festgestellt worden ist und er zur Zeit des Inkrafttretens dieses Gesetzes noch gelebt hat.

Die Vorschriften der Nr 3 Abs 2 sind anzuwenden.

6. Leben die Ehegatten zur Zeit des Inkrafttretens dieses Gesetzes im vertraglichen Güterstand der allgemeinen Gütergemeinschaft des Bürgerlichen Gesetzbuchs, so gelten die Vorschriften dieses Gesetzes über die Gütergemeinschaft; haben die Ehegatten die Fortsetzung der Gütergemeinschaft nicht ausgeschlossen, so gilt diese als vereinbart.

   Haben die Ehegatten die allgemeine Gütergemeinschaft vor dem 1. April 1953 vereinbart, so wird das Gesamtgut weiterhin vom Mann verwaltet; haben sie die Gütergemeinschaft später vereinbart, so bleibt die Vereinbarung der Ehegatten über die Verwaltung des Gesamtgutes maßgebend.

7. Leben die Ehegatten zur Zeit des Inkrafttretens dieses Gesetzes im vertraglichen Güterstand der Errungenschafts- oder Fahrnisgemeinschaft des Bürgerlichen Gesetzbuchs, so bleiben, soweit die Ehegatten nichts anderes vereinbart haben, die Vorschriften maßgebend, die vor dem 1. April 1953 für diese Güterstände gegolten haben.

8. Das Rechtsverhältnis zwischen den Eltern und einem ehelichen Kinde bestimmt sich von dem Inkrafttreten dieses Gesetzes an nach dessen Vorschriften, auch wenn das Kind vorher geboren ist.

   Hat das Vormundschaftsgericht vor dem Inkrafttreten dieses Gesetzes während der Dauer oder nach Scheidung, Aufhebung oder Nichtigerklärung der Ehe eine Anordnung getroffen, welche die Sorge für die Person oder das Vermögen des Kindes betrifft, so bleibt diese Anordnung bestehen. Das Vormundschaftsgericht kann jedoch eine abweichende Regelung im Sinne der Vorschriften dieses Gesetzes treffen, wenn es dies im Interesse des Kindes für angezeigt hält.

9. ....

10. ....

11. Die Nummern 3, 4, 6 und 7 gelten im Saarland mit der Maßgabe, daß an die Stelle des 31. März 1953 der 31. Dezember 1956 und an die Stelle des 1. April 1953 der 1. Januar 1957 tritt.

II. *Schlußvorschriften*

1. ....
2. ....
3. ....
4. Dieses Gesetz tritt am 1. Juli 1958 in Kraft; Art 8 I Nr 3 Abs 2 sowie Art 8 I Nr 4 und 5, soweit hierin auf Nr 3 Abs 2 verwiesen ist, treten jedoch am Tage nach der Verkündung in Kraft.
5. Dieses Gesetz gilt mit Ausnahme des Art 8 II Nr 1 nach Maßgabe des § 13 des 3. Überleitungsgesetzes vom 4. Januar 1952 (BGBl I S 1) auch im Land Berlin.

III. Gesetz über Maßnahmen auf dem Gebiete der Gerichtsverfassung und des Verfahrensrechts **Anh 18**

(Rechtspflegergesetz)

vom 8. Februar 1957 BGBl I 18, 44 = SaBl 249, 317

(auszugsweise)

1. Abschnitt
Aufgaben und Stellung des Rechtspflegers

§ 1

Allgemeine Stellung des Rechtspflegers

Der Rechtspfleger nimmt die ihm durch dieses Gesetz übertragenen Aufgaben der Rechtspfleger wahr.

§ 2

Voraussetzungen für die Tätigkeit als Rechtspfleger

(1) Mit den Aufgaben eines Rechtspflegers kann ein Beamter des Justizdienstes betraut werden, der einen Vorbereitungsdienst von mindestens 3 Jahren Dauer abgeleistet und die Prüfung für den gehobenen Justizdienst abgelegt hat. Wenigstens 9 Monate des Vorbereitungsdienstes müssen auf einen fachwissenschaftlichen Lehrgang entfallen.

(2) Mit den Aufgaben eines Rechtspflegers kann auf seinen Antrag auch betraut werden, wer die 2. juristische Staatsprüfung bestanden hat.

(3) Wer die 1. juristische Staatsprüfung bestanden hat, kann von der Ableistung des Vorbereitungsdienstes teilweise befreit werden.

(4) Mit der zeitweiligen Wahrnehmung der Geschäfte eines Rechtspflegers können Referendare, die mindestens 6 Monate im juristischen Vorbereitungsdienst tätig gewesen sind, betraut werden.

(5) Die Länder erlassen die näheren Vorschriften. Sie können die Betrauung des Rechtspflegers mit Geschäften, die ihm nach diesem Gesetz zur selbständigen Wahrnehmung übertragen werden, von der Erreichung eines Mindestlebensalters oder von der Ableistung eines Probedienstes abhängig machen.

§ 3

Übertragene Geschäfte

(1) Dem Rechtspfleger werden folgende Geschäfte übertragen:

1. . . . .

2. vorbehaltlich der in §§ 12 bis 18a dieses Gesetzes aufgeführten Ausnahmen die nach den gesetzlichen Vorschriften vom Richter wahrzunehmenden Geschäfte des Amtsgerichts in

   . . . .

   f) Grundbuchsachen,

   . . . .

(2) Soweit nach dem Inkrafttreten dieses Gesetzes den ordentlichen Gerichten durch bundesgesetzliche Vorschriften weitere Aufgaben zugewiesen werden, gehören diese zur Zuständigkeit des Richters, falls nicht etwas anderes ausdrücklich bestimmt wird.

§ 4

Umfang der Übertragung

(1) Der Rechtspfleger trifft alle Maßnahmen, die zur Erledigung der ihm übertragenen Geschäfte erforderlich sind.

(2) Der Rechtspfleger ist nicht befugt,

1. eine Beeidigung anzuordnen oder einen Eid abzunehmen,
2. Haftstrafen anzudrohen und zu verhängen oder Haftbefehle zu erlassen.

(2) Hält der Rechtspfleger die Beeidigung von Zeugen, Sachverständigen oder Dolmetscher für geboten, so legt er die Sache dem Richter zur Entscheidung vor.

§ 5

Vorlage an den Richter

(1) Der Rechtspfleger soll ihm übertragene Geschäfte dem Richter vorlegen, wenn

1. er von einer ihm bekannten Stellungnahme des Richters abweichen will;
2. sich bei der Bearbeitung der Sache rechtliche Schwierigkeiten ergeben, zum Beispiel daraus, daß die Anordnung von nicht im Geltungsbereich dieses Gesetzes geltendem Recht in Betracht kommt;
3. zwischen dem übertragenen Geschäft und einem vom Richter wahrzunehmenden Geschäft ein so enger Zusammenhang besteht, daß eine getrennte Behandlung nicht sachdienlich ist.

(2) Die vorgelegten Sachen bearbeitet der Richter, solange er es für erforderlich hält. Er kann die Sachen dem Rechtspfleger zurückgeben. Gibt der Richter eine Sache an den Rechtspfleger zurück, so ist dieser an eine von dem Richter mitgeteilte Rechtsauffassung gebunden.

§ 6

Bearbeitung übertragener Sachen durch den Richter

Steht ein übertragenes Geschäft mit einem vom Richter wahrzunehmenden Geschäft in einem so engen Zusammenhang, daß eine getrennte Bearbeitung nicht sachdienlich wäre, so soll der Richter die gesamte Angelegenheit bearbeiten.

§ 7

Gültigkeit von Geschäften

(1) Hat der Richter ein Geschäft wahrgenommen, das dem Rechtspfleger übertragen ist, so wird die Wirksamkeit des Geschäfts hierdurch nicht berührt.

(2) Hat der Rechtspfleger ein Geschäft wahrgenommen, das ihm nicht übertragen ist, so ist das Geschäft unwirksam. Hat er ein Geschäft wahrgenommen, das ihm der Richter im Rahmen dieses Gesetzes übertragen hat, so ist das Geschäft nicht deshalb unwirksam, weil die Voraussetzungen für die Übertragung im Einzelfall nicht gegeben waren.

§ 8

Selbständigkeit des Rechtspflegers

Der Rechtspfleger ist bei seinen Entscheidungen nur dem Gesetz unterworfen. Er entscheidet, soweit sich nicht aus diesem Gesetz etwas anderes ergibt, selbständig.

§ 9

Ausschließung und Ablehnung des Rechtspflegers

Für die Ausschließung und Ablehnung des Rechtspflegers sind die für den Richter geltenden Vorschriften entsprechend anzuwenden. Über die Ablehnung des Rechtspflegers entscheidet der Richter.

§ 10

Rechtsbehelfe

(1) Gegen die Entscheidungen des Rechtspflegers ist vorbehaltlich der Bestimmung des Abs 6 die Erinnerung zulässig. Die Erinnerung ist binnen der für die sofortige Beschwerde geltenden Frist einzulegen, wenn gegen die Entscheidung, falls sie der Richter erlassen hätte, die sofortige Beschwerde gegeben wäre.

(2) Der Rechtspfleger kann außer im Falle des Abs 1 Satz 2 der Erinnerung abhelfen. Hilft er ihr nicht ab, so entscheidet der Richter über die Erinnerung; das gleiche gilt im Falle des Abs 1 Satz 2.

(3) Gegen die Entscheidung des Richters ist das Rechtsmittel gegeben, das nach den allgemeinen verfahrensrechtlichen Vorschriften zulässig ist.

(4) Sofern dies bei der Einlegung des Rechtsbehelfs beantragt ist, hat der Richter die Erinnerung, wenn er ihr nicht stattgeben will, unmittelbar dem Rechtsmittelgericht vorzulegen. Die Erinnerung gilt in diesem Falle als Beschwerde gegen die Entscheidung des Rechtspflegers.

(5) Auf die Erinnerung sind im übrigen die Vorschriften über die Beschwerde sinngemäß anzuwenden.

(6) Gerichtliche Verfügungen, die nach den Vorschriften der Grundbuchordnung, der Schiffsregisterordnung, des Gesetzes über die Angelegenheiten der freiwilligen Gerichtsbarkeit und der für den Erbschein geltenden Bestimmungen wirksam geworden sind und nicht mehr geändert werden können, sind mit der Erinnerung nicht anfechtbar. Die Erinnerung ist ferner in den Fällen der §§ 694, 700 der ZPO ausgeschlossen.

(7) Das Erinnerungsverfahren ist gerichtsgebührenfrei.

§ 11

Bezeichnung des Rechtspflegers

Im Schriftverkehr und bei der Aufnahme von Urkunden in übertragenen Angelegenheiten hat der Rechtspfleger seiner Unterschrift das Wort „*Rechtspfleger*" beizufügen.

2. Abschnitt

Dem Richter vorbehaltene Geschäfte auf dem Gebiete der freiwilligen Gerichtsbarkeit

. . . .

§ 17

Grundbuchsachen

(1) In Grundbuchsachen bleiben folgende Geschäfte dem Richter vorbehalten:

1. die Löschung einer Eintragung, die Eintragung eines Widerspruchs und die Berichtigung des Grundbuchs (§§ 53, 82a, 84 bis 89 der GBO), wenn diese Geschäfte von Amts wegen vorgenommen werden;
2. die Klarstellung der Rangverhältnisse (§§ 90 bis 109, 114 der GBO);
3. die Verfügungen auf Antrag, durch die eine Berichtigung des Grundbuchs auf Grund Unrichtigkeitsnachweises erstrebt wird (§ 22 der GBO), wenn nicht die Unrichtigkeit durch öffentliche Urkunden, im Falle der Erbfolge durch Erbschein nachgewiesen wird;
4. die Verfügungen in den Fällen der §§ 35 bis 37 der GBO, sofern nicht der Nachweis der Erbfolge durch Erbschein geführt wird;
5. die Verfügungen in den Fällen, in denen die Eintragung von einem Vorerben bewilligt oder beantragt wird.

(2) In den Fällen des Abs 1 wird die Eintragung im Grundbuch durch den Rechtspfleger unterzeichnet. Das gleiche gilt, wenn der Richter auf eine Vorlage (§ 5) eine Eintragung in das Grundbuch verfügt hat.

. . . .

3. Abschnitt

Dem Rechtspfleger übertragene Geschäfte in bürgerlichen Rechtsstreitigkeiten, Zwangsversteigerungsverfahren, Konkursverfahren und Vergleichsverfahren sowie auf dem Gebiete des Beurkundungswesens

. . . .

§ 23

Soweit die Gerichte auf Grund landesrechtlicher Vorschriften zur gerichtlichen Beurkundung zuständig sind, werden die folgenden Geschäfte auf den Rechtspfleger übertragen:

1. die öffentliche Beglaubigung einer Unterschrift oder eines Handzeichens (§ 167 Abs 2 des FGG);

. . . .

8. die Beurkundung und die Entgegennahme der der Form des § 29 der GBO oder des § 37 der Schiffsregisterordnung bedürfenden Eintragungsbewilligungen und sonstigen Erklärungen, einschließlich der Schuldurkunden, der Unterwerfung unter die sofortige Zwangsvollstreckung aus der Urkunde, der Abtretungs- und Verpfändungserklärungen sowie der Empfangsbescheinigungen und die Entgegennahme von Auflassungen.

4. Abschnitt

Sonstige Vorschriften auf dem Gebiete der Gerichtsverfassung

§ 24

Vorbereitende Tätigkeit des Rechtspflegers

Durch die Vorschriften des § 3 wird die Befugnis der Landesjustizverwaltungen und der von ihnen bestimmten Stellen nicht berührt, den Rechtspfleger mit der Mitwirkung bei Geschäften, die vom Richter wahrzunehmen sind, zu beauftragen, insbesondere, soweit es sich um die Vorbereitung richterlicher Amtshandlungen, darunter die Anfertigung von Entwürfen, handelt.

§ 25

Verhältnis des Rechtspflegers zum Urkundsbeamten der Geschäftsstelle

(1) Die Zuständigkeit des Urkundsbeamten der Geschäftsstelle nach Maßgabe der gesetzlichen Vorschriften bleibt unberührt, soweit sich nicht aus § 19 Nr 4 (zu § 118a der ZPO) und § 19 Nr 9 (zu den §§ 726ff. der ZPO) etwas anderes ergibt.

(2) Im übrigen sind gesetzliche Vorschriften über den Urkundsbeamten der Geschäftsstelle auf den Rechtspfleger nicht anzuwenden.

(3) Über Anträge, die auf Änderung einer Entscheidung des Urkundsbeamten der Geschäftsstelle gerichtet sind, entscheidet der Richter.

§ 26

Pflicht zur Wahrnehmung sonstiger Dienstgeschäfte

(1) Durch die Beschäftigung eines Beamten als Rechtspfleger wird seine Pflicht, andere Dienstgeschäfte, insbesondere die des Urkundsbeamten der Geschäftsstelle wahrzunehmen, nicht berührt.

(2) Die Vorschriften dieses Gesetzes sind auf die sonstigen Dienstgeschäfte eines mit den Aufgaben des Rechtspflegers betrauten Beamten nicht anzuwenden.

§ 27

Zuständiger Richter

Soweit mit Angelegenheiten, die dem Rechtspfleger zur selbständigen Wahrnehmung übertragen sind, nach diesem Gesetz der Richter befaßt wird, ist hierfür das nach den allgemeinen Verfahrensvorschriften zu bestimmende Gericht in der für die jeweilige Amtshandlung vorgeschriebene Besetzung zuständig.

. . . .

5. Abschnitt

Schlußvorschriften

§ 31

Regelung für die Übergangszeit

Justizbeamte, die die Voraussetzungen des § 2 nicht erfüllen, können mit den Aufgaben eines Rechtspflegers betraut werden, wenn sie auf Grund der bisher geltenden Vorschriften

1. vor dem Inkrafttreten dieses Gesetzes die Prüfung für den gehobenen Justizdienst abgelegt haben oder nicht nur zeitweilig als Rechtspfleger tätig gewesen sind oder
2. binnen eines Jahres nach dem Inkrafttreten dieses Gesetzes die Prüfung für den gehobenen Justizdienst ablegen.

§ 32

Einschränkung der Übertragung bei einzelnen Gerichten

(1) Aus wichtigen Gründen können die Landesjustizverwaltungen bis zum 31. März 1959 anordnen, daß die in § 3 aufgeführten Geschäfte ganz oder teilweise vom Richter wahrgenommen werden. Die Anordnung kann auf einzelne Gerichte beschränkt werden.

(2) Derartige Anordnungen treten, soweit sie nicht schon vorher widerrufen werden, am 31. März 1959 außer Kraft.

§ 33

Vorbehalt für Baden-Württemberg

(1) Im Lande Baden-Württemberg werden bei den Notariaten und den Grundbuchämtern des badischen Rechtsgebietes die beim Amtsgericht nach § 3 Abs 1 Nr 2 Buchstaben b und f vorbehaltlich der §§ 13 und 17 sowie nach § 3 Abs 1 Nr 3 Buchstaben b und e in Verbindung mit § 20 Abs 1, § 23 Nr 6 und 7 dieses Gesetzes dem Rechtspfleger übertragenen Geschäfte von einem zum Rechtspflegeramt befähigten Beamten wahrgenommen, sofern diesen Behörden solche Beamte als Rechtspfleger zugewiesen werden.

(2) Der einem Grundbuchamt zugewiesene Rechtspfleger ist auch zuständig

a) für die öffentliche Beglaubigung einer Unterschrift oder eines Handzeichens (§ 23 Nr 1),
b) für die Beurkundung der der Form des § 29 der GBO bedürfenden Eintragungsbewilligung und der sonstigen zur Eintragung in das Grundbuch erforderlichen Erklärungen mit Ausnahme der Schuldurkunden, der Unterwerfung unter die sofortige Zwangsvollstreckung, der Abtretungs- und Verpfändungserklärungen sowie der Empfangsbescheinigungen und
c) für die Entgegennahme von Auflassungen.

(3) Im übrigen gelten die Vorschriften dieses Gesetzes mit der Maßgabe entsprechend, daß der Notar neben dem Rechtspfleger für die diesem übertragenen Geschäfte zuständig bleibt. An die Stelle des Richters tritt der Notar.

(4) Soweit nach landesrechtlichen Vorschriften für die dem Vormundschaftsgericht, Nachlaßgericht oder Grundbuchamt obliegenden Verrichtungen andere Behörden als die Amtsgerichte zuständig sind, bleibt die Entscheidung dem Richter vorbehalten, wenn die Abänderung einer Entscheidung einer solchen Behörde bei dem Amtsgericht nachzusuchen ist. . . . .

§ 34

Neugliederung der Gerichte in Baden-Württemberg

Das Land Baden-Württemberg kann bei der Neugliederung von Amtsgerichtsbezirken die Vorschriften des Grundbuch- und Notarrechts, die am Sitze des Amtsgerichts gelten, auf die dem Bezirk dieses Amtsgerichts neu eingegliederten Gebietsteile erstrecken. Mit dem Inkrafttreten einer solchen Bestimmung gelten in den eingegliederten Gebietsteilen die bundesrechtlichen Vorschriften des Grundbuch- und Notarrechts insoweit, als sie am Sitz des Amtsgerichts in Kraft sind.

. . . .

§ 36

Geltung in Berlin

Dieses Gesetz gilt nach Maßgabe des § 13 Abs 1 des Dritten Überleitungsgesetzes vom 4. Januar 1952 (BGBl I S 1) auch im Land Berlin.

§ 37

Inkrafttreten

(1) Das Gesetz tritt am 1. Juli 1957 in Kraft.

(2) Die verfassungsmäßigen Rechte des Landes Baden-Württemberg aus Art 138 des Grundgesetzes sind gewahrt.

(3) . . . .

Bem: Zum RPflegerG ist darauf hinzuweisen, daß es an die Stelle der EntlVerfgg (*GT 44*) getreten ist.

In dem vor Erscheinen des RPflegerG gedruckten Teil des Kommentars ist die EntlVerfgg zitiert. Es treten insoweit die entsprechenden Bestimmungen des RPflegerG an die Stelle der Vorschriften der EntlVerfgg. Daher erfolgt im folgenden eine Gegenüberstellung des neuen und des alten Rechts.

RPflegerG	EntlVerfgg
§ 1	§ 1, 2 I
§ 2	§ 8 II
§ 3	§ 2
§ 4	§ 4
§ 5	§ 3
§ 6	§ 10
§ 7	§§ 5, 10
§ 8	§ 5
§ 11	§ 6
§ 17	§§ 17 ff.
§ 33	§ 29

IV. Grundbuchumschreibung auf den neuen Vordruck

1. Allgemeines

a) **AV RJM vom 16. März 1936** DJ 443 **Anh 19**

Zählung der Geschäfte zur Durchführung der §§ 67 Abs 2, 69 der Grundbuchverfügung

Eintragungsverfügungen, die zur Anpassung eines Grundbuchblatts an oder zur Umschreibung eines solchen auf den neuen Grundbuchvordruck erlassen werden, sind in den Spalten 3 und 10 des Tagebuchs für Grundbuchsachen (Muster 10 der AktO) rot zu unterstreichen.

In allen Geschäftsübersichten sowie den monatlich einzureichenden Übersichten über die Geschäftsentwicklung sind die rot unterstrichenen Geschäftszahlen in die Gesamtzahlen mit einzurechnen, darüber aber in Klammern noch besonders zu vermerken.

b) **AV RJM vom 5. Juli 1937** DJ 1029 **Anh 20**

Durchführung der Grundbuchverfügung

Auf Grund des § 67 Abs 2 der Grundbuchverfügung vom 8. August 1935 (RMBl S 637) ordne ich folgendes an:

Bei Umschreibung von Grundbuchblättern gemäß den nach § 67 Abs. 2, 69 der Grundbuchverfügung erlassenen Anordnungen darf zur Herstellung des Verweisungsvermerks in der Aufschrift des neuen Blattes (§ 30 Abs 1 b der GBVerfgg) ein Stempel benutzt werden.

c) **AV RJM vom 1. März 1943** DJ 169 **Anh 21**

Einstellung der Umschreibung der Grundbücher auf den Reichsvordruck

AV RJM vom 10. März 1936 Anhalt DJ 443, 30. März 1936 Bayern DJ 534, 20. Februar 1937 Braunschweig DJ 294, 26. März 1936 und 17. Oktober 1938 Hamburg, Bremen, Lübeck DJ 535/1675, 2. März 1936 Hessen DJ 357, 3. April 1936 Lippe, Schaumburg-Lippe DJ 593, 20. Juli 1936 und 20. Oktober 1938 Mecklenburg DJ 1107/1702, 27. April 1936 Oldenburg DJ 703, 10. Juli 1936 Birkenfeld DJ 1701, 27. Februar 1936 Preußen DJ 356, 27. Mai 1936 Saarland DJ 882, 18. März 1936, Sachsen DJ 444, 26. März 1936 Thüringen DJ 537.

(1) Die durch die oben bezeichneten AVen angeordnete Umschreibung der Grundbücher auf den Reichsvordruck ist bis auf weiteres einzustellen.

(2) Die Vorschriften der Grundbuchverfügung über Umschreibung und Neufassung von Grundbuchblättern oder Teilen von solchen (§§ 28, 33 GBVerfgg) bleiben unberührt. Doch ist davon nur in dringenden Fällen Gebrauch zu machen.

d) **AV RJM vom 20. Januar 1938** DJ 131 **Anh 22**

Mitwirkung des Rechtspflegers bei der Grundbuchumstellung

I. In den nach §§ 67 Abs 2, 69 der Grundbuchverfügung für die Grundbuchumstellung in den einzelnen Ländern erlassenen Anordnungen findet sich vielfach die Bestimmung, daß gewisse Geschäfte zur selbständigen Wahrnehmung durch den Rechtspfleger nicht geeignet sind. Es sind Zweifel entstanden, ob durch diese Bestimmung auch ausgeschlossen werden sollte, daß der Rechtspfleger die vom Richter zur Durchführung der Umstellung verfügte Eintragung im Grundbuch unterzeichnet.

Ich bemerke hierzu folgendes:

Soweit nach den jeweils geltenden Entlastungsbestimmungen der Rechtspfleger befugt ist, die vom Richter verfügten Eintragungen im Grundbuch und die auf die Hypotheken-, Grundschuld- und Rentenschuldbriefe zu setzenden Vermerke zu unterschreiben, sollte diese Befugnis durch die genannten Anordnungen nicht ausgeschlossen werden.

II. Entsprechendes gilt auch für die Umschreibung, die in § 2 der Allgemeinen Verfügung betreffend die Anlegung und Führung des Grundbuchs in Einzelheften mit herausnehmbaren Einlagebogen vom 4. Mai 1937 (RMBl S 266, DJ S 1929) und in Nr 1 der Allgemeinen Verfügung betreffend Durchführung der §§ 67, 69 der Grundbuchverfügung im Bezirk des Grundbuchamts Düsseldorf vom 31. Mai 1937 (DJ S 882) angeordnet ist.

2. Im einzelnen

a) **Baden**

Anh 23

AV RJM vom 16. März 1936 DJ 446

Durchführung der Grundbuchverfügung in Baden

Auf Grund des § 67 Abs 2 der Grundbuchverfügung vom 8. August 1936 (RMBl S 637) ordne ich im Hinblick auf die bevorstehende Übertragung der Grundbuchführung auf die Amtsgerichte für die Grundbuchämter des Bezirks des Oberlandesgerichts Karlsruhe folgendes an:

I.

Die nach dem amtlichen Muster des § 12 der Badischen Grundbuchvollzugsverordnung vom 7. Oktober 1932 (GVBl S 234) in der Fassung vom 16. November 1933 (GVBl S 271) eingerichteten Grundbuchblättern werden, nachdem sie an den Reichsvordruck angepaßt sind, weitergeführt. Über den Beginn und die Durchführung dieser Anpassung ergeht später im Zusammenhang mit der Überführung der Grundbuchgeschäfte auf die Amtsgerichte besondere Verfügung. Einstweilen werden die vorhandenen Blätter des genannten badischen Vordrucks nach den bestehenden Vorschriften gemäß § 68 der Grundbuchverfügung weitergeführt.

II.

Über die nach § 67 Abs 2 der Grundbuchverfügung vorzunehmende Umschreibung der Grundbuchblätter, die nach einem anderen als dem zu I genannten Vordruck eingerichtet sind, ergeht ebenfalls später besondere Verfügung.

III.

§ 67 Abs 1 der Grundbuchverfügung bleibt unberührt.

b) **Bayern**

Anh 24

1. **AV RJM vom 30. März 1936** DJ 534

Durchführung der Grundbuchverfügung in Bayern

Auf Grund der §§ 67 Abs 2, 69 der Grundbuchverfügung vom 8. August 1935 (RMBl S 637) ordne ich für die in Bayern gelegenen Grundbuchämter folgendes an:

I. Die in Bayern geführten Grundbuchblätter werden umgeschrieben.

II. Auf die Umschreibung sind die §§ 29, 30, 32, 39 Abs 2 der Grundbuchverfügung vom 8. August 1935 (RMBl S 637) mit folgenden Maßgaben entsprechend anzuwenden:

1. An die Stelle des § 30 Abs 1c tritt folgende Vorschrift:

Aus dem Titel und den 3 Abteilungen ist nur der gegenwärtig noch gültige Bestand an Eintragungen in der bisherigen Eintragungsfolge unter neuen laufenden

Nummern zu übernehmen. Gelöschte Eintragungen werden nur insoweit übernommen, als dies zum Verständnis der noch gültigen Eintragungen erforderlich ist, und zwar in der dem neuen Vordruck angepaßten äußeren Form.

2. Das alte Grundbuchblatt ist gemäß § 36 der Grundbuchverfügung zu schließen; der Schließungsvermerk ist auf der ersten Seite des Titels an sichtbarer Stelle einzutragen.

III. 1. Bei der Umschreibung ist besonders zu beachten, daß im neuen Grundbuch jedes Grundstück, das im Rechtssinne eine Einheit bildet, im Bestandsverzeichnis unter einer laufenden Nummer eingetragen werden muß. Etwaige Zweifel über die Zusammengehörigkeit mehrerer Grundstücke sind nach Möglichkeit zu klären (vgl zB § 120 des Bayerischen Hypothekengesetzes vom 1. Juni 1822 — GesBl S 17 — und Entscheidungen des Bayerischen Obersten Landesgerichts Bd 5 S 428, Bd 14 S 342).

Ist das einheitliche Grundstück durch Vereinigung oder Zuschreibung vorher selbständiger belasteter Grundstücke entstanden, so sind diese Grundstücke zunächst in das neue Bestandsverzeichnis unter besonderen Nummern einzutragen. Sodann ist das daraus gebildete neue Grundstück einzutragen und im übrigen nach § 13 Abs 1 der Grundbuchverfügung zu verfahren.

2. Da nach bayerischem Grundbuchrecht einige Eintragungen in eine andere Abteilung gehörten, als die neue Grundbuchverfügung vorschreibt (vgl zB § 293 Nr 10, § 301 der Dienstanweisung mit § 9 der VO vom 16. September 1919 — GuVBl S 647 —; §§ 211, 220, 238 der Grundbuchanlegungsordnung für die Pfalz), ist bei der Anlegung des neuen Grundbuchblatts auf diese Unterschiede besonders zu achten.

3. Die gemäß den Entschließungen des Bayerischen Staatsministeriums der Justiz vom 5. Juni 1916 — Nr 23094 — und 5. Juni 1918 — Nr 25796 — für bestimmte Bezirke zugelassene Sammelblätter (sog „Strichfolien") sind unter Beachtung der vorstehenden Vorschriften in Einzelblätter zu überführen. Dabei kann, nachdem die Bestimmung des § 219 Abs 2 der Dienstanweisung weggefallen ist, auch die Übertragung auf ein für andere Grundstücke desselben Eigentümers bereits vorhandenes Grundbuchblatt neuen Musters in Betracht kommen.

4. Schutzblätter gemäß § 300 Abs 2 der Dienstanweisung werden nicht umgeschrieben, sondern sind zu schließen, sobald die Grundbuchblätter für die Grundstücke, über die der Weg oder Graben führt, umgeschrieben sind.

5. In den Fällen, in denen Anteile an Grundstücken besonders im Grundbuch eingetragen sind (vgl § 220 Abs 1 der Dienstanweisung), gilt unbeschadet des § 3 Abs 3 GBO folgendes:

a) Ist für das ganze Grundstück bereits ein Blatt angelegt, so wird dieses Blatt (nach Umschreibung gemäß I bis III) fortgeführt. Die auf den Anteilsgrundbuchblättern verzeichneten, die Anteile betreffenden Eintragungen sind unter entsprechender Anwendung von II auf dieses Blatt zu übertragen. Die Anteilsgrundbuchblätter sind, sofern sie nur die Anteile enthalten, gemäß II 2 zu schließen. Andernfalls sind die die einzelnen Anteile betreffenden Eintragungen zu löschen.

b) Ist ein Grundbuchblatt für das ganze Grundstück nicht vorhanden, so wird es unter entsprechender Anwendung des § 17 der Verordnung zur Ausführung der Grundbuchordnung vom 8. August 1935 (RGBl I S 1089) angelegt. Die Anteilsgrundbuchblätter sind, wie unter a vorgeschrieben, zu behandeln.

IV. 1. Vor der Umschreibung ist planmäßig festzustellen, ob dem auf dem umzuschreibenden Blatte als Eigentümer Eingetragenen noch andere Grundstücke desselben Grundbuchamtsbezirks gehören. Ist dies der Fall, so ist sorgfältig zu prüfen, ob nach den bestehenden wirtschaftlichen und örtlichen Verhältnissen eine Vereinigung (§ 890 Abs 1 BGB) dieser Grundstücke oder die Zuschreibung eines oder mehrerer Grundstücke als Bestandteil zu einem anderen (§ 890 Abs 2 BGB) angezeigt ist. Gegebenenfalls ist dem Eigentümer in angemessener Form die Stellung der erforderlichen

Anträge nahezulegen. Kommt eine Vereinigung oder Zuschreibung nicht in Betracht, so bleibt in jedem Falle die Möglichkeit der Anlegung eines gemeinschaftlichen Grundbuchblattes (§ 4 GBO) zu erwägen, wobei zu beachten ist, daß die in § 219 Abs 2 der Dienstanweisung enthaltene Beschränkung jetzt nicht mehr besteht.

Durch sachgemäße Ausnutzung dieser Mittel kann der Rechtsverkehr wesentlich erleichtert und der Umfang des Grundbuchs erheblich eingeschränkt werden; auch können hierdurch etwa drohende Raumschwierigkeiten verringert werden. Auf § 69 Abs 1 Nr 4 und 5 KostO nF wird in diesem Zusammenhange besonders hingewiesen.

2. Vor der Umschreibung ist gemäß § 29 der Grundbuchverfügung auch zu prüfen, ob Anlaß zur Anwendung des Grundbuchberichtigungszwanges (§ 82 GBO) besteht.

3. Die Umschreibung besteht nicht im Abschreiben des alten Blattes. Wesentlich ist ihr insbesondere, daß

a) die gelöschten Eintragungen nach Möglichkeit (in den Grenzen von II 1) beseitigt werden und

b) daß die Eintragungsvermerke in ihrer Form unter tunlichster Einbeziehung späterer Veränderungen so weit vereinfacht und zusammengefaßt werden, als dies ohne Änderung ihres sachlichen Inhalts und ohne Erweiterung der Bezugnahme irgend möglich ist. Auch eine sprachliche Änderung von Eintragungen ist nicht ausgeschlossen.

V. Die vorstehenden Bestimmungen beziehen sich nicht auf Grundbuchblätter, die nach § 72 der Grundbuchverfügung von der Neuordnung unberührt bleiben, zB Berggrundbücher.

VI. Für die in dieser Verfügung angeordnete Umschreibung werden Kosten nicht erhoben.

VII. 1. Die Umschreibung ist zur selbständigen Wahrnehmung durch den Rechtspfleger nicht geeignet[1]).

2. Über die Bewilligung der zur Durchführung der Umschreibungsarbeiten erforderlichen Kräfte ergeht besondere Verfügung.

VIII. Jedes Grundbuchamt hat ein Verzeichnis zu führen, aus dem sich folgendes ergibt:

1. die Zahl aller am 1. April des Jahres in seinem Bezirk vorhandenen Grundbuchblätter,
2. die Zahl der darunter befindlichen geschlossenen Blätter,
3. die Zahl der innerhalb jedes Vierteljahres
   a) umgeschriebenen,
   b) durch Vereinigung, Zuschreibung oder Zusammenschreibung beseitigten Grundbuchblätter.

Die Einrichtung des Verzeichnisses bleibt den Oberlandesgerichtspräsidenten überlassen.

Ich behalte mir vor, zu gegebener Zeit über den Stand der Arbeiten Bericht zu erfordern.

Anh 25 2. AV RJM vom 24. November 1936 DJ 1836

Durchführung der Grundbuchverfügung in Bayern

Bei der im Abschnitt II der AV vom 30. März 1936 (DJ S 534) angeordneten Umschreibung der Grundbuchblätter darf zur Herstellung des Schließungsvermerks auf den alten Grundbuchblättern ein Stempel benutzt werden.

---

[1]) Überholt durch RPflegerG (*Anh 18*) und AV RJM vom 20. Januar 1938 (*Anh 22*).

3. Bek bay JustMin vom 8. April 1952 bay GVBl 105 über die Fortführung der planmäßigen Grundbuchumschreibung **Anh 26**

1. Die durch AV RJM vom 1. März 1943 (DJ S 169) bis auf weiteres eingestellte planmäßige Grundbuchumschreibung (§ 67 Abs 2 GBVerf) wird fortgesetzt.

Sie erfolgt durch Umschreibungskommissionen, deren Einsatzort und Zusammensetzung auf Vorschlag des Oberlandesgerichtspräsidenten für den Einzelfall vom Staatsministerium der Justiz bestimmt wird. Bis zum Ende des Rechnungsjahres 1952 sollen im Oberlandesgerichtsbezirk München sieben, im Oberlandesgerichtsbezirk Bamberg dreizehn Kommissionen ihre Tätigkeit aufgenommen haben. Im allgemeinen sollen der Kommission ein richterlicher Beamter, ein Beamter des gehobenen Dienstes (Rechtspfleger) und die erforderlichen Schreibkräfte (zT stellv Urkundsbeamte) angehören. Das den Kommissionen zugewiesene Personal darf im laufenden Dienst nicht verwendet werden.

Während der auf etwa ein Jahr zu bemessenden Anlaufzeit sollen den Kommissionen richterliche Beamte und Beamte des gehobenen Dienstes, und soweit möglich, auch Schreibkräfte zugewiesen werden, die sich die erforderlichen Erfahrungen durch eine mehrmonatige Tätigkeit in Lehrkommissionen angeeignet haben.

Lehrkommissionen werden im Oberlandesgerichtsbezirk Bamberg bei den Amtsgerichten Würzburg und Schweinfurt, im Oberlandesgerichtsbezirk München bei dem Amtsgericht Augsburg gebildet. Sie erhalten als Lehrpersonal je einen in Grundbuchsachen besonders erfahrenen Richter und Rechtspfleger und, soweit möglich, auch einige eingearbeitete Schreibkräfte. Die Lehrkommissionen nehmen ihre Tätigkeit unverzüglich auf, sobald ihnen das erforderliche Personal und die Haushaltsmittel zugewiesen sind.

Die Bildung von Umschreibungskommissionen im Oberlandesgerichtsbezirk Nürnberg wird später angeordnet werden.

2. Die planmäßige Grundbuchumschreibung soll grundsätzlich nur in den Grundbuchbezirken erfolgen, in denen das Liegenschaftskataster nach der AV RJM vom 28. 4. 1941 (DJ S 548) amtliches Grundstückverzeichnis gemäß § 2 GBO geworden ist. Soweit die Bestandsverzeichnisse im laufenden Dienst noch nicht auf das Liegenschaftskataster zurückgeführt werden konnten, ist die Zurückführung mit der Grundbuchumschreibung zu verbinden. Das dabei zu beobachtende Verfahren ist in der JME vom 31. 3. 1952 Nr 3856—IV—18617/52 geregelt.

3. Die planmäßige Grundbuchumschreibung richtet sich nach dem beigefügten Merkblatt, das einen Bestandteil dieser Entschließung bildet, und, soweit das Merkblatt nichts Abweichendes bestimmt, nach der AV RJM vom 30. 3. 1936 (DJ S 534). Jedem in der planmäßigen Grundbuchumschreibung verwendeten Richter und Rechtspfleger soll ein Stück des Merkblatts ausgehändigt werden.

Auf die Verordnung über die Entlastung der Richter durch Rechtspfleger bei den Geschäften der planmäßigen Grundbuchumschreibung vom 7. 3. 1952 (GVBl S 121) wird hingewiesen.

Merkblatt für die Grundbuchumschreibung in Bayern

I.

Zweck der planmäßigen Umschreibung

Die planmäßige Umschreibung bezweckt

1. die Erzielung eines einheitlichen Blattmusters,
2. die Zusammenschreibung möglichst vieler Grundstücke desselben Eigentümers auf das gleiche Grundbuchblatt,
3. die Bereinigung der alten Blätter.

II.

Umschreibungskommissionen

1. Zusammensetzung und Zugehörigkeit

Die planmäßige Umschreibung erfolgt durch Umschreibungskommissionen.

Sie bestehen aus richterlichen Beamten, Urkundsbeamten und Schreibkräften.

Die Kommission gehört dem Amtsgericht an, dem sie zugeteilt ist.

Die richterlichen Beamten werden dem Amtsgericht als Hilfsrichter gemäß § 10 Abs 2 GVG zugeteilt, soweit sie diesem Amtsgericht nicht schon angehören. Sie erhalten eine Geschäftsaufgabe (§ 22 Abs 4 GVG), die das Präsidium dem Zweck ihrer Zuteilung entsprechend bestimmt (§§ 22a, 22b, 22c GVG).

Die nichtrichterlichen Mitglieder der Kommission gehören zu der Geschäftsstelle des Amtsgerichts. Der Oberlandesgerichtspräsident trifft Bestimmung über die Bestellung von Kommissionsmitgliedern zu stellvertretenden Urkundsbeamten. Er regelt auch die Übertragung von richterlichen Geschäften auf den Rechtspfleger (§ 18 der AV RJM vom 3. Juli 1943 — DJ S 339 idF d AV vom 19. September 1944 — DJ S 249 — **Reichsentlastungsverfügung; VO über die Entlastung der Richter durch Rechtspfleger bei den Geschäften der planmäßigen Grundbuchumschreibung vom 7. März 1952** — GVBl S 121)*).

Der Behördenvorstand bestimmt auf Vorschlag des Leiters der Kommission über die Ermächtigung von Justizangestellten gemäß § 4 Abs 3 der AVO/GBO (RGBl I S 1089) und § 17 Abs 2 der Reichsentlastungsverfügung[1]).

2. Geschäftsführung

Ein vom Oberlandesgerichtspräsidenten bestimmter richterlicher Beamter ist der Leiter der Kommission. Er verteilt die Geschäfte unter die nichtrichterlichen Mitglieder und regelt die Reihenfolge der Umschreibung. Er ist für rationelles Arbeiten der Kommission verantwortlich. Unbeschadet der allgemeinen Geschäftsaufsicht wird die Geschäftsführung der Kommission durch Aufsichtsbeamte, die der Oberlandesgerichtspräsident bestimmt, überwacht. Die Aufsichtsbeamten haben für einheitliches Arbeiten der Kommissionen zu sorgen, die Erfahrungen der Kommissionen auszutauschen, Mängeln der Arbeitseinteilung entgegenzutreten und über Mißstände unmittelbar an den Oberlandesgerichtspräsidenten zu berichten.

3. Geschäftsgangsbestimmungen

Die für das Grundbuchamt bestehenden Vorschriften gelten auch für die Kommission.

Die Kommission bildet eine gesonderte Abteilung der Geschäftsstelle des Grundbuchamts, für die ein eigenes Tagebuch zu führen ist (§ 21 Abs 6 AktO). Der Behördenvorstand kann anordnen, daß das Tagebuch des Grundbuchamts mitbenützt wird.

Die übrigen Register des Grundbuchamts, insbesondere das allgemeine Register (§ 8 AktO) und, soweit ihre Führung vom Oberlandesgerichtspräsidenten angeordnet ist, die Eingangsliste (§ 21 Abs 6 S 2 AktO) werden von der Kommission mitbenützt. Der Behördenvorstand kann anordnen, daß die Kommission eine eigene Eingangsliste zu führen hat.

Soweit die Eingangsliste und das Tagebuch des Grundbuchamts von der Kommission mitbenützt werden, sind bei Eintragungen, die die Kommission betreffen, in der Eingangsliste das Datum, im Tagebuch die Spalten 3 und 10 rot zu unterstreichen (vgl AV RJM vom 16. März 1936 — DJ S 443).

Die Kommission führt ferner für jeden Grundbuchbezirk ein Verzeichnis der von der Umschreibung vorerst zurückgestellten Grundbuchblätter (**Anlage 1**).

[1]) Nunmehr ist das RPflegerG (*Anh 18*) maßgebend.

4. Berichte

Der Leiter der Kommission berichtet bis zum 5. des auf Ende eines Kalendervierteljahres folgenden Monats nach dem Stand vom Ende des Kalendervierteljahres über den Vorstand des Amtsgerichts dem Landgerichtspräsidenten den Fortgang der Umschreibungsarbeiten nach dem beigefügten Muster (**Anlage 2**). Der Landgerichtspräsident legt die Berichte der Kommissionen seines Bezirks bis zum 10. dem Oberlandesgerichtspräsidenten vor. Dieser legt die Berichte der Kommissionen mit einer Zusammenfassung, die den Stand der Umschreibung im Oberlandesgerichtsbezirk ersehen läßt, bis zum 15. dem Staatsministerium der Justiz vor.

III.

Gang der Umschreibung im allgemeinen

1. Reihenfolge der Grundbuchbezirke

Die planmäßige Umschreibung erfolgt in den Grundbuchbezirken[1]), in denen das Liegenschaftskataster nach der AV RJM vom 28. April 1941 (DJ S 548) amtliches Grundstücksverzeichnis gemäß § 2 GBO geworden ist. Unter mehreren Grundbuchbezirken bestimmt der Leiter der Kommission die Reihenfolge, in der sie bearbeitet werden. Es ist zulässig und uU zweckmäßig, auch Blätter aus anderen Grundbuchbezirken in die Umschreibung einzubeziehen, zB wenn dadurch die Anlegung eines gemeinschaftlichen Grundbuchblatts erreicht wird oder wenn es den laufenden Dienst des Grundbuchamts erleichtert. Dies kann auch dann geschehen, wenn in dem anderen Grundbuchbezirk das Liegenschaftskataster noch nicht offengelegt ist. Erscheint es zweckmäßig, ganze Grundbuchbezirke, für die das Liegenschaftskataster noch nicht offengelegt ist, in die Umschreibung einzubeziehen, so ist darüber zu berichten.

2. Reihenfolge der Grundbuchblätter

Innerhalb der Grundbuchbezirke sind die Grundbuchblätter nach der bisherigen Nummernfolge in Bearbeitung zu nehmen, sofern nicht eine andere Reihenfolge dringend geboten ist. Insbesondere sollen alle Blätter des gleichen Eigentümers nach Möglichkeit zu einem Blatt zusammengelegt oder doch unmittelbar nacheinander umgeschrieben werden.

Blätter, auf denen gemäß § 602 DA Grundstücke verschiedener Eigentümer vorgetragen sind (sog Sammelblätter oder Strichfolien), sind bei der Umschreibung in Einzelblätter zu überführen. Die betreffenden Grundstücke sind hierbei entweder auf ein neu anzulegendes Blatt oder auf ein für andere Grundstücke desselben Eigentümers bereits vorhandenes Blatt neuen Musters zu übertragen (Ziff III/3 der AV RJM vom 30. März 1936 DJ S 534).

3. Numerierung der neuen Grundbuchblätter und -bände

Grundsätzlich erhält jedes umgeschriebene neue Blatt, auch wenn es vorweg umgeschrieben wurde, die nächste laufende Nummer des Grundbuchbezirks und ist im Anschluß an das Blatt mit der vorausgehenden Nummer im Grundbuch einzutragen; es wird also anläßlich der Umschreibung nicht mit einer neuen Numerierung der Blätter begonnen. Auch die Bände sind im Anschluß an die bisherigen Bände des Grundbuchbezirks fortlaufend zu numerieren, und zwar mit arabischen Ziffern. § 3 Abs 2 GV bleibt unberührt. Von der fortlaufenden Nummernfolge soll im übrigen nur abgewichen werden, wenn es der geordnete Fortgang der planmäßigen Umschreibung dringend erfordert.

---

[1]) Das sind die Gemarkungen (früher Steuergemeinden, vgl Bek vom 19. Juli 1937 — GVBl S 243 — idF vom 17. März 1944 — GVBl S 19), § 65 der Grundbuchverfügung (im folgenden GV), § 211 der Bayer Dienstanweisung für die Grundbuchämter r d Rheins (im folgenden DA); vgl auch AV d RKM vom 21. Mai 1937 (DJ S 799) und vom 12. November 1937 (DJ S 1760).

4. Verwendung von Stempeln

Für die Umschreibung sind Grundbuchbände mit Blattvordrucken neuen Musters zu verwenden. Das Aufstempeln der Kopfleiste in neuen Blättern und die Umstempelung alter Blätter ist unzulässig. Die Verwendung von Stempeln ist nach § 21 Abs 1 Satz 3 GV grundsätzlich untersagt. Sie ist gestattet für den Schließungsvermerk im alten Blatt (AV RJM vom 24. November 1936 — DJ S 1836), den Verweisungsvermerk in der Aufschrift des neuen Blattes (§ 30 Abs 1b GV, AV RJM vom 5. Juli 1937 — DJ S 1029), für den Rückführungsvermerk in Spalte 6 des Bestandsverzeichnisses (§ 4 Abs 4 der AV RJM vom 20. Januar 1940 — DJ S 212 — idF der AV RJM vom 26. Januar 1942 — DJ S 85) sowie für die Änderung des amtlichen Musters des Bestandsverzeichnisses (§ 6 AV RJM vom 20. Januar 1940 — DJ S 212).

5. Handblätter

Soweit noch nicht geschehen, sind anläßlich der Umschreibung Handblätter anzulegen (§ 70 Abs 2, 32 S 2 GV, Ziff II Satz 1 der AV vom 30. März 1936 — DJ S 534). Für die Herstellung und Führung der Handblätter gelten die Vorschriften der §§ 24 Abs 4 GV, 21 Abs 5 AktO.

6. Grundakten

Vor der Umschreibung des Blattes sind die Grundakten auf ihre Vollständigkeit nachzuprüfen. Falls noch keine Grundakten angelegt sind, ist die Anlegung nachzuholen (§ 70 Abs 2 GV, § 21 AktO, §§ 14ff AV RJM vom 25. Februar 1936 — DJ S350 — idF der AV vom 23. Dezember 1937 — DJ 1938 S 33 —, vom 27. Januar 1939 — DJ S 224 — und vom 20. Oktober 1941 — DJ S 1022, Geschäftsordnung für die Grundbuchämter). Der Richter oder Rechtspfleger bestimmt die in die Grundakten einzureihenden Urkunden.

Das Wohnungsblatt (§ 21 Abs 5 AktO) ist zu berichtigen, im Bedarfsfall anzulegen.

Sind die Grundakten oder Grundbuchanlagen zerstört, so trifft der Oberlandesgerichtspräsident Bestimmung über die Wiederherstellung.

7. Zusammenschreibung, Vereinigung, Zuschreibung

Die Anlegung eines gemeinschaftlichen Grundbuchblatts für alle dem gleichen Eigentümer gehörenden Grundstücke ist anzustreben (vgl Ziff IV 1 1. Abs letzter Satz der AV RJM vom 30. März 1936). Unzulässig ist die Zusammenschreibung nur dann, wenn hiervon Verwirrung zu besorgen ist (§ 4 Abs 1 GBO). Die in § 219 Abs 2 DA enthaltene Beschränkung besteht nicht mehr. Die Grundstücke können daher auch dann zusammengeschrieben werden, wenn sie verschieden belastet sind.

Die Vereinigung (§ 890 Abs 1 BGB, § 5 GBO) oder die Zuschreibung (§ 890 Abs 2 BGB, § 6 GBO) anzustreben (vgl Ziff IV 1 AV RJM vom 30. März 1936), ist nur zweckmäßig, wenn zu erwarten ist, daß der Grundstücksbestand auf lange Sicht unverändert bleibt. Bei Veränderungen im Bestand erschwert die Vereinigung oder Zuschreibung den laufenden Vollzug (vgl § 13 GV).

8. Bereinigung

Die Umschreibung besteht nicht im bloßen Abschreiben des alten Blattes. Sie soll vielmehr ein übersichtliches neues Blatt ergeben, das auf dem neuesten Stand ist und möglichst der wirklichen Rechtslage entspricht. Das alte Blatt ist daher vor der Umschreibung zu bereinigen. Dazu gehört es, gegenstandslose Eintragungen zu löschen (§ 84 GBO), Löschungen, die entgegen den Vorschriften des § 53 Abs 1 Satz 2 GBO oder des Gesetzes über die Bereinigung der Grundbücher vom 18. Juli 1930 (RGBl I S 305) und der einschlägigen Vollzugsvorschriften (vgl JMBek vom 16. September 1932 —

JMBl nF Band IV S 60ff.) unterblieben sind, nachzuholen, unklare und unübersichtliche Rangverhältnisse zu beseitigen (§ 90 GBO) und Berichtigungen herbeizuführen (§§ 82, 82a GBO). Die der Bereinigung dienenden Eintragungen sind noch auf dem alten Blatt vorzunehmen. Eintragungen, die auf dem neuen Blatt keine Bedeutung mehr haben können, sind nicht zu übernehmen.

Die vor der Umschreibung vorzunehmende Bereinigung der Grundbuchblätter soll jedoch unterbleiben, soweit damit unverhältnismäßige Weiterungen verbunden sind, die das Umschreibungsgeschäft erheblich verzögern.

Gegenstandslos im Sinne der §§ 84ff. GBO sind insbesondere:

a) Rechte, die infolge Zeitablaufs (Endtermins) erloschen sind, zB Nießbrauch und beschränkte persönliche Dienstbarkeiten, wenn der Berechtigte verstorben ist.
b) Eintragungen, die nicht mehr ausübbare Rechte[1]) (zB Gehrechte an einem inzwischen bebauten Grundstück) oder die Rechte zum Gegenstand haben, deren Inhaber nicht mehr zu ermitteln ist.
c) Vormerkungen und Widersprüche, wenn das Recht, für das die Vormerkung oder gegen das der Widerspruch eingetragen ist, endgültig erloschen oder gegenstandslos geworden ist.
d) Nacherbenvermerke, wenn der Nacherbfall eingetreten ist und hinsichtlich des Gegenstandes, auf welchen er sich bezieht, keine möglicherweise relativ unwirksamen Verfügungen des Vorerben erfolgt sind.

Eintragungen, hinsichtlich deren ein Löschungsverfahren nach §§ 84ff. GBO nicht erforderlich ist, die aber im neuen Blatt keine Bedeutung mehr haben können, sind insbesondere:

a) Erbhofvermerke.
b) Vermerke über polizeiliche Beschlagnahmen von Grundstücken oder Rechten an Grundstücken, die im Vollzug der AV RJM vom 30. August 1938 (DJ S 1408) eingetragen worden sind und noch nicht gemäß Bek d StMin des Innern und d StMin der Justiz vom 29. Mai 1947 Nr 2742a 6 — 1091 — I — 396 (Bay StAnz Nr 28 S 2) beseitigt wurden.
c) Die aus der Zeit vor dem Inkrafttreten des Gesetzes vom 20. Dezember 1903 (GVBl S 703) stammenden Vermerke, die die Erklärung beweglicher Sachen als Zugehörungen von Grundstücken zum Gegenstand haben (vgl § 34 Hypothekengesetz), sowie Einträge über die Brandversicherungssumme von Gebäuden und den Schätzungswert von Grundstücken (vgl § 468 Abs 2 DA).
d) Löschungsvermerke.
e) Nebeneintragungen zB Rangvermerke, Löschungsvormerkungen usw, die durch die Löschung der Haupteintragung überholt sind.
f) Frühere Eigentümer oder sonstige frühere dinglich Berechtigte.

9. Gemeinderechte (Gemeindenutzungsrechte)

Sie sind meist nicht gegenstandslos und daher in das neue Blatt zu übernehmen. Sie können öffentlich-rechtlicher Natur sein (wenn sie im Gemeindeverband wurzeln) oder sich auf einen Privatrechtstitel gründen. Beide Arten können selbständig oder mit einem bestimmten Anwesen derart verbunden sein, daß sie von jeder Verfügung über das Anwesen betroffen werden. Regelmäßig gewähren sie kein unmittelbares Nutzungsrecht an Grundstücken der Gemeinde; zuweilen sind aber auch solche Rechte als Gemeinderechte bezeichnet, die unmittelbare Nutzungsrechte an bestimmten Grundstücken der Gemeinde sind. Aus der Eintragung im Grundbuch läßt sich für die rechtliche Natur des Gemeinderechts oft nichts Zuverlässiges entnehmen (vgl ObLGZ 7, 3). Die Klärung

---

[1]) Ob Wohnrechte an Ruinengrundstücken gegenstandslos sind, ist bestritten (vgl SJZ 1948, 385 und NdsRpfl 1952, 47). Es ist zweckmäßig, anläßlich der Umschreibung solche Wohnungsrechte zu übertragen.

erfordert umfangreiche Nachforschungen, mit denen sich die Umschreibungskommissionen nicht aufhalten sollen.

Die Gemeinderechte werden mit unverändertem Wortlaut in das neue Blatt übernommen und möglichst an der gleichen Stelle eingetragen, die sie im alten Blatt hatten, also falls das Gemeinderecht im Bestandsverzeichnis eingetragen ist, im Anschluß an das Flurstück nach dem es im alten Blatt stand. Ist dies im Einzelfall nicht möglich oder unzweckmäßig — zB weil sich die Reihenfolge der Grundstücke verändert hat — so erfolgt die Eintragung im Anschluß an das Flurstück, das die Hofstelle bezeichnet. Das Gemeinderecht erhält regelmäßig keine eigene Nummer in Spalte 1 des Bestandsverzeichnisses.

10. Eintragungsverfügung und Unterzeichnung

Für die Eintragungsverfügung und Unterzeichnung der Eintragungen gelten die allgemeinen Vorschriften der §§ 44 GBO 2ff., AVO/GBO, 1ff., 17ff. der Reichsentlastungsverfügung[1]), 24 der Geschäftsordnung für die Grundbuchämter. Um Doppelarbeit zu vermeiden, ist es zweckmäßig, daß die hiernach verfügungsberechtigten Kommissionsmitglieder die von ihnen verfügten Eintragungen im Grundbuch selbst unterzeichnen.

Die Eintragungsverfügung erfolgt nach Möglichkeit in der Weise, daß der Inhalt der Eintragung im Wortlaut in das Handblatt niedergeschrieben und sodann die Eintragung „*wie im Handblatt*" verfügt wird (§ 24 Abs 2b der Geschäftsordnung). Um Zeit zu sparen und eine größere Übersichtlichkeit zu gewinnen, sollen die Handblätter nicht handschriftlich angelegt, sondern gleich in die Maschine diktiert werden.

11. Fassung der Eintragungen

Als Muster dienen die der Grundbuchverfügung beigegebenen Beispiele. Sie sind zwar nicht verbindlich (§§ 22 S 2, 31 S 2 GV). Im Interesse einer einheitlichen Grundbuchführung soll jedoch nicht ohne zwingenden Grund von ihnen abgewichen werden. Ein zwingender Grund, vom Beispiel abzuweichen, ist nicht schon dann gegeben, wenn die Eintragung im alten Grundbuch anders gefaßt ist. Wird danach der bisherige Wortlaut geändert, so ist jedoch sorgfältig zu prüfen, ob damit nicht eine unzulässige sachliche Änderung getroffen wird. Bestehen darüber Zweifel, so ist der alte Wortlaut beizubehalten. Bezugnahmen dürfen nicht in weiterem Umfange erfolgen, als sie im alten Blatt enthalten waren (vgl § 30 Abs 1f. GV).

12. Verweisung auf laufende Nummern belasteter Grundstücke

Die laufenden Nummern belasteter Grundstücke sind einzeln einzutragen, zB „*1, 2, 3, 4, 5, 6*".

Eine Eintragung, wie zB „*1 bis 6*", erschwert den laufenden Vollzug, wenn später die Belastung nur an einigen Grundstücken gelöscht werden soll. Die Eintragung „*1 bis . . .*" ist nur zu rechtfertigen, wenn es sich um eine sehr große Zahl von Grundstücken handelt, deren laufende Nummern ohne tragbaren Raumverlust in den Verweisungsspalten einzeln nicht unterzubringen sind.

IV.
Eintragungen im Bestandsverzeichnis

1. Berichtigung des Vordrucks

Abweisend von § 6 AV RJM vom 20. Januar 1940 — DJ S 212 — ist in dem Vordruck des Bestandsverzeichnisses (**Anlage 1** zur GV) im Kopf über 3b die Beschrif-

[1]) Nunmehr ist das RPflegerG (*Anh 18*) maßgebend.

tung „*Karte*" durch „*Flurstück*" und im Kopf über 3c d die Beschriftung „*Steuerbücher*" durch „*Liegenschaftsbuch*" zu ersetzen. Die Beschriftungen

„K.	Par-	Grd.	Geb."
Bl.	zelle	St.	St.
		MR	R

unter 3b c d sind zu streichen. In 3b und c d braucht bei der Eintragung auf die punktierte Unterspalte keine Rücksicht genommen zu werden (vgl JME vom 31. März 1952 Nr 3856 — IV — 18617/52)[1]).

2. Grundstücksbezeichnung

In Spalte 3b wird die Flurstücksnummer (bisher Plannummer) eingesetzt. Das Liegenschaftskataster kennt keine Buchstaben- oder Sternnummern mehr. Nicht jedes Flurstück, sondern nur selbständige Grundstücke im Rechtssinne erhalten eine laufende Nummer in Spalte 1. Einheitsgrundstücke, die durch Vereinigung oder Zuschreibung entstanden sind, erhalten nur eine laufende Nummer, auch dann, wenn die einzelnen Flurstücke in verschiedenen Grundbuch- oder Grundbuchamtsbezirken liegen.

Die Spalte 2 bezieht sich auf die frühere Nummer im vorliegenden Blatt. Sie wird daher bei der Umschreibung regelmäßig mit einem Strich auszufüllen sein.

In Spalte 3a ist bei jedem Flurstück — gleichgültig ob es ein selbständiges Grundstück ist oder mit anderen Flurstücken ein selbständiges Grundstück bildet — die Gemarkung (bisher Steuergemeinde) einzutragen.

Die Ausfüllung der Spalte 3e erfolgt in der Weise, daß — unter Umkehrung der Reihenfolge „Wirtschaftsart und Lage" — zunächst die in Spalte 3 der Bestandsblattdurchschrift aufgeführte Lagebezeichnung der Flurstücke und im Anschluß daran die in Spalte 4 der Bestandsblattdurchschrift angegebene Nutzungsart, grundsätzlich voll ausgeschrieben, übernommen werden (vgl Probeeintrag in **Anlage 4** lfd Nr 3, 4, 5, 6, 7, 8).

Bei Gebäude-, Hof-, Wald- und Wasserflurstücken bedarf es der Übertragung der Bezeichnung für die Nutzungsart nicht, wenn mit der Lagebezeichnung bereits die im Bestandsblatt vermerkte Nutzungsart des Flurstücks eindeutig umschrieben ist (vgl Probeeintrag in **Anlage 4** lfd Nr 1 und 9).

Nicht übertragen werden zusätzliche, in § 5 Abs 4 der AV RJM vom 20. Januar 1940 (DJ S 212) nicht aufgeführte Nutzungsbezeichnungen, die sich vereinzelt in Spalte 4 der Bestandsblattdurchschrift im Anschluß an die Hauptnutzungsart finden und meist nur aus steuerlichen Gründen aufgeführt sind.

Soweit ein Flurstück mehrere, besonders ausgewiesene Abschnittsflächen mit verschiedenen Nutzungsarten umfaßt, sind in Spalte 3e sämtliche Nutzungsarten nebeneinander aufzuführen (vgl Probeeintrag in **Anlage 4** lfd Nr 5, Flurstück Waslingen 102).

In Spalte 3c d ist die Bestandnummer des Liegenschaftsbuches einzutragen. Stimmen Gemarkung und Gemeindebezirk nicht überein, so ist zur Kennzeichnung des für die Flurstücksnummer maßgebenden Liegenschaftsbuches die Angabe der Gemeinde erforderlich. Der von der Gemarkung abweichende Gemeindename ist in diesem Falle in Spalte c d unter die Bestandnummer in Klammern zu setzen (vgl hierzu die Erläuterungen und Musterbeispiele in der JME vom 31. März 1952 Nr 3856 — IV — 1861/52[1]) unter II 5—7 sowie die vorgenannte AV vom 20. Januar 1940).

Soweit vereinzelt noch nicht auf das Liegenschaftskataster zurückgeführte Blätter in die Umschreibung miteinbezogen werden, ist in Spalte 4 die Flächenangabe durch Anhängen einer Null auf 4 Dezimalen zu ergänzen, wenn die 4. Dezimalstelle nicht bekannt ist. Im Liegenschaftskataster erfolgt stets Ausweis auf Quadratmeter. Abschnittsflächen eines einheitlichen Flurstücks, die anläßlich der Aufhebung der Buchstaben-

---

[1]) Vgl bay Bek über die Zurückführung der Grundbücher auf das Liegenschaftskataster vom 31. März 1952, *GT 27*.

plannummern (alten Rechts) bestehen geblieben oder bei der Aufstellung des Liegenschaftskatasters (wegen verschiedener Nutzungsarten) neu gebildet worden sind, werden in Spalte 4 nicht besonders ausgewiesen. Einzutragen ist, wie bei mehreren Flurstükken, die ein Grundstück im Rechtssinne bilden (vgl § 6 Abs 5 GV), nur die Gesamtfläche.

3. Vereinigung

a) Gesamtbezeichnung nach § 6 Abs 4 GV

Ist eine Vereinigung (§ 890 Abs 1 BGB, § 5 GBO) oder eine Bestandteilszuschreibung (§ 890 Abs 2 BGB, § 6 GBO) veranlaßt (vgl Ziff III 7), so ist es zweckmäßig, von der Möglichkeit des § 6 Abs 4 GV Gebrauch zu machen, falls dessen Voraussetzungen im übrigen vorliegen. Bei Prüfung der Frage, ob im Einzelfall die Anwendbarkeit des § 6 Abs 4 im Hinblick auf die sonst eintretende Unübersichtlichkeit gegeben ist, ist ein großzügiger Maßstab anzulegen. Wenn beispielsweise das Gesamtgrundstück aus etwa 10 und mehr Flurstücksnummern besteht, kann die Anwendbarkeit dieser Vereinfachungsvorschrift bereits gerechtfertigt sein.

Dieses Verfahren bietet den Vorteil, daß die einzelnen Flurstücksnummern, aus denen sich das Gesamtgrundstück zusammensetzt, in Spalte 3b des Bestandsverzeichnisses (in Grundbuch und Handblatt) nicht eingetragen werden brauchen. Desgleichen entfällt in Spalte 3c d die Übernahme der Bestandnummern der Liegenschaftsbücher für die in Betracht kommenden Flurstücke. Anstelle der Beschreibung der Grundstücke bzw der Flurstücke in Spalte 3e genügt die Angabe einer Gesamtbezeichnung. Bei Bildung dieser Gesamtbezeichnung braucht auf die für die Nutzungsarten der Flurstücke im Liegenschaftsbuch vorgeschriebenen Bezeichnungen (vgl § 5 Abs 4 der AV RJM vom 20. Januar 1940 — DJ S 212) keine Rücksicht genommen zu werden. Es wird sich vielfach empfehlen, für die Gesamtbezeichnung den mit dem Anwesen verbundenen Hausnamen, den Firmennamen oder die Ortsbezeichnung zu wählen zB *„Landwirtschaftliches Anwesen zum Tannhof“ „Mühlanwesen Rothofer“, „Sägewerksbetrieb Ritter & Co.“, „Schloßgut Neuhaus“.*

Ist die Ortsbezeichnung hiernach nicht schon Bestandteil der Gesamtbezeichnung, so empfiehlt es sich, auch diese, sowie gegebenenfalls die Hausnummer der Hofstelle beizusetzen. Grundstücke ohne Hofstelle können zB die Gesamtbezeichnung *„Acker- und Wiesenland“* erhalten.

In Spalte 4 des Bestandsverzeichnisses ist die Gesamtgröße der zu einem Grundstück vereinigten Flurstücke anzugeben. Zu beachten ist, daß § 6 Abs 4 GV nicht von der Angabe der Gemarkung in Spalte 3a des Bestandsverzeichnisses entbindet. Werden Grundstücke aus verschiedenen Gemarkungen vereinigt, so sind in Spalte 3a sämtliche Gemarkungen untereinander aufzuführen.

Die fehlenden Angaben (Flurstücksnummern, Bestandnummern, Benennung und Flächeninhalt) der einzelnen Flurstücke sind in einem bei den Grundakten aufzubewahrenden Auszug aus dem Liegenschaftsbuch, der vom Vermessungsamt beglaubigt sein muß, nachzuweisen. Bei Vereinigung von Grundstücken aus verschiedenen Gemarkungen hat diese Nachweisung die Flurstücks- und entsprechenden Bestandnummern der Liegenschaftsbücher sämtlicher in Frage kommender Gemarkungen zu enthalten.

Es ist zweckmäßig, im Anschluß an die Gesamtbezeichnung auf den beglaubigten Auszug aus dem Liegenschaftsbuch zu verweisen: *„Vergl Auszug aus dem Liegenschaftsbuch für Waslingen, Bestandnummer . . .“*

Der beglaubigte Auszug ist nach § 31 Abs 1 GeschO mit dem Handblatt zu verbinden.

(Über das Verfahren nach § 6 Abs 4 GV vgl ferner Ziff II 2b der JME vom 31. März 1952 Nr 3856 — IV — 18617/52)[1]).

---

[1]) Vgl bay Bek über die Zurückführung der Grundbücher auf das Liegenschaftskataster vom 31. März 1952, *GT 27.*

b) Die Technik des Vollzugs der Vereinigung unter einer Gesamtbezeichnung

Die Technik des Vollzugs ist von den jeweiligen Belastungsverhältnissen sowie davon abhängig, ob mit einzelnen der zu vereinigenden Grundstücke Miteigentumsanteile oder subjektiv-dingliche Rechte gemäß §§ 3 Abs 3b, 9 GBO, 7 und 8 der GV verbunden sind.

aa) Sämtliche Teilgrundstücke sind unbelastet

1. Die Vereinigung soll nach Möglichkeit auf dem alten Blatt in der Fassung erfolgen, die sich aus § 315 Nr 1 und 2 (1. Alternative) der DA ergibt.

Bei der Umschreibung kann im Interesse der größeren Übersichtlichkeit der neuen Bestandsverzeichnisse von der bisherigen Eintragungsfolge (vgl Ziff II 1 AV RJM vom 30. März 1936 — DJ S 534) abgewichen werden (Verfügung d RJM vom 4. August 1937 Nr 3851 — IV b 4566). Das unter einer Gesamtbezeichnung vereinigte Grundstück soll im neuen Bestandsverzeichnis die lfd Nr 1 erhalten (vgl Mustereintrag in **Anlage 3**).

In Spalte 5 des Bestandsverzeichnisses wird auf die lfd Nr 1 verwiesen und in Spalte 6 eingetragen: „*Nr 1*" (und falls außerdem noch einzelne, nicht in die Vereinigung einbezogene Grundstücke eingetragen sind, die entsprechenden laufenden Nummern) „*bei Umschreibung des Blattes Gemarkung Band Blatt anläßlich der Umstellung auf den neuen Blattvordruck als Bestand eingetragen am* . . . . ."

Im Zeitpunkt der die Umschreibung abschließenden Unterschriften muß der beglaubigte Auszug aus dem Liegenschaftsbuch bereits vorliegen.

2. Muß die Vereinigung wegen Raummangels im alten Grundbuch auf dem neuen Blatt erfolgen, so sind die zu vereinigenden Grundstücke zunächst mit dem vollen Inhalt der alten Eintragung als selbständige Grundstücke, jedes unter eigener lfd Nr, aber unmittelbar nacheinander, in den Spalten 1—4 des Bestandsverzeichnisses einzutragen. Diese Vorträge sind sodann rot zu unterstreichen. Anschließend ist, ohne die zu vereinigenden Teilgrundstücke oder Flurstücke erneut vorzutragen, das durch die Vereinigung entstehende Grundstück unter der nächsten lfd Nr mit einer Gesamtbezeichnung einzutragen. Hierbei ist in Spalte 2 auf die vorherigen laufenden Nummern der beteiligten Grundstücke zu verweisen.

In Spalte 5 sind die Nummern der vorher selbständigen Grundstücke und die des Gesamtgrundstückes zu vermerken.

In Spalte 6 ist die Übertragung von dem alten Blatt oder den alten Blättern und die Vereinigung unter einer Gesamtbezeichnung zu vermerken sowie unter Nennung des geschlossenen Blatts (oder der geschlossenen Blätter) hervorzuheben, daß die Eintragung anläßlich der Grundbuchumschreibung erfolgt (vgl Probeeintrag in **Anlage 4**).

bb) Alle oder die meisten Grundstücke sind belastet

Sind alle oder die meisten der zu vereinigenden Grundstücke belastet, so müssen sie gemäß AV RJM vom 30. März 1936 Ziff III 1 im neuen Bestandsverzeichnis einzeln unter besonderen Nummern vorgetragen werden, weil die auch nach der Vereinigung fortbestehende Einzelbelastung der früher selbständigen Grundstücke aus dem neuen Grundbuch ersichtlich bleiben muß. Im einzelnen richtet sich das Verfahren nach dem unter aa) 2. Gesagten (vgl **Anlage 4**).

Die Vornahme der Vereinigung auf dem alten Blatt würde in diesem Falle unnötige Mehrarbeit verursachen.

cc) Nur einzelne der zu vereinigenden Grundstücke sind belastet

Im Gegensatz zu bb) empfiehlt sich in diesem Fall die Vornahme der Vereinigung auf dem alten Blatt, falls im Titel genügend Raum ist.

Diese Verfahren ist seit dem Wegfall der Beschränkungen der §§ 219 Abs 2 und 314 Abs 3, 333 Abs 3 DA durch § 4 GBO nF zulässig und auch grundbuchtechnisch durchführbar. Wenn auch die alten Grundbuchblätter grundsätzlich nicht für verschiedene Belastung zusammengeschriebener oder vereinigter Grundstücke mit Grundpfandrechten eingerichtet sind, so beweist die Ausnahmevorschrift des § 429 DA, daß die verschiedene Belastung zusammengeschriebener Grundstücke auf dem bayerischen Blatt nicht unmöglich ist.

Auf dem neuen Blatt sind in diesem Fall die belasteten, in dem Gesamtgrundstück aufgegangenen Einzelgrundstücke unter selbständigen Nummern, rot unterstrichen, vorzutragen, und zwar mit dem vollen Inhalt der alten Eintragung. Die unbelasteten Einzelgrundstücke werden dagegen, unter einer entsprechenden Anzahl laufender Nummern, mit dem bloßen Vermerk „*gelöscht*" übernommen, wobei auf die alten Grundbuchstellen hinzuweisen ist. In den Spalten 5 und 6 des Bestandsverzeichnisses ist der Hergang nach Maßgabe der Anlage 5 zu beschreiben.

Auch hier empfiehlt es sich im Interesse der Übersichtlichkeit des Bestandsverzeichnisses, gegebenenfalls von der früheren Eintragungsfolge abzugehen und zunächst die nicht übernommenen Einzelgrundstücke mit dem bloßen Vermerk „*gelöscht*" einzutragen. Anschließend werden dann die belasteten Grundstücke, sodann das Gesamtgrundstück und erst im Anschluß hieran sonstige, aus dem alten Blatt zu übernehmende Vorträge eingetragen (vgl lfd Nr 9 der **Anlage 5**).

Dieses Verfahren bietet die Vorteile der Regelung zu aa) 1. und wird zugleich dem Erfordernis gerecht, daß die Belastungen einzelner Teilgrundstücke mit Grundpfandrechten im neuen Grundbuch sichtbar bleiben müssen.

dd) Mit einzelnen Teilgrundstücken sind subjektiv-dingliche Rechte oder Miteigentumsanteile verbunden

Gemäß §§ 3 Abs 3b, 9 GBO, 7 und 8 GV sind unter den dort genannten Voraussetzungen Miteigentumsanteile sowie subjektiv-dingliche Rechte auf dem Blatt des herrschenden Grundstücks einzutragen oder zu vermerken.

Die Vereinigung des herrschenden Grundstücks mit anderen Grundstücken läßt den Bestand und den Umfang dieser Rechte unberührt. Sie bleiben weiterhin mit dem herrschenden, früher selbständigen Grundstück verbunden und erstrecken sich nicht auf die übrigen Teilgrundstücke des vereinigten Grundstücks (vgl JFG 13 314).

Wird daher die Vereinigung unter einer Gesamtbezeichnung im alten Grundbuchblatt vollzogen, so müssen die Teilgrundstücke, die mit solchen Rechten verbunden sind, auch im neuen Bestandsverzeichnis sichbar bleiben. Die Teilgrundstücke sind daher wie die belasteten Grundstücke unter einer besonderen Nummer mit dem vollen Inhalt der alten Eintragung, rot unterstrichen, vorzutragen. Die Rechte selbst werden in unmittelbarem Anschluß an das Gesamtgrundstück unter einer neuen laufenden Nummer eingetragen (vgl **Anlage 6**). In Spalte 1 ist in der vorgeschriebenen Weise (vgl §§ 7 und 8 GV) auf die laufende Nummer der geröteten herrschenden Grundstücke hinzuweisen. In den Spalten 5 und 6 ist wie unter cc) zu verfahren.

c) Die Berichtigung des Sachregisters

Das Sachregister ist in der Weise zu berichtigen, daß in Spalte II die neue Grundbuchstelle für das Gesamtgrundstück vermerkt wird (vgl unter VIII Ziff 1).

4. Gräben und Wege,

die nicht eigene Grundstücke, sondern Bestandteile des Grundstücks sind, über die sie führen, die aber gleichwohl eigene Flurstücksnummern haben (vgl § 300 Abs 2 DA), sind bei dem Grundstück, zu dem der Weg (Graben) anteilmäßig gehört, in Spalte 3e in einer neuen Zeile wie folgt einzutragen: „*Hierzu die zum Wege (Graben) Flurstücksnummer . . . gezogene Teilfläche*".

Die für derartige Flurstücke etwa angelegten besonderen Grundbuchblätter (Schutzblätter) sind zu schließen, sobald die Blätter für die Grundstücke, über die der Weg oder Graben führt umgeschrieben sind (Ziff III/4 der AV RJM vom 30. März 1936 — DJS 534).

5. Reale Gewerberechte,

die gemäß Art 17 AGGBO ein Grundbuchblatt erhalten haben, werden wie Grundstücke in den neuen Blattvordruck mit unveränderter Bezeichnung übertragen. Mit der Prüfung der Frage, ob solche Rechte gegenstandslos geworden sind, sollen sich die Umschreibungskommissionen nicht aufhalten. Bei der Umschreibung ist der Anhang zum Sachregister (§ 195 Abs I DA) zu berichttigen.

V.
Eintragungen in Abteilung I

1. Neuester Stand des Eigentums

Die Eintragung im neuen Blatt soll nicht den der Vergangenheit angehörenden Wechsel der Eigentümer, sondern den neuesten Stand des Eigentums darstellen (vgl Ziff IV 3 AV RJM vom 30. März 1936 DJ S 534).

Daher ist es oft nötig, auf dem alten Blatt unter mehreren Nummern eingetragene Miteigentümer im neuen Blatt in einer Eintragung zusammenzufassen.

2. Zusammenfassung

Sind die gleichen Personen als Gemeinschafter verschiedener Gemeinschaften Eigentümer desselben Grundstücks, so sind sie bei jeder Gemeinschaft besonders aufzuführen und derart zu kennzeichnen, daß die Personengleichheit erkennbar ist.

Sind sämtliche Eigentümer an verschiedenen Gemeinschaften beteiligt, so genügt es, die Beteiligung derselben Personen an mehreren Gemeinschaften durch einen keinen Zweifel lassenden Zusatz auszudrücken.

3. Beispiele für Zusammenfassungen

a) Im alten Blatt waren zunächst die Kaufmannseheleute Hans und Margarete Gerber in Buchhain in allgemeiner Gütergemeinschaft eingetragen. Anstelle des verstorbenen Ehemannes wurden sodann, da die Gütergemeinschaft nicht fortgesetzt wurde, die Witwe Margarete Gerber und die Kinder Johann, Regina und Andreas Gerber in Erbengemeinschaft eingetragen. Die Eintragung im neuen Blatt hat zu lauten:

1	2	3	4
1a	*Kaufmannswitwe Margarete Gerber in Buchhain*	1,2,3	*Das auf dem wegen Umschreibung des Grundbuchs geschlossenen Blatt Band 1 Blatt 8 vorgetragene Eigentum hier eingetragen am 10. April 1952* *Richter Müller*
bI	*Kaufmannswitwe Margarete Gerber in Buchhain, die Vorige*		
II	*Hausangestellte Regina Gerber in München*		
III	*Kaufmann Johann Gerber in Buchhain*		
IV	*Schüler Andreas Gerber in Buchhain* *bI—IV in Erbengemeinschaft, a und b in beendeter, nicht auseinandergesetzter allgemeiner Gütergemeinschaft.*		

b) Ist später auch die Witwe Margarete Gerber gestorben und ist im alten Blatt eingetragen, daß auch sie von ihren 3 Kindern beerbt worden ist, so hat der Eintrag im neuen Blatt zu lauten:

1	2	3	4
1a	*Hausangestellte Regina Gerber in München*	1,2,3	*Das auf dem wegen Umschreibung des Grundbuchs geschlossenen Blatt Band 1 Blatt 8 vorgetragene Eigentum hier eingetragen am 10. April 1952* *Richter Müller*
b	*Kaufmann Johann Gerber in Buchhain*		
c	*Schüler Andreas Gerber in Buchhain* *in beendeter, nicht auseinandergesetzer allgemeiner Gütergemeinschaft und in Erbengemeinschaft nach Hans Gerber und Margarete Gerber*		

c) Ist im alten Blatt eingetragen, daß die Witwe Margarete Gerber nur von Regina und Andreas Gerber beerbt worden ist, so hat der Eintrag im neuen Blatt zu lauten:

1	2	3	4
1a *I*	*Hausangestellte Regina Gerber in München*	*1,2,3*	*Das auf dem wegen Umschreibung des Grundbuchs geschlossenen Blatt Band 1 Blatt 8 vorgetragene Eigentum hier eingetragen am 10. April 1952* *Richter Müller*
II	*Schüler Andreas Gerber in Buchhain* *a I und II in Erbengemeinschaft nach Margarete Gerber*		
b I 1	*Hausangestellte Regina Gerber in München*		
2	*Schüler Andreas Gerber in Buchhain, die Vorigen, in Erbengemeinschaft nach Margarete Gerber*		
II	*Kaufmann Johann Gerber in Buchhain*		
III	*Hausangestellte Regina Gerber in München, die Vorige*		
IV	*Schüler Andreas Gerber in Buchhain, der Vorige* *b I bis IV in Erbengemeinschaft nach Hans Gerber* *a und b in beendeter, nicht auseinandergesetzter allgemeiner Gütergemeinschaft.*		

4. Eintragungen in den Spalten 3 und 4

Auf die Beispiele oben Ziff 3 wird verwiesen.

5. Nutzungsrechte am Körperschaftseigentum
(zB Körperschaftswaldungen, Weideverbände, Gemeinschaftsmühlen)

a) Wenn die Mitgliedschaft am Verband nicht mit dem Eigentum an einem bestimmten Anwesen verbunden ist, wird in Abteilung I der Verband unter dem Namen, den er im Verkehr führt, als Eigentümer eingetragen. Außerdem sind darunter sämtliche Mitglieder anzuführen (RGZ 127, 309). Das Rechtsverhältnis unter den Verbandsmitgliedern muß in Abteilung I genau bezeichnet werden.

Bei der Umschreibung ist der Anhang zum Sachregister (§ 196 DA) zu berichtigen.

Die Nutzanteile, die ein Grundbuchblatt erhalten haben, werden wie Grundstücke in den Blattvordruck übertragen. Dabei müssen die Grundstücke, an denen das Anteilsrecht besteht, durch Angabe der Flurstücksnummern bezeichnet werden; die Stelle, an der die Grundstücke eingetragen sind, ist beizufügen.

Beispiel: „Ein ganzer Nutzanteil an der Körperschaftswaldung Straß, Flurstücksnummer 385, 386, 389, eingetragen im Grundbuch für Straß Band 3 Blatt 217, mit dem Recht zum Bezug von 6 Ster Buchenholz, 4 Ster Fichtenschnittholz, 1 Fuhre Streu."

b) Ist die Mitgliedschaft am Verband mit dem Eigentum an bestimmten Anwesen verbunden, so ist als Eigentümer *„der aus den jeweiligen Eigentümern der Anwesen Hs Nr. . . . bestehende Verband"* in der I. Abteilung einzutragen. Der Name, den der Verband im Verkehr führt, ist anzugeben. Der Name der einzelnen Mitglieder ist nicht einzutragen. Dagegen ist der Inhalt ihrer Rechte und die Größe ihrer Anteile anzugeben (§ 348 Ziff 1 DA). Nutzanteile, die im Titel des alten Blattes auf Antrag des Eigentümers eingetragen worden sind, werden gemäß § 9 GBO, § 7 GV behandelt.

VI.
Eintragungen in Abteilung II

1. Umschreibung aus anderen Abteilungen

In Abteilung II des neuen Blatts sind alle Eintragungen umzuschreiben, die nach der Grundbuchverfügung in diese Abteilung gehören. Dies gilt auch dann, wenn sie im alten Blatt in einer anderen Abteilung eingetragen sind, wie zB bei Widersprüchen im Titel des alten Blattes (§ 293 Nr 10 DA), bei noch nicht erledigten Fideikommißvermerken (vgl § 301 DA, § 10 Abs 1b GV, §§ 38, 39 DVO z FidErlG vom 20. März 1939 — RGBl I S 509), bei Grunddienstbarkeiten, die in der Beschreibung der belasteten Grundstücke vorgetragen sind (vgl Bek vom 16. Oktober 1911 — JMBl nF I S 827), bei im Titel vermerkten, noch nicht abgelösten Ehehaften (Reallasten), die mit einem realen Gewerberecht verbunden sind (vgl Meikel-Imhof, 4. Aufl S 1096, Anm 57 Fußnote 2).

Werden Eintragungen, die Rangrechte gewähren, in eine andere Abteilung des neuen Blatts umgeschrieben, dann darf dadurch ihr Rang nicht verändert werden. Falls nötig, ist ein Rangvermerk einzutragen.

2. Eintragungen in den Spalten 4, 5, 6, 7

Die Spalten 5 und 7 beziehen sich nicht auf die in gleicher Höhe befindliche Eintragung in Spalte 3, sondern auf die in den Spalten 4 bzw 6 einzutragende laufende Nummer der Spalte 1. Die Eintragungen erfolgen daher in lückenlosem Anschluß auf die vorhergehenden Eintragungen ohne Rücksicht auf den Raum, den die Eintragungen in Spalte 3 einnehmen.

In Spalte 5 sind nur solche Veränderungen des Rechts zu übernehmen, die ihrer Natur nach oder nach ausdrücklicher Vorschrift der Grundbuchverfügung in diese Spalte gehören, wie zB Pfandrechte, Löschungsvormerkungen und Verfügungsbeschränkungen, auch wenn diese Veränderungen gleichzeitig mit dem Recht eingetragen worden sind. Im übrigen aber sind Veränderungen grundsätzlich mit dem Haupteintrag (Spalte 3) zu verbinden.

3. Eintragungen in Spalte 3

a) Die mit Dienstbarkeiten usw belasteten Grundstücke ergeben sich aus der Spalte 2. In den Text der Spalte 3 sind daher die Flurstücksnummern der belasteten Grundstücke nicht aufzunehmen.

b) Das Datum der Eintragung ist nicht an den Anfang, sondern an den Schluß zu setzen. Das Datum der alten Eintragung ist zu übernehmen. Beizufügen ist das Datum der Umschreibung, das ist der Tag, an dem die Unterschriften im Grundbuch geleistet werden.

c) Bezugnahmen auf die Eintragsbewilligung sind mitzuübertragen.

d) Bei Rechten, die für den jeweiligen Eigentümer eines Grundstücks eingetragen sind, ist das berechtigte Grundstück durch Band, Blatt und laufende Nummer des Bestandsverzeichnisses und in Klammern mit der Flurstücksnummer zu bezeichnen.

Anläßlich der Umschreibung erfolgt die Bezeichnung des berechtigten Grundstücks nach dem neuesten Stand.

e) Ist das Recht auf dem Blatt des herrschenden Grundstücks vermerkt, so ist dies beim dienenden Grundstück in Spalte 5 ersichtlich zu machen (§ 9 Abs 3 GBO), auch wenn sich im alten Blatt ein solcher Hinweis nicht befindet.

f) Beispiel:

1	2	3	4	5	6	7
1	*1, 3, 5, 6, 7*	*Wegerecht zu Gunsten des jeweiligen Eigentümers des Grundstücks Band 5 Blatt 9 Nr 1 des Bestandsverzeichnisses (Flurstücksnummer 212) unter Bezugnahme auf die Eintragungsbewilligung vom 24. April 1941 eingetragen am 20. Mai 1941 und umgeschrieben am 10. April 1952. Richter Müller*	*1*	*Das Recht ist auf dem Blatt des herrschenden Grundstücks vermerkt. Hier vermerkt am 10. Juli 1941 und umgeschrieben am 10. April 1952. Richter Müller*		

VII.

Eintragungen in Abteilung III

1. Behandlung altrechtlicher Hypotheken

a) Vor der Anlegung des Grundbuchs entstandene Hypotheken sind im neuen Blatt als „*Hypotheken ohne Brief*" zu bezeichnen (Art 192 Abs 1 Satz 1 EGBGB).

b) Altrechtliche Nebenleistungshypotheken, die nach Art 192 Abs 1 Satz 2 EGBGB als Sicherungshypotheken gelten und nach dem Gesetz vom 15. Mai 1906 (GVBl S 190) erlöschen, wenn sie sich mit dem Eigentum in einer Person vereinigen, sind im neuen Blatt als „*altrechtliche Sicherungshypotheken*" zu bezeichnen.

c) Bei der Umschreibung in das neue Blatt ist der Gleichrang mehrerer am selben Tage eingetragener altrechtlicher Hypotheken (§ 23 des Bayer Hypothekengesetzes vom 1. Juni 1822 — GesBl S 17 — und Art 184 Satz 1 EGBGB) durch Eintragung eines Rangvermerks klarzustellen.

d) Der Verzicht auf das Recht der Rangeinräumung (§ 84 des Bayer Hypothekengesetzes), der die Wirkung einer Löschungsvormerkung hat (Art 59 des Bayer Übergangsgesetzes), ist in das neue Blatt in Abteilung III Spalte 5—7 zu übertragen.

e) Nicht zu übertragen sind Vermerke, die den nach altem (Gütl-Henle, Hypothekengesetz 5. Aufl § 84 Anm 1d) und neuem Recht (§ 1176 BGB) kraft Gesetzes bestehenden Vorrang der Resthypothek bei Teilrückzahlungen sichern sollen.

2. Buchung von Grundpfandrechten bei Vereinigungen und Zuschreibungen

In Spalte 2 der Abteilung III sind bei vor der Vereinigung oder Zuschreibung begründeten Rechten die Nummern der im Bestandsverzeichnis selbständig aufgeführten Grundstücke, bei nach der Vereinigung oder Zuschreibung begründeten Rechten ist die Nummer des Einheitsgrundstücks einzutragen.

3. Abtretung von Grundpfandrechten, Zinsrückstände, Zinssenkung

Ist das Grundpfandrecht abgetreten, so wird in das neue Blatt nur der letzte Gläubiger übertragen und zwar auch dann, wenn noch Zinsrückstände bestehen, die nicht abgetreten sind (vgl § 1159 BGB). Ist eine Zinssenkung eingetreten, so ist nur der gegenwärtige Zinssatz zu übertragen, ohne Rücksicht darauf, ob Rückstände aus der Zeit vor der Zinssenkung bestehen.

4. Einheitshypothek

Die Zusammenfassung mehrerer im Range aufeinander folgender Hypotheken desselben Gläubigers zu einer einheitlichen Hypothek (RGZ 145 S 47) ist in der Veränderungsspalte (5, 6, 7) einzutragen.

5. Rangvorbehalt

a) Auch ein ausgeübter Rangvorbehalt (§ 881 BGB) ist auf das neue Blatt zu übertragen, wenn nicht zweifelsfrei feststeht, daß er auf einmalige Ausübung beschränkt war. Sind Zwischeneintragungen (§ 881 Abs 3 BGB) vorhanden, so ist der Rangvorbehalt in jedem Falle zu übertragen.
b) Rangvorbehalte nach § 7 des Aufwertungsgesetzes sind auf das neue Blatt nicht zu übertragen (§§ 14, 15 des Grundbuchbereinigungsgesetzes vom 18. Juli 1930 RGBl I S 308).

6. Rangänderung

Um den gegenwärtigen Rang darzustellen, darf die bisherige Eintragungsfolge nicht geändert werden (Ziff II 1 AV RJM vom 30. 3. 1936 DJ S 534).

Ist ein Recht, vor dem einem anderen Recht der Vorrang eingeräumt ist, gelöscht, dann ist es als gelöschtes Recht zu übertragen, wenn Zwischeneintragungen (§ 880 Abs 5 BGB) vorhanden sind.

Ist der Vorrang mehreren Rechten eingeräumt, so sind auch die Daten der Rangeinräumungen zu übertragen.

7 Zinsen aufgewerteter Rechte

Handelt es sich um ein verzinsliches Recht, so ist einzutragen: „*mit den gesetzlichen Zinsen*" (§ 28 des Aufwertungsgesetzes). Ein Zinssatz ist nur einzutragen, wenn er nachträglich durch Parteivereinbarung abweichend von § 28 des Aufwertungsgesetzes geregelt worden ist. Zu übertragen sind aber die von der Aufwertungsgesetzgebung unberührten, vertraglich vereinbarten oder auf Satzung beruhenden Verzugszinsen und Verwaltungskostenbeiträge. Bei unverzinslichen Rechten unterbleibt jeder Hinweis auf die Zinsen.

8. Lastenausgleich[1])

VIII.

Schlußbehandlung

1. Personen- und Sachregister

a) Das Personenregister ist laufend zu berichtigen.
b) Das Sachregister ist, wenn es nicht mehr amtliches Verzeichnis des Grundstücks im Sinn des § 2 Absatz 2 GBO ist, in folgender vereinfachter Form als Nachschlagemittel fortzuführen:

Flurstücksnummern I	Band und Seite des Grundbuchs II	Bemerkungen III

[1]) überholt.

Für die Anhänge zum Sachregister verbleibt es bei den bisherigen Vorschriften.

c) Nach Anordnung des Behördenvorstands kann das Personenregister in Karteiform geführt werden (§ 2 Abs 7 der AktO). Der Behördenvorstand ist ermächtigt, dieselbe Anordnung auch für das Sachregister zu treffen, wenn es nicht mehr amtliches Verzeichnis der Grundstücke im Sinne des § 2 Abs 2 GBO ist.

2. Bekanntmachungen

a) Die vorgeschriebenen Bekanntmachungen hat die Umschreibungskommission zu bewirken (vgl besonders § 39 Abs. 2 GV).

b) Für die Bekanntgabe an das Vermessungsamt gelten die Vorschriften der JME vom 31. März 1952 Nr 3856 — IV — 18617/52 Ziff V.

3. Berichtigung der Hypotheken-, Grund- und Rentenschuldbriefe

Wegen der Aufforderung zur Einreichung des Briefs vergl § 39 Abs 3 S 3 GV. Ein Zwang zur Vorlegung kann auf Grund dieser Bestimmung nicht ausgeübt werden.

4. Statistik

Die Erstellung der Berichte (II Ziff 4) ist durch eine Liste, die die umgeschriebenen Blätter bezeichnet, sicherzustellen. Abschriften der Berichte sind zu sammeln und zeitlich geordnet aufzubewahren.

5. Kosten

a) Ein der Kommission zugeteilter Beamter der Geschäftsstelle ist als Kostenbeamter für die Geschäfte der Kommission zu bestimmen (§ 1 Abs 1 und 2, § 3 der Kostenverfügung).

b) Das Umschreibungsgeschäft als solches ist gebühren- und auslagenfrei (§ 69 Abs 1 Z 1 KostO nF; AV RJM vom 30. März 1936 DJ S 534 Ziff VI). Dazu rechnet auch die Berichtigung des Auszugs auf den Hypotheken-, Grund- und Renten schuldbriefen, soweit der Inhalt des Auszugs durch den eigentlichen Umschrei bungsvorgang unmittelbar geändert wird (AV RJM vom 17. März 1937 DJ S 482).

Anlage 1 zum Merkblatt für die Grundbuchumschreibung in Bayern

Amtsgericht . . . .
— Grundbuchumschreibungskommission —

Verzeichnis

der von der Umschreibung vorerst zurückgestellten Blätter.

Gemarkung . . . .

Bd. Bl.	Eigentümer	Grund der Zurückstellung	Nachträglich umgeschrieben nach Bd. Bl.

Anlage 2 zum Merkblatt für die Grundbuchumschreibung in Bayern

Amtsgericht . . . ., den . . . 195 . .
— Grundbuchumschreibungskommission —

An
den Herrn Landgerichtspräsidenten
in. . . . .

Betrifft: Fortgang der Umschreibungsarbeiten im . . . . Kalendervierteljahr 195 . . . . .

Der Stand der Grundbuchumschreibung beim Amtsgericht . . . . ergibt sich aus umstehender Übersicht.

Die Kommission hat am . . . . ihre Tätigkeit aufgenommen.

Der Leiter der Grundbuchumschreibungskommission:
Unterschrift.
Amtsbezeichnung.

Gesehen
Der aufsichtführende Richter
des Amtsgerichts:

Unterschrift.
Amtsbezeichnung.

Grundbuchbezirk (Gemarkung)*)	Bei Beginn der Komm. Arb. insgesamt vorhandene, nicht geschlossene Blätter	Bei Beginn der Komm. Arb. vorhandene nicht geschlossene Blätter alten Musters	Im Berichtsvierteljahr a) umgeschriebene, b) durch Vereinigung, Zuschreibung oder Zusammenschreibung beseitigte alte Blätter					Am Ende des Berichtsviertelj. noch vorhandene nicht geschlossene Blätter alten Musters
			1) Von der Kommission		2) Im lfd. Dienst		Zusammen	
			a	b	a	b		
Grundbuchamtsbezirk								

*) Der Vordruck ist für alle Gemarkungen des Grundbuchamtsbezirks auszufüllen, auch wenn die Kommission nur einzelne Gemarkungen bearbeitet.

Anlage 3 zum Merkblatt für die Grundbuchumschreibung in Bayern

Auf dem alten Blatt sind 8 Grundstücke vorgetragen. Sämtliche Grundstücke sind unbelastet. 7 davon sind noch auf dem alten Blatt zu einem Grundstück vereinigt worden. Bei der Umschreibung erscheint das vereinigte Grundstück sogleich unter einer Gesamtbezeichnung (lfd Nr 1).

Bestandsverzeichnis

Laufende Nummer der Grundstücke	Bisherige laufende Nummer der Grundstücke	Bezeichnung der Grundstücke und der mit dem Eigentum verbundenen Rechte				Größe			Bestand und Zuschreibungen		Abschreibungen	
		Gemarkung (Vermessungsbezirk)	Flurstück	Liegenschaftsbuch	Wirtschaftsart und Lage	ha	a	qm	Zur laufenden Nummer d. Gr.		Zur laufenden Nummer d. Gr.	
		a	b	c d	e							
1	2		3			4			5	6	7	8
1	—	*Waslingen* *Felden* *Bergen*	— — —	— — —	*Landwirtschaftliches Anwesen zum Eckbauer, Waslingen Nr 21. Vgl Auszüge aus den Liegenschaftsbüchern für Waslingen, BestBr 108, Felden, BestNr 45, Bergen, BestNr 9, vom 1. April 1952*	12	46	41	1,2	*Nr 1,2 bei Umschreibung des Blattes Waslingen Band 2 Blatt 6 anläßlich der Umstellung auf den neuen Blattvordruck als Bestand eingetragen am 1. Mai 1952 Richter Nüller*		
2	—	*Felden*	*9*	*45*	*Am Mühlbach, Lehmgrube*	—	*1*	*90*				

Anlage 4 zum Merkblatt für die Grundbuchumschreibung in Bayern

Auf dem umzuschreibenden Blatt stehen 6 Grundstücke, 5 davon, zum überwiegenden Teil belastet, sollen mit dem von einem anderen Blatt übertragenen, ebenfalls belasteten Grundstück (lfd Nr 9) anläßlich der Umschreibung vereinigt werden. Die Vereinigung hat unter Neuvortrag der Einzelgrunstücke auf dem neuen Blatt zu erfolgen. Das nicht in die Vereinigung einbezogene Grundstück 6 sowie das Wegerecht $\frac{2}{\text{zu } 1}$ werden in der bisherigen Eintragungsfolge in das neue Bestandsverzeichnis übernommen. (Vgl III Ziff 1 Abs 2 der AV vom 30. 3. 1936 DJ S 534).

		a	b	cd	e							
1	2	3				4			5	6	7	8
1	—	*Waslingen*	*87*	*108*	*Waslingen Nr. 21. Wohnhaus, Wirtschaftsgebäude, Hofraum, Garten*	—	*5*	*25*	*1, $\frac{2}{zu 1}$, 3, 4, 5, 6, 7, 8, 9, 10.*	*Nr. 9 von Band 2 Blatt 15 des Grundbuchs von Bergen hierher übertragen, mit den Nr. 1, 3, 4, 5, 7, 8 zu einem Grundstück vereinigt und als Nr. 10 unter einer Gesamtbezeichnung eingetragen am 1. Mai 1952. Nr. 1—8 bei Umschreibung des Blattes Waslingen Band 2 Blatt 6 anläßlich der Umstellung auf den neuen Blattvordruck als Bestand eingetragen am 1. Mai 1952 Richter Müller*		
$\frac{2}{zu 1}$	—	*Wegerecht an dem Grundstück Waslingen, Flurstücksnr. 86, eingetragen im Grundbuch von Waslingen, Band 2, Blatt 10 Abteilung II, Nr. 1*										
3	—	*Waslingen*	*53*	*108*	*In der Leiten, Grünland*	*1*	*20*	*66*				
4	—	*Waslingen*	*99*	*108*	*Auwiesen, Streuwiese*	—	*91*	*87*				
5	—	*Waslingen* *Waslingen*	*101* *102*	*108* *108*	*Spitzberg, Ackerland* *Am Poststeig, Grünland, Gartenland*	*4*	*65*	*41*				
6	—	*Felden*	*9*	*45*	*Mühlbachau, Lehmgrube*	—	*1*	*90*				
7	—	*Waslingen*	*42*	*108*	*Im Anger, Ackerland*	*3*	*21*	*35*				
8	—	*Felden*	*11*	*45*	*Aufeld, Hopfenpflanzung*	*1*	*2*	*71*				
9	—	*Bergen* *Bergen*	*13* *14*	*9* *9*	*Teufelsholz* *Froschweiher*	*1*	*39*	*16*				
10	*1, 3, 4, 5, 7, 8, 9*	*Waslingen* *Felden* *Bergen*	— — —	— — —	*Landwirtschaftliches Anwesen zum Eckbauer, Waslingen Nr. 21. Vgl Auszüge aus den Liegenschaftsbüchern von Waslingen, Best-Nr. 108, Felden, BestNr. 45, Bergen, BestNr. 9 vom 20. April 1952.*	*12*	*46*	*41*				

Anlage 5 zum Merkblatt für die Grundbuchumschreibung in Bayern

Auf dem umzuschreibenden Blatt sind 8 Grundstücke vorgetragen, davon 7 unbelastet, 1 belastet (lfd Nr 7). 6 unbelastete und das belastete Grundstück wurden auf dem alten Blatt vereinigt. Der Vortrag im neuen Blatt kann dann etwa lauten:

1	2	3 a	3 b	3 c d	3 e	4	4	4	5	6	7	8
1-6	*gelöscht*	*(bis zur Löschung eingetragen im Blatte Waslingen Band 2 Blatt 6 Nr. 3, 6, 10, 11, 13, 14)*							*1,2,3, 4,5,6, 7,8,9,*	*Nr. 1—7 zu einem Grundstück vereinigt und als Nr. 8 unter einer Gesamtbezeichnung eingetragen am 1. Mai 1952. Nr. 8, 9 bei Umschreibung des Blattes Waslingen Band 2 Blatt 6 anläßlich der Umstellung auf den neuen Blattvordruck als Bestand eingetragen am 1. Mai 1952. Richter Müller*		
7	—	*Waslingen*	*101*	*108*	*Am Spitzberg, Ackerland*	*4*	*65*	*41*				
		Waslingen	*102*	*108*	*Poststeig, Grünland, Gartenland*							
8	*1—7*	*Waslingen* *Felden* *Bergen*	— — —	— — —	*Landwirtschaftliches Anwesen zum Eckbauer, Waslingen, Nr. 21. Vgl Auszüge aus den Liegenschaftsbüchern von Waslingen, BestNr. 108, Felden, BestNr. 45, Bergen, BestNr. 9 vom 20. April 1952.*	*12*	*46*	*41*				
9	—	*Felden*	*9*	*45*	*Am Mühlbach, Lehmgrube*	—	*1*	*90*				

Anlage 6 zum Merkblatt für die Grundbuchumschreibung in Bayern

Auf dem alten Blatt sind 7 Grundstücke vorgetragen. Sämtliche 7 Grundstücke wurden auf dem alten Blatt vereinigt. Mit einem dieser Grundstücke (lfd Nr 7) ist ein Wegerecht verbunden (lfd Nr $\frac{9}{\text{zu 7}}$). Der Neuvortrag wird dann etwa lauten:

1	2	3 a	3 b	3 c d	3 e	4	4	4	5	6	7	8
1-6	*gelöscht*	*(bis zur Löschung eingetragen im Blatte Waslingen Band 2 Blatt 2 Blatt 6 Nr. 3, 6, 10, 11, 13, 14)*							*1,2,3, 4,5,6, 7,8* $\frac{9}{\text{zu7}}$	*Nr. 1—7 zu einem Grundstück vereinigt und als Nr. 8 eingetragen am 1. Mai 1952. Nr. 8* $\frac{9}{\text{zu 7}}$ *bei Umschreibung des Blattes Waslingen Band 2 Blatt 6 anläßlich der Umstellung auf den neuen Blattvordruck als Bestand eingetragen am 1. Mai 1952 Richter Müller*		
7	—	*Waslingen*	*87*	*108*	*Waslingen Nr. 21, Wohnhaus, Wirtschaftsgebäude, Hofraum, Garten*	—	*5*	*25*				
8	*1—7*	*Waslingen* *Felden* *Bergen*	— — —	— — —	*Landwirtschaftliches Anwesen zum Eckbauer, Waslingen Nr. 21. Vgl Auszüge aus den Liegenschaftsbüchern von Waslingen, BestNr. 108, Felden, BestNr. 45, Bergen, BestNr. 9 vom 20. April 1952.*	*12*	*46*	*41*				
$\frac{9}{\text{zu7}}$	—	*Wegerecht an dem Grundstück Waslingen Flurstücks-Nr. 88, eingetragen im Grundbuch von Waslingen Band 2 Blatt 10 Abt. II Nr. 1*										

c) Braunschweig **Anh 27**

1. AV RJM vom 20. Februar 1937 DJ 294

Durchführung der Grundbuchverfügung in Braunschweig

Auf Grund der §§ 67 Abs 2, 69 der Grundbuchverfügung vom 8. August 1935 (RMBl S 637) ordne ich für den Bezirk des Oberlandesgerichts Braunschweig folgendes an:

A.

I. Es sind umzuschreiben:

1. die in Braunschweig nach den Anlagen A und B zu § 14 und Anlage C zu § 39 der Bekanntmachung des Herzoglichen Staatsministeriums, Abteilung der Justiz, betreffend eine Allgemeine Verfügung zur Ausführung der GBO vom 7. Juli 1899 (GuVS S 585) geführten Grundbuchblätter;

2. die Blätter der früheren Hypothekenbücher und des Beschwerungsscheinsbuches der Stadt Braunschweig, die nach § 3 der Verordnung betreffend die Ausführung der GBO sowie die Anlegung der Grundbücher vom 12. Juni 1899 (GuVS S 503) und § 39 der Bekanntmachung vom 7. Juli 1899 als Grundbücher iSd BGB und der GBO geführt sind.

II. Auf die Umschreibung sind die §§ 29, 30, 32, 39 Abs 3 der Grundbuchverfügung mit folgenden Maßgaben entsprechend anzuwenden:

1. An die Stelle des § 30 Abs 1c tritt folgende Vorschrift:

Aus dem Titel und den drei Abteilungen ist nur der gegenwärtig noch gültige Bestand an Eintragungen in der bisherigen Eintragungsfolge unter neuen laufenden Nummern zu übernehmen. Gelöschte Eintragungen werden nur insoweit übernommen, als dies zum Verständnis der noch gültigen Eintragungen erforderlich ist, und zwar in der dem neuen Vordruck angepaßten äußeren Form.

2. Das alte Grundbuchblatt ist gemäß § 36 der Grundbuchverfügung zu schließen. Der Schließungsvermerk ist in der Überschrift des Titels einzutragen. Hierzu kann ein Stempel verwandt werden.

III. Die Umschreibung erfolgt erst, nachdem das Grundbuchblatt auf das Lagerbuch zurückgeführt ist (vgl AV RJM vom 19. Februar 1937, DJ S 294).

IV. Bei der Umschreibung ist besonders zu beachten, daß im neuen Grundbuch jedes Grundstück, das im Rechtssinne eine Einheit bildet, im Bestandsverzeichnis unter einer laufenden Nummer eingetragen werden muß. Etwaige Zweifel über die Zusammengehörigkeit mehrerer Grundstücke sind nach Möglichkeit zu klären.

Ist das einheitliche Grundstück durch Vereinigung oder Zuschreibung vorher selbständiger belasteter Grundstücke entstanden, so sind diese Grundstücke zunächst in das neue Bestandsverzeichnis unter besonderen Nummern einzutragen. Sodann ist das daraus gebildete neue Grundstück einzutragen und im übrigen nach § 13 Abs 1 der Grundbuchverfügung zu verfahren.

V. Die nach § 6 des Gesetzes über den Erwerb von Grundeigentum und Grunddienstbarkeiten bei Gemeinheitsteilung vom 8. März 1873 (GuVS S 91) vorgesehene Eintragung ist auf der ersten Seite des Bestandsverzeichnisses vor Beginn der Grundstückseintragungen vorzunehmen.

VI. 1. Vor der Umschreibung ist planmäßig festzustellen, ob dem auf dem umzuschreibenden Blatt als Eigentümer Eingetragenen noch andere Grundstücke desselben Grundbuchamtsbezirks gehören. Ist dies der Fall, so ist sorgfältig zu prüfen, ob nach den bestehenden wirtschaftlichen und örtlichen Verhältnissen eine Vereinigung (§ 890 Abs 1 BGB) dieser Grundstücke oder die Zuschreibung eines oder mehrerer Grundstücke als Bestandteil zu einem anderen (§ 890 Abs 2 BGB) angezeigt ist. Gegebenenfalls ist dem Eigentümer in angemessener Form die Stellung der erforderlichen Anträge nahezulegen. Kommt eine Vereinigung oder Zuschreibung nicht in Betracht, so bleibt in jedem Falle die Möglichkeit der Anlegung eines gemeinschaftlichen Grundbuchblatts (§ 4 GBO) zu erwägen.

Durch sachgemäße Ausnutzung dieser Mittel kann der Rechtsverkehr wesentlich erleichtert und der Umfang des Grundbuchs erheblich eingeschränkt werden; auch können hierdurch etwa drohende Raumschwierigkeiten verringert werden. Auf § 69 Abs 1 Nrn 4 und 5 KostO nF wird in diesem Zusammenhang besonders hingewiesen.

2. Vor der Umschreibung ist gemäß § 29 der Grundbuchverfügung auch zu prüfen, ob Anlaß zur Anwendung des Grundbuchberichtigungszwanges (§ 82 GBO) besteht.

3. Die Umschreibung besteht nicht im Abschreiben des alten Blattes. Wesentlich ist ihr insbesondere, daß

a) die gelöschten Eintragungen nach Möglichkeit (in den Grenzen von II 1) beseitigt werden und

b) die Eintragungsvermerke in ihrer Form unter tunlichster Einbeziehung späterer Veränderungen soweit vereinfacht und zusammengefaßt werden, als dies ohne Änderung ihres sachlichen Inhalts und ohne Erweiterung der Bezugnahme irgend möglich ist. Auch eine sprachliche Änderung von Eintragungen ist nicht ausgeschlossen.

B.

Die vorstehenden Bestimmungen beziehen sich nicht auf Grundbuchblätter, die nach § 72 der Grundbuchverfügung von der Neuordnung unberührt bleiben, zB Berggrundbücher.

C.

Für die in dieser Verfügung angeordnete Umschreibung werden Kosten nicht erhoben.

D.

Ob und wann zur Durchführung der Arbeiten zusätzliche Kräfte zur Verfügung gestellt werden können wird in besonderer Verfügung bestimmt werden. Einstweilen sind diese Arbeiten unter Einsatz aller ohnedies verfügbaren Kräfte planmäßig in Angriff zu nehmen und nach Möglichkeit zu fördern. Es ist darauf Bedacht zu nehmen, durch Änderung der Geschäftsverteilung, durch Ausnutzung noch gegebener Entlastungsmöglichkeiten oder auf sonstige Weise hierfür Kräfte freizumachen. Die Umschreibung ist jedoch zur selbständigen Wahrnehmung durch den Rechtspfleger nicht geeignet.[1])

E.

Jedes Grundbuchamt hat ein Verzeichnis zu führen, aus dem sich folgendes ergibt:

1. die Zahl aller am 1. März 1937 in seinem Bezirk vorhandenen Grundbuchblätter,
2. die Zahl der darunter befindlichen geschlossenen Blätter,
3. die Zahl der innerhalb jedes Vierteljahres
   a) auf das Lagerbuch zurückgeführten,
   b) umgeschriebenen,
   c) durch Vereinigung, Zuschreibung oder Zusammenschreibung beseitigten Grundbuchblätter.

Die Einrichtung des Verzeichnisses bleibt dem Oberlandesgerichtspräsidenten überlassen.

Ich behalte mir vor, zu gegebener Zeit über den Stand der Arbeiten Bericht zu fordern.

Anh 28 2. AV nds MdJ vom 7. September 1951 NdsRpfl 174

Führung der Grundbücher über Bergwerkseigentum im Oberlandesgerichtsbezirk Braunschweig

---

[1]) Nunmehr sind die AV RJM vom 20. Januar 1938 (*Anh 22*) und das RPflegerG (*Anh 18*) maßgebend.

Für den Bezirk des Oberlandesgerichts Braunschweig wird angeordnet:

1. Die Grundbuchblätter über Bergwerkseigentum, die nach der Bekanntmachung des Herzoglich Braunschweigischen Staatsministeriums, Abt Justiz, betr eine AV der GBO vom 7. Juli 1899 (GuVS S 585) geführt werden, sind im Zuge der allgemeinen Grundbuchumschreibung unter Verwendung des durch die Grundbuchverfügung eingeführten Vordrucks umzuschreiben. Neue Grundbuchblätter über Bergwerkseigentum sind künftig nur noch unter Verwendung dieses Vordrucks anzulegen.

2. Für die im Bezirk eines Grundbuchamtes belegenen Bergwerke ist ein besonderes Grundbuch einzurichten.

Erstreckt sich das Feld über mehrere Gemeindebezirke oder Gemarkungen, die nicht im Bezirke desselben Grundbuchamts liegen, so ist das Bergwerkseigentum von demjenigen Grundbuchamt einzutragen, in dessen Bezirk der Fundpunkt liegt. Ist der Fundpunkt nicht ersichtlich oder nicht mehr festzustellen, so bestimmt der Oberlandesgerichtspräsident in Braunschweig, welches Grundbuchamt das Bergwerkseigentum einzutragen hat.

§ 41 der Bekanntmachung vom 7. Juli 1899 wird aufgehoben.

3. In jedem Grundbuchblatt über Bergwerkseigentum ist in der Aufschrift unter die Blattnummer in Klammern das Wort „*Bergwerkseigentum*" zu setzen. In die Aufschrift ist ferner eine Beschreibung aufzunehmen, die den wesentlichen Inhalt der Verleihungsurkunde oder des sonstigen Berechtigungstitels angibt.

4. Auf die Umschreibung sind die Vorschriften der Abschnitte A und C der AV vom 20. Februar 1937 (DJ S 294) über die Durchführung der Grundbuchverfügung in Braunschweig sinngemäß anzuwenden.

5. Bei Umschreibungen gem Nr 2 ist die Zusammenfassung des Bergwerkseigentums in einem Grundbuchblatt bei den nach § 41 der Bekanntmachung vom 7. Juli 1899 bisher geführten Nebengrundbüchern zu vermerken. Soweit Umschreibungen bereits stattgefunden haben, ist auch in die umgeschriebenen Nebengrundbücher ein entsprechender Vermerk aufzunehmen. In der Aufschrift des neuen Blatts ist auf die bisher geführten Nebengrundbücher zu verweisen.

d) Bremen, Hamburg, Lübeck — Anh 29

1. AV RJM vom 26. März 1936 DJ 535

Durchführung der Grundbuchverfügung in Hamburg, Bremen und Lübeck (mit Ausnahme der Grundbuchämter Eutin und Bad Schwartau)

Auf Grund der §§ 67 Abs 2, 69 der Grundbuchverfügung vom 8. August 1935 (RMBl S 637) ordne ich für die Grundbuchämter des Bezirks des Oberlandesgerichts Hamburg mit Ausnahme der Grundbuchämter Eutin und Bad Schwartau folgendes an:

A.

I. Die nach der Anlage A zu § 4 der Geschäftsanweisung für die hamburgischen Grundbuchämter vom 1. August 1928 (GuVBl S 323) oder nach dem Muster der hamburgischen Geschäftsanweisung vom November 1899 (GS II S 105) geführten Grundbuchblätter sind umzuschreiben.

II. Auf die Umschreibung sind die §§ 29, 30, 32, 39 Abs 3 der Grundbuchverfügung mit folgenden Maßgaben entsprechend anzuwenden:

1. An die Stelle des § 30 Abs 1c tritt folgende Vorschrift:

Aus dem Bestandsverzeichnis und den drei Abteilungen ist nur der gegenwärtig noch gültige Bestand an Eintragungen zu übernehmen. Gelöschte Eintragungen werden nur insoweit übernommen, als dies zum Verständnis der noch gültigen Eintragungen erforderlich ist, und zwar in der dem neuen Vordruck angepaßten äußeren Form.

2. Das alte Grundbuchblatt ist nach den bisherigen Vorschriften zu schließen.

III. Bei der Umschreibung ist besonders zu beachten, daß im neuen Grundbuch jedes Grundstück, das im Rechtssinne eine Einheit bildet, im Bestandsverzeichnis unter einer laufenden Nummer eingetragen werden muß. Etwaige Zweifel über die Zusammengehörigkeit mehrerer Grundstücke sind nach Möglichkeit zu klären.

Ist das einheitliche Grundstück durch Vereinigung oder Zuschreibung vorher selbständiger belasteter Grundstücke entstanden, so sind diese Grundstücke zunächst in das neue Bestandsverzeichnis unter besonderen Nummern einzutragen. Sodann ist das daraus gebildete neue Grundstück einzutragen und im übrigen nach § 13 Abs 1 der Grundbuchverfügung zu verfahren.

B.[1])

....

C.

I. Die in Lübeck nach Anlage A zu § 1 der Verordnung vom 5. Februar 1900 über die Einrichtung der Grundbücher usw (GuVS 1900 Nr 8) geführten Grundbuchblätter **werden, sofern sie genau dieser Anlage entsprechen, mit folgenden Maßgaben weitergeführt:**

1. Das Aufschriftsblatt ist unter entsprechender Anwendung des § 33 der Grundbuchverfügung neu zu fassen, und zwar getrennt in Aufschrift (§ 5 der Grundbuchverfügung) und Bestandsverzeichnis (§§ 6, 7 der Grundbuchverfügung). Hierzu ist ein nach dem Muster Anlage 1 der Grundbuchverfügung eingerichteter, hinter dem bisherigen Aufschriftsblatt einzuheftender Einlagebogen zu verwenden.

a) In das Bestandsverzeichnis ist nur der gegenwärtig noch gültige Bestand an Eintragungen zu übernehmen. Gelöschte Eintragungen werden nur insoweit übernommen, als dies zum Verständnis der noch gültigen Eintragungen erforderlich ist, und zwar in der dem neuen Vordruck angepaßten äußeren Form.

b) Bei der Herrichtung des Bestandsverzeichnisses ist besonders zu beachten, daß im neuen Grundbuch jedes Grundstück, das im Rechtssinne eine Einheit bildet, im Bestandsverzeichnis unter einer laufenden Nummer eingetragen werden muß. Etwaige Zweifel über die Zusammengehörigkeit mehrerer Grundstücke sind nach Möglichkeit zu klären.

Ist das einheitliche Grundstück durch Vereinigung oder Zuschreibung mehrerer vorher selbständiger belasteter Grundstücke entstanden, so sind diese Grundstücke zunächst in das neue Bestandsverzeichnis unter besonderen Nummern einzutragen. Sodann ist das daraus gebildete neue Grundstück einzutragen und im übrigen nach § 13 Abs 1 der Grundbuchverfügung zu verfahren.

Bei einem Erbbaugrundbuch ist das Bestandsverzeichnis gemäß § 56 oder § 60 (unbeschadet des § 33 Abs 2c mit § 30 Abs 1f) der Grundbuchverfügung herzurichten. Eine etwaige Angabe des Inhalts des Erbbaurechts in Abteilung II des Erbbaugrundbuchs ist dort ihrer ganzen Ausdehnung nach an der linken Seite mit einer Klammer und dem dabeizuschreibenden Vermerk: „*Gehört zum Bestandsverzeichnis laufende Nummer . . .*" zu versehen. In diesem Falle genügt im Bestandsverzeichnis zur Wiedergabe des Inhalts des Erbbaurechts eine Verweisung auf die Eintragung in Abteilung II.

2. Im übrigen sind die Nummernbezeichnungen und die Überschriften aller Spalten dem neuen Vordruck anzugleichen. Von der Angleichung der Spaltenüberschriften kann abgesehen werden, soweit wesentliche Unterschiede zwischen dem alten und dem neuen Vordruck nicht bestehen.

Zur Angleichung kann ein Stempel benutzt werden, wenn dadurch die Klarheit und Haltbarkeit des Grundbuchs nicht gefährdet wird.

Auch die Handblätter sind dem neuen Vordruck anzugleichen. Hierzu können Deckblätter oder Stempel verwendet werden.

---

[1]) Aufgehoben, vgl AV RJM vom 17. Oktober 1938, *Anh 30.*

3. In der 1. Abteilung ist vor die dritte Spalte des alten Vordrucks (überschrieben „*Zeit und Grund des Erwerbs*") entsprechend dem neuen Vordruck der Grundbuchverfügung eine Spalte „*3*" einzufügen. In dieser Spalte ist zu jeder in der neuen Spalte 4 vorhandenen Eintragung die laufende Nummer zu vermerken, unter der das Grundstück auf das sie sich bezieht, im Bestandsverzeichnis eingetragen ist.

4. a) In der 2. Abteilung ist hinter der Spalte 1 eine der Spalte 2 des neuen Vordrucks entsprechende Nummernspalte einzufügen. In dieser Spalte ist zu jeder Eintragung in der Hauptspalte die laufende Nummer des Grundstücks zu vermerken, auf das sie sich bezieht.

b) Der Raum der besonderen Unterspalte „*Löschungen*" der Hauptspalte 2 ist, soweit er Eintragungen enthält, schwarz zu durchkreuzen. Der nicht ausgefüllte Raum dieser Spalte ist, nachdem sie durch einen schwarzen Querstrich abgeschlossen ist, für Eintragungen in der Nebenspalte mitzuverwenden. Sind Löschungen vermerkt, so sind sie in die dem neuen Grundbuchmuster angeglichenen Spalten 6 und 7 sinngemäß zu übernehmen unter Beifügung des Zusatzes: „*Wegen Beseitigung der früheren Unterspalte „Löschungen" der Hauptspalte 2 hierher übernommen am . . . .*" Bei Fassung des neuen Löschungsvermerks ist darauf Bedacht zu nehmen, daß die Verständlichkeit der Eintragungen nicht leidet.

5. In der 3. Abteilung ist vor der ersten Hauptspalte zwischen der Nummern- und Betragsspalte eine der Spalte 2 des neuen Vordrucks entsprechende Nummernspalte einzufügen. In dieser Spalte ist zu jeder Eintragung in der Hauptspalte die laufende Nummer des Grundstücks zu vermerken, auf das sie sich bezieht. Im übrigen sind für die 3. Abteilung die Vorschriften zu 4b entsprechend anzuwenden.

6. Freie Zwischenräume zwischen den einzelnen Eintragungen in den Spalten 2 (Veränderungen) und 3 (Löschungen) der Abteilungen II und III sind schwarz zu durchkreuzen.

7. Widersprüche gegen die Nichteintragung oder Löschung eines Rechts sind entsprechend den §§ 12, 19 der Grundbuchverfügung in die Spalte 3 der zweiten Abteilung oder Spalte 4 der 3. Abteilung zu übertragen unter Angabe des Tages der ersten Eintragung und Beifügung folgenden Vermerks: „*Bei Neufassung des Grundbuchblattes hierher übernommen am. . . .*" Bei der Übertragung ist der Rang des Widerspruchs, soweit er sich nicht aus der Stelle seiner Eintragung oder aus dem mitübernommenen Datum der ersten Eintragung ergibt, durch besondere Rangvermerke klarzustellen. Die alte Eintragung ist schwarz zu durchkreuzen.

II. 1. Die übrigen in Lübeck nach dem Muster der Verordnung vom 5. Februar 1900 über die Einrichtung der Grundbücher usw (GuVS 1900 Nr 8) geführten Grundbuchblätter, bei denen die Stellung der Hauptspalten 2 und 3 der Abteilungen II und III vertauscht ist, sind umzuschreiben. Das gleiche gilt für alle Grundbuchblätter, die unter Verwendung eines geschlossenen Grundbuchblattes angelegt sind.

2. Auf die Umschreibung sind die §§ 29, 30, 32, 39 Abs 3 der Grundbuchverfügung vom 8. August 1935 (RMBl S 637) mit folgenden Maßgaben entsprechend anzuwenden:

a) An die Stelle des § 30 Abs 1c tritt folgende Vorschrift:

Aus dem Aufschriftsblatt und den drei Abteilungen ist nur der gegenwärtig noch gültige Bestand an Eintragungen zu übernehmen. Gelöschte Eintragungen werden nur insoweit übernommen, als dies zum Verständnis der noch gültigen Eintragungen erforderlich ist, und zwar in der dem neuen Vordruck angepaßten äußeren Form.

b) Das alte Grundbuchblatt ist nach den bisherigen Vorschriften zu schließen.

3. Bei der Umschreibung ist besonders zu beachten, daß im neuen Grundbuch jedes Grundstück, das im Rechtssinne eine Einheit bildet, im Bestandsverzeichnis unter einer laufenden Nummer eingetragen werden muß. Etwaige Zweifel über die Zusammengehörigkeit mehrerer Grundstücke sind nach Möglichkeit zu klären.

Ist das einheitliche Grundstück durch Vereinigung oder Zuschreibung vorher selbständiger belasteter Grundstücke entstanden, so sind diese Grundstücke zunächst in das neue Bestandsverzeichnis unter besonderen Nummern einzutragen. Sodann ist das daraus gebildete neue Grundstück einzutragen und im übrigen nach § 13 Abs 1 der Grundbuchverfügung zu verfahren.

D.

I. 1. Vor der Umschreibung ist planmäßig festzustellen, ob dem auf dem umzuschreibenden Blatte als Eigentümer Eingetragenen noch andere Grundstücke desselben Grundbuchamtsbezirks gehören. Ist dies der Fall, so ist sorgfältig zu prüfen, ob nach den bestehenden wirtschaftlichen und örtlichen Verhältnissen eine Vereinigung (§ 890 Abs 1 BGB) dieser Grundstücke oder die Zuschreibung eines oder mehrerer Grundstücke als Bestandteil zu einem anderen (§ 890 Abs 2 BGB) angezeigt ist. Gegebenenfalls ist dem Eigentümer in angemessener Form die Stellung der erforderlichen Anträge nahezulegen. Kommt eine Vereinigung oder Zuschreibung nicht in Betracht, so bleibt in jedem Falle die Möglichkeit der Anlegung eines gemeinschaftlichen Grundbuchblattes (§ 4 GBO) zu erwägen.

Durch sachgemäße Ausnutzung dieser Mittel kann der Rechtsverkehr wesentlich erleichtert und der Umfang des Grundbuchs erheblich eingeschränkt werden; auch können hierdurch etwa drohende Raumschwierigkeiten verringert werden. Auf § 69 Abs 1 Nr 4 und 5 KostO nF wird in diesem Zusammenhange besonders hingewiesen.

2. Vor der Umschreibung ist gemäß § 29 der Grundbuchverfügung auch zu prüfen, ob Anlaß zur Anwendung des Grundbuchberichtigungszwanges (§ 82 GBO) besteht.

3. Die Umschreibung besteht nicht im Abschreiben des alten Blattes. Wesentlich ist ihr insbesondere, daß

a) die gelöschten Eintragungen nach Möglichkeit beseitigt werden und

b) daß die Eintragungsvermerke in ihrer Form unter tunlichster Einbeziehung späterer Veränderungen soweit vereinfacht und zusammengefaßt werden, als dies ohne Änderung ihres sachlichen Inhalts und ohne Erweiterung der Bezugnahme irgend möglich ist. Auch eine sprachliche Änderung von Eintragungen ist nicht ausgeschlossen.

E.

Die vorstehenden Bestimmungen beziehen sich nicht auf Grundbuchblätter, die nach § 72 der Grundbuchverfügung von der Neuordnung unberührt bleiben.

F.

I. Für die in dieser Verfügung angeordnete Anpassung und Umschreibung werden Kosten nicht erhoben.

II. 1. Die Umschreibung (vgl unter A dieser Verfügung) und die Anpassung (vgl unter B und C dieser Verfügung) sind zur selbständigen Wahrnehmung durch denRechtspfleger nicht geeignet[1]).

2. Über die Bewilligung der zur Durchführung der Arbeiten erforderlichen Kräfte ergeht besondere Verfügung.

III. Jedes Grundbuchamt hat ein Verzeichnis zu führen, aus dem sich folgendes ergibt:

1. die Zahl aller am 1. April dieses Jahres in seinem Bezirk vorhandenen Grundbuchblätter,
2. die Zahl der darunter befindlichen geschlossenen Blätter,
3. die Zahl der anpassungsbedürftigen Blätter,
4. die Zahl der umschreibungsbedürftigen Blätter,
5. die Zahl der innerhalb jedes Vierteljahres

---

[1]) Nunmehr sind die AV RJM vom 20. Januar 1938 *(Anh. 22)* und das RPflegerG (*Anh 18*) maßgebend.

a) angepaßten,
b) umgeschriebenen,
c) durch Vereinigung, Zuschreibung oder Zusammenschreibung beseitigten Grundbuchblätter.

Die Einrichtung des Verzeichnisses im einzelnen bleibt dem Oberlandesgerichtspräsidenten überlassen.

Ich behalte mir vor, zu gegebener Zeit über den Stand der Arbeiten Bericht zu erfordern.

2. AV RJM vom 17. Oktober 1938 DJ 1675 — Anh 30

Durchführung der Grundbuchverfügung in Bremen

Auf Grund der §§ 67 Abs 2, 69 der Grundbuchverfügung vom 8. August 1935 (RMBl S 637) ordne ich folgendes an:

I. Die nach der Anlage zur Bremischen Verordnung betreffend die Einrichtung der Grundbücher vom 19. Dezember 1899 (GBl S 251) in der jetzt geltenden Fassung geführten Grundbuchblätter sind umzuschreiben. Dies gilt nicht für solche Blätter, die bereits gemäß Abschnitt B II der Allgemeinen Verfügung vom 26. März 1936 (DJ S 535) an das Muster der Grundbuchverfügung angepaßt sind.

II. Auf die Umschreibung sind die §§ 29, 30, 32, 39 Abs 3 der Grundbuchverfügung mit folgenden Maßgaben entsprechend anzuwenden:

1. Aus der Beschreibung und den drei Abteilungen ist nur der gegenwärtig noch gültige Bestand an Eintragungen zu übernehmen. Gelöschte Eintragungen werden nur insoweit übernommen, als dies zum Verständnis der noch gültigen Eintragungen erforderlich ist, und zwar in der dem neuen Vordruck angepaßten äußeren Form.

2. Das alte Grundbuchblatt ist nach den bisherigen Vorschriften zu schließen. Zur Herstellung des Schließungsvermerks kann ein Stempel benutzt werden.

3. Wegen der Herstellung des Verweisungsvermerks auf dem neuen Blatte wird auf die Allgemeine Verfügung vom 5. Juli 1937 (DJ S 1023) hingewiesen.

III. 1. Bei der Umschreibung ist besonders zu beachten, daß im neuen Grundbuch jedes Grundstück, das im Rechtssinn eine Einheit bildet, unter e i n e r laufenden Nummer eingetragen werden muß. Etwaige Zweifel über die Zusammengehörigkeit mehrerer Grundstücke sind nach Möglichkeit zu klären.

Ist das einheitliche Grundstück durch Vereinigung oder Zuschreibung vorher selbständiger belasteter Grundstücke entstanden, so sind diese Grundstücke zunächst in das neue Bestandsverzeichnis unter besonderer Nummer einzutragen. Sodann ist das daraus gebildete neue Grundstück einzutragen und im übrigen nach § 13 Abs 1 der Grundbuchverfügung zu verfahren.

2. Vormerkungen, die in der ersten Abteilung eingetragen sind, sind entsprechend den §§ 12, 19 der Grundbuchverfügung in die zweite Abteilung des neuen Grundbuchs zu übertragen; dabei ist der Tag der ersten Eintragung anzugeben; es ist darauf zu achten, daß der Rang der Vormerkung richtig zum Ausdruck kommt.

IV. Im übrigen gelten die Abschnitte D, E und F der Allgemeinen Verfügung vom 26. März 1936 (DJ S 535).

V. Abschnitt B der Allgemeinen Verfügung vom 26. März 1936[1]) wird aufgehoben.

e) Hessen — Anh 31

1. AV RJM vom 2. März 1936 DJ 357

Durchführung der §§ 67, 69 der Grundbuchverfügung in Hessen

Auf Grund der §§ 67 Abs 2, 69 der Grundbuchverfügung vom 8. August 1935 (RMBl S 637) ordne ich für den Bezirk des Oberlandesgerichts Darmstadt folgendes an:

---

[1]) Vgl *Anh 29.*

I.

Die nach Anlage I zu § 6 der Anordnungen des Großherzoglich Hessischen Ministeriums der Justiz vom 14. Januar 1900 geführten Grundbuchblätter sind umzuschreiben.

II.

Auf die Umschreibung sind die §§ 29, 30, 32, 39 Abs 3 der Grundbuchverfügung mit folgenden Maßgaben entsprechend anzuwenden:

1. An die Stelle des § 30 Abs 1c tritt folgende Vorschrift:

Aus dem Titel und den drei Abteilungen ist nur der gegenwärtig noch gültige Bestand an Eintragungen unter neuen fortlaufenden Nummern zu übernehmen. Gelöschte Eintragungen werden nur insoweit übernommen, als dies zum Verständnis der noch gültigen Eintragungen erforderlich ist, und zwar in der dem neuen Vordruck angepaßten äußeren Form.

2. Der § 30 Abs 1g wird durch folgenden Zusatz ergänzt:

Ist ein Recht bei Anlegung des Grundbuchs ohne Angabe des Tages eingetragen, so ist zu vermerken, daß das Recht bei Anlegung eingetragen ist.

3. Das alte Grundbuchblatt ist unter entsprechender Anwendung des § 24 Abs 2 der Anordnungen des Hessischen Ministeriums der Justiz vom 14. Januar 1900 zu schließen.

III.

1. Jedes Grundstück, das im Grundbuch eine Einheit im Rechtssinne (§ 890 BGB) bildet, ist im Bestandsverzeichnis unter einer laufenden Nummer einzutragen. Die wirtschaftliche Einheit ist nicht maßgebend.

2. Ist das einheitliche Grundstück durch Vereinigung oder Zuschreibung vorher selbständiger belasteter Grundstücke entstanden, so sind diese Grundstücke zunächst in das neue Bestandsverzeichnis unter besonderen Nummern einzutragen. Sodann ist das daraus gebildete neue Grundstück einzutragen und im übrigen nach § 13 Abs 1 der Grundbuchverfügung zu verfahren.

3. Zur Bezeichnung der Grundstücke im Bestandsverzeichnis bedarf es der Ausfüllung der Unterspalten c und d der Spalte 3 (Steuerbücher) nur dann, wenn diese Angaben sich aus dem maßgebenden amtlichen Verzeichnis (§ 2 Abs 2 GBO) entnehmen lassen.
Die Unterspalte b der Spalte 3 ist durch Angabe der Flur und Nummer auszufüllen.

4. Da nach hessischem Grundbuchrecht einige Eintragungen in eine andere Abteilung gehörten, als die neue Grundbuchverfügung vorschreibt (vgl §§ 13, 18 der Anordnungen des Hessischen Ministeriums der Justiz vom 14. Januar 1900), ist bei der Anlegung des neuen Grundbuchblattes auf diese Unterschiede besonders zu achten.

IV.

1. Vor der Umschreibung ist planmäßig festzustellen, ob dem auf dem umzuschreibenden Blatte als Eigentümer Eingetragenen noch andere Grundstücke desselben Grundbuchamtsbezirks gehören. Ist dies der Fall, so ist sorgfältig zu prüfen, ob nach den bestehenden wirtschaftlichen und örtlichen Verhältnissen eine Vereinigung (§ 890 Abs 1 BGB) dieser Grundstücke oder die Zuschreibung eines oder mehrerer Grundstücke als Bestandteil zu einem anderen (§ 890 Abs 2 BGB) angezeigt ist. Gegebenenfalls ist dem Eigentümer in angemessener Form die Stellung der erforderlichen Anträge nahezulegen. Kommt eine Vereinigung oder Zuschreibung nicht in Betracht, so bleibt in jedem Falle die Möglichkeit der Anlegung eines gemeinschaftlichen Grundbuchblattes (§ 4 GBO) zu erwägen.

Durch sachgemäße Ausnutzung dieser Mittel kann der Rechtsverkehr wesentlich erleichtert und der Umfang des Grundbuchs erheblich eingeschränkt werden; auch können hierdurch etwa drohende Raumschwierigkeiten verringert werden. Auf § 69 Abs 1 Nrn 4 und 5 KostO nF wird in diesem Zusammenhange besonders hingewiesen.

2. Vor der Umschreibung ist gemäß § 29 der Grundbuchverfügung auch zu prüfen, ob Anlaß zur Anwendung des Grundbuchberichtigungszwanges (§ 82 GBO) besteht.

3. Die Umschreibung besteht nicht im Abschreiben des alten Blattes. Wesentlich ist ihr insbesondere, daß
 a) die gelöschten Eintragungen nach Möglichkeit (in den Grenzen von II 1) beseitigt werden und
 b) daß die Eintragungsvermerke in ihrer Form unter tunlichster Einbeziehung späterer Veränderungen soweit vereinfacht und zusammengefaßt werden, als dies ohne Änderung ihres sachlichen Inhalts und ohne Erweiterung der Bezugnahme irgend möglich ist. Auch eine sprachliche Änderung von Eintragungen ist nicht ausgeschlossen.

V.

Im Falle anhängiger oder bevorstehender Feldbereinigungen ist die Umschreibung bis zur Beendigung dieser Verfahren zurückzustellen. Das Ergebnis ist zunächst auf den alten Blättern einzutragen. Diese sind sodann umzuschreiben. Als bevorstehend gilt eine Feldbereinigung, wenn ihre Beendigung innerhalb der nächsten 3 Jahre zu erwarten ist.

VI.

Die vorstehenden Bestimmungen beziehen sich nicht auf Grundbuchblätter, die nach § 72 der Grundbuchverfügung von der Neuordnung unberührt bleiben, zB Berg- und Bahngrundbücher.

VII.

Für die in dieser Verfügung angeordnete Umschreibung werden Kosten nicht erhoben.

VIII.

1. Die Umschreibung ist zur selbständigen Wahrnehmung durch den Rechtspfleger nicht geeignet[1]).

2. Über die Bewilligung der zur Durchführung der Umschreibungsarbeiten erforderlichen Kräfte ergeht besondere Verfügung.

3. Es ist darauf Bedacht zu nehmen, daß die Umschreibung nach Möglichkeit dem ordentlichen Grundbuchrichter vorbehalten bleibt und die zusätzlich bewilligten Kräfte zu seiner Entlastung verwendet werden.

IX.

Jedes Grundbuchamt hat ein Verzeichnis zu führen, aus dem sich folgendes ergibt:
1. die Zahl aller am 1. April d Js in seinem Bezirk vorhandenen Grundbuchblätter,
2. die Zahl der darunter befindlichen geschlossenen Blätter,
3. die Zahl der innerhalb jedes Vierteljahrs
 a) umgeschriebenen,
 b) durch Vereinigung, Zuschreibung oder Zusammenschreibung beseitigten Grundbuchblätter.

Die Einrichtung des Verzeichnisses bleibt dem Oberlandesgerichtspräsidenten überlassen.

Ich behalte mir vor, zu gegebener Zeit über den Stand der Arbeiten Bericht zu erfordern.

2. AV RJM vom 20. Juni 1936 DJ 952 — Anh 32

Durchführung der Grundbuchverfügung in Hessen

Gemäß § 67 Abs 1 der Grundbuchverfügung vom 8. August 1935 (RMBl S. 637) wird in den Fällen der Nr V der Allgemeinen Verfügung zur Durchführung der §§ 67, 69

---

[1]) Nunmehr sind die AV RJM vom 20. Januar 1938 (*Anh 22*) und das RPflegerG (*Anh 18*) maßgebend.

der Grundbuchverfügung in Hessen vom 2. März 1936 (DJ S 357) die Weiterverwendung der bisher geführten Vordrucke auch für die Neuanlegung von Grundbuchblättern zugelassen.

Anh 33

3. AV RJM vom 24. April 1937 DJ 647

Durchführung der Grundbuchverfügung in Hessen

Bei der in Abschnitt I der Allgemeinen Verfügung vom 2. März 1936 (DJ 357) angeordneten Umschreibung der Grundbuchblätter darf zur Herstellung des Schließungsvermerks auf den alten Grundbuchblättern ein Stempel benutzt werden.

f) Lippe und Schaumburg-Lippe

Anh 34

AV RJM vom 3. April 1936 DJ 593

Durchführung der Grundbuchverfügung in Lippe und Schaumburg-Lippe

Auf Grund der §§ 67 Abs 2, 69 der Grundbuchverfügung vom 8. August 1935 (RMBl S 637) ordne ich für die in Lippe und Schaumburg-Lippe gelegenen Grundbuchämter folgendes an:

A.

I. Die in Lippe nach Anlage A zu § 4 der Verordnung zur Ausführung der GBO vom 18. Dezember 1899 (Landesverordnungen Band 22 S 600) geführten Grundbuchblätter werden mit folgenden Maßgaben weitergeführt:

II. 1. Die Aufschrift ist gemäß § 5 der Grundbuchverfügung herzurichten.

2. Der Titel ist unter entsprechender Anwendung des § 33 der Grundbuchverfügung neu zu fassen. Hierzu ist ein nach dem Muster Anlage 1 der Grundbuchverfügung eingerichteter Einlagebogen zu verwenden. Bietet der Titel des bisherigen Musters für die Herrichtung des Bestandsverzeichnisses noch genügend Raum, so bedarf es keines Einlagebogens; der noch verfügbare Raum des Titels des alten Vordrucks ist in diesem Falle handschriftlich oder durch Stempel entsprechend dem neuen Muster einzurichten.

a) In das Bestandsverzeichnis ist nur der gegenwärtig noch gültige Bestand an Eintragungen zu übernehmen. Gelöschte Eintragungen werden nur insoweit übernommen, als dies zum Verständnis der noch gültigen Eintragungen erforderlich ist, und zwar in der dem neuen Vordruck angepaßten äußeren Form.

b) Bei der Herrichtung des Bestandsverzeichnisses ist besonders zu beachten, daß im neuen Grundbuch jedes Grundstück, das im Rechtssinne eine Einheit bildet, im Bestandsverzeichnis unter einer laufenden Nummer eingetragen werden muß. Etwaige Zweifel über die Zusammengehörigkeit mehrerer Grundstücke sind nach Möglichkeit zu klären.

Ist das einheitliche Grundstück durch Vereinigung oder Zuschreibung mehrerer vorher selbständiger belasteter Grundstücke entstanden, so sind diese Grundstücke zunächst in das neue Bestandsverzeichnis unter besonderen Nummern einzutragen. Sodann ist das daraus gebildete neue Grundstück einzutragen und im übrigen nach § 13 Abs 1 der Grundbuchverfügung zu verfahren.

3. In übrigen sind in den Abteilungen die Haupt- und Spaltenüberschriften handschriftlich oder durch Stempel dem neuen Vordruck anzugleichen. Auch die Handblätter sind dem neuen Vordruck anzugleichen; hierzu können Deckblätter oder Stempel verwendet werden.

4. a) In der 1. Abteilung ist vor die Spalte 2 des alten Vordrucks (überschrieben „*Zeit und Grund des Erwerbes*") entsprechend dem neuen Vordruck der Grundbuchverfügung eine Nummernspalte (*3*) einzufügen. In dieser Spalte ist zu jeder in der neuen Spalte 4 vorhandenen Eintragung die laufende Nummer zu vermerken, unter der das Grundstück, auf das sie sich bezieht, im Bestandsverzeichnis eingetragen ist.

b) Soweit sich in der früheren Spalte 3 Eintragungen befinden, sind sie schwarz zu durchkreuzen. Die Nummernüberschrift dieser Spalte ist zu durchstreichen. Der nicht ausgefüllte Raum der Spalte ist, nachdem sie durch einen schwarzen Querstrich abgeschlossen ist, für Eintragungen in der Nebenspalte mitzuverwenden.

5. a) In der 2. Abteilung ist hinter der vor der Hauptspalte 1 befindlichen Nummernspalte eine der Spalte 2 des neuen Vordrucks entsprechende Nummernspalte einzufügen. In dieser Spalte ist zu jeder Eintragung in der Hauptspalte die laufende Nummer des Grundstücks zu vermerken, auf das sie sich bezieht.

b) Ferner ist der bisherigen Hauptspalte 2 („*Veränderungen*") eine Nummernspalte (soweit sie nicht schon vorhanden ist) vorzulegen, in der die laufende Nummer der Eintragung anzugeben ist, auf die sich die Veränderungseintragung bezieht.

c) Der Raum der Unterspalte „*Löschungen*" der Spalte 2 ist, soweit er Eintragungen enthält, schwarz zu durchkreuzen. Der nicht ausgefüllte Raum dieser Unterspalte ist, nachdem sie durch einen schwarzen Querstrich abgeschlossen ist, für Eintragungen in der Nebenspalte mitzuverwenden. Sind darin Löschungen vermerkt, so sind sie in die dem neuen Grundbuchmuster angeglichenen Spalten 6 und 7 sinngemäß zu übernehmen unter Beifügung des Zusatzes: „*Wegen Beseitigung der früheren Unterspalte „Löschungen" der früheren Hauptspalte 2 hierher übernommen am* . . . .". Bei Fassung des neuen Löschungsvermerks ist darauf Bedacht zu nehmen, daß die Verständlichkeit der Eintragungen nicht leidet.

d) Eintragungen, die sich in den Betragsspalten befinden, werden schwarz durchkreuzt. Der nicht ausgefüllte Raum der Spalten ist, nachdem sie durch einen schwarzen Querstrich abgeschlossen sind, für Eintragungen in der Nebenspalte mitzuverwenden.

6. a) In der 3. Abteilung ist vor der ersten Hauptspalte zwischen der Nummern- und Betragsspalte eine der Spalte 2 des neuen Vordrucks entsprechende Nummernspalte einzufügen. In dieser Spalte ist zu jeder Eintragung in der Hauptspalte die laufende Nummer des Grundstücks zu vermerken, auf das sie sich bezieht.

b) Für die besondere Unterspalte „*Löschungen*" der Hauptspalte 2 gilt II 5c entsprechend.

7. Freie Zwischenräume zwischen den einzelnen Eintragungen in den Spalten 2 („*Veränderungen*") und 3 („*Löschungen*") der zweiten und dritten Abteilung sind schwarz zu durchkreuzen.

8. Widersprüche gegen die Nichteintragung oder Löschung eines Rechts, die nicht in der Hauptspalte eingetragen sind, sind entsprechend den §§ 12, 19 der Grundbuchverfügung in die Spalte 3 der zweiten Abteilung oder Spalte 4 der dritten Abteilung zu übertragen unter Angabe des Tages der ersten Eintragung und Beifügung folgenden Vermerkes: „*Bei Neufassung des Grundbuchblatts hierher übernommen am* . . . . ."

Bei der Übertragung ist der Rang des Widerspruchs, soweit er sich nicht aus der Stelle seiner Eintragung oder aus dem mitübernommenen Datum der ersten Eintragung ergibt, durch besondere Rangvermerke klarzustellen. Die alte Eintragung ist schwarz zu durchkreuzen.

B.

I. Die in Schaumburg-Lippe gemäß §§ 7 ff. der landesherrlichen Verordnung, betreffend die Ausführung der Grundbuchordnung sowie die Anlegung der Grundbücher vom 2. Dezember 1899 (Landesverordnungen S 319), geführten Grundbuchblätter werden mit folgenden Maßgaben weitergeführt:

II. Formular I

1. Der Titel ist unter entsprechender Anwendung des § 33 der Grundbuchverfügung neu zu fassen, und zwar getrennt in Aufschrift (§ 5 der Grundbuchverfügung) und Bestandsverzeichnis (§§ 6, 7 der Grundbuchverfügung). Hierzu ist ein nach dem Muster Anlage 1 der Grundbuchverfügung eingerichteter Einlagebogen zu verwenden. Bietet der Titel des bisherigen Musters für die Herrichtung des Bestandsverzeichnisses

noch genügend Raum, so bedarf es keines Einlagebogens. Der noch verfügbare Raum des Titels des alten Vordrucks ist in diesem Falle handschriftlich oder durch Stempel entsprechend dem neuen Muster einzurichten.

a) In das Bestandsverzeichnis ist nur der gegenwärtig noch gültige Bestand an Eintragungen zu übernehmen. Gelöschte Eintragungen werden nur insoweit übernommen, als dies zum Verständnis der noch gültigen Eintragungen erforderlich ist, und zwar in der dem neuen Vordruck angepaßten äußeren Form.

b) Bei der Herrichtung des Bestandsverzeichnisses ist besonders zu beachten, daß im neuen Grundbuch jedes Grundstück, das im Rechtssinn eine Einheit bildet, im Bestandsverzeichnis unter einer laufenden Nummer eingetragen werden muß. Etwaige Zweifel über die Zusammengehörigkeit mehrerer Grundstücke sind nach Möglichkeit zu klären.

Ist das einheitliche Grundstück durch Vereinigung oder Zuschreibung mehrerer vorher selbständiger belasteter Grundstücke entstanden, so sind diese Grundstücke zunächst in das neue Bestandsverzeichnis unter besonderen Nummern einzutragen. Sodann ist das daraus gebildete neue Grundstück einzutragen und im übrigen nach § 13 Abs 1 der Grundbuchverfügung zu verfahren.

2. Im übrigen sind die Überschriften der Spalten in den drei Abteilungen handschriftlich oder durch Stempel dem neuen Vordruck anzugleichen. Auch die Handblätter sind dem neuen Vordruck anzugleichen; hierzu können Deckblätter oder Stempel verwendet werden.

3. a) In der 1. Abteilung ist vor die dritte Spalte des alten Vordruckes (überschrieben „*Zeit und Grund des Erwerbes*") entsprechend dem neuen Vordruck der Grundbuchverfügung eine Spalte „*3*" einzufügen. In dieser Spalte ist zu jeder in der neuen Spalte 4 vorhandenen Eintragung die laufende Nummer zu vermerken, unter der das Grundstück, auf das sie sich bezieht, im Bestandsverzeichnis eingetragen ist.

b) Soweit sich in der früheren vierten Spalte (überschrieben „*Wert*") Eintragungen befinden, werden sie schwarz durchkreuzt. Der nicht ausgefüllte Raum der Spalte ist, nachdem sie durch einen schwarzen Querstrich abgeschlossen ist, für Eintragungen in der Nebenspalte mitzuverwenden.

4. a) In der 2. Abteilung ist hinter der ersten Spalte eine der Spalte 2 des neuen Vordrucks entsprechende Nummernspalte einzufügen. In dieser Spalte ist zu jeder Eintragung in der Hauptspalte die laufende Nummer des Grundstücks zu vermerken, auf das sie sich bezieht.

b) Der Raum der Unterspalte „*Löschungen*" der Hauptspalte 2 ist, soweit er Eintragungen enthält, schwarz zu durchkreuzen. Der nicht ausgefüllte Raum der Unterspalte ist, nachdem sie durch einen schwarzen Querstrich abgeschlossen ist, für Eintragungen in der Nebenspalte mitzuverwenden. Sind Löschungen vermerkt, so sind sie in die dem neuen Grundbuchmuster angeglichenen Spalten 6 und 7 sinngemäß zu übernehmen unter Beifügung des Zusatzes: „*Wegen Beseitigung der früheren Unterspalte „Löschungen" der Hauptspalte 2 hierher übernommen am .....*"

Bei Fassung des neuen Löschungsvermerks ist darauf Bedacht zu nehmen, daß die Verständlichkeit der Eintragung nicht leidet.

c) Eintragungen, die sich in der Betragsspalte befinden, sind schwarz zu durchkreuzen. Der nicht ausgefüllte Raum der Spalte ist, nachdem sie durch einen schwarzen Querstrich abgeschlossen ist, für Eintragungen in der Nebenspalte mitzuverwenden.

5. a) In der 3. Abteilung ist zwischen der Nummern- und der Betragsspalte vor der ersten Hauptspalte eine der Spalte 2 des neuen Vordrucks entsprechende Nummernspalte einzufügen. In dieser Spalte ist zu jeder Eintragung in der Hauptspalte die laufende Nummer des Grundstücks zu vermerken, auf das sie sich bezieht.

b) Für die besondere Unterspalte „*Löschungen*" der Hauptspalte 2 gilt II 4b entsprechend.

III. Formular II

1. Die Außenseite und die 1. Abteilung sind unter entsprechender Anwendung des § 33 der Grundbuchverfügung neu zu fassen, und zwar getrennt in Aufschrift (§ 5 der Grundbuchverfügung), Bestandsverzeichnis (§§ 6, 7 der Grundbuchverfügung) und erste Abteilung (§ 9 der Grundbuchverfügung). Hierzu sind nach dem Muster Anlage 1 der Grundbuchverfügung eingerichtete Einlagebogen zu verwenden. Bietet die erste Abteilung des bisherigen Musters für die Herrichtung des Bestandsverzeichnisses noch genügend Raum, so bedarf es keines Einlagebogens. Der noch verfügbare Raum des Vordrucks ist in diesem Falle handschriftlich oder durch Stempel entsprechend dem neuen Muster einzurichten.

a) In das Bestandsverzeichnis ist nur der gegenwärtig noch gültige Bestand an Eintragungen zu übernehmen. Gelöschte Eintragungen werden nur insoweit übernommen, als dies zum Verständnis der noch gültigen Eintragungen erforderlich ist, und zwar in der dem neuen Vordruck angepaßten äußeren Form.

b) Bei der Herrichtung des Bestandsverzeichnisses ist besonders zu beachten, daß im neuen Grundbuch jedes Grundstück, das im Rechtssinne eine Einheit bildet, im Bestandsverzeichnis unter e i n e r laufenden Nummer eingetragen werden muß. Etwaige Zweifel über die Zusammengehörigkeit mehrerer Grundstücke sind nach Möglichkeit zu klären.

Ist das einheitliche Grundstück durch Vereinigung oder Zuschreibung mehrerer vorher selbständiger belasteter Grundstücke entstanden, so sind diese Grundstücke zunächst in das neue Bestandsverzeichnis unter besonderen Nummern einzutragen. Sodann ist das daraus gebildete neue Grundstück einzutragen und im übrigen nach § 13 Abs 1 der Grundbuchverfügung zu verfahren.

2. Im übrigen sind die Überschriften der Spalten in der zweiten und dritten Abteilung handschriftlich oder durch Stempel dem neuen Vordruck anzugleichen. Auch die Handblätter sind dem neuen Vordruck anzugleichen; hierzu können Deckblätter oder Stempel verwendet werden.

3. a) In der 2. Abteilung ist der Raum der Spalte 7, soweit er Eintragungen enthält, schwarz zu durchkreuzen. Der nicht ausgefüllte Raum der Spalte 7 ist, nachdem sie durch einen schwarzen Querstrich abgeschlossen ist, für Eintragungen in der Nebenspalte mitzuverwenden. Sind Löschungen vermerkt, so sind sie in die dem neuen Grundbuchmuster angeglichenen Spalten 6 und 7 sinngemäß zu übernehmen unter Beifügung des Zusatzes: „*Wegen Beseitigung der früheren Spalte 7 hierher übernommen am . . . .*"

Bei Fassung des neuen Löschungsvermerks ist darauf Bedacht zu nehmen, daß die Verständlichkeit der Eintragung nicht leidet.

b) Eintragungen, die sich in der Spalte 2 befinden, werden schwarz durchkreuzt. Der nicht ausgefüllte Raum der Spalte ist, nachdem sie durch einen schwarzen Querstrich abgeschlossen ist, für Eintragungen in der Nebenspalte mitzuverwenden.

4. Für die 3. Abteilung sind die Vorschriften zu III 3a auf die Spalte 8 entsprechend anzuwenden.

5. In der zweiten und dritten Abteilung sind die Nummern der Grundstücke, auf die sich die Eintragungen beziehen, mit den Nummern des neuen Bestandsverzeichnisses in Übereinstimmung zu bringen.

IV. 1. Freie Zwischenräume zwischen den einzelnen Eintragungen in den Veränderungs- und Löschungsspalten der zweiten und dritten Abteilung sind schwarz zu durchkreuzen.

2. Die in der Aufschrift und am Schlusse des Grundbuchblattes von Grundstücken, die zu einer Reichsheimstätte gehören, vorgenommenen Eintragungen sind schwarz zu durchkreuzen. Die hier befindlichen Eintragungen sind in die Spalten 4 und 5 der zweiten Abteilung zu übernehmen unter Beifügung des Zusatzes: „*Aus der Aufschrift*

hierher übernommen am ...." In der alten Eintragung der zweiten Abteilung ist die Bezugnahme auf die Aufschrift rot zu unterstreichen. In der Aufschrift ist unter die Blattnummer in Klammern das Wort „*Reichsheimstätte*" zu setzen.

C.

Von der Neufassung gemäß Abschnitt A und B dieser Verfügung ist abzusehen, wenn das durch die Neufassung hergerichtete Blatt unübersichtlich sein oder in kurzer Zeit werden würde. Ein solches Grundbuchblatt ist umzuschreiben. Auf die Umschreibung sind die §§ 29, 30, 32 und 39 Abs 3 der Grundbuchverfügung mit den sich aus A II 2 sowie B II 1 und III 1 ergebenden Maßnahmen entsprechend anzuwenden. Das alte Grundbuchblatt ist nach den bisherigen Vorschriften zu schließen.

D.

I. Vor der Umschreibung (vgl Abschnitt C) ist planmäßig festzustellen, ob dem auf dem umzuschreibenden Blatte als Eigentümer Eingetragenen noch andere Grundstücke desselben Grundbuchamtsbezirks gehören. Ist dies der Fall, so ist sorgfältig zu prüfen, ob nach den bestehenden wirtschaftlichen und örtlichen Verhältnissen eine Vereinigung (§ 890 Abs 1 BGB) dieser Grundstücke oder die Zuschreibung eines oder mehrerer Grundstücke als Bestandteil zu einem anderen (§ 890 Abs 2 BGB) angezeigt ist. Gegebenenfalls ist dem Eigentümer in angemessener Form die Stellung der erforderlichen Anträge nahezulegen. Kommt eine Vereinigung oder Zuschreibung nicht in Betracht, so bleibt in jedem Falle die Möglichkeit der Anlegung eines gemeinschaftlichen Grundbuchblattes (§ 4 GBO) zu erwägen. Hierzu wird unter Umständen ein nicht umzuschreibendes Grundbuchblatt verwendet werden können.

Durch sachgemäße Ausnutzung dieser Mittel kann der Rechtsverkehr wesentlich erleichtert und der Umfang des Grundbuchs erheblich eingeschränkt werden; auch können hierdurch etwa drohende Raumschwierigkeiten verringert werden. Auf § 69 Abs 1 Nrn 4 und 5 der KostO nF wird in diesem Zusammenhange besonders hingewiesen.

II. Vor der Umschreibung ist gemäß § 29 der Grundbuchverfügung auch zu prüfen, ob Anlaß zur Anwendung des Grundbuchberichtigungszwanges (§ 82 GBO) besteht.

III. Die Umschreibung besteht nicht im Abschreiben des alten Blattes. Wesentlich ist ihr insbesondere, daß

1. die gelöschten Eintragungen nach Möglichkeit beseitigt werden und
2. daß die Eintragungsvermerke in ihrer Form unter tunlichster Einbeziehung späterer Veränderungen so weit vereinfacht und zusammengefaßt werden, als dies ohne Änderung ihres sachlichen Inhalts und ohne Erweiterung der Bezugnahme irgend möglich ist. Auch eine sprachliche Änderung von Eintragungen ist nicht ausgeschlossen.

E.

Die vorstehenden Bestimmungen beziehen sich nicht auf Grundbuchblätter, die nach § 72 der Grundbuchverfügung von der Neuordnung unberührt bleiben.

F.

I. Für die in dieser Verfügung angeordnete Neufassung und Umschreibung werden Kosten nicht erhoben.

II. Die in dieser Verfügung angeordneten Arbeiten sind zur selbständigen Wahrnehmung durch den Rechtspfleger nicht geeignet[1]).

III. Ob und wann zur Durchführung der Arbeiten zusätzliche Kräfte zur Verfügung gestellt werden können, wird in besonderer Verfügung bestimmt werden. Einstweilen sind diese Arbeiten unter Einsatz aller ohnedies verfügbaren Kräfte planmäßig in

---

[1]) Nunmehr sind die AV RJM um 20. Januar 1938 (*Anh 22*) und das RPflegerG (*Anh 18*) maßgebend.

Angriff zu nehmen und nach Möglichkeit zu fördern. Es ist darauf Bedacht zu nehmen, durch Änderung der Geschäftsverteilung, durch Ausnutzung noch gegebener Entlastungsmöglichkeiten oder auf sonstige Weise hierfür Kräfte frei zu machen.

IV. Jedes Grundbuchamt hat ein Verzeichnis zu führen, aus dem sich folgendes ergibt:

1. die Zahl aller am 1. April dieses Jahres in seinem Bezirk vorhandenen Grundbuchblätter,
2. die Zahl der darunter befindlichen geschlossenen Blätter,
3. die Zahl der neufassungsbedürftigen Blätter,
4. die Zahl der umschreibungsbedürftigen Blätter,
5. die Zahl der innerhalb jedes Vierteljahres
   a) neugefaßten,
   b) umgeschriebenen,
   c) durch Vereinigung, Zuschreibung oder Zusammenschreibung beseitigten Grundbuchblätter.

Die Einrichtung des Verzeichnisses im einzelnen bleibt dem Oberlandesgerichtspräsidenten überlassen.

Ich behalte mir vor, zu gegebener Zeit über den Stand der Arbeiten Bericht zu erfordern.

g) **Oldenburg**

1. **AV RJM vom 27. April 1936** DJ 703 **Anh 35**

Durchführung der Grundbuchverfügung in Oldenburg

Auf Grund der §§ 37 Abs 2, 69 der Grundbuchverfügung vom 8. August 1935 (RMBl S 637) ordne ich für die in den oldenburgischen Landesteilen Oldenburg und Lübeck belegenen Grundbuchämter folgendes an:

I. Die in Oldenburg gemäß Anlage A zu § 4 der Verordnung für das Herzogtum Oldenburg zur Ausführung der GBO vom 15. Mai 1899 (GBl Bd XXVII S 456) und gemäß Anlage A zu § 4 der Verordnung für das Fürstentum Lübeck zur Ausführung der Grundbuchordnung vom 15. Mai 1899 (GBl Bd 22 S 161) geführten Grundbuchblätter werden mit folgenden Maßgaben weitergeführt:

1. Der Titel ist unter entsprechender Anwendung des § 33 der Grundbuchverfügung neu zu fassen, und zwar getrennt in Aufschrift (§ 5 der Grundbuchverfügung) und Bestandsverzeichnis (§§ 6, 7 der Grundbuchverfügung). Hierzu ist ein nach dem Muster Anlage 1 der Grundbuchverfügung eingerichteter Einlagebogen zu verwenden. Bietet der Titel des bisherigen Musters für die Herrichtung des Bestandsverzeichnisses noch genügend Raum, so bedarf es keines Einlagebogens. Der noch verfügbare Raum des Titels des alten Vordrucks ist in diesem Falle handschriftlich oder durch Stempel entsprechend dem neuen Muster einzurichten.

a) In das Bestandsverzeichnis ist nur der gegenwärtig noch gültige Bestand an Eintragungen zu übernehmen. Gelöschte Eintragungen werden nur insoweit übernommen, als dies zum Verständnis der noch gültigen Eintragungen erforderlich ist, und zwar in der dem neuen Vordruck angepaßten äußeren Form.

b) Bei der Herrichtung des Bestandsverzeichnisses ist besonders zu beachten, daß im neuen Grundbuch jedes Grundstück, das im Rechtssinne eine Einheit bildet, im Bestandsverzeichnis unter e i n e r laufenden Nummer eingetragen werden muß. Etwaige Zweifel über die Zusammengehörigkeit mehrerer Grundstücke sind nach Möglichkeit zu klären.

Ist das einheitliche Grundstück durch Vereinigung oder Zuschreibung mehrerer vorher selbständiger belasteter Grundstücke entstanden, so sind diese Grundstücke zunächst in das neue Bestandsverzeichnis unter besonderen Nummern einzutragen.

Sodann ist das daraus gebildete neue Grundstück einzutragen und im übrigen nach § 13 Abs 1 der Grundbuchverfügung zu verfahren.

2. Im übrigen sind die Überschriften der Spalten in den drei Abteilungen handschriftlich oder durch Stempel dem neuen Vordruck anzugleichen.

Auch die Handblätter sind dem neuen Vordruck anzugleichen. Hierzu können Deckblätter oder Stempel verwendet werden.

3. a) In der 1. Abteilung ist vor die Spalte 2 des alten Vordrucks (überschrieben „*Grund des Erwerbes, Verzicht*"; für Lübeck: „*Zeit und Grund des Erwerbes*") entsprechend dem neuen Vordruck der Grundbuchverfügung eine Nummernspalte 3 einzufügen. In dieser Spalte ist zu jeder in der neuen Spalte 4 vorhandenen Eintragung die laufende Nummer zu vermerken, unter der das Grundstück, auf das sie sich bezieht, im Bestandsverzeichnis eingetragen ist. Soweit die Einfügung dieser Spalte wegen der vorhandenen Eintragungen nicht möglich ist, muß die Nummer des Grundstücks, auf die sich eine Eintragung in der neuen Spalte 4 bezieht, auf andere Weise bei der Eintragung kenntlich gemacht werden.

b) Soweit sich in der bisherigen Spalte 3 (überschrieben „*Wert*") Eintragungen befinden, sind sie schwarz zu durchkreuzen. Der nicht ausgefüllte Raum der Spalte ist, nachdem sie durch einen schwarzen Querstrich abgeschlossen ist, für Eintragungen in der Nebenspalte mitzuverwenden.

4. a) In der 2. Abteilung ist hinter der 1. Spalte eine der Spalte 2 des neuen Vordrucks entsprechende Nummernspalte einzufügen. In dieser Spalte ist zu jeder Eintragung in der Hauptspalte die laufende Nummer des Grundstücks zu vermerken, auf das sie sich bezieht. Nr 3 a letzter Satz gilt entsprechend.

b) Der Raum der Unterspalte „*Löschung*" der Hauptspalte 2 ist, soweit er Eintragungen enthält, schwarz zu durchkreuzen. Der nicht ausgefüllte Raum dieser Unterspalte ist, nachdem sie durch einen schwarzen Querstrich abgeschlossen ist, für Eintragungen in der Nebenspalte mitzuverwenden. Sind Löschungen vermerkt, so sind sie in die dem neuen Grundbuchmuster angeglichenen Spalten 6 und 7 sinngemäß zu übernehmen unter Beifügung des Zusatzes: „*Wegen Beseitigung der früheren Unterspalte „Löschung" der Hauptspalte 2 hierher übernommen am .....*" Bei Fassung des neuen Löschungsvermerks ist darauf Bedacht zu nehmen, daß die Verständlichkeit der Eintragungen nicht leidet.

c) Eintragungen, die sich in der Betragsspalte befinden, werden schwarz durchkreuzt. Der nicht ausgefüllte Raum der Spalte ist, nachdem sie durch einen schwarzen Querstrich abgeschlossen ist, für Eintragungen in der Nebenspalte mit zu verwenden.

5. a) In der 3. Abteilung ist zwischen der Nummern- und der Betragsspalte vor der 1. Hauptspalte eine der Spalte 2 des neuen Vordrucks entsprechende Nummernspalte einzufügen. In dieser Spalte ist zu jeder Eintragung in der Hauptspalte die laufende Nummer des Grundstücks zu vermerken, auf das sie sich bezieht. Nr 3a letzter Satz gilt entsprechend.

b) Für die besondere Unterspalte „*Löschung*" der Hauptspalte 2 gilt Nr 4b entsprechend.

II. Die alten Bände und Blätter eines jeden Grundbuchbezirks sind fortlaufend gemäß § 2 Satz 2, § 3 Abs 1 der Grundbuchverfügung zu bezeichnen. Die neu anzulegenden Bände und Blätter erhalten sodann die auf die letzte Nummer der alten Bände und Blätter folgende Nummer.

III. Von der Neufassung gemäß Abschnitt I dieser Verfügung ist abzusehen, wenn das durch die Neufassung hergerichtete Blatt unübersichtlich sein oder in kurzer Zeit werden würde. Ein solches Grundbuchblatt ist umzuschreiben. Auf die Umschreibung sind die §§ 29, 30, 32 und 39 Abs 3 der Grundbuchverfügung mit den sich aus I 1 ergebenden Maßgaben entsprechend anzuwenden. Das alte Grundbuchblatt ist nach den bisherigen Vorschriften zu schließen.

IV. 1. Vor der Umschreibung (vgl unter III) ist planmäßig festzustellen, ob dem auf dem umzuschreibenden Blatte als Eigentümer eingetragenen noch andere Grundstücke desselben Grundbuchamtsbezirks gehören. Ist dies der Fall, so ist sorgfältig zu prüfen, ob nach den bestehenden wirtschaftlichen und örtlichen Verhältnissen eine Vereinigung (§ 890 Abs 1 BGB) dieser Grundstücke oder die Zuschreibung eines oder mehrerer Grundstücke als Bestandteil zu einem anderen (§ 890 Abs 2 BGB) angezeigt ist. Gegebenenfalls ist dem Eigentümer in angemessener Form die Stellung der erforderlichen Anträge nahezulegen. Kommt eine Vereinigung oder Zuschreibung nicht in Betracht, so bleibt in jedem Falle die Möglichkeit der Anlegung eines gemeinschaftlichen Grundbuchblattes (§ 4 GBO) zu erwägen. Hierzu wird unter Umständen ein nicht umzuschreibendes Grundbuchblatt benutzt werden können.

Durch sachgemäße Ausnutzung dieser Mittel kann der Rechtsverkehr wesentlich erleichtert und der Umfang des Grundbuchs erheblich eingeschränkt werden; auch können hierdurch etwa drohende Raumschwierigkeiten verringert werden. Auf § 69 Abs 1 Nrn 4 und 5 KostO nF wird in diesem Zusammenhange besonders hingewiesen.

2. Vor der Umschreibung ist gemäß § 29 der Grundbuchverfügung auch zu prüfen, ob Anlaß zur Anwendung des Grundbuchberichtigungszwanges (§ 82 GBO) besteht.

3. Die Umschreibung besteht nicht im Abschreiben des alten Blattes. Wesentlich ist ihr insbesondere, daß

a) die gelöschten Eintragungen nach Möglichkeit beseitigt werden und

b) daß die Eintragungsvermerke in ihrer Form unter tunlichster Einbeziehung der Eintragungen in der Veränderungsspalte so weit vereinfacht und zusammengefaßt werden, als dies ohne Änderung ihres sachlichen Inhalts und ohne Erweiterung der Bezugnahme irgend möglich ist.

V. Die vorstehenden Bestimmungen beziehen sich nicht auf Grundbuchblätter, die nach § 72 der Grundbuchverfügung von der Neuordnung unberührt bleiben.

VI. 1. Für die in dieser Verfügung angeordnete Neufassung und Umschreibung werden Kosten nicht erhoben.

2. Die in dieser Verfügung angeordneten Arbeiten sind zur selbständigen Wahrnehmung durch den Rechtspfleger nicht geeignet[1]).

3. Ob und wann zur Durchführung der Arbeiten zusätzliche Kräfte zur Verfügung gestellt werden können, wird in besonderer Verfügung bestimmt werden. Einstweilen sind diese Arbeiten unter Einsatz aller ohnedies verfügbaren Kräfte planmäßig in Angriff zu nehmen und nach Möglichkeit zu fördern. Es ist darauf Bedacht zu nehmen, durch Änderung der Geschäftsverteilung, durch Ausnutzung noch gegebener Entlastungsmöglichkeiten oder auf sonstige Weise hierfür Kräfte frei zu machen.

4. Jedes Grundbuchamt hat ein Verzeichnis zu führen, aus dem sich folgendes ergibt:

a) die Zahl aller am 1. April des Jahres in seinem Bezirk vorhandenen Grundbuchblätter,

b) die Zahl der darunter befindlichen geschlossenen Blätter,

c) die Zahl der neufassungsbedürftigen Blätter,

d) die Zahl der umschreibungsbedürftigen Blätter,

e) die Zahl der innerhalb jedes Vierteljahres

α) neugefaßten,

β) umgeschriebenen,

γ) durch Vereinigung, Zuschreibung oder Zusammenschreibung beseitigten Grundbuchblätter.

Die Einrichtung des Verzeichnisses im einzelnen bleibt dem Oberlandesgerichtspräsidenten überlassen.

Ich behalte mir vor, zu gegebener Zeit über den Stand der Arbeiten Bericht zu erfordern.

---

[1]) Nunmehr sind die AV RJM vom 20. Januar 1938 (*Anh 22*) und das RPflegerG (*Anh 18*) maßgebend.

Anh 36 2. AV RJM vom 10. Juli 1936 DJ 1071

Durchführung der Grundbuchverfügung im früheren oldenburgischen Landesteil Birkenfeld

Auf Grund der §§ 67 Abs 2, 69 der Grundbuchverfügung vom 8. August 1935 (RMBl 637) ordne ich für die in dem oldenburgischen Landesteil Birkenfeld belegenen Grundbuchämter folgendes an:

I.

Die gemäß Anlage A zu § 5 der Verordnung für das Fürstentum Birkenfeld zur Ausführung der GBO vom 13. Oktober 1899 (GBl Bd 15 S 278) geführten Grundbuchblätter werden mit folgenden Maßgaben weitergeführt:

1. Der Titel ist unter entsprechender Anwendung des § 33 der Grundbuchverfügung neu zu fassen, und zwar getrennt in Aufschrift (§ 5 der Grundbuchverfügung) und Bestandsverzeichnis (§§ 6, 7 der Grundbuchverfügung). Hierzu ist ein nach dem Muster Anlage 1 der Grundbuchverfügung eingerichteter Einlagebogen zu verwenden. Bietet der Titel des bisherigen Musters für die Herrichtung des Bestandsverzeichnisses noch genügend Raum, so bedarf es keines Einlagebogens. Der noch verfügbare Raum des Titels des alten Vordrucks ist in diesem Falle handschriftlich oder durch Stempel entsprechend dem neuen Muster einzurichten.

a) In das Bestandsverzeichnis ist nur der gegenwärtig noch gültige Bestand an Eintragungen zu übernehmen. Gelöschte Eintragungen werden nur insoweit übernommen, als dies zum Verständnis der noch gültigen Eintragungen erforderlich ist, und zwar in der dem neuen Vordruck angepaßten äußeren Form. Soweit der Bestand eines Artikels nicht im Grundbuch, sondern in einem bei den Grundakten verwahrten Auszug aus dem Grund- und Gebäudesteuerkataster angegeben ist (Konsortenartikel), ist er hierbei in das Grundbuch zu übernehmen, sofern nicht etwa § 6 Abs 4 der Grundbuchverfügung angewandt werden kann.

b) Bei der Herrichtung des Bestandsverzeichnisses ist besonders zu beachten, daß im neuen Grundbuch jedes Grundstück, das im Rechtssinne eine Einheit bildet, im Bestandsverzeichnis unter einer laufenden Nummer eingetragen werden muß. Etwaige Zweifel über die Zusammengehörigkeit mehrerer Grundstücke sind nach Möglichkeit zu klären.

Ist das einheitliche Grundstück durch Vereinigung oder Zuschreibung mehrerer vorher selbständiger belasteter Grundstücke entstanden, so sind diese Grundstücke zunächst in das neue Bestandsverzeichnis unter besonderen Nummern einzutragen. Sodann ist das daraus gebildete neue Grundstück einzutragen und im übrigen nach § 13 Abs 1 der Grundbuchverfügung zu verfahren.

2. Im übrigen sind die Überschriften der Spalten in den drei Abteilungen handschriftlich oder durch Stempel dem neuen Vordruck anzugleichen.

Auch die Handblätter sind dem neuen Vordruck anzugleichen. Hierzu können Deckblätter oder Stempel verwendet werden.

3. a) In der 1. Abteilung ist vor die Spalte 2 des alten Vordrucks (überschrieben: „*Zeit und Grund des Erwerbes*") entsprechend dem neuen Vordruck der Grundbuchverfügung eine Nummernspalte 3 einzufügen. In dieser Spalte ist zu jeder in der neuen Spalte 4 vorhandenen Eintragung die laufende Nummer zu vermerken, unter der das Grundstück, auf das sie sich bezieht, im Bestandsverzeichnis eingetragen ist. Soweit die Einfügung dieser Spalte wegen der vorhandenen Eintragungen nicht möglich ist, muß die Nummer des Grundstücks, auf die sich eine Eintragung in der neuen Spalte 4 bezieht, auf andere Weise bei der Eintragung kenntlich gemacht werden.

b) Soweit sich in der bisherigen Spalte 3 (überschrieben: „*Wert*") Eintragungen befinden, sind sie schwarz zu durchkreuzen. Der nicht ausgefüllte Raum der Spalte ist, nachdem sie durch einen schwarzen Querstrich abgeschlossen ist, für Eintragungen in der Nebenspalte mit zu verwenden.

4. a) In der 2. Abteilung ist hinter der ersten Spalte eine der Spalte 2 des neuen Vordrucks entsprechende Nummernspalte einzufügen. In dieser Spalte ist zu jeder Eintragung in der Hauptspalte die laufende Nummer des Grundstücks zu vermerken, auf das sie sich bezieht. Nr 3 a letzter Satz gilt entsprechend.

b) Der Raum der Unterspalte „*Löschung*" in der Hauptspalte „*Veränderungen*" ist, soweit er Eintragungen enthält, schwarz zu durchkreuzen. Der nicht ausgefüllte Raum dieser Unterspalte ist, nachdem sie durch einen schwarzen Querstrich abgeschlossen ist, für Eintragungen in der Nebenspalte mit zu verwenden. Sind Löschungen vermerkt, so sind sie in die dem neuen Grundbuchmuster angeglichenen Spalten 6 und 7 sinngemäß zu übernehmen unter Beifügung des Zusatzes: „*Wegen Beseitigung der früheren Unterspalte „Löschung" der früheren Hauptspalte 2 hierher übernommen am .....*" Bei Fassung des neuen Löschungsvermerks ist darauf Bedacht zu nehmen, daß die Verständlichkeit der Eintragungen nicht leidet.

c) Eintragungen, die sich in der Betragsspalte befinden, werden schwarz durchkreuzt. Ihr nicht ausgefüllter Raum ist, nachdem sie durch einen schwarzen Querstrich abgeschlossen ist, für Eintragungen in der Nebenspalte mit zu verwenden.

5. a) In der 3. Abteilung ist zwischen der Nummern- und der Betragsspalte vor der 1. Hauptspalte eine der Spalte 2 des neuen Vordrucks entsprechende Nummernspalte einzufügen. In dieser Spalte ist zu jeder Eintragung in der Hauptspalte die laufende Nummer des Grundstücks zu vermerken, auf das sie sich bezieht. Nr. 3a letzter Satz gilt entsprechend.

b) Für die besondere Unterspalte „*Löschungen*" der Hauptspalte 2 gilt Nr 4b entsprechend.

II.

Die gemäß der Anlage B zu § 5 der Verordnung für das Fürstentum Birkenfeld zur Ausführung der GBO vom 13. Oktober 1899 (GBl 15 S 278) und gemäß der Anlage zu der Verordnung für den Landesteil Birkenfeld zur Änderung der Verordnung vom 13. Oktober 1899 zur Ausführung der GBO vom 28. August 1919 (GBl Bd 22 S 419) geführten Grundbuchblätter werden mit folgenden Maßgaben weitergeführt:

1. Der Titel und die 1. Abteilung sind unter entsprechender Anwendung des § 33 der Grundbuchverfügung neu zu fassen, und zwar in Aufschrift (§ 5 der Grundbuchverfügung), Bestandsverzeichnis (§§ 6, 7 der Grundbuchverfügung) und 1. Abteilung (§ 9 der Grundbuchverfügung). Hierzu sind nach dem Muster Anlage 1 der Grundbuchverfügung eingerichtete Einlagebogen zu verwenden. Bietet die 1. Abteilung des bisherigen Musters für die Herrichtung des Bestandsverzeichnisses noch genügend Raum, so bedarf es keines Einlagebogens. Der noch verfügbare Raum der ersten Abteilung des alten Vordrucks ist in diesem Falle handschriftlich oder durch Stempel entsprechend dem neuen Muster einzurichten.

a) In das Bestandsverzeichnis ist nur der gegenwärtig noch gültige Bestand an Eintragungen zu übernehmen. Gelöschte Eintragungen werden nur insoweit übernommen, als dies zum Verständnis der noch gültigen Eintragungen erforderlich ist, und zwar in der dem neuen Vordruck angepaßten äußeren Form.

b) Bei der Herrichtung des Bestandsverzeichnisses ist besonders zu beachten, daß im neuen Grundbuch jedes Grundstück, das im Rechtssinne eine Einheit bildet, im Bestandsverzeichnis unter einer laufenden Nummer eingetragen werden muß. Etwaige Zweifel über die Zusammengehörigkeit mehrerer Grundstücke sind nach Möglichkeit zu klären.

Ist das einheitliche Grundstück durch Vereinigung oder Zuschreibung mehrerer vorher selbständiger belasteter Grundstücke entstanden, so sind diese Grundstücke zunächst in das neue Bestandsverzeichnis unter besonderen Nummern einzutragen. Sodann ist das daraus gebildete neue Grundstück einzutragen und im übrigen nach § 13 Abs 1 der Grundbuchverfügung zu verfahren.

2. Im übrigen sind die Überschriften der Spalten in der zweiten und dritten Abteilung handschriftlich oder durch Stempel dem neuen Vordruck anzugleichen.

Auch die Handblätter sind dem neuen Vordruck anzugleichen. Hierzu können Deckblätter oder Stempel verwendet werden.

3. a) In der 2. Abteilung ist der Raum der Spalte 8, soweit er Eintragungen enthält, schwarz zu durchkreuzen. Der nicht ausgefüllte Raum dieser Spalte ist, nachdem sie durch einen schwarzen Querstrich abgeschlossen ist, für Eintragungen in der Nebenspalte mit zu verwenden. Sind Löschungen vermerkt, so sind sie in die dem neuen Grundbuchmuster angeglichenen Spalten 6 und 7 sinngemäß zu übernehmen unter Beifügung des Zusatzes: „*Wegen Beseitigung der früheren Spalte 8 hierher übernommen am* . . . . .“. Bei Fassung des Löschungsvermerks ist darauf Bedacht zu nehmen, daß die Verständlichkeit der Eintragungen nicht leidet.

b) Eintragungen, die sich in den Spalten 2, 5 und 9 befinden, werden schwarz durchkreuzt. Ihr nicht ausgefüllter Raum ist, nachdem sie durch einen schwarzen Querstrich abgeschlossen sind, für Eintragungen in der Nebenspalte mit zu verwenden.

4. In der 3. Abteilung gilt für die Spalte 8 Abschnitt II 3 a entsprechend.

5. In der 2. und 3. Abteilung sind die Nummern der Grundstücke, auf die sich die Eintragungen beziehen, mit den Nummern des neuen Bestandsverzeichnisses in Übereinstimmung zu bringen.

III.

Die alten Bände und Blätter eines jeden Grundbuchbezirks sind fortlaufend gemäß § 2 Satz 2, § 3 Abs 1 der Grundbuchverfügung zu bezeichnen. Die neu anzulegenden Bände und Blätter erhalten sodann die auf die letzte Nummer der alten Bände und Blätter folgende Nummer.

IV.

Von der Neufassung gemäß Abschnitt I und II dieser Verfügung ist abzusehen, wenn das durch die Neufassung hergerichtete Blatt unübersichtlich sein oder in kurzer Zeit werden würde. Ein solches Grundbuchblatt ist umzuschreiben. Auf die Umschreibung sind die §§ 29, 30, 32 und 39 Abs 3 der Grundbuchverfügung mit den sich aus I 1 und II 1 ergebenden Maßgaben entsprechend anzuwenden. Das alte Grundbuchblatt ist nach den bisherigen Vorschriften zu schließen.

V.

1. Vor der Umschreibung (vgl unter IV) ist planmäßig festzustellen, ob dem auf dem umzuschreibenden Blatte als Eigentümer Eingetragenen noch andere Grundstücke desselben Grundbuchamtsbezirks gehören. Ist dies der Fall, so ist sorgfältig zu prüfen, ob nach den bestehenden wirtschaftlichen und örtlichen Verhältnissen eine Vereinigung (§ 890 Abs 1 BGB) dieser Grundstücke oder die Zuschreibung eines oder mehrerer Grundstücke als Bestandteil zu einem anderen (§ 890 Abs 2 BGB) angezeigt ist. Gegebenenfalls ist dem Eigentümer in angemessener Form die Stellung der erforderlichen Anträge nahezulegen. Kommt eine Vereinigung oder Zuschreibung nicht in Betracht, so bleibt in jedem Falle die Möglichkeit der Anlegung eines gemeinschaftlichen Grundbuchblattes (§ 4 GBO) zu erwägen. Hierzu wird unter Umständen ein nicht umzuschreibendes Grundbuchblatt benutzt werden können.

Durch sachgemäße Ausnutzung dieser Mittel kann der Rechtsverkehr wesentlich erleichtert und der Umfang des Grundbuchs erheblich eingeschränkt werden; auch können hierdurch etwa drohende Raumschwierigkeiten verringert werden. Auf § 69 Abs 1 Nr 4 und 5 KostO nF wird in diesem Zusammenhange besonders hingewiesen.

2. Vor der Umschreibung ist gemäß § 29 der Grundbuchverfügung auch zu prüfen, ob Anlaß zur Anwendung des Grundbuchberichtigungszwanges (§ 82 GBO) besteht.

3. Die Umschreibung besteht nicht im Abschreiben des alten Blattes. Wesentlich ist ihr insbesondere, daß

a) die gelöschten Eintragungen nach Möglichkeit beseitigt werden und

b) daß die Eintragungsvermerke in ihrer Form unter tunlichster Einbeziehung der Eintragungen in der Veränderungsspalte so weit vereinfacht und zusammengefaßt werden, als dies ohne Änderung ihres sachlichen Inhalts und ohne Erweiterung der Bezugnahme irgend möglich ist. Auch eine sprachliche Änderung der Eintragungen ist nicht ausgeschlossen.

VI.

Die vorstehenden Bestimmungen beziehen sich nicht auf Grundbuchblätter, die nach § 72 der Grundbuchverfügung von der Neuordnung unberührt bleiben.

VII.

1. Für die in dieser Verfügung angeordnete Neufassung und Umschreibung werden Kosten nicht erhoben.

2. Die in dieser Verfügung angeordneten Arbeiten sind zur selbständigen Wahrnehmung durch den Rechtspfleger nicht geeignet[1]).

3. Ob und wann zur Durchführung der Arbeiten zusätzliche Kräfte zur Verfügung gestellt werden können, wird in besonderer Verfügung bestimmt werden. Einstweilen sind diese Arbeiten unter Einsatz aller ohnedies verfügbaren Kräfte planmäßig in Angriff zu nehmen und nach Möglichkeit zu fördern. Es ist darauf Bedacht zu nehmen, durch Änderung der Geschäftsverteilung, durch Ausnutzung noch gegebener Entlastungsmöglichkeiten oder auf sonstige Weise hierfür Kräfte freizumachen.

4. Jedes Grundbuchamt hat ein Verzeichnis zu führen, aus dem sich folgendes ergibt:

a) Die Zahl aller am 1. Juli des Jahres in seinem Bezirk vorhandenen Grundbuchblätter,

b) die Zahl der darunter befindlichen geschlossenen Blätter,

c) die Zahl der neufassungsbedürftigen Blätter,

d) die Zahl der umschreibungsbedürftigen Blätter,

e) die Zahl der innerhalb jedes Vierteljahres

α) neugefaßten,

β) umgeschriebenen,

γ) durch Vereinigung, Zuschreibung oder Zusammenschreibung beseitigten Grundbuchblätter.

Die Einrichtung des Verzeichnisses im einzelnen bleibt dem Oberlandesgerichtspräsidenten überlassen.

Ich behalte mir vor, zu gegebener Zeit über den Stand der Arbeiten Bericht zu erfordern.

h) **Preußen**

1. AV RJM vom 27. Februar 1936 DJ 356 **Anh 37**

Durchführung der §§ 67, 69 der Grundbuchverfügung in Preußen

Auf Grund der §§ 67 Abs 2, 69 der Grundbuchverfügung vom 8. August 1935 (RMBl S 637) ordne ich für die in Preußen gelegenen Grundbuchämter mit Ausnahme des Bezirks des Grundbuchamts Düsseldorf[2]) folgendes an:

A.

Die nach der Allgemeinen Verfügung vom 20. November 1899 (JMBl S 349) idF der Allgemeinen Verfügung vom 19. November 1931 (JMBl S 373) § 5 Anlage A eingerichteten Grundbuchblätter werden mit folgenden Maßgaben weitergeführt:

---

[1]) Nunmehr sind die AV RJM vom 20. Januar 1938 (*Anh 22*) und das RPflegerG (*Anh 18*) maßgebend. [2]) Dazu vgl die AV RJM vom 31. Mai 1937 *Anh 40*.

I. Die Nummernbezeichnungen und die Überschriften aller Spalten sowie die Überschriften des Bestandsverzeichnisses I sind dem neuen Vordruck anzugleichen. Von der Angleichung der Spaltenüberschriften kann abgesehen werden, soweit wesentliche Unterschiede zwischen dem alten und dem neuen Vordruck nicht bestehen.

Zur Angleichung kann ein Metallstempel[1]) benutzt werden, wenn dadurch die Klarheit und Haltbarkeit des Grundbuchs nicht gefährdet wird.

Auch die Handblätter sind dem neuen Vordruck anzugleichen. Hierzu können Deckblätter oder Gummistempel verwendet werden.

II. 1. Im Bestandsverzeichnis I werden die Spalten 9 und 10, soweit darin Eintragungen enthalten sind, schwarz durchkreuzt; am Schlusse der Eintragungen werden sie durch einen schwarzen Querstrich abgeschlossen. Die Nummernüberschrift dieser Spalten ist zu durchstreichen.

2. a) Das Bestandsverzeichnis II ist schwarz zu durchkreuzen. Sind darin Vermerke, mögen sie gelöscht sein oder nicht, eingetragen, so ist es am Schlusse durch einen schwarzen Querstrich abzuschließen und mit folgendem Vermerk zu versehen: „*Wegen Beseitigung des Bestandsverzeichnisses II geschlossen am . . .*"

b) Nicht gelöschte Vermerke sind vorher in das gemäß I und II 1 eingerichtete Bestandsverzeichnis an der nächstoffenen Stelle gemäß § 7 der Grundbuchverfügung einzutragen. § 30 Abs 1 d und e der Grundbuchverfügung ist hierbei entsprechend anzuwenden.

In Spalte 6 ist zu vermerken: „*In dem früheren Bestandsverzeichnis II vermerkt am . . . und hierher übernommen am . . .*"

III. 1. In der 1. Abteilung ist entsprechend dem neuen Grundbuchvordruck eine Spalte „*1*" einzufügen. Die vorhandenen Eintragungen der Eigentümer, auch früherer Eigentümer, sind, soweit räumlich möglich, mit fortlaufenden Nummern gemäß § 9 der Grundbuchverfügung zu versehen. Ist für die Einfügung dieser Spalte wegen der vorhandenen Eintragungen kein Raum, so genügt die Beifügung der Nummer bei der Eigentümereintragung; die Nummer soll durch andersfarbige Tinte oder auf sonstige Weise hervorgehoben werden.

2. Soweit sich in der früheren Spalte 4 Eintragungen befinden, werden sie schwarz durchkreuzt. Die Nummernüberschrift dieser Spalte ist zu durchstreichen. Der nicht ausgefüllte Raum der Spalte ist, nachdem sie durch einen schwarzen Querstrich abgeschlossen ist, für Eintragungen in der Nebenspalte mitzuverwenden.

IV. In der 2. Abteilung ist der Raum der Spalte 6, soweit er Eintragungen enthält, schwarz zu durchkreuzen. Sind Löschungen vermerkt, so sind sie in die dem neuen Grundbuchmuster angeglichenen Spalten 6 und 7 sinngemäß zu übernehmen unter Beifügung des Zusatzes: „*Wegen Beseitigung der früheren Spalte 6 hierher übernommen am . . .*" Bei Fassung des neuen Löschungsvermerks ist darauf Bedacht zu nehmen, daß die Verständlichkeit der Eintragung nicht leidet.

Der nicht ausgefüllte Raum der Spalte 6 ist, nachdem sie durch einen schwarzen Querstrich abgeschlossen ist, für Eintragungen in der Spalte 5 mitzuverwenden.

V. Für die 3. Abteilung sind die Vorschriften zu IV auf die frühere Spalte 8 entsprechend anzuwenden.

VI. Die gemäß Nrn 3 bis 5 der Allgemeinen Verfügung des Preußischen Justizministers vom 30. Dezember 1924 über die Eintragung des Reichsheimstättenvermerks in das Grundbuch (JMBl 1925 S 23) in der Aufschrift und am Schlusse des Grundbuchblattes vorgenommenen Eintragungen sind schwarz zu durchkreuzen. Die hier befindlichen Eintragungen sind in die Spalten 4 und 5 der zweiten Abteilung zu übernehmen unter Beifügung des Zusatzes: „*Aus der Aufschrift hierher übernommen am . . .*" In der Eintragung in der Spalte 3 der zweiten Abteilung ist die Bezugnahme auf die Aufschrift rot zu unterstreichen. In der Aufschrift ist unter die Blattnummer in Klammern das Wort „*Reichsheimstätte*" zu setzen.

---

[1]) Dazu AV RJM vom 25. März 1936 *Anh 38.*

B.

I. Grundbuchblätter, die nach einem anderen als dem unter A genannten Vordruck geführt werden, sind unter Verwendung des neuen Vordrucks umzuschreiben (§ 69 der Grundbuchverfügung), auch wenn sie durch Einlagebogen oder in sonstiger Weise dem unter A genannten Vordruck angepaßt worden sind. Nicht umzuschreiben sind jedoch die auf Grund der Allgemeinen Verfügung des Preußischen Justizministers vom 24. Oktober 1929 (JMBl S 319) geführten Grundbuchblätter (vgl unten C).

II. Für die Umschreibung sind die §§ 29, 30[1]), 32, 39 Abs 3 der Grundbuchverfügung maßgebend. Im einzelnen gilt folgendes:

1. Vor der Umschreibung ist planmäßig festzustellen, ob dem auf dem umzuschreibenden Blatte als Eigentümer Eingetragenen noch andere Grundstücke desselben Grundbuchamtsbezirks gehören. Ist dies der Fall, so ist zu prüfen, ob nach den bestehenden wirtschaftlichen und örtlichen Verhältnissen eine Vereinigung (§ 890 Abs 1 BGB) dieser Grundstücke oder die Zuschreibung eines oder mehrerer Grundstücke als Bestandteil zu einem anderen (§ 890 Abs 2 BGB) angezeigt ist. Gegebenenfalls ist dem Eigentümer in angemessener Form die Stellung der erforderlichen Anträge nahezulegen. Kommt eine Vereinigung oder Zuschreibung nicht in Betracht, so bleibt in jedem Falle die Möglichkeit der Anlegung eines gemeinschaftlichen Grundbuchblattes (§ 4 GBO) zu erwägen. Hierzu wird unter Umständen ein nicht umzuschreibendes Grundbuchblatt benutzt werden können.

Durch sachgemäße Ausnutzung dieser Mittel kann der Rechtsverkehr wesentlich erleichtert und der Umfang des Grundbuchs erheblich eingeschränkt werden; auch können hierdurch etwa drohende Raumschwierigkeiten verringert werden. Auf § 69 Abs 1 Nr 4 und 5 KostO nF wird in diesem Zusammenhange besonders hingewiesen.

2. Vor der Umschreibung ist gemäß § 29 der Grundbuchverfügung auch zu prüfen, ob Anlaß zur Anwendung des Grundbuchberichtigungszwanges (§ 82 GBO) besteht.

3. Die Umschreibung besteht nicht im Abschreiben des alten Blattes. Wesentlich ist ihr insbesondere, daß

a) die gelöschten Eintragungen nach Möglichkeit in den Grenzen des § 30 Abs 1c der Grundbuchverfügung beseitigt werden und

b) daß die Eintragungsvermerke in ihrer Form unter tunlichster Einbeziehung der Eintragungen in der Veränderungsspalte soweit vereinfacht und zusammengefaßt werden, als dies ohne Änderung ihres sachlichen Inhalts und ohne Erweiterung der Bezugnahme irgend möglich ist.

Im einzelnen weise ich auf den Runderlaß des Preußischen Justizministers vom 9. Mai 1931 — I 758 — zu I 2 hin.

C.

Über die Behandlung der auf Grund der Allgemeinen Verfügung des Preußischen Justizministers vom 24. Oktober 1929 (JMBl S 319) geführten Grundbuchblätter (sog „Lose-Blatt-Grundbuch") ergeht besondere Anordnung[2]).

D.

Die vorstehenden Bestimmungen beziehen sich nicht auf Grundbuchblätter, die nach § 72 der Grundbuchverfügung von der Neuordnung unberührt bleiben, zB Berg- und Bahngrundbücher.

E.

Für die in dieser Verfügung angeordnete Anpassung und Umschreibung werden Kosten nicht erhoben.

F.

I. Die unter A bezeichneten Arbeiten sind grundsätzlich ohne zusätzliche Kräfte in angemessener Zeit, spätestens bis zum 31. Dezember dieses Jahres, durchzuführen.

---

[1]) Dazu AV RJM vom 19. Mai 1936 *Anh 39*. [2]) Dazu *Anh 2ff., 40*.

Sollte dies nach den örtlichen Verhältnissen ausgeschlossen sein, so ist besonders zu berichten.

Die Arbeiten werden vom Urkundsbeamten der Geschäftsstelle veranlaßt. Bei den Blättern, auf welchen Unterzeichnung von übertragenen Vermerken nötig wird (vgl unter A II 2, IV, V, VI), ist die Angleichung vom Richter zu verfügen und vom Urkundsbeamten der Geschäftsstelle zu veranlassen. Beide haben die Vermerke zu unterschreiben. Diese Tätigkeit des Richters ist zur selbständigen Wahrnehmung durch den Rechtspfleger im Sinne des § 23 der Preußischen Entlastungsverfügung geeignet.

II. Ob und wann zur Durchführung der Arbeiten unter B zusätzliche Kräfte zur Verfügung gestellt werden können, läßt sich zur Zeit noch nicht übersehen. Einstweilen sind diese Arbeiten unter Einsatz aller ohnedies verfügbaren Kräfte planmäßig in Angriff zu nehmen und nach Möglichkeit zu fördern. Es ist darauf Bedacht zu nehmen, durch Änderung der Geschäftsverteilung, durch Ausnutzung noch gegebener Entlastungsmöglichkeiten oder auf sonstige Weise hierfür Kräfte frei zu machen. Die Umschreibung selbst ist jedoch zur selbständigen Wahrnehmung durch den Rechtspfleger nicht geeignet.

III. Jedes Grundbuchamt hat ein Verzeichnis zu führen, aus dem sich folgendes ergibt:

1. die Zahl aller am 1. April dieses Jahres in seinem Bezirk vorhandenen Grundbuchblätter,
2. die Zahl der darunter befindlichen geschlossenen Blätter,
3. die Zahl der anpassungsbedürftigen Blätter (Abschnitt A dieser Verfügung),
4. die Zahl der umschreibungsbedürftigen Blätter (Abschnitt B dieser Verfügung),
5. die Zahl der innerhalb jedes Vierteljahrs
   a) angepaßten,
   b) umgeschriebenen,
   c) durch Vereinigung, Zuschreibung oder Zusammenschreibung beseitigten Grundbuchblätter.

Die Einrichtung des Verzeichnisses im einzelnen bleibt den Oberlandesgerichtspräsidenten überlassen.

Ich behalte mir vor, zu gegebener Zeit über den Stand der Arbeiten Bericht zu erfordern.

Anh 38 2. AV RJM vom 25. März 1936 DJ 498

Durchführung der §§ 67, 69 der Grundbuchverfügung in Preußen

Die Allgemeine Verfügung vom 27. Februar 1936 (DJ S 356)[1]) wird dahin geändert, daß zu der im Abschnitt A unter I vorgesehenen Angleichung statt des dort vorgeschriebenen Metallstempels auch ein Gummistempel benutzt werden darf.

Anh 39 3. AV RJM vom 19. Mai 1936 DJ 847

Durchführung der §§ 67, 69 der Grundbuchverfügung in Preußen

Bei der im Abschnitt B der Allgemeinen Verfügung vom 27. Februar 1936 (DJ S 356) angeordneten Umschreibung der Grundbuchblätter darf zur Herstellung des Schließungsvermerks (§ 30 Abs 2 Grundbuchverfügung) ein Stempel benutzt werden.

Anh 40 4. AV RJM vom 31. Mai 1937 DJ 882

Durchführung der Grundbuchverfügung im Bezirk des Grundbuchamts Düsseldorf

Auf Grund der §§ 67 Abs 2, 69 der Grundbuchverfügung vom 8. August 1935 (RMBl 637) ordne ich für den Bezirk des Grundbuchamts Düsseldorf[2]) folgendes an:

---

[1]) Dazu *Anh 37*. [2]) Zur GBFührung in Einzelheften AV RJM vom 21. Juni 1936 und 4. Mai 1937 sowie VO vom 21. Dezember 1957 *Anh 2ff.*

1. Die auf Grund der Allgemeinen Verfügung des Preußischen Justizministers vom 24. Oktober 1929 (JMBl S 319) geführten Grundbuchblätter sind auf den durch § 4 der AV vom 21. Juni 1936 (RMBl S 171, DJ S 1033) eingeführten Vordruck umzuschreiben.

2. Auf die Umschreibung sind die Vorschriften des Abschnitts B II und E der der zur Durchführung der §§ 67, 69 der Grundbuchverfügung in Preußen ergangenen AV vom 27. Februar 1936 (DJ S 356) und vom 19. Mai 1936 (DJ S 847) anzuwenden[1]).

3. Die Umschreibung ist zur selbständigen Wahrnehmung durch den Rechtspfleger nicht geeignet[2]).

i) **Saarland** **Anh 41**

AV RJM vom 27. Mai 1936 DJ 892

Durchführung der §§ 67, 69 der Grundbuchverfügung im Saarlande

Auf Grund der §§ 67 Abs 2, 69 der Grundbuchverfügung vom 8. August 1935 (RMBl S 637) ordne ich folgendes an:

I. Für die im Saarland gelegenen Grundbuchämter mit Ausnahme der Grundbuchämter Blieskastel, Homburg und St Ingbert gelten die zur Durchführung der Grundbuchverfügung in Preußen ergangenen AV RJM vom 27. Februar 1936 DJ S 356, vom 25. März 1936 DJ S 498 und vom 19. Mai 1936 DJ S 847[3]).

II. Für die Grundbuchämter Blieskastel, Homburg und St. Ingbert gilt die zur Durchführung der Grundbuchverfügung in Bayern ergangene AV RJM vom 30. März 1936 DJ S 534[4]).

k) **Württemberg** **Anh 42**

AV RJM vom 25. Febraur 1936 DJ 409

Einführung des neuen Grundbuchvordrucks in Württemberg

1. Gemäß § 67 Abs 1 der Grundbuchverfügung vom 8. August 1935 (RMBl S 637) wird bis auf weiteres für den Bezirk des Oberlandesgerichts Stuttgart die Weiterverwendung der bisher dort geführten Vordrucke zugelassen.

Über die nach § 67 Abs 2 der Grundbuchverfügung vorzunehmende Umschreibung ergeht später besondere Verfügung.

2. Bis zur Umschreibung der gemäß Nr 1 einstweilen weiterzuführenden Grundbücher ist § 68 der Grundbuchverfügung mit der Maßgabe anzuwenden, daß im Falle des § 68 Satz 2 die nach §§ 22ff der Verordnung des Württembergischen Justizministers vom 8. Februar 1932 über das Grundbuchwesen (Amtsblatt S 11) eingeführten Grundbuchvordrucke zur Anlegung des umgeschriebenen Blattes verwendet werden dürfen.

V. Anerbenrecht

1. Baden

a) Landesgesetz über die Wiedereinführung des Rechts der geschlossenen Hofgüter

vom 12. Juli 1949 bad GVBl 288 **Anh 43**

(auszugsweise)

§ 1

Wiedereinführung des früheren Landesrechts

(1) Auf land- und forstwirtschaftliche Grundstücke, welche bis zum Inkrafttreten des ErbhG geschlossene Hofgüter im Sinne des Badischen Gesetzes vom 20. August 1898,

---

[1]) Dazu *Anh 37, 39*. [2]) Nunmehr sind die AV RJM vom 20. Januar 1938 (*Anh 22*) und das RPflegerG (*Anh 18*) maßgebend. [3]) Dazu *Anh 37 bis 39*. [4]) Dazu *Anh 24*.

die geschlossenen Hofgüter betreffend (GVBl S 405), gewesen sind, finden seit dem Tag des Inkrafttretens des KRG Nr 45 wieder die Vorschriften des Gesetzes vom 20. August 1898 Anwendung.

(2) Dies gilt nicht:

a) falls das Hofgut mit dinglichen Rechten, abgesehen von Dienstbarkeiten, belastet ist, welche nicht den gesamten Grundstücksbestand, sondern nur einzelne Grundstücke belasten,

b) für nicht in die Erbhöferolle eingetragene frühere geschlossene Hofgüter, welche in ihrem Grundstücksbestand gegenüber dem Zustand am 1. Oktober 1933 wesentlich verringert worden sind.

(3) Die Eigenschaft als geschlossenes Hofgut erstreckt sich auch auf solche Grundstücke, die erst während der Geltungsdauer des ErbhG zu dem Hofgut hinzuerworben worden sind, es sei denn, daß das Grundstück mit anderen Sonderbelastungen als mit Dienstbarkeiten belastet ist.

(4) Darüber, ob die Voraussetzungen nach Abs 1 vorliegen, entscheidet das Landwirtschaftsgericht. Die einheitliche Belastung des Grundstücks kann noch bis zur Entscheidung des Landwirtschaftsgerichts herbeigeführt werden.

§ 2

Verzeichnis

(1) Bei den Gütern, welche geschlossene Hofgüter im Sinne von § 1 sind, ist auf Ersuchen des Landwirtschaftsgerichts die Eigenschaft als geschlossenes Hofgut als Verfügungsbeschränkung in das Grundbuch einzutragen.

(2) Das Landwirtschaftsgericht hat über die geschlossenen Hofgüter seines Bezirks ein Verzeichnis zu führen.

§ 3

Zuständigkeit

Für die nach den §§ 2, 3 und 5 des Gesetzes, die geschlossenen Hofgüter betreffend, vom 20. August 1898 von der Verwaltungsbehörde zu treffenden Entscheidungen ist das Landwirtschaftsgericht zuständig.

§ 4

Vollzugsbestimmungen

Die erforderlichen Vollzugsbestimmungen erläßt die Landesregierung. § 30 des Gesetzes, die geschlossenen Hofgüter betreffend, vom 20. August 1898 wird aufgehoben.

b) VO über die Zuständigkeit zur Führung des Grundbuchs für geschlossene Hofgüter

Anh 44 vom 22. Februar 1906 bad GVBl 75

§ 1

Zur Führung des Grundbuchs für ein geschlossenes Hofgut, das aus mehreren in verschiedenen Grundbuchbezirken belegenen Parzellen besteht, ist das Grundbuchamt zuständig, in dessen Bezirk sich das Hauptgebäude des Hofguts befindet.

§ 2

Auf die Zuschreibung und Abschreibung von in anderen Grundbuchamtsbezirken belegenen Parzellen (§ 5 des Gesetzes) finden die Vorschriften der §§ 107, 109 und 110 der Grundbuchvollzugsverordnung vom 18. Februar 1901 (GVBl S 131) entsprechende Anwendung.

c) Gesetz, die geschlossenen Hofgüter betreffend

vom 20. August 1898 bad GVBl 405 **Anh 45**

(auszugsweise)

§ 1

Geschlossene Hofgüter sind die in den Amtsgerichtsbezirken Villingen, Triberg, Bonndorf, Emmendingen, Ettenheim, Freiburg, Neustadt, Staufen, Waldkirch, Lahr, Oberkirch, Offenburg, Gengenbach, Wolfach, Achern gelegenen Hofgüter, deren Bestand und Umfang nach Maßgabe des Gesetzes vom 23. Mai 1888 zur Feststellung gelangt sind.

§ 2

(1) Der Eigentümer eines geschlossenen Hofgutes kann mit Genehmigung der zuständigen Verwaltungsbehörde einem geschlossenen Hofgut Parzellen einverleiben, wenn er als Eigentümer des Hofguts und der Parzellen im Grundbuch eingetragen ist und wenn auf den einzuverleibenden Parzellen, abgesehen von Dienstbarkeiten, keine dinglichen Rechte lasten.

(2) Diese Voraussetzungen sind bei Einholung der Genehmigung nachzuweisen.

§ 3

(1) Der Eigentümer eines geschlossenen Hofgutes kann mit Genehmigung der zuständigen Verwaltungsbehörde die Geschlossenheit eines Hofgutes aufheben, einzelne Teile lostrennen oder das Hofgut in eine Mehrheit von geschlossenen Hofgütern zerlegen. Im letzteren Falle hat der Eigentümer bei Einholung der Genehmigung nachzuweisen, daß der Zerlegung keine wirtschaftlichen Bedenken namentlich in Bezug auf die etwa sich ergebende Pfandbelastung der neu entstehenden Hofgüter entgegenstehen, sowie daß bei jedem einzelnen Gut das Anwesen ein im wesentlichen abgerundetes, zur Ernährung einer Familie völlig ausreichendes Besitztum bildet und mit den erforderlichen Wohn- und Wirtschaftsgebäuden versehen ist.

(2) Wird die Lostrennung einzelner Teile auf dem Wege der Zwangsabtretung erwirkt, so ist die Genehmigung der Verwaltungsbehörde nicht erforderlich.

§ 4

An Teilen eines geschlossenen Hofguts können, abgesehen von Dienstbarkeiten, keine dinglichen Rechte entstehen.

§ 5

(1) Ein geschlossenes Hofgut ist als ein Grundstück im Grundbuch einzutragen.

(2) Einverleibte Parzellen sind dem Hofgut zuzuschreiben.

(3) Bei Lostrennung einzelner Parzellen und bei Zerlegung des Hofguts in mehrere geschlossene Hofgüter sind die Teile als besondere Grundstücke zu buchen.

(4) Die zuständige Verwaltungsbehörde hat dafür Sorge zu tragen, daß diese Buchung erfolgt und daß die in den §§ 2 und 3 genannten Erklärungen in das Grundbuch eingetragen werden, sobald die Genehmigung vollzugsreif geworden ist.

(5) Mit dem Eintrag in das Grundbuch tritt die Gebundenheit des Eigentümers ein.

. . . .

2. Bremen

a) Bremisches Höfegesetz

vom 19. Juli 1948 brem GBl 124

(auszugsweise)

§ 1

(1) Eine in die Höferolle eingetragene Grundbesitzung ist ein Hof im Sinne des Gesetzes.

(2) Jede mit einem Wohnhaus versehene Grundbesitzung von einem Flächeninhalte von mindestens 2,5 ha, auf welcher die Landwirtschaft als Gewerbe betrieben wird, kann in die Höferolle eingetragen werden.

(3) Landwirtschaft im Sinne dieser Vorschrift, umfaßt den Feld-, Wiesen- und Gartenbau mit Ausschluß der Kunst- und Handelsgärtnerei sowie die Viehzucht und Milchwirtschaft.

§ 2

(1) Wenn ein Hof durch Testament oder durch Erbteilung unter mehreren Erben verteilt wird, so bedarf es für den dem Anerben zufallenden Teil einer neuen Eintragung nicht.

(2) ....

§ 3

(1) Die Eintragung einer Besitzung in die Höferolle und ihre Löschung erfolgen auf Antrag.

(2) Zur Stellung des Antrages ist der Eigentümer berechtigt, der über die Besitzung letztwillig verfügen kann. Im Falle des geteilten Eigentums ist der Untereigentümer, im Falle einer Gütergemeinschaft, deren erbrechtliche Wirkungen sich nach Bremischen Recht bestimmen, sowohl während der Ehe wie nach dem Tode der Frau der Ehemann, während des Besitzes sowie im Falle des § 23 der Anerbe zur Stellung des Antrages berechtigt. Gehört die Besitzung zum Gesamtgut einer allgemeinen oder fortgesetzten Gütergemeinschaft, so steht das Antragsrecht, wenn die Besitzung von der Frau in die Gütergemeinschaft eingebracht oder während der ehelichen oder der fortgesetzten Gütergemeinschaft durch Erbfolge, durch Vermächtnis oder mit Rücksicht auf ein künftiges Erbrecht, durch Schenkung oder als Ausstattung von ihr erworben war, der Frau, in allen anderen Fällen sowie im Falle der Errungenschaftsgemeinschaft dem Manne zu.

(3) Der Antrag wird beim Amtsgericht persönlich zum Protokoll des Urkundsbeamten der Geschäftsstelle angebracht oder in einer gerichtlich oder notariell beglaubigten Schrift eingereicht.

(4) Die Eintragung erfolgt auch dann, wenn der Antragsteller nach Anbringung oder Einreichung des Antrags gestorben ist, und gilt in diesem Falle als im Augenblick der Anbringung oder Einreichung des Antrags geschehen.

(5) Das Amtsgericht hat dem Eigentümer anzuzeigen, ob die Eintragung oder die Löschung erfolgt sei.

(6) Die Höferolle ist öffentlich.

§ 4

Die Eintragung in die Höferolle ist auch für jeden nachfolgenden Eigentümer wirksam. Sie verliert ihre Wirksamkeit durch die Löschung.

§ 5

Die Eintragung kann nicht aus dem Grunde angefochten werden, weil die Besitzung die nach § 1 erforderlichen Eigenschaften nicht besessen habe.

§ 6

(1) Zum Hofe gehören die auf Antrag des Eigentümers in der Höferolle als Bestandteile desselben bezeichneten Grundstücke.

(2) In Ermangelung einer Bezeichnung in der Höferolle gilt das Höferecht für den gesamten im Lande Bremen belegenen Grundbesitz des Eigentümers.

§ 7

Zubehör des Hofes sind:

1. die mit dem Hofe oder einzelnen Teilen desselben verbundenen Gerechtigkeiten;
2. die auf dem Hofe vorhandenen Gebäude, Anlagen, Holzungen und Bäume;
3. das Hofinventar.

§ 8

Das Recht des Eigentümers, über den Hof von Todes wegen zu verfügen, wird durch dieses Gesetz nicht berührt.

§ 9

(1) Gehört ein Hof zu einem Nachlaß und wird der Erblasser von mehreren Personen beerbt, so fällt der Hof nebst Zubehör als Teil der Erbschaft nur einem Erben (dem Anerben) zu.

(2) . . . .

(3) Das Anerbenrecht tritt nur ein, wenn der Anerbe zugleich Erbe des Erblassers wird.

(4) Der Anerbe erwirbt das Eigentum des Hofes nebst Zubehör mit der Annahme der Erbschaft . . . .

. . . .

§ 23

(1) Zur Eintragung des Anerben als Eigentümer im Grundbuch ist in den Fällen des § 9 Abs 4 Satz 1 und der §§ 20 und 21 die Zustimmung der übrigen, an der Auseinandersetzung Beteiligten erforderlich. Vor der Eintragung im Grundbuch ist der Hof der Zwangsvollstreckung durch die Gläubiger des Anerben nicht unterworfen.

(2) Auf das Recht der Gläubiger des Anerben, zum Zwecke der Zwangsvollstreckung die Umschreibung des Hofes auf den Anerben zu erwirken, findet die Vorschrift des § 14 der GBO entsprechende Anwendung.

. . . .

§ 26

(1) Verträge, durch welche unter Lebenden einem Anerben ein Hof übergeben wird (Altenteils- und Gutübergabeverträge), bedürfen der notariellen Beurkundung. Die Vorschrift des § 313 Satz 2 BGB findet Anwendung.

. . . .

§ 29

Die in den §§ 9 bis 28 enthaltenen Bestimmungen finden nicht Anwendung:

1. wenn der Erblasser bei seinem Tode Miteigentümer des Hofes war,
2. wenn der Hof beim Tode des Erblassers infolge von Veränderungen, welche nach der Eintragung stattgefunden haben, nicht eintragungsfähig gewesen wäre; jedoch ist das Nichtvorhandensein eines Wohnhauses zur Zeit des Todes des Erblassers einflußlos, wenn dieser Zustand alsdann noch nicht 2 Jahre gedauert hat.

§ 30

Für jede Eintragung in die Höferolle und jede Löschung in derselben einschließlich der darüber dem Eigentümer zu machenden Anzeige wird eine Gebühr von 3 Deutsche Mark erhoben. Die Eintragung in die Höferolle erfolgt kostenfrei. Die Einträge zur Höferolle sind einer Stempelabgabe nicht unterworfen.

b) VO betreffend die Anlegung und Führung der Höferolle und die grundbuchliche Behandlung der Höfe

Anh 47

vom 19. 7. 1948 brem GVBl 128

§ 1

(1) Die Höferolle wird von den Amtsgerichten (Grundbuchämtern) geführt.

(2) Zuständig ist das Amtsgericht, in dessen Bezirk die Hofstelle liegt.

(3) Liegt die Hofstelle in den Bezirken mehrerer Amtsgerichte, so ist das Amtsgericht zuständig, in dessen Bezirk der Hof zum größten Teile liegt.

(4) Die Zuständigkeit des Amtsgerichts Bremerhaven erstreckt sich nicht auf den Landkreis Wesermünde.

§ 2

(1) Die Höferollen sind für Bezirke einzurichten.

(2) Bezirke sind die Amtsgerichtsbezirke Bremen, Bremen-Blumenthal und Bremerhaven (Stadt).

§ 3

Die Höferolle ist in der Form des gebundenen Buches zu führen. Die Rolle kann aus mehreren Bänden bestehen. Die Bände eines Bezirkes erhalten fortlaufende Nummern. Jeder Hof erhält in der Rolle ein eigenes Blatt. Die Blätter sind innerhalb eines Bezirks mit einer fortlaufenden Nummer zu versehen.

§ 4

(1) Ist es nicht möglich, die für die erste Anlegung der Höferolle erforderlichen Bände rechtzeitig zu beschaffen, so können einstweilen die bisher geführten Erbhöferollen verwendet werden.

(2) In diesem Falle sind die Erbhöferollen zuvor zu schließen. Für die Schließung gelten § 6 Abs 1 und § 9 entsprechend.

(3) Gleichzeitig mit der Eintragung des Schließungsvermerks sind die auf den Grundbuchblättern der früheren Erbhofgrundstücke eingetragenen Erbhofvermerke zu löschen. Für die Löschung gilt § 16 Abs 1 bis 3 entsprechend.

(4) Sobald die erforderlichen Vordrucke beschafft werden können, sind die Höferollen umzuschreiben. Die einstweilen geführten Höferollen sind alsdann zu schließen.

§ 5

In der Höferolle sind die zum Hofe gehörigen Grundstücke aufzuführen. Bei jedem Grundstück ist die Wirtschaftsart in zusammengefaßter Form, die Größe und das Grundbuchblatt, auf dem es eingetragen ist, anzugeben.

§ 6

(1) Die Eintragungen in der Höferolle sollen vom Richter oder Rechtspfleger unter Angabe des Wortlauts verfügt und von dem Urkundsbeamten der Geschäftsstelle ausgeführt werden. Sie sind vom Richter (Rechtspfleger) und Urkundsbeamten gemeinschaftlich unter Angabe des Unterzeichnungstages zu unterschreiben.

(2) Gelöschte oder durch eine spätere Eintragung gegenstandslos gewordene Eintragungen sind rot zu unterstreichen.

§ 7

Die Eintragungen sind deutlich und ohne Abkürzungen zu schreiben. In der Höferolle darf nichts radiert oder unleserlich gemacht werden. Die Verwendung von Stempeln ist unzulässig.

§ 8

Bietet ein Blatt der Höferolle für neue Eintragungen keinen Raum mehr, so ist es umzuschreiben. Das alte Blatt ist zu schließen.

§ 9

Die Schließung eines Blattes geschieht durch

a) Eintragung eines Schließungsvermerks in der Aufschrift; in dem Vermerk ist der Grund der Schließung anzugeben;

b) Rotdurchkreuzung sämtlicher Seiten des Blatts, soweit sie ausgefüllt sind.

§ 10

(1) Sind im Grundbuch Grundstücke vereinigt oder ist ein Grundstück einem anderen als Bestandteil zugeschrieben worden, so sind die sich auf die beteiligten Grundstücke beziehenden Eintragungen der Höferolle in den Spalten 1 bis 8 rot zu unterstreichen. Das neue Grundstück ist unter einer neuen laufenden Nummer einzutragen, neben dieser Nummer ist in Spalte 1a auf die bisherigen laufenden Nummern der beteiligten Grundstücke zu verweisen. Die Veränderung ist in Spalte 11 zu vermerken.

(2) Sind im Grundbuch bisherige Grundstücksteile als selbständige Grundstücke eingetragen worden, so sind die sich auf das bisherige Grundstück beziehenden Eintragungen der Höferolle in den Spalten 1 bis 8 rot zu unterstreichen. Die neuen Grundstücke sind unter neuen laufenden Nummern einzutragen, neben den Nummern ist in Spalte 1a auf die laufenden Nummern der bisherigen Grundstücke zu verweisen. Die Veränderung ist in Spalte 11 zu vermerken.

(3) Soll ein Teil eines in der Höferolle eingetragenen Grundstücks vom Hof abgetrennt werden, so ist ein entsprechender Vermerk in der Spalte 10 zu machen. Die auf das bisherige Grundstück bezüglichen Eintragungen in den Spalten 1 bis 9 und 11 sind rot zu unterstreichen. Der verbleibende Restbestand ist unter einer neuen fortlaufenden Nummer einzutragen.

§ 11

Von allen Eintragungen in die Höferolle ist der Eigentümer zu benachrichtigen.

§ 12

(1) Die Höfeakten werden durch alle den Hof betreffenden Urkunden und sonstige Eingänge gebildet.

(2) Die Höfeakten erhalten als Aktenzeichen die Bezeichnung des für den Hof in Frage kommenden Bezirks mit der Blattnummer der Höferolle (zB *Höfeakten betreffend den in der Höferolle des Amtsgerichtsbezirks Bremerhaven (Stadt) Blatt .... eingetragenen Hof*).

(3) Bei den Höfeakten ist ein in seiner Einrichtung der Höferolle entsprechender Vordruck (Auszug) zu verwerten, der eine wörtliche Wiedergabe des gesamten Inhalts der Höferolle enthält. Die mit der Führung der Höferolle beauftragten Beamten haben für die Übereinstimmung des Auszugs mit der Höferolle zu sorgen.

§ 13

(1) Für die Aufbewahrung der Höferolle und der Höfeakten und für die Versendung der Höfeakten gelten die Vorschriften über die Aufbewahrung der Grundbücher und Grundakten und über die Versendung der Grundakten entsprechend.

§ 14

(1) Gleichzeitig mit der Eintragung in die Höferolle hat das Grundbuchamt im Grundbuche bei den zum Hofe gehörigen Grundstücken den Hofesvermerk einzutragen.

(2) Der Vermerk wird in der Aufschrift des Grundbuchs eingetragen, er lautet:

„*Hof*

Eingetragen in die Höferolle des Amtsgerichtsbezirks . . . .

Blatt . . . . *am* . . . . 19 . . .

Hier vermerkt am . . . . . 19 . . .“

(3) Wegen der Eintragung und Unterzeichnung gilt das in § 6 Abs 1 Gesagte.

§ 15

Gehören zur Zeit der Eintragung des Vermerks einzelne auf dem Grundbuchblatt eingetragene Grundstücke nicht zum Hofe, so sind sie auf ein anderes Blatt zu übertragen.

§ 16

(1) Verlieren alle auf dem Grundbuchblatte eingetragenen Grundstücke die Hofeigenschaft, entweder durch einen Eintrag auf Löschung in der Höferolle oder dadurch, daß die Hofesgröße infolge von Teilveräußerungen unter die gesetzliche Mindestgröße absinkt, so ist unter oder neben dem Vermerk nach § 14 folgender Löschungsvermerk einzutragen:

„*Der Hofesvermerk ist hiermit gelöscht worden.*

Bremen, den . . . . 19 . . .“

(2) Wegen der Eintragung und Unterzeichnung des Löschungsvermerks gilt das in § 6 Abs 1 Gesagte.

(3) Der Hofesvermerk ist rot zu unterstreichen.

(4) Sind Teilveräußerungen der Grund für den Verlust der Hofeseigenschaft, so ist nach Eintragung der Eigentumsänderung im Grundbuch, durch die die Hofesgröße unter die gesetzliche Mindestgröße absinkt, die gegenstandslos gewordene Eintragung in der Höferolle von Amts wegen zu löschen.

§ 17

(1) Scheiden von den auf einem Grundbuchblatt eingetragenen Grundstücken einzelne aus dem Hofesverbande ohne Beeinträchtigung der Hofeseigenschaft der Restgrundstücke aus, und zwar entweder durch Löschung dieser einzelnen Grundstücke in der Höferolle, oder durch ihre Veräußerung oder auch durch Veräußerung des Hofes mit Ausnahme einzelner Grundstücke, so besteht die Löschung des Vermerks nach § 14 darin, daß die einzelnen Grundstücke auf einem besonderen Grundbuchblatt eingetragen werden. Dabei ist in dem letztgenannten Falle § 15 sinngemäß anzuwenden.

(2) Erfolgt das Ausscheiden durch eine der im Abs 1 genannten Veräußerungen, so ist nach Eintragung der Eigentumsänderung im Grundbuche die gegenstandslos gewordene Eintragung in der Höferolle bezüglich der einzelnen Grundstücke von Amts wegen zu löschen.

§ 18

Der Umstand, daß der Eigentümer im Grundbuch nicht eingetragen ist (etwa weil sich Eigentumsveränderungen von Todes wegen oder durch Ehevertrag außerhalb des Grundbuchs vollzogen haben), steht der Eintragung des Hofesvermerks nicht entgegen. Jedoch ist, wenn die Berichtigung des Grundbuchs noch nicht beantragt worden ist, alsbald nach § 82 GBO zu verfahren.

§ 19

Werden im Bestandsverzeichnis des Grundbuchs Veränderungen vorgenommen, die für die Führung der Höferolle von Bedeutung sind (zB Vereinigung von Grundstücken oder Bestandszuschreibungen — ohne Eigentumsänderung —, Änderung des Grundbuchblattes, der Bezeichnung oder der Angabe der Wirtschaftsart des Grundstücks), so sind die entsprechenden Eintragungen in der Höferolle von Amts wegen vorzunehmen.

§ 20

Diese Verordnung tritt am Tage nach ihrer Verkündung in Kraft.

3. Britische Zone

a) MilRegVO Nr 84 **Anh 48**

(auszugsweise)

Art I ***Abänderung und Neufassung der höferechtlichen Bestimmungen***

(1) Die gemäß Art II des KRG Nr 45 wieder in Kraft gesetzten landesrechtlichen Vorschriften über Vererbung von Liegenschaften durch gesetzliche Erbfolge oder Verfügung von Todes wegen, insbesondere die in der Anlage A aufgeführten Gesetze und Verordnungen werden durch die Bestimmungen der aus Anlage B ersichtlichen Höfeordnung abgeändert, im übrigen aufgehoben. Die Höfeordnung tritt für das gesamte Gebiet der britischen Zone in Kraft.

b) Höfeordnung **Anh 49**

vom 24. April 1947
(auszugsweise)

§ 1

Begriff des Hofes

(1) Hof im Sinne dieser Verordnung ist jede land- und forstwirtschaftliche Besitzung mit einer zu ihrer Bewirtschaftung geeigneten Hofstelle, die sich im Alleineigentum einer natürlichen Person oder im Eigentum von Ehegatten (Ehegattenhof) befindet oder zum Gesamtgut einer fortgesetzten Gütergemeinschaft gehört.

(2) Bei Höfen, die einen steuerlichen Einheitswert von 10000 Deutsche Mark und mehr haben, ist die Eigenschaft als Hof von Amts wegen im Grundbuch zu vermerken. Der Vermerk hat rechtserklärende Bedeutung.

(3) Bei Höfen, die einen steuerlichen Einheitswert von weniger als 10000 Deutsche Mark haben, wird die Eigenschaft als Hof auf Antrag des Eigentümers eingetragen. Der Vermerk hat rechtsbegründende Bedeutung. Bei diesen Besitzungen kann der Eigentümer jederzeit die Löschung des Vermerks im Grundbuch beantragen. Mit dem Eingang des Löschungsantrages beim Grundbuchamt verliert die Besitzung die Eigenschaft des Hofes.

(4) Wird bei einem Ehegattenhof die Ehe rechtskräftig geschieden oder aufgehoben, so kann jeder Ehegatte beantragen, die Eigenschaft als Ehegattenhof im Grundbuch zu löschen. Mit dem Eingang des Löschungsantrages beim Grundbuchamt verliert die Besitzung die Eigenschaft eines Ehegattenhofes.

§ 2

Bestandteile

Zum Hofe gehören:

a) alle Grundstücke des Hofeigentümers, die regelmäßig von der Hofstelle aus bewirtschaftet werden. Eine zeitweilige Verpachtung oder ähnliche vorübergehende Benutzung durch andere, zB als Altenteilsland, Heuerlingsland, Deputatsland, schließt die Zugehörigkeit zum Hofe nicht aus, ebensowenig die vorläufige Einweisung eines anderen in einem Umlegungsverfahren;

b) Forstnutzungsrechte, sonstige dem Hof dienende Nutzungsrechte, Anteile an einer Waldgenossenschaft, Realgemeinde, Interessentenschaft und ähnliche dem Hof dienende Rechte, gleichviel ob sie mit dem Eigentum am Hofe verbunden sind oder dem Eigentümer persönlich zustehen, ferner Miteigentumsanteile an einem Grundstücke, die dem Hof dienen, falls diese Anteile im Verhältnis zu dem sonstigen, den Hof bildenden Grundbesitz von untergeordneter Bedeutung sind.

§ 3

Hofzubehör

Zum Hof gehört auch das Hofeszubehör. Es umfaßt insbesondere das auf dem Hof für die Bewirtschaftung vorhandene Vieh, Wirtschafts- und Hausgerät, den vorhandenen Dünger und die für die Bewirtschaftung bis zur nächsten Ernte dienenden Vorräte an landwirtschaftlichen Erzeugnissen und Betriebsmittel.

§ 4

Erbfolge in einen Hof

Der Hof fällt als Teil der Erbschaft kraft Gesetzes nur einem der Erben (dem Hoferben) zu. An seine Stelle tritt im Verhältnis der Miterben untereinander der Hofeswert.

. . . .

§ 18

Zuständigkeit der Gerichte

(1) Für die Entscheidung über alle Anträge und Streitigkeiten, die sich bei Anwendung der Höfeordnung ergeben, sowie aus Abmachungen der Beteiligten hierüber sind die zu Artikel VI 15 der MilRegVO 84 genannten Gerichte ausschließlich zuständig.

(2) Diese Gerichte sind auch zuständig für die Entscheidung der Frage, wer kraft Gesetzes oder kraft Verfügung von Todes wegen Hoferbe eines Hofes geworden ist, und für die Ausstellung eines Erbscheines. In dem Erbschein ist der Hoferbe als solcher aufzuführen. Auf Antrag eines Beteiligten ist in dem Erbschein lediglich die Hoferbfolge zu bescheinigen.

§ 19

Schluß- und Übergangsbestimmungen

(1) Die Höfe, die auf Grund des ErbhG und seiner Durchführungsbestimmungen bis zum Inkrafttreten der Höfeordnung als Erbhöfe in die Erbhofrolle eingetragen worden sind, gelten als Höfe im Sinne der Höfeordnung. Hat der Hof einen steuerlichen Einheitswert von weniger als 10000 Deutsche Mark oder handelt es sich um einen Hof von Ehegatten, deren Ehe geschieden oder aufgehoben ist, so findet § 1 Abs 3 Satz 3 und 4 und Abs 4 entsprechende Anwendung.

(2) Unter dem steuerlichen Einheitswert im Sinne dieser Verordnung ist der 18fache Betrag des jährlichen Reinertrages gemäß den Bestimmungen des BewG vom 16. Oktober 1934 (RGBl I S 1035) zu verstehen.

c) **Niedersachsen**

Anh 50 **AV MdJ vom 5. März 1955** NdsRpfl 42 Nr 12

Verlust der Hofeigenschaft und Löschung des Hofvermerks bei Grundstücken, die mit einem Erbbaurecht belastet werden

I. Nach § 2 Buchst a) Satz 1 der Höfeordnung gehören zum Hof alle Grundstücke des Hofeigentümers, die regelmäßig von der Hofstelle aus bewirtschaftet werden. Wird ein Grundstück oder bisheriger Grundstücksteil (§ 7 Abs 1 GBO) mit einem Erbbaurecht belastet, so wird bei diesem Grundstück die Hofzugehörigkeit nur noch ausnahmsweise fortbestehen, zB wenn das Erbbaurecht für eine zum Hof gehörige Person (Landarbeiter,

Heuerling, Altenteiler) bestellt wird. In der Mehrzahl der Fälle wird dagegen eine regelmäßige Bewirtschaftung dieses Grundstücks von der Hofstelle aus in absehbarer Zeit nicht mehr zu erwarten sein. Das Grundstück verliert dann mit der Bestellung des Erbbaurechts seine Eigenschaft als Bestandteil des Hofs und wird im Erbfall nicht zusammen mit dem Hof nach Höferecht, sondern nach allgemeinem Erbrecht vererbt.

Die Beteiligten werden sich bei der Bestellung eines Erbbaurechts über diese Rechtsfolgen oft nicht im klaren sein. Solange für das Grundstück der Hofvermerk eingetragen ist, besteht sogar nach § 35 Abs 3 LVO die (widerlegbare) Vermutung, daß das Grundstück weiterhin die Hofeigenschaft besitzt. Verliert das Grundstück infolge der Bestellung des Erbbaurechts seine Eigenschaft als Bestandteil des Hofes, so ist um die Rechtslage klarzustellen und die Vermutung des § 35 Abs 3 LVO auszuräumen, der Hofvermerk für dieses Grundstück zu löschen; ggf muß in Anwendung des § 36 Abs 2 LVO auch ein besonderes Grundbuchblatt angelegt werden. Die Löschung des Hofvermerks wird in entsprechender Anwendung des § 35 Abs 4 Satz 1 LVO auf Ersuchen des Amtsrichters (Vorsitzenden des Gerichts für Landwirtschaftssachen) von Amts wegen zu erfolgen haben.

II. Zur Herbeiführung klarer Rechtsverhältnisse bestimme ich daher:

1. Den Amtsgerichten und Notaren wird empfohlen, die Beteiligten bei der Bestellung eines Erbbaurechts an einem zu einem Hof gehörigen Grundstück über die möglicherweise damit verbundenen höferechtlichen Folgen zu belehren.

2. Die Grundbuchämter werden angewiesen, von allen bei ihnen eingehenden Anträgen auf Eintragung eines Erbbaurechts an einem zu einem Hof gehörigen Grundstück dem Gericht für Landwirtschaftssachen Mitteilung zu machen.

3. Ergibt die höferechtliche Prüfung, daß das Grundstück infolge der Bestellung des Erbbaurechts die Zugehörigkeit zum Hof verliert, so ersucht der Vorsitzende des Gerichts für Landwirtschaftsachen das Grundbuchamt um die Löschung des Hofvermerks.

d) **Nordrhein-Westfalen**

VO über die Aufhebung der Hofeigenschaft **Anh 51**

vom 4. März 1949 nrw GBl 67

§ 1

(1) In den Bezirken der Oberlandesgerichte Düsseldorf und Köln hat der Hofeigentümer das Recht, beim Gericht zu erklären, daß seine Besitzung nicht mehr die Eigenschaft eines Hofes haben soll.

2) Der Eigentümer einer solchen Besitzung kann jederzeit beantragen, daß die Eigenschaft als Hof wieder eingetragen wird.

§ 2

(1) Die Erklärung gemäß § 1 Abs 1 und 2 ist mündlich zur Niederschrift des Amtsrichters oder schriftlich in öffentlich beglaubigter Form gegenüber dem Amtsgericht abzugeben.

(2) Der Amtsrichter hat von Amts wegen die Eintragung und Löschung des Hofvermerks zu veranlassen.

(3) Bei der Eintragung und Löschung des Hofvermerks gibt das Grundbuchamt dem Eigentümer, dem Amtsgericht und der unteren Landwirtschaftsbehörde Nachricht.

§ 3

(1) Im Falle des § 1 Abs 1 verliert die Besitzung mit dem Eingang der Erklärung beim Gericht die Eigenschaft eines Hofes.

(2) Im Falle des § 1 Abs 2 erlangt die Besitzung mit der Eintragung des Hofvermerks die Eigenschaft eines Hofes.

§ 4

Diese Verordnung tritt am 15. Mai 1949 in Kraft.

Anh 52

e) **Verfahrensordnung für Landwirtschaftssachen** (LVO)

vom 2. Dezember 1947 VOBl britZone 157

(auszugsweise)

. . . .

V. Abschnitt

Besondere Verfahrensvorschriften

. . . .

2. Teil

Verfahren nach der Höfeordnung

§ 34

Hofvermerk

(1) Der Hofvermerk wird in der Aufschrift des Grundbuchs des Hofs eingetragen und lautet:

Hof gemäß der Höfeordnung. Eingetragen am . . . .

Bei der Eintragung ist ein etwaiger Erbhofvermerk zu löschen.

(2) Beim Ehegattenhof ist, falls der Grundbesitz der Ehegatten nicht auf demselben Grundbuchblatt eingetragen ist, im Hofvermerk wechselseitig auf den Grundbesitz des anderen Ehegatten hinzuweisen. Der Hofvermerk lautet dementsprechend:

Dieser Grundbesitz bildet mit dem im Grundbuch von . . . . . Bd . . . Bl . . . eingetragenen Grundbesitz einen Ehegattenhof gemäß der Höfeordnung. Eingetragen am . . .

(3) Gehört zu einem Hof ein Miteigentumsanteil so gilt die Vorschrift des Abs 2 entsprechend mit der Maßgabe, daß der Hofvermerk im Grundbuch des Hofes lautet:

Zum Hof gehört der im Grundbuch von . . . Bd . . . Bl . . . eingetragene Miteigentumsanteil. Eingetragen am . . . .

§ 35

Eintragung und Löschung des Hofvermerks

(1) Bei Besitzungen, die bisher ein Erbhof waren oder einen steuerlichen Einheitswert von 10000 Deutsche Mark und mehr haben, wird der Hofvermerk auf Ersuchen des Amtsrichters von Amts wegen eingetragen. War bei diesen Besitzungen bereits auf Grund des ErbhG und seiner Durchführungsbestimmungen ein Erbhofvermerk eingetragen, so gilt dieser Vermerk bis zur Eintragung eines Hofvermerks gemäß § 34 als Hofvermerk im Sinne der Höfeordnung.

(2) Der Antrag auf Eintragung und Löschung des Hofvermerks gemäß § 1 Abs 3 und 4 der Höfeordnung ist zur Niederschrift des Grundbuchrichters oder in öffentlich beglaubigter Erklärung beim Grundbuchamt zu stellen.

(3) Die Eintragung des Hofvermerks begründet die Vermutung, daß das Grundstück Hofeigenschaft besitzt.

(4) Fällt bei einem Hof eine die Hofeigenschaft begründende Voraussetzung auf die Dauer weg, so ist der Hofvermerk auf Ersuchen des Amtsrichters von Amts wegen zu löschen, die Besitzung verliert die Eigenschaft eines Hofes mit der Löschung des Hofvermerks. Sinkt jedoch der Einheitswert des Hofes unter 10000 Deutsche Mark so wird der Hofvermerk nur auf einen gemäß Abs 2 gestellten Antrag gelöscht; in diesem Falle verliert die Besitzung die Eigenschaft eines Hofes schon mit der Stellung des Löschungsantrages.

(5) Von der Eintragung und Löschung des Hofvermerks gibt das Grundbuchamt dem Eigentümer, dem Amtsgericht und der unteren Landwirtschaftsbehörde Nachricht.

(6) Der Eintragungsantrag und das Ersuchen des Amtsgerichts sind nebst etwaigen weiteren Vorgängen zu einer besonderen Höfeakte zu nehmen, die bei den Grundakten der Hofstelle aufzubewahren ist.

(7) Der Amtsrichter hat von Amts wegen die Eintragung und Löschung des Hofvermerks gemäß Abs 1 Satz 1 und Abs 4 Satz 1 zu veranlassen.

§ 36

Verfahren des Grundbuchamts

(1) Die zum Hof gehörenden Grundstücke sind von Amts wegen auf Ersuchen des Amtsrichters auf einem besonderen Grundbuchblatt einzutragen.

(2) Grundstücke, die nicht zum Hof gehören, sind nicht auf dem Grundbuchblatt des Hofes einzutragen.

(3) Werden einzelne Grundstücke vom Hof abgetrennt, so ist der Hofvermerk nicht mit zu übertragen.

(4) Für die Vereinigung der zu einem Hof gehörenden Grundstücke zu einem Grundstück, für die gerichtliche Beurkundung eines hierauf gerichteten Antrages und für die Eintragung des Hofvermerks werden Gebühren und Auslagen nicht erhoben.

§ 37

Feststellungsverfahren

(1) Auf Antrag eines Beteiligten, der ein rechtliches Interesse an der Entscheidung nachweist, entscheidet das Gericht im Wege eines besonderen Feststellungsverfahrens,

a) ob ein Hof im Sinne des § 1 der Höfeordnung vorliegt,
b) ob ein Gegenstand Bestandteil oder Zubehör eines Hofes ist,
c) ob ein Hoferbe wirtschaftsfähig ist,
d) ob für die Erbfolge in einen Hof Ältesten- oder Jüngstenrecht gilt,
e) von wem der Hof stammt,
f) wer nach dem Tode des Eigentümers eines Hofes Hoferbe geworden ist.

(2) Das Gericht soll alle Personen, deren Rechte durch die Entscheidung betroffen werden können, von der Einleitung eines Feststellungsverfahrens unter Hinweis auf die im Abs 3 Satz 1 aufgeführten Folgen verständigen. Jeder von diesen Personen kann sich einem anhängigen Verfahren dadurch anschließen, daß er in dem Rechtszuge, in dem das Verfahren schwebt, eine entsprechende Erklärung abgibt. Der Anschluß kann auch innerhalb der Beschwerdefrist durch Einlegung einer Beschwerde erfolgen.

(3) Ist im Feststellungsverfahren rechtskräftig entschieden worden, so können diejenigen, die sich am Verfahren beteiligt haben oder von dem Verfahren gemäß Abs 2 Satz 1 verständigt worden sind, einen neuen Antrag nicht auf Tatsachen gründen, die in dem früheren Verfahren geltend gemacht worden sind oder von ihnen dort geltend gemacht werden konnten. Im übrigen kann ein neuer Antrag nur gestellt werden, wenn ein berechtigter Grund für die nochmalige Nachprüfung vorliegt. In diesem Falle sind die an dem früheren Verfahren Beteiligten zuzuziehen und die im Abs 2 Satz 1 genannten Personen zu verständigen. Führt die Nachprüfung zu einem anderen Ergebnis, so ist in der ergehenden Entscheidung gleichzeitig der frühere Beschluß aufzuheben.

(4) Nach Ablauf von 5 Jahren vom Tag der Rechtskraft der Entscheidung an gerechnet, ist ein neuer Antrag auf Feststellung nur noch statthaft, wenn die bei der Entscheidung vorhanden gewesenen Voraussetzungen nachträglich weggefallen sind. Das gleiche gilt bezüglich der Hofeigenschaft auch dann, wenn der Hofvermerk auf Grund des § 34 mindestens 5 Jahre eingetragen ist.

§ 38

Zustimmungsverfahren

(1) Den Antrag auf Zustimmung zu einer Verfügung von Todes wegen kann der Erblasser, zu einem Erbvertrag auch die andere Vertragspartei stellen. Nach dem Tode des Erblassers ist jeder antragsberechtigt, der ein berechtigtes Interesse an der Entscheidung nachweist. Die Bestimmung des § 31 Abs 2 findet entsprechende Anwendung.

(2) Entscheidet das Gericht rechtskräftig, daß eine Zustimmung nicht erforderlich ist, so steht diese Entscheidung der Erteilung der Zustimmung gleich.

(3) Die Zustimmung kann unter einer Auflage oder Bedingung erteilt werden. Sie wird erst mit der Rechtskraft der Entscheidung wirksam.

(4) Erteilt das Gericht seine Zustimmung gemäß § 7 Abs 2 der Höfeordnung oder genehmigt es eine Verfügung von Todes wegen, durch die so viele Hofgrundstücke vom Hof abgetrennt werden, daß der steuerliche Einheitswert des Restbesitzes unter 10 000 Deutsche Mark sinkt, so ist von den Hoferbenberechtigten nur der nächstberufene hoferbenberechtigte Abkömmling beschwerdeberechtigt. Diesem steht derjenige Abkömmling gleich, der zulässigerweise durch Erbvertrag zum Hoferben eingesetzt ist.

(5) Die Bestimmungen der Abs 1 bis 4 gelten entsprechend für Genehmigung eines Übergabevertrages.

. . . .

4. Hessen

Anh 53

Hessische Landgüterordnung

vom 1. Dezember 1947

hess GVBl 1948, 12, 48

(auszugsweise)

§ 1

(1) Landgut im Sinne dieses Gesetzes ist eine in der Landgüterrolle des zuständigen Bauerngerichts eingetragene Besitzung.

(2) In die Rolle kann jede im Land Hessen belegene, mit einem Wohnhaus versehene Besitzung eingetragen werden, die zum Betriebe der Land- oder Forstwirtschaft bestimmt ist und mindestens die Größe einer Ackernahrung (Abs 3 bis 5) hat.

(3) Als Ackernahrung gilt eine genutzte Landfläche, die notwendig ist, um eine Familie unabhängig vom Markt und von der allgemeinen Wirtschaftslage zu ernähren und zu bekleiden sowie den Betrieb aus sich selbst zu erhalten.

(4) Beim Weinbau ist als Ackernahrung eine genutzte Landfläche anzusehen, deren eigene Erzeugung an Trauben zum Unterhalt einer Familie ausreicht.

(5) Beim Gemüse- oder Obstbau ist als Ackernahrung eine genutzte Landfläche anzusehen, die auch bei Umstellung auf die Betriebsarten der Abs 3 oder 4 die dort bestimmten Voraussetzungen erfüllt.

(6) Der Nachweis, daß die Größe einer Ackernahrung vorliegt, wird durch eine Bescheinigung der zuständigen landwirtschaftlichen Verwaltung in der Kreisstufe geführt. Gegen deren ablehnenden Bescheid steht dem Antragsteller innerhalb einer Frist von einem Monat die Beschwerde an das Bauerngericht zu.

§ 2

(1) Zur Eintragung des Landguts in die Landgüterrolle ist das Bauerngericht zuständig, in dessen Bezirk das Wohnhaus der Besitzung liegt.

(2) Hat die Besitzung mehrere Wohnhäuser, die in den Bezirken verschiedener Bauerngerichte liegen, so hat der Oberlandesgerichtspräsident zu bestimmen, bei welchem Bauerngericht das Landgut in die Rolle einzutragen ist.

§ 3

(1) Ein Landgut soll in die Rolle nur dann eingetragen werden, wenn die Voraussetzungen des § 1 Abs 2 zur Zeit der Eintragung vorhanden sind.

(2) Die Eintragung kann nicht aus dem Grunde angefochten werden, daß diese Voraussetzungen zur Zeit der Eintragung nicht vorhanden gewesen seien.

§ 4

(1) Die Eintragung in die Rolle und die Löschung erfolgen auf Antrag des Eigentümers, der über das Landgut letztwillig verfügen kann.

(2) Steht das Landgut im Miteigentum, so ist der Antrag sämtlicher Miteigentümer erforderlich.

§ 5

(1) Die Eintragung als Landgut hat rechtsbegründende Bedeutung.

(2) Kein bisheriger Erbhof gilt als automatisch in die Landgüterrolle eingetragen, die nach diesem Gesetz angelegt wird. Die Eintragung jedes Grundeigentums, einschließlich bisheriger Erbhöfe, in die Landgüterrolle erfolgt nur auf Antrag des Eigentümers gemäß § 4.

§ 6

(1) In der Rolle erhält jedes Landgut ein eigenes Blatt.

(2) Das Landgut besteht aus den Grundstücken, die auf dem Rollenblatt vermerkt sind. Auf dem Rollenblatt sind alle Grundstücke des Eigentümers zu vermerken, die als solche auf dem Grundbuchblatt eingetragen sind, einschließlich der nach der Eintragung des Landgutes in die Rolle erworbenen und im Grundbuche zugeschriebenen Grundstücke. Die Zuschreibung der letzteren in der Rolle erfolgt von Amts wegen und gebührenfrei.

(3) Bei der Eintragung des Landgutes in die Rolle und bei dem späteren Erwerb von Grundstücken kann der Eigentümer bestimmen, daß einzelne Grundstücke in die Rolle nicht einzutragen sind. Diese sind auf dem Rollenblatt als ausgenommen zu verzeichnen.

(4) In gleicher Weise sind einzelne Grundstücke auf dem Rollenblatte zu verzeichnen, wenn sie auf Antrag des Eigentümers gelöscht werden.

(5) Auf dem Grundbuchblatt ist die Nummer des Rollenblattes gebührenfrei zu vermerken.

§ 7

(1) Wird infolge von Veräußerungen ein Teil eines Landgutes im Grundbuch abgeschrieben, so erhält dieser Teil in der Rolle ein eigenes Blatt, falls die Voraussetzungen des § 1 Abs 2 für ihn zutreffen; hiervon ist der Erwerber zu benachrichtigen. Treffen diese Voraussetzungen nicht zu, so ist mit der Abschreibung im Grundbuch auch die Löschung des veräußerten Teiles in der Rolle zu bewirken.

(2) Die Anlegung des Blattes und die Löschung erfolgen von Amts wegen und gebührenfrei.

§ 8

Liegen die zum Landgute gehörenden Grundstücke in den Bezirken verschiedener Bauerngerichte, so haben diese in den Fällen der §§ 6 und 7 von den Eintragungen und Löschungen im Grundbuch und in der Rolle sich gegenseitig von Amts wegen Nachricht zu geben.

§ 9

(1) Die Anträge auf Eintragung oder Löschung in der Rolle werden bei dem Bauerngericht unter Anwendung des § 29 der GBO in der Fassung der Bekanntmachung vom 5. August 1935 (RGBl I S 1073) mündlich angebracht oder schriftlich eingereicht.

(2) Das Bauerngericht hat dem Antragsteller mitzuteilen, daß die Eintragung oder Löschung erfolgt ist.

§ 10

(1) Die Eintragung verliert ihre Wirksamkeit durch die Löschung.

(2) Die Eintragung ist auch für jeden nachfolgenden Eigentümer wirksam, sofern dieser Eigentümer des ganzen Landgutes oder eines den Voraussetzungen des § 1 Abs 2 entsprechenden Teiles ist.

§ 11

(1) Die Einsicht der Rolle ist jedem gestattet, der nach dem Ermessen des Bauerngerichts ein rechtliches Interesse daran hat.

(2) Für die Einsicht in die Rolle werden keine Gebühren erhoben.

§ 12

(1) Wird der Eigentümer eines Landgutes von mehreren Nachkommen beerbt, so ist in Ermangelung einer entgegenstehenden letztwilligen Verfügung einer von diesen berechtigt, bei der Erbteilung das Landgut nebst Zubehör nach Maßgabe der §§ 13 bis 26 zu übernehmen.

(2) Dasselbe gilt, wenn bei der Erbteilung neben den Nachkommen der überlebende Ehegatte beteiligt ist.

(3) Die Abfindung der Miterben (§ 20) tritt, auch Dritten gegenüber, an die Stelle des Anteils an der Erbengemeinschaft.

§ 13

Im Sinne dieses Gesetzes sind Zubehör des Landgutes:

1. die mit dem Landgut oder seinen einzelnen Teilen verbundenen Gerechtigkeiten;
2. die auf dem Landgut vorhandenen Gebäude, Anlagen, Holzungen und Bäume;
3. die auf die Rechtsverhältnisse und die Bewirtschaftung des Landgutes bezüglichen, zur Erbmasse gehörigen Bücher und Urkunden;
4. das Gutsinventar; dieses umfaßt:

a) das auf dem Landgut zu seiner Bewirtschaftung vorhandene Vieh, Acker- und Hausgerät,

b) den vorhandenen Dünger und

c) die für die Bewirtschaftung des Landgutes bis zur nächsten Ernte erforderlichen Vorräte an Früchten und sonstigen Erzeugnissen.

. . . .

§ 30

Die in §§ 12 bis 29 enthaltenen Bestimmungen finden keine Anwendung:

1. wenn die bei der Erbteilung beteiligten Personen nicht allein Eigentümer des Landgutes sind;
2. wenn das Landgut beim Tode des Erblassers infolge von Veränderungen, die nach der Eintragung des Landgutes in die Rolle stattgefunden haben, nach § 1 Abs 2 nicht eintragungsfähig gewesen wäre; jedoch kommt der Mangel eines Wohnhauses zur Zeit des Todes des Erblassers nicht in Betracht, wenn dieser Zustand alsdann noch nicht 2 Jahre gewährt hat.

§ 31

(1) Für jede auf Antrag bewirkte Eintragung oder Löschung in der Rolle, einschließlich der darüber dem Eigentümer zu machenden Mitteilung, wird eine Gebühr von 3 DM erhoben.

(2) Die nach diesem Gesetz zu erhebenden Gerichtskosten werden nach den Vorschriften der Justizbeitreibungsordnung vom 11. März 1937 (RGBl I S 298) beigetrieben.

5. Rheinland-Pfalz

Anh 54

a) Höfeordnung

vom 7 Oktober 1953

rhpf GVBl 101 = SaBl 1621

(auszugsweise)

Abschnitt I

Zweck des Gesetzes

§ 1

Zur Sicherung der Volksernährung sowie zur Bildung und Erhaltung gesunder und leistungsfähiger Höfe sollen die Zersplitterung im Wege der Erbfolge oder Veräußerung verhindert und die Erbfolge landeskultureller Maßnahmen auf die Dauer gesichert werden.

Abschnitt II

Der Hof

§ 2

Begriff

(1) Hof im Sinne dieses Gesetzes ist ein in die Höferolle eingetragener land- und forstwirtschaftlicher Betrieb, der im Alleineigentum einer natürlichen Person oder im Eigentum von Ehegatten steht und von der dazugehörigen Hofstelle aus bewirtschaftet werden kann.

(2) Der Hof soll die Größe einer Ackernahrung haben. Als Ackernahrung ist diejenige Menge Landes anzusehen, welche notwendig ist, um eine Familie unabhängig vom Markt und der allgemeinen Wirtschaftslage zu versorgen sowie den Wirtschaftsablauf des Hofes zu erhalten.

(3) Eintragungsfähig ist auch ein Hof, der nicht die Größe einer Ackernahrung hat, aber zur selbständigen Existenzgrundlage für eine Bauernfamilie ausbaufähig ist.

§ 3

Bestandteile

(1) Zum Hof gehören die Grundstücke des Eigentümers, die von der Hofstelle aus bewirtschaftet werden können. Eine kurzfristige Verpachtung oder ähnliche vorübergehende Überlassung an andere schließt die Zugehörigkeit zum Hof nicht aus.

(2) Zum Hof gehören ferner Nutzungsrechte und ähnliche Rechte, die dem Hof dienen, gleichviel, ob sie mit dem Eigentum am Hof verbunden sind oder dem Eigentümer persönlich zustehen.

§ 4

Zubehör

(1) Zum Hof gehört auch das Hofzubehör Es umfaßt insbesondere das für die Bewirtschaftung erforderliche Vieh, Wirtschafts- und Hausgerät sowie die für die Bewirtschaftung bis zur nächsten Ernte dienenden Vorräte an landwirtschaftlichen Erzeugnissen und Betriebsmitteln.

(2) Der Eigentümer kann darüber hinaus durch schriftliche Erklärung gegenüber dem Höfeausschuß (§ 28) einzelne Gegenstände zu Zubehörstücken bestimmen.

§ 5

Eintragung des Hofes

(1) Die Eintragung des Hofes in die Höferolle erfolgt auf Antrag des Eigentümers. Die Eintragung ist nur zulässig, wenn

a) die Voraussetzungen des § 2 gegeben sind,

b) die zum Hof gehörigen Grundstücke nicht höher als $^{7}/_{10}$ ihres Einheitswertes mit Hypotheken, Grund- oder Rentenschulden belastet sind, es sei denn, daß eine höhere Belastung die Leistungsfähigkeit des Hofes nicht gefährdet.

(2) Bei Höfen, die Eigentum von Ehegatten sind, kann der Antrag nach Abs 1 nur gemeinschaftlich gestellt werden.

(3) Die Entscheidung darüber, ob die Voraussetzungen für die Eintragung des Hofes in die Höferolle gegeben sind, trifft der Höfeausschuß.

(4) Der Eigentümer kann mit Genehmigung des Höfeausschusses einzelne Grundstücke von der Eintragung in die Höferolle ausschließen.

§ 6

Löschung des Hofes

(1) Die Löschung des Hofes in der Höferolle kann nur aus wichtigem Grund beantragt werden. Ein wichtiger Grund liegt insbesondere vor, wenn die Voraussetzungen für die Eintragung nach § 5 Abs 1 nicht mehr gegeben sind oder wenn bei einem Ehegatten die Ehe rechtskräftig geschieden oder aufgehoben ist.

(2) Antragsberechtigt sind

a) der Eigentümer, bei einem Ehegattenhof jeder der Ehegatten,

b) der Höfeausschuß, sofern die Voraussetzungen für die Eintragung nach § 5 Abs 1 nicht mehr gegeben sind.

(3) Über den Antrag auf Löschung entscheidet das Amtsgericht (§ 31). Es hat im Falle des Abs 2 Buchstabe a) vorher den Höfeausschuß zu hören.

§ 7

Zugänge und Abgänge

(1) Neuerworbene Grundstücke und Rechte nach § 3 Abs 2 werden auf Antrag des Eigentümers durch Eintragung in die Höferolle Bestandteil des Hofes. Die Grundstücke müssen von der Hofstelle aus zu bewirtschaften sein.

(2) Der Eigentümer kann aus wichtigem Grund die Löschung einzelner Hofgrundstücke beantragen. Als wichtiger Grund gilt insbesondere der Austausch von Grundstücken zur Abrundung oder die Veräußerung von Grundstücken zur Entschuldung des Hofes. Die Lebensfähigkeit des Hofes darf dadurch nicht gefährdet werden.

(3) Die Entscheidung über die Eintragung nach Abs 1 trifft der Höfeausschuß. Über die Löschung nach Abs 2 entscheidet das Amtsgericht (§ 31); es kann hierbei dem Eigentümer bestimmte Auflagen machen.

(4) Das Grundbuchamt soll im Falle des Abs 2 die Umschreibung im Grundbuch erst dann vornehmen, wenn ihm die Löschung in der Höferolle nachgewiesen ist.

§ 8

Innerbetriebliche Teilung

Überschreitet der Hof die 4fache Größe der Ackernahrung, so kann der Eigentümer den Hof durch Bildung mehrerer Höfe teilen. Die Teilung bedarf der Genehmigung des Höfeausschusses und soll nur erfolgen, wenn sie der späteren Ausstattung wirtschaftsfähiger Abkömmlinge dient. Jeder neugebildete Hof muß mindestens die 2fache Größe einer Ackernahrung haben.

§ 9

Hofname

Der Eigentümer kann die Eintragung eines besonderen Hofnamens in die Höferolle beantragen. Namensrechte Dritter dürfen hierdurch nicht verletzt werden.

Abschnitt II
Der Hofbauer

§ 10

Begriff

Der Eigentümer eines in die Höferolle eingetragenen Hofes heißt Hofbauer, wenn er dem Berufsstand angehört und den Hof selbst bewirtschaftet.

. . . .

Abschnitt V
Die Rechtsnachfolge in den Hof §§ 14ff.

. . . .

Abschnitt VI
Ansprüche der Erben des Hofeigentümers §§ 20ff.

. . . .

Abschnitt VII
Verschiedenes

. . . .

§ 27

Die Höferolle

(1) Die Höferolle wird bei dem Grundbuchamt geführt. Zuständig ist das Grundbuchamt, in dessen Bezirk die Hofstelle liegt.

(2) Die Eintragung in die Höferolle ist gebührenfrei.

(3) Die Einrichtung der Höferolle und das Eintragungsverfahren werden durch Verordnung des Ministers der Justiz geregelt.

§ 28

Der Höfeausschuß

(1) Bei jedem Landwirtschaftsamt wird ein Höfeausschuß gebildet . . . . . .

§ 29

Rechtsmittel

(1) Gegen die Entscheidung des Höfeausschusses können die Beteiligten die Entscheidung des Amtsgerichts anrufen.

(2) Auf Grund der §§ 22, 24 des Gesetzes über das gerichtliche Verfahren in Landwirtschaftssachen vom 21. Juli 1953 (BGBl I S 667) ist

a) gegen die Entscheidung des Amtsgerichts (§ 31) die Beschwerde an das Oberlandesgericht in Koblenz,

b) gegen die Entscheidung des Oberlandesgerichts die Rechtsbeschwerde an den Bundesgerichtshof

gegeben.

§ 30

Erbschein

(1) Gehört zu einem Nachlaß ein Hof, so ist in dem Erbschein der Hoferbe als solcher aufzuführen. Ihm ist auf seinen Antrag ein auf die Hoferbfolge beschränkter Erbschein zu erteilen.

(2) Streitigkeiten über die Hoferbfolge kraft Gesetzes (§§ 16 bis 18) entscheidet das Amtsgericht (§ 31) nach Anhörung des Höfeausschusses.

. . . .

Anh 55

b) LVO über die Höferolle

vom 15. Januar 1954/19. Mai 1956/3. November 1958
rhpf GVBl 1954, 3 = SaBl 139/1956, 68 = SaBl 626/1958, 189 = SaBl 1556

§ 1

Der Eintragung in die Höferolle unterliegen die zum Hofe gehörigen Grundstücke, Miteigentumsanteile an Grundstücken und grundstücksgleichen Rechten (§ 3 Höfeordnung).

§ 2

(1) Der Hof entsteht nach § 2 Abs 1 Höfeordnung mit der Eintragung in die Höferolle. Die Eintragung wirkt auch gegenüber einem Rechtsnachfolger; sie verliert ihre Wirksamkeit mit der Löschung.

(2) Die Eintragung begründet die Vermutung, daß das Grundstück zu einem Hof gehört.

§ 3

Die Höferolle wird bei dem Grundbuchamt geführt, in dessen Bezirk die Hofstelle liegt. Dieses ist auch für die in den Bezirken anderer Grundbuchämter des Landes Rheinland-Pfalz gelegenen Hofgrundstücke zuständig.

§ 4

(1) Die Höferolle ist für den Bezirk eines jeden Grundbuchamtes besonders anzulegen. Sie wird in festen Bänden geführt, die mehrere Blätter umfassen sollen.

(2) Für die Höferolle sollen Vordrucke nach den anliegenden Mustern verwendet werden. Noch vorhandene Bestände an Vordrucken der Erbhöferolle können nach entsprechender Abänderung aufgebraucht werden.

§ 5

Jeder Hof erhält ein besonderes Blatt. Bei innerbetrieblicher Teilung (§ 8 Höfeordnung) sind die zusätzlich entstandenen Höfe von Amts wegen auf besondere Blätter zu übertragen.

§ 6

Die Eintragungen werden auf Antrag des Eigentümers (§ 5 Abs 1, § 7 Abs 1 Höfeordnung), die Löschungen auf Ersuchen des Amtsgerichts (§ 6 Abs 3, § 7 Abs 3 Satz 2 Höfeordnung) vorgenommen. Dem Antrag auf Eintragung ist eine vollständige Ausfertigung der Entscheidung des Höfeausschusses über die Voraussetzungen für die Eintragung (§ 5 Abs 3, § 7 Abs 3 Satz 1 Höfeordnung) beizufügen. Diese Vorgänge sind von dem Grundbuchamt bei den Höfeakten aufzubewahren.

§ 7

(1) Die Eintragung in die Höferolle ist von Amts wegen bei den zum Hof gehörenden Grundstücken in der Aufschrift des Grundbuchs wie folgt zu vermerken:

„*Eingetragen in die Höferolle von .... Blatt .... am .... Hier vermerkt am ....*"

Der Vermerk erfolgt gebührenfrei.

(2) Bei der Eintragung ist ein etwaiger Erbhofvermerk zu löschen.

§ 8

Die zum Hof gehörenden Grundstücke sollen von Amts wegen, bei Ehegattenhöfen unter Beachtung der Eigentumsverhältnisse auf besondere Grundbuchblätter eingetragen werden.

§ 9

Jede Eintragung soll dem Eigentümer und, falls er nicht den Antrag gestellt hat, dem Antragsteller sowie ferner der ersuchenden Behörde bekanntgemacht werden. Die Benachrichtigung hat die Eintragung im Wortlaut wiederzugeben.

§ 10

Die Einsicht in die Höferolle ist jedem gestattet, der ein berechtigtes Interesse dargelegt.

§ 11

Die Eintragungen in die Höferolle und die Löschungen, die von dem Höfeausschuß gemäß § 6 Abs 2 Buchstabe b der Höfeordnung beantragt oder die zur Durchführung eines der Strukturverbesserung des Hofes dienenden Grundstückstausches erforderlich werden, sind gebühren- und auslagenfrei; der Nachweis, daß das Tauschgeschäft dem Hofinteresse dient, wird dem Grundbuchamt gegenüber durch einen gebührenfrei zu erteilenden Bescheid des Landwirtschaftsamtes geführt. Im übrigen wird für die Löschungen ¼ der vollen Gebühr des § 32 der KostO vom 26. November 1935 (RGBl I S 1371)[1] nach dem Einheitswert der in der Höferolle gelöschten Grundstücke erhoben.

§ 12

Soweit die vorstehenden Vorschriften nichts Abweichendes bestimmen, richtet sich das Verfahren bei der Führung der Höferolle nach den für das Verfahren in Grundbuchsachen geltenden Bestimmungen.

§ 13

Diese Verordnung tritt mit ihrer Verkündung in Kraft.

---

[1]) In der geltenden Fassung.

Anlage 1

— Titelseite des Umschlagbogens —

Höferolle

für den Bezirk des Grundbuchamts ....

Noch Anlage 1

— Rückseite der Titelseite —

Verzeichnis der in diesem Band eingetragenen Höfe

Gemeinde	Name des Hofes	Eigentümer	Blatt-Nr der Rolle	Gemeinde	Name des Hofes	Eigentümer	Blatt-Nr der Rolle

Anlage 2
— Titelseite des Blattes —

Grundbuchamt: ....

Höferolle

Blatt ....

Gemeinde:

Name des Hofes: Art:

Eigentümer:

Noch Anlage 2

Gemeinde: .... — Einlageblatt —

Höferolle Blatt

Name des Hofes: .... Art: ....

Eigentümer: ....

Laufende Nr	Bish lfde Nr	Zum Hofe gehören:								Eintragung		Löschung		Bemerkungen
		Wirtschaftsart und Lage laut Bestandsverzeichnis des Grundbuchs	eingetragen im Grundbuch				in einer Größe von							
			von	Bd	Bl	lfd Nr	ha	a	qm	zur lfd Nr		zur lfd Nr		
1	1a	2	3	4	5	5a	6	7	8	9		10		11

6. Württemberg

— Württemberg-Baden und Württemberg-Hohenzollern —.

a) Gesetz über das Anerbenrecht **Anh 56**

vom 14. Februar 1930 wü RegBl 1930, 5 idF vom 30. Juli 1948 wüba RegBl 165/1949, 6, vom 8. August 1948 wüho RegBl 279

(auszugsweise)

I. Voraussetzungen und Wirkungen des Rechtes

Art 1

Begriff des Anerbenguts

(1) Anerbengut im Sinne dieses Gesetzes ist ein in der Höferolle des zuständigen Grundbuchamts eingetragener Grundbesitz.

(2) Als Anerbengut kann eingetragen werden jede ihrem Hauptzwecke nach zum Betrieb der Land- oder Forstwirtschaft einschließlich des Weinbaus bestimmte und zur selbständigen Nahrungsstelle geeignete Besitzung, die einheitlich bewirtschaftet werden kann. Das Anerbengut umfaßt im Zweifel alle wirtschaftlich zusammengehörenden Grundstücke und grundstücksähnlichen Rechte des Eigentümers.

Art 2

Höferolle

(1) Die Eintragung und die Löschung in der Höferolle erfolgen auf Antrag des Eigentümers. Ein Vormund bedarf zu dem Antrag der Genehmigung des Vormundschaftsgerichts. Die Eintragung wirkt auch für jeden folgenden Eigentümer; sie wird unwirksam mit der Löschung. Die Eintragung kann nicht aus dem Grunde angefochten werden, weil die Besitzung nicht eintragungsfähig gewesen sei.

(2) Der Antrag auf Eintragung oder Löschung bedarf der gerichtlichen oder notariellen Beurkundung; er kann auch zum Protokoll des zuständigen Grundbuchbeamten erklärt werden.

(3) Zuständig ist das Grundbuchamt, in dessen Bezirk das Wohnhaus, in Ermangelung eines solchen ein größerer Teil der Besitzung liegt.

(4) Die Einsicht der Höferolle ist jedem gestattet, der ein berechtigtes Interesse darlegt.

(5) Auf die Führung der Höferolle finden die allgemeinen Vorschriften des FGG in Verbindung mit Art 12 des AG BGB Anwendung, soweit nicht in diesem Gesetz oder in den Ausführungsvorschriften etwas anderes bestimmt ist.

Art 3

Rechtswirkung der Eintragung

(1) Hinterläßt der Eigentümer eines Anerbenguts mehrere Erben, so fällt das Anerbengut nebst Zubehör als Teil der Erbschaft einem der Erben (dem Anerben) zu.

(2) Im Verhältnis der Miterben zueinander tritt an die Stelle des Guts nebst Zubehör der Gutswert.

Art 4

Feststellung des Gutswerts

(1) Bei der Feststellung des Gutswerts wird der jährliche Reinertrag des Guts nebst Zubehör geschätzt, den es nach seiner wirtschaftlichen Bestimmung bei ordnungsmäßiger und gemeinüblicher Bewirtschaftung mit entlohnten fremden Arbeitskräften unter gewöhnlichen Verhältnissen im Durchschnitt nachhaltig gewähren kann. Die der

Land- und Forstwirtschaft dienenden Gebäude und Betriebsmittel werden nicht besonders bewertet, sondern bei der Ermittlung des Ertragswerts einbegriffen.

(2) Von dem ermittelten jährlichen Ertrag sind alle dauernd auf dem Gute nebst Zubehör ruhenden Lasten mit Ausnahme der Hypotheken, Grundschulden und Rentenschulden (Art 5) abzuziehen.

(3) Der ermittelte Jahresertrag wird mit dem Zwanzigfachen zu Kapital gerechnet.

(4) Von dem berechneten Kapitalwert des Gutes sind die auf ihm ruhenden vorüber gehenden Lasten, nach ihrer wahrscheinlichen Dauer zu Kapital gerechnet, abzuziehen.

(5) Besteht Streit über die Berechnung des Gutswerts, so wird dieser auf Antrag eines Beteiligten von einem Schiedsgericht festgesetzt. Erscheint das Ergebnis der Feststellung des Gutswerts nach Abs 1 bis 4 unbillig, so kann der Gutswert von dem Schiedsgericht auf Antrag eines Beteiligten abweichend festgesetzt werden, soweit es die Billigkeit unter Abwägung aller Verhältnisse erfordert. Die Entscheidung des Schiedsgerichts ist endgültig.

(6) Der Anerbe und die Miterben zusammen stellen je einen Schiedsrichter auf; die Schiedsrichter ernennen den Vorsitzenden. Einigen sich die Miterben nicht auf die Person eines Schiedsrichters oder die Schiedsrichter nur auf die Person des Vorsitzenden, oder unterläßt die eine oder die andere Partei aus einem sonstigen Grunde die Be stellung eines Schiedsrichters innerhalb einer angemessenen Frist, so ernennt das Landwirtschaftsministerium auf Antrag den Schiedsrichter oder den Vorsitzenden.

. . . .

Art 6

Verfügungsfreiheit des Eigentümers

(1) Das Recht des Eigentümers, über das Anerbengut unter Lebenden oder von Todes wegen zu verfügen, wird durch dieses Gesetz nicht beschränkt.

(2) *Fassung für Württemberg-Baden*

Der Eigentümer kann insbesondere in einer Verfügung von Todes wegen bestimmen, wer von seinen Erben in Abweichung von den Vorschriften dieses Gesetzes Anerbe werden, daß auf seinen Tod das Anerbenrecht nicht eintreten solle, wie der Gutswert berechnet werden oder in welcher Weise die Bevorzugung des Anerben stattfinden solle.

(2) *Fassung für Württemberg-Hohenzollern*[1])

Der Eigentümer kann insbesondere in einer Verfügung von Todes wegen bestimmen, wer von seinen Erben in Abweichung von den Vorschriften des Gesetzes Anerbe werden, wie der Gutswert berechnet werden, in welcher Weise die Bevorzugung des Anerben stattfinden oder daß das Anerbengut durch Teilung auf 2 Anerben übergehen soll. Die letztgenannte Bestimmung ist nur mit Genehmigung des Landwirtschaftsgerichts, die auch nach dem Todesfall erteilt werden kann, zulässig. Die Genehmigung soll nur erteilt werden, wenn trotz der Teilung die Wirtschaftlichkeit eines jeden Betriebes gesichert ist.

(3) Gehört das Anerbengut zum Gesamtgut einer ehelichen Gütergemeinschaft, so können entsprechende Bestimmungen nur von den Ehegatten gemeinschaftlich getroffen werden.

Art 7

Nichteintritt des Anerbenrechts

Die Vorschriften der Art 3ff. dieses Gesetzes finden keine Anwendung

1. wenn der Erblasser — vom Fall der Zugehörigkeit des Gutes zum Gesamtgut einer ehelichen Gütergemeinschaft abgesehen — bei seinem Tode nicht Allein-

[1]) idF des Ges über die Wiedereinführung des Anerbenrechts und über weitere Maßnahmen auf dem Gebiet des Landwirtschaftsrechts (2. AG KRG Nr 45) vom 13. Juni 1950 wüho RegBl 249.

eigentümer des Anerbenguts gewesen ist, es sei denn, daß der Anerbe der einzige Miteigentümer war;

2. wenn zur Zeit des Todes des Erblassers eine der Voraussetzungen des Art 1 Abs 2 Satz 1 weggefallen ist.

II. Der Anerbe

. . . .

Art 9

Rechtsstellung des Anerben

(1) Der Anerbe erwirbt das Eigentum an dem Anerbengut nebst Zubehör mit dem Erwerb der Erbschaft.

. . . .

Art 10

Nachfolgezeugnis

(1) Dem Anerben ist vom Nachlaßgericht auf Antrag ein Nachfolgezeugnis auszustellen.

(2) Auf das Nachfolgezeugnis finden die Bestimmungen des BGB über den Erbschein entsprechende Anwendung. In dem Nachfolgezeugnis sind die Grundstücke anzugeben, die das Anerbengut bilden.

(3) Das Grundbuchamt kann zum Nachweis des Rechts des Anerben die Vorlegung eines Nachfolgezeugnisses verlangen.

. . . .

V. Schlußbestimmungen

Art 24

Gebühren

Für die Tätigkeit der Behörden auf Grund dieses Gesetzes werden Gebühren erhoben, deren Regelung durch Verordnung des Staatsministeriums erfolgt.

. . . .

Anh 57

b) VO des JustMin zum Vollzug des Gesetzes über das Anerbenrecht

vom 25. Februar 1930/30. Juli 1948
wüba RegBl 1948, 169 = ABl Baden 450, wüho RegBl 1950, 283

§ 1

Belehrungspflicht

Vor der Aufnahme eines Antrags auf Eintragung eines Anerbenguts in die Höferolle soll der beurkundende Beamte den Antragsteller über die Bedeutung der Eintragung, insbesondere auch über die nach Art 6 des Gesetzes trotz der Eintragung bestehende Verfügungsfreiheit des Eigentümers belehren.

§ 2

Inhalt des Antrags auf Eintragung

In dem Antrag auf Eintragung eines Anerbenguts in die Höferolle hat der Eigentümer die Grundstücke (und grundstücksähnlichen Rechte) genau zu bezeichnen, die das Anerbengut bilden sollen. Die Angabe der Parzellennummern und der Grundbuchstelle genügt.

§ 3

Prüfungspflicht

Die Persönlichkeit und die Berechtigung dessen, der die Eintragung oder Löschung eines Anerbenguts in der Höferolle beantragt, sind zu prüfen.

§ 4

Einrichtung der Höferolle Dazu **Anlage**

(1) Jedes Anerbengut erhält in der Höferolle ein besonderes Blatt. Je nach dem Umfang des Bestands des Anerbenguts können für ein Anerbengut auch mehrere Blätter vorgesehen werden.

(2) Die Höferolle wird nach dem anliegenden Vordruck eingerichtet und enthält folgende Spalten:

1. Laufende Nummer;
2. Bezeichnung des Anerbenguts (etwaiger besonderer Name des Hofs sowie Bezeichnung des Wohnhauses, von dem aus die Bewirtschaftung erfolgt, nach Straße und Hausnummer oder nach der Gebäudenummer) und des Eigentümers zur Zeit der Eintragung (Name, Vorname, gegebenenfalls weitere Bezeichnung zur Unterscheidung);
3. Bestand des Anerbenguts (Verzeichnis der das Gut bildenden Parzellen — soweit es erforderlich erscheint, unter Angabe der Grundbuchhefte);
4. Tag des Eintrags, Verweisung auf die Höfeakten (§ 7) und Unterschrift des Grundbuchbeamten;
5. Änderungen des Bestands des Anerbenguts (§ 5);
6. Tag der Löschung des Anerbenguts, Bezeichnung des Eigentümers zur Zeit der Löschung und Unterschrift des Grundbuchbeamten.

(3) Änderungen der Gebäude- und Parzellennummern sind von Amts wegen nachzutragen.

§ 5

Änderungen des Bestandes des Anerbenguts

(1) Wird ein Grundstück zu dem Anerbengut geschlagen, zB auf Grund eines Kaufs, oder scheidet ein Grundstück aus dem Anerbengut aus, zB durch Veräußerung, so ist der Zu- oder Abgang von Amts wegen in Spalte 5 der Höferolle zu vermerken.

(2) Der Vermerk lautet „*Zugang: Parz. Nr.* . . . .“ oder „*Abgang: Parz.* Nr. . . .“. Er ist mit Datum zu versehen und vom Grundbuchbeamten zu unterzeichnen. Auch ist auf die betreffende Stelle der Höfeakten, des Grundbuchs oder der Grundakten kurz zu verweisen. Ausscheidende Parzellen sind in Spalte 3 mit roter Tinte zu unterstreichen.

(3) Die Stelle, vor der die Auflassung erklärt wird, hat festzustellen, ob ein Vermerk nach Abs 1 in Frage kommt, und diese Feststellung zutreffendenfalls in die Niederschrift aufzunehmen. Die Eintragung ist dem Grundbuchamt, das die Höferolle führt, mitzuteilen. Vollzieht sich die Rechtsänderung außerhalb des Grundbuchs, so ist bei der Berichtigung des Grundbuchs entsprechend zu verfahren.

§ 6

Entscheidungen des Grundbuchamts

(1) Entscheidungen des Grundbuchamts, durch die ein Antrag auf Eintragung oder Löschung abgelehnt wird, sind zu begründen und dem Antragsteller bekanntzumachen. Der Antragsteller ist auch von der erfolgten Eintragung oder Löschung zu benachrichtigen.

(2) Die Bekanntmachungen erfolgen in derselben Weise wie die Eröffnungen in Grundbuchsachen.

(3) Wird ein Anerbengut in die Höferolle eingetragen oder wird ein solcher Eintrag gelöscht, so ist dies auf dem Antrag zu vermerken unter Beifügung des Datums

und der Nummer des Anerbenguts in der Höferolle. Auf die Eintragung ist durch einen Vermerk auf dem Titel des Grundbuchheftes des Eigentümers zu verweisen (*Höferolle Nr. . . . .*). Erstreckt sich das Anerbengut auf die Bezirke mehrerer Grundbuchämter, so hat das die Höferolle führende Grundbuchamt die Eintragung den übrigen Grundbuchämtern mitzuteilen. Diese vermerken die Eintragung auf dem Titel des Grundbuchheftes des Eigentümers (*Höferolle des Grundbuchamts X Nr . . . .*). Entsprechendes gilt für die Löschung, wobei der Vermerk mit roter Tinte unterstrichen wird.

§ 7

Höfeakten

(1) Alle in Höfesachen beim Grundbuchamt anfallenden Schriftstücke sind in einem Sammelaktenbund als Höfeakten aufzunehmen. Alle ein Anerbengut betreffenden Schriftstücke erhalten die gleiche Quadrangelnummer; die einzelnen Schriftstücke erhalten nach der Zeitfolge Unternummern.

(3) Auf Antrag kann eine abweichende Aktenführung genehmigt werden.

(4) Die Einsicht in die das Anerbengut betreffenden Schriftstücke der Höfeakten ist unter den gleichen Voraussetzungen wie die Einsicht in die Höferolle gestattet.

§ 8

Abschriften

Das Recht der Einsicht in die Höferolle und die Höfeakten umfaßt das Recht, Abschriften zu fordern. Die Abschriften sind auf Verlangen zu beglaubigen.

§ 9

Anwendbarkeit grundbuchrechtlicher Vorschriften

Für den zu Protokoll des Grundbuchbeamten erklärten Antrag, für den Eintragungsvermerk, für die Eintragungen in das Geschäftsregister B und für die Verpflichtungen des Ratschreibers als Stellvertreter des Grundbuchbeamten gelten die für Eintragungen in das Grundbuch getroffenen Bestimmungen sinngemäß.

§ 10

Geschäftsprüfung

Bei der Prüfung der Geschäfte der Grundbuchbeamten an Ort und Stelle durch die Amtsgerichte sind auch die Geschäfte des Grundbuchbeamten bei der Führung der Höferolle zu prüfen.

§ 11

Vordruck für die Höferolle

(1) Die Vordrucke für die Höferolle werden vom Justizministerium geliefert. Sie sind bei Bedarf anzufordern.

(2) Die Höferolle ist wie das Grundbuch zu verwahren.

Anlage

Laufende Nummer	Bezeichnung des Anerbenguts und des Eigentümers	Bestand des Anerbenguts	Tag des Eintrags und Verweisung auf die Höfeakten	Änderung des Bestands	Tag der Löschung Bezeichnung des Eigentümers zur Zeit der Löschung
1	2	3	4	5	6

Anh 58

c) VO des Staatsministeriums über Gebühren auf dem Gebiet des Anerbenrechts

vom 25. Februar 1930 wü RegBl 12
wüba 1948, 169

§ 1

(1) Für die Eintragung eines Guts in die Höferolle und für die Löschung einer solchen Eintragung einschließlich der Aufnahme des Antrags durch das Grundbuchamt und der Bekanntgabe der Eintragung oder Löschung an den Antragsteller wird eine Gebühr von 5 Deutsche Mark erhoben.

(2) Für Eintragungen, die nur die Änderung des Bestandes des Anerbenguts betreffen, werden keine Gebühren erhoben.

§ 2

(1) Für die Ausstellung des Nachfolgezeugnisses nach Art 10 des Gesetzes werden $^{5}/_{10}$ der vollen Gebühr des § 32 KostO vom 25. November 1935 (RGBl I S 1371) nF erhoben. Die Gebühr ermäßigt sich auf $^{2}/_{10}$ wenn bereits ein Erbschein erteilt ist, dessen Gebühr aus dem ganzen Nachlaß berechnet ist. Wird nachträglich ein solcher Erbschein erteilt, so werden von der Gebühr für diesen $^{3}/_{10}$ der Gebühr für das Nachfolgezeugnis abgezogen.

(2) Bei der Berechnung des Geschäftswerts ist der nach Art 4 des Gesetzes errechnete Ertragswert zu Grunde zu legen.

§ 3

Für die Einsicht der Höferolle und für die Erteilung und Beglaubigung von Abschriften gelten die §§ 73 und 74 KostO vom 25. November 1935 (RGBl I S 1371) nF entsprechend.

§ 4

Für die Fristsetzung durch das Nachlaßgericht nach Art 16 Abs 2 Satz 2 des Gesetzes wird eine Gebühr von 5 bis 200 Deutsche Mark erhoben.

§ 5

Soweit in dieser Verordnung nichts anderes bestimmt ist, gilt die KostO vom 25. November 1935 (RGBl I S 1371) in ihrer jetzigen Fassung. Zur Zahlung der Gerichtskosten ist im Falle des Art 12 des Gesetzes der Anerbe verpflichtet; im Falle des Art 16 Abs 5 haften die Anerben als Gesamtschuldner.

d) Württemberg-Baden

Anh 59

Bek Nr 240 des JustMin zu dem Gesetz über das Anerbenrecht

vom 30. Juli 1948

wüba RegBl 165

Auf Grund des Art 2 der VO Nr 174 der Landesregierung zur Abänderung der VO Nr 166 zur Ausführung des KRG Nr 45 vom 14. Juli 1948 (RegBl S 94) werden nachstehend

das Gesetz über das Anerbenrecht vom 14. Februar 1930 (RegBl S 5),

die VO des Staatsministeriums über Gebühren auf dem Gebiet des Anerbenrechts vom 25. Februar 1930 (RegBl S 12),

die VO des Justizministeriums zum Vollzug des Gesetzes über das Anerbenrecht vom 25. Februar 1930 (RegBl S 13)

in der jetzt geltenden Fassung bekanntgegeben.

e) Württemberg-Hohenzollern

Anh 60

Staatsvertrag zwischen den Ländern Baden und Württemberg-Hohenzollern über die Behandlung land- und forstwirtschaftlicher Grenzgrundstücke

vom 4. Mai 1951

wüho RegBl 75

(auszugsweise)

Art I

(1) Das wü Gesetz über das Anerbenrecht vom 14. Februar 1930 (RegBl S 5), die VO des wü Staatsministeriums über die Gebühren auf dem Gebiete des Anerbenrechts vom 25. Februar 1930 (RegBl S 12), die VO des wü Justizministeriums zum Vollzug des Gesetzes über das Anerbenrecht vom 25. Februar 1930 (RegBl S 13) und die §§ 1 bis 11, 13 des wüho Gesetzes über die Wiedereinführung des Anerbenrechts und über weitere Maßnahmen auf dem Gebiete des Landwirtschaftsrechts vom 13. Juni 1950 (RegBl S 249) sind auch auf solche Grundstücke anzuwenden, die im Lande Baden gelegen sind, aber zu einem in der Höferolle eines Grundbuchamts des Landes Württemberg-Hohenzollern eingetragenen Anerbenguts oder bisherigen Erbhof gehören.

. . . .

Anh 61

7) Gesetz über das gerichtliche Verfahren in Landwirtschaftssachen

vom 21. Juli 1953 BGBl I 667 = SaBl 372

I. Abschnitt

Sachliche Zuständigkeit und Einrichtung der Gerichte

§ 1

Sachliche Zuständigkeit

Die Bestimmungen dieses Gesetzes gelten in den Verfahren auf Grund der Vorschriften über

. . . .

5. das Anerbenrecht einschließlich der Versorgungsansprüche bei Höfen, Hofgütern, Landgütern und Anerbengütern,

6. Angelegenheiten, die mit der Aufhebung der früheren Vorschriften über Erbhöfe zusammenhängen,

jedoch in den in den Nrn 5 und 6 bezeichneten Verfahren nur, soweit die beim Inkrafttreten dieses Gesetzes für diese geltenden Vorschriften oder die künftig erlassenen Vorschriften die Zuständigkeit von Gerichten mit landwirtschaftlichen Beisitzern vorsehen.

§ 2

Instanzenaufbau, Besetzung

(1) In den in § 1 bezeichneten Verfahren sind in 1. Rechtszuge die Amtsgerichte, im 2. Rechtszuge die Oberlandesgerichte, im 3. Rechtszuge der Bundesgerichtshof zuständig.

(2) Soweit dieses Gesetz nichts anderes bestimmt, ist

das Amtsgericht in der Besetzung von 1 Amtsrichter als Vorsitzenden und 2 landwirtschaftlichen Beisitzern,

das Oberlandesgericht in der Besetzung von 3 Mitgliedern des Oberlandesgerichts mit Einschluß des Vorsitzenden und 2 landwirtschaftlichen Beisitzern, der Bundesgerichtshof in der Besetzung von 3 Mitgliedern des Bundesgerichtshofes mit Einschluß des Vorsitzenden und 2 landwirtschaftlichen Beisitzern.

. . . .

§ 8

Gemeinschaftliche Gerichte

Die Landesregierung kann durch Rechtsverordnung Geschäfte aus den Bezirken mehrerer Amtsgerichte einem Amtsgericht übertragen. Sie kann eine solche Bestimmung auch für die Oberlandesgerichte treffen. Die Landesregierung kann diese Ermächtigung auf die Landesjustizverwaltung übertragen.

II. Abschnitt
Gerichtliches Verfahren

§ 9

Grundsatz

Soweit dieses Gesetz nichts anderes bestimmt, sind die Vorschriften des FGG sinngemäß anzuwenden.

. . . .

§ 21

Entscheidung

(1) Das Gericht entscheidet durch begründeten Beschluß.

(2) In der Hauptsache erlassene Beschlüsse sind zuzustellen. Bei der Zustellung sind die Beteiligten über das zulässige Rechtsmittel sowie über dessen Form und Frist zu belehren. Die Rechtsmittelfrist beginnt nicht vor der Belehrung, jedoch spätestens 5 Monate nach der Zustellung.

§ 22

Sofortige Beschwerde

(1) Gegen die in der Hauptsache ergangenen Beschlüsse des Amtsgerichts findet die sofortige Beschwerde an das Oberlandesgericht statt.

(2) Ein Beteiligter kann sich der sofortigen Beschwerde eines anderen Beteiligten anschließen, selbst wenn er auf die Beschwerde verzichtet hat oder wenn die Beschwerdefrist verstrichen ist. Die Anschließung verliert ihre Wirkung, wenn die Beschwerde zurückgenommen oder als unzulässig verworfen wird; dies gilt nicht, wenn die Anschließung vor Ablauf der Beschwerdefrist erfolgt ist.

§ 23

Örtliche Unzuständigkeit

Eine Beschwerde kann nicht darauf gestützt werden, daß das Gericht seine örtliche Zuständigkeit oder seine örtliche Unzuständigkeit mit Unrecht angenommen hat.

§ 24

Rechtsbeschwerde

(1) Gegen die in der Hauptsache erlassenen Beschlüsse des Oberlandesgerichts findet die Rechtsbeschwerde an den Bundesgerichtshof statt, wenn sie in dem Beschluß des Oberlandesgerichts zugelassen ist. Das Oberlandesgericht darf die Rechtsbeschwerde nur zulassen, wenn die Rechtssache grundsätzliche Bedeutung hat.

(2) Ohne Zulassung findet die Rechtsbeschwerde statt,

1. wenn das Oberlandesgericht von einer in der Beschwerdebegründung bezeichneten Entscheidung des Bundesgerichtshofes oder des früheren Obersten Ge-

richtshofes für die britische Zone oder von einer in der Beschwerdebegründung bezeichneten Entscheidung eines anderen Oberlandesgerichts abgewichen ist und der Beschluß auf dieser Abweichung beruht, oder

2. soweit es sich um die Unzulässigkeit des Verfahrens vor den ordentlichen Gerichten oder um die Unzulässigkeit der Beschwerde handelt.

(3) Gegen die Entscheidungen des Oberlandesgerichts, die nicht in der Hauptsache erlassen sind, findet ein Rechtsmittel nicht statt.

§ 25

Beschwerdefrist

Die Frist zur Einlegung der Rechtsbeschwerde beträgt einen Monat. Sie beginnt mit der Zustellung des Beschlusses. § 21 Abs 2 gilt entsprechend.

. . . .

§ 29

Anwaltszwang

Im Verfahren des Bundesgerichtshofes müssen die Beteiligten sich durch einen Rechtsanwalt vertreten lassen.

. . . .

III. Abschnitt

Kosten im gerichtlichen Verfahren

§ 33

Anwendung der Kostenordnung

Für die Gebühren und Auslagen in den in diesem Gesetz geregelten gerichtlichen Verfahren gelten die Vorschriften der KostO, soweit sich aus den folgenden Vorschriften nichts anderes ergibt.

. . . .

VI. Landwirtschaftliche Entschuldung

Anh 62

1. Gesetz zur Abwicklung der landwirtschaftlichen Entschuldung

vom 25. März 1952 BGBl I 203 = SaBl 412/20. August 1953 BGBl I 952 = SaBl 1347/ 26. Juli 1956 BGBl I 669 = SaBl 659

(auszugsweise)

Abschnitt I

§ 1

(1) Die §§ 91 bis 94 des Gesetzes zur Regelung der landwirtschaftlichen Schuldverhältnisse (Schuldenregelungsgesetz) vom 1. Juni 1933 (BGBl I 331), die zu diesen Vorschriften ergangenen Durchführungsbestimmungen und Artikel 31 der Pächterentschuldungsverordnung vom 12. März 1935 (RGBl I S 360) treten außer Kraft.

(2) Im Entschuldungsplan oder Zwangsvergleich nach § 94 Abs 2 des Schuldenregelungsgesetzes getroffene Anordnungen gelten als aufgehoben.

§ 2

Auf Antrag des Gläubigers, für dessen Forderung das der Entschuldung unterliegende Grundstück kraft der Sicherungshypothek der Deutschen Rentenbank- Kreditanstalt nach § 93 Abs 2 des Schuldenregelungsgesetzes bisher haftete oder dessen Forderung aus einem Betriebsaufbaudarlehen an den Eigentümer eines entschuldeten ehemaligen Erbhofes herrührt, hat das Entschuldungsamt das Grundbuchamt um die Eintragung einer Sicherungshypothek zugunsten des Gläubigers an bereitester Stelle zu ersuchen. Der Antrag kann nur innerhalb 1 Jahres nach dem Inkrafttreten dieses Gesetzes gestellt werden. Die Genehmigung nach Art V des Kontrollratsgesetzes Nr 45 gilt als erteilt.

§ 3

Die in der Verordnung über die Veräußerung von Entschuldungsbetrieben (Veräußerungsverordnung) vom 6. Januar 1937 (RGBl I S 5) vorgesehenen Entscheidungen werden von dem zuständigen Entschuldungsamt getroffen, auch soweit diese Entscheidungen nicht schon nach der Verordnung zur Durchführung der Veräußerungsverordnung vom 19. April 1937 (RGBl I S 466) auf die Entschuldungsämter übergegangen waren.

§§ 4, 5, 5a abgedruckt bei *§ 38 Bem 46*

§ 6

(1) Noch anhängige Entschuldungs- oder Zwangsvergleichsverfahren sind durch Beschluß aufzuheben. Das Entschuldungsamt hat in dem Aufhebungsbeschluß darüber zu entscheiden, ob und in welchem Umfange die während des Verfahrens erlassenen Beschlüsse und Anordnungen Wirksamkeit behalten. Gegen die Entscheidung findet die sofortige Beschwerde statt.

(2) Änderungen bestätigter Entschuldungspläne oder Vergleichsvorschläge nach Artikel 39 der 9. Verordnung zur Durchführung der landwirtschaftlichen Schuldenregelung vom 24. November 1937 (RGBl I S 1305) und nach § 18 des *Reichs*gesetzes über die Angelegenheiten der freiwilligen Gerichtsbarkeit sind nicht mehr zulässig.

(3) Bis zur Löschung des Entschuldungsvermerks bleibt eine im bestätigten Zwangsvergleich vorbehaltene oder nach Artikel 4 der 8. Verordnung zur Durchführung der landwirtschaftlichen Schuldenregelung vom 20. Juni 1936 (RGBl I S 496) mögliche Erhöhung oder Begründung einer Erbhofentschuldungsrente zulässig.

(4) Bei Forderungen natürlicher Personen, die im Entschuldungsverfahren in unkündbare Tilgungsforderungen umgewandelt worden sind, kann das Entschuldungsamt auf Antrag des Gläubigers die Tilgung unter Berücksichtigung der wirtschaftlichen Lage des Schuldners anderweitig festsetzen, wenn die Beibehaltung der bisherigen Tilgung für den Gläubiger unbillig sein würde.

§ 7

(1) Erlischt eine Entschuldungsrente durch Ablösung nach Artikel 29 Absatz 5 der 9. Verordnung zur Durchführung der landwirtschaftlichen Schuldenregelung, so hat das Grundbuchamt das Erlöschen der Entschuldungsrente auf Grund einer Ablösungserklärung der rentenverwaltenden Stelle im Grundbuch zu vermerken. Für die Ablösungserklärung genügt die schriftliche Form (§ 126 des Bürgerlichen Gesetzbuchs), § 29 Absatz 3 der GBO bleibt unberührt. Die Deutsche Rentenbank-Kreditanstalt braucht von der Löschung der Entschuldungsrente nicht benachrichtigt zu werden; zu benachrichtigen sind die Eigentümer und die rentenverwaltende Stelle.

(2) Die in Artikel 4 Abs 2 Nr 5 der 9. Verordnung zur Durchführung der landwirtschaftlichen Schuldenregelung bestimmte Gebührenfreiheit für Löschungen wird aufgehoben.

§ 8

Entschuldungsämter im Sinne dieses Gesetzes sind die auf Grund der Vorschriften über die landwirtschaftliche Schuldenregelung bestimmten Gerichte, auch soweit sie ihre Tätigkeit als Entschuldungsamt nach dem 8. Mai 1945 nicht wieder aufgenommen haben.

Abschnitt II

§ 9

Wird ein Grundstück, auf dem im Grundbuch ein Entschuldungsvermerk eingetragen ist, nach Maßgabe des Gesetzes zur Förderung der Eingliederung von Heimatvertriebenen in die Landwirtschaft (Flüchtlingssiedlungsgesetz) vom 10. August 1949 (WiGBl S 231) an einen Heimatvertriebenen veräußert, so ist in der Regel von einer Auflage, einen angemessenen Teil des Erlöses zum Ausgleich der vom Reich oder den Gläubigern gebrachten Opfer abzuführen (Artikel 3 Abs 1 Nr 2, Abs 2 der Veräußerungsverordnung), abzusehen.

§ 10

(1) An die Stelle der Deutschen Rentenbank und der Deutschen Rentenbank-Kreditanstalt, soweit diese auf Grund von Ablösungsschuldverschreibungen der Deutschen Rentenbank im Geltungsbereich dieses Gesetzes in Anspruch genommen werden können, tritt die Landwirtschaftliche Rentenbank.

. . . .

Abschnitt III

§ 12

(1) In Bayern mit Ausnahme des Kreises Lindau tritt an die Stelle der §§ 1 bis 5, des § 6 Abs 1 bis 3 und der §§ 7 und 8 dieses Gesetzes das Gesetz zur Abwicklung der landwirtschaftlichen Entschuldung vom 28. November 1949 (Bayerisches Gesetz- und Verordnungsblatt 1950 S 29) mit Ausnahme des § 8, der mit dem Inkrafttreten dieses Gesetzes außer Kraft tritt.

(2) In den Ländern Hamburg, Niedersachsen, Nordrhein-Westfalen und Schleswig-Holstein treten an die Stelle der §§ 1 bis 5, des § 6 Abs 1 bis 3 und der §§ 7 und 8 dieses Gesetzes die Vorschriften der Verordnung über die Abwicklung der landwirtschaftlichen Schuldenregelung vom 5. Juli 1948 (Verordnungsblatt für die Britische Zone S 199) mit Ausnahme der §§ 7 und 9, die mit dem Inkrafttreten dieses Gesetzes außer Kraft treten.

§ 13 abgedruckt bei *§ 72 Bem 4*

. . . .

§ 15

Die Bundesregierung wird ermächtigt, mit Zustimmung des Bundesrates zu verordnen, daß von einem von ihr zu bestimmenden Zeitpunkt an, der nicht früher als 4 Jahre nach Inkrafttreten dieses Gesetzes liegen soll, nicht gelöschte Entschuldungsvermerke unter entsprechender Anwendung der Vorschriften dieses Gesetzes von Amts wegen zu löschen sind. Soweit die Löschung des Entschuldungsvermerks von einem Ausgleich abhängig gemacht wird, findet aus der Anordnung der Ausgleichszahlung die Zwangsvollstreckung nach den Vorschriften über die Vollstreckung der Urteile in bürgerlichen Rechtsstreitigkeiten statt.

§ 16

Dieses Gesetz, mit Ausnahme der §§ 10 und 11, und auf Grund dieses Gesetzes erlassene Rechtsverordnungen gelten auch im Lande Berlin, sobald das Land Berlin gemäß Artikel 87 Abs 2 seiner Verfassung die Anwendung dieses Gesetzes beschlossen hat.

§ 17

Das Gesetz tritt am Tage nach seiner Verkündung in Kraft.

2. Bekanntmachung des Bayerischen Staatsministeriums der Justiz

Anh 63 vom 26. April 1952 bay GVBl 124

über die Abwicklung der landwirtschaftlichen Entschuldung

Die Landwirtschaftliche Rentenbank in Frankfurt aM (WiGBl 1949, 77) hat mit Schreiben vom 5. April 1952 folgendes mitgeteilt:

Nach § 10 Abs 2 des Gesetzes zur Abwicklung der landwirtschaftlichen Entschuldung vom 25. März 1952 (BGBl I 203) sind die nach § 19 Abs 3 des Schuldenregelungsgesetzes (SchRG) vom 1. Juni 1933 (RGBl 331), Art 19 der 6. DVO/SchRG (RGBl 1934 I 609) zugunsten der Deutschen Rentenbank-Kreditanstalt im Grundbuch eingetragenen gesetzlichen Pfandrechte sowie die für die Deutsche Rentenbank-Kreditanstalt im Grundbuch vermerkten Erbhof-Entschuldungsrenten nach Art 4 Abs 2 der 8. DVO/SchRG (RGBl 1936 I 496) und die für das Reich im Grundbuch eingetragenen Kleinbetriebs-Entschuldungsrenten nach Art 53 Abs 2 der 7. DVO/SchRG (RGBl 1935 I 572) in Verbindung mit Art 29 Abs 2 der 9. DVO/SchRG (RGBl 1937 I 1305) außerhalb des Grundbuchs auf unsere Anstalt übergegangen.

Soweit die Deutsche Rentenbank-Kreditanstalt im Grundbuch eingetragen ist, werden wir vorerst keine Anträge auf Umschreibung des Pfandrechts und der Renten stellen.

Dagegen werden wir bei den Kleinbetriebs-Entschuldungsrenten, die für das Reich eingetragen sind, voraussichtlich Anträge auf Umschreibung der Renten nach § 10 Abs 2 Satz 2 des Gesetzes zur Abwicklung der landwirtschaftlichen Entschuldung den Grundbuchämtern nach und nach zugehen lassen. Dabei werden wir uns auf die in § 57 SchRG bestimmte Gebührenfreiheit berufen, da das vorgenannte Gesetz nach seiner Bezeichnung und seinem Inhalt der Durchführung (Abwicklung) der auf dem Schuldenregelungsgesetz beruhenden landwirtschaftlichen Schuldenregelung dient.

Anh 64

VII. Flurbereinigungsgesetz

(auszugsweise)

I. Teil
Grundlagen der Flurbereinigung

§ 1

Zur Förderung der landwirtschaftlichen und forstwirtschaftlichen Erzeugung und der allgemeinen Landeskultur kann zersplitterter oder unwirtschaftlich geformter ländlicher Grundbesitz nach neuzeitlichen betriebswirtschaftlichen Gesichtspunkten zusammengelegt, wirtschaftlich gestaltet und durch andere landeskulturelle Maßnahmen verbessert werden (Flurbereinigung).

§ 2

(1) Die Flurbereinigung wird in einem behördlich geleiteten Verfahren innerhalb eines bestimmten Gebietes (Flurbereinigungsgebiet) unter Mitwirkung der Gesamtheit der beteiligten Grundeigentümer und der landwirtschaftlichen Berufsvertretung (§ 109) durchgeführt.

(2) Die Durchführung der Flurbereinigung ist von den Ländern als eine besonders vordringliche Maßnahme zu betreiben. Sie bestimmen, welche Fachbehörden Flurbereinigungsbehörden und obere Flurbereinigungsbehörden sind, und setzen ihre Dienstbezirke fest.

(3) Die obersten Landesbehörden können Befugnisse, die nach diesem Gesetz der oberen Flurbereinigungsbehörde zustehen, der Flurbereinigungsbehörde übertragen.

§ 3

(1) Für die Flurbereinigung ist die Flurbereinigungsbehörde örtlich zuständig, in deren Bezirk das Flurbereinigungsgebiet liegt.

(2) Erstreckt sich das Flurbereinigungsgebiet über die Bezirke mehrerer Flurbereinigungsbehörden, so wird die zuständige Flurbereinigungsbehörde durch die obere Flurbereinigungsbehörde bestimmt. Diese kann ausnahmsweise eine andere als die örtlich zuständige Flurbereinigungsbehörde beauftragen.

(3) Erstreckt sich das Flurbereinigungsgebiet über die Bezirke mehrerer oberer Flurbereinigungsbehörden, so wird die zuständige obere Flurbereinigungsbehörde durch die für die Flurbereinigung zuständige oberste Landesbehörde bestimmt. Sind die Flurbereinigungsbehörden verschiedener Länder zuständig, so bestimmen die für die Flurbereinigung zuständigen obersten Landesbehörden die zuständige obere Flurbereinigungsbehörde in gegenseitigem Einvernehmen.

§ 4

Die obere Flurbereinigungsbehörde kann die Flurbereinigung anordnen und das Flurbereinigungsgebiet feststellen, wenn sie die Voraussetzungen für eine Flurbereinigung und das Interesse der Beteiligten für gegeben hält. Sie trifft ihre Anordnungen durch den Flurbereinigungsbeschluß; der Beschluß ist zu begründen.

§ 5

(1) Vor der Anordnung der Flurbereinigung sind die voraussichtlich beteiligten Grundstückseigentümer in geeigneter Weise eingehend über das geplante Flurbereinigungsverfahren einschließlich der voraussichtlich entstehenden Kosten aufzuklären.

(2) Die landwirtschaftliche Berufsvertretung, die Gemeinde und der Gemeindeverband sowie die übrigen von der für die Landwirtschaft zuständigen obersten Landesbehörde zu bestimmenden Organisationen und Behörden sollen gehört werden.

(3) Die Behörden des Bundes, der Länder, der Gemeinden und Gemeindeverbände sowie andere Körperschaften des öffentlichen Rechtes sind verpflichtet, der Flurbereinigungsbehörde auf Ersuchen unverzüglich mitzuteilen, ob und welche großräumigen, das voraussichtliche Flurbereinigungsgebiet berührenden Planungen beabsichtigt sind oder bereits feststehen.

§ 6

(1) In dem entscheidenden Teil des Flurbereinigungsbeschlusses sind Name und Sitz der Teilnehmergemeinschaft (§ 16) festzusetzen. Die Aufforderung zur Anmeldung unbekannter Rechte (§ 14) und die Bestimmungen über Nutzungsänderungen (§§ 34, 85 Nr 5, 6) können in den entscheidenden Teil des Beschlusses aufgenommen werden, wenn mit der Durchführung der Flurbereinigung alsbald begonnen wird.

(2) Der entscheidende Teil des Beschlusses ist öffentlich bekanntzumachen.

(3) Der Beschluß mit Begründung ist in den Gemeinden, in denen beteiligte Grundstücke liegen (Flurbereinigungsgemeinden), und, soweit erforderlich (§ 110), in den angrenzenden Gemeinden 2 Wochen lang nach der Bekanntmachung zur Einsichtnahme für die Beteiligten auszulegen. Hierauf ist in der Bekanntmachung hinzuweisen.

§ 7

(1) Das Flurbereinigungsgebiet kann eine oder mehrere Gemeinden oder Teile von Gemeinden umfassen. Es ist so zu begrenzen, daß der Zweck der Flurbereinigung möglichst vollkommen erreicht wird.

(2) Zum Flurbereinigungsgebiet gehören alle in ihm liegenden Grundstücke, soweit sie nicht ausdrücklich ausgeschlossen werden.

§ 8

(1) Geringfügige Änderungen des Flurbereinigungsgebietes kann die Flurbereinigungsbehörde anordnen. § 4 Satz 2 gilt entsprechend. Die Anordnung braucht nicht bekanntgemacht zu werden. Sie ist den an der Änderung beteiligten Grundstückseigentümern mitzuteilen.

(2) Für erhebliche Änderungen gelten die Vorschriften der §§ 4 bis 6.

§ 9

(1) Erscheint die Flurbereinigung infolge nachträglich eingetretener Umstände nicht zweckmäßig, so kann die obere Flurbereinigungsbehörde die Einstellung des Verfahrens anordnen. Die Vorschriften des § 4 Satz 2, des § 5 Abs 1, 2 und des § 6 Abs 2, 3 gelten sinngemäß.

(2) Die Flurbereinigungsbehörde sorgt für die Herstellung eines geordneten Zustandes und für den Ausgleich der entstandenen Kosten, nötigenfalls unter Aufwendung von öffentlichen Mitteln.

II. Teil
Die Beteiligten und ihre Rechte

1. Abschnitt
Die einzelnen Beteiligten

§ 10

Am Flurbereinigungsverfahren sind beteiligt (Beteiligte)

1. als Teilnehmer die Eigentümer der zum Flurbereinigungsgebiet gehörenden Grundstücke. Erbbauberechtigte stehen Eigentümern gleich;
2. als Nebenbeteiligte:
   a) Gemeinden und Gemeindeverbände, in deren Bezirk Grundstücke vom Flurbereinigungsverfahren betroffen werden,
   b) andere Körperschaften des öffentlichen Rechtes, die Land für gemeinschaftliche oder öffentliche Anlagen erhalten (§§ 39, 40) oder deren Grenzen geändert werden (§ 58 Abs 2),
   c) Wasser- und Bodenverbände, deren Gebiet mit dem Flurbereinigungsgebiet räumlich zusammenhängt und dieses beeinflußt oder von ihm beeinflußt wird,
   d) Inhaber von Rechten an den zum Flurbereinigungsgebiet gehörenden Grundstücken oder von Rechten an solchen Rechten oder von persönlichen Rechten, die zum Besitz oder zur Nutzung solcher Grundstücke berechtigen oder die Benutzung solcher Grundstücke beschränken,
   e) Unterhaltungspflichtige von Anlagen nach § 45 Abs 1 Satz 2,
   f) Empfänger neuer Grundstücke nach den §§ 54, 55,
   g) Eigentümer von nicht zum Flurbereinigungsgebiet gehörenden Grundstücken, denen ein Beitrag zu den Unterhaltungs- oder Ausführungskosten auferlegt wird (§ 42 Abs 3, § 106) oder die zur Errichtung fester Grenzzeichen an der Grenze des Flurbereinigungsgebietes mitzuwirken haben (§ 56).

§ 11

Die Flurbereinigungsbehörde hat die Beteiligten nach Maßgabe der §§ 12 bis 14 zu ermitteln.

§ 12

Für die Ermittlung der Beteiligten sind die Eintragungen im Grundbuch maßgebend. Die Flurbereinigungsbehörde kann das Eigentum oder andere Rechte an Grundstücken für das Verfahren als nachgewiesen ansehen, wenn derjenige, der sich auf ein solches Recht beruft, es durch eine öffentliche Urkunde glaubhaft macht oder eine Bescheinigung der Gemeinde vorlegt, daß er das Grundstück wie ein Eigentümer besitzt oder das Recht ausübt. Meldet ein anderer entgegenstehende Rechte bei der Flurbereinigungsbehörde an, so gilt § 13.

§ 13

(1) Ist der Eigentümer aus dem Grundbuch nicht ersichtlich, so gilt der Eigenbesitzer als Beteiligter.

. . . .

§ 14

(1) Beteiligte, die nicht nach Maßgabe der §§ 12 und 13 ermittelt werden, sind durch öffentliche Bekanntmachung aufzufordern, innerhalb von 3 Monaten Rechte, die aus dem Grundbuch nicht ersichtlich sind, aber zur Beteiligung am Flurbereinigungsverfahren berechtigen, bei der Flurbereinigungsbehörde anzumelden.

. . . .

2. Abschnitt
Die Teilnehmergemeinschaft

§ 16

Die Beteiligten nach § 10 Nr 1 bilden die Teilnehmergemeinschaft. Sie entsteht mit dem Flurbereinigungsbeschluß und ist eine Körperschaft des öffentlichen Rechtes.

§ 17

(1) Die Teilnehmergemeinschaft steht unter der Aufsicht der Flurbereinigungsbehörde. Durch die Aufsicht ist sicherzustellen, daß die Teilnehmergemeinschaft im Einklang mit dem Zweck dieses Gesetzes handelt.

(2) Zum Abschluß von Verträgen ist die Zustimmung der Flurbereinigungsbehörde erforderlich. Sie kann die Teilnehmergemeinschaft zum Abschluß von Verträgen geringerer Bedeutung allgemein ermächtigen, jedoch nicht zum Aufnehmen von Darlehen. Zahlungen dürfen nur mit Einwilligung der Flurbereinigungsbehörde geleistet werden, soweit diese nichts anderes anordnet.

§ 18

(1) Die Teilnehmergemeinschaft hat die gemeinschaftlichen Angelegenheiten der Teilnehmer wahrzunehmen. Sie hat insbesondere die gemeinschaftlichen Anlagen herzustellen und zu unterhalten (§ 42) und die erforderlichen Bodenverbesserungen auszuführen, soweit nicht der Flurbereinigungsplan (§ 58) anderes bestimmt oder die Ausführung und Unterhaltung einzelnen Beteiligten oder einem Wasser- und Bodenverband überlassen werden. Sie hat ferner die im Verfahren festgesetzten Zahlungen zu leisten und zu fordern sowie die übrigen nicht der Flurbereinigungsbehörde obliegenden Aufgaben zu erfüllen.

(2) Die Länder können weitere Aufgaben und Befugnisse, die nach diesem Gesetz der Flurbereinigungsbehörde zustehen, der Teilnehmergemeinschaft übertragen.

(3) Über Beschwerden gegen Verwaltungsakte der Teilnehmergemeinschaft entscheidet die Flurbereinigungsbehörde.

§ 19

(1) Die Teilnehmergemeinschaft kann die Teilnehmer zu Beiträgen in Geld (Geldbeiträge) oder in Sachen, Werken, Diensten oder in anderen Leistungen (Sachbeiträge) heranziehen. Die Beiträge sind von den Teilnehmern nach dem Verhältnis des Wertes ihrer neuen Grundstücke zu leisten, soweit nicht im Flurbereinigungsplan anderes fest-

gesetzt wird. Solange der Maßstab für die Beitragspflicht noch nicht feststeht, bestimmt die Flurbereinigungsbehörde einen vorläufigen Beitragsmaßstab, nach dem Vorschüsse zu erheben sind.

(2) Für solche Teile des Flurbereinigungsgebietes, bei denen zur Ausführung besonderer Anlagen außergewöhnlich hohe Aufwendungen (§ 105) erforderlich sind, kann die Flurbereinigungsbehörde die Beiträge der Teilnehmer entsprechend den Mehrkosten erhöhen.

(3) Die Flurbereinigungsbehörde kann zur Vermeidung offensichtlicher und unbilliger Härten einzelne Teilnehmer ausnahmsweise von der Aufbringung der Beiträge ganz oder teilweise zu Lasten der übrigen Teilnehmer befreien.

§ 20

Die Beitrags- und Vorschußpflicht ruht als öffentliche Last auf den im Flurbereinigungsgebiet liegenden Grundstücken. Die einzelnen Grundstücke haften jedoch nur in der Höhe der auf sie entfallenden Anteile der berechneten Beiträge und Vorschüsse. Das gleiche gilt für die Ausgleichs- und Erstattungspflicht in den Fällen des § 44 Abs 3 Satz 2, des § 50 Abs 2 Satz 1 und des § 51 Abs 2.

. . . .

III. Teil
Neugestaltung des Flurbereinigungsgebietes

§ 37

(1) Das Flurbereinigungsgebiet ist unter Beachtung der jeweiligen Landschaftsstruktur neu zu gestalten, wie es den gegeneinander abzuwägenden Interessen der Beteiligten entspricht und wie es das Wohl der Allgemeinheit erfordert. Die Feldmark ist neu einzuteilen und zersplitterter Grundbesitz nach neuzeitlichen betriebswirtschaftlichen Gesichtspunkten zusammenzulegen, Wege, Gräben und andere gemeinschaftliche Anlagen sind zu schaffen, Bodenverbesserungen vorzunehmen, die Ortslage aufzulockern und alle sonstigen Maßnahmen zu treffen, durch welche die Grundlagen der Wirtschaftsbetriebe verbessert werden, der Arbeitsaufwand vermindert und die Bewirtschaftung erleichtert wird. Durch Baugebietspläne, Bebauungspläne und ähnliche Planungen wird die Zuziehung der Ortslage zur Flurbereinigung nicht ausgeschlossen.

(2) Die Flurbereinigungsbehörde hat dabei die rechtlichen Verhältnisse zu ordnen, die öffentlichen Interessen, vor allem die Interessen der allgemeinen Landeskultur, zu wahren und den Erfordernissen der Landesgestaltung und Landesplanung, des Naturschutzes und der Landschaftspflege, der Wasserwirtschaft einschließlich Wasserversorgung und Abwasserbeseitigung, der Fischerei, der Energieversorgung, des öffentlichen Verkehrs, der landwirtschaftlichen Siedlung, der Kleinsiedlung, des Kleingartenwesens und anderer Aufbaumaßnahmen sowie einer möglichen bergbaulichen Nutzung Rechnung zu tragen.

(3) Die Veränderung natürlicher Gewässer darf nur aus wasserwirtschaftlichen und nicht nur aus vermessungstechnischen Gründen unter rechtzeitiger Hinzuziehung von Sachverständigen erfolgen.

§ 38

Die Flurbereinigungsbehörde stellt im Benehmen mit der landwirtschaftlichen Berufsvertretung und den beteiligten Behörden und Organisationen, insbesondere den von der zuständigen landwirtschaftlichen Behörde bestellten Fachberatern für Flurbereinigung, allgemeine Grundsätze für die zweckmäßige Neugestaltung des Flurbereinigungsgebietes auf. Dabei sind Vorplanungen der landwirtschaftlichen Berufsvertretung oder anderer landwirtschaftlicher Stellen sowie der Landespflege zu erörtern und in dem möglichen Umfange zu berücksichtigen.

. . . .

2. Abschnitt
Grundsätze für die Abfindung

§ 44

(1) Jeder Teilnehmer ist für seine Grundstücke unter Berücksichtigung der nach § 47 vorgenommenen Abzüge mit Land von gleichem Wert abzufinden. Bei der Bemessung der Landabfindung sind die nach den §§ 27 bis 33 ermittelten Werte zugrunde zu legen.

(2) Bei der Landabfindung sind die betriebswirtschaftlichen Verhältnisse aller Teilnehmer gegeneinander abzuwägen und alle Umstände zu berücksichtigen, die auf den Ertrag, die Benutzung und die Verwertung der Grundstücke wesentlichen Einfluß haben.

(3) Die Landabfindungen müssen in möglichst großen Grundstücken ausgewiesen werden. Unvermeidbare Mehr- oder Minderausweisungen von Land sind in Geld auszugleichen. Die Grundstücke müssen durch Wege zugänglich gemacht werden; die erforderliche Vorflut ist, soweit möglich, zu schaffen.

. . . .

§ 49

(1) Wenn es der Zweck der Flurbereinigung erfordert, können Dienstbarkeiten, Reallasten und Erwerbsrechte an einem Grundstück sowie persönliche Rechte, die zum Besitz oder zur Nutzung eines Grundstücks berechtigen oder die Benutzung eines Grundstücks beschränken, aufgehoben werden. Für Rechte, die durch die Flurbereinigung entbehrlich werden, wird eine Abfindung nicht gewährt. Für auf altem Herkommen beruhenden Dienstbarkeiten, Allmend- und ähnliche Nutzungsrechte ist auf Antrag des Berechtigten Landabfindung zu geben: § 44 Abs 3 Satz 2 gilt auch hier. In den anderen Fällen sind die Berechtigten durch gleichartige Rechte abzufinden; dingliche Rechte können zu diesem Zweck durch den Flurbereinigungsplan begründet werden. . . . . .

. . . .

§ 50

(1) Obstbäume, Beerensträucher, Rebstöcke, Hopfenstöcke, Bodenaltertümer, Kulturdenkmale sowie Bäume, Feldgehölze und Hecken, deren Erhaltung wegen des Vogel-, Ufer- oder Naturschutzes, wegen des Landschaftsbildes oder aus anderen Gründen geboten ist, hat der Empfänger der Landabfindung zu übernehmen.

(2) Für die in Absatz 1 genannten Holzpflanzen hat die Teilnehmergemeinschaft den bisherigen Eigentümer in Geld abzufinden; sie kann von dem Empfänger der Landabfindung angemessene Erstattung verlangen. Mit Zustimmung der Flurbereinigungsbehörde können die Teilnehmer anderes vereinbaren. . . . . . .

. . . .

§ 51

(1) Ein vorübergehender Unterschied zwischen dem Wert der alten Grundstücke und dem Wert der Landabfindung sowie andere vorübergehende Nachteile einzelner Teilnehmer, die das Maß der den übrigen Teilnehmern entstehenden gleichartigen Nachteile erheblich übersteigen, sind durch Geld oder in anderer Art auszugleichen.

(2) Die Teilnehmergemeinschaft kann Erstattung der von ihr geleisteten Ausgleichszahlung von dem, der dadurch Vorteile hat, nach dem Verhältnis seines Vorteiles verlangen.

. . . .

3. Abschnitt
Flurbereinigungsplan

. . . .

§ 58

(1) Die Flurbereinigungsbehörde faßt die Ergebnisse des Verfahrens im Flurbereinigungsplan zusammen. In den Flurbereinigungsplan ist der Wege- und Gewässerplan aufzunehmen, die gemeinschaftlichen und öffentlichen Anlagen sowie die alten Grundstücke und Berechtigungen der Beteiligten und ihre Abfindungen sind nachzuweisen, die sonstigen Rechtsverhältnisse sind zu regeln. Im Flurbereinigungsplan ist der im Grundbuch eingetragene Eigentümer oder andere Berechtigte auch dann zu bezeichnen, wenn an seiner Stelle gemäß § 12 Sätze 2, 3, §§ 13 und 14 ein anderer als Beteiligter behandelt worden ist.

(2) Gemeindegrenzen können durch den Flurbereinigungsplan geändert werden, soweit es infolge der Durchführung der Flurbereinigung zweckmäßig ist. Die Änderung bezieht sich auch auf die Kreisgrenzen, wenn sie mit den Gemeindegrenzen übereinstimmen. Ist die Änderung von Gemeinde- oder Kreisgrenzen beabsichtigt, so ist die zuständige Kommunalaufsichtsbehörde rechtzeitig zu verständigen; die Änderung bedarf der Zustimmung der betroffenen Gebietskörperschaften.

(3) Der Flurbereinigungsplan bedarf der Genehmigung der oberen Flurbereinigungsbehörde.

(4) Der Flurbereinigungsplan hat für Festsetzungen, die im gemeinschaftlichen Interesse der Beteiligten oder im öffentlichen Interesse getroffen werden, die Wirkung von Gemeindesatzungen. Nach Beendigung des Flurbereinigungsverfahrens können die Festsetzungen mit Zustimmung der Gemeindeaufsichtsbehörde durch Gemeindesatzung geändert oder aufgehoben werden.

§ 59

(1) Der Flurbereinigungsplan ist den Beteiligten bekanntzugeben. Die neue Feldeinteilung ist ihnen auf Wunsch an Ort und Stelle zu erläutern.

(2) Beschwerden gegen den bekanntgegebenen Flurbereinigungsplan müssen die Beteiligten zur Vermeidung des Ausschlusses in einem Anhörungstermin vorbringen; hierauf ist in der Ladung und im Termin hinzuweisen. Die Ladungsfrist beträgt 2 Wochen.

(3) Jeder Teilnehmer soll einen Auszug aus dem Flurbereinigungsplan erhalten, der seine neuen Grundstücke nach Fläche und Wert sowie das Verhältnis seiner Gesamtabfindung zu dem von ihm Eingebrachten nachweist. Der Auszug soll der Ladung zum Anhörungstermin beigefügt werden. Wird durch öffentliche Bekanntmachung geladen, so soll der Auszug den Teilnehmern 2 Wochen vor ihrer Anhörung zugehen.

(4) Beschwerden nach Abs 2 sind in die Verhandlungsniederschrift (§§ 129 bis 131) aufzunehmen.

(5) Die Länder können anstelle oder neben der im Termin vorzubringenden Beschwerde schriftliche Beschwerde innerhalb von 2 Wochen nach dem Terminstage zulassen.

§ 60

(1) Die Flurbereinigungsbehörde hat begründeten Beschwerden abzuhelfen. Sie kann auch andere Änderungen des Flurbereinigungsplanes vornehmen, die sie für erforderlich hält. Die Bekanntgabe der Änderungen und die Anhörung ist auf die daran Beteiligten zu beschränken. Im übrigen sind die Vorschriften des § 59 anzuwenden.

(2) Die nach Abschluß der Verhandlungen verbleibenden Beschwerden legt die Flurbereinigungsbehörde gemäß der Vorschrift in § 141 Abs 1 der oberen Flurbereinigungsbehörde vor.

4. Abschnitt
Ausführung des Flurbereinigungsplanes

§ 61

Der Flurbereinigungsplan steht rechtskräftig fest, wenn Beschwerden gegen ihn nicht erhoben sind oder wenn rechtskräftig über sie entschieden ist. Zu dem in der Ausführungsanordnung (§§ 62, 63) zu bestimmenden Zeitpunkt tritt der im Flurbereinigungsplan vorgesehene neue Rechtszustand an die Stelle des bisherigen.

§ 62

(1) Nach Eintritt der Rechtskraft des Flurbereinigungsplanes ordnet die Flurbereinigungsbehörde seine Ausführung an (Ausführungsanordnung).

(2) Die Ausführungsanordnung und der Zeitpunkt des Eintritts des neuen Rechtszustandes (§ 61 Satz 2) sind öffentlich bekanntzumachen. In der Bekanntmachung ist auf die Frist nach § 71 Satz 3 hinzuweisen.

(3) Durch Überleitungsbestimmungen, zu denen der Vorstand der Teilnehmergemeinschaft zu hören ist, regelt die Flurbereinigungsbehörde die tatsächliche Überleitung in den neuen Zustand, namentlich den Übergang des Besitzes und der Nutzung der neuen Grundstücke.

(4) Die Überleitungsbestimmungen sind bei den Gemeindeverwaltungen der Flurbereinigungsgemeinden oder bei dem Vorstand der Teilnehmergemeinschaft zur Einsichtnahme für die Beteiligten auszulegen. Die Auslegung ist öffentlich bekanntzumachen.

§ 63

(1) Die Ausführung des Flurbereinigungsplanes kann vor seiner Rechtskraft angeordnet werden, wenn die Flurbereinigungsbehörde verbliebene Beschwerden gemäß der Vorschrift in § 60 Abs 2 der oberen Flurbereinigungsbehörde vorgelegt hat und aus einem längeren Aufschub der Ausführung voraussichtlich erhebliche Nachteile erwachsen würden (Vorzeitige Ausführungsanordnung).

(2) Wird der vorzeitig ausgeführte Flurbereinigungsplan rechtskräftig geändert, so wirkt diese Änderung in rechtlicher Hinsicht auf den in der Ausführungsanordnung festgesetzten Tag zurück. Die tatsächliche Ausführung der Änderung regelt die Flurbereinigungsbehörde durch Überleitungsbestimmungen. Die Änderung ist den Beteiligten bekanntzugeben.

§ 64

Die Flurbereinigungsbehörde kann den Flurbereinigungsplan auch nach der Ausführungsanordnung (§§ 62, 63) ändern oder ergänzen, wenn öffentliche Interessen oder wichtige, nicht vorherzusehende wirtschaftliche Bedürfnisse der Beteiligten es erfordern oder wenn ihr eine rechtskräftige gerichtliche Entscheidung bekannt wird. Für das Verfahren gelten die §§ 59 bis 63 sinngemäß; § 63 Abs 2 gilt auch, wenn die Ausführung des Flurbereinigungsplanes gemäß § 62 Abs 1 angeordnet war.

. . . .

7. Abschnitt
Berichtigung der öffentlichen Bücher

§ 79

(1) Nach Eintritt des neuen Rechtszustandes sind die öffentlichen Bücher auf Ersuchen der Flurbereinigungsbehörde nach dem Flurbereinigungsplan zu berichtigen.

(2) Für Rechtsänderungen, die durch Beschwerden gegen denFlurbereinigungsplan berührt werden, ist das Ersuchen erst nach rechtskräftiger Entscheidung über die Beschwerden zu stellen.

§ 80

Dem Ersuchen um Berichtigung des Grundbuches sind eine Bescheinigung über den Eintritt des neuen Rechtszustandes und ein beglaubigter Auszug aus dem Flurbereinigungsplan beizufügen, der nachweisen muß

1. die Eigentümer der zum Flurbereinigungsgebiet gehörenden Grundstücke;
2. die alten Grundstücke und Berechtigungen sowie die dafür ausgewiesenen Abfindungen;
3. die Landzuteilungen sowie die gemeinschaftlichen und die öffentlichen Anlagen;
4. die zu löschenden, die auf neue Grundstücke zu übertragenden und die neu einzutragenden Rechte.

§ 81

(1) Bis zur Berichtigung des Liegenschaftskatasters dient der Flurbereinigungsplan als amtliches Verzeichnis der Grundstücke (§ 2 Abs 2 der Grundbuchordnung).

(2) Hat die Flurbereinigungsbehörde die Unterlagen zur Berichtigung des Liegenschaftskatasters an die für die Führung des Liegenschaftskatasters zuständige Behörde abgegeben, so ist für die Fortführung der Unterlagen auch vor Abschluß der Berichtigung diese Behörde zuständig.

§ 82

Solange die Flurbereinigungsbehörde die Berichtigung des Grundbuches noch nicht veranlaßt hat, kann ein Teilnehmer, dessen Rechte durch Beschwerden gegen den Flurbereinigungsplan voraussichtlich nicht berührt werden, beantragen, daß die Flurbereinigungsbehörde das Grundbuchamt sogleich ersucht, das Grundbuch durch Eintragung seiner neuen Grundstücke zu berichtigen. Dem Ersuchen sind außer der Bescheinigung über den Eintritt des neuen Rechtszustandes nur die Nachweise über die alten und neuen Grundstücke des Antragstellers beizufügen.

§ 83

Nachträgliche Änderungen, Ergänzungen oder Berichtigungen des Flurbereinigungsplanes (§§ 64, 132) werden nach den §§ 79ff in das Grundbuch übernommen.

. . . .

VI. Teil
Kosten

. . . .

§ 108

(1) Geschäfte und Verhandlungen, die der Durchführung der Flurbereinigung dienen, einschließlich der Berichtigung der öffentlichen Bücher, sind frei von Gebühren, Steuern, Kosten und Abgaben; hiervon unberührt bleiben Regelungen hinsichtlich der Steuern mit örtlich bedingtem Wirkungskreis, wie zB der Grunderwerbsteuer und der Wertzuwachssteuer, und hinsichtlich der Gebühren, Kosten und Abgaben, die auf landesrechtlichen Vorschriften beruhen.

(2) Die Gebühren-, Steuer-, Kosten- und Abgabefreiheit ist von der zuständigen Behörde ohne Nachprüfung anzuerkennen, wenn die Flurbereinigungsbehörde versichert, daß ein Geschäft oder eine Verhandlung der Durchführung der Flurbereinigung dient.

. . . .

VIII. Bodenschätzung, Liegenschaftskataster

Anh 65

1. Gesetz über die Schätzung des Kulturbodens

(Bodenschätzungsgesetz)

vom 16. Oktober 1934

RGBl I 1050

§ 1

Zweck

Für den Zweck einer gerechten Verteilung der Steuern, einer planvollen Gestaltung der Bodenbenutzung und einer Verbesserung der Beleihungsunterlagen wird die Bodenschätzung für die landwirtschaftlich nutzbaren Flächen des *Reichs*gebietes durchgeführt.

§ 2

Bestandsaufnahme und Feststellung der Ertragsfähigkeit

Die Bodenschätzung umfaßt:

1. die genaue Kennzeichnung des Bodens nach seiner Beschaffenheit (Bestandsaufnahme). Die Bestandsaufnahme wird kartenmäßig festgehalten;
2. die Feststellung der Ertragsfähigkeit. Bei der Feststellung der Ertragsfähigkeit sind lediglich die Ertragsunterschiede zu berücksichtigen, die auf die natürlichen Ertragsbedingungen (Bodenbeschaffenheit, Geländegestaltung und klimatische Verhältnisse) zurückzuführen sind.

Ertragsunterschiede, die auf wirtschaftliche Ertragsbedingungen (Zugehörigkeit der geschätzten Bodenflächen zu bestimmten Betrieben und Verkehrs- und Absatzverhältnisse der Betriebe) zurückzuführen sind, bleiben bei der Feststellung der Ertragsfähigkeit außer Betracht. Sie werden erst bei der Feststellung des Einheitswerts der Betriebe nach den Vorschriften des *Reichs*bewertungsgesetzes berücksichtigt.

§ 3

Leitung

Der *Reichs*minister der Finanzen leitet die Bodenschätzung. Er entscheidet auch über ihre spätere Ausdehnung auf andere landwirtschaftlich nutzbare Flächen (§ 1).

§ 4

Musterstücke

(1) Zur Sicherung der Gleichmäßigkeit der Bodenschätzung werden im ganzen *Reichs*gebiet ausgewählte Bodenflächen als Musterstücke geschätzt.

(2) Die Ergebnisse der Schätzung von Musterstücken werden von dem *Reichs*minister der Finanzen bekanntgegeben. Sie erhalten durch die Bekanntgabe rechtsverbindliche Kraft.

(3) Die Musterstücke bilden die Hauptstützpunkte der Bodenschätzung.

§ 5

Reichsschätzungsbeirat

(1) Der *Reichs*minister der Finanzen beruft zu seiner Unterstützung und Beratung im Benehmen mit dem *Reichs*minister für Ernährung und Landwirtschaft einen *Reichs*schätzungsbeirat.

(2) Der *Reichs*schätzungsbeirat schätzt in allen Teilen des *Reichs*gebiets ausgewählte Bodenflächen als Musterstücke (§ 4).

§ 6

Landesschätzungsbeiräte

(1) Die Oberfinanzpräsidenten berufen zu ihrer Unterstützung und Beratung im Benehmen mit dem zuständigen *Landesbauernführer* einen Landesschätzungsbeirat. Führer des Landesschätzungsbeirats ist der Oberfinanzpräsident.

(2) Der Landesschätzungsbeirat schätzt nach Bedarf in seinem Bezirk weitere ausgewählte Bodenflächen als Musterstücke (§ 4) in engster Anlehnung an die rechtsverbindlichen Ergebnisse der Schätzungen des *Reichs*schätzungsbeirats (§ 5).

§ 7

Schätzungsausschüsse

(1) Der Oberfinanzpräsident beruft im Benehmen mit dem zuständigen *Landesbauernführer* für jeden Finanzamtsbezirk einen oder mehrere Schätzungsausschüsse. Führer des Schätzungsausschusses ist der Vorsteher des Finanzamts. Er ist an die Weisungen des Oberfinanzpräsidenten gebunden.

(2) Der Schätzungsausschuß schätzt die nicht als Musterstücke ausgewählten Bodenflächen in engster Anlehnung an die rechtsverbindlichen Ergebnisse der Schätzungen der Musterstücke.

§ 8

Entscheidungen

(1) Die Entscheidungen des *Reichs*schätzungsbeirats (§ 5) werden von dem Führer des *Reichs*schätzungsbeirats nach Beratung im Beirat getroffen.

(2) Die Entscheidungen der Landesschätzungsbeiräte (§§ 6 und 10) werden nach einfacher Stimmenmehrheit getroffen. Der Führer des Landesschätzungsbeirats stimmt mit. Seine Stimme entscheidet bei Stimmengleichheit.

(3) Die Entscheidungen der Schätzungsausschüsse (§ 7) werden von den Führern nach Beratung in den Ausschüssen getroffen.

§ 9

Offenlegung

Die für alle Bodenflächen festgestellten Schätzungser gebnisse werden offengelegt

§ 10

Beschwerdeverfahren

Gegen die nicht als rechtsverbindlich festgestellten Schätzungsergebnisse steht dem Eigentümer der betreffenden Grundstücke die Beschwerde nach den Vorschriften der *Reichs*abgabenordnung zu. Über die Beschwerde entscheidet der Landesschätzungsbeirat (§ 6 und § 8 Abs 2). Gegen die Beschwerdeentscheidung ist ein weiteres Rechtsmittel nicht gegeben.

§ 11

Nachweis der Schätzungsergebnisse

Die rechtskräftig festgestellten Schätzungsergebnisse sind in die Liegenschaftskataster zu übernehmen. Hierbei sind die Musterstücke besonders kenntlich zu machen.

§ 12

Nachschätzung

(1) Treten nach Abschluß der Bodenschätzung Umstände ein, die die Ertragsbildung einzelner Bodenflächen wesentlich verändern, zB Änderung der Kulturart (Nutzungsart), Ent- und Bewässerungen, Eindeichungen uä, so sind diese Flächen nachzuschätzen.

(2) Für das Beschwerdeverfahren gilt § 10 entsprechend. Die rechtskräftig festgestellten Ergebnisse der Nachschätzung sind in die Liegenschaftskataster zu übernehmen.

(3) Die Vorsteher der Gemeinden, die Eigentümer und die Nutzungsberechtigten der Grundstücke sind verpflichtet, die im Absatz 1 bezeichneten Veränderungen anzuzeigen.

§ 13

Regelmäßige Überprüfung der Bodenschätzung

Die Ergebnisse der Bodenschätzung sind in Zeitabständen von längstens 20 Jahren zu überprüfen. Die Überprüfung hat sich vornehmlich darauf zu erstrecken, ob und in welchem Umfang sich das Ertragsverhältnis der verschiedenen Böden der einzelnen Teile des *Reichs*gebiets zueinander verschoben hat.

§ 14

Aufgaben der Vermessungsbehörden

(1) Die Behörden, denen die Aufstellung und Fortführung der Liegenschaftskataster obliegt, sowie die Behörden, die die hierfür notwendigen Vermessungsarbeiten ausführen, sind verpflichtet, die in diesem Gesetz vorgeschriebenen Arbeiten mit allen Kräften zu fördern.

(2) Insbesondere sind als Vorbereitung für die Bodenschätzung die Katasterkarten, soweit sie hinsichtlich der Kulturartenveränderungen nicht fortgeführt worden sind, durch ergänzende Messungen zu vervollständigen, damit sie mit der Örtlichkeit übereinstimmen.

§ 15

Amtshandlungen auf den Grundstücken

Die Eigentümer und die Nutzungsberechtigten der Grundstücke sind verpflichtet, den mit den örtlichen Arbeiten zur Durchführung dieses Gesetzes Beauftragten jederzeit das Betreten der Grundstücke zu gestatten und die von ihnen für die Zwecke der Bodenschätzung als notwendig erachteten Maßnahmen, zB Aufgrabungen, zuzulassen. Ein Anspruch auf Schadenersatz besteht nicht.

§ 16

Rechtsverordnungen und Verwaltungsvorschriften

Der *Reichs*minister der Finanzen wird ermächtigt, zur Durchführung und Ergänzung dieses Gesetzes Rechtsverordnungen und allgemeine Verwaltungsvorschriften zu erlassen. Die für die Vermessungsbehörden erforderlichen Vorschriften erläßt der *Reichs*minister des Innern gemeinsam mit dem *Reichs*minister der Finanzen.

2. Durchführungsbestimmungen zum Bodenschätzungsgesetz **Anh 66**

vom 12. Februar 1935

RGBl I 198, 276

(auszugsweise)

§ 1

Vorbereitung der Bodenschätzung

Als Vorbereitung für die Bodenschätzung werden die Katasterkarten, soweit sie hinsichtlich der Kulturartenveränderungen nicht fortgeführt worden sind, in dem erforderlichen Umfang mit der Örtlichkeit verglichen (Feldvergleichung). Die festgestellten Abweichungen werden in die Liegenschaftskataster übernommen.

§ 2

Kulturarten

(1) Es werden die folgenden landwirtschaftlichen Kulturarten (Nutzungsarten) unterschieden und im Liegenschaftskataster mit den beigefügten Zeichen nachgewiesen:

1. Ackerland *A*
2. Gartenland *G*
3. Grünland *Gr*

(2) Die landwirtschaftlichen Kulturarten werden durch die folgenden Merkmale bestimmt:

1. Das Ackerland (*A*) umfaßt die Bodenflächen zum feldmäßigen Anbau von Getreide, Hülsenfrüchten, Hackfrüchten, Handelsgewächsen und Futterpflanzen. Außerdem gehören zum Ackerland die dem feldmäßigen Anbau von Gartengewächsen dienenden Flächen.
2. Das Gartenland (*G*) umfaßt die dem Gartenbau dienenden Flächen einschließlich der Obstanlagen und Baumschulen, die nicht öffentlichen Parkanlagen bis zur Größe von 50 Ar, die Haus- und Ziergärten und die selbständigen Kleingärten (Schrebergärten, Laubenkolonien) ohne Rücksicht darauf, ob sie eingefriedet sind oder nicht.
3. Das Grünland (*Gr*) umfaßt die Dauergrasflächen, die in der Regel gemäht und geweidet werden. Von dem Grünland sind besonders zu bezeichnen:
   a) als Wiese (*GrW*) diejenigen Dauergrasflächen, die infolge ihrer feuchten Lage nur gemäht werden können (unbedingtes Wiesenland),
   b) als Streuwiese (*GrStr*) diejenigen Flächen, die nur oder in der Hauptsache durch Entnahme von Streu genutzt werden,
   c) als Hutung (*GrHu*) diejenigen Flächen geringer Ertragsfähigkeit, die nicht bestellt werden und nur eine gelegentliche Weidenutzung zulassen.

(3) Bei der Feststellung der landwirtschaftlichen Kulturarten bleiben Nutzungen, die den natürlichen Ertragsbedingungen nicht entsprechen, zB Ackerwiesen und Ackerweiden, unberücksichtigt. Bei einem regelmäßigen Wechsel verschiedener Kulturarten auf derselben Fläche (Wechselland) ist die vorherrschende Kulturart anzunehmen. Die Bezeichnung der abweichenden Kulturart ist hinzuzufügen, zB *AGr*. Mit Sonderkulturen, zB mit Korbweiden, bestandene Flächen rechnen zu der den natürlichen Ertragsbedingungen am meisten entsprechenden Kulturart. Das Vorkommen einzelner Obstbäume oder Baumgruppen bleibt bei der Feststellung der Kulturarten außer Betracht.

(4) Wege, Gräben, Hecken, Grenzraine, Wasserlöcher, Gebüsch und dergleichen mehr sind der Grundstücksfläche, zu der sie gehören, zuzurechnen, soweit sie nicht bisher im Liegenschaftskataster gesondert nachgewiesen sind.

(5) Landwirtschaftliche Kulturarten bis zur Größe von 10 Ar werden bei der Bodenschätzung in der Regel der angrenzenden Kulturart zugerechnet.

(6) Für den Katasternachweis aller nicht der Bodenschätzung unterliegenden Flächen verbleibt es bei den bisherigen landesrechtlichen Bestimmungen.

§ 3

Schätzungsrahmen, Klassen

(1) Für Ackerland und Grünland werden Schätzungsrahmen aufgestellt, die einheitlich für das ganze *Reichs*gebiet gelten. Der Schätzungsrahmen für Ackerland gilt auch für Gartenland. Unbeschadet dieser Vorschrift ist überall dort, wo ausnahmsweise durch die natürlichen Verhältnisse die Anwendung des Grünlandschätzungsrahmens geboten ist, das Gartenland nach dem Grünlandschätzungsrahmen einzuschätzen. Die Schätzungsrahmen enthalten eine Einteilung in Klassen.

(2) Jede Klasse erhält eine genaue Beschreibung und Kennzeichnung, nach denen die Zugehörigkeit des Ackerlandes und des Grünlandes zu den einzelnen Klassen beurteilt wird. Außerdem erhalten die Klassen Wertzahlen.

§ 4

Wertzahlen

(1) Die Wertzahlen stellen Verhältniszahlen dar. Sie bringen zum Ausdruck, in welchem Verhältnis ein landwirtschaftlicher Betrieb, der lediglich Bodenflächen einer Klasse aufweist, nach seiner nachhaltigen Ertragsfähigkeit zu einem Betrieb mit den ertragsfähigen Bodenflächen des *Reichs*gebiets unter den in den Abs 2 und 3 vorgeschriebenen Voraussetzungen steht. Die ertragsfähigste Fläche erhält die Wertzahl 100.

(2) Für das Ackerland werden 2 Wertzahlen (Bodenzahl und Ackerzahl) festgestellt. Die Bodenzahl bringt die durch die Verschiedenheit der Bodenbeschaffenheit im Zusammenhang mit den Grundwasserverhältnissen bedingten Ertragsunterschiede zum Ausdruck, wobei für das ganze *Reichs*gebiet Einheitlichkeit der Geländegestaltung, der klimatischen Verhältnisse und der wirtschaftlichen Ertragsbedingungen unterstellt wird. Die Ackerzahl berücksichtigt außerdem die Ertragsunterschiede, die auf Klima, Geländegestaltung und andere natürliche Ertragsbedingungen zurückzuführen sind.

(3) Für das Grünland werden ebenfalls 2 Wertzahlen (Grünlandgrundzahl und Grünlandzahl) festgestellt. Die Grünlandgrundzahl bringt die auf Grund der Beurteilung von Boden, Klima und Wasser sich ergebenden Ertragsunterschiede zum Ausdruck. Die Grünlandzahl berücksichtigt außerdem die Ertragsunterschiede, die auf Besonderheiten (Geländegestaltung uä) zurückzuführen sind. Hierbei werden für das ganze *Reichs*gebiet einheitliche wirtschaftliche Ertragsbedingungen unterstellt.

§ 5

Schätzung, Nachweis der Schätzungsergebnisse

(1) Die einzuschätzenden Flächen werden an Ort und Stelle auf ihre nachhaltige Ertragsfähigkeit untersucht und ohne Rücksicht auf die bestehenden Eigentumsverhältnisse in die Klassen der Schätzungsrahmen eingereiht. Hierbei wird einheitlich der in der Gegend übliche Kulturzustand unterstellt. Verhältnisse, die die Ertragsfähigkeit einer Bodenfläche nur vorübergehend berühren, bleiben unberücksichtigt.

(2) Die Grenzen zusammenhängender Flächen einer Klasse (Klassenfläche) sind in den Katasterkarten festzulegen. Die Bezeichnungen der Klassen und die für diese bestimmten Wertzahlen (Bodenzahlen und Ackerzahlen, Grünlandgrundzahlen und Grünlandzahlen) werden in die Liegenschaftskataster übernommen.

(3) Die näheren Bestimmungen, insbesondere über die Mindestgrößen der Klassenflächen, trifft der *Reichs*minister der Finanzen.

§ 6

Offenlegung

(1) Die offengelegten Schätzungsergebnisse werden den Eigentümern und Nutzungsberechtigten der Grundstücke nicht besonders bekanntgegeben. Mit dem Ablauf der Offenlegungsfrist treten die gleichen Rechtswirkungen ein, wie wenn am letzten Tag der Offenlegungsfrist ein schriftlicher Feststellungsbescheid bekanntgegeben worden wäre.

(2) Die näheren Bestimmungen, insbesondere über das Verfahren bei der Offenlegung und über die Rechtswirkungen der Offenlegung, trifft der *Reichs*minister der Finanzen.

§ 7

Leitung, technische Durchführung

(1) Die Oberfinanzpräsidenten leiten die Bodenschätzung in ihren Bezirken nach den Weisungen des *Reichs*ministers der Finanzen.

(2) Die näheren Bestimmungen über die technische Durchführung der Bodenschätzung trifft der *Reichs*minister der Finanzen.

. . . .

§ 12

Beistands- und Auskunftspflicht

(1) Die Vorsteher der Gemeinden und die *Ortsbauernführer* sind verpflichtet, die Schätzungsarbeiten nach Kräften zu fördern. Sie haben sich auf Verlangen des Führers des Schätzungsausschusses an den Arbeiten zu beteiligen oder einen ortskundigen Stellvertreter zu bestimmen. Ein Anspruch auf Vergütung für diese Tätigkeit besteht nicht.

(2) Behörden, Beleihungsunternehmungen, Eigentümer und Nutzungsberechtigte der Grundstücke sind verpflichtet, den mit den örtlichen Arbeiten zur Durchführung des Bodenschätzungsgesetzes Beauftragten auf Anfordern alle notwendigen Auskünfte zu erteilen. Sie haben insbesondere die in ihrem Besitz befindlichen Pläne, Verzeichnisse u dgl den zuständigen Vermessungsbehörden auf Ersuchen vorübergehend zur Verfügung zu stellen.

3. Gesetz über die Bildung eines vorläufigen Bewertungsbeirates

Anh 67

vom 28. September 1950

BGBl 682 = SaBl 973

(auszugsweise)

§ 1

Bildung des vorläufigen Bewertungsbeirates

(1) Zur Vorbereitung einer neuen Hauptfeststellung der Einheitswerte für die wirtschaftlichen Einheiten der land- und forstwirtschaftlichen Vermögen wird beim Bundesministerium der Finanzen ein vorläufiger Bewertungsbeirat gebildet.

(2) Der vorläufige Bewertungsbeirat gliedert sich in eine landwirtschaftliche Abteilung, eine forstwirtschaftliche Abteilung, eine Weinbauabteilung und eine Gartenbauabteilung. Außerdem wird eine Hauptabteilung zur Bearbeitung der alle Abteilungen berührenden Fragen gebildet.

. . . .

§ 4

Schätzung ausgewählter Bodenflächen als Musterstücke

Der vorläufige Bewertungsbeirat übernimmt die Befugnisse des früheren Reichsschätzungsbeirates nach dem Bodenschätzungsgesetz vom 16. Oktober 1934.

Anh 68

4. Gesetz über die Neuordnung des Vermessungswesens

vom 3. Juli 1934

RGBl I 534

§ 1

Das Vermessungswesen ist *Reichs*angelegenheit. Es wird vom *Reichs*minister des Innern geleitet.

§ 2

(1) Alle amtlichen Stellen und alle im Vermessungswesen tätigen Personen haben, soweit ihre Messungen für die amtlichen Vermessungswerke von Bedeutung sind, den Weisungen des *Reichs*ministers des Innern in Vermessungsangelegenheiten Folge zu leisten.

(2) Den Forderungen der *Reichs*verteidigung ist in erster Linie Rechnung zu tragen.

§ 3

(1) Der *Reichs*minister des Innern erläßt Bestimmungen über die Ausbildung für den Vermessungsberuf.

(2) Er regelt die Aufgaben des freien Vermessungsberufs und gibt ihm die Berufsausbildung.

§ 4

Der *Reichs*minister des Innern erläßt die *Reichs*vermessungsordnung. In ihr werden geregelt insbesondere die Landesvermessung (Triangulation, Nivellement, Topographie und amtliche Kartenherstellung), die für die Aufstellung und Fortführung des Liegenschaftskatasters notwendigen Arbeiten, die Abmarkung der Grundstücke, die einheitliche Zusammenfassung und Nutzbarmachung aller Messungen sowie das Gebührenwesen.

§ 5

Der *Reichs*minister des Innern erläßt die zur Durchführung dieses Gesetzes erforderlichen Rechts- und Verwaltungsvorschriften.

5. Gesetz über die Beurkundungs- und Beglaubigungsbefugnis der Vermessungsbehörden

Anh 69

vom 15. November 1937

RGBl I 1257

§ 1

(1) Die Vorstände der Vermessungsbehörden, die das amtliche Verzeichnis im Sinne des § 2 Abs 2 der GBO führen, sowie die von den Vorständen beauftragten Beamten dieser Behörden sind befugt, Anträge des Eigentümers auf Vereinigung (§ 890 Abs 1 des BGB) oder Teilung von Grundstücken ihres Bezirks öffentlich zu beurkunden oder zu beglaubigen.

(2) Von der Befugnis des Abs 1 soll nur Gebrauch gemacht werden, wenn die zu vereinigenden Grundstücke örtlich und wirtschaftlich ein einheitliches Grundstück darstellen oder die Teilung erforderlich ist, um örtlich und wirtschaftlich einheitliche Grundstücke herzustellen.

(3) Wird das amtliche Verzeichnis vom Grundbuchamt selbst geführt, so gelten die Abs 1 und 2 entsprechend für die Vorstände und die Beamten der Vermessungsbehörden, die die Unterlagen des amtlichen Verzeichnisses führen.

§ 2

(1) Auf die Beurkundung und Beglaubigung sind die für die gerichtliche Beurkundung von Rechtsgeschäften und für die gerichtliche Beglaubigung von Unterschriften geltenden Vorschriften entsprechend anzuwenden.

(2) Der von dem Vorstand der Vermessungsbehörde gemäß § 1 Abs 1 und 3 beauftragte Beamte soll bei der Beurkundung oder Beglaubigung auf den ihm erteilten Auftrag Bezug nehmen.

§ 3

Für die in diesem Gesetz vorgesehenen Beurkundungen und Beglaubigungen werden Gebühren nicht erhoben.

§ 4

Dieses Gesetz tritt am 1. November 1937 in Kraft.

6. Beurkundung und Beglaubigung von Anträgen auf Vereinigung und Teilung von Grundstücken

Anh 70

RdErl des RuPrMdI vom 13. Januar 1938 RMBliV 137

(1) Das Gesetz über die Beurkundungs- und Beglaubigungsbefugnis der Vermessungsbehörden vom 15. November 1937 (RGBl I S 1257) dient der Vereinfachung und übersichtlichen Gestaltung der Liegenschaftskataster. Es erleichtert den Grundeigentümern die Stellung von Anträgen auf Vereinigung (§ 890 Abs 1 BGB) oder Teilung von Grundstücken, indem es auch den Vermessungsbehörden, die das amtliche Verzeichnis im Sinne des § 2 Abs 2 der GBO oder die Unterlagen dazu führen, die Befugnis gibt, diese Anträge öffentlich zu beurkunden oder zu beglaubigen. Dadurch soll mehr als bisher erreicht werden, daß örtlich und wirtschaftlich eine Einheit bildende Grundstücke eines Eigentümers in Kataster und Grundbuch einheitlich gebucht werden, dh in der Regel nur eine Nummer führen.

(2) Zur Ausführung des Gesetzes bestimme ich im Einvernehmen mit dem *R*JM folgendes:

1. Zuständig für die Beurkundungen und Beglaubigungen sind nach § 1 Abs 1 des Gesetzes die Vorstände der Vermessungsbehörden sowie die von den Vorständen beauftragten Beamten dieser Behörden. Der Auftrag ist schriftlich zu erteilen. In welchem Umfange von den Vorständen Beamte ihrer Dienststelle mit den Beurkundungen und Beglaubigungen zu beauftragen sind, richtet sich nach dem vorliegenden Bedürfnis. Beauftragt werden sollen nur Beamte des höheren Vermessungsdienstes und mittlere Beamte, die eine besondere Ausbildung beim Grundbuchamt erhalten haben.

2. Die Anträge der Grundeigentümer können sowohl anläßlich der Ausführung von Vermessungsarbeiten usw an Ort und Stelle als auch bei anderen Gelegenheiten in den Diensträumen der Vermessungsbehörden gestellt werden. In der Regel wird die Vermessungsbehörde die Beurkundung oder Beglaubigung vornehmen, in deren Bezirk die Grundstücke liegen. Ist die Vereinigung oder Teilung in Bezirken verschiedener Vermessungsbehörden liegender Grundstücke erforderlich, so ist der Antrag, wenn er anläßlich von Vermessungsarbeiten an den Grenzen der Bezirke gestellt wird, von der Vermessungsbehörde zu beurkunden oder zu beglaubigen, die die Messung ausführt. In allen anderen Fällen sind die Anträge von der Vermessungsbehörde zu beurteilen oder zu beglaubigen, zu deren Bezirk das wirtschaftlich wertvollere Grundstück (bzw der Grundstücksteil) gehört. Zur Vermeidung unnötiger Beurkundungen ist, soweit möglich, vor der Aufnahme des Antrages festzustellen, ob der Vereinigung grundbuchlich keine Bedenken entgegenstehen (§ 5 GBO).

3. (1) Befugt zur Stellung der Anträge (Abgabe der zur Eintragung ins Grundbuch erforderlichen Erklärungen) ist der Eigentümer des Grundstücks, d i regelmäßig der im Grundbuch eingetragene Eigentümer. Weist das Grundbuch den Eigentümer infolge Rechtsübergangs außerhalb des Grundbuchs oder aus sonstigen Gründen unrichtig nach, so ist zur Antragstellung auch der legitimierte wahre Eigentümer (Ersteher des Grundstücks in der Zwangsversteigerung, Erbe usw) berechtigt. Die Beteiligten sind jedoch darauf aufmerksam zu machen, daß die Eintragung der Vereinigung oder Teilung ins Grundbuch erst erfolgen kann, nachdem die Beteiligten selbst als Eigentümer eingetragen worden sind.

(2) Bei gemeinschaftlichem Eigentum mehrerer Miterben (Miteigentümer) kann jeder der Miterben (Miteigentümer) den Antrag stellen. Die übrigen Eigentümer müssen jedoch dem Antrage zustimmen. Die Zustimmung bedarf ebenfalls der Form des § 29 GBO.

(3) Die Grundeigentümer können sich bei den zu beurkundenden Erklärungen eines Vertreters bedienen. Der Vertreter hat sich über die ihm erteilte Ermächtigung durch eine Vollmacht auszuweisen. Eine gerichtliche oder notarische Beurkundung der Vollmacht ist nicht erforderlich; die gerichtliche oder notarische Beglaubigung der Unterschrift genügt. Sondervollmachten sind zu den Anträgen zu nehmen, Generalvollmachten in den Anträgen näher zu bezeichnen.

4. (1) Die Erklärungen der Grundeigentümer können entweder durch Abgabe vor der Vermessungsbehörde zur Niederschrift (öffentliche Beurkundung) oder durch öffentlich beglaubigte Urkunden (öffentliche Beglaubigung) nachgewiesen werden. Wird die Erklärung nicht vor dem Vorstand selbst, sondern vor einem beauftragten Beamten der Vermessungsbehörde abgegeben, so hat dieser Beamte in der Niederschrift oder in dem Beglaubigungsvermerk auf den ihm erteilten Auftrag Bezug zu nehmen.

(2) In der Regel werden die Erklärungen von den Grundstückseigentümern vor der Vermessungsbehörde zur Niederschrift abgegeben werden. Auf die Niederschrift sind die für die gerichtliche Beurkundung von Rechtsgeschäften geltenden reichs- und landesrechtlichen Vorschriften anzuwenden (§§ 168—180, 182 und 200 des FGG vom 17. Mai 1898, RGBl S 771). Für die Niederschrift sind Vordrucke auf weißem Papier der Klasse Normal 4a nach dem Muster der Anlage zu verwenden. Das Nichtzutreffende ist zu streichen; leere Zwischenräume sind durch einen Strich auszufüllen. Die zu vereinigenden oder zu teilenden Grundstücke sind in Übereinstimmung mit dem Grundbuche zu bezeichnen. Von einer Aufnahme des Antrages auf Vereinigung oder Teilung in eine andere öffentliche Urkunde, zB in die Grenzverhandlung, ist abzusehen.

(3) Die öffentliche Beglaubigung (§ 129 BGB) erfordert eine schriftlich abgefaßte, vom Grundstückseigentümer oder dessen Vertreter eigenhändig durch Namensunterschrift unterzeichnete Erklärung und die Beglaubigung der Unterschrift durch den nach Nr 1 befugten Beamten der Vermessungsbehörde. Die Beglaubigung darf nur erfolgen, wenn die Unterschrift in Gegenwart des Beamten vollzogen oder die bereits vollzogene Unterschrift ausdrücklich anerkannt wird. Die Form der Beglaubigung ergibt sich aus § 183 FGG. Sie hat etwa wie folgt zu lauten:

Die vorstehende Unterschrift des Kaufmanns Alexander Preuß in Trienach wird hiermit beglaubigt.

Schonberg, den 29. Dezember 1937.

Der Vorstand des Vermessungs-(Kataster-)Amts.

Hans Hopp.

(Siegel oder Stempel.)

oder:

Die vorstehende Unterschrift des Kaufmanns Alexander Preuß in Trienach wird unter Bezugnahme auf den mir unterm 21. Dezember 1937 — A 887/37 — erteilten Antrag beglaubigt.

Schonberg, den 29 Dezember 1937.

Walter Schönhof,

Verwaltungsinspektor

Dem Vermerk ist das Dienstsiegel oder der Dienststempel der Vermessungsbehörde beizudrücken.

5. Die beurkundeten oder beglaubigten Anträge sind dem Amtsgericht (Grundbuchamt) unter Beifügung einer Vollmacht (Nr 3) und der Unterlagen, in denen die Ausführung der beantragten Vereinigung oder Teilung katastermäßig nachgewiesen ist, zu

übersenden. Das Datum des Antrages ist in den Fortführungsunterlagen der Vermessungsbehörde (Fortschreibungsprotokoll, Messungsverzeichnis, Veränderungsnachweis u dgl) zu vermerken. Von der Eintragung der Vereinigung oder Teilung ins Grundbuch wird die Vermessungsbehörde durch Abschrift (Durchschlag) der Eintragungsnachricht an den Eigentümer in Kenntnis gesetzt. Wird dem Antrage nicht entsprochen, so gibt das Grundbuchamt der Vermessungsbehörde unter Rückgabe der Unterlagen Nachricht; die vorgenommene Vereinigung oder Teilung ist dann rückgängig zu machen.

6. Über die beurkundeten und beglaubigten Anträge ist von jeder Vermessungsbehörde eine Liste zu führen, die, getrennt nach Kalenderjahren, die laufende Nummer, das Datum der Aufnahme und die Art des Antrages (V bzw T) den Namen des Eigentümers, die Grundbuchbezeichnung sowie den Tag der Abgabe des Antrages an das Grundbuchamt enthält. Zweckmäßig ist eine weitere Spalte für Bemerkungen vorzusehen. **Bis zum 15. Januar 1939 ist mir zu berichten, wieviel Anträge auf Vereinigung und Teilung, je für sich, im Kalenderjahr 1938 gestellt worden sind.**

Sonderabdrucke dieses Runderlasses sind bei Carl Heymanns Verlag, Berlin W 8, Mauerstraße 44, käuflich zu erwerben. Bestellungen, auch für die Mittel- und örtlichen Vermessungsbehörden sowie gegebenenfalls zur Abgabe an die nichtstaatlichen Vermessungsdienststellen und an die Vermessungsingenieure des freien Berufs, sind möglichst umgehend an Carl Heymanns Verlag zu richten.

Anlage

Vermessungsverwaltung

Antrag Nr *3/37* *Trienach,* den *29. Dezember* 19*37*

Vor dem unterzeichneten, kraft ~~Gesetzes~~ — Auftrags — vom *21. Dezember* 19*37* —

Nr *A 887/37* — zur Beurkundung und Beglaubigung von Anträgen auf Vereinigung und Teilung von Grundstücken befugten Vorstand — Beamten — des ~~Vermessungs-~~ (Kataster-) Amts *Schonberg* erschien

1. *der Kaufmann Alexander Preuß aus Trienach*

~~D...... Erschienene..... zu 1 ...... ist sind dem unterzeichneten Vorstand Beamten bekannt.~~ Die Persönlichkeit de*s* Erschienenen zu 1......... wurde *durch den persönlich bekannten Bürgermeister Franz Wiese aus Trienach festgestellt.*

D*er* Erschienene..... erklärt...... :

Ich — ~~Wir~~ — beantrage..... die Vereinigung — ~~Teilung~~ — der nachstehend aufgeführten Grundstücke zu einem — ~~in mehrere selbständige~~ — Grundstück..... und bewillige..... die Eintragung im Grundbuche:

Grundbuch			LfdNr der Grundstücke	Gemarkung	Nummer der	
von	Bd	Bl			Flur	Flurstücke
Trienach	*3*	*86*	*1* *3*	*Trienach*	*1* *1*	*42, 312/43* *44, 45, 46*

V g u

Alexander Preuß

Walter Schönhof, Vermessungsinspektor

Bd. Bl.

Ordnungsnummer

(Rückseite)

~~Vermessungs-~~ (Kataster-) Amt

Schonberg, den *31. Dezember* 19*37*

An

das Amtsgericht (Grundbuchamt)

in

Schonberg

unter Beifügung eines Auszugs aus den Katasterfortführungsunterlagen mit dem Ersuchen übersandt, dem Eintragungsantrage stattzugeben. Die Grundstücke stellen örtlich und wirtschaftlich ein einheitliches Grundstück dar *). Von der Eintragung der Vereinigung oder Teilung ins Grundbuch oder der Zurückweisung des Antrags ist das ~~Vermessungs-~~ (Kataster-) Amt in Kenntnis zu setzen.

Hopp

---

*) Bei Teilungsanträgen zu streichen.

(Raum für Eintragungsvermerke usw des Grundbuchamts)

Anh 71

7. Gesetz über die Bildung von Hauptvermessungsabteilungen

vom 18. März 1938

RGBl I 277

(auszugsweise)

§ 1

(1) Bei den vom *Reichs*minister des Innern zu bestimmenden Behörden der allgemeinen und inneren Verwaltung werden Hauptvermessungsabteilungen eingerichtet. Der *Reichs*minister des Innern bestimmt ihren Amtsbereich.

(2) Die Behörden unterstehen für den Geschäftsbereich der Hauptvermessungsabteilungen dem *Reichs*minister des Innern.

(3) Der *Reichs*minister des Innern weist den Hauptvermessungsabteilungen die erforderlichen Beamten und sonstigen Hilfskräfte zu.

§ 2

(1) Den Hauptvermessungsabteilungen obliegt

1. die Herstellung und Erhaltung der Landesdreiecks- und Aufnahmenetze und die Überwachung des *Reichs*festpunktfeldes,
2. die Bearbeitung, Laufendhaltung und Drucklegung der topographischen Landeskartenwerke.

(2) Der *Reichs*minister des Innern kann den Hauptvermessungsabteilungen weitere Aufgaben übertragen oder zulassen, daß ihnen weitere Aufgaben von den Landesregierungen übertragen werden.

. . . .

8. Verordnung über die Vereinfachung und Vereinheitlichung des Kataster- und Vermessungswesens

Anh 72

vom 30. September 1944

RGBl I 273

(auszugsweise)

§ 1

Mit dem 1. Oktober 1944 werden die auf dem Gebiete des Kataster- und Vermessungswesens tätigen Behörden der Länder *Reichs*behörden und dem Minister des Innern unterstellt. Die auf dem Gebiete des Kataster- und Vermessungswesens tätigen Beamten der Länder werden unmittelbare *Reichs*beamte. Die auf dem Gebiete des Kataster- und Vermessungswesens tätigen Angestellten und Arbeiter der Länder treten in den Dienst des *Reichs*.

9. Verordnung zur Durchführung der Verordnung über die Vereinfachung und Vereinheitlichung des Kataster- und Vermessungswesens

Anh 73

vom 1. Oktober 1944

RGBl I 274

(auszugsweise)

§ 1

(1) *Reichs*vermessungsbehörden des Katasterdienstes sind
in der Kreisstufe die Katasterämter,
in der Mittelstufe die Hauptvermessungsabteilungen
(Gesetz vom 18. März 1938 RGBl I S 277).

(2) Sitz und Amtsbereich der Katasterämter bestimmt der *Reichs*minister des Innern.

§ 2

Für die Aufgaben und Zuständigkeiten der *Reichs*vermessungsbehörden des Katasterdienstes bleiben die bestehenden *reichs-* und landesgesetzlichen Vorschriften maßgebend, soweit der *Reichs*minister des Innern nicht abweichende Anordnungen trifft.

§ 3

(1) Die Aufgaben der obersten Landeskatasterbehörden gehen, soweit in den Ländern mittlere Landeskatasterbehörden nicht vorhanden sind, auf die Hauptvermessungsabteilungen, sonst auf den *Reichs*minister des Innern über. Dieser kann eine abweichende Regelung treffen.

(2) Die Dienststellen der Landeskatasterbehörden in der Mittelstufe werden bis zur räumlichen Vereinigung mit den Hauptvermessungsabteilungen deren Nebenstellen. Für diese Nebenstellen gilt insbesondere die allgemeine Geschäftsanweisung der Hauptvermessungsabteilungen.

(3) In Hamburg, Bremen und Mecklenburg werden die Aufgaben der Katasterämter bis auf weiteres von den bisher damit beauftragten Stellen weitergeführt. Die nähere Regelung trifft der *Reichs*minister des Innern.

10. AV RJM vom 28. Februar 1942 DJ 182 — Anh 74

Beschaffung der Katasterunterlagen im Versteigerungstermin

I.

1. In den Bezirken, in denen das *Reichs*kataster amtliches Verzeichnis der Grundstücke im Sinne des § 2 Abs 2 der GBO geworden ist und den Grundbuchämtern die Durchschriften der Bestandsblätter des Liegenschaftsbuchs zugegangen sind (vgl AV vom 20. Januar 1940 DJust S 212), hat das Grundbuchamt nach Eintragung der Anordnung der Versteigerung (§ 19 ZVG) dem Versteigerungsgericht auch eine beglaubigte Abschrift der Durchschrift des Bestandsblatts des Liegenschaftsbuchs zu erteilen.

2. Die landesrechtlichen Vorschriften, nach denen der Antragsteller dem Versteigerungsgericht einen Katasterauszug einzureichen hat, sind, soweit nach Abs 1 zu verfahren ist, als gegenstandslos anzusehen. Die Bestimmungen meiner (nur das Land Bayern betreffenden) AV vom 7. September 1940 (DJust S 1032) bleiben unberührt.

II.

Soweit die Voraussetzungen des Abschnitts I noch nicht vorliegen, gelten für die Beiziehung der Katasterauszüge weiter die bisherigen Vorschriften. . . . . .

III.

Die Versteigerungs-(. . . .)Gerichte können in jeder Lage des Verfahrens die ihnen vorliegenden Unterlagen den Vermessungsbehörden zur gebührenfreien Prüfung der Übereinstimmung mit dem Kataster übersenden.

11. Baden-Württemberg

AV JM vom 26. Februar 1953 Justiz 63 — Anh 75

Mitteilungspflichten der Messungsbehörden an die Grundbuchämter

Für die Entscheidung über die Frage der Einleitung und Durchführung von Löschungsverfahren auf Grund von §§ 84ff. der GBO sind in erster Linie Zweckmäßigkeitserwägungen des Grundbuchamts maßgebend. Es sollte jedoch angestrebt werden, die Grundbücher laufend durch Beseitigung wirklich gegenstandslos gewordener Eintragungen zu bereinigen.

Um den Grundbuchämtern die laufende Bereinigung des Grundbuchs von Eintragungen zu erleichtern, bei denen mit Sicherheit angenommen werden kann, daß das Recht, auf das sich die Eintragung bezieht, nicht besteht und seine Entstehung ausgeschlossen ist, oder daß das Recht aus tatsächlichen Gründen dauernd nicht ausgeübt werden kann, hat das Innenministerium durch Erlaß vom 4. Februar 1953 Nr XII 3986/42 veranlaßt, daß die Vermessungsbehörden und öffentlich bestellten Vermessungsingenieure angewiesen werden, in Fällen, in denen ihnen im Zusammenhang mit Katasterfortführungsmessungen bekannt geworden ist, daß die Eintragung eines Rechts gegenstandslos geworden ist, die Grundbuchämter zu benachrichtigen. Die Benachrichtigung wird auf einem den Vermessungsbehörden und öffentlich bestellten Vermessungsingenieuren vom Innenministerium zugesandten besonderen Formblatt erfolgen.

Die Grundbuchämter werden gebeten, auf Grund dieser Benachrichtigung jeweils zu prüfen, ob ein Löschungsverfahren nach Maßgabe der Bestimmungen der §§ 84ff. der GBO einzuleiten und durchzuführen ist.

Anh 76

12. Hessen

GemRdErl des MdJ und des MdF vom 8. Mai 1957 hess JMBl 41

Erhaltung der Übereinstimmung zwischen dem Grundbuch und dem Liegenschaftskataster

Auf Grund des § 1 Abs 3 der GBO und der §§ 6, 27 des Katastergesetzes wird zur Erhaltung der Übereinstimmung zwischen dem Grundbuch und dem Liegenschaftskataster folgendes bestimmt:

§ 1

(1) Das Grundbuchamt teilt dem Katasteramt durch Veränderungslisten laufend mit:

a) die Eintragung eines Eigentümers oder Erbbauberechtigten sowie die Neuanlegung eines Grundbuchblattes;

b) Veränderungen der grundbuchmäßigen Bezeichnung eines Grundstücks infolge Umschreibung, Zusammenschreibung (§ 4 GBO), Vereinigung (§ 5 GBO), Zuschreibung als Bestandteil (§ 6 GBO), Teilung (Abschreibung von Grundstücksteilen im Sinne des § 2 Abs 3 GBO), Aufhebung einer Zusammenschreibung oder Übertragung eines Grundstücks oder Grundstücksteils auf ein anderes Blatt;

c) die Löschung von Miteigentumsanteilen (§ 17 der Verordnung zur Ausführung der Grundbuchordnung);

d) die Ausbuchung eines Grundstücks oder Grundstückteils.

(2) Eine Veränderungsliste kann mehrere Grundstücke umfassen, wenn die Grundstücke in derselben Gemeinde liegen oder ein gemeinschaftliches Grundbuchblatt haben.

§ 2

(1) Der Vordruck „Veränderungsliste" ergibt sich aus der **Anlage 1.** Die Vordrucke werden dem Grundbuchamt von der Katasterbehörde geliefert. Die Anlagen zur Veränderungsliste — Durchschläge der Bekanntmachungen nach § 55 GBO — stellt die Justizverwaltung.

(2) Die Spalten 1 bis 8 des Vordrucks „Veränderungsliste" sind für die Eintragungen des Grundbuchamtes, die Spalte 9 ist für Eintragungen des Katasteramtes bestimmt. Die Anlagen zur Veränderungsliste werden von dem Grundbuchamt ausgefüllt.

(3) Die Spalten 3 bis 6 („bisherige Eintragungsstelle") können unausgefüllt bleiben, wenn diese Angaben aus den Anlagen hervorgehen.

(4) In Spalte 7 sind in den Fällen freiwilliger Veräußerung der Erwerbspreis für die Liegenschaften (einschl Gebäude) und der Erwerbspreis für das Zubehör getrennt anzugeben, wenn sie bekannt sind. Ist nur der Gesamtpreis bekannt, so ist er durch beide Unterabteilungen der Spalte durchlaufend anzugeben. Ist in dem Erwerbspreis der Preis für Grundstücke enthalten, die in der Veränderungsliste nicht mit aufgeführt sind, so ist dies in Spalte 8 zu vermerken.

(5) Umfaßt eine Veränderungsliste mehrere Vorgänge, so werden sie durch einen über die ganze Seite laufenden Querstrich voneinander getrennt.

(6) Der Urkundsbeamte der Geschäftsstelle hat die Liste und die Anlagen auszufüllen und abzusenden; bei Zweifeln über die Ausfüllung hat er die Weisung des Richters bzw Rechtspflegers einzuholen.

§ 3

(1) Das Katasteramt prüft die ihm vom Grundbuchamt übersandten Veränderungslisten nebst Anlagen auf die Übereinstimmung mit dem Liegenschaftskataster und sendet sie, gegebenenfalls mit roter Tinte berichtigt, vervollständigt oder mit Bemerkungen versehen, an das Grundbuchamt zurück. Dies gilt namentlich dann, wenn bei der Neuanlegung eines Grundbuchblattes vom Grundbuchamt die Nummer des Liegenschaftsbuchs oder die Nummer des Gebäudebuchs nicht ausgefüllt werden konnte, weil bisher noch kein Bestandsblatt des Liegenschaftsbuchs oder kein Gebäudeblatt angelegt war. Über eine etwaige Berichtigung der Bestandsangaben hat das Grundbuchamt zu entscheiden.

(2) Nach Erledigung ist die Liste nebst Anlagen unverzüglich dem Katasteramt zurückzusenden.

(3) In den Fällen des Abs 1 Satz 2 fügt das Katasteramt der Veränderungsliste eine Durchschrift des neu aufgestellten Bestandsblattes des Liegenschaftsbuchs bei. Die Durchschrift ist zu den Grundakten des neuen Grundbuchblattes zu nehmen.

§ 4

(1) Das Grundbuchamt erhält von dem Katasteramt laufend Auszüge aus den Veränderungsnachweisen nach dem Vordruck gemäß **Anlage 2a oder 2b.** Diese können enthalten:

1. Veränderungen, und zwar

a) Veränderungen der geometrischen Form eines Flurstücks, zB durch Zerlegung oder Verschmelzung;

b) Veränderungen in den Eigenschaftsangaben, zB infolge Änderungen in der Nutzungs- (Wirtschafts-)art;

c) Veränderungen in der Bezeichnung, zB der Lagebezeichnung, der Nummer des Liegenschaftsbuchs oder des Gebäudebuchs, der Benennung der Verwaltungsbezirke (Kreis, Gemeinde usw) oder der Katasterbezirke (Gemarkung, Flur);

2. Berichtigungen, und zwar

a) Berichtigungen von Schreibfehlern, Rechenfehlern und ähnlichen offenbaren Unrichtigkeiten;

b) Berichtigungen des Flächeninhalts eines Flurstücks, wenn eine neue Fläche für ein Flurstück eingeführt wird, das in seinen Umfangsgrenzen unverändert geblieben ist;

c) Berichtigungen von Zeichenfehlern, wenn die Darstellung in der Flurkarte mit deren Unterlagen nicht übereinstimmt;

d) Berichtigungen von Aufnahmefehlern, wenn die Umfangsgrenzen eines Flurstücks, wie sie sich aus der Flurkarte und den maßgebenden Unterlagen ergeben, nicht dem bei der Aufnahme vorhanden gewesenen rechtmäßigen Bestand des Flurstücks entsprechen. In diesem Falle wird dem Auszug aus dem Veränderungsnachweis eine Abzeichnung der Flurkarte beigefügt.

(2) In den Fällen, in denen sich nur die Nutzungs-(Wirtschafts-)art, die Nummer des Gebäudebuchs oder die Lagebezeichnung ändert, kann das Katasteramt statt eines Auszugs aus dem Veränderungsnachweis dem Grundbuchamt eine Veränderungsmitteilung nach dem Vordruck gemäß **Anlage 3** zugehen lassen.

§ 5

(1) Auf Grund der Auszüge aus dem Veränderungsnachweis (§ 4 Abs 1) oder der Veränderungsmitteilungen (§ 4 Abs 2) hat das Grundbuchamt die Bestandsangaben des Grundbuchs sofort zu berichtigen, soweit es sich nicht um die Berichtigung von Aufnahmefehlern handelt. Ist bei Veränderungen der geometrischen Form eines Flurstücks (§ 4 Abs 1 Nr 1 Buchst a) die Berichtigung zugleich rechtlicher Art (zB bei einer Anlandung), so hat der Richter bzw Rechtspfleger über ihre Aufnahme zu entscheiden.

(2) Handelt es sich um die Berichtigung eines Aufnahmefehlers (§ 4 Abs 1 Nr 2 Buchst d), so hat der Richter bzw Rechtspfleger über die Berichtigung des Bestandsverzeichnisses zu entscheiden. Hierbei ist zu prüfen, ob der Übernahme der Berichtigung in das Grundbuch der öffentliche Glaube, ein Eigentumserwerb durch Zuschlag oder ein ähnlicher Rechtsvorgang entgegensteht. Ist dies nach Ansicht des Richters oder Rechtspflegers der Fall, so hat er die Übernahme der Berichtigung abzulehnen und den Auszug aus dem Veränderungsnachweis an das Katasteramt zurückzusenden, welches hierauf die Berichtigung rückgängig macht.

§ 6

Kann eine Veränderung oder Berichtigung erst nach Beseitigung von Anständen in das Grundbuch übernommen werden, so hat das Grundbuchamt in Verbindung mit dem Katasteramt die Sache aufzuklären und, soweit erforderlich, die Beteiligten unter Hinweis auf ihr Interesse zur Mitwirkung zu veranlassen.

§ 7

Die Entscheidung des Grundbuchamtes über die in das Grundbuch zu übernehmenden Veränderungen und Berichtigungen ist durch eine besondere Verfügung zu treffen, die zu den Grundakten zu nehmen ist.

§ 8

(1) Die Bestandsangaben sind in der Weise zu berichtigen, daß das Grundstück mit den neuen Angaben unter einer neuen laufenden Nummer eingetragen wird. § 13 Abs 1 der Grundbuchverfügung ist entsprechend anzuwenden. Sofern die Übersichtlichkeit des Grundbuchs nicht gefährdet wird, kann die neue Angabe unter oder über der rot zu unterstreichenden bisherigen Angabe eingetragen werden. Soweit die Grundbücher noch nicht nach dem *Reichs*vordruck geführt sind, sind die vorstehenden Bestimmungen entsprechend anzuwenden.

(2) Von der Berichtigung ist der Eigentümer zu benachrichtigen, wenn sie mit einer Änderung der Flurstücksnummer verbunden ist. In den übrigen Fällen bleibt es dem Grundbuchamt überlassen, die Benachrichtigung des Eigentümers anzuordnen.

§ 9

Dieser Runderlaß tritt am 1. Juli 1957 in Kraft. Mit Wirkung vom gleichen Tage werden die AV RJM betreffend die Erhaltung der Übereinstimmung zwischen dem Grundbuch und dem Reichskataster vom 20. Januar 1940 (DJ S 214) und der Runderlaß des Hessischen Ministers der Justiz vom 27. Februar 1951 (JMBl S 37)aufgehoben. Die Fortführungsvorschriften für die Katasterbehörden werden mit besonderem Erlaß des Hessischen Ministers der Finanzen den Vorschriften dieses Erlasses angeglichen.

(Vorderseite)

Anlage 1

Grundbuchamt ....

Kreis ....

Gemeinde ....

Veränderungsliste

Jahrgang 19.......... Nr. ....

(wird vom Katasteramt auszufüllen)

Geschäftsstelle des Grundbuchamtes ...., den .... 19..........

1. Mit ....Blatt Anlagen*)
an das Katasteramt in ....
zum Zwecke der Fortführung des Liegenschaftskatasters.

....

Justiz-ober-inspektor-sekretär-angestellter

Katasteramt ...., den .... 19..........

2. Mit ....Blatt Anlagen
zurück an das Amtsgericht Grundbuchamt in ....
nach Vervollständigung (Berichtigung) — in Rot —.

Im Auftrag

....

Geschäftsstelle des Grundbuchamtes ...., den .... 19..........

3. Mit ....Blatt Anlagen
Zurück an das Katasteramt in ....
nach Vervollständigung (Berichtigung) des Grundbuchs.

....

Justiz-ober-inspektor-sekretär-angestellter

---

*) Als Anlagen sind Durchschläge oder Bekanntmachungen nach § 55 der Grundbuchordnung zu verwenden.

(Rückseite)

Neue Eintragungsstelle gemäß Anlage		Bisherige Eintragungsstelle*)				Erwerbspreis		Bemerkungen des Grundbuchamtes (Jahrgang und Veränderungsnachweises)	Für das Katasteramt	
				Nummer						
Grundbuch Bd, Bl	Lfd Nr der Grundstücke	Grundbuch Bd, Bl	Lfd Nr der Grundstücke	des Liegenschaftsbuchs	des Gebäudebuchs	für die Liegenschaften (einschl Gebäude) DM	für das Zubehör DM		Tag der Fortführung	Bemerkungen
1	2	3	4	5	6	7		8	9	

*) Die Spalten 3 bis 6 können unausgefüllt bleiben, wenn diese Angaben aus den Anlagen hervorgehen.

<u>**Anlage 2a**</u>

Kataster- und Vermessungsverwaltung

Grundbuchamt .... Kreis ....

Finanzamt .... Katasteramt ....

Auszug aus dem Veränderungsnachweis

Gemeinde ....

Gemarkung ....

Jahrgang 19............ Nr. ....

zum Zwecke ....

1. Die in dem Auszug nachgewiesenen Veränderungen und Berichtigungen sind in das Liegenschaftskataster bereits übernommen.
   Gegen den Inhalt des Veränderungsnachweises kann binnen 2 Wochen nach Zustellung des Auszugs Einspruch beim oben erwähnten Katasteramt eingelegt werden. Der Einspruch muß einen bestimmten Antrag enthalten. Die Beschwerdepunkte und die zur Begründung dienenden Tatsachen und Beweismittel sollen angegeben werden. Bei völliger Zurückweisung des Einspruchs fallen die durch örtliche Untersuchungen entstandenen Kosten demjenigen zur Last, der den Einspruch eingelegt hat.*)
2. Die in dem Auszug nachgewiesenen Veränderungen werden in das Liegenschaftskataster erst nach der Eintragung in das Grundbuch (Teilabschreibung) übernommen. Die Eintragungen im „neuen Bestand" sind daher nur vorläufige Angaben. Der Antrag auf Grundbucheintragung ist sobald wie möglich zu stellen. Ist die Eintragung in das Grundbuch nicht bis zum Ablauf des Monats . . . . 19 . . . . . beantragt, ohne daß besondere Hinderungsgründe vorliegen, so wird der Veränderungsnachweis rückgängig gemacht. Die Kosten einer evtl. Neuaufstellung des Veränderungsnachweises und gegebenenfalls einer erneuten Vermessung sind von den Beteiligten zu tragen.*)
3. Der Wohnort des Grundstückeigentümers und der Erwerber ist nur vermerkt, wenn der Grundstückseigentümer (Erwerber) außerhalb der obengenannten Gemeinde wohnt. Der Name der Gemarkung ist in den Spalten 3 und 9 unter der Flurstücksnummer eingetragen, wenn er von dem oben angegebenen Gemarkungsnamen abweicht.
   Die für die Nutzungsarten verwendeten Abkürzungen bedeuten:

A	= Ackerland	Hei	= Heide	Str	= Streuwiese
G	= Gartenland	Hf	= Hof- u. Gebäudefläche	U	= Unland
Gbf	= Gebäudefläche	Hpf	= Hopfenpflanzung	W	= Wiese
Gr	= Grünland	Hu	= Hutung	Wa	= Wasserfläche
H	= Wald (Holzung)	Mo	= Moor	Wg	= Weingarten

<u>Hinweise für Notar und Grundbuchamt:</u>

4. Dieser Auszug verliert zu dem unter Nr. 2 angegebenen Zeitpunkt seine Gültigkeit, sofern bis zu diesem Zeitpunkt die Eintragung in das Grundbuch (Teilabschreibung) nicht beantragt ist.
5. Soweit in diesem Auszug im „neuen Bestand" zu-Nummern vergeben sind, muß durch Vereinigung (§ 890 Abs. 1 BGB) oder Zuschreibung als Bestandteil (§ 890 Abs. 2 BGB) dafür gesorgt werden, daß alle zusammengehörenden Zuflurstücke künftig ein einheitliches Grundstück bilden.*)

Gebühren: .... DM .... Pf. Geb.B.Nr. ....*)

*) Nichtzutreffendes ist zu streichen.

(Rückseite)

Lfd Nummer	Alter Bestand — Liegenschaftsbuch Nummer — Grundbuch Band, Blatt — Eigentümer —												
	Jahrgang und Nummer des vorausgegangenen Veränderungsnachweises	Nummer der Flur	Nummer des Flurstücks	Lage	Nutzungsart (Nummer des Gebäudebuchs)	Fläche ha	Fläche a	Fläche qm	Ertragsmeßzahl	Gesamtfläche des Flurstücks ha	Gesamtfläche des Flurstücks a	Gesamtfläche des Flurstücks qm
1	2	3		4	5	6			7	8		

Fortsetzung unten

Neuer Bestand — Liegenschaftsbuch Nummer — Grundbuch Band, Blatt, — Eigentümer —												Eingetragen am	Hinweise auf spätere Fortführungen od. dgl.
Nummer der Flur	Nummer des Flurstücks	Lage	Nutzungsart (Nummer des Gebäudebuchs)	Fläche ha	Fläche a	Fläche qm	Ertragsmeß-Zahl	Gesamtfläche des Flurstücks ha	Gesamtfläche des Flurstücks a	Gesamtfläche des Flurstücks qm		Nr. der Grund-Grundakten	
9		10	11	12			13	14				15	16

Anlage 2b

Kataster- und Vermessungsverwaltung

Grundbuchamt .... Kreis ....

Finanzamt .... Katasteramt ....

Auszug aus dem Veränderungsnachweis

Gemeinde ....

Gemarkung ....

Jahrgang 19.......... Nr. ....

zum Zwecke ....

1. Die in dem Auszug nachgewiesenen Veränderungen und Berichtigungen sind in das Liegenschaftskataster bereits übernommen.
Gegen den Inhalt des Veränderungsnachweises kann binnen 2 Wochen nach Zustellung des Auszugs Einspruch beim oben erwähnten Katasteramt eingelegt werden. Der Einspruch muß einen bestimmten Antrag enthalten. Die Beschwerdepunkte und die zur Begründung dienenden Tatsachen und Beweismittel sollen angegeben werden. Bei völliger Zurückweisung des Einspruchs fallen die durch örtliche Untersuchungen entstandenen Kosten demjenigen zur Last, der den Einspruch eingelegt hat.*)
2. Die in dem Auszug nachgewiesenen Veränderungen werden in das Liegenschaftskataster erst nach der Eintragung in das Grundbuch (Teilabschreibung) übernommen. Die Eintragungen im „neuen Bestand" sind daher nur vorläufige Angaben. Der Antrag auf Grundbucheintragung ist sobald wie möglich zu stellen. Ist die Eintragung in das Grundbuch nicht bis zum Ablauf des Monats .... 19....... beantragt, ohne daß besondere Hinderungsgründe vorliegen, so wird der Veränderungsnachweis rückgängig gemacht. Die Kosten einer evtl. Neuaufstellung des Veränderungsnachweises und gegebenenfalls einer erneuten Vermessung sind von den Beteiligten zu tragen.*)
3. Der Wohnort des Grundstückeigentümers und der Erwerber ist nur vermerkt, wenn der Grundstückseigentümer (Erwerber) außerhalb der obengenannten Gemeinde wohnt. Der Name der Gemarkung ist in den Spalten 3 und 9 unter der Flurstücksnummer eingetragen, wenn er von dem oben angegebenen Gemarkungsnamen abweicht.
Die für die Nutzungsarten verwendeten Abkürzungen bedeuten:

A	= Ackerland	Hei	= Heide	Str	= Streuwiese
G	= Gartenland	Hf	Hof- u. Gebäudefläche	U	= Unland
Gbf	Gebäudefläche	Hpf	= Hopfenpflanzung	W	= Wiese
Gr	Grünland	Hu	= Hutung	Wa	= Wasserfläche
H	Wald (Holzung)	Mo	= Moor	Wg	= Weingarten

Hinweise für Notar und Grundbuchamt:

4. Dieser Auszug verliert zu dem unter Nr. 2 angegebenen Zeitpunkt seine Gültigkeit, sofern bis zu diesem Zeitpunkt die Eintragung in das Grundbuch (Teilabschreibung) nicht beantragt ist.
5. Soweit in diesem Auszug im „neuen Bestand" zu-Nummern vergeben sind, muß durch Vereinigung (§ 890 Abs. 1 BGB) oder Zuschreibung als Bestandteil (§ 890 Abs. 2 BGB) dafür gesorgt werden, daß alle zusammengehörenden Zuflurstücke künftig ein einheitliches Grundstück bilden.*)

Gebühren: .... DM .... Pf. Geb.B.Nr. ....*)

*) Nichtzutreffendes ist zu streichen.

(Seite 2)

Lfd. Nummer	Alter Bestand — Liegenschaftsbuch Nummer — Grundbuch Band, Blatt — Eigentümer —												
	Jahrgang und Nummer des vorausgegangenen Veränderungsnachweises	Nummer der Flur-	Nummer des Flurstücks	Lage	Nutzungsart (Nummer des Gebäudebuchs)	Fläche ha	Fläche a	Fläche qm	Ertragsmeßzahl	Gesamtfläche des Flurstücks ha	Gesamtfläche des Flurstücks a	Gesamtfläche des Flurstücks qm
1	2	3		4	5	6			7	8		

(Seite 3)

Neuer Bestand — Liegenschaftsbuch Nummer — Grundbuch Band, Blatt — Eigentümer —												Eingetragen am	Hinweise auf spätere Fortführungen od. dgl.
Nummer der Flur	Nummer des Flurstücks	Lage	Nutzungsart (Nummer des Gebäudebuchs	Fläche ha	Fläche a	Fläche qm	Ertragsmeßzahl	Gesamtfläche des Flurstücks ha	Gesamtfläche des Flurstücks a	Gesamtfläche des Flurstücks qm		Nr. der Grundakten	
9		10	11	12			13	14				15	16

Katasteramt

Anlage 3

...., den .... 19..........

An das
Amtsgericht (Grundbuchamt)
in ....

Veränderungsmitteilung

Gemeinde ....

Jahrgang 19.......... Nr. ....

zum Zwecke der Berichtigung des Grundbuchs infolge Veränderungen — in der Nutzungs-(Wirtschafts-)art — in der Nummer des Gebäudebuchs — und — in der Lagebezeichnung*).

Lfd. Nummer	Grundbuch Bd., Bl.	Gemarkung	Nummer der Flur	Nummer des Flurstücks	Nummer des Liegenschaftsbuchs	Nummer des Gebäudebuchs a) alt b) neu	Nutzungs-(Wirtschafts-)art und Lage a) alt b) neu	Fläche ha	Fläche a	Fläche qm
1	2	3	4		5	6	7	8		

*) Nichtzutreffendes ist zu streichen.

Fortsetzung Rückseite

(Rückseite)

Lfd. Nummer	Grundbuch Bd., Bl.	Gemarkung	Nummer der Flur	Nummer des Flurstücks	Nummer des Liegenschaftsbuchs	Nummer des Gebäudebuchs a) alt b) neu	Nutzungs-(Wirtschafts-)art und Lage a) alt b) neu	Fläche ha	Fläche a	Fläche qm
1	2	3	4		5	6	7	8		

Die für die Nutzungsarten (Spalte 7) verwendeten Abkürzungen bedeuten:

A = Ackerland	Hei = Heide	Str = Streuwiese
G = Gartenland	Hf = Hof- u. Gebäudefläche	U = Unland
Gbf = Gebäudefläche	Hpf = Hopfenpflanzung	W = Wiese
Gr = Grünland	Hu = Hutung	Wa = Wasserfläche
H = Wald (Holzung)	Mo = Moor	Wg = Weingarten

IX. Wohnungseigentum Anh 77

1. Gesetz über das Wohnungseigentum und das Dauerwohnrecht

(Wohnungseigentumsgesetz)

vom 15. März 1951 BGBl I 175, 209

(auszugsweise)

I. Teil

Wohnungseigentum

§ 1

Begriffsbestimmungen

(1) Nach Maßgabe dieses Gesetzes kann an Wohnungen das Wohnungseigentum, an nicht zu Wohnzwecken dienenden Räumen eines Gebäudes Teileigentum begründet werden.

(2) Wohnungseigentum ist das Sondereigentum an einer Wohnung in Verbindung mit dem Miteigentumsanteil an dem gemeinschaftlichen Eigentum, zu dem es gehört.

(3) Teileigentum ist das Sondereigentum an nicht zu Wohnzwecken dienenden Räumen eines Gebäudes in Verbindung mit dem Miteigentumsanteil an dem gemeinschaftlichen Eigentum, zu dem es gehört.

(4) Gemeinschaftliches Eigentum im Sinne dieses Gesetzes sind das Grundstück sowie die Teile, Anlagen und Einrichtungen des Gebäudes, die nicht im Sondereigentum oder im Eigentum eines Dritten stehen.

(5) Für das Teileigentum gelten die Vorschriften über das Wohnungseigentum entsprechend.

1. Abschnitt

Begründung des Wohnungseigentums

§ 2

Arten der Begründung

Wohnungseigentum wird durch die vertragliche Einräumung von Sondereigentum (§ 3) oder durch Teilung (§ 8) begründet.

§ 3

Vertragliche Einräumung von Sondereigentum

(1) Das Miteigentum (§ 1008 des Bürgerlichen Gesetzbuches) an einem Grundstück kann durch Vertrag der Miteigentümer in der Weise beschränkt werden, daß jedem der Miteigentümer abweichend von § 93 des Bürgerlichen Gesetzbuches das Sondereigentum an einer bestimmten Wohnung oder an nicht zu Wohnzwecken bestimmten Räumen in einem auf dem Grundstück errichteten oder zu errichtenden Gebäude eingeräumt wird.

(2) Sondereigentum soll nur eingeräumt werden, wenn die Wohnungen oder sonstigen Räume in sich abgeschlossen sind.

§ 4

Formvorschriften

(1) Zur Einräumung und zur Aufhebung des Sondereigentums ist die Einigung der Beteiligten über den Eintritt der Rechtsänderung und die Eintragung in das Grundbuch erforderlich.

(2) Die Einigung bedarf der für die Auflassung vorgeschriebenen Form. Sondereigentum kann nicht unter einer Bedingung oder Zeitbestimmung eingeräumt oder aufgehoben werden.

(3) Für einen Vertrag, durch den sich ein Teil verpflichtet, Sondereigentum einzuräumen oder aufzuheben, gilt § 313 des Bürgerlichen Gesetzbuches entsprechend.

§ 5

Gegenstand und Inhalt des Sondereigentums

(1) Gegenstand des Sondereigentums sind die gemäß § 3 Abs 1 bestimmten Räume sowie die zu diesen Räumen gehörenden Bestandteile des Gebäudes, die verändert, beseitigt oder eingefügt werden können, ohne daß dadurch das gemeinschaftliche Eigentum oder ein auf Sondereigentum beruhendes Recht eines anderen Wohnungseigentümers über das nach § 14 zulässige Maß hinaus beeinträchtigt oder die äußere Gestaltung des Gebäudes verändert wird.

(2) Teile des Gebäudes, die für dessen Bestand oder Sicherheit erforderlich sind, sowie Anlagen und Einrichtungen, die dem gemeinschaftlichen Gebrauch der Wohnungseigentümer dienen, sind nicht Gegenstand des Sondereigentums, selbst wenn sie sich im Bereich des im Sondereigentum stehenden Räume befinden.

(3) Die Wohnungseigentümer können vereinbaren, daß Bestandteile des Gebäudes die Gegenstand des Sondereigentums sein können, zum gemeinschaftlichen Eigentum gehören.

(4) Vereinbarungen über das Verhältnis der Wohnungseigentümer untereinander können nach den Vorschriften des 2. und 3. Abschnittes zum Inhalt des Sondereigentums gemacht werden.

§ 6

Unselbständigkeit des Sondereigentums

(1) Das Sondereigentum kann ohne den Miteigentumsanteil, zu dem es gehört, nicht veräußert oder belastet werden.

(2) Rechte an dem Miteigentumsanteil erstrecken sich auf das zu ihm gehörende Sondereigentum.

§ 7

Grundbuchvorschriften

abgedruckt unter *GT 32 S 164*

§ 8

Teilung durch den Eigentümer

(1) Der Eigentümer eines Grundstücks kann durch Erklärung gegenüber dem Grundbuchamt das Eigentum an dem Grundstück in Miteigentumsanteile in der Weise teilen, daß mit jedem Anteil das Sondereigentum an einer bestimmten Wohnung oder an nicht zu Wohnzwecken dienenden bestimmten Räumen in einem auf dem Grundstück errichteten oder zu errichtenden Gebäude verbunden ist.

(2) Im Falle des Absatzes 1 gelten die Vorschriften des § 3 Abs 2 und der §§ 5, 6, 7 Abs 1, 3 bis 5 entsprechend. Die Teilung wird mit der Anlegung der Wohnungsgrundbücher wirksam.

§ 9

Schließung der Wohnungsgrundbücher

(1) Die Wohnungsgrundbücher werden geschlossen:

1. von Amts wegen, wenn die Sondereigentumsrechte gemäß § 4 aufgehoben werden;
2. auf Antrag sämtlicher Wohnungseigentümer, wenn alle Sondereigentumsrechte durch völlige Zerstörung des Gebäudes gegenstandslos geworden sind und der Nachweis hierfür durch eine Bescheinigung der Baubehörde erbracht ist;

3. auf Antrag des Eigentümers, wenn sich sämtliche Wohnungseigentumsrechte in einer Person vereinigen.

(2) Ist ein Wohnungseigentum selbständig mit dem Rechte eines Dritten belastet, so werden die allgemeinen Vorschriften, nach denen zur Aufhebung des Sondereigentums die Zustimmung des Dritten erforderlich ist, durch Absatz 1 nicht berührt.

(3) Werden die Wohnungsgrundbücher geschlossen, so wird für das Grundstück ein Grundbuchblatt nach den allgemeinen Vorschriften angelegt; die Sondereigentumsrechte erlöschen, soweit sie nicht bereits aufgehoben sind, mit der Anlegung des Grundbuchblatts.

2. Abschnitt

Gemeinschaft der Wohnungseigentümer

§ 10

Allgemeine Grundsätze

(1) Das Verhältnis der Wohnungseigentümer untereinander bestimmt sich nach den Vorschriften dieses Gesetzes und, soweit dieses Gesetz keine besonderen Bestimmungen enthält, nach den Vorschriften des Bürgerlichen Gesetzbuches über die Gemeinschaft. Die Wohnungseigentümer können von den Vorschriften dieses Gesetzes abweichende Vereinbarungen treffen, soweit nicht etwas anderes ausdrücklich bestimmt ist.

(2) Vereinbarungen, durch die die Wohnungseigentümer ihr Verhältnis untereinander in Ergänzung oder Abweichung von Vorschriften dieses Gesetzes regeln, sowie die Abänderung oder Aufhebung solcher Vereinbarungen wirken gegen den Sondernachfolger eines Wohnungseigentümers nur, wenn sie als Inhalt des Sondereigentums im Grundbuch eingetragen sind.

(3) Beschlüsse der Wohnungseigentümer gemäß § 23 und Entscheidungen des Richters gemäß § 43 bedürfen zu ihrer Wirksamkeit gegen den Sondernachfolger eines Wohnungseigentümers nicht der Eintragung in das Grundbuch.

(4) . . . .

§ 11

Unauflöslichkeit der Gemeinschaft

(1) Kein Wohnungseigentümer kann die Auflösung der Gemeinschaft verlangen . . .

(2) . . . .

§ 12

Veräußerungsbeschränkung

(1) Als Inhalt des Sondereigentums kann vereinbart werden, daß ein Wohnungseigentümer zur Veräußerung seines Wohnungseigentums der Zustimmung anderer Wohnungseigentümer oder eines Dritten bedarf.

(2) Die Zustimmung darf nur aus einem wichtigen Grunde versagt werden. Durch Vereinbarung gemäß Abs 1 kann dem Wohnungseigentümer darüber hinaus für bestimmte Fälle ein Anspruch auf Erteilung der Zustimmung eingeräumt werden.

(3) Ist eine Vereinbarung gemäß Abs 1 getroffen, so ist eine Veräußerung des Wohnungseigentums und ein Vertrag, durch den sich der Wohnungseigentümer zu einer solchen Veräußerung verpflichtet, unwirksam, solange nicht die erforderliche Zustimmung erteilt ist. Einer rechtsgeschäftlichen Veräußerung steht eine Veräußerung im Wege der Zwangsvollstreckung oder durch den Konkursverwalter gleich.

§ 13

Rechte des Wohnungseigentümers

(1) Jeder Wohnungseigentümer kann, soweit nicht das Gesetz oder Rechte Dritter entgegenstehen, mit den im Sondereigentum stehenden Gebäudeteilen nach Belieben

verfahren, insbesondere diese bewohnen, vermieten, verpachten oder in sonstiger Weise nutzen, und andere von Einwirkungen ausschließen.

(2) . . . .

. . . .

§ 16

Nutzungen, Lasten und Kosten

(1) Jedem Wohnungseigentümer gebührt ein seinem Anteil entsprechender Bruchteil der Nutzungen des gemeinschaftlichen Eigentums. Der Anteil bestimmt sich nach dem gemäß § 47 der GBO im Grundbuch eingetragenen Verhältnis der Miteigentumsanteile.

(2) Jeder Wohnungseigentümer ist den anderen Wohnungseigentümern gegenüber verpflichtet, die Lasten des gemeinschaftlichen Eigentums sowie die Kosten der Instandhaltung, Instandsetzung, sonstigen Verwaltung und eines gemeinschaftlichen Gebrauchs des gemeinschaftlichen Eigentums nach dem Verhältnis seines Anteils (Abs 1 Satz 2) zu tragen.

. . . .

3. Abschnitt
Verwaltung

§ 20

Gliederung der Verwaltung

(1) Die Verwaltung des gemeinschaftlichen Eigentums obliegt den Wohnungseigentümern nach Maßgabe der §§ 21 bis 25 und dem Verwalter nach Maßgabe der §§ 26 bis 28, im Falle der Bestellung eines Verwaltungsbeirats auch diesem nach Maßgabe des § 29.

(2) Die Bestellung eines Verwalters kann nicht ausgeschlossen werden.

. . . .

4. Abschnitt
Wohnungserbbaurecht

§ 30

(1) Steht ein Erbbaurecht mehreren gemeinschaftlich nach Bruchteilen zu, so können die Anteile in der Weise beschränkt werden, daß jedem der Mitberechtigten das Sondereigentum an einer bestimmten Wohnung oder an nicht zu Wohnzwecken dienenden bestimmten Räumen in einem auf Grund des Erbbaurechts errichteten oder zu errichtenden Gebäude eingeräumt wird (Wohnungserbbaurecht, Teilerbbaurecht).

(2) Ein Erbbauberechtigter kann das Erbbaurecht in entsprechender Anwendung des § 8 teilen.

(3) Für jeden Anteil wird von Amts wegen ein besonderes Erbbaugrundbuchblatt angelegt (Wohnungserbbaugrundbuch, Teilerbbaugrundbuch). Im übrigen gelten für das Wohnungserbbaurecht (Teilerbbaurecht) die Vorschriften über das Wohnungseigentum (Teileigentum) entsprechend.

II. Teil
Dauerwohnrecht

§ 31

Begriffsbestimmungen

(1) Ein Grundstück kann in der Weise belastet werden, daß derjenige, zu dessen Gunsten die Belastung erfolgt, berechtigt ist, unter Ausschluß des Eigentümers eine bestimmte Wohnung in einem auf dem Grundstück errichteten oder zu errichtenden Gebäude zu bewohnen oder in anderer Weise zu nutzen (Dauerwohnrecht). Das Dauer-

wohnrecht kann auf einen außerhalb des Gebäudes liegenden Teil des Grundstücks erstreckt werden, sofern die Wohnung wirtschaftlich die Hauptsache bleibt.

(2) Ein Grundstück kann in der Weise belastet werden, daß derjenige zu dessen Gunsten die Belastung erfolgt, berechtigt ist, unter Ausschluß des Eigentümers nicht zu Wohnzwecken dienende bestimmte Räume in einem auf dem Grundstück errichteten oder zu errichtenden Gebäude zu nutzen (Dauernutzungsrecht).

(3) Für das Dauernutzungsrecht gelten die Vorschriften über das Dauerwohnrecht entsprechend.

§ 32

Voraussetzungen der Eintragung

(1) Das Dauerwohnrecht soll nur erteilt werden, wenn die Wohnung in sich abgeschlossen ist.

(2) Zur näheren Bezeichnung des Gegenstandes und des Inhalts des Dauerwohnrechts kann auf die Eintragungsbewilligung Bezug genommen werden. Der Eintragungsbewilligung sind als Anlagen beizufügen:

1. eine von der Baubehörde mit Unterschrift und Siegel oder Stempel versehene Baubezeichnung, aus der die Aufteilung des Gebäudes sowie die Lage und Größe der dem Dauerwohnrecht unterliegenden Gebäude- und Grundstücksteile ersichtlich ist (Aufteilungsplan);
2. eine Bescheinigung der Baubehörde, daß die Voraussetzungen des Absatzes 1 vorliegen.

(3) Das Grundbuchamt soll die Eintragung des Dauerwohnrechts ablehnen, wenn über die in § 33 Abs 4 Nrn 1 bis 4 bezeichneten Angelegenheiten, über die Voraussetzungen des Heimfallanspruchs (§ 36 Abs 1) und über die Entschädigung beim Heimfall (§ 36 Abs 4) keine Vereinbarungen getroffen sind.

§ 33

Inhalt des Dauerwohnrechts

(1) Das Dauerwohnrecht ist veräußerlich und vererblich. Es kann nicht unter einer Bedingung bestellt werden.

(2) Auf das Dauerwohnrecht sind, soweit nicht etwas anderes vereinbart ist, die Vorschriften des § 14 entsprechend anzuwenden.

(3) Der Berechtigte kann die zum gemeinschaftlichen Gebrauch bestimmten Teile, Anlagen und Einrichtungen des Gebäudes und Grundstücks mitbenutzen, soweit nichts anderes vereinbart ist.

(4) Als Inhalt des Dauerwohnrechts können Vereinbarungen getroffen werden über:

1. Art und Umfang der Nutzungen;
2. Instandhaltung und Instandsetzung der dem Dauerwohnrecht unterliegenden Gebäudeteile,
3. die Pflicht des Berechtigten zur Tragung öffentlicher oder privatrechtlicher Lasten des Grundstücks;
4. die Versicherung des Gebäudes und seinen Wiederaufbau im Falle der Zerstörung;
5. das Recht des Eigentümers, bei Vorliegen bestimmter Voraussetzungen Sicherheitsleistung zu verlangen.

. . . .

§ 35

Veräußerungsbeschränkung

Als Inhalt des Dauerwohnrechts kann vereinbart werden, daß der Berechtigte zur Veräußerung des Dauerwohnrechts der Zustimmung des Eigentümers oder eines Dritten bedarf. Die Vorschriften des § 12 gelten in diesem Falle entsprechend.

§ 36

Heimfallanspruch

(1) Als Inhalt des Dauerwohnrechts kann vereinbart werden, daß der Berechtigte verpflichtet ist, das Dauerwohnrecht beim Eintritt bestimmter Voraussetzungen auf den Grundstückseigentümer oder einen von diesem zu bezeichnenden Dritten zu übertragen (Heimfallanspruch). Der Heimfallanspruch kann nicht von dem Eigentum an dem Grundstück getrennt werden.

(2) Bezieht sich das Dauerwohnrecht auf Räume, die dem Mieterschutz unterliegen, so kann der Eigentümer von dem Heimfallanspruch nur Gebrauch machen, wenn ein Grund vorliegt, aus dem ein Vermieter die Aufhebung des Mietverhältnisses verlangen oder kündigen kann.

(3) Der Heimfallanspruch verjährt in 6 Monaten von dem Zeitpunkt an, in dem der Eigentümer von dem Eintritt der Voraussetzungen Kenntnis erlangt, ohne Rücksicht auf diese Kenntnis in 2 Jahren von dem Eintritt der Voraussetzungen an.

(4) Als Inhalt des Dauerwohnrechts kann vereinbart werden, daß der Eigentümer dem Berechtigten eine Entschädigung zu gewähren hat, wenn er von dem Heimfallanspruch Gebrauch macht. Als Inhalt des Dauerwohnrechts können Vereinbarungen über die Berechnung oder Höhe der Entschädigung oder die Art ihrer Zahlung getroffen werden.

. . . .

§ 38

Eintritt in das Rechtsverhältnis

(1) Wird das Dauerwohnrecht veräußert, so tritt der Erwerber anstelle des Veräußerers in die sich während der Dauer seiner Berechtigung aus dem Rechtsverhältnis zu dem Eigentümer ergebenden Verpflichtungen ein.

(2) Wird das Grundstück veräußert, so tritt der Erwerber anstelle des Veräußerers in die sich während der Dauer seines Eigentums aus dem Rechtsverhältnis zu dem Dauerwohnberechtigten ergebenden Rechte ein. Das gleiche gilt für den Erwerb auf Grund Zuschlags in der Zwangsversteigerung, wenn das Dauerwohnrecht durch den Zuschlag nicht erlischt.

§ 39

Zwangsversteigerung

(1) Als Inhalt des Dauerwohnrechts kann vereinbart werden, daß das Dauerwohnrecht im Falle der Zwangsversteigerung des Grundstücks abweichend von § 44 des Gesetzes über die Zwangsversteigerung und Zwangsverwaltung auch dann bestehen bleiben soll, wenn der Gläubiger einer dem Dauerwohnrecht im Range vorgehenden oder gleichstehenden Hypothek, Grundschuld, Rentenschuld oder Reallast die Zwangsversteigerung in das Grundstück betreibt.

(2) Eine Vereinbarung gemäß Abs 1 bedarf zu ihrer Wirksamkeit der Zustimmung derjenigen, denen eine dem Dauerwohnrecht im Range vorgehende oder gleichstehende Hypothek, Grundschuld, Rentenschuld oder Reallast zusteht.

(3) Eine Vereinbarung gemäß Abs 1 ist nur wirksam für den Fall, daß der Dauerwohnberechtigte im Zeitpunkt der Feststellung der Versteigerungsbedingungen seine fälligen Zahlungsverpflichtungen gegenüber dem Eigentümer erfüllt hat; in Ergänzung einer Vereinbarung nach Absatz 1 kann vereinbart werden, daß das Fortbestehen des Dauerwohnrechts vom Vorliegen weiterer Voraussetzungen abhängig ist.

§ 40

Haftung des Entgelts

(1) Hypotheken, Grundschulden, Rentenschulden und Reallasten, die dem Dauerwohnrecht im Range vorgehen oder gleichstehen, sowie öffentliche Lasten, die in wiederkehrenden Leistungen bestehen, erstrecken sich auf den Anspruch auf das Entgelt für das Dauerwohnrecht in gleicher Weise wie auf eine Mietforderung, soweit nicht in Absatz 2 etwas Abweichendes bestimmt ist. Im übrigen sind die für Mietforderungen geltenden Vorschriften nicht entsprechend anzuwenden.

(2) Als Inhalt des Dauerwohnrechts kann vereinbart werden, daß Verfügungen über den Anspruch auf das Entgelt, wenn es in wiederkehrenden Leistungen ausbedungen ist, gegenüber dem Gläubiger einer dem Dauerwohnrecht im Range vorgehenden oder gleichstehenden Hypothek, Grundschuld, Rentenschuld oder Reallast wirksam sind. Für eine solche Vereinbarung gilt § 39 Abs 2 entsprechend.

§ 41

Besondere Vorschriften für langfristige Dauerwohnrechte

(1) Für Dauerwohnrechte, die zeitlich unbegrenzt oder für einen Zeitraum von mehr als 10 Jahren eingeräumt sind, gelten die besonderen Vorschriften der Abs 2 und 3.

(2) Der Eigentümer ist, sofern nicht etwas anderes vereinbart ist, dem Dauerwohnberechtigten gegenüber verpflichtet, eine dem Dauerwohnrecht im Range vorgehende oder gleichstehende Hypothek löschen zu lassen für den Fall, daß sie sich mit dem Eigentum in einer Person vereinigt, und die Eintragung einer entsprechenden Löschungsvormerkung in das Grundbuch zu bewilligen.

(3) Der Eigentümer ist verpflichtet, dem Dauerwohnberechtigten eine angemessene Entschädigung zu gewähren, wenn er von dem Heimfallanspruch Gebrauch macht.

§ 42

Belastung eines Erbbaurechts

(1) Die Vorschriften der §§ 31 bis 41 gelten für die Belastung eines Erbbaurechts mit einem Dauerwohnrecht entsprechend.

(2) Beim Heimfall des Erbbaurechts bleibt das Dauerwohnrecht bestehen.

. . . .

2. Richtlinien für die Ausstellung von Bescheinigungen gemäß § 7 Abs 5 Nr 2 und § 32 Abs 2 Nr 2 WEG **Anh 78**

vom 3. August 1951 BAnz Nr 152 = GemMinBl 198

Auf Grund des § 59 WEG vom 15. März 1951 (BGBl I 175) in Verbindung mit Artikel 84 Abs 2 GG erlasse ich im Einvernehmen mit dem Bundesminister der Justiz und mit Zustimmung des Bundesrats folgende Richtlinien:

1. Die Bescheinigung darüber, daß eine Wohnung oder nicht zu Wohnzwecken dienende Räume in sich abgeschlossen im Sinne des § 3 Abs 2, § 32 Abs 1 WEG sind, wird auf Antrag des Grundstückseigentümers oder Erbbauberechtigten durch die Bauaufsichtsbehörde erteilt, die für die bauaufsichtliche Erlaubnis (Baugenehmigung) und die bauaufsichtlichen Abnahmen zuständig ist, soweit nicht die zuständige oberste Landesbehörde etwas anderes bestimmt.

2. Dem Antrag ist eine Bauzeichnung in zweifacher Ausfertigung im Maßstabe mindestens 1 : 100 beizufügen; sie muß bei bestehenden Gebäuden eine Baubestandszeichnung sein und bei zu errichtenden Gebäuden den bauaufsichtlichen (baupolizeilichen) Vorschriften entsprechen.

3. Aus der Bauzeichnung müssen die Wohnungen, auf die sich das Wohnungseigentum, Wohnungserbbaurecht oder Dauerwohnrecht beziehen soll, oder die nicht zu Wohnzwecken dienenden Räume, auf die sich das Teileigentum, Teilerbbaurecht oder Dauernutzungsrecht beziehen soll, ersichtlich sein. Dabei sind alle zu demselben Wohnungseigentum, Teileigentum, Wohnungserbbaurecht, Teilerbbaurecht, Dauerwohnrecht oder Dauernutzungsrecht gehörenden Einzelräume in der Bauzeichnung mit der jeweils gleichen Nummer zu kennzeichnen.

4. Der Begriff der Wohnung ergibt sich aus DIN-Blatt 283 (Blatt 1[1]) ,,Wohnungen, Begriffe". Dieses lautet in Ziffer 1:

,,Eine Wohnung ist die Summe der Räume, welche die Führung eines Haushaltes ermöglichen, darunter stets eine Küche oder ein Raum mit Kochgelegenheit. Zu einer Wohnung gehören außerdem Wasserversorgung, Ausguß und Abort. Die Eigenschaft als Wohnung geht nicht dadurch verloren, daß einzelne Räume vorübergehend oder dauernd zu beruflichen oder gewerblichen Zwecken benutzt werden."

Räume, die zwar zu Wohnzwecken bestimmt sind, aber die genannten Voraussetzungen nicht erfüllen, können nicht als Wohnung im Sinne der oben angeführten Vorschriften angesehen werden.

Der Unterschied zwischen ,,Wohnungen" und ,,nicht zu Wohnzwecken dienenden Räumen" ergibt sich aus der Zweckbestimmung der Räume. Nicht zu Wohnzwecken dienende Räume sind zB Läden, Werkstatträume, sonstige gewerbliche Räume, Praxisräume, Garagen und dergl.

5. Aus der Bauzeichnung muß weiter ersichtlich sein, daß die ,,Wohnungen" oder ,,die nicht zu Wohnzwecken dienenden Räume" in sich abgeschlossen sind.

a) Der Begriff der abgeschlossenen Wohnung ergibt sich gleichfalls aus dem DIN-Blatt 283 (Blatt 1). Dieses lautet in Ziffer 1, 11:

,,Abgeschlossene Wohnungen sind solche Wohnungen, die baulich vollkommen von fremden Wohnungen und Räumen abgeschlossen sind, zB durch Wände und Decken, die den Anforderungen der Bauaufsichtsbehörden (Baupolizei) an Wohnungstrennwände und Wohnungstrenndecken entsprechen, und einen eigenen abschließbaren Zugang unmittelbar vom Freien, von einem Treppenhaus oder einem Vorraum haben. Zu abgeschlossenen Wohnungen können zusätzliche Räume außerhalb des Wohnungsabschlusses gehören. Auch Wasserversorgung, Ausguß und Abort können außerhalb der Wohnungen liegen."

Zusätzliche Räume, die außerhalb des Wohnungsabschlusses liegen, müssen verschließbar sein. Zu jeder Wohnung muß ein eigener Abort gehören.

b) Bei ,,nicht zu Wohnzwecken dienenden Räumen" gelten diese Erfordernisse sinngemäß.

6. Bei Vorliegen der Voraussetzungen von 1 bis 5 ist die Bescheinigung nach dem Muster der Anlage zu erteilen. Die Bescheinigung ist mit Unterschrift sowie Siegel oder Stempel zu versehen. Mit der Bescheinigung ist eine als Aufteilungsplan bezeichnete und mit Unterschrift sowie mit Siegel oder Stempel versehene Ausfertigung der Bauzeichnung zu erteilen. Die Zusammengehörigkeit von Bescheinigung und Aufteilungsplan ist durch Verbindung beider mittels Schnur und Siegel oder durch übereinstimmende Aktenbezeichnung ersichtlich zu machen.

7. Die Bescheinigung gemäß Nr 6 ist bei zu errichtenden Gebäuden nicht zu erteilen, wenn die Voraussetzungen für eine bauaufsichtliche Genehmigung des Bauvorhabens nach Maßgabe der eingereichten Bauzeichnungen nicht gegeben sind.

---

[1]) Das DIN-Blatt kann von der Beuth-Vertrieb GmbH, Berlin W 15 oder Köln, bezogen werden. Sein Wortlaut ist im GemMinBl 1951 Nr. 6 (Seite 79ff.) abgedruckt.

Anlage

Bescheinigung

auf Grund des § 7 Abs 4 Nr 2/§ 32 Abs 2 Nr 2 des Wohnungseigentumsgesetzes vom 15. März 1951 (Bundesgesetzblatt I S 175)

Die in dem beiliegenden Aufteilungsplan
mit Ziffer .... bis .... bezeichneten Wohnungen*)
mit Ziffer .... bis .... bezeichneten nicht zu Wohnzwecken dienenden Räume*) in dem bestehenden / zu errichtenden*) Gebäude auf dem Grundstück in

....

(Ort) (Straße, Nr)

(Katastermäßige Bezeichnung) ....
Grundbuch von ....
Band: .... Blatt: ....
sind in sich abgeschlossen.
Sie entsprechen daher dem Erfordernis des § 3 Abs 2 / § 32 Abs 1*) des Wohnungseigentumsgesetzes.

...................................., den ....

(Ort)

....

(Unterschrift der Behörde)

(Siegel oder Stempel)

3. Württemberg **Anh 79**

— Württemberg-Baden und Württemberg-Hohenzollern —

Verfügung des JustMin über die grundbuchmäßige Behandlung der Wohnungseigentumssachen

vom 20. August 1951

wüba ABlJustMin 73 = wüho StAnz Nr 19 S 404

§ 1

Für das gemäß § 7 Abs 1, § 8 Abs 2 WEG vom 15. März 1951 (BGBl I 175) für jeden Miteigentumsanteil anzulegende besondere Grundbuch (Wohnungs- und Teileigentumsgrundbuch) sowie für das gemäß § 30 Abs 3 WEG anzulegende Wohnungs- und Teilerbbaugrundbuch gelten die für das Grundbuchwesen bestehenden Vorschriften entsprechend, soweit sich nicht aus den folgenden Bestimmungen etwas anderes ergibt.

§ 2

(1) Auf dem Titelblatt ist unter die Heftnummer in Klammern das Wort „Wohnungsgrundbuch" oder „Teileigentumsgrundbuch" zu setzen, je nachdem, ob sich das Sondereigentum auf eine Wohnung oder auf nicht zu Wohnzwecken dienende Räume bezieht. Ist mit dem Miteigentumsanteil Sondereigentum sowohl an einer Wohnung als auch an nicht zu Wohnzwecken dienenden Räumen verbunden und überwiegt nicht einer dieser Zwecke offensichtlich, so ist das Grundbuchheft als „Wohnungs- und Teileigentumsgrundbuch" zu bezeichnen.

(2) Die Wiedereröffnung geschlossener Grundbuchhefte (§ 37 württ GBVO) für Wohnungs- und Teileigentümer ist ausgeschlossen.

*) Nichtzutreffendes streichen.

§ 3

(1) In Abteilung I sind in dem durch die Spalten 2 bis 5 gebildeten Raum einzutragen:

a) der in einem zahlenmäßigen Bruchteil ausgedrückte Miteigentumsanteil an dem Grundstück;
b) die Bezeichnung des Grundstücks nach den allgemeinen Vorschriften;
c) das mit dem Miteigentumsanteil verbundene Sondereigentum an bestimmten Räumen und die Beschränkung des Miteigentums durch die Einräumung der zu den anderen Miteigentumsanteilen gehörenden Sondereigentumsrechte; dabei sind die Grundbuchhefte der übrigen Miteigentumsanteile anzugeben;
d) Veränderungen der unter a bis c genannten Vermerke.

(2) Die Eintragungen sind zu beurkunden.

(3) Über die Mitte jedes Eintrags ist in fortlaufender Folge ein Buchstabe zu setzen.

(4) Wegen des Gegenstandes und des Inhalts des Sondereigentums kann auf die Eintragungsbewilligung Bezug genommen werden (§ 7 Abs 3 WEG); vereinbarte Veräußerungsbeschränkungen (§ 12 WEG) sind jedoch ausdrücklich einzutragen.

(5) In Spalte 9 sind Veränderungen, die sich auf den Bestand des Grundstücks oder des Miteigentumsanteils beziehen, einzutragen.

(6) Verliert durch die Eintragung einer Veränderung nach ihrem aus dem Grundbuch ersichtlichen Inhalt ein früherer Vermerk ganz oder teilweise seine Bedeutung, so ist er insoweit rot zu unterstreichen.

(7) Vermerke über Rechte, die dem jeweiligen Eigentümer des Grundstücks zustehen, sind in Spalte 8 sämtlicher für Miteigentumsanteile an dem herrschenden Grundstück angelegten Wohnungs- und Teileigentums-Grundbücher einzutragen.

§ 4

(1) Rechte, die ihrer Natur nach nicht an dem Wohnungseigentum als solchem bestehen können (wie zB Wegerechte), sind in Spalte 1 der zweiten Abteilung in der Weise einzutragen, daß die Belastung des ganzen Grundstücks erkennbar ist. Die Belastung ist in sämtlichen für Miteigentumsanteile an dem belasteten Grundstück angelegten Wohnungs- und Teileigentumsgrundbüchern einzutragen, wobei jeweils auf die übrigen Eintragungen zu verweisen ist.

(2) Absatz 1 gilt entsprechend für Verfügungsbeschränkungen, die sich auf das Grundstück als Ganzes beziehen.

§ 5

Bei der Bildung von Hypotheken-, Grundschuld- und Rentenschuldbriefen wird anstelle der nach § 57 Abs 2b der Grundbuchordnung vorgesehenen Angaben der Inhalt der nach § 3 Abs 1 a bis d dieser Verfügung eingetragenen Vermerke wiedergegeben. Ist zur Ergänzung dieser Vermerke auf die Eintragungsbewilligung Bezug genommen (§ 3 Abs 4), so ist auch ihr Inhalt wiederzugeben.

§ 6

Sind gem § 7 Abs 1 oder § 8 Abs 2 WEG für die Miteigentumsanteile besondere Grundbuchhefte anzulegen, so werden die Miteigentumsanteile in Abteilung I Spalte 9 des Grundbuchhefts des Grundstückseigentümers abgeschrieben. Die Schließung des Grundbuchhefts gem § 7 Abs 1 Satz 3 WEG unterbleibt, wenn in dem Grundbuchheft von der Abschreibung nicht betroffene Grundstücke eingetragen sind.

§ 7

(1) Wird von der Anlegung besonderer Grundbuchhefte gem § 7 Abs 2 WEG abgesehen, so sind auf dem Titelblatt unter die Heft-Nummer in Klammern die Worte „Gemeinschaftliches Wohnungsgrundbuch“ oder „Gemeinschaftliches Teileigentums-

grundbuch" (im Falle des § 2 Abs 1 Satz 2 dieser Verfügung „Gemeinschaftliches Wohnungs- und Teileigentumsgrundbuch") zu setzen; die Angaben über die Einräumung von Sondereigentum, sowie über den Gegenstand und Inhalt des Sondereigentums sind als Bezeichnung des Gemeinschaftsverhältnisses iS des § 47 GBO auf dem Titelblatt einzutragen.

(2) Ein gemeinschaftliches Wohnungsgrundbuch (Teileigentumsgrundbuch) oder ein gemeinschaftliches Wohnungs- und Teileigentumsgrundbuch soll im Interesse der Übersichtlichkeit nur angelegt werden, wenn nicht mehr als 3 Anteile vorhanden sind.

§ 8

Die Vorschriften der §§ 2 bis 7 gelten für Wohnungs- und Teilerbbaugrundbücher entsprechend.

§ 9

Die nähere Einrichtung und Führung der Wohnungs- und Teileigentumsgrundbücher, sowie der Wohnungs- und Teilerbbaugrundbücher ergibt sich aus den als Anlage 1 bis 3 beigefügten Mustern. Die darin befindlichen Probeeintragungen sind als Beispiele nicht Teil dieser Verfügung.

§ 10

In den Grundbuchamtsbezirken, in welchen die für Württemberg erlassenen Vorschriften über das Grundbuchwesen nicht gelten, ist die Verfügung des Bundesministers der Justiz über die grundbuchmäßige Behandlung der Wohnungseigentumssachen vom 1. August 1951 (BAnz Nr 152) anzuwenden.

Anlage 1

Amtsgerichtsbezirk Stuttgart
Grundbuchamt Stuttgart

Grundbuch Heft Nr. 7800

(Wohnungs- und Teileigentumsgrundbuch)

(Wohnungsgrundbuch)

Titelblatt

Eigentümer: Johann Müller, Kaufmann in Stuttgart,
und seine Ehefrau Johanna geborene Schmitz daselbst,
je zur Hälfte.

Den 15. Mai 1951.

Neu

Seite 2 Abteilung I. **Verzeichnis der**

Lfd Nr	Aktennachweisung	Markung: Kartennummer	Markung: Parzellennummer	Bezeichnung des Grundstücks: Benützungs- oder Kulturart; Lage	Flächengehalt ha	a	qm	Zeit und Grund des Erwerbs	Erwerbspreis und sonstige Wertsangaben
1	2	3		4	5			6	7
1	*a)* *42/100 (zweiundvierzig Hundertstel) Miteigentumsanteil an dem Grundstück*							*a) Auflassung vom 6. Mai 1951. Den 15. Mai 1951.* *Neu*	
	Heft 7300 I 4 MU. Nr. 5 von 1951	*Stuttgart IX*	*Geb. 15* *830*	Charlottenstraße *Wohn- u. Geschäftshaus, Hofraum 223 qm* *Lagerplatz 245 qm*	—	*4*	*68*		

verbunden mit Sondereigentum an dem Laden im Erdgeschoß und an der Wohnung im ersten Stockwerk links; das Miteigentum ist durch die Einräumung der zu den anderen Miteigentumsanteilen (Heft 7801. I. 1 und 7802. I. 1) gehörenden Sondereigentumsrechte beschränkt.

Der Wohnungs- und Teileigentümer bedarf zur Veräußerung des Wohnungs- und Teileigentums der Zustimmung der Mehrheit der übrigen Wohnungseigentümer. Im übrigen wird wegen des Gegenstandes und des Inhalts des Sondereigentums auf die Eintragungsbewilligung vom 6. Mai 1951 Bezug genommen.

Eingetragen am 15. Mai 1951.

Neu

b)

Der Miteigentumsanteil beträgt noch 14/100 (vierzehn Hundertstel) und ist verbunden mit Sondereigentum an der Wohnung im ersten Stockwerk links; das Miteigentum ist durch die Einräumung der zu den anderen Miteigentumsanteilen (Heft 7801. I. 1, 7802. I. 2 und 8251. I. 1) gehörenden Sondereigentumsrechte beschränkt. Unter Bezugnahme auf die Eintragungsbewilligung vom 2. Juli 1955 eingetragen am 18. Juli 1955.

Neu

c)

Der Inhalt des Sondereigentums ist dahin geändert, daß
a) die Zustimmung zur Veräußerung nicht erforderlich ist im Falle der Versteigerung nach § 19 des Wohnungseigentumsgesetzes sowie bei Veräußerung im Wege der Zwangsvollstreckung oder durch den Konkursverwalter;
b) über den Gebrauch des Hofraums eine Vereinbarung getroffen ist.

unter Bezugnahme auf die Eintragungsbewilligung vom 18. August 1958 eingetragen am 2. September 1958.

Schmidt

d)

Der Gegenstand des Sondereigentums ist bezüglich eines Raumes geändert.
Unter Bezugnahme auf die Eintragungsbewilligung vom 28. Februar 1959 eingetragen am 21. März 1959.

Schmidt

Abteilung II. Seite 3

Grundstücke		**Lasten und Beschränkungen des Eigentums**	
Rechte, die dem jeweiligen Eigentümer des Grundstücks zustehen	Änderungen und Löschungen	Art der Belastung — Mitbelastete Grundstücke —	Änderungen und Löschungen
8	9	1	2
a) *Licht- und Fensterrecht an Geb. 13 Charlottenstraße Markung Stuttgart zugunsten des jeweiligen Eigentümers von Geb. 15 Charlottenstraße mit Parz. 830 siehe Heft 1108. II. 2b.* *Hier sowie bei den übrigen Miteigentumsanteilen (Heft 7801. I. 1, 7802. I. 1 und 8251. I. 1) vermerkt am 26. April 1956.* *Schmidt*	*28/100 Miteigentumsanteil, verbunden mit Sondereigentum an dem Laden im Erdgeschoß und den in der Eintragungsbewilligung vom 2. Juli 1955 sonst bezeichneten Räumlichkeiten, übertragen nach Heft 8251. I. 1.* *Den 18. Juli 1955.* *Neu*	a) *Grunddienstbarkeit an dem Grundstück Geb. 15 Charlottenstraße mit Parz. 830 für den jeweiligen Eigentümer des Grundstücks Geb. 17 Charlottenstr. Markung Stuttgart 140 qm betreffend Geh- und Fahrrecht.* *Unter Bezugnahme auf die Bewilligung vom 1. April 1943 eingetragen am 4. April 1943. Hierher sowie nach Heft 7801 Abt. II Nr. 1a und Heft 7802 Abt. II Nr. 1a mitübertragen am 15. Mai 1951.* *Neu* b) *Wohnungsrecht für Emilie Müller geb. Schulz, Witwe in Stuttgart. Unter Bezugnahme auf die Eintragungsbewilligung vom 20. September 1956 eingetragen am 11. Oktober 1956.* *Schmidt*	*zu a:* *An 28/100 Miteigentumsanteil wie Spalte 9 mitübertragen nach Heft 8251. II. 1a.* *Den 18. Juli 1955.* *Neu*

Seite 4 Abteilung III. **Hypotheken, Grund-**

Lfd. Nr.	Betrag DM	Dpf	Bezeichnung der belasteten Grundstücke nach der laufenden Nummer der Abteilung I. - Mitbelastete Grundstücke -	Art der Belastung (Hypothek, Grund- oder Rentenschuld)
1	2		3	4
1	*10000*	—	*Nr. 1* *Mitbelastet sind die Miteigentumsanteile* *Heft 7801. I. 1,* *Heft 7802. I. 1,* *Heft 8251. I. 1.*	*Hypothek* *für ein Darlehen der* *Städt. Sparkasse Stuttgart* *von* *— zehntausend Deutsche Mark —* *verzinslich bis zu 9% jährlich; sofort vollstreckbar gegen den jeweiligen Eigentümer. Unter Bezugnahme auf die Eintragungsbewilligung vom 8. Mai 1951 eingetragen am 17. Mai 1951.* *Neu*
2	*3000*	—	*Nr. 1.*	*Grundschuld* *für* *Ernst Nuter, Kaufmann in Stuttgart* *von* *— dreitausend Deutsche Mark —* *Jahreszinssatz sechs vom Hundert.* *Unter Bezugnahme auf die Eintragungsbewilligung vom 17. Januar 1956 eingetragen am 2. Februar 1956.* *Schmidt*

schulden, Rentenschulden Seite 5

Veränderungen				Löschungen zu Spalte 1 bis 4		
Betrag DM	Dpf	Eintragung von Veränderungen	Löschung von Veränderungen	Betrag DM	Dpf	Eintragung
5		6	7	8		9
10000	—	*a)* *Hypothek an 28/100 Miteigentumsanteil mitübertragen nach Heft 8251 Abt. III Nr. 1.* *Den 18. Juli 1955.* *Neu*				

Anlage 2

Amtsgerichtsbezirk Stuttgart

Grundbuchamt Stuttgart

Grundbuch Heft Nr. 8500

(Gemeinschaftliches Wohnungsgrundbuch)

Titelblatt

Eigentümer: 1. Johann Amberg, kaufmännischer Angesteller in Stuttgart,

2. Friedrich Beier, Dentist in Stuttgart,

3. Karl Christ, Mechaniker in Stuttgart,

4. Georg Damm, Tischlermeister in Stuttgart,

Miteigentümer je zu einem Viertel; jeder Miteigentumsanteil ist verbunden mit Sondereigentum an einer Wohnung des Hauses; das Miteigentum ist durch die Einräumung der Sondereigentumsrechte beschränkt. Wegen des Gegenstandes und des Inhalts des Sondereigentums wird auf die Eintragungsbewilligung vom 10. Mai 1951 Bezug genommen.
Jeder Wohnungseigentümer bedarf zur Veräußerung des Wohnungseigentums der Zustimmung der anderen Wohnungseigentümer.

Eingetragen am 28. Mai 1951.

Neu

Seite 2 Abteilung I. **Verzeichnis der**

Lfd Nr	Aktennachweisung	Markung: Kartennummer	Markung: Parzellennummer	Bezeichnung des Grundstücks: Benützungs- oder Kulturart; Lage	Flächengehalt ha	a	qm	Zeit und Grund des Erwerbs	Erwerbspreis und sonstige Wertsangaben
1	2	3		4	5			6	7
1	*Heft 4200 I. 4. MU. Nr. 3 von 1936.*	*Stuttgart* *XI*	*Geb. 17*	*Heusteigstraße* *Wohnhaus, Hofraum 210 qm*	*—*	*5*	*20*	*a) Auflassung vom 10. Mai 1951* *Den 28. Mai 1951.* *Neu*	
			1250	*Ziergarten 310 qm*					

Anlage 3

Amtsgerichtsbezirk Stuttgart

Grundbuchamt Stuttgart

Grundbuch Heft Nr. 9500

(Wohnungserbbaugrundbuch)

Titelblatt

Wohnungsbauberechtigter:

Fritz Fischer, Architekt in Stuttgart

Den 1. Juni 1951.

Fuchs

Seite 2 Abteilung I. **Verzeichnis der**

Lfd Nr	Aktennachweisung	Markung		Bezeichnung des Grundstücks				Zeit und Grund des Erwerbs	Erwerbspreis und sonstige Wertsangaben
		Kartennummer	Parzellennummer	Benützungs- oder Kulturart; Lage	Flächengehalt				
					ha	a	qm		
1	2	3		4	5			6	7

1

a)

1/12 (ein Zwölftel) Anteil an dem Erbbaurecht, das als Belastung des Grundstücks

Aktennachweisung	Kartennummer	Parzellennummer	Benützungs- oder Kulturart; Lage	ha	a	qm
Heft 810	*Stuttgart*		*Feuerbacher Heide*	*—*	*25*	*15*
I. 5	*XII*	*8210*	*Garten*			

für die Dauer von 99 Jahren seit dem Tage der Eintragung, dem 1. Juni 1951, eingetragen ist.

Als Eigentümer des belasteten Grundstücks ist Walter Breithaupt, Schlossermeister in Stuttgart, eingetragen.
Unter Bezugnahme auf die Eintragungsbewilligung vom 26. April 1951 bei der Anlegung dieses Wohnungserbbaugrundbuchs hier vermerkt am 1. Juni 1951.
Mit dem Anteil an dem Erbbaurecht ist das Sondereigentum an der Wohnung im 1. Stockwerk links des auf Grund des Erbbaurechts zu errichtenden Gebäudes verbunden; der Anteil ist durch die Einräumung der zu den anderen Anteilen Heft 9501. I. 1, 9502. I. 1, 9503. I. 1, 9504. I. 1, 9505. I. 1, 9506. I. 1, 9507. I. 1, 9508. I. 1, 9509. I. 1, 9510. I. 1, 9511. I. 1) gehörenden Sondereigentumsrechte beschränkt.
Der Wohnungserbbauberechtigte bedarf zur Veräußerung des Wohnungserbbaurechts der Zustimmung der Mehrheit der übrigen Wohnungserbbauberechtigten. Im übrigen wird wegen des Gegenstandes und des Inhalts des Sondereigentums auf die Eintragungsbewilligung vom 15. Mai 1951 Bezug genommen.
Eingetragen am 1. Juni 1951.

Fuchs

b)

Der Inhalt des Erbbaurechts ist bezüglich der Heimfallgründe geändert. Unter Bezugnahme auf die Eintragungsbewilligung vom 11. September 1955 eingetragen am 3. Oktober 1955.

Fuchs

c)

Der Inhalt des Sondereigentums ist hinsichtlich der Gebrauchsregelung geändert. Unter Bezugnahme auf die Eintragungsbewilligung vom 20. Februar 1956 eingetragen am 3. März 1956.

Fuchs

Spalte 6:

a) Einigung vom 26. April 1951. Die Eintragung im Grundbuch des belasteten Grundstücks ist heute in Heft 810 Abt. II Nr. 5a erfolgt:
Den 1. Juni 1951.

Fuchs

4) Rheinland-Pfalz

Anh 80 **LV JM vom 12. September 1951** rhpf JBl 71

Grundbuchmäßige Behandlung der Wohnungseigentumssachen

I.

Der Bundesminister der Justiz hat mit Zustimmung des Bundesrats eine Verfügung über die grundbuchmäßige Behandlung der Wohnungseigentumssachen vom 1. August 1951 erlassen, die im BAnz Nr 152 vom 9. August 1951 bekanntgemacht worden ist. Auf die Beachtung dieser Verfügung wird hiermit hingewiesen.

II.

In Ergänzung der Verfügung des Bundesministers der Justiz wird gemäß § 1 Abs 3 der Grundbuchverfügung folgendes bestimmt:

1. Das besondere Grundbuchblatt (Wohnungsgrundbuch, Teileigentumsgrundbuch - § 7 Abs 1, § 8 Abs 2 des Wohnungseigentumsgesetzes -) darf nur unter Verwendung des in der Grundbuchverfügung vom 8. August 1935 (RMBl S 637) vorgeschriebenen Vordrucks (Reichsmuster) angelegt werden.

2. Ist das als „Gemeinschaftliches Wohnungs-(Teileigentums-)grundbuch" zu bezeichnende Grundbuchblatt (§ 7 Abs 2 des Wohnungseigentumsgesetzes) noch nicht unter Verwendung des in der Grundbuchverfügung vorgeschriebenen Vordrucks (Reichsmuster) angelegt, so ist es unter Verwendung dieses Vordrucks umzuschreiben.

5) Berlin-West

Anh 81 **AV des Senators für Justiz vom 9. Januar 1952** ABl Berlin 70

Kostenfestsetzung im Verfahren der freiwilligen Gerichtsbarkeit nach dem Wohnungseigentumsgesetz

Auf Grund des Artikels VI § 2 des Reichsgesetzes zur Entlastung der Gerichte vom 11. März 1921 — RGBl I 229 — wird die Kostenfestsetzung im Verfahren der freiwilligen Gerichtsbarkeit nach dem Gesetz über das Wohnungseigentum und das Dauerwohnrecht (Wohnungseigentumsgesetz) vom 2. August 1951 — GVBl 1951, 547 — zur Entlastung der Gerichte vom Richter auf den Urkundsbeamten der Geschäftsstelle übertragen.

6) Geschäftliche Behandlung von Wohnungseigentumssachen[1])

a) Baden-Württemberg

Anh 82 **AV JM vom 19. Januar 1953** bawü Justiz 41

Geschäftliche Behandlung von Angelegenheiten des Wohnungseigentumsgesetzes

Für die registermäßige Behandlung der im Vollzug des WEG vom 15. März 1951 (BGBl I 175) anfallenden Geschäfte wird folgendes bestimmt:

a) Für die Landesteile Nord- und Südbaden

Die auf Grund der §§ 43 ff. des Gesetzes über das Wohnungseigentum und Dauerwohnrecht (WEG) bei den Amtsgerichten anhängig werdenden Wohnungseigentumssachen sind als Angelegenheiten der freiwilligen Gerichtsbarkeit in das Urkundsregister II (Muster 4 AktO) einzutragen. Sie sind in der Spalte „Bemerkungen" durch die Buchstaben „*WEG*" besonders kenntlich zu machen. Dem Aktenzeichen sind dieselben Buchstaben beizufügen.

---

[1]) Bez Bayern *vgl GT 39.*

Für die geschäftliche Behandlung der Verfahren nach §§ 51 und 52 und der Beschwerdeverfahren nach §§ 45 und 58 des Wohnungseigentumsgesetzes gelten § 13 AktO (Muster 20) und § 39 AktO (Muster 23 und 25). Eine besondere Kennzeichnung dieser Verfahren entfällt. Die badische Zusatzbestimmung Nr 19 zu § 39 Abs 5 AktO bleibt hinsichtlich der Registerführung bei den Oberlandesgerichten unberührt (weitere Beschwerde im Falle des § 45 WEG).

Grundbuchgeschäfte im Vollzug des WEG sind im Geschäftstagebuch der Grundbuchämter durch Einsetzung der Buchstaben ,,*WEG*" in der Spalte ,,Bemerkungen" zu kennzeichnen.

b) Für die Landesteile Nord- und Südwürttemberg

Die auf Grund der §§ 43ff. des WEG bei den Amtsgerichten anhängig werdenden Wohnungseigentumssachen sind als Angelegenheiten der freiwilligen Gerichtsbarkeit in das Geschäftsregister für Angelegenheiten der freiwilligen Gerichtsbarkeit (VO vom 4. März 1943 — ABl 288) einzutragen. Sie sind in Spalte ,,Bemerkungen" durch die Buchstaben ,,*WEG*" besonders kenntlich zu machen. Dem Aktenzeichen sind dieselben Buchstaben beizufügen.

Für die geschäftliche Behandlung der Verfahren nach §§ 51 und 52 des Wohnungseigentumsgesetzes gelten § 13 AktO (Muster 20) und § 39 Abs 2 AktO (Muster 23).

Für die geschäftliche Behandlung der Beschwerdeverfahren nach §§ 45 und 58 des WEG gilt Nr 33 der württembergischen Zusatzbestimmung zu § 39 Abs 5 AktO. Darnach sind die Beschwerdeverfahren in das Geschäftsregister für Angelegenheiten der freiwilligen Gerichtsbarkeit einzutragen. Sie sind wie beim Amtsgericht in der Spalte ,,Bemerkungen" besonders kenntlich zu machen.

b) Berlin-West **Anh 83**

AV des Senators der Justiz vom 7. Januar 1952 ABl Berlin 70

Geschäftliche Behandlung von Angelegenheiten des Wohnungseigentumsgesetzes

(1) Die auf Grund der §§ 43ff. des Gesetzes über das Wohnungseigentum und das Dauerwohnrecht (WEG) vom 2. August 1951 (GVBl 547) bei den Amtsgerichten anhängig werdenden Wohnungseigentumssachen sind vorerst in das Urkundsregister II (Muster 4 AktO) einzutragen. Sie sind in Spalte ,,Bemerkungen" durch die Buchstaben ,,*WEG*" besonders kenntlich zu machen. Den Aktenzeichen sind dieselben Buchstaben anzufügen.

(2) Für die geschäftliche Behandlung der Verfahren nach §§ 51, 52 und §§ 45, 48 des WEG gelten § 13 (Muster 20 der AktO) und § 39 (Muster 25 der AktO) sinngemäß.

c) Hessen **Anh 84**

RdErl des MdJ vom 10. September 1952 hessJMBl 69

betr geschäftliche Behandlung der Angelegenheiten nach dem Wohnungseigentumsgesetz

1. Die auf Grund der §§ 43ff. WEG vom 15. März 1951 (BGBl I 175) bei den Amtsgerichten anhängig werdenden Wohnungseigentumssachen sind als Angelegenheiten der freiwilligen Gerichtsbarkeit vorerst in das Urkundsregitser II (Muster 4 AktO) einzutragen. Sie sind in Spalte ,,Bemerkungen" durch die Buchstaben ,,*WEG*" besonders kenntlich zu machen. Den Aktenzeichen sind dieselben Buchstaben beizufügen.

2. Für die geschäftliche Behandlung der Verfahren nach § 51, 52 und §§ 45, 48 des WEG gelten § 13 (Muster 20 AktO) und § 39 (Muster 25 AktO) sinngemäß.

3. Die Geschäfte grundbuchmäßiger Art, die sich aus dem WEG ergeben, werden im Tagebuch (Muster 10 AktO) eingetragen; zu ihrer Kenntlichmachung sind in Spalte ,,Bemerkungen" die Buchstaben ,,*WEG*" einzustellen.

d) **Nordrhein-Westfalen**

Anh 85 **AV JustMin vom 17. Juli 1951** JMBl NRW 187 Nr 65

über die geschäftliche Behandlung der Verfahren der freiwilligen Gerichtsbarkeit in Wohnungseigentumssachen

Die auf Grund des Gesetzes über das Wohnungseigentum (WEG) vom 15. März 1951 (BGBl 1951 S 175) bei den Amtsgerichten anhängig werdenden Wohnungseigentumssachen sind vorerst in das Urkundsregister II (Muster 4 AktO) einzutragen. Sie sind in Spalte „Bemerkungen" durch die Buchstaben „*WEG*" besonders kenntlich zu machen. Den Aktenzeichen ist derselbe Buchstabe anzufügen.

e) **Rheinland-Pfalz**

Anh 86 **LV JM vom 12. September 1951** rhpf JBl 71

Geschäftliche Behandlung der Verfahren der freiwilligen Gerichtsbarkeit in Wohnungseigentumssachen

Die auf Grund des Gesetzes über das Wohnungseigentum und das Dauerwohnrecht (Wohnungseigentumsgesetz) vom 15. 3. 1951 (BGBl I S 175) bei den Amtsgerichten anhängig werdenden Wohnungseigentumssachen sind vorerst in das Urkundsregister II (Muster 4 AktO) einzutragen. Sie sind in Spalte „Bemerkungen" durch die Buchstaben „WEG" besonders kenntlich zu machen. Den Aktenzeichen sind dieselben Buchstaben anzufügen.

7) Miteigentum nach Wohneinheiten in Württemberg-Baden

a) **Ges Nr 275 über das Miteigentum nach Wohneinheiten**

Anh 87

vom 12. Juni 1950
wüba RegBl 57 = SaBl 735
(auszugsweise)

§ 1

(1) Die Miteigentümer eines Grundstücks, das mit einem Wohnhaus überbaut ist oder überbaut werden soll, beschließen, daß ihre Anteile mit dinglicher Wirkung die Rechtsform des Miteigentums nach Wohneinheiten erhalten sollen.

(2) Der Beschluß muß die Bestimmung enthalten, daß jedem Miteigentümer die ausschließliche Verwaltung und Benützung einer oder mehrerer selbständiger Wohneinheiten zustehen, und daß das Recht zur Aufhebung der Gemeinschaft, einschließlich der Aufhebung aus wichtigem Grund, für immer ausgeschlossen sein soll.

(3) Der Beschluß bedarf der gerichtlichen oder notariellen Beurkundung.

(4) Der Beschluß wirkt, sofern er als Belastung der Anteile im Grundbuch eingetragen ist, auch gegen die Gläubiger im Konkurs eines Miteigentümers.

(5) Die Eintragung ist nicht zulässig, wenn auf dem Grundstück oder einem der Anteile mit vorgehendem oder mit gleichem Rang ein Erbbaurecht, ein Nießbrauch oder ein dingliches Wohnrecht ruht oder wenn eine entsprechende Vormerkung besteht.

. . . .

§ 9

Auf Erbbaurechte nach Bruchteilen finden die vorstehenden Bestimmungen entsprechende Anwendung.

. . . .

b) **Ges über die Aufhebung des wübaGes über das Miteigentum nach Wohneinheiten** **Anh 88**

vom 16. Februar 1953
bawü GBl 9 = SaBl 194
(auszugsweise)

. . . .

§ 2

Auf Miteigentum nach Wohneinheiten und Erbbaurecht nach Wohneinheiten, die beim Inkrafttreten dieses Gesetzes bestehen, finden die in § 1 genannten Vorschriften weiterhin Anwendung.

§ 3

Dieses Gesetz tritt am 1. Januar 1953 in Kraft.

c) **VO Nr 292 vom 13. Juni 1951** **Anh 89**

2. VO des JM zur Durchführung des Ges über das Miteigentum nach Wohneinheiten

wüba RegBl 57 = SaBl 892

§ 1

Für die Führung des Grundbuchs gelten die allgemeinen Vorschriften über das Grundbuchwesen, soweit nachstehend nichts anderes bestimmt ist.

§ 2

(1) Für die Miteigentümer wird ein gemeinschaftliches Grundbuch geführt.

(2) In dieses Grundbuch sind nur Grundstücke einzutragen, auf die sich das Miteigentum nach Wohneinheiten bezieht.

§ 3

Im Titel des Grundbuchs ist den Eingetragenen der Vermerk voranzustellen: *„Miteigentümer nach Wohneinheiten in . . . . Anteilen“.*

§ 4

(1) Nach dem in § 2 genannten Vermerk sind unter fortlaufenden, in Buchstaben geschriebenen Nummern die Miteigentümer jedes Anteils unter Angabe des Anteilsverhältnisses einzutragen, zB:

„Anteil Eins von einem Achtel Miteigentum: Färber, Karl, Kaufmann in Stuttgart, und seine Ehefrau Friederike, geb Kern, daselbst, Gesamtgut der Errungenschaftsgemeinschaft.“

(2) Den Einträgen in Abt I Spalte 6, Abt II und III sind die Ordnungsnummern der Miteigentumsanteile, auf die sich die Einträge beziehen, vorzustellen.

§ 5

Der Grundbeschluß und jede Abänderung desselben sind unter Angabe des Tags der Beurkundung in Abt II Sp 1 einzutragen. Die Eintragung muß dahin lauten, daß Miteigentum nach Wohneinheiten gemäß dem Gesetz Nr 275 (RegBl 1950 S 57) begründet worden ist. Sie muß ferner Aufschluß darüber geben, welche Wohneinheiten zu den einzelnen Anteilen gehören. Von sonstigen Vereinbarungen soll sie den wesentlichen Inhalt angeben; im übrigen kann auf die Eintragungsbewilligung Bezug genommen werden. Zum Beispiel:

„Die Miteigentümer haben durch Grundbeschluß vom .... Miteigentum nach Wohneinheiten gemäß dem Gesetz Nr 275 (Reg Bl 1950 S 57) begründet. Zugewiesen wurden
dem Anteil Eins die Wohnung Erdgeschoß, Eingang rechts,
dem Anteil Zwei die Wohnung Erdgeschoß, Eingang links.
Die Verwaltung und Nutzung wurde geregelt: ein Teil der Bestimmungen kann durch Mehrheitsbeschluß nicht abgeändert werden. Im übrigen siehe Eintragungsbewilligung vom ...."

§ 6

Zur Eintragung des Grundbeschlusses sind dem Grundbuchamt außer der Eintragungsbewilligung vorzulegen:

1. der Grundbeschluß, durch den die Miteigentümer, für ihre Anteile das Miteigentum nach Wohneinheiten eingeführt und die Verwaltung und Benutzung geregelt haben;
2. eine von der Baugenehmigungsbehörde nach § 10 der 1. DVO Nr 291 vom 29. Mai 1951 RegBl S 55 mit Unterschrift und Siegel oder Stempel versehene Bauzeichnung, aus der die Aufteilung des Gebäudes, die Lage und Größe der in Sondernutzung und der in Gemeinschaftsnutzung stehenden Gebäudeteile und Grundstücksflächen ersichtlich sind;
3. eine Bescheinigung dieser Behörde, daß den Erfordernissen der Aufteilung nach selbständigen Wohneinheiten gemäß § 3 des Ges Nr 275 und der §§ 7, 9, ggf auch des § 8 der 1. DVO Nr 291 genügt ist.

Anh 90 X. Gesetz über die Sicherung der Bauforderungen

vom 1. Juni 1909
RGBl 449
(auszugsweise)

I. Abschnitt
Allgemeine Sicherungsmaßregeln

§ 1

(1) Der Empfänger von Baugeld ist verpflichtet, das Baugeld zur Befriedigung solcher Personen, die an der Herstellung des Baues auf Grund eines Werk-, Dienst- oder Lieferungsvertrags beteiligt sind, zu verwenden. Eine anderweitige Verwendung des Baugeldes ist bis zu dem Betrage statthaft, in welchem der Empfänger aus anderen Mitteln Gläubiger der bezeichneten Art bereits befriedigt hat.

(2) Ist der Empfänger selbst an der Herstellung beteiligt, so darf er das Baugeld in Höhe der Hälfte des angemessenen Wertes der von ihm in den Bau verwendeten Leistung, oder, wenn die Leistung von ihm noch nicht in den Bau verwendet worden ist, der von ihm geleisteten Arbeit und der von ihm gemachten Auslagen für sich behalten.

(3) Baugeld sind Geldbeträge, die zum Zwecke der Bestreitung der Kosten eines Baues in der Weise gewährt werden, daß zur Sicherung der Ansprüche des Geldgebers eine Hypothek oder Grundschuld an dem zu bebauenden Grundstücke dient oder die Übertragung des Eigentums an dem Grundstücke erst nach gänzlicher oder teilweiser Herstellung des Baues erfolgen soll. Als Geldbeträge, die zum Zwecke der Bestreitung der Kosten eines Baues gewährt werden, gelten insbesondere:

1. solche, deren Auszahlung ohne nähere Bestimmung des Zweckes der Verwendung nach Maßgabe des Fortschreitens des Baues erfolgen soll,
2. solche, die gegen eine als Baugeldhypothek bezeichnete Hypothek (§ 33) gewährt werden.

§ 2

(1) Zur Führung eines Baubuchs ist verpflichtet, wer die Herstellung eines Neubaues unternimmt und entweder Baugewerbetreibender ist oder sich für den Neubau Baugeld gewähren läßt. Über jeden Neubau ist gesondert Buch zu führen.

(2) Neubau im Sinne dieses Gesetzes ist die Errichtung eines Gebäudes auf einer Baustelle, die zur Zeit der Erteilung der Bauerlaubnis unbebaut oder nur mit Bauwerken untergeordneter Art oder mit solchen Bauwerken besetzt ist, welche zum Zwecke der Errichtung des Gebäudes abgebrochen werden sollen.

(3) Aus dem Baubuche müssen sich ergeben:

1. die Personen, mit denen ein Werk-, Dienst- oder Lieferungsvertrag abgeschlossen ist, die Art der diesen Personen übertragenen Arbeiten und die vereinbarte Vergütung;
2. die auf jede Forderung geleisteten Zahlungen und die Zeit dieser Zahlungen;
3. die Höhe der zur Bestreitung der Baukosten zugesicherten Mittel und die Person des Geldgebers sowie Zweckbestimmung und Höhe derjenigen Beträge, die gegen Sicherstellung durch das zu bebauende Grundstück (§ 1 Abs 3), jedoch nicht zur Bestreitung der Baukosten gewährt werden;
4. die einzelnen in Anrechnung auf die unter Ziffer 3 genannten Mittel an den Bauführungspflichtigen oder für seine Rechnung geleisteten Zahlungen und die Zeit dieser Zahlungen;
5. Abtretungen, Pfändungen oder sonstige Verfügungen über diese Mittel;
6. die Beträge, die der Buchführungspflichtige für eigene Leistungen in den Bau aus diesen Mitteln entnommen hat.

(4) Das Buch ist bis zum Ablaufe von fünf Jahren, von der Beendigung des letzteingetragenen Baues an gerechnet, aufzubewahren.

§ 3

Die Vorschriften des § 2 finden auch auf Umbauten Anwendung, wenn für den Umbau Baugeld gewährt wird.

. . . .

II. Abschnitt
Dingliche Sicherung der Bauforderungen

1. Titel
Geltungsbereich dieses Abschnitts

§ 9

(1) In den durch landesherrliche Verordnung bestimmten Gemeinden findet im Falle eines Baubaues eine Sicherung der Bauforderungen nach den Vorschriften dieses Abschnitts statt. Vor Erlassung der *landesherrlichen* Verordnung ist die Gemeinde, die amtliche Handelsvertretung, die Handwerkskammer des Bezirks und die gesetzliche Arbeitsvertretung zu hören.

(2) In den Gemeinden, in denen diese Sicherung der Bauforderungen stattfindet, sind Bauschöffenämter nach den Vorschriften des 6. Titels zu errichten.

§ 10

Die Landeszentralbehörde kann bestimmen, daß und unter welchen Bedingungen die Vorschriften dieses Abschnitts auf einen Neubau keine Anwendung finden, wenn der Neubau anstelle eines zerstörten und gegen die Zerstörung versicherten Gebäudes errichtet wird und der Versicherer nach den Versicherungsbedingungen nur verpflichtet ist, die Entschädigungssumme zur Wiederherstellung des versicherten Gebäudes zu zahlen.

2. Titel

Baubeginn

§ 11

(1) Vor dem Beginn des Baues ist auf dem Grundbuchblatte der Baustelle der Vermerk, daß das Grundstück bebaut werden soll (Bauvermerk), einzutragen. Bildet die Baustelle nur einen Teil eines Grundstücks, so ist sie von dem Grundstück abzuschreiben und als selbständiges Grundstück einzutragen.

(2) Mit der Eintragung des Bauvermerkes erwerben die Baugläubiger den Anspruch auf Eintragung einer Hypothek für ihre Bauforderungen (Bauhypothek); der Bauvermerk hat die Wirkung einer Vormerkung zur Sicherung dieses Anspruchs.

§ 12

(1) Die Eintragung eines Bauvermerkes unterbleibt, wenn in Höhe eines Betrags, der nach dem Ermessen des Bauschöffenamts den dritten Teil der voraussichtlich entstehenden Baukosten erreicht, Sicherheit durch Hinterlegung von Geld oder Wertpapieren geleistet ist. Mit Wertpapieren, die von der *Reichs*bank in der ersten Lombardklasse beliehen werden, kann Sicherheit in Höhe von $^9/_{10}$ ihres Kurswerts geleistet werden.

(2) Die Eintragung eines Bauvermerkes unterbleibt ferner bei Grundstücken des Fiskus und solchen Grundstücken, welche einer Körperschaft, Stiftung oder Anstalt des öffentlichen Rechtes gehören oder einem dem öffentlichen Verkehre dienenden Bahnunternehmen gewidmet sind, bei Grundstücken, die nach *landesherrlicher* Verordnung ein Grundbuchblatt nur auf Antrag erhalten. . . . .

(3) Die Eigentümer der im Abs 2 bezeichneten Grundstücke haften in Höhe des 3. Teiles der aufgewendeten Baukosten den Baugläubigern in gleicher Weise, wie wenn in Höhe dieses Betrags Sicherheit geleistet wäre.

§ 13

(1) Die Baupolizeibehörde darf die Bauerlaubnis nur erteilen, wenn nach § 12 die Eintragung eines Bauvermerkes zu unterbleiben hat oder wenn der Bauvermerk eingetragen ist und entweder die dem Bauvermerke vorgehenden oder ihm gleichstehenden Belastungen drei Vierteile des Baustellenwerts nicht übersteigen oder in Höhe des Überschusses Sicherheit durch Hinterlegung von Geld oder Wertpapieren geleistet ist. Gleichstehende Belastungen werden bei der Berechnung der Sicherheit nur insoweit berücksichtigt, als ihr Kapitalbetrag ein Viertel des Baustellenwerts übersteigt.

(2) Wird nach Erteilung der Bauerlaubnis die baupolizeiliche Genehmigung solcher Änderungen des Bauplans beantragt, welche nach dem Ermessen der Baupolizeibehörde die Baukosten nicht unwesentlich erhöhen, so bedarf es vor Erteilung der Genehmigung, wenn nach § 12 Sicherheit geleistet ist, einer entsprechenden, vom Bauschöffenamte festzusetzenden Erhöhung dieser Sicherheit.

§ 14

(1) Bei der Feststellung der Belastungen kommen nur in Ansatz:

1. Hypotheken und Grundschulden mit ihrem Kapitalbetrag und zweijährigen Zinsen;
2. Rentenschulden und solche Reallasten, welche die Leistung von Geldrenten zum Gegenstande haben, mit ihrer Ablösungssumme;

3. nicht ablösbare Geldrenten mit ihrem nach § 9 der Zivilprozeßordnung zu berechnenden Werte;
4. die nach dem öffentlichen Rechte auf dem Grundstücke lastende Verpflichtung zur Leistung von Beiträgen für die Kosten der Herstellung einer Straße oder eines Abzugskanals; der Betrag dieser Lasten wird von der Baupolizeibehörde geschätzt, sofern er nicht bereits in einem amtlichen Verfahren festgestellt ist.

(2) Rechte, die durch Eintragung einer Vormerkung oder eines Widerspruchs gesichert sind, stehen eingetragenen Rechten gleich.

(3) Zu einer Rangänderung, durch die dem Bauvermerke der Vorrang vor anderen Rechten oder der gleiche Rang mit ihnen eingeräumt wird, genügt anstelle der Einigung des zurücktretenden und des vortretenden Berechtigten die Erklärung des zurücktretenden Berechtigten gegenüber dem Grundbuchamte.

§ 15

(1) Die Feststellung des Baustellenwerts erfolgt durch das Bauschöffenamt.

(2) Als Baustellenwert gilt der Wert der unbebauten Baustelle. Ist die Baustelle zur Zeit der Erteilung der Bauerlaubnis mit Bauwerken besetzt, welche zum Zwecke der Errichtung eines Gebäudes abgebrochen werden sollen, so ist der Baustellenwert in der Weise zu ermitteln, daß zunächst der nach Fertigstellung des Neubaues sich ergebende Wert des Grundstücks geschätzt wird und von diesem Werte die Kosten des Neubaues und des Abrisses abgezogen werden.

(3) Im übrigen werden die Grundsätze für die Bemessung des Baustellenwerts und des Feststellungsverfahrens durch *landesherrliche* Verordnung bestimmt.

§ 16

(1) Die Eintragung des Bauvermerks erfolgt auf Ersuchen der Baupolizeibehörde.

(2) Von der Eintragung hat das Grundbuchamt der Baupolizeibehörde Mitteilung zu machen. In der Mitteilung ist der Gesamtbetrag der im § 14 Abs 1 Nr 1 bis 3 bezeichneten, dem Bauvermerke vorgehenden oder ihm gleichstehenden Belastungen anzugeben.

§ 17

Der Bauvermerk wird gelöscht, wenn dem Grundbuchamt eine Bescheinigung der Baupolizeibehörde vorgelegt wird, daß vor dem Beginne des Baues die Bauerlaubnis erloschen oder daß nachträglich vor dem Beginne des Baues gemäß § 12 Sicherheit geleistet worden ist. Das gleiche gilt, wenn die Baupolizeibehörde das auf Eintragung des Bauvermerkes gerichtete Ersuchen vor dem Beginne des Baues zurücknimmt.

3. Titel

Baugläubiger

§ 18

Baugläubiger sind die an der Herstellung des Gebäudes auf Grund eines Werk- oder Dienstvertrags Beteiligten sowie diejenigen, welche zur Herstellung des Gebäudes Sachen geliefert haben, sofern die Werk-, Dienst- oder Lieferungsverträge von dem Eigentümer der Baustelle oder für seine Rechnung geschlossen worden sind. Dem Eigentümer der Baustelle steht gleich, wer den Bau mit Zustimmung des Eigentümers als Bauherr ausführt.

§ 19

(1) Hat der Eigentümer die Herstellung des Gebäudes oder eines einzelnen Teiles des Gebäudes einem Unternehmer übertragen, so sind die im § 18 Satz 1 bezeichneten Personen auch dann Baugläubiger, wenn die Verträge von dem Unternehmer oder im

Falle der Weiterübertragung der Herstellung an andere Unternehmer von einem solchen geschlossen worden sind. Den von einem Unternehmer geschlossenen Verträgen stehen Verträge gleich, die für seine Rechnung geschlossen worden sind.

(2) Die Vorschriften des Abs 1 finden keine Anwendung, wenn dem ersten Unternehmer die zur Herstellung erforderlichen Mittel zu Gebote standen und er die Absicht hatte, die aus der Herstellung für ihn erwachsenden Verbindlichkeiten in vollem Umfange zu erfüllen. Die Beweislast für diese Umstände trifft den Eigentümer, es genügt jedoch statt des Nachweises des Vorhandenseins ausreichender Mittel oder der Absicht, die Verbindlichkeiten zu erfüllen, der Nachweis daß dem Eigentümer das Nichtvorhandensein ausreichender Mittel oder jener Absicht ohne grobe Fahrlässigkeit unbekannt war.

(3) Hat ein Bauherr, der den Bau mit Zustimmung des Eigentümers ausführt, die Herstellung des Gebäudes einem Unternehmer übertragen, so finden die Vorschriften der Abs 1, 2 entsprechende Anwendung. Jedoch ist zum Ersatze des Nachweises des Vorhandenseins ausreichender Mittel oder der Absicht, die Verbindlichkeiten zu erfüllen, der Nachweis erforderlich, daß sowohl dem Eigentümer als auch dem Unternehmer das Nichtvorhandensein ausreichender Mittel oder jener Absicht ohne grobe Fahrlässigkeit unbekannt war.

§ 20

(1) Als Bauforderung gilt nur der Anspruch eines Baugläubigers auf die in Geld vereinbarte Vergütung; der Anspruch kommt nur insoweit in Betracht, als die Leistung in den Bau verwendet worden ist. Ist diese Verwendung nicht vollständig erfolgt, so ist die vereinbarte Vergütung in dem Verhältnisse herabzusetzen, in welchem bei dem Abschlusse des Vertrags der Wert der vereinbarten Leistung zu dem Werte der in den Bau verwendeten Leistung gestanden haben würde.

(2) Der Verwendung der Leistung in den Bau steht es gleich, wenn in den Bau einzufügende Sachen fertiggestellt und abgeliefert sind oder wenn die Verwendung in den Bau infolge Annahmeverzugs des Eigentümers oder Bauunternehmers unterblieben ist.

§ 21

(1) Wird bei der Vereinbarung einer Vergütung die übliche Vergütung offenbar in erheblichem Maße überschritten, so hat das Bauschöffenamt auf Verlangen eines Beteiligten zu bestimmen, daß die Forderung nur in Höhe des Betrags berücksichtigt wird, welcher dem üblichen Preise entspricht, und diesen Betrag festzusetzen.

(2) Soweit nach § 29 Abs 2, 3 eine Umwandlung der Bauhypothek eingetreten oder im Verteilungstermin ein Widerspruch gegen die Bauforderungen nicht erhoben ist, findet eine Herabsetzung des Betrags einer Bauforderung nach Abs 1 nicht mehr statt.

§ 22

(1) Sobald festgestellt ist, daß baupolizeiliche Bedenken, das Gebäude in Gebrauch zu nehmen, nicht bestehen, hat die Baupolizeibehörde dies binnen 2 Wochen in dem für ihre Bekanntmachungen bestimmten Blatte zu veröffentlichen. In gleicher Weise hat die Baupolizeibehörde, wenn auf Antrag eines Beteiligten festgestellt ist, daß die Bauerlaubnis nach dem Beginne des Baues erloschen ist, dies zu veröffentlichen.

(2) Ist ein Bauvermerk eingetragen, so hat die Baupolizeibehörde die gemäß Abs 1 erfolgte Veröffentlichung dem Bauschöffenamt unverzüglich mitzuteilen.

(3) Innerhalb einer Frist von einem Monate, die mit der Einrückung der Bekanntmachung in das zu ihrer Veröffentlichung dienende Blatt beginnt, können die Baugläubiger auf Grund des Bauvermerkes ihre Bauforderungen bei dem Bauschöffenamt anmelden; in der Bekanntmachung soll hierauf hingewiesen werden.

§ 23

(1) Die Anmeldung einer Bauforderung ist nur wirksam, wenn bis zum Ablaufe der Anmeldungsfrist die schriftliche Zustimmung des Eigentümers zur Anmeldung oder eine gegen den Eigentümer ergangene, die Anmeldung zulassende einstweilige Verfügung bei dem Bauschöffenamt eingereicht wird. Das Bauschöffenamt hat, sobald eine Anmeldung wirksam geworden ist, dem Anmeldenden eine Bescheinigung über die Anmeldung zu erteilen.

(2) Für die Erlassung der einstweiligen Verfügung ist das Amtsgericht zuständig, in dessen Bezirke die Baustelle gelegen ist. Glaubhaft zu machen sind:

1. der von dem Anmeldenden geschlossene Vertrag;
2. die Verwendung seiner Leistungen in den Bau oder die der Verwendung nach § 20 Abs 2 gleichstehenden Tatsachen und bei teilweiser Verwendung der nach § 20 zu berechnende Betrag der Bauforderung;
3. wenn der Vertrag nicht mit dem Eigentümer geschlossen ist, die Voraussetzungen, unter denen nach den §§ 18, 19 der Vertrag einem mit dem Eigentümer geschlossenen Vertrage gleichsteht. Im Falle des § 19 ist vor der Erlassung der einstweiligen Verfügung der Eigentümer zu hören. Die Erlassung der einstweiligen Verfügung ist abzulehnen, falls der Eigentümer diejenigen Tatsachen glaubhaft macht, deren Nachweis ihm nach § 19 obliegt.

§ 24

(1) Die Zurücknahme einer Anmeldung bedarf der für Eintragungsbewilligungen in der Grundbuchordnung vorgeschriebenen Form.

(2) Der Zurücknahme einer Anmeldung steht es gleich, wenn dem Bauschöffenamte nachgewiesen wird, daß für die angemeldete Forderung Sicherheit durch Hinterlegung von Geld oder Wertpapieren geleistet ist.

(3) Das Bauschöffenamt hat auf Antrag dem Anmeldenden eine Frist zu bestimmen, binnen dieser dem Bauschöffenamte die Einwilligung in die Rückgabe der Sicherheit zu erklären oder die Erhebung der Klage wegen seiner Forderung nachzuweisen hat. Nach dem Ablaufe der Frist hat das Bauschöffenamt auf Antrag die Rückgabe der Sicherheit anzuordnen, wenn nicht inzwischen die Erhebung der Klage nachgewiesen ist. Auf das Verfahren finden die Vorschriften des Gesetzes über die Angelegenheiten der freiwilligen Gerichtsbarkeit entsprechende Anwendung. Die Abänderung der Entscheidungen des Bauschöffenamts kann bei dem Amtsgericht, in dessen Bezirke das Bauschöffenamt seinen Sitz hat, unter entsprechender Anwendung der §§ 20 bis 25 des bezeichneten Gesetzes nachgesucht werden; die Beschwerde findet gegen die Entscheidungen des Amtsgerichts statt. Eine Anfechtung der Entscheidung, durch welche der Antrag auf Bestimmung einer Frist abgelehnt wird, steht nur dem Antragsteller zu; in diesem Falle sowie im Falle der Anfechtung der Entscheidung über die Rückgabe der Sicherheit muß die Anfechtung in der für sofortige Beschwerden bestimmten Frist erfolgen. Die Entscheidung über die Rückgabe tritt erst mit der Rechtskraft in Wirksamkeit.

§ 25

Anmeldungen sowie die die Wirksamkeit oder die Zurücknahme einer Anmeldung betreffenden Urkunden, welche bei der zuständigen Baupolizeibehörde oder dem zuständigen Grundbuchamt eingereicht werden, sind von diesen Behörden dem Bauschöffenamt unverzüglich vorzulegen.

§ 26

Auf Antrag eines Beteiligten hat das Bauschöffenamt, falls Anmeldungen erfolgt oder beabsichtigt sind, eine gütliche Einigung zu vermitteln. Es kann zu diesem Zwecke einen Termin zur mündlichen Verhandlung bestimmen, zu diesem Termine die Beteiligten vorladen und deren persönliches Erscheinen nötigenfalls durch Ordnungsstrafen bis zum Gesamtbetrage von zweihundert Mark erzwingen. Erfolgt nachträglich genügende Entschuldigung, so kann die Verurteilung ganz oder teilweise zurückgenommen werden. Gegen die Entscheidungen des Bauschöffenamts über Ordnungsstrafen findet Beschwerde an das Amtsgericht statt, in dessen Bezirke das Bauschöffenamt seinen Sitz hat; das Verfahren richtet sich nach den Vorschriften der Strafprozeßordnung.

4. Titel

Bauhypothek, Baugeldhypothek

§ 27

(1) Liegen bei dem Ablaufe der Anmeldungsfrist wirksame Anmeldungen nicht vor, so wird der Bauvermerk auf Ersuchen des Bauschöffenamts gelöscht. Mit dieser Löschung erlischt der Anspruch der Baugläubiger auf Eintragung der Bauhypothek.

(2) Sind bis zum Ablaufe der Frist Bauforderungen wirksam angemeldet, so wird für sie von Amts wegen unter Löschung des Bauvermerkes eine als Bauhypothek zu bezeichnende Hypothek eingetragen. Mit der Eintragung entsteht die Hypothek. Die Bauhypothek gilt als Sicherungshypothek, auch wenn sie im Grundbuche nicht als solche bezeichnet ist.

(3) Bei der Eintragung der Bauhypothek sind außer ihrem Gesamtbetrage die den einzelnen Baugläubigern zustehenden Teilbeträge anzugeben.

(4) Bei der Berechnung der Höhe der Bauforderungen werden Zinsen nicht berücksichtigt. Auch dürfen die Bauforderungen nicht als verzinsliche eingetragen werden; die nach § 1118 des BGB bestehende Haftung des Grundstücks für die gesetzlichen Zinsen der Bauforderungen wird hierdurch nicht berührt.

(5) Ist gemäß § 13 Sicherheit geleistet, so vermindert sich der Betrag der Bauhypothek um den Betrag der Sicherheit unter verhältnismäßiger Herabsetzung der den einzelnen Baugläubigern zustehenden Teilbeträge.

§ 28

(1) Soweit im Falle des § 19 die von einem Unternehmer angemeldete Bauforderung die Vergütung für Leistungen mitumfaßt, für welche auch von einem Nachmanne des Unternehmers eine Bauforderung angemeldet ist, gebührt nur dem Nachmanne ein Anteil an der Bauhypothek. Ist ungewiß, ob hiernach dem Vormann ein Anteil an der Bauhypothek gebührt, so hat das Grundbuchamt für den Vormann und für den Nachmann einen Anteil an der Bauhypothek und gleichzeitig einen Widerspruch einzutragen.

(2) Wird ein Nachmann durch einen Vormann befriedigt, so geht in Höhe des gezahlten Betrags der Anteil des Nachmanns an der Bauhypothek auf die Bauforderung des Vormanns über.

§ 29

(1) Mehrere bei der Eintragung der Bauhypothek berücksichtigte Bauforderungen haben unter sich gleichen Rang; soweit jedoch die Bauhypothek für Lohnrückstände von Bauarbeitern besteht, gebührt diesen bis zur Höhe des auf zwei Wochen entfallenden Lohnes der Vorrang vor den übrigen Bauforderungen. Der Vorrang der Lohnrückstände ist bei der Eintragung der Bauhypothek im Grundbuche zu vermerken; ist ungewiß, ob und in welcher Höhe der Vorrang für eine Bauforderung besteht, so ist ein Widerspruch einzutragen.

(2) Verwandelt sich ein Teil der Bauhypothek in eine dem Eigentümer des Grundstücks zufallende Grundschuld, so kann diese nicht zum Nachteile der den Baugläubigern verbleibenden Bauhypothek geltend gemacht werden.

(3) Die Vorschrift des Abs 2 findet entsprechende Anwendung, wenn ein Teil der Bauhypothek in eine gewöhnliche Hypothek, eine Grundschuld oder Rentenschuld umgewandelt oder wenn an die Stelle einer Bauforderung, für welche die Bauhypothek besteht, eine andere Forderung gesetzt wird.

§ 30

(1) Behufs Eintragung der Bauhypothek hat das Bauschöffenamt nach dem Ablaufe der Anmeldungsfrist dem Grundbuchamte die Anmeldungen und die die Wirksamkeit oder die Zurücknahme einer Anmeldung betreffenden Urkunden zu übersenden. Soweit nach Mitteilung des Bauschöffenamts eine Einigung der Beteiligten über den Gesamtbetrag der Bauhypothek, die Anteile der einzelnen Baugläubiger und den Vorrang der Bauforderungen von Bauarbeitern erfolgt ist, hat das Grundbuchamt die Eintragung der Bauhypothek nach Maßgabe dieser Mitteilung vorzunehmen.

(2) Schweben Verhandlungen über eine gütliche Einigung, so kann das Bauschöffenamt die Übersendung der im Abs 1 bezeichneten Urkunden bis zum Abschlusse der Verhandlungen, jedoch spätestens bis zum Ablaufe eines Monats nach dem Ablaufe der Anmeldungsfrist aussetzen.

§ 31

Haben Bauarbeiter im Akkord gearbeitet, so hat das Bauschöffenamt festzustellen, welcher Lohnrückstand ihrem zweiwöchigen Akkordlohn entspricht.

§ 32

(1) Der Rang der Bauhypothek gegenüber anderen Rechten bestimmt sich, unbeschadet der Vorschriften über Baugeldhypotheken, nach der Eintragung des Bauvermerkes. Nießbrauchs- und Wohnungsrechte stehen jedoch der Bauhypothek im Range nach.

(2) Der Rang der Bauhypothek soll bei ihrer Eintragung ersichtlich gemacht werden.

§ 33

(1) Wird eine dem Bauvermerk im Range nachstehende Hypothek zugunsten eines Gläubigers eingetragen, welcher die Gewährung von Baugeld übernommen hat, so gelten für diese Hypothek, falls sie bei der Eintragung als Baugeldhypothek bezeichnet ist, die Vorschriften der §§ 34 bis 36.

(2) Eine Baugeldhypothek soll nur eingetragen werden, wenn der Baugeldvertrag bei dem Grundbuchamt eingereicht ist. Das Grundbuchamt soll eine Abschrift des Baugeldvertrags dem Bauschöffenamte mitteilen.

§ 34

(1) Der Baugeldhypothek gebührt der Vorrang vor der Bauhypothek und den dem Bauvermerke gleichstehenden Belastungen (§ 13 Abs 1), soweit durch eine in Anrechnung auf das Baugeld geleistete Zahlung eine Bauforderung getilgt worden ist; das gleiche gilt in Ansehung einer Zahlung, die in Anrechnung auf das Baugeld an den Eigentümer in Höhe einer von diesem getilgten Bauforderung bewirkt worden ist. Hat die Bauforderung nicht bestanden, so gebührt der Baugeldhypothek gleichwohl der Vorrang, es sei denn, daß dem Baugeldgeber zur Zeit seiner Zahlung bekannt oder infolge grober Fahrlässigkeit unbekannt war, daß die Forderung nicht bestanden hat; dem Nichtbestehen einer Bauforderung steht es gleich, wenn ein Nachmann für dieselbe Leistung eine Bauforderung hat und der Vormann nicht über ausreichende Mittel zur Befriedigung der Forderungen seiner Nachmänner verfügt oder nicht die Absicht hat, diese Forderungen in vollem Umfange zu befriedigen.

(2) Der Vorrang der Baugeldhypothek erstreckt sich auf Zinsen bis fünf vom Hundert und auf die im § 1118 des BGB bezeichneten Kosten.

(3) In Ansehung des 5. Teiles des Baugeldes finden die Vorschriften des Abs 1 keine Anwendung, wenn binnen einer Frist von 2 Wochen seit dem Beginne der Anmeldungsfrist ein Baugläubiger Widerspruch gegen die Auszahlung erhoben hat. Wird Widerspruch erhoben, so ist der Baugeldgeber berechtigt, den 5. Teil des Baugeldes mit der Wirkung zu hinterlegen, daß die Baugeldhypothek in Höhe des hinterlegten Betrags den im Abs 1 bestimmten Vorrang erhält. Auf den hinterlegten Betrag finden die Vorschriften des fünften Titels über eine nach § 13 geleistete Sicherheit entsprechende Anwendung.

(4) Der Widerspruch gegen die Auszahlung ist dem Baugeldgeber durch einen Gerichtsvollzieher zuzustellen. Der Widerspruch verliert seine Wirkung, wenn nicht dem Baugeldgeber vor dem Ablaufe der Anmeldungsfrist die im § 23 Abs 1 Satz 2 bezeichnete Bescheinigung des Bauschöffenamts vorgelegt wird. Wird der Widerspruch zurückgenommen, so gilt er als nicht erfolgt.

§ 35

(1) Auf Antrag des Baugeldgebers bestellt das Amtsgericht, in dessen Bezirke die Baustelle gelegen ist, einen Treuhänder. Als Treuhänder soll tunlichst ein Bausachverständiger bestellt werden. Über die Personen der zu bestellenden Treuhänder ist die Handwerkskammer des Bezirkes zu hören.

(2) Die durch Vermittlung oder auf Anweisung des Treuhänders geleisteten Zahlungen begründen den Vorrang vor der Bauhypothek. Der Treuhänder darf die Zahlung nur vermitteln oder anweisen, soweit der Baugeldgeber nach Maßgabe des § 34 zur Zahlung mit Wirkung gegen die Baugläubiger berechtigt ist. Dem Treuhänder ist anstelle des Baugeldgebers der Widerspruch gegen die Auszahlung des fünften Teiles des Baugeldes zuzustellen und die Bescheinigung des Bauschöffenamts vorzulegen.

(3) Der Treuhänder hat die rechtliche Stellung eines Pflegers; an die Stelle des Vormundschaftsgerichts tritt das im Abs 1 bezeichnete Amtsgericht. Der Treuhänder ist für die Erfüllung der ihm obliegenden Pflichten allen Beteiligten verantwortlich; auf Ersuchen des Bauschöffenamts hat er diesem Auskunft zu erteilen.

(4) Eine Pflicht zur Übernahme des Amtes besteht nicht. Der Treuhänder kann von dem Baugeldgeber für die Führung seines Amtes eine angemessene Vergütung verlangen. Vor der Festsetzung soll das Amtsgericht den Baugeldgeber, soweit tunlich, hören.

(5) Durch Anordnung der Landesjustizverwaltung können die dem Amtsgericht in Ansehung der Treuhänder obliegenden Verrichtungen für mehrere Amtsgerichtsbezirke einem Amtsgericht übertragen werden.

§ 36

Soweit von dem Treuhänder in öffentlich beglaubigter Form bescheinigt wird, daß Zahlungen durch seine Vermittlung oder auf seine Anweisung geleistet worden sind, oder daß eine Hinterlegung nach § 34 Abs 3 erfolgt ist, hat das Grundbuchamt auf Antrag des Baugeldgebers den Vorrang der Baugeldhypothek vor der Bauhypothek in das Grundbuch einzutragen.

§ 37

(1) Wird die Zwangsversteigerung oder die Zwangsverwaltung des Grundstücks angeordnet, ehe die Bauhypothek eingetragen ist, so kann jeder Baugläubiger, welcher seine Bauforderung wirksam angemeldet hat, Befriedigung aus dem Grundstück verlangen, wie wenn die Bauhypothek eingetragen wäre.

(2) Einer Sicherheitsleistung nach § 67 des Gesetzes über die Zwangsversteigerung und Zwangsverwaltung bedarf es nicht, soweit durch das Gebot eine wirksam angemeldete Bauforderung ganz oder teilweise gedeckt wird.

§ 38

(1) Der Versteigerungstermin darf nicht auf einen früheren Zeitpunkt als zwei Wochen nach dem Ablaufe der Anmeldungsfrist bestimmt werden. Hatte zur Zeit der Veröffentlichung des Versteigerungstermins die Anmeldungsfrist noch nicht begonnen, so beginnt sie mit der Veröffentlichung.

(2) Ist eine dieser Vorschriften verletzt, so ist der Zuschlag zu versagen. Gegen die Erteilung des Zuschlags ist Beschwerde zulässig.

§ 39

Solange der Bauvermerk eingetragen ist, hat das Grundbuchamt von der Eintragung des Vollstreckungsvermerkes dem Bauschöffenamt Mitteilung zu machen. Das Bauschöffenamt hat dem Vollstreckungsgericht alsbald und, wenn bei dem Eingange der Mitteilung die Anmeldungsfrist noch nicht abgelaufen ist, nach dem Ablaufe dieser Frist eine beglaubigte Abschrift der wirksamen Anmeldungen zu erteilen. Baugläubiger, für die eine wirksame Anmeldung vorliegt, stehen für das Vollstreckungsverfahren Gläubigern, die zur Zeit der Eintragung des Vollstreckungsvermerkes in Grundbuch eingetragen waren, gleich.

§ 40

Soweit durch ein Urteil der Widerspruch eines Baugläubigers gegen die Aufnahme der Forderung eines anderen Baugläubigers in den Verteilungsplan rechtskräftig als begründet anerkannt ist, wirkt das Urteil für alle Baugläubiger. Der widersprechende Baugläubiger kann Erstattung derjenigen Prozeßkosten, die von dem Prozeßgegner nicht beizutreiben sind, aus dem bei der Verteilung auf die Baugläubiger entfallenden Betrag insoweit verlangen, als infolge des Widerspruchs der Anteil des Prozeßgegners an diesem Betrage weggefallen oder vermindert ist. Ist der Prozeßgegner ein Nachmann, so kann die Erstattung nur denjenigen Baugläubigern gegenüber verlangt werden, denen der Wegfall oder die Verminderung des Anteils des Nachmanns zum Vorteile gereicht.

5. Titel
Sicherheitsleistung

§ 41

Eine gemäß § 12 oder § 13 geleistete Sicherheit haftet den Baugläubigern in der gleichen Weise, wie ihnen im Falle der Eintragung einer Bauhypothek kraft dieser Hypothek das Grundstück haftet. Im Falle des § 13 bemißt sich der auf die einzelnen Bauforderungen entfallende Anteil an der Sicherheit nach dem bei der Eintragung der Bauhypothek berücksichtigten Betrag auch dann, wenn die Bauforderung nach der Eintragung zum Teil getilgt worden ist.

§ 42

Ist nach § 12 Sicherheit geleistet, so kann jeder Beteiligte die Eröffnung eines Verteilungsverfahrens in Ansehung der Sicherheit beantragen, sobald die im § 22 Abs 1 bestimmte Veröffentlichung der Baupolizeibehörde erfolgt ist. Wird der Antrag von einem Baugläubiger gestellt, so hat der Gläubiger die schriftliche Zustimmung des Eigentümers beizubringen oder seine Bauforderung nach Maßgabe des § 23 Abs 2 glaubhaft zu machen.

§ 43

(1) Für das Verteilungsverfahren ist das Amtsgericht zuständig, in dessen Bezirke die Baustelle gelegen ist. Auf das Verfahren finden die für die Verteilung des Erlöses im Falle der Zwangsversteigerung eines Grundstücks geltenden Vorschriften entsprechende Anwendung.

(2) Die Eröffnung des Verteilungsverfahrens und der Verteilungstermin müssen durch das für Bekanntmachungen des Gerichts bestimmte Blatt öffentlich bekannt gemacht werden. Der Eröffnungsbeschluß sowie die Terminsbestimmung sollen außerdem dem Antragsteller und dem Eigentümer von Amts wegen zugestellt werden.

(3) Wird Widerspruch gegen eine Bauforderung erhoben, so bleibt die Forderung bei der Ausführung des Verteilungsplans unberücksichtigt, wenn nicht der Baugläubiger binnen einer Frist von einem Monate, welche mit dem Terminstage beginnt, dem Gerichte nachweist, daß er gegen die Beteiligten Klage erhoben hat.

. . . .

§ 49

Wird der Bauvermerk nach § 17 oder nach § 27 Abs 1 gelöscht, so hat das Bauschöffenamt auf Antrag die Rückgabe der gemäß § 13 geleisteten Sicherheit anzuordnen. Das gleiche gilt, wenn dem Bauschöffenamte nach dem Ablaufe der Anmeldefrist die Zustimmung aller Baugläubiger, für welche wirksame Anmeldungen vorliegen, in der für Eintragungsbewilligungen durch die GBO vorgeschriebenen Form nachgewiesen wird.

6. Titel
Bauschöffenamt §§ 50 ff.

. . . .

7. Titel
Schlußbestimmungen

§ 61

(1) Soll das Gebäude von einem Erbbauberechtigten errichtet werden, so ist der Bauvermerk auf dem Grundbuchblatte des Erbbaurechts einzutragen. Der Wert des Erbbaurechts tritt an die Stelle des Baustellenwerts.

(2) Bei der Feststellung der Belastungen sind sowohl die auf dem Erbbaurecht als die auf dem Grundstücke haftenden, dem Erbbaurecht vorgehenden Belastungen zu berücksichtigen.

(3) Die sich auf den Eigentümer beziehenden Vorschriften dieses Gesetzes finden auf den Erbbauberechtigten Anwendung.

§ 62

Auf die durch dieses Gesetz den Baugläubigern gewährten Rechte kann erst nach dem Beginne der im § 22 Abs 3 und im § 45 Abs 1 bestimmten Frist oder nach der Anordnung der Zwangsversteigerung oder der Zwangsverwaltung verzichtet werden.

§ 63

Durch *landesherrliche* Verordnung können Verrichtungen, die nach diesem Gesetze dem Bauschöffenamt obliegen, einer anderen Behörde, einem Beamten oder einem Notar, ingleichen kann die Zuständigkeit für das Verteilungsverfahren einer anderen Behörde, einem Beamten oder einem Notar übertragen werden. Ebenso können durch *landesherrliche* Verordnung die Verpflichtungen der Baupolizeibehörde oder der Treuhänder dem Bauschöffenamt übertragen werden.

§ 64

Die zur Ausführung dieses Gesetzes erforderlichen Vorschriften über die Kosten werden durch *landesherrliche* Verordnung erlassen.

§ 65

(1) Die im § 9 vorgesehene *landesherrliche* Verordnung kann zurückgenommen werden.

(2) Auf Neubauten, für die bereits ein Bauvermerk oder eine Bauhypothek eingetragen oder gemäß § 12 Sicherheit geleistet ist, finden die Vorschriften dieses Gesetzes ungeachtet der Zurücknahme Anwendung.

. . . .

XI. Siedlung

1. Siedlungsgesetz Anh 91

vom 11. August 1919 RGBl I 1429/7. Juni 1923 RGBl I 364/8. Juli 1926 RGBl I 398/ 19. Mai 1953 RGBl I 201 = SaBl 475

(auszugsweise)

. . . .

§ 4

Das gemeinnützige Siedlungsunternehmen hat ein Vorkaufsrecht auf die in seinem Bezirke belegenen landwirtschaftlichen Grundstücke im Umfange von 25 ha aufwärts oder Teile von solchen Grundstücken. Das Vorkaufsrecht kann durch Bestimmung der Landeszentralbehörde auf kleinere Grundstücke ausgedehnt werden.

§ 5

Das Vorkaufsrecht hat den Vorrang vor allen anderen eingetragenen und gesetzlichen Vorkaufsrechten. Es bedarf der Eintragung im Grundbuch nicht.

§ 6

(1) Das Vorkaufsrecht kann ausgeübt werden, sobald der Eigentümer mit einem Dritten einen Kaufvertrag über die im § 4 bezeichneten Grundstücke oder Grundstücksteile abgeschlossen hat.

(2) Die Ausübung des Vorkaufsrechts ist ausgeschlossen, wenn der Eigentümer das Grundstück an eine Körperschaft des öffentlichen Rechts, an seinen Ehegatten oder an eine Person verkauft hat, die mit ihm in gerader Linie oder bis zum 3. Grade der Seitenlinie verwandt oder bis zum 2. Grade verschwägert ist.

(3) Soweit landwirtschaftlich genutzte Grundstücke (einschließlich Staatsdomänen) von gemeinnützigen Siedlungsgesellschaften zum Zwecke der Ansiedlung übernommen werden, haben die Pächter ein Vorkaufsrecht für ein bei der Verteilung etwa übrig bleibendes Restgut oder für Parzellen, die geeignet sind, Inventar und sonstiges Betriebskapital des zur Siedlung übergebenen landwirtschaftlichen Grundstücks möglichst zu verwerten.

§ 7

(1) Die Frist zur Ausübung des Vorkaufsrechts beträgt 3 Wochen von dem Tage an, an dem der Vorkaufsberechtigte die Mitteilung des Eigentümers oder des Dritten von dem Inhalt des zwischen ihnen geschlossenen Vertrags empfangen hat. Ist das Grundstück oder der veräußerte Teil größer als 200 ha, so beträgt die Frist 6 Wochen.

(2) Die Mitteilung des Eigentümers oder des Dritten wird durch die Mitteilung des Grundbuchamts ersetzt.

§ 8

(1) Auf das Vorkaufsrecht sind die §§ 505 bis 509, § 510 Abs 1, § 1098 Abs 2, §§ 1099 bis 1102 des BGB entsprechend anzuwenden. Das Vorkaufsrecht erstreckt sich auch auf das mitverkaufte Zubehör.

(2) Hat der Käufer eine Nebenleistung übernommen, die nicht in Geld zu schätzen ist, so hat der Eigentümer dem Vorkaufsberechtigten gegenüber keinen Anspruch auf

die Erfüllung dieser Nebenleistung und der Vertragsstrafen, die zu ihrer Erfüllung ausbedungen sind.

(3) Teilt im Falle des § 1099 des BGB der Dritte dem Berechtigten den Inhalt des Kaufvertrags mit, so hat dies die im § 7 bestimmte Wirkung.

§ 9

(1) Erwirbt das gemeinnützige Siedlungsunternehmen in Ausübung des Vorkaufsrechts ein Grundstück oder den Teil eines Grundstücks, so erlöschen die eingetragenen Vorkaufsrechte und Vormerkungen, die ein Recht auf Auflassung erhalten sollen (§ 883 des BGB).

(2) Verwendet das gemeinnützige Siedlungsunternehmen das Grundstück oder einen Teil davon innerhalb 10 Jahren nicht für Siedlungszwecke, so darf es eine anderweite Veräußerung erst vornehmen, wenn es das Grundstück oder den Grundstücksteil den Personen vergeblich zum Kauf angeboten hat, deren Rechte gemäß Abs 1 erloschen sind.

§ 10

Das Grundbuchamt soll die Eintragung des Eigentumsüberganges so lange aussetzen, bis ihm die Nichtausübung des Vorkaufsrechts nachgewiesen wird.

§ 11

Die Vorschriften der §§ 5 bis 10 sind sinngemäß anzuwenden auf andere Verträge, die auf die Veräußerung eines Grundstücks gegen Entgelt gerichtet sind, auf die Veräußerung im Wege der Zwangsversteigerung und auf die freihändige Veräußerung durch den Konkursverwalter. Der Zuschlag darf nicht vor Ablauf der im § 7 Abs 1 bezeichneten Frist erteilt werden, es sei denn, daß der Vorkaufsberechtigte sein Recht vorher ausgeübt oder dem Vollstreckungsgericht gegenüber erklärt hat, es nicht ausüben zu wollen.

. . . .

§ 14

(1) Der Landlieferungsverband hat anstelle des gemeinnützigen Siedlungsunternehmens (§ 1) das Vorkaufsrecht auf alle großen Güter seines Bezirks. Er muß das Vorkaufsrecht auf Verlangen des gemeinnützigen Siedlungsunternehmens ausüben; die Ausübung des Vorkaufsrechts kann er dem gemeinnützigen Siedlungsunternehmen mit dessen Zustimmung allgemein oder für den einzelnen Fall übertragen.

(2) Für das Vorkaufsrecht gelten die Vorschriften der §§ 5 bis 11 entsprechend.

. . . .

§ 20

(1) Das gemeinnützige Siedlungsunternehmen hat ein Wiederkaufsrecht für die von ihm begründete Ansiedlerstelle, wenn der Ansiedler sie ganz oder teilweise veräußert oder aufgibt, oder wenn er sie nicht dauernd bewohnt oder bewirtschaftet. Die Vorschriften des § 6 Abs 2 gelten entsprechend.

(2) Die Dauer des Wiederkaufsrechts, der Preis und die näheren Bedingungen sind in dem Ansiedlervertrage festzusetzen. Das Recht ist als Belastung des Grundstücks im Grundbuch einzutragen. Im übrigen bleiben die Vorschriften der Landesgesetzgebung unberührt.

§ 21

Dem früheren Eigentümer steht ein Wiederkaufsrecht gegen das Siedlungsunternehmen zu, wenn es das erworbene Grundstück (§§ 3, 15) nicht innerhalb einer Frist von 10 Jahren für Siedlungszwecke verwendet hat. Das Wiederkaufsrecht ist innerhalb eines Jahres auszuüben. Das Recht ist als Belastung des Grundstücks im Grundbuch einzutragen. Die Bestimmungen der §§ 497ff. des BGB finden entsprechende Anwendung.

. . . .

2. Gesetz zur Ergänzung des Siedlungsgesetzes **Anh 92**

vom 4. Januar 1935 RGBl I 1

(auszugsweise)

§ 1

(1) Wird ein mit einer Hypothek belastetes Grundstück im Rahmen eines Siedlungsverfahrens nach dem *Reichs*siedlungsgesetze von einem Siedlungsunternehmen oder einem Dritten erworben, so darf der Gläubiger der Hypothek ein ihm für den Fall des Eigentumswechsels zustehendes Kündigungsrecht nicht ausüben. Das gleiche gilt, wenn eines von mehreren mit einer Gesamthypothek belasteten Grundstücken oder Teile eines mit einer Hypothek belasteten Grundstücks erworben werden.

(2) In den Fällen des Abs 1 Satz 2 kann die Siedlungsbehörde die Hypothek auf die Grundstücke oder Grundstücksteile verteilen; der Gläubiger kann der Verteilung nicht widersprechen. Die Verteilung ist nach dem in den einzelnen Ländern der Besteuerung des Grundvermögens zugrunde liegenden Maßstab oder, wenn dieser von dem Nutzungswerte der einzelnen Teilstücke erheblich abweicht, nach einem anderen geeigneten Maßstabe vorzunehmen, erforderlichenfalls nach Ermittlung des Wertes der Grundstücke oder Grundstücksteile durch besondere Schätzung.

(3) Im Falle des Eigentumswechsels haftet der Erwerber von dem Eigentumsübergang an für die persönliche Forderung, die dem nach Abs 2 verteilten Betrag einer Hypothek zugrunde liegt. Die Rechte des Gläubigers gegen den bisherigen Schuldner, die Mitschuldner und Bürgen sowie die Rechte aus einem für die Forderung bestehenden Pfandrecht oder sonstigen Sicherheiten erlöschen.

(4) Die Vorschriften der Abs 1 bis 3 gelten für Grundschulden, Rentenschulden und Reallasten sinngemäß; doch gilt Abs 2 für Altenteile nur, soweit der Unterhalt des Berechtigten durch die Verteilung nicht gefährdet wird.

§ 2

(1) In den Fällen des § 1 sind die Abschreibung eines Grundstücksteils und die Eintragung der Lastenverteilung im Grundbuche schon dann zulässig, wenn die Grundstücksteile in dem amtlichen Verzeichnis (§ 2 Abs 2 der GBO) noch nicht ausgewiesen sind. Für die Bezeichnung der Grundstücksteile sind in diesem Falle die Feststellungen der Siedlungsbehörde über Lage und Größe sowie eine von ihr auf Grund der Katasterunterlagen gefertigte vorläufige Zeichnung maßgebend.

(2) Die im Abs 1 bezeichneten Rechtsänderungen sind auf Ersuchen der Siedlungsbehörde in das Grundbuch einzutragen. Dem Ersuchen sind der Kaufvertrag und die in Abs 1 Satz 2 genannten Unterlagen beizufügen.

(3) Ist der Grundstücksteil in dem amtlichen Verzeichnis nachgewiesen, so ist erforderlichenfalls das Grundbuch von Amts wegen zu berichtigen.

. . . .

§ 4

Wird ein zu Siedlungszwecken erworbenes Grundstück oder ein zu Siedlungszwecken erworbener Grundstücksteil in einzelne Siedlungsgrundstücke aufgeteilt, so gelten die Vorschriften der §§ 1 bis 3 sinngemäß.

. . . .

§ 6

(1) Die Vorschriften der §§ 1 bis 5 gelten sinngemäß für die Fälle, in denen ein Vorkaufsrecht nach dem SiedlG ausgeübt ist oder ausgeübt wird.

. . . .

Anh 93

3. VO über das Vorkaufsrecht nach dem SiedlG
vom 15. April 1937 RGBl I 546

Art 1

(1) Die Bestimmung nach § 4 Satz 2 des SiedlG trifft der *Reichs*minister für Ernährung und Landwirtschaft im Einvernehmen mit dem *Reichs*minister der Justiz. Bei der Veräußerung von Teilen eines dem Vorkaufsrecht unterliegenden Grundstücks kann das Vorkaufsrecht auf solche Fälle beschränkt werden, in denen die Teile eine bestimmte Größe erreichen.

(2) Die Bestimmungen nach Abs 1 sind im *Reichs*gesetzblatt zu veröffentlichen.

Art 2

Die landesrechtlichen Vorschriften über das Vorkaufsrecht nach dem SiedlG werden aufgehoben. Der *Reichs*minister für Ernährung und Landwirtschaft kann im Einvernehmen mit dem *Reichs*minister der Justiz das außer Kraft gesetzte Recht bezeichnen.

Art 3

Bis zum Erlaß abweichender Bestimmungen nach Art 1 dieser VO unterliegen dem Vorkaufsrecht die Grundstücke oder Grundstücksteile, bei denen nach den bisher geltenden Vorschriften das Vorkaufsrecht ausgeübt werden konnte, jedoch mit der Maßgabe, daß das Grundstück oder der Grundstücksteil selbst mindestens ein Hektar groß sein muß, falls bisher auch Grundstücke oder Grundstücksteile kleineren Umfangs dem Vorkaufsrecht unterlagen.

Art 4

Die Frist zur Ausübung des Vorkaufsrechts (§ 7 des SiedlG) beträgt auch bei Grundstücken bis zu 200 ha 6 Wochen.

Art 5

(1) Eine Verwendung für Siedlungszwecke im Sinne des SiedlG liegt auch dann vor, wenn eine nach dem SiedlG begründete Ansiedlerstelle (Neu- oder Anliegersiedlungsbetrieb) innerhalb von 10 Jahren nach ihrer erstmaligen Übernahme durch einen Siedler unter Vermittlung eines gemeinnützigen Siedlungsunternehmens an einen anderen Bewerber übertragen wird. Den Zeitpunkt der erstmaligen Übernahme bestimmt im Zweifelsfall die Siedlungsbehörde.

XII. Heimstätte

Anh 94

1. Heimstättengesetz
vom 25. November 1937 RGBl I 1291/3. August 1953 RGBl I 720 = SaBl 985

(auszugsweise)

I. Abschnitt

Allgemeine Vorschriften

§ 1

Reichsheimstätten und Ausgeber

(1) Das *Reich*, die Länder und die Gemeinden und Gemeindeverbände können Grundstücke, die aus einem Einfamilienhause mit Nutzgarten bestehen oder landwirtschaftliche oder gärtnerische Anwesen, zu deren Bewirtschaftung eine Familie unter regelmäßigen Verhältnissen keiner ständigen fremden Arbeitskräfte bedarf, als Heimstätten zu Eigentum ausgeben.

(2) Der *Reichs*arbeitsminister kann zulassen, daß auch andere öffentliche Verbände oder gemeinnützige Unternehmungen *Reichs*heimstätten ausgeben.

(3) Der Name „*Reichs*heimstätte" darf nur für Grundstücke geführt werden, die den Vorschriften dieses Gesetzes entsprechen.

. . . .

§ 4

Grundbucheintragung

(1) Die Eigenschaft als *Reichs*heimstätte und der Ausgeber werden in das Grundbuch eingetragen. Soweit dieses Gesetz nichts anderes bestimmt, gelten die Vorschriften über die Belastung eines Grundstücks mit dem Rechte eines Dritten entsprechend. Die Rechte des Ausgebers können auf einen anderen nur übertragen werden, wenn er zur Ausgabe von Heimstätten befugt ist (§ 1).

(2) Die Eigenschaft als *Reichs*heimstätte kann vor der Errichtung der Wohn- oder Wirtschaftsgebäude eingetragen werden.

(3) Über die zu einer *Reichs*heimstätte gehörigen Grundstücke ist ein gesondertes Grundbuchblatt zu führen. Nicht zur *Reichs*heimstätte gehörige Grundstücke sowie solche Grundstücke, bei denen die *Reichs*heimstätteneigenschaft später aufgehoben wird, sind auf ein anderes Blatt des Grundbuchs zu übertragen.

§ 5

Eintragungsrang

Die Eigenschaft als *Reichs*heimstätte kann nur zur ausschließlich ersten Rangstelle eingetragen werden; der Rang kann nicht geändert werden. Rechte, die zur Erhaltung der Wirksamkeit gegenüber dem öffentlichen Glauben des Grundbuchs der Eintragung nicht bedürfen, bleiben außer Betracht. Soweit für ein anderes Recht, das auf der Heimstätte eingetragen ist oder wird, die Rangstelle nach Gesetz oder Vertrag in Betracht kommt, gilt die *Reichs*heimstätteneigenschaft nicht als vorgehende Belastung.

§ 6

Grunderwerbspreis

In dem Vertrag über die Übertragung der Heimstätte ist festzulegen, welcher Betrag des Entgelts auf den Boden ohne die Baulichkeiten oder sonstigen Verbesserungen entfällt. Der Betrag ist im Grundbuch zu vermerken.

II. Abschnitt

Recht der *Reichs*heimstätte

§ 7

Wirkung der Grundbucheintragung

Für die Heimstätte gelten von der Eintragung an die folgenden Vorschriften.

. . . .

§ 9

Teilung und Abveräußerung

(1) Die Teilung der Heimstätte und die Abveräußerung einzelner Grundstücke oder Grundstücksteile bedarf der Zustimmung des Ausgebers.

(2) Der Heimstätter kann die Zustimmung des Ausgebers zur Teilung verlangen, wenn die Teile selbständige Heimstätten werden. Er kann die Zustimmung zur Abveräußerung verlangen, wenn sie mit den Regeln einer ordnungsmäßigen Wirtschaft vereinbar ist und den wirtschaftlichen Bestand der Heimstätte nicht wesentlich beeinträchtigt oder gefährdet.

§ 10

Zuschreibung von Grundstücken

(1) Wird ein anderes Grundstück mit der Heimstätte vereinigt oder ihr als Bestandteil zugeschrieben, so erstreckt sich die Eigenschaft als Heimstätte auf das ganze vergrößerte Grundstück; die Vorschriften der §§ 5, 6 gelten entsprechend.

(2) Die Vereinigung oder Zuschreibung bedarf der Zustimmung des Ausgebers.

§ 11

Vorkaufsrecht des Ausgebers

(1) Veräußert der Heimstätter die Heimstätte, so hat der Ausgeber das Vorkaufsrecht. Das Vorkaufsrecht gilt für alle Verträge des Heimstätters, die auf Veräußerung der Heimstätte gerichtet sind, sowie für den Verkauf im Wege der Zwangsvollstreckung oder durch den Konkursverwalter. Die §§ 504, 505, 508 bis 510, 513 des BGB gelten entsprechend.

(2) Die Ausübung des Vorkaufsrechts ist ausgeschlossen, wenn der Heimstätter die Heimstätte an seinen Ehegatten oder an eine Person veräußert, die mit ihm in gerader Linie oder bis zum 3. Grade der Seitenlinie verwandt oder bis zum 2. Grade verschwägert ist.

(3) Das Grundbuchamt soll die Eintragung des Eigentumsüberganges solange aussetzen, bis ihm die Nichtausübung des Vorkaufsrechts nachgewiesen ist.

§ 12

Heimfallanspruch des Ausgebers

(1) Der Ausgeber kann verlangen, daß ihm die Heimstätte übertragen wird (Heimfallanspruch), wenn

a) dem Heimstätter das *Reichs*bürgerrecht aberkannt oder nicht verliehen wird,

b) der Heimstätter die Heimstätte nicht dauernd selbst bewohnt oder bewirtschaftet, oder wenn er grobe Mißwirtschaft treibt.

(2) Dem Ausgeber kann auch für weitere Fälle ein Heimfallanspruch eingeräumt werden.

§ 13

Umfang des Heimfallanspruchs

Der Heimfallanspruch erstreckt sich auf das zur Zeit seiner Geltendmachung vorhandene Zubehör der Heimstätte (§ 8).

§ 14

Wirkung gegenüber Dritten

Das Vorkaufsrecht und der Heimfallanspruch hat Dritten gegenüber die Wirkung einer Vormerkung zur Sicherung des durch die Ausübung des Rechtes entstehenden Anspruchs auf Übertragung des Eigentums. Wird das Vorkaufsrecht oder der Heimfallanspruch ausgeübt, so bleiben die Rechte unberührt, die mit Zustimmung des Ausgebers oder innerhalb der Verschuldungsgrenze auf die Heimstätte eingetragen sind.

. . . .

§ 17

Belastung der Heimstätte

(1) Die Belastung der Heimstätte bedarf der Zustimmung des Ausgebers.

(2) Hypotheken und Grundschulden können nur in der Form von unkündbaren Tilgungsschulden eingetragen werden; der *Reichs*arbeitsminister kann Abweichungen zulassen. Die Vorschrift des § 1163 des BGB findet mit der Maßgabe Anwendung, daß mit dem Erlöschen der Forderung auch die Hypothek oder Grundschuld erlischt.

. . . .

§ 19

Erbteilung der Heimstätte

Wird der Heimstätter von mehreren Personen beerbt, so ist eine Teilung der Heimstätte nur unter den Voraussetzungen des § 9 zulässig. Abweichende Anordnungen des Erblassers sind, soweit tunlich, bei der Verteilung des Wertes der Heimstätte zu berücksichtigen; im übrigen gelten sie als nicht getroffen.

§ 20

Beschränkung der Zwangsvollstreckung

(1) Die Zwangsvollstreckung in eine Heimstätte erfolgt durch Zwangsverwaltung oder Zwangsversteigerung. Sie ist wegen einer dinglich nicht gesicherten Schuld des Heimstätters unzulässig.

(2) Hat die Schuld des Heimstätters bereits bestanden, als er die Heimstätte erwarb, so kann bis zum Ablauf eines Jahres nach dem Erwerbe die Zwangsvollstreckung durch Eintragung einer Sicherungshpyothek beantragt werden; soweit die Forderung nach Ablauf von 5 Jahren nach der Eintragung der Sicherungshypothek nicht getilgt ist, kann die Zwangsversteigerung beantragt werden. Ist eine Verschuldungsgrenze eingetragen, so gilt sie auch für die Eintragung von Sicherungshypotheken im Wege der Zwangsvollstreckung.

(3) Die Vorschriften über die Beitreibung öffentlicher Abgaben bleiben unberührt.

§ 21

Löschung der Heimstätteneigenschaft

(1) Die Eigenschaft als Heimstätte kann nur mit Zustimmung des *Reichs*arbeitsministers gelöscht werden.

(2) Bei einer Heimstätte, deren Ausgeber nicht das *Reich* ist, kann der *Reichs*arbeitsminister innerhalb 3 Monate nach Eingang des Antrags auf Zustimmung zur Löschung verlangen, daß die Heimstätte dem *Reich* oder einem von ihm zu bezeichnenden Dritten gegen Zahlung ihres Wertes (§ 15) übertragen wird.

(3) Das gleiche gilt, wenn ein anderer Ausgeber als das *Reich* eine von ihm nach dem § 11 oder § 12 erworbene Heimstätte nicht innerhalb eines Jahres nach seiner Eintragung wieder ausgegeben hat.

. . . .

III. Abschnitt

Schlußbestimmungen

§ 25

Umwandlung in eine Heimstätte auf Antrag

(1) Bei einem Grundstück oder Anwesen, daß den Voraussetzungen der §§ 1 und 3 entspricht, kann die Eigenschaft als Heimstätte auch auf Antrag des Eigentümers eingetragen werden. Die Eintragung ist nur in Verbindung mit der Eintragung eines Ausgebers zulässig. Als Ausgeber kann nur eingetragen werden, wer zur Ausgabe von Heimstätten befugt ist (§ 1); die Eintragung bedarf seiner Zustimmung.

(2) Mit dem Ausgeber ist ein Betrag zu vereinbaren, der als Wert des Bodens im Sinne der §§ 6 und 15 gilt.

(3) Ist ein Grundstück, bei dem die Heimstätteneigenschaft eingetragen werden soll, mit Rechten Dritter belastet, so bestimmt der *Reichs*arbeitsminister im Einvernehmen mit dem *Reichs*minister der Justiz das Nähere über die Zulässigkeit und die Durchführung der Eintragung. Die Vorschriften der §§ 5, 11 und 20 bleiben unberührt.

§ 26

Erbbauheimstätte

(1) Wird die Eigenschaft als Heimstätte bei einem Erbbaurecht eingetragen, für das die Verordnung über das Erbbaurecht vom 15. Januar 1919 (RGBl S 72) gilt, so gilt der Eigentümer des Grundstücks als Ausgeber der Heimstätte. Kann der Eigentümer nicht Ausgeber einer Heimstätte sein (§ 1), so ist die Eintragung unzulässig.

(2) Solange das Erbbaurecht *Reichs*heimstätte ist, finden die §§ 5 bis 8 der Erbbauverordnung keine Anwendung.

(3) Die Vorschriften dieses Gesetzes über den Heimfallanspruch des Ausgebers finden keine Anwendung. Macht der Eigentümer von dem Heimfallanspruch der Erbbauverordnung (§ 2 Nr 4, §§ 32, 33) Gebrauch, so gilt der § 16 und § 21 Abs 3 dieses Gesetzes entsprechend.

(4) Erwirbt der Erbbauberechtigte das Grundstück, so wird es Bestandteil der Heimstätte; der bisherige Eigentümer wird Ausgeber. Die Vorschrift des § 25 Abs 2 gilt entsprechend.

(5) Wird ein erloschenes Erbbaurecht nach § 2 Nr 6 und § 31 der Erbbauverordnung erneuert, so erneuert sich auch seine Eigenschaft als Heimstätte.

. . . .

§ 32

Wiederkaufsrecht nach dem Reichssiedlungsgesetz

(1) Der § 20 des SiedlG vom 11. August 1919 (RGBl S 1429) findet auf eine *Reichs*heimstätte von ihrer Eintragung in das Grundbuch an keine Anwendung.

(2) Der § 21 des SiedlG gilt entsprechend, wenn die Eigenschaft als *Reichs*heimstätte gelöscht wird und das *Reich* von der Befugnis des § 21 dieses Gesetzes keinen Gebrauch macht.

. . . .

Anh 95 2. VO zur Ausführung des Heimstättengesetzes

vom 19. Juli 1940 RGBl I 1027/3. August 1953 RGBl 720=SaBl 985

(auszugsweise)

. . . .

II. Abschnitt

Heimstätte und Heimstättenvertrag

. . . .

§ 8

(1) Der Vertrag zwischen dem zukünftigen Heimstätter und dem Ausgeber über die Begründung der Heimstätteneigenschaft (Heimstättenvertrag) bedarf der Schriftform. Gerichtliche oder notarische Beurkundung ist nur erforderlich,

a) wenn zugleich die Verpflichtung des Ausgebers zur Übertragung des Eigentums oder zur Bestellung oder Übertragung eines Erbbaurechts an dem Heimstättengrundstück vereinbart wird (§ 313 des BGB und § 11 der Verordnung über das Erbbaurecht vom 15. Januar 1919 — RGBl S 72),

b) wenn ein über § 12 Abs 1 des Gesetzes und § 17 dieser Verordnung hinausgehender Heimfallanspruch vereinbart wird.

(2) Wird nachträglich die Heimstätteneigenschaft im Grundbuch eingetragen, so wird der Mangel der Form geheilt.

§ 9

(1) Der Heimstättenvertrag soll die Bezeichnung des Grundstücks, das die Eigenschaft als Heimstätte erhalten soll, nach dem amtlichen Verzeichnis im Sinne des § 2 Abs 2 der GBO oder durch Hinweis auf das Grundbuchblatt erhalten.

(2) Aus dem Heimstättenvertrag soll ferner die Regelung der Feuerversicherungsverhältnisse zu ersehen sein.

§ 10

(1) Sind die Bodenwerte infolge einer wesentlichen Änderung der allgemeinen wirtschaftlichen Verhältnisse derart gestiegen oder gesunken, daß dem Ausgeber oder Heimstätter das Festhalten an dem für den Boden nach § 6 des Gesetzes eingetragenen Betrag des Entgelts nicht zugemutet werden kann, so ist jeder Teil verpflichtet, in eine angemessene Änderung dieses Betrags einzuwilligen.

(2) Für die Eintragung der Änderung im Grundbuch werden Gebühren nicht erhoben. Die Gerichts- und Notargebühren für die Aufnahme oder Beglaubigung der erforderlichen Erklärungen werden auf die Hälfte ermäßigt.

. . . .

§ 12

(1) Ein Grundstück, das mit einer Hypotheken- oder Grundschuld belastet ist, die nicht unkündbare Tilgungsschuld ist, kann als Heimstätte nur ausgegeben werden, wenn der *Reichs*arbeitsminister der Form der Belastung zugestimmt hat. Im übrigen gilt mit der Ausgabe eines belasteten Grundstücks die Zustimmung nach § 17 des Gesetzes als erteilt.

(2) Wird ein belastetes Grundstück als Heimstätte ausgegeben, so kommt der Heimstätteneigenschaft der Vorrang vor diesen Belastungen zu. Im übrigen werden diese Belastungen nicht berührt.

III. Abschnitt

Vorkaufsrecht und Heimfallanspruch

(Zu den §§ 11, 12, 14 und 15 des Gesetzes)

§ 13

Das Vorkaufsrecht an Heimstätten, deren Ausgeber nicht das *Reich* ist, kann mit Genehmigung des *Reichs*arbeitsministers für einen anderen zur Ausgabe von Heimstätten berechtigten Ausgeber begründet oder auf einen solchen übertragen werden.

§ 14

(1) Bei einer Veräußerung der Heimstätte an Verschwägerte in gerader Linie ist die Ausübung des Vorkaufsrechts ausgeschlossen.

(2) Im Falle der Zwangsversteigerung der Heimstätte kann der Ausgeber das Vorkaufsrecht auch dann ausüben, wenn der Meistbietende der Ehegatte des Heimstätters oder mit diesem in gerader Linie oder bis zum 3. Grade der Seitenlinie verwandt oder in gerader Linie oder bis zum 2. Grade der Seitenlinie verschwägert ist.

§ 15

(1) Das Vollstreckungsgericht hat dem Ausgeber von einer Anordnung der Zwangsversteigerung einer Heimstätte und von dem Meistgebot Mitteilung zu machen. Die Mitteilung ist dem Ausgeber zuzustellen.

(2) Die Frist zur Ausübung des Vorkaufsrechts beträgt zwei Wochen seit Zustellung der Mitteilung des Meistgebots.

(3) Der Zuschlag darf nicht vor Ablauf der im Abs 2 bezeichneten Frist erteilt werden, wenn nicht der Ausgeber sein Recht vorher ausgeübt oder dem Vollstreckungsgericht gegenüber erklärt hat, es nicht ausüben zu wollen. Macht er von seinem Vorkaufsrecht Gebrauch, so ist ihm der Zuschlag zu dem Meistgebot zu erteilen.

§ 16

Die Nichtausübung des Vorkaufsrechts braucht dem Grundbuchamt gegenüber (§ 11 Abs 3 des Gesetzes) nicht nachgewiesen zu werden, wenn die Eigentumsänderung auf Ersuchen des Vollstreckungsgerichts eingetragen wird.

§ 17

(1) Der Ausgeber kann verlangen, daß ihm die Heimstätte außer den im § 12 Abs 1 des Gesetzes bestimmten Fällen übertragen wird (Heimfallanspruch),

1. wenn ohne seine Zustimmung bauliche Veränderungen vorgenommen werden, die der Zweckbestimmung der Heimstätte zuwiderlaufen,
2. wenn ein für nicht gewerbsmäßige gärtnerische Nutzung als Heimstätte zugelassenes Grundstück (§ 29 des Gesetzes) zu anderen Zwecken verwendet wird,
3. wenn über das Vermögen des Heimstätters das Konkursverfahren eröffnet oder die Eröffnung mangels Masse abgelehnt wird,
4. wenn die Heimstätte zum Zwecke der Zwangsversteigerung beschlagnahmt ist.

(2) Ist die Heimstätte zum Zwecke der Zwangsversteigerung beschlagnahmt, so kann ein Heimfallanspruch nach Beginn des Versteigerungstermins in keinem Falle ausgeübt werden.

(3) Die Vereinbarung eines Heimfallanspruchs für weitere Fälle (§ 12 Abs 2 des Gesetzes) bedarf einer Eintragung im Grundbuch nicht.

§ 18

(1) Der dem Ausgeber nach § 12 des Gesetzes zustehende Heimfallanspruch ist nicht begründet,

1. ....
2. wenn der Heimstätter durch einen wichtigen Grund (zB Minderjährigkeit, Berufsausbildung, berufliche Versetzung, Arbeits- oder Wehrdienst, Krankheit) gezwungen ist, von dem eigenen Bewohnen oder Bewirtschaften der Heimstätte Abstand zu nehmen und mit einem Wegfall dieses Grundes in absehbarer Zeit zu rechnen ist.

(2) Unberührt bleiben die vertraglich vereinbarten Heimfallansprüche der Ausgeber von Heimstätten, die als Kleinsiedlungen auf Grund der Dritten Verordnung des Reichspräsidenten zur Sicherung von Wirtschaft und Finanzen und zur Bekämpfung politischer Ausschreitungen vom 6. Oktober 1931, 4. Teil, Kapitel II (RGBl I S 537, 551) und der *reichs*rechtlichen Aus- und Durchführungsbestimmungen hierzu gefördert sind.

§ 19

Der Heimfallanspruch kann in den Fällen des § 12 Abs 1 Buchst b des Gesetzes und des § 17 Abs 1 Nrn 1 und 2 dieser Verordnung erst ausgeübt werden, wenn der Heimstätter eine ihm von dem Ausgeber schriftlich zur Abhilfe gesetzte angemessene Frist erfolglos hat verstreichen lassen. In den Fällen des § 12 Abs 2 des Gesetzes ist eine Fristsetzung nur erforderlich, wenn eine Abhilfe möglich ist.

§ 20

Der Heimfallanspruch wird durch schriftliche Erklärung gegenüber dem Heimstätter ausgeübt. Er muß innerhalb von sechs Monaten von dem Zeitpunkt an, in dem der

Ausgeber von dem Eintritt des Heimfallanspruchs Kenntnis erhält, geltend gemacht werden. Tatsachen, auf die der Heimfallanspruch nicht mehr gegründet werden kann, dürfen zur Unterstützung eines auf andere Tatsachen gegründeten Anspruchs geltend gemacht werden.

IV. Abschnitt

Belastung, Zwangsvollstreckung, Konkurs

(Zu den §§ 17, 20 und 21 des Gesetzes)

§ 21

Die Eintragung einer Vormerkung auf der Heimstätte bedarf nicht der nach § 17 des Gesetzes erforderlichen Zustimmung zur Belastung einer Heimstätte.

§ 22

(1) Unter Tilgungsschulden im Sinne des § 17 Abs 2 des Gesetzes sind solche Schulden zu verstehen, bei denen die allmähliche Rückzahlung der Schuld in laufenden von vornherein vertraglich festgelegten Raten erfolgt.

(2) Als unkündbar gilt eine Schuld auch dann, wenn der Gläubiger das Recht hat, unter besonderen Voraussetzungen, die mit der Beleihung, namentlich der Sicherheit des Darlehns und der Person des Schuldners zusammenhängen, die Zahlung des noch nicht getilgten Schuldbetrages auf einmal zu verlangen.

(3) Der *Reichs*arbeitsminister kann in Zweifelsfällen Näheres darüber bestimmen, welche Hypotheken- und Grundschulden als unkündbare Tilgungsschulden gelten.

§ 23

Die Zustimmung im Sinne des § 17 des Gesetzes ist nicht erforderlich zur Eintragung von Sicherungshypotheken gegen den Ersteher, der das Bargebot nicht berichtigt (§ 128 des ZwVG).

. . . .

V. Abschnitt

Erbfolge

(Zu § 24 des Gesetzes)

§ 25

Für die Beerbung des Heimstätters ist das allgemeine Recht nur insoweit maßgebend als sich aus dem *Reichs*heimstättengesetz und dieser Verordnung nichts anderes ergibt.

§ 26

Die Heimstätte fällt beim Vorhandensein mehrerer Miterben einem Erben (Heimstättenfolger) allein zu,

1. wenn der Erblasser in einer Verfügung von Todes wegen den Erben bezeichnet hat, der die Heimstätte erhalten soll,
2. wenn die Erben sich über die Person des Heimstättenfolgers einigen und diese Einigung dem zuständigen Nachlaßgericht innerhalb einer Frist von 6 Monaten seit dem Erbfall in öffentlich beglaubigter Form oder durch Niederschrift des Urkundsbeamten der Geschäftsstelle erklären,

3. wenn einer der Erben innerhalb einer Frist von 6 Monaten seit dem Erbfall bei dem Nachlaßgericht die Herbeiführung einer Einigung beantragt und das Nachlaßgericht ein Verfahren über die Regelung der Heimstättenfolge einleitet. In diesem Falle kann der Heimstättenfolger durch einen mit Zweidrittelmehrheit gefaßten Beschluß der Miterben bestimmt werden. Bei Errechnung der Mehrheit sind die Erbanteile maßgebend. Zur Wirksamkeit des Mehrheitsbeschlusses ist die Genehmigung des Nachlaßgerichts erforderlich. Die Genehmigung ist insbesondere in Fällen grober Unbilligkeit zu versagen.

§ 27

(1) Die Bestimmung des Heimstättenfolgers durch den Erblasser in einer Verfügung von Todes wegen kann auch in der Weise erfolgen, daß einer von mehreren benannten Erben Heimstättenfolger sein soll und die Reihenfolge bestimmt wird, in der diese Erben die Übernahme der Heimstätte erklären können. Die Erklärung ist gegenüber dem Nachlaßgericht in öffentlich beglaubigter Form oder durch Niederschrift des Urkundsbeamten der Geschäftsstelle abzugeben. Das Nachlaßgericht hat dem wahlberechtigten Erben eine Frist zur Abgabe der Erklärung mit dem Hinweis zu setzen, daß die Nichtabgabe einer Erklärung als Verzicht auf die Heimstättenfolge gilt.

(2) Die Zuwendung der Heimstätte an einen Erben gilt im Zweifel nicht als Vorausvermächtnis, sondern als Bestimmung des Heimstättenfolgers.

§ 28

Der von dem Erblasser in seiner Verfügung von Todes wegen zum Heimstättenfolger berufene Erbe kann auf die Heimstättenfolge verzichten, ohne die Erbschaft auszuschlagen. Auf den Verzicht finden die Vorschriften des BGB über die Ausschlagung der Erbschaft entsprechende Anwendung. Die Frist für den Verzicht beginnt mit dem Zeitpunkt, in dem der Erbe von seiner Berufung zur Heimstättenfolge Kenntnis erhält.

§ 29

(1) Der Heimstättenfolger erwirbt das Eigentum an der Heimstätte mit dem Erbfall.

(2) Die Eintragung in das Grundbuch erfolgt auf Grund einer Bescheinigung des Nachlaßgerichts über die Heimstättenfolge.

§ 30

Das Heimstättenfolgerecht kann durch Verfügung unter Lebenden nicht übertragen werden.

§ 31

(1) Im Falle der Bestimmung eines Heimstättenfolgers durch Verfügung von Todes wegen tritt bei Fehlen abweichender Anordnungen im Verhältnis der Miterben zueinander der Anrechnungswert an die Stelle der Heimstätte.

(2) Der Anrechnungswert ist wie folgt zu ermitteln: Zu dem nach § 15 Abs 1 des Gesetzes zu errechnenden Wert ist der angemessene Wert des Zubehörs hinzuzurechnen. Von diesem Betrage sind die bestehenden Belastungen der Heimstätte in Abzug zu bringen; die sich aus der Heimstätteneigenschaft ergebenden Beschränkungen sowie die öffentlichen Lasten, die der Eintragung in das Grundbuch nicht bedürfen, bleiben dabei außer Ansatz. Vorübergehende Belastungen werden mit ihrem Schätzungswert in Ansatz gebracht.

(3) Der Anrechnungswert ist dem sonstigen Nachlaß zuzuzählen. Der Heimstättenfolger ist verpflichtet, die Lasten, die nach Abs 2 auf den Anrechnungswert angerechnet werden, den Miterben gegenüber als Alleinschuldner zu übernehmen.

§ 32

(1) Haben die Miterben auf Grund der Anrechnung der Heimstätte (§ 31 dieser Verordnung) gegen den Heimstättenfolger eine Abfindungsforderung, so steht ihnen für diese Forderung ein Anspruch auf Eintragung von Hypotheken auf der Heimstätte zu, jedoch nur bis zu der sich aus § 33 Abs 1 dieser Verordnung ergebenden Höhe.

(2) Die Hypotheken mehrerer Miterben sind zu gleichem Range einzutragen.

§ 33

(1) Eine Sicherung der Abfindungsforderung der Miterben durch Eintragung im Grundbuch ist nur insoweit zulässig, als die Gesamtbelastung der Heimstätte alsdann nicht vier Fünftel des nach § 15 Abs 1 des Gesetzes zu errechnenden Wertes übersteigt.

(2) Entgegenstehende Anordnungen des Erblassers und Vereinbarungen der Miterben sind unwirksam.

(3) Das gleiche gilt für Forderungen von Vermächtnisnehmern und Pflichtteilsberechtigten.

§ 34

Können die Miterben auf Grund einer Verfügung von Todes wegen, einer zwischen ihnen getroffenen Vereinbarung (§ 26 Nrn 2 und 3 dieser Verordnung) oder kraft Gesetzes (§ 32 dieser Verordnung) die Eintragung von Hypotheken verlangen, so sind diese Ansprüche unter Bezeichnung der Gläubiger, des Inhalts der Ansprüche und des Rangverhältnisses in die Bescheinigung des Nachlaßgerichts über die Heimstättenfolge aufzunehmen. In diesem Falle darf der Heimstättenfolger in das Grundbuch nur dann eingetragen werden, wenn gleichzeitig entweder die Eintragung der Hypotheken oder einer Vormerkung zur Sicherung des Anspruchs auf Eintragung der Hypotheken erfolgt oder ein Verzicht der Gläubiger auf die Eintragung beigebracht wird. Die Vormerkung kann von Amts wegen eingetragen werden. Andere Eintragungen dürfen nicht zu besserem oder gleichem Rang erfolgen.

§ 35

(1) Findet eine Heimstättenfolge nach § 26 dieser Verordnung nicht statt, so kann die Auseinandersetzung unter den Miterben nur in der Weise erfolgen, daß die Heimstätte veräußert wird.

(2) Verzichten sämtliche Miterben auf die Heimstättenfolge oder findet sich bei der Auseinandersetzung ein Käufer der Heimstätte nicht, so ist der Ausgeber zur Übernahme der Heimstätte verpflichtet. Die §§ 15, 16 und 21 des Gesetzes finden in diesem Fall Anwendung. Die Verpflichtung zur Übernahme fällt fort, wenn die Heimstätteneigenschaft aufgehoben wird.

§ 36

Bei der Errechnung des Pflichtteils ist die Heimstätte mit ihrem Anrechnungswert (§ 31 dieser Verordnung) in Ansatz zu bringen.

§ 37

Anordnungen, zu deren Durchführung die Zustimmung des Ausgebers oder die Genehmigung einer Behörde erforderlich ist, sind unbeschadet der Vorschrift des § 39 dieser Verordnung unwirksam, wenn die Zustimmung oder Genehmigung versagt wird.

§ 38

(1) Der Heimstätter kann mit der sich aus § 33 dieser Verordnung ergebenden Einschränkung anordnen, welche Abfindungen für die Miterben auf die Heimstätte einzutragen sind.

(2) Zur Wirksamkeit der Anordnung eines Nießbrauchs für den überlebenden Ehegatten oder des Wohnrechts für ihn oder einen Abkömmling ist die Zustimmung des Ausgebers oder die Genehmigung einer Behörde nicht erforderlich.

(3) Ein Nießbrauch oder Wohnrecht für den überlebenden Ehegatten kann auch mit dem Inhalt bestellt werden, daß der überlebende Ehegatte die zum Haushalt gehörigen Kinder in der Heimstätte behalten darf.

§ 39

Anordnungen des Erblassers, die den vorstehenden Vorschriften widersprechen, sind, soweit tunlich, bei der Verteilung des Wertes zu berücksichtigen.

§ 40

(1) Das Nachlaßgericht hat von Amts wegen die Herbeiführung der nach den vorstehenden Vorschriften und dem *Reichs*heimstättengesetz erforderlichen Erklärungen der Beteiligten, des Ausgebers, der etwa nötigen Genehmigung einer Behörde sowie der Auseinandersetzung zu veranlassen. Es hat dem Ausgeber von dem Erbfall und dem Ergebnis der Auseinandersetzungen Mitteilung zu machen.

(2) Das Nachlaßgericht hat ferner von Amts wegen unter Mitteilung der Verfügung von Todes wegen den Ausgeber aufzufordern, sich innerhalb von zwei Wochen schriftlich oder durch Niederschrift des Urkundsbeamten der Geschäftsstelle darüber zu äußern, ob er den Anordnungen, die seiner Zustimmung bedürfen, zustimmt oder von einem Vorkaufsrecht oder Heimfallanspruch Gebrauch machen will. Die Frist kann aus wichtigen Gründen um weitere zwei Wochen verlängert werden. Gibt der Ausgeber eine Erklärung innerhalb der Frist nicht ab, so gilt die Zustimmung als erteilt und die Ausübung eines Vorkaufsrechts und Heimfallanspruchs als abgelehnt.

(3) Das Nachlaßgericht entscheidet nach Anhörung des Ausgebers über die Höhe der Eintragungsfähigkeit der Abfindungen der Miterben.

. . . .

VI. Abschnitt

Sonder- und Übergangsvorschriften

§ 41

Die Vorschriften über die Umwandlung eines Grundstücks oder Anwesens in eine Heimstätte auf Antrag des Eigentümers (§ 25 des Gesetzes) sind entsprechend anzuwenden, wenn Grundstücke dem zukünftigen Heimstätter von einem anderen als dem Ausgeber übertragen werden.

§ 42

Für die Eintragung der Heimstätteneigenschaft auf einen mit Rechten Dritter belasteten Grundstück bewendet es bei den Vorschriften des § 25 Abs 1 und 2 des Gesetzes. § 12 dieser Verordnung gilt entsprechend.

§ 43

(1) Bei Erbbauheimstätten im Sinne des § 26 des Gesetzes ist die Übertragung der dem Grundstückseigentümer als Ausgeber zustehenden Rechte unzulässig.

(2) Geht das Eigentum an dem mit dem Erbbaurecht belasteten Grundstück an einen nicht zur Ausgabe von Heimstätten berechtigten Dritten über, so gilt § 6 dieser Verordnung sinngemäß.

XIII. Landarbeiterwohnungen und -eigenheime

1. VO zur beschleunigten Förderung des Baues von Heuerlings- und Werkwohnungen sowie von Eigenheimen für ländliche Arbeiter und Handwerker

Anh 96

vom 10. März 1937 RGBl I 292

(auszugsweise)

I. Abschnitt

Beleihungsvorschriften

§ 1

(1) Die *Preußische*[1]) Landesrentenbank in Berlin (§ 1 des pr Landesrentenbankgesetzes idF der Bekanntmachung vom 1. August 1931 pr GS S 154) wird ermächtigt, neben der Förderung der landwirtschaftlichen Siedlung zur Schaffung und Einrichtung von

1. Heuerlingsstellen,
2. Werkwohnungen,
3. Eigenheimen

für ländliche Arbeiter und Handwerker langfristige Darlehen zu gewähren.

(2) Die Zuständigkeit der *Preußischen* Landesrentenbank[1]) erstreckt sich auf das *Reichs*gebiet.

(3) . . . .

. . . .

§ 6

(1) Die Landesrentenbankrente lastet auf den zur Beleihung kommenden Grundstücken an erster Stelle. Soweit sich Hypotheken, Grundschulden oder Reallasten innerhalb einer bestimmten Sicherheitsgrenze halten müssen, bleibt die durch die Eintragung der Landesrentenbankrente eingetretene Mehrbelastung außer Betracht.

(2) Werden Heuerlings- oder Werkwohnungen auf Grundstücken errichtet, die zugunsten anderer Gläubiger belastet sind, so hat die Landesrentenbankrente mit dem erstrangig eingetragenen Grundpfandrecht den gleichen Rang, soweit dieses zugunsten einer öffentlichen oder privaten Kreditanstalt, die unter Staatsaufsicht steht, oder eines Versicherungsträgers oder Versicherungsunternehmens eingetragen ist und diese Darlehensgeber sich mit ihren Vermögensanlagen in Grundpfandrechten nach *reichs*- und landesrechtlichen Vorschriften innerhalb einer bestimmten Sicherheitsgrenze halten müssen; sind auf dem Grundstück für einen Gläubiger mehrere im Range unmittelbar aufeinanderfolgende Grundpfandrechte eingetragen, so gelten diese als ein Grundpfandrecht im Sinne dieser Vorschrift, soweit sie innerhalb der vorgeschriebenen Sicherheitsgrenze liegen. Soweit die Grundpfandrechte zugunsten anderer Gläubiger bestehen, hat die Landesrentenbankrente den gleichen Rang nur insoweit, als diese Grundpfandrechte innerhalb von 50 von Hundert des für den 1. Januar 1935 festgestellten steuerlichen Einheitswerts liegen. Im übrigen hat die Landesrentenbankrente den Vorrang vor allen anderen dinglichen Rechten. Die Landesrentenbankrente ist ohne Rangvermerk und unter Hinweis auf diese Verordnung einzutragen.

(3) Die Landesrentenbankrente hat den Vorrang vor den übrigen öffentlichen Lasten.

(4) Zur Eintragung der Landesrentenbankrente und des *Reichs*darlehens in das Grundbuch bedarf es nicht derGenehmigung des Anerbengerichts oder sonstiger Behörden.

---

[1]) Nunmehr: *Deutsche Landesrentenbank.*

(5) Entschädigungsansprüche stehen den durch die Eintragung der Landesrentenbankrente nach den Abs 1 bis 4 Betroffenen nicht zu. Der Gläubiger ist nicht berechtigt, auf Grund der Eintragung der Landesrentenbankrente ein Recht auf Kündigung oder höhere Verzinsung und Tilgung oder ein Recht ähnlichen Inhalts geltend zu machen.

(6) Die Entscheidung darüber, ob die Voraussetzungen zur Eintragung der Landesrentenbankrente nach den Abs 1 bis 5 gegeben sind, liegt den Durchführungsbehörden ob.

. . . .

II. Abschnitt

Sondervorschriften für Eigenheime

§ 8

(1) Die nach dieser Verordnung zu schaffenden Eigenheime werden als Rentenstellen für ländliche Arbeiter und Handwerker errichtet. Für den Eigentumserwerb gelten die Vorschriften des bürgerlichen Rechts. Zur Beurkundung des Kaufvertrages sowie zur Entgegennahme und Beurkundung der Auflassung ist die Durchführungsbehörde zuständig. Sie beauftragt hierzu einen in ihrem Geschäftsbereich tätigen Beamten. Die von diesem Beamten beurkundeten Verträge und die von ihm aufgenommenen Verhandlungen stehen den gerichtlichen oder notariellen Urkunden oder Verhandlungen gleich, wenn sie in der für diese Urkunden vorgeschriebenen Form aufgenommen und unter Bezugnahme auf den erteilten Auftrag als Angelegenheit zur Begründung einer Rentenstelle für ländliche Arbeiter und Handwerker im Sinne dieser Verordnung bezeichnet werden.

(2) Das zur Errichtung eines Eigenheims veräußerte Grundstück ist auf einem selbständigen Grundbuchblatt lastenfrei (§ 9) einzutragen. Zugleich mit der Anlegung dieses Blattes ist in der Aufschrift folgender Vermerk einzutragen:

„Rentenstelle für ländliche Arbeiter und Handwerker gemäß Verordnung vom 10. März 1937 (RGBl I S 292).“

(3) Die Eintragung kann auch erfolgen wenn die Grundstücksteile in dem amtlichen Verzeichnis (§ 2 Abs 2 der GBO) noch nicht ausgewiesen sind. Für die Bezeichnung der Grundstücksteile sind in diesem Falle die Feststellungen der Durchführungsbehörde über Lage und Größe sowie eine nach den Vorschriften der Katasterverwaltung gefertigte vorläufige Zeichnung maßgebend. Diese Unterlagen sind dem Grundbuchamt einzureichen. Ist der Grundstücksteil in dem amtlichen Verzeichnis nachgewiesen, so ist erforderlichenfalls das Grundbuch von Amts wegen zu berichtigen.

(4) Die endgültige Beleihung durch die Landesrentenbank (Dauerkredit) erfolgt erst nach Durchführung dieser Eintragung.

§ 9

(1) Die lastenfreie Abschreibung zur Bildung eines selbständigen unbelasteten Grundstücks bedarf nicht der Entpfändungserklärungen der auf dem Hauptgrundstück eingetragenen dinglich Berechtigten soweit von dem Hauptgrundstück nicht mehr als 1 ha Fläche abgeschrieben wird. Weitere Abschreibungen sind ohne Zustimmung der Gläubiger zulässig, soweit der Wert der abgeschriebenen Fläche 5 vom Hundert des für den 1. Januar 1935 festgestellten steuerlichen Einheitswerts des Gesamtgrundstücks nicht übersteigt.

(2) Bei Grunddienstbarkeiten und beschränkten persönlichen Dienstbarkeiten kann die lastenfreie Abschreibung ohne Zustimmung des Berechtigten erfolgen, wenn seine Belange dadurch nicht wesentlich beeinträchtigt werden oder das allgemeine Interesse an der Errichtung der Landarbeiterstelle überwiegt.

(3) Die Entscheidung darüber, ob die Voraussetzungen zur lastenfreien Abschreibung nach den Abs 1 und 2 gegeben sind, liegt den Durchführungsbehörden ob.

(4) Entschädigungsansprüche stehen den durch die lastenfreie Abschreibung nach den Abs 1 bis 3 Betroffenen nicht zu. Der Gläubiger ist nicht berechtigt, auf Grund der lastenfreien Abschreibung ein Recht auf Kündigung oder höhere Verzinsung und Tilgung oder ein Recht ähnlichen Inhalts geltend zu machen.

§ 10

Die Veräußerung des für die Bildung des Eigenheims erforderlichen Grundstücks bedarf nicht einer nach *Reichs*- oder Landesrecht etwa vorgeschriebenen Genehmigung.

§ 11

(1) Die Belastung des Eigenheims, seine Veräußerung, Teilung und die Abveräußerung von Teilen ist nur mit Genehmigung der Durchführungsbehörde zulässig. Eine ohne diese Genehmigung erfolgte Veräußerung und Belastung ist rechtlich unwirksam.

(2) Veräußert der Eigentümer die Rentenstelle ganz oder teilweise oder treibt er grobe Mißwirtschaft, so steht dem *Deutschen Reich* ein Ankaufsrecht zu. Darüber, ob die Voraussetzungen des Ankaufsrechts vorliegen, entscheidet die Durchführungsbehörde unter Ausschluß des Rechtswegs. Bei Ausübung dieses Rechts ist als Kaufpreis höchstens der Betrag zu zahlen, der sich bei Zugrundelegung des für den Boden bei der Errichtung des Eigenheims eingesetzten Betrags unter Hinzurechnung des noch vorhandenen Wertes etwaiger Baulichkeiten und Verbesserungen ergibt. Soweit der Wert des Bodens sich verringert hat, ist der niedrigere Betrag einzusetzen. Es ist aber bei Ausübung des Ankaufsrechts mindestens der Betrag zu zahlen, der sich aus der Belastung der Rentenstelle mit dinglich gesicherten Rechten ergibt.

(3) Wegen einer persönlichen Schuld ist die Zwangsvollstreckung in das Eigenheim nebst Zubehör nur mit Genehmigung der Durchführungsbehörde zulässig.

§ 12

Die Eigenschaft als „*Rentenstelle für ländliche Arbeiter und Handwerker*" kann, solange die Landesrentenbankrente oder das *Reichs*darlehn auf dem Grundstück lastet, nicht gelöscht werden; im übrigen ist eine Löschung nur mit Zustimmung der Durchführungsbehörde zulässig.

III. Abschnitt

Schlußvorschriften

§ 13

Die auf Grund dieser Verordnung erforderlichen Grundbucheintragungen erfolgen auf Ersuchen der Durchführungsbehörden.

§ 14

(1) . . . .

(2) Gebühren und Gerichtskosten, die aus Anlaß der Schaffung und Einrichtung von Landarbeiterwohnungen entstehen, werden nicht erhoben.

(3) Auf Antrag haben die im § 4 bezeichneten Durchführungsbehörden oder die *Preußische* Landesrentenbank[1]) zu bescheinigen, daß der Rechtsvorgang oder die Urkunde zur Schaffung und Einrichtung von Heuerlingsstellen, Werkwohnungen und Eigenheimen für ländliche Arbeiter und Handwerker erforderlich ist. Die Bescheinigung unterliegt nicht der Nachprüfung durch die für die Erhebung zuständige Behörde, es sei denn, daß in besonderen Fällen nach Sinn und Zweck eines Steuergesetzes, einer Gebührenordnung oder einer Kostenordnung Bedenken gegen die Befreiung bestehen.

[1]) Nunmehr: *Deutsche Landesrentenbank.*

Anh 97

Die 2. Durchführungsverordnung

vom 27. Januar 1938 RGBl I 107

(auszugsweise)

§ 1

(1) Die Landesrentenbankrente bleibt im Zwangsversteigerungsverfahren auch dann bestehen, wenn sie bei der Feststellung des geringsten Gebotes nicht berücksichtigt wird. Für ein Gebot der *Preußischen* Landesrentenbank[1]) im Zwangsversteigerungsverfahren kann Sicherheitsleistung nicht verlangt werden.

(2) Die Landesrentenbankrente hat nach § 6 Abs 1 der Verordnung vom 10. März 1937 auch gegenüber bereits bestehenden Auflassungsvormerkungen, Vorkaufsrechten Wiederkaufsrechten und ähnlichen Rechten den 1. Rang.

(3) Eigentümergrundschulden sind nicht als Grundpfandrechte im Sinne des § 6 Abs 2 der Verordnung vom 10. März 1937 anzusehen.

(4) Das Rangverhältnis der Landesrentenbankrente zu bereits eingetragenen Rechten gemäß § 6 Abs 2 Satz 1 und 2 der Verordnung vom 10. März 1937 bezieht sich nur auf Rechte, die vor Eintragung des Rangsicherungsvermerks gemäß § 1 Abs 3 der genannten Verordnung in Verbindung mit § 21 Abs 2 des Preußischen Landesrentenbankgesetzes grundbuchlich gesichert sind. Rechte, die erst nach Eintragung dieses Rangsicherungsvermerks eingetragen werden, haben den Rang nach der Landesrentenbankrente, auch wenn die Rente später als diese Rechte zur Entstehung gelangt. Die Landesrentenbankrente ist unter Hinweis auf die genannte Verordnung und diese Vorschrift ohne Rangvermerk einzutragen.

(5) Als Belastung des Grundstücks im Sinne des § 11 Abs 1 der Verordnung vom 10. März 1937 gilt auch die Veräußerung oder Belastung einer Eigentümergrundschuld.

. . . .

XIV. Währungsreform und Lastenausgleich

Anh 98

1. Währungsgesetz

(auszugsweise)

§ 1

(1) Mit Wirkung vom 21. Juni 1948 gilt die Deutsche-Mark-Währung. Ihre Rechnungseinheit bildet die Deutsche Mark, die in 100 Deutsche Pfennig eingeteilt ist.

. . . .

§ 3

abgedruckt bei *§ 28 Bem 18.*

Anh 99

2. Umstellungsgesetz

(auszugsweise)

§ 16

(1) Die Reichsmarkforderungen werden grundsätzlich mit der Wirkung auf Deutsche Mark umgestellt, daß der Schuldner an den Gläubiger für je 10 Reichsmark 1 Deutsche Mark zu zahlen hat.

(2) Die Militärregierung behält sich vor, den Gläubigern von Reichsmarkforderungen, die nach Abs 1 auf Deutsche Mark umgestellt worden sind, nach Anhörung der deutschen gesetzgebenden Körperschaften einen weiteren Anspruch im Höchstbetrag von 1 Deutschen Mark für je 10 Reichsmark der Schuldsumme zuzuerkennen. In diesem

[1]) Nunmehr: *Deutsche Landesrentenbank.*

Falle wird der Anspruch auch den Gläubigern solcher Forderungen zuerkannt werden, die inzwischen untergegangen sind.

(3) Die Heranziehung der Schuldnergewinne zum Lastenausgleich obliegt der deutschen Gesetzgebung.

. . . .

§ 18

(1) Folgende Reichsmarkverbindlichkeiten werden in Abweichung von § 16 mit der Wirkung auf Deutsche Mark umgestellt, daß der Schuldner für jede Reichsmark eine Deutsche Mark zu zahlen hat:

1. Löhne und Gehälter, Miet- und Pachtzinsen, Altenteile, Renten, Pensionen und andere regelmäßig wiederkehrende Leistungen, die nach dem 20. Juni 1948 fällig geworden sind oder fällig werden,
2. Verbindlichkeiten aus Kaufverträgen und Werkverträgen, wenn und soweit die Gegenleistung vor dem 21. Juni 1948 noch nicht bewirkt war,
3. Verbindlichkeiten aus der Auseinandersetzung zwischen Gesellschaftern, Miterben, Ehegatten, geschiedenen Ehegatten, Eltern und Kindern, Verbindlichkeiten gegenüber Pflichtteilberechtigten und Vermächtnisnehmern sowie Verbindlichkeiten, die der Übernehmer eines Guts oder eines Vermögens dem anderen Vertragsteil gegenüber zur Abfindung eines Dritten eingegangen ist,
4. alle am 19. und 20. Juni 1948 eingegangenen Reichsmarkverbindlichkeiten.

(2) Absatz 1 findet keine Anwendung auf wiederkehrende Leistungen, die für einen vor dem 1. Juni 1948 liegenden Zeitraum geschuldet werden.

(3) Alle Reichsmarkverbindlichkeiten aus Schuldverhältnissen zwischen Geldinstituten im Währungsgebiet erlöschen.

3. 40. Durchführungsverordnung zum Umstellungsgesetz **Anh 100**

(auszugsweise)

Art I

§ 1

(1) Für die Umstellung von Hypotheken, Grundschulden und Rentenschulden gelten unbeschadet der Bestimmungen des § 2 die Vorschriften über die Umstellung der durch das dingliche Recht gesicherten Forderung.

(2) Auf die Umstellung von Fremdgrundschulden, die nicht zu Sicherungszwecken bestimmt sind, findet § 16 des Umstellungsgesetzes Anwendung, soweit nicht im § 2 etwas anderes bestimmt ist.

§ 2

Mit der Wirkung, daß an die Stelle einer Reichsmark eine Deutsche Mark tritt, werden umgestellt:

1. Hypotheken, Grundschulden und Rentenschulden, wenn die durch das dingliche Recht gesicherte Forderung nicht den Vorschriften des Umstellungsgesetzes unterliegt oder wenn die Forderung nach den Vorschriften des Umstellungsgesetzes erlischt oder nicht auf Deutsche Mark umgestellt wird;
2. Höchstbetragshypotheken und solche Grundschulden, deren Betrag nach den zwischen Gläubiger und Eigentümer bestehenden Vereinbarungen den Höchstbetrag darstellt, bis zu dem das Grundstück für Forderungen haften soll, deren Feststellung im übrigen vorbehalten ist;
3. Hypotheken, Grundschulden und Rentenschulden, soweit sie bei Ablauf des 20. Juni 1948 dem Eigentümer zustanden sowie Hypotheken, Grundschulden

und Rentenschulden, soweit dem Eigentümer bei Ablauf des 20. Juni 1948 gegen ihre Geltendmachung eine Einrede zustand, die sich nicht nur auf den Zeitpunkt der Geltendmachung bezog;

4. a) Hypotheken, Grundschulden und Rentenschulden, die bei Ablauf des 20. Juni 1948 Angehörigen der Vereinten Nationen (§ 13 Abs 4 des Umstellungsgesetzes) zustanden, sofern die durch sie gesicherte Forderung eine Schuld der in § 52 des Gesetzes zur Ausführung des Abkommens über deutsche Auslandsschulden bezeichneten Art ist;

   b) Hypotheken, Grundschulden und Rentenschulden, die bei Ablauf des 20. Juni 1948 an Angehörige der Vereinten Nationen zur Sicherung einer Schuld der in § 52 des Gesetzes zur Ausführung des Abkommens über deutsche Auslandsschulden bezeichneten Art abgetreten oder verpfändet waren, soweit sie aus einem Geschäft, das der Angehörige der Vereinten Nationen zu finanzieren oder zu refinanzieren beabsichtigte, herrühren und sie oder die Forderung zu deren Sicherung sie bestellt sind, auf Goldmark oder Reichsmark mit Goldklausel oder Goldoption lauten;

5. Hypotheken, die lediglich zu dem Zweck bestellt worden sind, um dem Gläubiger der durch sie gesicherten Reichsmarkforderung für eine auf ausländische Währung lautende Forderung Sicherheit zu bieten;

6. Fremdgrundschulden, die nicht zu Sicherungszwecken bestimmt sind,

   a) wenn sie auf einem Rechtsverhältnis der in § 18 Abs 1 des Umstellungsgesetzes bezeichneten Art beruhen oder

   b) wenn bei ihnen die Voraussetzungen vorliegen, unter denen eine Reichsmarkverbindlichkeit nach den Vorschriften des Umstellungsgesetzes erlischt oder nicht auf Deutsche Mark umgestellt wird.

§ 3

(1) Wird eine durch Hypothek, Grundschuld oder Rentenschuld gesicherte Forderung, die am 20. Juni 1948 einem Angehörigen der Vereinten Nationen zustand, oder an einen Angehörigen der Vereinten Nationen verpfändet oder sicherungshalber abgetreten war, nach den Vorschriften des Umstellungsgesetzes auf einen niedrigeren Betrag umgestellt als nach § 2 Ziff 4 das dingliche Recht, so hat dies für das dingliche Recht bis zur endgültigen gesetzlichen Regelung des Umstellungsverhältnisses der Reichsmarkverbindlichkeiten gegenüber Angehörigen der Vereinten Nationen nicht die Rechtswirkungen des Erlöschens der Forderung in Höhe des Unterschiedsbetrages.

(2) In den Fällen des § 2 Ziff 5 geht die Hypothek ohne Rücksicht auf den Umstellungsbetrag der Reichsmarkforderung, für die sie bestellt worden ist, erst in dem Augenblick auf den Eigentümer über, in dem die auf ausländische Währung lautende Forderung erlischt, deren Sicherung der Zweck der Hypothek ist. Soweit dem Eigentümer gegen die Geltendmachung der Hypothek eine Einrede zusteht, weil der Umstellungsbetrag der Hypothek höher ist als der Umstellungsbetrag der Reichsmarkforderung, findet § 1169 des BGB keine Anwendung.

(3) Durch die Umstellung einer Hypothek, Grundschuld oder Rentenschuld nach den Vorschriften dieser Verordnung werden etwa bestehende Vereinbarungen über die Stellung von Sicherheiten nicht berührt.

(4) Eine nach § 2 Ziff 6 Buchstabe b umgestellte Grundschuld geht auf den Eigentümer über, wenn Gläubiger und Eigentümer Geldinstitute im Währungsgebiet sind.

§ 4

Auf Reallasten, die auf Zahlung von Reichsmark, Rentenmark, Goldmark oder Feingold lauten, sind die Vorschriften des ersten und zweiten Abschnittes des Teils II des Umstellungsgesetzes anzuwenden.

Art II

§ 5

(1) Zur Eintragung des Umstellungsbetrages in das Grundbuch bedarf es der Bewilligung des Gläubigers und des Eigentümers. Zur Eintragung eines Umstellungsbetrages, der sich auf mehr als eine Deutsche Mark für je zehn Reichsmark beläuft, bedarf es ferner der Zustimmung des Finanzamtes.

(2) Wird ein Umstellungsbetrag eingetragen, der sich auf mehr als eine Deutsche Mark für je 10 Reichsmark beläuft, und behauptet der Eigentümer, daß die durch das dingliche Recht gesicherte Reichsmarkforderung nach den Vorschriften des Umstellungsgesetzes auf einen niedrigeren Betrag oder überhaupt nicht auf Deutsche Mark umgestellt sei, so ist auf seinen Antrag ein Widerspruch in das Grundbuch einzutragen.

(3) Für die Eintragung des Umstellungsbetrages oder eines Widerspruchs gemäß Abs 2 in das Grundbuch und für die Beurkundung oder Beglaubigung der hierzu erforderlichen Erklärungen wird die Hälfte der sonst hierfür zu entrichtenden Gebühren erhoben. Geschäftswert ist der Umstellungsbetrag.

§ 6

(1) Besteht Streit oder Ungewißheit über die Umstellung einer Hypothek, Grundschuld oder Rentenschuld oder einer Forderung, nach deren Umstellung sich die Umstellung einer Hypothek, Grundschuld oder Rentenschuld richtet, so entscheidet auf Antrag eines Beteiligten ausschließlich das Amtsgericht im Verfahren der freiwilligen Gerichtsbarkeit. Örtlich zuständig ist ausschließlich das Amtsgericht, in dessen Bezirk das Grundstück gelegen ist; § 36 Ziff 4 der ZPO entsprechend anzuwenden. Soweit der Streit oder die Ungewißheit die Abgabeschuld für die Hypothekengewinnabgabe berührt, ist Beteiligter auch das Finanzamt.

(2) Richtet sich die Umstellung einer Hypothek, Grundschuld oder Rentenschuld nach der Umstellung einer Forderung, so ist über die Umstellung des dinglichen Rechts und über die Umstellung der Forderung zu entscheiden, auch wenn nur das eine oder andere beantragt ist.

(3) Gegen die Entscheidung des Amtsgerichts findet die sofortige Beschwerde statt. Gegen die Entscheidung des Beschwerdegerichts ist die sofortige weitere Beschwerde an das Oberlandesgericht zulässig, wenn die Entscheidung auf einer Verletzung des Gesetzes beruht. § 199 des FGG ist entsprechend anzuwenden. Die Entscheidung wird mit der Rechtskraft wirksam und ist für Gerichte und Verwaltungsbehörden bindend.

(4) Das Gericht entscheidet nach freiem Ermessen, wer die Kosten des Verfahrens zu tragen hat. Für die Entscheidung des Gerichts wird in jedem Rechtszuge eine volle Gebühr (§ 26 der KostO) erhoben. Der Geschäftswert bestimmt sich nach § 24 der KostO.

(5) Hängt die Entscheidung in einem nach anderen Vorschriften gemachten Verfahren von einer Entscheidung gemäß Abs 1 ab, so ist das Verfahren bis zu dieser Entscheidung auszusetzen.

(6) Erledigt sich ein nach anderen Vorschriften anhängig gemachtes Verfahren durch die im Abs 1 getroffene Regelung, so sind die Gerichtskosten niederzuschlagen; die außergerichtlichen Kosten der Parteien oder Beteiligten sind als gegeneinander aufgehoben anzusehen.

(7) Wird das Grundbuch nicht vom Amtsgericht geführt, so kann das Land die Entscheidung dem Grundbuchamt übertragen. Gegen die Entscheidung des Grundbuchamtes findet nach den landesgesetzlichen Vorschriften die Anrufung des Amtsgerichtes oder die sofortige Beschwerde an das Landgericht statt. Für die weiteren Rechtsmittel gilt Abs 3.

Art III

§ 7

Die Vorschriften dieser Verordnung sind auf Hypotheken an Schiffen und Schiffsbauwerken und auf Pfandrechte an Bahneinheiten entsprechend anzuwenden.

Anh 101

4. Lastenausgleichsgesetz
(auszugsweise)

II. Abschnitt

Hypothekengewinnabgabe

1. Titel

Allgemeine Vorschriften

§ 91

Gegenstand der Abgabe

(1) Die Hypothekengewinnabgabe wird erhoben auf Schuldnergewinne

1. aus der Umstellung von Reichsmarkverbindlichkeiten, die am 20. Juni 1948 durch Grundpfandrechte an einem im Geltungsbereich des Grundgesetzes belegenen Grundstück des Schuldners gesichert waren,
2. aus der Umstellung von Grundpfandrechten an einem im Geltungsbereich des Grundgesetzes belegenen Grundstück, die am 20. Juni 1948 nicht der Sicherung einer persönlichen Verbindlichkeit dienten,

soweit bei Nr 1 die Verbindlichkeit und bei Nr 2 das Grundpfandrecht nach den im Geltungsbereich des Grundgesetzes geltenden Umstellungsvorschriften im Verhältnis von 10 Reichsmark zu 1 Deutschen Mark umgestellt worden ist. Die Vorschriften dieses Abschnitts gelten, soweit sie Reichsmarkverbindlichkeiten betreffen, die durch Grundpfandrechte gesichert waren, sinngemäß für Grundpfandrechte, die nicht der Sicherung einer persönlichen Verbindlichkeit dienten.

(2) Bei Anwendung des Absatzes 1 Nr 1 wird derjenige als Eigentümer angesehen, dem das Grundstück unter Berücksichtigung des § 11 des Steueranpassungsgesetzes steuerlich zugerechnet wird. War dem Schuldner gegenüber ein anderer zur Erfüllung der Reichsmarkverbindlichkeit verpflichtet, so gilt der andere als Schuldner im Sinne des Abs 1 Nr 1.

(3) Grundstücken des Schuldners stehen bei der Anwendung des Absatzes 1 Nr 1 gleich

1. Grundstücke im Eigentum einer Person, bei der nach § 11 des Vermögensgesetzes die Voraussetzungen für eine Zusammenveranlagung mit dem Schuldner zur Vermögensteuer für das Kalenderjahr 1949 vorgelegen haben,
2. Grundstücke, an denen das Grundpfandrecht im Hinblick auf den künftigen Eigentumserwerb des Schuldners bestellt worden ist.

(4) Durch Rechtsverordnung werden die zur Ausführung der Vorschriften dieses Abschnitts erforderlichen Anordnungen für die Fälle getroffen, in denen

1. Abs 3 Nr 2 in Betracht kommt;
2. es sich bei der Reichsmarkverbindlichkeit um eine Gesamtschuld handelte, die im Innenverhältnis nicht oder nur zum Teil von dem Eigentümer des Grundstücks zu erfüllen war;
3. das Grundstück dem Schuldner zusammen mit einer oder mehreren weiteren Personen nach Bruchteilen oder zur gesamten Hand gehörte;
4. das Grundpfandrecht sich auf mehrere Grundstücke erstreckte, von denen einzelne dem Schuldner nicht gehörten;

5. das Grundstück nur teilweise im Geltungsbereich des Grundgesetzes belegen war;
6. einzelne der durch ein Gesamtgrundpfandrecht belasteten Grundstücke nicht im Geltungsbereich des Grundgesetzes belegen waren.

§ 92

Hypothekengewinnabgabe bei ungesicherten Verbindlichkeiten

(1) Bei einem Unternehmen, das nach § 161 Abs 2 Nr 3 und 4 der Kreditgewinnabgabe nicht unterliegt, unterliegen der Hypothekengewinnabgabe auch Schuldnergewinne aus Verbindlichkeiten, die nicht durch Grundpfandrechte gesichert waren, sofern es sich um Dauerschulden im Sinne des Gewerbesteuerrechts handelt. Die ungesicherten Verbindlichkeiten werden wie Verbindlichkeiten behandelt, die am 20. Juni 1948 durch letztrangige Grundpfandrechte oder Gesamtgrundpfandrechte an den Grundstücken gesichert waren, für deren bauliche Finanzierung sie eingegangen sind, oder, wenn sie für andere Zwecke eingegangen sind, wie Verbindlichkeiten, die am 20. Juni 1948 durch letztrangige Gesamtgrundpfandrechte an allen dem Schuldner am 20. Juni 1948 und noch bei Inkrafttreten dieses Gesetzes gehörigen Grundstücken gesichert waren.

(2) Durch Rechtsverordnung können die zur Ausführung des Absatzes 1 erforderlichen Anordnungen getroffen werden; dabei kann auch bestimmt werden, daß unter besonderen Voraussetzungen Verbindlichkeiten aus Spareinlagen und ähnliche Verbindlichkeiten nicht als Dauerschulden behandelt werden.

§ 93

Hypothekengewinnabgabe bei Verbindlichkeiten gegenüber Angehörigen der Vereinten Nationen

Durch Rechtsverordnung werden die Anordnungen getroffen, die erforderlich sind, um die Schuldnergewinne aus der Umstellung von Reichsmarkverbindlichkeiten gegenüber Angehörigen der Vereinten Nationen entsprechend den Grundsätzen dieses Abschnitts heranzuziehen.

§ 94

Grundstücke, Grundpfandrechte

(1) Grundstücke im Sinne dieses Abschnitts sind die Grundstücke im Sinne des Bürgerlichen Gesetzbuchs. Durch Rechtsverordnung kann zugelassen werden, daß mehrere Grundstücke desselben Eigentümers als ein Grundstück behandelt werden, soweit sie räumlich zusammenhängen oder durch einheitliche Finanzierung der darauf am 20. Juni 1948 vorhandenen oder begonnenen Bauten ein wirtschaftlicher Zusammenhang hergestellt war.

(2) Den im Geltungsbereich des Grundgesetzes belegenen Grundstücken werden Erbbaurechte an solchen Grundstücken gleichgeachtet.

(3) Grundpfandrechte im Sinne dieses Abschnitts sind

1. Hypotheken, Grundschulden und Rentenschulden;
2. Abgeltungslasten, die ein Darlehen zur Abgeltung der Gebäudeentschuldungsteuer nach der Verordnung über die Aufhebung der Gebäudeentschuldungsteuer vom 31. Juli 1942 (RGBl I S 501) sichern;
3. Rechte auf Befriedigung aus einem Grundstück, die nach § 10 der (1.) Verordnung des Reichspräsidenten über die Zinserleichterung für den landwirtschaftlichen Realkredit vom 27. September 1932 (RGBl I S 480) oder nach § 3 des Gesetzes über die Zinserleichterung für landwirtschaftlichen Auslandskredit vom 20. Juli 1933 (RGBl I S 524) für Zusatzforderungen bestehen, auch wenn die Rechte nicht im Grundbuch eingetragen sind;

4. Renten der Deutschen Landesrentenbank;
5. Entschuldungsrenten nach Artikel 53 und 54 der 7. Verordnung zur Durchführung der landwirtschaftlichen Schuldenregelung vom 30. April 1935 (RGBl I S 572) und Art 5 der 8. Verordnung zur Durchführung der landwirtschaftlichen Schuldenregelung vom 20. Juni 1936 (RGBl I S 496).

§ 95

Kriegsschäden

Kriegsschäden im Sinne dieses Abschnitts sind neben Kriegssachschäden am Grundbesitz (§ 13) alle übrigen Sachschäden am Grundbesitz, die als unmittelbare Folge von Kriegssachschäden entstanden sind. Wie Kriegsschäden werden auch Sachschäden behandelt, die durch Maßnahmen der Besatzungsmächte oder durch Handlungen von Besatzungsangehörigen verursacht worden sind und sich auf den Einheitswert auswirken. Belegungsschäden oder sonstige Besatzungssachschäden, für die eine Entschädigung gewährt worden ist, werden nicht berücksichtigt, es sei denn, daß die Entschädigung in Reichsmark oder nach einem Umstellungsverhältnis von 10 Reichsmark zu 1 Deutschen Mark in Deutscher Mark gezahlt worden ist.

§ 96

Reichsmarkverbindlichkeiten

Im Sinne der Vorschriften über die Verzinsung und Tilgung der Abgabeschuld liegt vor

1. eine Tilgungshypothek, wenn die Reichsmarkverbindlichkeit durch gleichbleibende Leistungen in der Weise zu verzinsen und zu tilgen war, daß die bei fortschreitender Kapitaltilgung ersparten Zinsen der Tilgung zuwachsen sollten;
2. eine Abzahlungshypothek, wenn die Verzinsung und die Abzahlung der Reichsmarkverbindlichkeit unabhängig voneinander geregelt waren;
3. eine Fälligkeitshypothek, wenn das ganze Schuldkapital der Reichsmarkverbindlichkeit an einem Zeitpunkt zu entrichten war;
4. eine Rentenverbindlichkeit, wenn an regelmäßig wiederkehrenden Terminen eine bestimmte Reichsmarksumme (Rentenleistung) zu zahlen war.

§ 97

Ausnahmen von der Abgabepflicht

(1) Von der Abgabepflicht sind ausgenommen Schuldnergewinne aus der Umstellung von

1. Verbindlichkeiten eines gewerblichen Betriebs, der der Kreditgewinnabgabe unterliegt;
2. Verbindlichkeiten eines Unternehmens, dessen DM-Eröffnungsbilanz nach den Vorschriften der 42., 43. oder 44. Durchführungsverordnung zum Umstellungsgesetz aufzustellen ist (Geldinstitute, Versicherungsunternehmen und Bausparkassen);
3. Verbindlichkeiten, die öffentlich-rechtliche Ansprüche auf Zahlung von Abgaben, Beiträgen, Gebühren, Strafen, Ordnungsstrafen, Sühnebeträgen und Bußen betreffen;
4. Verbindlichkeiten aus Krediten, die in der Weise zweckgebunden waren, daß der Kreditnehmer den Kredit an dritte Personen weitergewähren sollte, wenn der Kredit an die dritten Personen tatsächlich weitergewährt und ebenfalls durch Grundpfandrechte gesichert worden ist und die Forderungen aus dem weitergewährten Kredit im Verhältnis von 10 Reichsmark zu 1 Deutschen Mark umgestellt worden sind;

5. Verbindlichkeiten eines Siedlungsunternehmens gegenüber der Deutschen Siedlungsbank aus der Inanspruchnahme von Siedlungszwischenkrediten;
6. Verbindlichkeiten der in § 93 Abs 2 des Gesetzes zur Regelung der landwirtschaftlichen Schuldverhältnisse vom 1. Juni 1933 (RGBl I S 331) genannten Art, soweit dafür die in § 93 Abs 1 des Gesetzes bezeichnete Sicherungshypothek bestand;
7. Verbindlichkeiten, die zur Beseitigung eines Kriegsschadens an dem haftenden Grundstück eingegangen sind, soweit der Gegenwert vor dem 21. Juni 1948 zur Beseitigung des Kriegsschadens verwandt worden ist;
8. Verbindlichkeiten zwischen Personen, bei denen nach § 11 des Vermögensteuergesetzes die Voraussetzungen für eine Zusammenveranlagung zur Vermögensteuer für das Kalenderjahr 1949 vorgelegen haben;
9. Verbindlichkeiten, die im Wege der Zwangsvollstreckung oder Arrestvollziehung dinglich gesichert worden sind.

(2) Durch Rechtsverordnung kann eine dem Abs 1 Nr 5 entsprechende Ausnahme für Verbindlichkeiten eines Ausgebers von Heimstätten aus der Inanspruchnahme von Bauzwischenkrediten angeordnet werden.

§ 98

Ermittlung der Schuldnergewinne

Der Schuldnergewinn aus jeder Verbindlichkeit wird gesondert ermittelt. Durch Rechtsverordnung wird bestimmt, in welchen Fällen und nach welchem Maßstab der Schuldnergewinn bei Vorliegen eines Gesamtpfandrechts jeweils zu dem auf das einzelne haftende Grundstück entfallenden Teil gesondert ermittelt wird.

2. Titel

Höhe und Entrichtung der Abgabe

§ 99

Abgabeschuld

(1) Abgabeschuld ist vorbehaltlich der §§ 100 und 101 der Betrag, um den der Nennbetrag der Verbindlichkeit in Reichsmark den Umstellungsbetrag in Deutscher Mark übersteigt.

(2) Handelt es sich bei der Reichsmarkverbindlichkeit um ein Darlehen aus Mitteln des Geldentwertungsausgleichs bei bebauten Grundstücken, um ein Reichsbaudarlehen oder um ein anderes im Rahmen der öffentlichen Wohnungsfürsorge gegebenes, zinsverbilligtes Darlehen, so wird die Abgabeschuld abweichend von Abs 1 wie folgt berechnet. Der 20fache Nennbetrag der Jahresleistung, die nach den am 31. März 1948 geltenden Bedingungen zu erbringen war, wird entsprechend dem auf volle Prozent abgerundeten Hundertsatz gemindert, zu dem das Ausgangskapital der Reichsmarkverbindlichkeit bis zum 20. Juni 1948 getilgt war; als Jahresleistung werden mindestens $1\frac{1}{2}$ vom Hundert des Ausgangskapital angesetzt. Die Abgabeschuld beträgt neun Zehntel des so errechneten Betrags.

(3) Durch Rechtsverordnung kann bestimmt werden, inwieweit der Schuldnergewinn aus Leistungen, die am 21. Juni 1948 rückständig waren, und aus Leistungen für einen Zeitraum, der teils vor, teils nach dem 21. Juni 1948 lag, zur Hypothekengewinnabgabe herangezogen wird.

§ 100

Minderung der Abgabeschuld bei Kriegsschäden vor dem 21. Juni 1948

(1) Ist das Grundstück, an dem die umgestellte Verbindlichkeit dinglich gesichert war, vor dem 21. Juni 1948 von einem Kriegsschaden betroffen worden, so mindert sich die Abgabeschuld nach Maßgabe der Abs 2 bis 6. Das gilt nicht, wenn die Verbindlichkeit erst nach Eintritt des Schadensfalles eingegangen ist.

(2) Der Betrag der Minderung ergibt sich vorbehaltlich des Absatzes 3 aus der Anwendung der Schadensquote auf die Reichsmarkverbindlichkeit, aus deren Umstellung die Abgabeschuld entsteht. Als Schaden gilt für die Berechnung der Schadensquote der Betrag, um den der Einheitswert, der für das Grundstück auf den letzten Feststellungszeitpunkt vor dem Schadensfall festgestellt ist, den für den 21. Juni 1948 geltenden Einheitswert übersteigt. Schadensquote ist der Hundertsatz, der sich aus dem Verhältnis des Schadens zu dem Einheitswert ergibt, der auf den letzten Feststellungszeitpunkt vor dem Schadensfall festgestellt ist.

(3) Betrifft die Abgabeschuld eine Darlehensverbindlichkeit aus der Abgeltung der Gebäudeentschuldungssteuer, die durch eine Abgeltungslast oder durch eine Abgeltungshypothek gesichert war, so ergibt sich der Betrag der Minderung aus der Anwendung von 135 vom Hundert der Schadensquote auf die Reichsmarkverbindlichkeit.

(4) Durch Rechtsverordnung werden die Anordnungen getroffen, die zur Berechnung der Minderung erforderlich sind, wenn das belastete Grundstück größer oder kleiner als die wirtschaftliche Einheit im Sinne des Bewertungsgesetzes ist, wenn ein Gesamtgrundpfandrecht vorliegt oder wenn sich der flächenmäßige oder bauliche Bestand des belasteten Grundstücks in der Zeit zwischen den Feststellungszeitpunkten der in Abs 2 bezeichneten Einheitswerte vergrößert oder verkleinert hat.

(5) Die Minderung tritt nur ein, wenn die Schadensquote mehr als 10 vom Hundert beträgt. War das Grundstück am 20. Juni 1948 zu mehr als 70 vom Hundert des letzten Einheitswerts vor dem Schadensfall belastet, so tritt die Minderung schon dann ein, wenn die Schadensquote mehr als 5 vom Hundert beträgt; zur Belastung des Grundstücks werden solche Rechte nicht gerechnet,

1. die dem Eigentümer zustanden oder gegen deren Geltendmachung am 20. Juni 1948 der Eigentümer eine Einrede nicht nur vorübergehender Art hatte oder
2. die auf einer erst nach dem Schadensfall eingegangenen Verbindlichkeit beruhten oder
3. hinsichtlich deren eine Hypothekengewinnabgabe trotz Umstellung der Verbindlichkeit im Verhältnis von 10 Reichsmark zu 1 Deutschen Mark nicht entsteht oder sich die Höhe der Hypothekengewinnabgabe nach § 101 Abs 1 bestimmt

(6) Ist nach § 3a des Hypothekensicherungsgesetzes auf Umstellungsgrundschulden an dem von dem Kriegsschaden betroffenen Grundstück verzichtet worden, so mindert sich die Abgabeschuld mindestens um den Verzichtsbetrag, der für die entsprechende Umstellungsgrundschuld gewährt worden ist. Das gilt ohne Rücksicht darauf, auf welche Umstellungsgrundschuld dieser Verzichtsbetrag verrechnet worden ist. In den Fällen des § 99 Abs 2 gelten die Sätze 1 und 2 für einen Verzichtsbetrag, der in demselben Verhältnis wie der Nennbetrag der Reichsmarkverbindlichkeit umgerechnet worden ist.

§ 101

Höhe der Abgabeschuld bei Verbindlichkeiten aus der letzten Reichsmarkzeit

(1) Ist die Verbindlichkeit nach dem 8. Mai 1945 entstanden, so sind auf die Abgabeschuld und als Zinsen auf diese nur die in § 105 Abs 1 Sätze 1 und 2 vorgeschriebenen Beträge zu entrichten; das gilt auch dann, wenn es sich bei den dort vorgeschriebenen Leistungen ausschließlich um Zinsen handelt. Die Abgabeschuld ist in diesen

Fällen gleich dem Gesamtbetrag der nach § 105 Abs 1 Sätze 1 und 2 zu entrichtenden Tilgungsbeträge. Die §§ 103 und 104 werden nicht angewandt.

(2) Abs 1 gilt nicht, wenn es sich bei der Verbindlichkeit um Kaufgeld, das bei dem Erwerb des belasteten Grundstücks schuldig geblieben ist, oder um eine beim Grundstückserwerb unter Anrechnung auf den Kaufpreis übernommene Schuld oder um einen zur Beschaffung des Kaufgeldes bei einem Dritten aufgenommenen Kredit handelt.

§ 102

Entstehung der Abgabeschuld

Die Abgabeschuld gilt in der Höhe, die sich aus den §§ 99 bis 101 ergibt, als zu Beginn des 21. Juni 1948 entstanden.

§ 103

Herabsetzung der Abgabeschuld bei Kriegsschäden nach dem 20. Juni 1948

. . . .

§ 104

Herabsetzung der Abgabeschuld bei Wiederaufbau

. . . .

§ 105

Verzinsung und Tilgung der Abgabeschuld bis zum 31. März 1952

. . . .

§ 106

Verzinsung und Tilgung der Abgabeschuld ab 1. April 1952

. . . .

§ 107

Abweichende Verzinsung und Tilgung der Abgabeschuld

. . . .

§ 108

Bedingungen der Reichsmarkverbindlichkeit

. . . .

§ 109

Aufteilung der Abgabeschuld

(1) Die Abgabeschulden werden aufgeteilt, wenn ein Teil des Grundstücks, auf dem sie nach § 111 als öffentliche Lasten ruhen, veräußert wird.

(2) In den Fällen, in denen die öffentliche Last als Gesamtbelastung auf mehreren Grundstücken ruht, werden die Abgabeschulden aufgeteilt, wenn

1. einzelne der Grundstücke veräußert werden oder
2. die Aufteilung zur Durchführung der Berechnung für eine Minderung, eine Herabsetzung oder eine Berücksichtigung der Ertragslage geboten ist oder
3. der Abgabeschuldner (§ 126) es beantragt und dabei ein berechtigtes wirtschaftliches Interesse an der Aufteilung darlegt.

(3) Aufgeteilt wird jeweils der Betrag, der an dem in Absatz 1 oder an den in Absatz 2 Nr 1 bis 3 genannten Zeitpunkten noch geschuldet wird.

(4) Das Nähere wird durch Rechtsverordnung geregelt.

§ 110

Ausfall der Umstellungsgrundschuld in der Zwangsversteigerung

Ist bei einer Zwangsversteigerung vor Inkrafttreten dieses Gesetzes die nach dem Hypothekensicherungsgesetz entstandene Umstellungsgrundschuld ausgefallen, so ist insoweit auch die Abgabeschuld weggefallen.

3. Titel

Form der Abgabe

§ 111

Abgabeschuld als öffentliche Last

(1) Die Abgabeschulden ruhen als einheitliche öffentliche Last auf dem Grundstück. Das gilt nicht in den Fällen der §§ 118 und 119.

(2) Auf die Tilgungsleistungen für die einzelne Abgabeschuld sind die für die Hypothek geltenden Vorschriften des bürgerlichen Rechts, auf die Zinsen der einzelnen Abgabeschuld die für Hypothekenzinsen geltenden Vorschriften des bürgerlichen Rechts und auf die Leistungen auf die Abgabeschuld im Falle einer Rentenverbindlichkeit (§ 96 Nr 4) die in § 1200 Abs 1 des BGB bezeichneten Vorschriften entsprechend anzuwenden; für die Verjährung gilt § 203 Abs 3.

(3) Der Eigentümer haftet für die während der Dauer seines Eigentums fälligen Leistungen auch persönlich.

(4) Ist auf Grund des Hypothekensicherungsgesetzes und der zu seiner Durchführung ergangenen Verordnungen ein Grundstück aus der Haftung für eine Umstellungsgrundschuld ganz oder teilweise entlassen worden, so gilt die Entlassung aus der Haftung auch für die öffentliche Last.

(5) Grundstücke oder Teile von Grundstücken können auf Antrag aus der Haftung entlassen werden, wenn

1. die Abgabeschulden dadurch ausreichend gesichert sind, daß die öffentliche Last auf den anderen Grundstücken oder dem übrigen Teil des Grundstücks bestehen bleibt, oder
2. der Eigentümer eine persönliche Abgabeverpflichtung eingegangen ist und, soweit das Finanzamt es für erforderlich erachtet, eine andere ausreichende Sicherheit bestellt hat.

§ 112

Zwangsversteigerung

(1) Die Abgabeleistungen stehen anderen öffentlichen Grundstückslasten innerhalb derselben Rangklasse des § 10 Abs 1 des ZVG im Range nach.

(2) . . . .

(3) Bei Feststellung des geringsten Gebots ist die Abgabeschuld, soweit sie noch nicht fällig ist, auch zu berücksichtigen, wenn fällige Abgabeleistungen in das geringste Gebot nicht aufzunehmen sind. Die öffentliche Last für die im Zeitpunkt des Zuschlags noch nicht fälligen Abgabeleistungen bleibt jedoch bestehen, auch wenn diese Leistungen bei der Feststellung des geringsten Gebots nicht berücksichtigt sind.

(4) Für die Zwangsvollstreckung gilt als Wert der öffentlichen Last der Betrag der Abgabeschulden, soweit diese noch nicht getilgt sind oder durch die als wiederkehrende Leistungen berücksichtigten Beträge getilgt werden. § 92 Abs 3 des ZVG bleibt unberührt.

§ 113

Vorgehende Rechte in der Zwangsversteigerung

(1) In der Zwangsversteigerung gehen der öffentlichen Last nach Maßgabe der Abs 2 und 3 Rechte vor, die vor oder im gleichen Range mit einer der Umstellungsgrundschulden, denen die öffentliche Last entspricht, zu befriedigen gewesen wären, wenn die Zwangsversteigerung vor dem Inkrafttreten dieses Gesetzes durchgeführt worden wäre. Dieses Vorrecht gilt nicht für Grundpfandrechte, die im Zeitpunkt der Beschlagnahme des Grundstücks dem Eigentümer oder einer Person zustehen, mit der der Eigentümer nach § 11 des Vermögensteuergesetzes für das Kalenderjahr der Beschlagnahme zu-

sammen zu veranlagen ist. Ob ein Recht der öffentlichen Last vorgeht, wird von den ordentlichen Gerichten entschieden.

(2) In der Zwangsversteigerung sind aus dem Grundstück zu befriedigen

1. vor allen fälligen Abgabeleistungen: die in § 10 Abs 1 Nr 4 des ZVG genannten Ansprüche aus Rechten, die nach Abs 1 des vorliegenden Paragraphen vorgehen, und
2. vor allen in der Rangklasse 7 stehenden Abgabeleistungen und vor den auf die Abgabeschuld zu erbringenden fälligen Kapitalleistungen, die nicht zur allmählichen Tilgung der Abgabeschulden als Zuschlag zu den Zinsen wiederkehrend zu entrichten sind: die in § 10 Abs 1 Nr 8 des ZVG genannten Ansprüche aus Rechten, die nach Abs 1 des vorliegenden Paragraphen vorgehen.

(3) Wird in der Zwangsversteigerung kein Gebot abgegeben, das zur Befriedigung aller nach Abs 1 vorgehenden Rechte ausreicht, so hat das Gericht auf Antrag eines Gläubigers eines solchen Rechts den Versteigerungstermin aufzuheben und einen neuen Termin zur Versteigerung auf einen Tag anzusetzen, der mindestens zwei und höchstens vier Wochen entfernt ist. Wird in dem neuen Termin bis zum Ablauf einer Stunde seit dem Beginn der Versteigerung wiederum kein solches Gebot abgegeben, so ist die Versteigerung mit der Maßgabe fortzusetzen, daß die öffentliche Last für die noch nicht fälligen Abgabeschulden nicht in das geringste Gebot fällt und daß sie bei Erteilung des Zuschlags nur insoweit bestehen bleibt, als das Meistgebot nach Befriedigung der vorgehenden Rechte, die durch Zahlung zu decken sind, ihren Wert deckt, und im übrigen erlischt; § 91 Abs 3 des ZVG gilt entsprechend. Das Gericht hat vor Fortsetzung der Versteigerung auf diese Änderung der Versteigerungsbedingungen sowie auf den Betrag und die Zins- und Tilgungsbedingungen der noch nicht fälligen Abgabeschulden hinzuweisen.

(4) Die Vorschriften der Abs 2 und 3 über vorgehende Rechte gelten entsprechend für alle beim Inkrafttreten dieses Gesetzes bestehenden Rechte hinsichtlich derjenigen Abgabeschulden, die auf Grund dieses Gesetzes in Fällen entstehen, in denen nach dem Hypothekensicherungsgesetz und den zu seiner Durchführung erlassenen Verordnungen keine Umstellungsgrundschuld entstanden war. Durch die in § 93 vorgesehene Rechtsverordnung kann bestimmt werden, daß die Abgabeschulden in den Fällen, in denen der Gläubiger der Reichsmarkverbindlichkeit ein Angehöriger der Vereinten Nationen war, so behandelt werden, als wären Umstellungsgrundschulden entstanden.

§ 114

Zwangsverwaltung

(1) In der Zwangsverwaltung gelten die Vorschriften des § 112 Abs 1 und 4 und des § 113 Abs 1, 2 und 4 entsprechend.

(2) Die Vorschriften des ZVG über wiederkehrende Leistungen sind auf die zur Tilgung der Abgabeschulden dienenden Leistungen nur insoweit anzuwenden, wie diese als Zuschlag zu den Zinsen zur allmählichen Tilgung zu entrichten sind.

§ 115

Pfändung von Miet- und Pachtzinsforderungen

Das Gesetz über die Pfändung von Miet- und Pachtzinsforderungen wegen Ansprüche aus öffentlichen Grundstückslasten vom 9. März 1934 (RGBl I S 181) gilt nicht gegenüber einem nach § 113 Abs 1 vorgehenden Recht oder einer durch ein solches Recht gesicherten Forderung.

§ 116

Vorrecht für Aufbaukredite

(1) Wird zur Sicherung eines Kredits, der

1. der Errichtung von Neubauten, dem Wiederaufbau zerstörter Gebäude, der Wiederherstellung beschädigter Gebäude oder dem Ausbau oder der Erweiterung bestehender Gebäude oder
2. zur Durchführung notwendiger außerordentlicher Reparaturen an Gebäuden

auf dem belasteten Grundstück dient, ein Grundpfandrecht bestellt, so kann für dieses auf Antrag ein Befriedigungsvorrecht vor der öffentlichen Last für den Fall der Zwangsvollstreckung in das Grundstück bewilligt werden. Das bewilligte Vorrecht bewirkt, daß das Grundpfandrecht wie ein Recht der in § 113 Abs 1 Satz 1 bezeichneten Art behandelt wird.

(2) Das Vorrecht nach Abs 1 soll nur bewilligt werden, wenn dadurch die Sicherheit der öffentlichen Last nicht gefährdet wird und wenn die Zinsen und Tilgungssätze für das Grundpfandrecht den üblichen Jahresleistungen für erstrangige Tilgungshypotheken entsprechen. Die Bewilligung kann von der Erfüllung von Bedingungen abhängig gemacht werden.

(3) In den Fällen des Abs 1 Nr 1 ist das Vorrecht zu bewilligen, wenn die Gebäudeteile in der Zeit vom 21. Juni 1948 bis zum 31. Dezember 1960 errichtet werden und mehr als 75 vom Hundert der neu gewonnenen Nutzfläche auf öffentlich geförderte Wohnungen (§ 16 Abs 1 und § 28 des 1. Wohnungsbaugesetzes) oder auf steuerbegünstigte Wohnungen (§ 23 Abs 1 und § 28 des 1. Wohnungsbaugesetzes) entfallen. Abs 2 ist in diesen Fällen nicht anzuwenden.

(4) Geht dem Grundpfandrecht ein Recht im Range vor und gehört dieses nicht zu den in § 113 Abs 1 Satz 1 genannten Rechten, so steht ihm das Vorrecht in demselben Umfang zu, wie es dem Grundpfandrecht bewilligt worden ist.

§ 117

Grundbuchvermerk über das Vorrecht

(1) Bei einem im Grundbuch eingetragenen Recht kann das in §§ 113 bis 116 bezeichnete Vorrecht im Grundbuch vermerkt werden. Für die Eintragung des Vermerks gelten die Vorschriften der GBO über Eintragungen in das Grundbuch entsprechend; die Eintragung des Vermerks bedarf der Bewilligung des Finanzamts. Für die Eintragung des Vermerks werden Gebühren und Auslagen nicht erhoben.

(2) Ist der Vermerk im Grundbuch eingetragen, so sind auf das Vorrecht die §§ 891 bis 902 des BGB entsprechend anzuwenden.

(3) Der Bundesminister der Justiz wird ermächtigt, im Verwaltungswege Anordnungen über die Eintragung des Vermerks zu treffen.

§ 118

Abgabeschuldner bei Veräußerung des Grundstücks vor Inkrafttreten des Gesetzes

(1) Die §§ 111 bis 117 gelten nicht, wenn das Grundstück am 21. Juni 1948 einem Angehörigen der Vereinten Nationen gehörte und in der Zeit zwischen dem 21. Juni 1948 und dem Inkrafttreten dieses Gesetzes veräußert worden ist.

(2) Von den Abgabeschulden, für die die §§ 111 bis 117 gelten, sind, wenn das Grundstück in der Zeit zwischen dem 21. Juni 1948 und dem Inkrafttreten dieses Gesetzes veräußert worden ist, solche Abgabeschulden ausgenommen, bei denen

1. das Grundpfandrecht nach § 2 Nr 2 der 40. Durchführungsverordnung zum Umstellungsgesetz im Verhältnis von 1 Reichsmark zu 1 Deutsche Mark umgestellt worden ist oder

2. es sich um den Schuldnergewinn aus einer dinglich nicht gesicherten Verbindlichkeit (§ 92) handelt oder
3. aus sonstigen Gründen nach den Vorschriften des Hypothekensicherungsgesetzes keine Umstellungsgrundschuld entstanden war; für die Fälle, in denen Gläubiger der Reichsmarkverbindlichkeit ein Angehöriger der Vereinten Nationen war, kann die in § 93 vorgesehene Rechtsverordnung etwas anderes bestimmen.

(3) In den Fällen, in denen nach Maßgabe der Abs 1 und 2 Abgabeschulden nicht als öffentliche Last auf dem Grundstück ruhen, ist derjenige, der am 20. Juni 1948 Schuldner der umgestellten Reichsmarkverbindlichkeit war, persönlich Abgabeschuldner.

§ 119

Aufrechterhaltung von Umstellungsgrundschulden bei Verbindlichkeiten aus der letzten Reichsmarkzeit

(1) Die §§ 111 bis 117 gelten nicht für Abgabeschulden, deren Höhe sich nach § 101 Abs 1 bestimmt. In diesen Fällen besteht die Abgabeschuld als Verpflichtung aus der nach dem Hypothekensicherungsgesetz entstandenen Umstellungsgrundschuld weiter, bis die in § 105 vorgeschriebenen Leistungen erbracht sind.

(2) Die Umstellungsgrundschuld erlischt, soweit sie nicht bereits in einem früheren Zeitpunkt erloschen oder auf den Eigentümer übergegangen ist, mit dem Ende des 31. März 1953, es sei denn, daß das belastete Grundstück in diesem Zeitpunkt zum Zwecke der Zwangsverwaltung oder Zwangsversteigerung beschlagnahmt ist. Wird die Zwangsverwaltung oder das Zwangsversteigerungsverfahren aufgehoben, so erlischt die Umstellungsgrundschuld mit der Aufhebung.

§ 120

Erlöschen der Umstellungsgrundschulden, Fortbestehen von Eigentümergrundschulden

(1) Beim Inkrafttreten dieses Gesetzes erlöschen die noch bestehenden Umstellungsgrundschulden, soweit sie nicht nach § 119 über diesen Zeitpunkt hinaus fortbestehen oder vor Inkrafttreten dieses Gesetzes auf den Eigentümer übergegangen sind; der durch Rangrücktritt einer Umstellungsgrundschuld dem vortretenden Recht eingeräumte Rang geht nicht dadurch verloren, daß die Umstellungsgrundschuld erlischt.

(2) Eine auf den Eigentümer übergegangene Umstellungsgrundschuld bedarf ab 1. April 1953 zu ihrer Wirksamkeit gegenüber dem öffentlichen Glauben des Grundbuchs der Eintragung.

(3) Zur Eintragung der auf den Eigentümer übergegangenen Grundschuld ist eine Bescheinigung des Finanzamts darüber erforderlich, inwieweit die Umstellungsgrundschuld auf den Eigentümer übergegangen und ob einem anderen Recht der Vorrang vor der Umstellungsgrundschuld eingeräumt worden ist. Einer Bewilligung der Betroffenen bedarf die Eintragung nicht. § 1115 des BGB ist entsprechend anzuwenden; hinsichtlich der Zins- und Tilgungsbedingungen kann auf die Eintragungsbewilligung für das Grundpfandrecht, nach welchem die Umstellungsgrundschuld entstanden ist, Bezug genommen werden, soweit sie mit den Bedingungen des Grundpfandrechts übereinstimmen. Geht die Umstellungsgrundschuld einem Recht im Rang nach, das später als das Grundpfandrecht, nach welchem sie entstanden ist, in das Grundbuch eingetragen ist, so ist der Rang bei der Umstellungsgrundschuld zu vermerken.

(4) Ein Vermerk über den Rang eines einzutragenden Rechts gegenüber einer auf den Eigentümer übergegangenen Umstellungsgrundschuld sowie eine Vormerkung zur Sicherung des Anspruchs auf Löschung einer solchen Umstellungsgrundschuld soll nur eingetragen werden, wenn die Umstellungsgrundschuld eingetragen ist.

(5) Der Bundesminister der Justiz wird ermächtigt, im Verwaltungsweg Vorschriften darüber zu treffen, wie die mit den Umstellungsgrundschulden zusammenhängenden Eintragungen in das Grundbuch vorzunehmen sind.

§ 121

Rechtsbeziehungen zwischen dem Eigentümer und dem persönlichen Schuldner

(1) War der Grundstückseigentümer nicht der persönliche Schuldner der umgestellten Reichsmarkverbindlichkeit, so kann er für Leistungen, die vor dem Inkrafttreten dieses Gesetzes auf Grund einer Umstellungsgrundschuld nach dem Hypothekensicherungsgesetz oder nach dem Inkrafttreten des vorliegenden Gesetzes auf Grund der öffentlichen Last (§ 111) oder der Umstellungsgrundschuld (§ 119) entrichtet worden sind, von dem persönlichen Schuldner der umgestellten Reichsmarkverbindlichkeit Ersatz verlangen. Das gilt nicht, soweit der Grundstückseigentümer nach den am 20. Juni 1948 geltenden Vereinbarungen von dem persönlichen Schuldner im Falle der Befriedigung des Gläubigers keinen Ersatz verlangen konnte; die Wirkung abweichender Vereinbarungen, die nach dem 20. Juni 1948 für die Leistungen auf Grund der Umstellungsgrundschuld oder der öffentlichen Last getroffen worden sind, bleibt unberührt.

(2) Eine entsprechende Regelung kann in der in § 93 vorgesehenen Rechtsverordnung für den Fall getroffen werden, daß das Grundstück, das für die Verbindlichkeit gegenüber dem Angehörigen der Vereinten Nationen haftet, in der Zeit zwischen dem 21. Juni 1948 und dem Inkrafttreten dieses Gesetzes veräußert worden ist.

§ 122

Rechtsbeziehungen zwischen dem Eigentümer und Dritten

(1) Vor dem 21. Juni 1948 getroffene Vereinbarungen hinsichtlich einer Verpflichtung eines anderen als des Eigentümers, die Zinsen der Hypothekenforderung oder der Grundschuld oder die auf Grund einer Rentenschuld zu entrichtenden Leistungen zu tragen, gelten im Verhältnis des Eigentümers zu dem anderen für die entsprechende Abgabeschuld sinngemäß, es sei denn, daß für diese etwas Abweichendes vereinbart worden ist. Das gleiche gilt für vor dem Inkrafttreten dieses Gesetzes getroffene Vereinbarungen hinsichtlich einer Verpflichtung eines anderen als des Eigentümers, die Leistungen auf die Umstellungsgrundschuld zu tragen.

(2) Der Nießbraucher des Grundstücks ist dem Eigentümer gegenüber verpflichtet, für die Dauer des Nießbrauchs die Zinsen der Abgabeschuld und, wenn die Abgabeschuld auf einer Rentenverbindlichkeit beruht, die Abgabeschuld zu tragen. Das gilt nicht, wenn das Grundpfandrecht für die Reichsmarkverbindlichkeit, durch deren Umstellung die Abgabeschuld entstanden ist, zur Zeit der Bestellung des Nießbrauchs noch nicht auf dem Grundstück ruhte oder wenn etwas Abweichendes vereinbart worden ist.

(3) Abs 2 Satz 1 gilt entsprechend für die Verpflichtung des Ehemannes gegenüber der Ehefrau während der Dauer der Verwaltung und Nutznießung eines zum eingebrachten Gut gehörenden Grundstücks; jedoch ist der Ehemann gegenüber der Ehefrau verpflichtet, während dieser Zeit auch wiederkehrende Leistungen zu tragen, die zur allmählichen Tilgung einer Abgabeschuld als Zuschlag zu den Zinsen zu entrichten sind. Entsprechendes gilt für die Verpflichtung des Vorerben im Verhältnis zum Nacherben und für andere ähnliche Fälle.

§ 123

Haftung bei Grundstücksbelastungen und Grundstücksverkäufen

(1) Wer nach dem Inkrafttreten dieses Gesetzes sich einem anderen gegenüber zur entgeltlichen Bestellung oder Übertragung eines Rechts an dem belasteten Grundstück verpflichtet, haftet für die Freiheit des Grundstücks von der in § 111 Abs 1 bezeichneten öffentlichen Last und den in den §§ 119 und 120 bezeichneten Umstellungsgrundschulden, soweit nicht dem anderen bei dem Vertragsabschluß bekannt war, daß die Abgabeschulden entstanden sind.

(2) Wird das belastete Grundstück nach dem Inkrafttreten dieses Gesetzes verkauft, so haftet der Verkäufer des Grundstücks für die Freiheit des Grundstücks von der in § 111 Abs 1 bezeichneten öffentlichen Last und den in den §§ 119 und 120 bezeichneten Umstellungsgrundschulden, auch wenn der Käufer die Belastung kennt.

(3) Die Wirkung abweichender Vereinbarungen über die Haftung bleibt unberührt.

4. Titel
Festsetzung der Abgabe

. . . .

§ 125

Abgabebescheid

(1) Die Abgabeschuld wird durch Abgabebescheid festgesetzt. Über Abgabeschulden, die nach § 111 Abs 1 eine einheitliche öffentliche Last bilden, wird ein einheitlicher Abgabebescheid erteilt. In den Fällen, in denen sich die Höhe der Abgabeschuld nach § 101 Abs 1 bestimmt, kann von der Erteilung eines Abgabebescheids abgesehen werden.

(2) Der Abgabebescheid muß die Voraussetzungen des § 211 der AO erfüllen; insbesondere hat er die Höhe der Abgabeschuld am 21. Juni 1948, ihre derzeitige Höhe, die Berechnung einer Minderung oder Herabsetzung und die zu erbringenden Leistungen zu enthalten.

(3) Besteht keine Abgabeschuld, so kann der Eigentümer des Grundstücks oder derjenige, der nach § 118 als Abgabeschuldner in Betracht kommen würde, die Erteilung eines Feststellungsbescheids verlangen.

§ 126

Rechtsstellung des Eigentümers in den Fällen der öffentlichen Last und der aufrechterhaltenen Umstellungsgrundschuld

Für die Festsetzung und Erhebung der Abgabe, das Rechtsmittelverfahren und das Verfahren der Zwangsvollstreckung gilt in den Fällen der §§ 111 und 119 der Eigentümer des Grundstücks oder der Erbbauberechtigte als Abgabeschuldner.

§ 127

Wirkung des Abgabebescheids gegenüber dem Erwerber des Grundstücks

(1) Der Abgabebescheid richtet sich in den Fällen der §§ 111 und 119 auch gegen denjenigen, der das Grundstück oder das Erbbaurecht nach Inkrafttreten dieses Gesetzes erwirbt. War der Abgabebescheid dem bisherigen Eigentümer oder Erbbauberechtigten bereits bekanntgegeben worden, so wirkt diese Bekanntgabe auch gegen den Erwerber.

(2) § 240 der AO gilt entsprechend.

§ 128

Auskunftspflicht des Finanzamts

Das Finanzamt ist verpflichtet, dem Grundstückseigentümer oder Erbbauberechtigten sowie den Personen, zu deren Gunsten ein Recht am Grundstück oder am Erbbaurecht besteht, über Bestehen und Inhalt einer öffentlichen Last (§ 111) Auskunft zu erteilen; den letztgenannten Personen ist außerdem Auskunft über das Vorgehen oder Nachgehen ihrer Rechte im Falle der Zwangsvollstreckung zu erteilen. Entsprechendes gilt für Auskünfte über Bestehen, Inhalt und Rang einer Umstellungsgrundschuld (§ 119).

5. Titel

Billigkeitsmaßnahmen in bestimmten Fällen

§ 129

Erlaß wegen ungünstiger Ertragslage

. . . .

§ 130

Weitergehender Erlaß bei Aufbaukrediten

. . . .

§ 131

Stundung und Erlaß wegen wirtschaftlicher Bedrängnis

. . . .

§ 132

Erlaß bei Grundstücken, die mildtätigen Zwecken dienen

. . . .

6. Titel

Sonstige und Überleitungsvorschriften

§ 133

Abrechnung über die Leistungen nach dem Hypothekensicherungsgesetz

. . . .

§ 134

Vorauszahlungen

. . . .

§ 135

Abrechnung über die Vorauszahlungen

. . . .

§ 136

Hypothekengewinnabgabe bei Verbindlichkeiten, die an grundstücksgleichen Rechten, Schiffen oder Schiffsbauwerken gesichert waren

Für die Heranziehung der Schuldnergewinne aus Verbindlichkeiten, die an anderen grundstücksgleichen Rechten als Erbbaurechten oder an Schiffen oder Schiffsbauwerken gesichert waren, gelten ohne Rücksicht auf den Zeitpunkt der Entstehung der Verbindlichkeit die Vorschriften, nach denen die Schuldnergewinne bei Verbindlichkeit aus der letzten Reichsmarkzeit (§ 101) herangezogen werden. § 101 Abs 2 ist nicht anzuwenden. An die Stelle der Umstellungsgrundschuld tritt bei Schiffen und Schiffsbauwerken die Umstellungslast.

§ 137

Behandlung der Rückerstattungstatbestände

Die Erhebung und Gestaltung der Hypothekengewinnabgabe in den Fällen, in denen das Grundstück, an dem die umgestellte Reichsmarkverbindlichkeit durch Grundpfandrecht gesichert war, am 21. Juni 1948 einer rückerstattungsberechtigten Person entzogen war, wird durch Rechtsverordnung entsprechend den Grundsätzen dieses Gesetzes geregelt.

§ 138

Örtliche Zuständigkeit der Finanzämter

(1) Die örtliche Zuständigkeit der Finanzämter richtet sich nach der Belegenheit der Grundstücke, bei grundstücksgleichen Rechten nach dem Ort, an dem sie ausgeübt werden, und bei Schiffen und Schiffsbauwerken nach dem Ort, an dem das Register ge-

führt wird. Erstreckt sich das Grundstück oder das grundstücksgleiche Recht auf die Bezirke mehrerer Finanzämter, so ist das Finanzamt zuständig, auf dessen Bezirk der wertvollste Teil entfällt.

(2) War die Reichsmarkverbindlichkeit durch ein Gesamtgrundpfandrecht an Grundstücken gesichert, die in verschiedenen Finanzamtsbezirken liegen, so ist das Finanzamt zuständig, in dessen Bezirk das Grundstück mit dem höchsten Einheitswert liegt. Entsprechendes gilt bei Gesamtpfandrechten auf Schiffen oder Schiffsbauwerken, für die die Register in verschiedenen Finanzamtsbezirken geführt werden. Die Zuständigkeit wird nicht dadurch berührt, daß die Abgabeschuld aufgeteilt wird.

§ 139

Heranziehung anderer Stellen als der Finanzämter bei der Verwaltung der Abgabe

. . . .

§ 140

Beteiligung des Finanzamts bei der Umstellung von Grundpfandrechten

. . . .

§ 141

Durchführungsvorschriften

. . . .

7. Titel
Sondervorschriften für Berlin-West

§ 142

Allgemeine Vorschriften

(1) Die Vorschriften des 1. bis 6. Titels gelten auch bei Grundstücken, die in Berlin (West) belegen sind, soweit nicht in den folgenden Vorschriften dieses Titels etwas anderes bestimmt ist.

(2) An die Stelle des 20. Juni 1948 tritt der 24. Juni 1948 und an die Stelle des 21. Juni 1948 der 25. Juni 1948, soweit nicht in den folgenden Vorschriften etwas anderes bestimmt ist.

(3) Soweit im Gesetz die im Geltungsbereich des Grundgesetzes geltenden Umstellungsvorschriften angeführt sind, treten an ihre Stelle die in Berlin(West) geltenden Umstellungsvorschriften.

(4) In den folgenden Vorschriften dieses Titels wird das Gesetz über die Umstellung von Grundpfandrechten und über Aufbaugrundschulden vom 9. Januar 1951 (VOBl für Berlin I S 71) als Grundpfandrechtumstellungsgesetz bezeichnet.

§ 143

Hypothekengewinnabgabe bei ungesicherten Verbindlichkeiten

In § 92 Abs 1 tritt an die Stelle des § 161 Abs 2 Nr 3 und 4 der § 189 Abs 2 Nr 3 und 4.

§ 144

Minderung der Abgabeschuld bei Kriegsschäden vor dem 1. April 1949

(1) Abweichend von § 142 Abs 2 tritt in § 100 Abs 1 Satz 1 an die Stelle des 21. Juni 1948 der 1. April 1949.

(2) An die Stelle des § 100 Abs 2 Satz 2 treten folgende Vorschriften:

Als Schaden gilt für die Berechnung der Schadensquote der Betrag, um den der Einheitswert, der für das Grundstück auf den letzten Feststellungszeitpunkt vor dem Schadensfall festgestellt ist, den für den 1. April 1949 geltenden Einheitswert übersteigt. Anstelle des für den 1. April 1949 geltenden Einheitswerts ist auf Antrag für ein Grundpfandrecht, bei dem eine Grundsteuerermäßigung wegen Wertminderung

1. für das Kalenderjahr 1948 oder,
2. wenn der Schaden im ersten Vierteljahr 1949 eingetreten ist, für das Kalenderjahr 1949

gewährt worden ist, der dabei zugrunde gelegte Wert anzusetzen; der Antrag ist spätestens bei Abgabe der Erklärung über die Höhe der Schuldnergewinne (§ 155 Abs 2) zu stellen. Unterlag das Grundstück der Abgeltung der Gebäudeentschuldungssteuer (Hauszinssteuer), so sind für die Berechnung des Schadens von dem für den 1. April 1949 geltenden Einheitswert oder von dem an seiner Stelle anzusetzenden Wert $^3/_{10}$ des Hauszinssteuerabgeltungsbetrags abzusetzen, wenn bei der Ermittlung dieses Einheitswerts oder Werts ein Hauszinssteuerabgeltungsbetrag berücksichtigt wurde.

§ 145

Höhe der Abgabeschuld bei Verbindlichkeiten aus der letzten Reichsmarkzeit

An die Stelle des § 101 Abs 1 treten folgende Vorschriften:

Ist die Verbindlichkeit nach dem 8. Mai 1945 entstanden, so sind als Abgabeschuld 20 vom Hundert des Betrags der Reichsmarkverbindlichkeit anzusetzen. Leistungen auf die Abgabeschuld sind nicht zu erbringen. Die Abgabeschuld gilt mit dem Inkrafttreten dieses Gesetzes als getilgt. Die §§ 103 und 104 werden nicht angewandt.

§ 146

Herabsetzung der Abgabeschuld bei Kriegsschäden nach dem 31. März 1949 (*zu § 103*)

. . . .

§ 147

Verzinsung und Tilgung der Abgabeschuld (zu §§ 105 und 106)

. . . .

§ 148

Wegfall von Abgabeschulden in der Zwangsversteigerung

An die Stelle des § 110 treten folgende Vorschriften:

(1) Ist bei einer Zwangsversteigerung vor Inkrafttreten dieses Gesetzes die nach dem Grundpfandrechtumstellungsgesetz entstandene Aufbaugrundschuld ausgefallen, so ist insoweit auch die Abgabeschuld weggefallen.

(2) Sind in einer vor Inkrafttreten dieses Gesetzes erfolgten Zwangsversteigerung aus dem Versteigerungserlös Beträge über Aufbaugrundschulden zugeteilt worden und sind solche Beträge mit der Maßgabe hinterlegt worden, daß die Auszahlung nur mit Genehmigung nach § 19 des Grundpfandrechtumstellungsgesetzes erfolgen darf, so gebühren diese Beträge als Abgabeleistungen dem Ausgleichsfonds.

§ 149

Entlassung aus der Haftung

An die Stelle des § 111 Abs 4 tritt folgende Vorschrift:

Ist vor Inkrafttreten dieses Gesetzes ein Grundstücksteil veräußert und mit Genehmigung des Grundpfandrechtumstellungsgesetzes aus der Haftung für eine Ausbaugrundschuld entlassen worden, so gilt die Entlassung aus der Haftung auch für die öffentliche Last.

§ 150

Vorgehende Rechte in der Zwangsversteigerung

An die Stelle des § 113 treten folgende Vorschriften:

(1) In der Zwangsversteigerung gehen der öffentlichen Last nach Maßgabe der Abs 2 und 3 Rechte vor, die einer nach dem Grundpfandrechtumstellungsgesetz entstandenen Aufbaugrundschuld im Range vorgehen oder vorgingen oder den gleichen Rang mit einer solchen haben oder hatten, soweit aus dem Umstellungsfall, auf dem eine solche Aufbaugrundschuld beruht, auch die öffentliche Last entstanden ist. Dieses Vorrecht gilt nicht für Grundpfandrechte, die im Zeitpunkt der Beschlagnahme des Grundstücks dem Eigentümer oder einer Person zustehen, bei der nach § 11 des Vermögensteuergesetzes die Voraussetzungen für eine Zusammenveranlagung mit dem Eigentümer zur Vermögensteuer für das Kalenderjahr der Beschlagnahme vorliegen. Ob ein Recht der öffentlichen Last vorgeht, wird von den ordentlichen Gerichten entschieden.

(2) In der Zwangsversteigerung sind aus dem Grundstück zu befriedigen

1. vor allen fälligen Abgabeleistungen:
   die in § 10 Abs 1 Nr 4 des ZVG genannten Ansprüchen aus Rechten, die nach Abs 1 des vorliegenden Paragraphen vorgehen, und
2. vor allen in der Rangklasse 7 stehenden Abgabeleistungen und vor den auf die Abgabeschuld zu erbringenden fälligen Kapitalleistungen, die nicht zur allmählichen Tilgung der Abgabeschulden als Zuschlag zu den Zinsen wiederkehrend zu entrichten sind:
   die in § 10 Abs 1 Nr 8 des ZVG genannten Ansprüche aus Rechten, die nach Abs 1 des vorliegenden Paragraphen vorgehen.

(3) Wird in der Zwangsversteigerung kein Gebot abgegeben, das zur Befriedigung aller nach Abs 1 vorgehenden Rechte ausreicht, so hat das Gericht auf Antrag eines Gläubigers eines solchen Rechts den Versteigerungstermin aufzuheben und einen neuen Termin zur Versteigerung auf einen Tag anzusetzen, der mindestens 2 und höchstens 4 Wochen entfernt ist. Wird in dem neuen Termin bis zum Ablauf einer Stunde seit dem Beginn der Versteigerung wiederum kein solches Gebot abgegeben, so ist die Versteigerung mit der Maßgabe fortzusetzen, daß die öffentliche Last für die noch nicht fälligen Abgabeschulden nicht in das geringste Gebot fällt und daß sie bei Erteilung des Zuschlags nur insoweit bestehen bleibt, als das Meistgebot nach Befriedigung der vorgehenden Rechte, die durch Zahlung zu decken sind, ihren Wert deckt, und im übrigen erlischt; § 91 Abs 3 des ZVG gilt entsprechend. Das Gericht hat vor Fortsetzung der Versteigerung auf diese Änderung der Versteigerungsbedingungen sowie auf den Betrag und die Zins- und Tilgungsbedingungen der noch nicht fälligen Abgabeschulden hinzuweisen.

(4) Die Vorschriften der Abs 2 und 3 über vorgehende Rechte gelten entsprechend für alle beim Inkrafttreten dieses Gesetzes bestehenden Rechte hinsichtlich derjenigen Abgabeschulden, die auf Grund dieses Gesetzes in Fällen bestehen, in denen nach dem Grundpfandrechtumstellungsgesetz eine Aufbaugrundschuld nicht entstanden ist. Durch Rechtsverordnung kann bestimmt werden, daß die Abgabeschulden in den Fällen, in denen der Gläubiger der Reichsmarkverbindlichkeit ein Angehöriger der Vereinten Nationen war, so behandelt werden, als wären Aufbaugrundschulden entstanden.

(5) Die Vorschriften der Abs 2 und 3 gelten auch für Rechte, die vor Inkrafttreten dieses Gesetzes aus einer Aufbaugrundschuld hervorgegangen oder an die Stelle einer Aufbaugrundschuld getreten sind oder die nach Inkrafttreten dieses Gesetzes rechtswirksam nach § 24 des Grundpfandrechtumstellungsgesetzes an die Stelle einer Aufbaugrundschuld treten.

(6) Die Vorschriften der Abs 2 und 3 gelten ferner für alle beim Inkrafttreten dieses Gesetzes bestehenden Rechte, die einem aus einer Aufbaugrundschuld hervorgegangenen

oder an ihre Stelle getretenen Recht im Range nachgehen, soweit die öffentliche Last und das vordem als Aufbaugrundschuld entstandene Recht auf demselben Umstellungsfall beruhen.

§ 151

Zwangsverwaltung

An die Stelle des § 114 Abs 1 tritt folgende Vorschrift:

In der Zwangsverwaltung gelten die Vorschriften des § 112 Abs 1 und 4 und des § 150 Abs 1, 2, 4, 5 und 6 entsprechend.

§ 152

Weitere Vorrechte für Aufbaukredite

(1) Ein Vorrecht mit der in § 116 Abs 1 und 4 vorgeschriebenen Wirkung ist auf Antrag ferner zu bewilligen, wenn ein Grundpfandrecht zur Sicherung eines Kredits der

1. der Herstellung, Wiederherstellung oder Erhaltung überwiegend für Wohnzwecke bestimmter Gebäude oder Gebäudeteile auf dem belasteten Grundstück oder auf einem anderen Grundstück in Berlin (West) oder
2. der Herstellung, Wiederherstellung oder Erhaltung überwiegend für eine gewerbliche, freiberufliche oder sonstige wirtschaftliche Tätigkeit bestimmter Gebäude oder Gebäudeteile auf dem belasteten Grundstück oder auf einem anderen Grundstück in Berlin (West) oder
3. der Gründung, Erhaltung oder Entwicklung eines gewerblichen oder sonstigen wirtschaftlichen Betriebs oder eines freien Berufs

dient, bis zum 31. Dezember 1960 bestellt und diese Zweckbestimmung durch eine besondere Bescheinigung nachgewiesen wird. Das Vorrecht erlischt in dem Umfange, in dem die Verpflichtung aus dem Kredit untergeht.

(2) Für die Erteilung der in Abs 1 genannten Bescheinigung ist in den Fällen des Abs 1 Nr 1 der Senator für Bau- und Wohnungswesen und in den Fällen des Abs 1 Nr 2 und 3 der Senator für Wirtschaft und Ernährung zuständig. Die §§ 4 und 5 der 1. Durchführungsverordnung zum Grundpfandrechtumstellungsgesetz vom 2. Mai 1951 (GVBl für Berlin D 334) gelten entsprechend.

§ 153

Grundbuchvermerk über das Vorrecht

§ 117 gilt entsprechend für ein Vorrecht, das in §§ 150 bis 152 geregelt ist.

§ 154

Abgabeschuldner bei Veräußerung des Grundstücks vor Inkrafttreten des Gesetzes

(1) § 118 Abs 1 wird nicht angewandt.

(2) In § 118 Abs 2 Nr 3 treten an die Stelle der Worte „*nach den Vorschriften des Hypothekensicherungsgesetzes keine Umstellungsgrundschuld*" die Worte „*nach den Vorschriften des Grundpfandrechtumstellungsgesetzes keine Aufbaugrundschuld*".

§ 155

Erklärungspflicht (zu § 124)

. . . .

§ 156

Erlaß wegen ungünstiger Ertragslage (zu § 129)

. . . .

§ 157

Weitergehender Erlaß bei Aufbaukrediten (zu § 130)

. . . .

§ 158

Vorauszahlungen in Berlin-West (zu § 134)

. . . .

§ 159

Abrechnung über die Vorauszahlungen (zu § 135)

. . . .

§ 160

Hypothekengewinnabgabe bei Verbindlichkeiten, die an grundstücksgleichen Rechten, Schiffen oder Schiffsbauwerken gesichert waren

§ 136 wird nicht angewendet.

5) Berlin-West **Anh 102**

a) AV des Senators für Justiz vom 11. Dezember 1952/5. Mai 1953

berl ABl 1952, 1029/1953, 465

Eintragung des Grundbuchvermerks gemäß § 117 Abs 1, § 153 des LAG über das Vorrecht gegenüber der öffentlichen Last der Hypothekengewinnabgabe

I.

In dem Grundbuchvermerk gemäß § 117 Abs 1 Satz 1, § 153 LAG über das Vorrecht gegenüber der öffentlichen Last der Hypothekengewinnabgabe ist die gesetzliche Bestimmung (§ 150 Abs 1, § 150 Abs, 4, § 150 Abs 5, § 150 Abs 6, § 116 Abs 1, § 116 Abs 1 in Verbindung mit § 152 Abs 1 oder § 116 Abs 4 LAG) anzugeben, auf die sich das zu vermerkende Vorrecht stützt. Beruht das zu vermerkende Vorrecht auf § 116 Abs 4 LAG, so ist in dem Grundbuchvermerk auch das Recht zu vermerken, von dessen Befriedigungsvorrecht gemäß § 116 Abs 1 oder gemäß § 152 Abs 1 das zu vermerkende Vorrecht abhängt.

II.

Muster für die Vermerke über das Vorrecht ergeben sich aus der Anlage zu dieser Verfügung. Die Muster sind als Beispiele nicht Teil dieser Verfügung.

Anlage

Muster

1. Vermerk im Falle des Vorrechts nach **§ 150 Abs 1 LAG:**
„*Das Recht genießt das in § 150 Abs 1 LAG bestimmte Vorrecht gegenüber der öffentlichen Last nach § 111 LAG.*"
2. Vermerk im Falle des Vorrechts nach **§ 150 Abs 4 LAG:**
„*Das Recht genießt in dem in § 150 Abs 4 LAG bestimmten Umfang ein Vorrecht gegenüber der öffentlichen Last nach § 111 LAG.*"
3. Vermerk im Falle des Vorrechts nach **§ 150 Abs 5 LAG:**
„*Das Recht genießt das in § 150 Abs 5 LAG bestimmte Vorrecht gegenüber der öffentlichen Last nach § 111 LAG.*"
4. Vermerk im Falle des Vorrechts nach **§ 150 Abs 6 LAG:**
„*Das Recht genießt das in § 150 Abs 6 LAG bestimmte Vorrecht gegenüber der öffentlichen Last nach § 111 LAG.*"
5. Vermerk im Falle des Vorrechts nach **§ 116 Abs 1 LAG:**
„*. . . . . mit dem in § 116 Abs 1 LAG bestimmten Vorrecht gegenüber der öffentlichen Last nach § 111 LAG.*"

5a. Vermerk im Falle des Vorrechts nach § 116 Abs 1 in Verbindung mit **§ 152 Abs 1 LAG:**

„. . . . . mit dem in § 116 Abs 1 in Verbindung mit § 152 Abs 1 LAG bestimmten Vorrecht gegenüber der öffentlichen Last nach § 111 LAG."

6. Vermerk im Falle des Vorrechts nach **§ 152 Abs 1 LAG:**

„. . . . . mit dem in § 152 Abs 1 LAG bestimmten Vorrecht gegenüber der öffentlichen Last nach § 111 LAG."

7. Vermerk in den Fällen des Vorrechts nach **§ 116 Abs 4 LAG:**

a) *„Das Recht genießt in dem in § 116 Abs 4 LAG bestimmten Umfang ein Vorrecht gegenüber der öffentlichen Last nach § 111 LAG. abhängig von dem in § 116 Abs 1 LAG bestimmten Vorrecht der Post Abt. III Nr . . . . ."*

b) *„Das Recht genießt in dem in § 116 Abs 4 LAG bestimmten Umfang ein Vorrecht gegenüber der öffentlichen Last nach § 111 LAG, abhängig von dem in § 152 Abs 1 LAG bestimmten Vorrecht der Post Abt. III Nr . . . . . ."*

c) *„Das Recht genießt in dem in § 116 Abs 4 LAG bestimmten Umfang ein Vorrecht gegenüber der öffentlichen Last nach § 111 LAG, abhängig von dem in § 116 Abs 1 in Verbindung mit § 152 Abs 1 LAG bestimmten Vorrecht der Post Abt III Nr . . . . ."*

Anh 103 b) Verfgg des Senators für Justiz vom 6. Mai 1953

JR 1953, 435 zu der Frage der

Berücksichtigung der öffentlichen Last der Hypothekengewinnabgabe (§ 111 LAG) im geringsten Gebot

I.

Der Bundesminister der Finanzen hat in einem Runderlaß an die Finanzminister und Finanzsenatoren der Länder vom 5. März 1953 — LA 2575 — 4/53 — folgendes ausgeführt:

Bei der ZwVerst von Grundstücken, auf denen die öffentliche Last der HGA ruht, haben manche Vollstreckungsgerichte den Standpunkt eingenommen, daß zur Feststellung des geringsten Gebots der Betrag der öffentlichen Last durch Vorlegung des Abgabebescheides nachgewiesen werden müsse. Zu Schwierigkeiten hat dies insbesondere in den Fällen geführt, in denen ein endgültiger Abgabebescheid im Hinblick auf noch ausstehende Rechtsverordnungen zZ nicht erteilt werden kann. Einzelne Vollstreckungsgerichte sollen in derartigen Fällen das ZwVerstVerfahren einstweilen eingestellt oder aufgehoben haben.

Nach § 112 Abs 3 Satz 1 LAG ist der noch nicht fällige Teil der HGA in das geringste Gebot aufzunehmen. Einer Anmeldung bedarf es insoweit nicht, anzumelden und ggf — bei Widerspruch des betreibenden Gläubigers — glaubhaft zu machen sind vielmehr nur die laufenden und rückständigen Leistungen (vgl allgemein zur Anmeldung öffentlicher Lasten Jaecke-Güthe Kommentar zum ZVG 6. Aufl § 45 Anm 10). Hinsichtlich der noch nicht fälligen Abgabeschuld hat das Vollstreckungsgericht sich von Amts wegen die Kenntnis zu verschaffen, die zur Berücksichtigung dieses Teils der öffentlichen Last im geringsten Gebot erforderlich ist. Die Wahl der Mittel steht an sich in seinem pflichtmäßigen Ermessen. In geeigneten Fällen wird man das Gericht darauf hinweisen, daß das LAG in der amtlichen Auskunft nach § 128 LAG ein Mittel kennt, das dem fraglichen Zweck nach jeder Hinsicht genügt. Die Erteilung der amtlichen Auskunft nach § 128 LAG ist eine Amtspflicht, deren schuldhafte Verletzung die in Art 34 GG, § 839 BGB bezeichneten Haftungsfolgen auslöst. Dieser Vertrauensschutz gibt der Auskunft nach § 128 LAG den Wert einer zur Beseitigung von Zweifeln im Rechtsverkehr geeigneten behördlichen Feststellung. Daß als Auskunftsberechtigte in § 128 LAG nur bestimmte private Personen genannt sind, steht der entsprechenden Anwendung der Vorschrift im Verhältnis zum Vollstreckungsgericht nicht entgegen. Einer besonderen gesetzlichen Hervorhebung bedurfte es insoweit nicht, weil Behörden einander im Wege der Amtshilfe ohnehin zur Auskunftserteilung verpflichtet sind (vgl Jellinek, Verwaltungsrecht S 15; Forsthoff, Lehrbuch des Verwaltungsrechts Bd I S 79/80 und die dort zitierten Entscheidungen). Wird im ZwVerstVerfahren der Inhalt der Auskunft bei der Feststellung des geringsten Gebots zugrunde gelegt und erweist sich die Auskunft nachträglich als unrichtig, so kann demnach der Vorwurf schuldhafter Amtspflichtverletzung mit seinen Haftungsfolgen nicht das Vollstreckungsgericht, sondern ausschließlich die Auskunft erteilende Stelle treffen. Unter diesen Umständen dürfte es eine durch den Ermittlungszweck nicht gerechtfertigte Verzögerung des Verfahrens bedeuten, wenn das Gericht die Feststellung des geringsten Gebots trotz des Vorliegens einer Auskunft nach § 128 LAG von der Beibringung eines rechtskräftigen Abgabebescheides abhängig machen wollte; in den nachstehend behandelten Fällen wäre ein solches Verfahren ohnehin unerfüllbar.

Soweit das LAG die Tatbestandsvoraussetzungen des Abgabeanspruchs nur durch Rahmenvorschriften bestimmt und die nähere Regelung noch ausstehenden RechtsVOen vorbehält oder soweit der genaue Betrag einer Minderung usw nicht ohne weiteres errechnet werden kann, muß sich die Auskunft nach § 128 LAG allerdings auf die Angabe des Höchstbetrags beschränken, bis zu dem die HGA in der Form entstanden sein kann. Andererseits besteht die Verpflichtung, ohne Grund keinen höheren Betrag anzunehmen, als einen solchen, der unter Berücksichtigung aller Umstände (zB des Betrags der vor Umwandlung in die öffentliche Last bestehenden Umstellungsgrundschulden, der §§ 97, 100 Abs 5 und 140 Abs 2, des überschlägigen Ergebnisses einer Berechnung nach § 99 Abs 2 oder § 100 Abs 3, einer bereits als feststehend anzusehenden Regelung in einer künftigen DVO) im äußersten Fall in Betracht kommen kann. Zur Feststellung des geringsten Gebots muß die Angabe eines Höchstbetrags, wie bisher auch die Mehrzahl der mit dieser Frage befaßten VollstrGerichte angenommen hat, ausreichen. Der Abgabeanspruch ist in derartigen Fällen als Anspruch von vorläufig unbestimmten Betrage anzusehen, der nach § 14 ZVG einem aufschiebend bedingten Recht gleichsteht. Bei der Feststellung des geringsten Gebots ist er also nach § 48 ZVG wie ein unbedingtes Recht zu berücksichtigen.

Im übrigen muß in der Auskunft mit Rücksicht auf § 112 Abs 4 außer dem Nennbetrag der noch nicht fälligen Abgabeschulden auch ihr Ablösungswert angegeben werden.

Bei künftig etwa auftretenden Schwierigkeiten wird sich empfehlen, die hier in Übereinstimmung mit der überwiegenden Gerichtspraxis wiedergegebene Rechtsansicht im Wege der Erinnerung nach § 766 ZPO zur Geltung zu bringen.

Die einstweilige Einstellung oder gar die Aufhebung des ZwVerstVerfahrens in derartigen Fällen findet weder an den Vorschriften des ZwVG (§§ 28ff. ZVG) noch an den ergänzenden Bestimmungen des VollstrNotrechts eine gesetzliche Stütze. Sollte sich eine einstweilige Einstellung oder Aufhebung des Verfahrens wiederholen, die nach den vorstehenden Ausführungen unbegründet ist, so bitte ich, in geeigneten Fällen von dem Rechtsmittel der sofortigen Beschwerde nach § 95 ZVG in Verbindung mit § 793 ZPO sowie ggf der weiteren Beschwerde nach § 569 ZPO Gebrauch zu machen und mir das Ergebnis des Verfahrens mitzuteilen.

II.

. . . .

III.

Ich ordne in diesem Zusammenhang an, daß die Amtsgerichte von der Anberaumung von ZVerstTerminen unverzüglich dem Finanzamt Hallesches Tor, Zentralstelle für HGA, Berlin SW 61, Mehringdamm 22, Mitteilung zu machen haben, damit dieses in die Lage versetzt wird, nach seinem Ermessen noch vor dem Termin einen Abgabebescheid (§ 125 LAG) zu erlassen. Wie mir das Landesfinanzamt Berlin dazu erklärt hat, hält es diese Mitteilung, die in einer in Vorbereitung befindlichen DVO zum LAG gesetzlich vorgeschrieben werden soll, namentlich deshalb für unentbehrlich, weil die bei Vermeidung von Nachteilen (110 ZVG) spätestens im VerstTermin anzumeldenden Forderungen auf laufende und rückständige Abgabeleistungen ihrem Betrage nach mindestens in einem vorläufigen Abgabebescheid festgesetzt werden müßten.

XV. Steuern

Anh 104

1. Grundsteuergesetz

idF vom 10. August 1951 RGBl I 519 = SaBl 967

(auszugsweise)

Abschnitt I

Steuerpflicht

§ 1

Steuerberechtigte

(1) Die Gemeinden sind berechtigt, eine Grundsteuer als Gemeindesteuer zu erheben.

(2) Die Gemeinde erhebt die Steuer von dem in ihrem Gebiet gelegenen Grundbesitz.

(3) Für gemeindefreien Grundbesitz und für Grundbesitz in Gutsbezirken trifft die Oberste Landesbehörde die näheren Bestimmungen über die Erhebung der Steuer.

§ 2

Grundbesitz

Grundbesitz ist:

1. das land- und forstwirtschaftliche Vermögen (§§ 28 bis 49 des BewG),
2. das Grundvermögen (§§ 50 bis 53 des BewG),
3. das Betriebsvermögen, soweit es in Betriebsgrundstücken besteht (§ 57 des BewG).

§ 3

Steuergegenstand

Steuergegenstände sind, soweit sie sich auf das Inland erstrecken:

1. die land- und forstwirtschaftlichen Betriebe (§§ 29, 45, 47, 48, 49 des BewG). Den land- und forstwirtschaftlichen Betrieben stehen im Sinne dieses Gesetzes die im § 57 Abs 1 Ziff 2 des BewG bezeichneten Betriebsgrundstücke gleich;
2. die Grundstücke (§ 50 des BewG). Den Grundstücken stehen im Sinne dieses Gesetzes die im § 57 Abs 1 Ziff 1 des BewG bezeichneten Betriebsgrundstücke gleich.

§ 4

Befreiungen

Von der Grundsteuer sind befreit:

1. Grundbesitz
   a) des Bundes, eines Landes, einer Gemeinde oder eines Gemeindeverbandes, wenn der Grundbesitz von dem Eigentümer für einen öffentlichen Dienst oder Gebrauch benutzt wird,
   b) des Bundes, der zum Bundeseisenbahnvermögen gehört und von der Deutschen Bundesbahn für ihre Betriebs- oder Verwaltungszwecke benutzt wird. Die Befreiung beschränkt sich bei dem Grundbesitz, der für Betriebszwecke benutzt wird, auf die Hälfte der an sich zu entrichtenden Steuer,

c) des Unternehmens „Bundesautobahnen", der von ihm für seine Betriebs- oder Verwaltungszwecke benutzt wird;

2. . . . .

3. Grundbesitz
   a) des Bundes, eines Landes, einer Gemeinde oder eines Gemeindeverbandes,
   b) einer inländischen Körperschaft, Personenvereinigung oder Vermögensmasse, die nach der Satzung, Stiftung oder sonstigen Verfassung und nach ihrer tatsächlichen Geschäftsführung ausschließlich und unmittelbar gemeinnützigen oder mildtätigen Zwecken dient,

   wenn der Grundbesitz von dem Eigentümer unmittelbar für gemeinnützige oder mildtätige Zwecke benutzt wird;

4. Grundbesitz eines anerkannten Sportvereins, der von ihm für sportliche Zwecke benutzt wird, unter den Bedingungen, die durch Rechtsverordnung der Bundesregierung mit Zustimmung des Bundesrates bestimmt werden;

5. a) Grundbesitz, der dem Gottesdienst einer öffentlich-rechtlichen Religionsgesellschaft gewidmet ist,
   b) Grundbesitz, der von einer öffentlich-rechtlichen Religionsgesellschaft, von einem ihrer Orden, von einer ihrer religiösen Genossenschaften, von einer jüdischen Kultusgemeinde oder von einem ihrer Verbände für Zwecke der religiösen Unterweisung oder für ihre Verwaltungszwecke benutzt wird und entweder im Eigentum der benutzenden Körperschaft (Personenvereinigung) oder im Eigentum einer Körperschaft des öffentlichen Rechts steht,
   c) Dienstgrundstücke und Dienstwohnungen der Geistlichen und Kirchendiener in dem Umfang, in dem sie nach den vor dem 1. April 1938 geltenden landesgesetzlichen Vorschriften befreit waren. § 5 des Gesetzes und § 25 der Verordnung zur Durchführung des GrStG sind insoweit nicht anzuwenden;

6. Grundbesitz einer der unter den Ziffern 1 bis 5 genannten Körperschaften, Personenvereinigungen, Vermögensmassen oder Verbände, der von einer anderen derartigen Körperschaft, Personenvereinigung, Vermögensmasse oder einem anderen derartigen Verband für ihre nach den Ziffern 1 bis 5 begünstigten Zwecke benutzt wird;

7. Grundbesitz, der für Zwecke der Wissenschaft, der Erziehung und des Unterrichts benutzt wird und nicht bereits nach den vorstehenden Vorschriften befreit ist, wenn durch die Landesregierung anerkannt ist, daß der Benutzungszweck im Rahmen der öffentlichen Aufgaben liegt. Der Anerkennung bedarf es nicht bei Hochschulen und bei solchen Schulen oder Erziehungsanstalten, deren Träger der Bund, ein Land, eine Gemeinde, ein Gemeindeverband, eine öffentlich-rechtliche Religionsgesellschaft, einer ihrer Orden, eine ihrer religiösen Genossenschaften, eine jüdische Kultusgemeinde oder einer ihrer Verbände ist. Wird der Grundbesitz nicht von dem Eigentümer für die bezeichneten Zwecke benutzt, so tritt Befreiung nur ein, wenn der Eigentümer eine Körperschaft des öffentlichen Rechts ist;

8. Grundbesitz, der für die Zwecke einer Krankenanstalt oder einer Bewahrungsanstalt benutzt wird und nicht bereits nach den vorstehenden Vorschriften befreit ist, soweit die Anstalt Personen zu Bedingungen aufnimmt, die durch Rechtsverordnung der Bundesregierung mit Zustimmung des Bundesrates bestimmt werden. Ziffer 7 Schlußabsatz gilt entsprechend;

9. a) die dem öffentlichen Verkehr dienenden Straßen, Wege, Plätze, Brücken, künstlichen Wasserläufe, Häfen und Schienenwege,
   b) das Rollfeld der Verkehrsflughäfen,
   c) die fließenden Gewässer (Ströme, Flüsse, Bäche), die deren Abfluß regelnden Sammelbecken und die im Eigentum des Bundes, eines Landes, einer Gemeinde oder eines Gemeindeverbandes stehenden Seen und Teiche,

d) die im Interesse oder Ordnung und Verbesserung der Wasser- und Bodenverhältnisse unterhaltenen Einrichtungen der öffentlich-rechtlichen Wasser- und Bodenverbände und die im öffentlichen Interesse staatlich unter Schau gestellten Privatdeiche,

e) die Bestattungsplätze;

10. Grundbesitz eines fremden Staates, der für Zwecke von Botschaften, Gesandtschaften oder Konsulaten dieses Staates benutzt wird, wenn Gegenseitigkeit gewährt wird.

§ 5

Steuerpflicht bei Benutzung zu Wohnzwecken

Grundbesitz, der Wohnzwecken dient, ist nicht als für einen der nach § 4 Ziff 1 bis 8 begünstigten Zwecke benutzt anzusehen; das gilt auch für die zugehörigen Hofräume und Hausgärten. Den begünstigten Zwecken dienen jedoch und sind deshalb unter den weiteren Voraussetzungen des § 4 befreit:

1. die Gemeinschaftsunterkünfte der Polizei, der Feuerschutzdienstes und des sonstigen Schutzdienstes des Bundes, der Länder und der Gemeinden und Gemeindeverbände;
2. die gemeinschaftlichen Wohnräume
   a) in Jugendherbergen, Jugendsportheimen und Freizeitlagern für Jugendliche,
   b) in Ausbildungsheimen und Erziehungsanstalten,
   c) in Prediger- und Priesterseminaren;
3. die Wohnräume, die für die Aufnahme erholungsbedürftiger oder hilfsbedürftiger Personen bestimmt sind, in den Gebäuden, die wegen Benutzung für gemeinnützige oder mildtätige Zwecke befreit sind (§ 4 Ziff 3 und 6);
4. Räume, in denen sich Personen für die Erfüllung der begünstigten Zwecke ständig bereithalten müssen (Bereitschaftsräume), wenn sie nicht zugleich die Wohnung des Inhabers darstellen.

§ 6

Ergänzungen zu §§ 4 und 5

(1) Die Befreiung tritt nur ein, wenn der Steuergegenstand für die im § 4 bezeichneten Zwecke unmittelbar benutzt wird.

(2) Dient der Steuergegenstand auch anderen Zwecken und wird für die steuerbegünstigten Zwecke ein räumlich abgegrenzter Teil des Steuergegenstandes benutzt, so ist nur dieser Teil befreit.

(3) Dient der Steuergegenstand oder ein Teil des Steuergegenstands sowohl steuerbegünstigten als auch anderen Zwecken, ohne daß eine räumliche Abgrenzung für die verschiedenen Zwecke möglich ist, so ist der Steuergegenstand oder der Teil nur befreit, wenn die steuerbegünstigten Zwecke überwiegen.

§ 7

Steuerschuldner

(1) Schuldner der Grundsteuer ist:

1. der Eigentümer oder, wenn der Steuergegenstand ein grundstücksgleiches Recht ist, der Berechtigte,
2. wenn die Betriebsmittel oder Gebäude eines land- und forstwirtschaftlichen Betriebs (§ 3 Ziff 1) einem anderen als dem Eigentümer des Grund und Bodens gehören, der Eigentümer des Grund und Bodens für den gesamten Betrieb.
3. im Falle des Erbbaurechts oder des Erbpachtrechts der Berechtigte für den Grund und Boden und, wenn dieser bebaut ist, auch für die darauf stehenden Gebäude.

(2) Gehört der Steuergegenstand mehreren, so sind sie Gesamtschuldner.

(3) Ist der Steuergegenstand bei der Feststellung des Einheitswerts (§ 10) auf Grund des § 11 des Steueranpassungsgesetzes einem anderen als dem Eigentümer (bei grundstücksgleichen Rechten: einem anderen als dem Berechtigten) zugerechnet worden, so ist der andere anstelle des Eigentümers (Berechtigten) Steuerschuldner im Sinne der Abs 1 und 2.

§ 8

Persönliche Haftung

Neben dem Steuerschuldner haften als Gesamtschuldner:

1. der Nutznießer und der Nießbraucher,
2. wenn die Betriebsmittel oder Gebäude eines land- und forstwirtschaftlichen Betriebs einem anderen als dem Eigentümer des Grund und Bodens gehören, der Eigentümer der Betriebsmittel oder Gebäude für den auf diese entfallenden Steuerbetrag.

§ 9

Dingliche Haftung

Die Grundsteuer ruht auf dem Steuergegenstand als öffentliche Last.

Abschnitt II

Berechnung der Grundsteuer

Unterabschnitt 1

§ 10

Maßgebender Wert

Für die Besteuerung ist der Einheitswert maßgebend, der nach den Vorschriften des BewG für den Steuergegenstand festgestellt worden ist.

Unterabschnitt 2

Festsetzung der Steuermeßbeträge

§ 11

Steuermeßbetrag

Bei der Berechnung der Grundsteuer ist von einem Steuermeßbetrag auszugehen. Dieser ist durch Anwendung eines Tausendsatzes (Steuermeßzahl) auf den Einheitswert (§ 10) zu ermitteln.

§ 12

Steuermeßzahl

Die allgemeine Steuermeßzahl beträgt 10 vom Tausend.

§ 13

Hauptveranlagung

(1) Die Steuermeßbeträge werden im Anschluß an die Hauptfeststellung der Einheitswerte (§ 21 des BewG) allgemein festgesetzt (Hauptveranlagung).

(2) Der Hauptveranlagung wird der Einheitswert zugrunde gelegt, der auf den Hauptfeststellungszeitpunkt (§ 21 Abs 2 des BewG) festgestellt worden ist. Entsprechendes gilt für die anderen im Einheitswertbescheid getroffenen Feststellungen.

(3) Die Hauptveranlagung gilt von dem Rechnungsjahr an, das 5 Vierteljahre nach dem Hauptfeststellungszeitpunkt beginnt.

§ 14

Fortschreibungsveranlagung

(1) Im Falle einer Fortschreibung des Feststellungsbescheids über einen Einheitswert (§ 225a der AO) wird der neuen Veranlagung des Steuermeßbetrags (Fortschreibungsveranlagung) der Einheitswert zugrunde gelegt, der auf den Fortschreibungszeitpunkt (§ 22 Abs 2 des BewG) festgestellt worden ist. Entsprechendes gilt für die anderen im Fortschreibungsbescheid getroffenen Feststellungen.

(2) Die Fortschreibungsveranlagung gilt von dem Rechnungsjahr an, das ein Vierteljahr nach dem Fortschreibungszeitpunkt beginnt. Die bisherige Veranlagung gilt bis zu diesem Zeitpunkt.

§ 15

Nachveranlagung

(1) Im Falle einer Nachfeststellung des Einheitswerts (§ 23 des BewG) wird der nachträglichen Veranlagung des Steuermeßbetrags (Nachveranlagung) der Einheitswert zugrunde gelegt, der auf den Nachfeststellungszeitpunkt festgestellt worden ist. Entsprechendes gilt für die anderen im Nachfeststellungsbescheid getroffenen Feststellungen.

(2) Die Nachveranlagung gilt von dem Rechnungsjahr an, das ein Vierteljahr nach dem Nachfeststellungszeitpunkt beginnt.

§ 16

Ende der Steuerentrichtung

(1) Die Steuerpflicht für den ganzen Steuergegenstand fällt weg, wenn dieser untergeht oder für ihn ein Befreiungsgrund (§§ 4 bis 6) eintritt. Bei Wegfall der Steuerpflicht für den ganzen Steuergegenstand ist die Steuer bis zum Schluß des laufenden Kalendervierteljahrs zu entrichten. Die Steuer ist jedoch mindestens bis zum Schluß des Kalendervierteljahres zu entrichten, in dem der Antrag auf Freistellung von der Steuer (§ 226 Abs 1 der AO) gestellt worden ist.

(2) Für einen Steuergegenstand, der mit einem anderen Steuergegenstand verbunden wird und dadurch die Eigenschaft als wirtschaftliche Einheit oder Untereinheit verliert, hat der bisherige Steuerpflichtige die Steuer bis zum 31. März des folgenden Kalenderjahrs zu entrichten.

Unterabschnitt 3
Zerlegung der Steuermeßbeträge

§ 17

Voraussetzung der Zerlegung

Erstreckt sich der Steuergegenstand über mehrere Gemeinden, so ist der Steuermeßbetrag zu zerlegen und auf die einzelnen Gemeinden zu verteilen, soweit nicht nach § 20 die Zerlegung unterbleibt.

§ 18

Zerlegungsstichtag

(1) Der Zerlegung des Steuermeßbetrags sind die Verhältnisse in dem Feststellungszeitpunkt (Abs 2 der §§ 21 bis 23 des BewG) zugrunde zu legen, auf den der für die Veranlagung des Steuermeßbetrags maßgebende Einheitswert festgestellt ist.

(2) Ändern sich die Grundlagen für die Zerlegung, ohne daß der Einheitswert fortgeschrieben oder nachträglich festgestellt wird, so sind die Zerlegungsanteile nach dem Stand vom 1. Januar des folgenden Jahres neu zu ermitteln.

§ 19

Zerlegungsmaßstab

Der Steuermeßbetrag ist nach dem Verhältnis zu zerlegen, in dem die Teile des maßgebenden Einheitswerts, die auf die einzelnen Gemeinden entfallen, zueinander stehen.

§ 20

Ersatz der Zerlegung

Durch Rechtsverordnung der Bundesregierung kann mit Zustimmung des Bundesrates bestimmt werden, daß statt der Zerlegung der Steuermeßbeträge für land- und forstwirtschaftliche Betriebe (§ 3 Ziff 1) ein Steuerausgleich zwischen den Gemeinden stattfindet. Die Bestimmung kann auf einzelne Teile des Bundesgebietes beschränkt werden.

Unterabschnitt 4
Festsetzung der Grundsteuer

§ 21

Hebesatz

(1) Die Grundsteuer wird für das Rechnungsjahr festgesetzt. Der Jahresbetrag der Steuer wird nach einem Hundertsatz des Steuermeßbetrages (§ 11) oder des auf die Gemeinde entfallenden Teils des Steuermeßbetrags (§§ 17 bis 19) berechnet (Hebesatz). Der Hebesatz wird von der Gemeinde festgesetzt.

(2) Der Hebesatz muß für alle in der Gemeinde gelegenen land- und forstwirtschaftlichen Betriebe (§ 3 Ziff 1) einheitlich sein; das gleiche gilt von dem Hebesatz für die in der Gemeinde gelegenen Grundstücke (§ 3 Ziff 2). Jedoch kann der Hebesatz für die land- und forstwirtschaftlichen Betriebe von dem Hebesatz für die Grundstücke abweichen; die Landesregierung kann durch Rechtsverordnung bestimmen, in welchem Verhältnis die Hebesätze zueinander stehen müssen.

Abschnitt III
Entrichtung der Grundsteuer

§ 22

Fälligkeit

(1) Die Grundsteuer wird fällig:

1. für land- und forstwirtschaftliche Betriebe (§ 3 Ziff 1) am 15. Mai, 15. August, 15. November und 15. Februar zu je $\frac{1}{4}$ ihres Jahresbetrags,
2. für Grundstücke (§ 3 Ziff 2) am 15. eines Monats zu je $\frac{1}{12}$ ihres Jahresbetrags.

(2) Die Gemeinden können bestimmen, daß abweichend von den Vorschriften des Abs 1 die Steuer fällig wird:

1. für land- und forstwirtschaftliche Betriebe (§ 3 Ziff 1) am 15. eines jeden Monats zu je $\frac{1}{12}$ ihres Jahresbetrags,
2. für Grundstücke (§ 3 Ziff 2) am 15. Mai, 15. August, 15. November und 15. Februar zu je $\frac{1}{4}$ ihres Jahresbetrags.

(3) Abweichend von den Abs 1 und 2 wird die Steuer fällig:

1. am 15. November mit ihrem Jahresbetrag, wenn dieser 10 Deutsche Mark nicht übersteigt,
2. am 15. Mai und 15. November zu je einer Hälfte ihres Jahresbetrags, wenn dieser 20 Deutsche Mark nicht übersteigt.

§ 23

Vorauszahlungen

Der Steuerschuldner hat bis zur Bekanntgabe eines neuen Steuerbescheids zu den Zeitpunkten, die für ihn nach der bisherigen Zahlungsweise (§ 22) in Betracht kommen, entsprechende Vorauszahlungen unter Zugrundelegung der zuletzt festgesetzten Jahressteuerschuld zu entrichten.

§ 24

Abrechnung über die Vorauszahlungen

(1) Ist die Summe der Vorauszahlungen, die bis zur Bekanntgabe des neuen Steuerbescheids zu entrichten waren (§ 23), kleiner als die Steuerschuld, die sich nach dem bekanntgegebenen Steuerbescheid für die vorangegangenen Fälligkeitstage ergibt (§ 22), so ist der Unterschiedsbetrag innerhalb eines Monats nach Bekanntgabe des Steuerbescheids zu entrichten (Nachzahlung). Die Verpflichtung, rückständige Vorauszahlungen schon früher zu entrichten, bleibt unberührt.

(2) Ist die Summe der Vorauszahlungen, die bis zur Bekanntgabe des neuen Steuerbescheids entrichtet worden sind, größer als die Steuerschuld, die sich nach dem bekanntgegebenen Steuerbescheid für die vorangegangenen Fälligkeitstage ergibt, so wird der Unterschiedsbetrag nach Bekanntgabe des Steuerbescheids durch Aufrechnung oder Zurückzahlung ausgeglichen.

(3) Die Abs 1 und 2 gelten entsprechend, wenn die Veranlagung durch einen neuen Bescheid (zB Berichtigungsveranlagung, Rechtsmittelentscheidung) mit rückwirkender Kraft geändert wird.

§ 25

Nachentrichtung der Steuer

Hatte der Steuerschuldner bis zur Bekanntgabe der Jahressteuerschuld keine Vorauszahlungen nach § 23 zu entrichten, so hat er die Steuerschuld, die sich nach dem bekanntgegebenen Steuerbescheid für die vorangegangenen Fälligkeitstage ergibt (§ 22), innerhalb eines Monats nach Bekanntgabe des Steuerbescheids zu entrichten.

§ 26

Entrichtung eines Ersatzbetrags

(1) Für Grundbesitz, der nach § 4 Ziff 1 von der Grundsteuer befreit ist, ist in Gemeinden mit nicht mehr als 5000 Einwohnern anstelle der Grundsteuer ein Ersatzbetrag zu entrichten, wenn die Grundsteuer dieses Grundbesitzes 25 vom Hundert des gesamten Grundsteuersolls in der Gemeinde übersteigt und infolge der Steuerfreiheit dieses Grundbesitzes der Haushaltsausgleich der Gemeinde gefährdet ist. Die Vorschrift gilt nur für den Grundbesitz, für den die Voraussetzungen der Befreiung nach dem 31. Dezember 1932 eingetreten sind. Zur Leistung des Ersatzbetrags ist verpflichtet, wer im Falle der Steuerpflicht Steuerschuldner sein würde.

(2) Die Landesregierung oder die von ihr dazu ermächtigten Stellen setzen den Ersatzbetrag fest. Die Bundesregierung erläßt durch Rechtsverordnung mit Zustimmung des Bundesrates die zur Durchführung dieser Vorschrift erforderlichen Bestimmungen.

Abschnitt IV

Erlaß der Grundsteuer

§ 26 a

Voraussetzungen für den Erlaß

Die Grundsteuer ist auf Antrag zu erlassen:

1. für land- und forstwirtschaftliche Betriebe, wenn durch Schäden infolge von Naturereignissen oder Kriegseinwirkungen der Ertrag im Erlaßzeitraum um mehr als 50 vom Hundert hinter dem Normalertrag zurückgeblieben ist,

2. für Grundbesitz, dessen Erhaltung wegen seiner Bedeutung für Wissenschaft, Kunst oder Heimatschutz im öffentlichen Interesse liegt, wenn die jährlichen Kosten in der Regel die erzielten Einnahmen und die sonstigen Vorteile übersteigen,
3. für Grundbesitz, in dessen Gebäuden Gegenstände von wissenschaftlicher, künstlerischer oder geschichtlicher Bedeutung, insbesondere Sammlungen oder Bibliotheken, dem Zwecke der Forschung oder Volksbildung nutzbar gemacht sind, soweit der Rohertrag des Grundbesitzes dadurch gemindert wird.

Abschnitt V

Übergangs- und Schlußvorschriften

. . . .

§ 29

Förderung von Arbeiterwohnstätten

(1) Für Arbeiterwohnstätten, die in der Zeit vom 1. April 1937 bis 31. März 1945 bezugsfertig geworden sind, gewährt der Bund zur Erzielung tragbarer Lasten oder Mieten eine Beihilfe in Höhe der Grundsteuer auf die Dauer von zwanzig Jahren. Der Beihilfezeitraum beginnt mit dem 1. April, der auf das Kalenderjahr folgt, in dem die Arbeiterwohnstätte bezugsfertig geworden ist.

(2) Die Beihilfe wird in der Höhe gewährt, in der die Steuer nach § 21 erhoben wird.

(3) Arbeiterwohnstätten im Sinne dieser Vorschriften sind Wohnstätten, die nach Größe, Art, und Ausstattung sowie nach der Höhe der Lasten oder Mieten für die Arbeiterschaft bestimmt sind und von dieser benutzt werden.

(4) Der Bundesminister der Finanzen wird ermächtigt, nachträglich noch Grundsteuerbeihilfen für solche Arbeiterwohnstätten zu bewilligen, bei welchen die Gewährung der Grundsteuerbeihilfe vorgesehen oder in Aussicht gestellt war, das Verfahren jedoch infolge der Kriegsereignisse nicht mehr zum Abschluß gekommen ist oder die Arbeiterwohnstätten infolge der Kriegsereignisse nicht bis zum 31. März 1945 bezugsfertig erstellt werden konnten.

§ 30

Steuervergünstigung für abgefundene Kriegsbeschädigte

(1) Der Veranlagung der Steuermeßbeträge für Grundbesitz solcher Kriegsbeschädigten, die zum Erwerb oder zur wirtschaftlichen Stärkung ihres Grundbesitzes eine Kapitalabfindung auf Grund des Gesetzes über die Versorgung der Opfer des Krieges (Bundesversorgungsgesetz) vom 20. Dezember 1950 (Bundesgesetzbl S 791) erhalten haben, ist der um die Kapitalabfindung verminderte Einheitswert zugrunde zu legen. Die Vergünstigung wird nur so lange gewährt, als die Versorgungsgebührnisse wegen der Kapitalabfindung in der gesetzlichen Höhe gekürzt werden.

. . . .

Anh 105

2) Grunderwerbsteuergesetz

vom 29. März 1940 RGBl I 585

(auszugsweise)

I. Gegenstand der Steuer

§ 1

Erwerbsvorgänge

(1) Der Grunderwerbsteuer unterliegen die folgenden Rechtsvorgänge, soweit sie sich auf inländische Grundstücke beziehen:

1. ein Kaufvertrag oder ein anderes Rechtsgeschäft, das den Anspruch auf Übereignung begründet;
2. die Auflassung, wenn kein Rechtsgeschäft vorausgegangen ist, das den Anspruch auf Übereignung begründet;
3. der Übergang des Eigentums, wenn kein den Anspruch auf Übereignung begründendes Rechtsgeschäft vorausgegangen ist und es auch keiner Auflassung bedarf. Ausgenommen ist der Übergang des Eigentums im Zwangsversteigerungsverfahren;
4. das Meistgebot im Zwangsversteigerungsverfahren;
5. ein Rechtsgeschäft, das den Anspruch auf Abtretung eines Übereignungsanspruchs oder der Rechte aus einem Meistgebot begründet;
6. ein Rechtsgeschäft, das den Anspruch auf Abtretung der Rechte aus einem Kaufangebot begründet. Dem Kaufangebot steht ein Angebot zum Abschluß eines anderen Vertrags gleich, kraft dessen die Übereignung verlangt werden kann;
7. die Abtretung eines der in den Ziffern 5 und 6 bezeichneten Rechte, wenn kein Rechtsgeschäft vorausgegangen ist, das den Anspruch auf Abtretung der Rechte begründet.

(2) Der Grunderwerbsteuer unterliegen auch Rechtsvorgänge, die es ohne Begründung eines Anspruchs auf Übereignung einem anderen rechtlich oder wirtschaftlich ermöglichen, ein inländisches Grundstück auf eigene Rechnung zu verwerten.

(3) Gehört zum Vermögen einer Gesellschaft (Beispiele: Aktiengesellschaft, Gesellschaft mit beschränkter Haftung, bergrechtliche Gewerkschaft, offene Handelsgesellschaft, Gesellschaft des bürgerlichen Rechts) ein inländisches Grundstück, so unterliegen der Steuer außerdem:

1. ein Rechtsgeschäft, das den Anspruch auf Übertragung eines oder mehrerer Anteile der Gesellschaft begründet, wenn durch die Übertragung alle Anteile der Gesellschaft in der Hand des Erwerbers allein oder in der Hand des Erwerbers und seines Ehegatten oder seiner Kinder oder in der Hand von Unternehmen im Sinn des § 2 Abs 2 des Umsatzsteuergesetzes (herrschende und abhängige Unternehmen) vereinigt werden würden;
2. die Vereinigung aller Anteile der Gesellschaft, wenn kein schuldrechtliches Geschäft im Sinn der Ziffer 1 vorausgegangen ist;
3. ein Rechtsgeschäft, das den Anspruch auf Übertragung aller Anteile der Gesellschaft begründet;
4. der Übergang aller Anteile der Gesellschaft auf einen anderen, wenn kein schuldrechtliches Geschäft im Sinne der Ziffer 3 vorausgegangen ist.

(4) Bei einem Tauschvertrag, der für beide Vertragsteile den Anspruch auf Übereignung eines Grundstücks begründet, unterliegt der Steuer sowohl die Vereinbarung über die Leistung des einen als auch die Vereinbarung über die Leistung des anderen Vertragsteils.

(5) Ein im Absatz 1 bezeichneter Rechtsvorgang unterliegt der Steuer auch dann, wenn ihm einer der in den Abs 2 und 3 bezeichneten Rechtsvorgänge vorausgegangen ist. Ein im Absatz 2 bezeichneter Rechtsvorgang unterliegt der Steuer auch dann, wenn ihm einer der im Abs 1 bezeichneten Rechtsvorgänge vorausgegangen ist. Die Steuer wird jedoch nur insoweit erhoben, als beim späteren Rechtsvorgang eine Gegenleistung vereinbart wird, deren Wert den Betrag übersteigt, von dem beim vorausgegangenen Rechtsvorgang die Steuer berechnet worden ist.

§ 2

Grundstücke

(1) Unter Grundstücken im Sinne dieses Gesetzes sind Grundstücke im Sinne des bürgerlichen Rechts zu verstehen. Jedoch werden nicht zu den Grundstücken gerechnet

1. Maschinen und sonstige Vorrichtungen aller Art, die zu einer Betriebsanlage gehören,
2. Mineralgewinnungsrechte, Apothekengerechtigkeiten und sonstige Gewerbeberechtigungen.

(2) Den Grundstücken stehen gleich

1. Erbbaurechte,
2. Erbpachtrechte,
3. Gebäude auf fremdem Boden.

(3) Bezieht sich ein Rechtsvorgang auf mehrere Grundstücke, die zu einer wirtschaftlichen Einheit gehören, so werden diese Grundstücke als ein Grundstück behandelt. Bezieht sich ein Rechtsvorgang auf einen oder mehrere Teile eines Grundstücks, so werden diese Teile als ein Grundstück behandelt.

II. Steuervergünstigungen

§ 3

Allgemeine Ausnahmen von der Besteuerung

Von der Besteuerung sind ausgenommen

1. der Erwerb eines Grundstücks, wenn der für die Berechnung der Steuer maßgebende Wert (§ 10) 200 Deutsche Mark nicht übersteigt;
2. der Grundstückserwerb von Todes wegen und Grundstückschenkungen unter Lebenden im Sinne des Erbschaftsteuergesetzes. Schenkungen unter einer Auflage sind nur insoweit von der Besteuerung ausgenommen, als der Wert des Grundstücks (§ 12) den Wert der Auflage übersteigt;
3. der Erwerb eines zum Nachlaß gehörigen Grundstücks durch Miterben zur Teilung des Nachlasses. Den Miterben steht der überlebende Ehegatte gleich, wenn er mit den Erben des verstorbenen Ehegatten gütergemeinschaftliches Vermögen zu teilen hat. Den Miterben stehen außerdem ihre Ehegatten gleich, wenn sie auf Grund bestehenden Güterstands das Grundstück ohne besondere rechtsgeschäftliche Übertragung miterwerben;
4. der Grundstückserwerb durch einen Ehegatten bei Begründung der ehelichen Gütergemeinschaft;
5. der Erwerb eines zum Gesamtgut gehörigen Grundstücks durch Teilnehmer an einer ehelichen oder fortgesetzten Gütergemeinschaft zur Teilung des Gesamtguts. Den Teilnehmern an der fortgesetzten Gütergemeinschaft stehen ihre Ehegatten gleich, wenn sie auf Grund bestehenden Güterstands das Grundstück ohne besondere rechtsgeschäftliche Übertragung miterwerben;
6. der Erwerb eines Grundstücks durch Personen, die mit dem Veräußerer in gerader Linie verwandt sind. Den Abkömmlingen stehen die durch Annahme an Kindes Statt Verbundenen, den Kindern die Stiefkinder gleich. Den Abkömmlingen stehen außerdem ihre Ehegatten gleich, wenn sie auf Grund bestehenden Güterstands das Grundstück ohne besondere rechtsgeschäftliche Übertragung miterwerben;
7. der Erwerb durch eine ausschließlich aus dem Veräußerer und seinen Abkömmlingen oder aus diesen allein bestehende Vereinigung. Die Sätze 2 und 3 der Ziffer 6 gelten entsprechend. Der Erwerb des Grundstücks unterliegt der Steuer mit der Aufnahme eines Gesellschafters, der nicht zu den Abkömmlingen des Veräußerers gehört.

§ 4

Besondere Ausnahmen von der Besteuerung

(1) Von der Besteuerung sind ausgenommen

1. beim Kleinwohnungsbau im Sinn der Vorschriften über die Gemeinnützigkeit im Wohnungswesen:
   a) der Erwerb eines Grundstücks zur Schaffung von Kleinwohnungen durch ein Unternehmen, das als gemeinnütziges Wohnungsunternehmen oder als Organ der staatlichen Wohnungspolitik anerkannt ist (gemeinnütziger Bauträger),
   b) der Erwerb eines Grundstücks, auf dem ein gemeinnütziger Bauträger Kleinwohnungen geschaffen hat, durch einen anderen gemeinnützigen Bauträger,
   c) der erte Erwerb eines von einem gemeinnützigen Bauträger geschaffenen Wohnhauses, das den für Kleinwohnungen geltenden Bestimmungen entspricht, durch eine Person, die das Hausgrundstück als Eigenheim übernimmt,
   d) der Rückerwerb und die Weiterveräußerung eines Eigenheims, das den für Kleinwohnungen geltenden Bestimmungen entspricht, durch den gemeinnützigen Bauträger, der das Eigenheim geschaffen hat;
2. beim Arbeiterwohnstättenbau:
   a) der Erwerb eines Grundstücks zur Schaffung von Arbeiterwohnstätten,
   b) der erste Erwerb einer Arbeiterwohnstätte durch eine Person, die die Wohnstätte als Eigenheim übernimmt,
   c) der Rückerwerb und die Weiterveräußerung einer von einem Gefolgschaftsmitglied eines Unternehmens übernommenen Arbeiterwohnstätte durch den Bauträger, der die Arbeiterwohnstätte geschaffen hat, sofern die Arbeiterwohnstätte nur für die Gefolgschaftsmitglieder des Unternehmens bestimmt ist,
   d) der Erwerb und die Weiterveräußerung einer einem Kleinsiedler als Kleinsiedlung zugeteilten Arbeiterwohnstätte durch das *Reich*, durch den mit der Schaffung der Kleinsiedlerstelle betrauten Träger des Kleinsiedlungsvorhabens oder durch die Gemeinde (den Gemeindeverband), der die Verwaltung der Kleinsiedlung übertragen ist;
3. bei der Umlegung, bei sonstigen Maßnahmen zur besseren Gestaltung von Grundstücken und im Auseinandersetzungsverfahren:
   a) der Erwerb eines Grundstücks im Umlegungsverfahren nach den für die Waldumlegung oder die Baulandumlegung geltenden Vorschriften, jedoch nicht der Erwerb durch einen Unternehmer, für dessen Unternehmen das Grundstück im Umlegungsverfahren bereitgestellt wird,
   b) der freiwillige Austausch von Grundstücken zur Grenzverlegung, zur besseren Bewirtschaftung von zersplitterten oder unwirtschaftlich geformten land- oder forstwirtschaftlichen Grundstücken oder zur besseren Gestaltung von Bauland, wenn der Austausch von der zuständigen Behörde als zweckdienlich anerkannt wird,
   c) der Erwerb eines Grundstücks im gesetzlich geregelten agrarrechtlichen oder forstrechtlichen Auseinandersetzungsverfahren (Beispiele: Ablösung, Gemeinheitsteilung);
4. bei öffentlichen Straßen, Plätzen und Grünanlagen:
   a) der Erwerb eines Grundstücks zur Schaffung und Erweiterung von öffentlichen Straßen, öffentlichen Plätzen und öffentlichen Erholungs-, Wald- und sonstigen Grünanlagen,
   b) der Erwerb eines Grundstücks, das den bezeichneten Zwecken dient, durch einen Erwerber, der das Grundstück zu denselben Zwecken weiterverwendet,

c) der Erwerb eines Grundstücks für den öffentlichen Bedarf durch eine Gemeinde, der der Veräußerer das Grundstück auf Grund einer Auflage nach dem Gesetz über die Aufschließung von Wohnsiedlungsgebieten unentgeltlich überträgt;

5. beim Übergang von Aufgaben:
der Erwerb eines Grundstücks durch das *Reich*, durch ein Land, eine Gemeinde (Gemeindeverband) oder eine sonstige Körperschaft des öffentlichen Rechts, wenn das Grundstück aus Anlaß des Übergangs von Aufgaben oder aus Anlaß von Grenzänderungen von der einen auf die andere Körperschaft übergeht;

6. beim Grundstückserwerb für diplomatische Zwecke:
der Erwerb eines Grundstücks durch einen fremden Staat, wenn das Grundstück für die Zwecke von Botschaften, Gesandtschaften oder Konsulaten dieses Staates bestimmt ist und Gegenseitigkeit gewährt wird. Über die Frage, ob und inwieweit Gegenseitigkeit gewährt wird, entscheidet der *Reichs*minister der Finanzen.

(3) Die im Abs 1 Ziffer 1 Buchstabe a, Ziffer 2 Buchstabe a und Ziffer 4 Buchstabe a bezeichneten Erwerbsvorgänge unterliegen mit dem Ablauf von 5 Jahren der Steuer, wenn das Grundstück nicht innerhalb dieses Zeitraums zu dem begünstigten Zweck verwendet worden ist. Die in den Ziffern 1, 2 und 4 bezeichneten Erwerbsvorgänge unterliegen der Steuer mit der Aufgabe des begünstigten Zwecks, wenn der begünstigte Zweck innerhalb von 5 Jahren aufgegeben wird.

§ 5

Übergang auf eine Gesamthand

(1) Geht ein Grundstück von mehreren Miteigentümern auf eine Gesamthand (Gemeinschaft zur gesamten Hand) über, so wird die Steuer nicht erhoben, soweit der Anteil des einzelnen am Vermögen der Gesamthand Beteiligten seinem Bruchteil am Grundstück entspricht.

(2) Geht ein Grundstück von einem Alleineigentümer auf eine Gesamthand über, so wird die Steuer in Höhe des Anteils nicht erhoben, zu dem der Veräußerer am Vermögen der Gesamthand beteiligt ist.

§ 6

Übergang von einer Gesamthand

(1) Geht ein Grundstück von einer Gesamthand in das Miteigentum mehrerer an der Gesamthand beteiligten Personen über, so wird die Steuer nicht erhoben, soweit der Bruchteil, den der einzelne Erwerber erhält, dem Anteil entspricht, zu dem er am Vermögen der Gesamthand beteiligt ist. Wird ein Grundstück bei Auflösung der Gesamthand übertragen, so ist die Auseinandersetzungsquote maßgebend, wenn die Beteiligten für den Fall der Auflösung der Gesamthand eine von dem Beteiligungsverhältnis abweichende Auseinandersetzungsquote vereinbart haben.

(2) Geht ein Grundstück von einer Gesamthand in das Alleineigentum einer an der Gesamthand beteiligten Person über, so wird die Steuer in Höhe des Anteils nicht erhoben, zu dem der Erwerber am Vermögen der Gesamthand beteiligt ist. Geht ein Grundstück bei der Auflösung der Gesamthand in das Alleineigentum eines Gesamthändlers über, so gilt Abs 1 Satz 2 entsprechend.

(3) Die Vorschriften des Abs 1 gelten entsprechend beim Übergang eines Grundstücks von einer Gesamthand auf eine andere Gesamthand.

(4) Die Vorschriften der Abs 1 bis 3 gelten insoweit nicht, als ein Gesamthänder — im Fall der Erbfolge sein Rechtsvorgänger — innerhalb von 5 Jahren vor dem Erwerbsvorgang seinen Anteil an der Gesamthand durch Rechtsgeschäft unter Lebenden erworben hat. Die Vorschriften der Abs 1 bis 3 gelten außerdem insoweit nicht, als die vom Beteiligungsverhältnis abweichende Auseinandersetzungsquote innerhalb der letzten 5 Jahre vor der Auflösung der Gesamthand vereinbart worden ist.

§ 7

Umwandlung von gemeinschaftlichem Eigentum in Flächeneigentum

(1) Wird ein Grundstück, das mehreren Miteigentümern gehört, von den Miteigentümern flächenweise geteilt, so wird die Steuer nicht erhoben, soweit der Wert des Teilgrundstücks, das der einzelne Erwerber erhält, dem Bruchteil entspricht, zu dem er am gesamten zu verteilenden Grundstück beteiligt ist.

(2) Wird ein Grundstück, das einer Gesamthand gehört, von den an der Gesamthand beteiligten Personen flächenweise geteilt, so wird die Steuer nicht erhoben, soweit der Wert des Teilgrundstücks, das der einzelne Erwerber enthält, dem Anteil entspricht, zu dem er am Vermögen der Gesamthand beteiligt ist. Wird ein Grundstück bei der Auflösung der Gesamthand flächenweise geteilt, so ist die Auseinandersetzungsquote maßgebend, wenn die Beteiligten für den Fall der Auflösung der Gesamthand eine vom Beteiligungsverhältnis abweichende Auseinandersetzungsquote vereinbart haben.

(3) Die Vorschriften des Abs 2 gelten insoweit nicht, als ein Gesamthänder — im Fall der Erbfolge sein Rechtsvorgänger — seinen Anteil an der Gesamthand innerhalb von 5 Jahren vor der Umwandlung durch Rechtsgeschäft unter Lebenden erworben hat. Die Vorschrift des Abs 2 Satz 2 gilt außerdem insoweit nicht, als die vom Beteiligungsverhältnis abweichende Auseinandersetzungsquote innerhalb der letzten 5 Jahre vor der Auflösung der Gesamthand vereinbart worden ist.

§ 8

Erwerb durch Kriegsbeschädigte

(1) Erwirbt ein Kriegsbeschädigter allein oder gemeinschaftlich mit seiner Ehefrau ein Grundstück mit Hilfe einer Kapitalabfindung, die ihm mit Rücksicht auf seine Kriegsbeschädigung nach den Vorschriften des *Reichs*versorgungsrechts gewährt wird, so wird die Steuer nicht erhoben, soweit der für ihre Berechnung maßgebende Wert (§ 10) den 25fachen Betrag der Kapitalabfindung nicht übersteigt.

(2) Die gleiche Steuervergünstigung wird gewährt, wenn die Witwe eines gefallenen oder infolge einer Kriegsbeschädigung verstorbenen Kriegsteilnehmers ein Grundstück mit Hilfe einer Kapitalabfindung erwirbt, die ihr mit Rücksicht auf den Tod ihres Ehemannes nach den Vorschriften des *Reichs*versorgungsrechts gewährt wird.

(3) Die in den Abs 1 und 2 bezeichnete Steuervergünstigung tritt auch dann ein, wenn dem Kriegsbeschädigten oder der Witwe des Kriegsteilnehmers die von ihnen beantragte Kapitalabfindung nicht zur Verfügung gestellt werden kann, obewohl die Voraussetzungen für die Kapitalabfindung vorliegen.

(4) ....

(5) ....

(6) Die Steuervergünstigung gilt nur, wenn die für die Bewilligung der Kapitalabfindung zuständige Behörde versichert, daß die in den Abs 1 bis 5 bezeichneten tatsächlichen Voraussetzungen erfüllt sind.

§ 9

Erwerb zur Rettung eines Grundpfandrechts

(1) Erwirbt ein Grundpfandgläubiger in der Zwangsversteigerung zur Rettung seines Rechts das mit dem Pfandrecht belastete Grundstück, so wird die Steuer nicht erhoben, wenn die folgenden Voraussetzungen erfüllt sind:

1. die Gegenleistung (§ 11 Abs 1 Ziffern 4 und 5) muß mindestens achtzig vom Hundert des Werts des Grundstücks (§ 12) betragen. Sind dem Grundpfandgläubiger die Rechte aus dem Meistgebot abgetreten, so ist der Gegenleistung (§ 11 Abs 1 Ziffer 5) der durch das Meistgebot nicht gedeckte Anspruch des Grundpfandgläubigers hinzuzurechnen, soweit die Gesamtleistung den Wert des Grundstücks

(§ 12) bei der Abgabe des Meistgebots nicht übersteigt; das Pfandrecht, das durch den Erwerb des Grundstücks gerettet werden soll, wird dabei höchstens mit dem Betrag angesetzt, den der Pfandgläubiger für den Erwerb des Rechts aufgewandt hat;

2. das Meistgebot einschließlich der Rechte, die nach den Versteigerungsbedingungen bestehen bleiben, darf den Betrag, den der Pfandgläubiger für den Erwerb des Pfandrechts aufgewandt hat und die dem Pfandrecht vorhergehenden Rechte (Beispiele: Kosten des Verfahrens, Pfandrechte nebst Zinsen) nicht übersteigen. Vorhergehende Rechte dritter Personen, die in der Zwangsversteigerung ausgefallen sind, bleiben unberücksichtigt;

3. es darf kein Anhalt bestehen, daß der Pfandgläubiger das Pfandrecht zur Ersparung von Abgaben bei dem beabsichtigten Erwerb des Grundstücks erworben hat.

(2) Die Steuer wird nacherhoben, wenn der Erwerber oder sein Erbe das Grundstück innerhalb von 5 Jahren seit dem Erwerbsvorgang zu einem Entgelt weiterveräußert, das die beim Erwerbsvorgang angesetzte Gegenleistung (§ 11 Abs 1 Ziffern 4 und 5) übersteigt. Sind dem Grundpfandgläubiger die Rechte aus dem Meistgebot abgetreten, so ist der Gegenleistung (§ 11 Abs 1 Ziffer 5) der durch das Meistgebot gedeckte Anspruch des Grundpfandgläubigers hinzuzurechnen, soweit die Gesamtleistung den Wert des Grundstücks (§ 12) bei der Abgabe des Meistgebots nicht überstieg; das Pfandrecht, das durch den Erwerb des Grundstücks gerettet werden sollte, wird dabei höchstens mit dem Betrag angesetzt, den der Pfandgläubiger für den Erwerb des Rechts aufgewandt hat. Hat der Erwerber oder sein Erbe Aufwendungen für Bauten, Umbauten und sonstige dauernde Verbesserungen des Grundstücks gemacht, so ist ihr Wert der Gegenleistung hinzuzurechnen, soweit die Verbesserungen bei der Weiterveräußerung noch vorhanden sind. Die Steuer wird jedoch in allen Fällen nur insoweit nacherhoben, als sie aus der Hälfte des Mehrerlöses gedeckt werden kann.

(3) Die Abs 1 und 2 gelten sinngemäß, wenn ein Grundpfandgläubiger zur Rettung seines Rechts das mit dem Pfandrecht belastete Grundstück durch Kaufvertrag erwirbt.

(4) Grundpfandrechte sind Hypotheken, Grundschulden, Rentenschulden und Reallasten.

(5) Grundpfandgläubiger sind Hypothekengläubiger, Grundschuldgläubiger, Rentenschuldgläubiger und Reallastgläubiger. Einem Grundpfandgläubiger steht gleich,

1. wer ein Grundpfandrecht zum Zweck der Sicherung einem anderen abgetreten hat,
2. wer ein Pfandrecht an einem Grundpfandrecht hat,
3. wer eine Bürgschaft für eine einem Grundpfandrecht zugrunde liegende Verbindlichkeit übernommen hat.

III. **Besteuerungsgrundsätze**

§ 10

Grundsatz

(1) Die Steuer wird vom Wert der Gegenleistung berechnet.

(2) Die Steuer wird vom Wert des Grundstücks berechnet:

1. wenn eine Gegenleistung nicht vorhanden oder nicht zu ermitteln ist;
2. bei der Vereinigung aller Anteile oder beim Übergang aller Anteile einer Gesellschaft und bei den entsprechenden schuldrechtlichen Geschäften.

§ 11

Gegenleistung

(1) Als Gegenleistung gelten

1. bei einem Kauf:
   der Kaufpreis einschließlich der vom Käufer übernommenen sonstigen Leistungen und der dem Verkäufer vorbehaltenen Nutzungen;
2. bei einem Tausch:
   die Tauschleistung des anderen Vertragsteils einschließlich einer vereinbarten zusätzlichen Leistung;
3. bei einer Leistung an Erfüllungs Statt:
   der Wert, zu dem die Leistung an Erfüllungs Statt angenommen wird;
4. beim Meistgebot im Zwangsversteigerungsverfahren:
   das Meistgebot einschließlich der Rechte, die nach den Versteigerungsbedingungen bestehen bleiben. Hat ein zur Befriedigung aus dem Grundstück berechtigter Grundpfandgläubiger das Meistgebot abgegeben, so ist auch der durch dieses Gebot nicht gedeckte Anspruch des Meistbietenden hinzuzurechnen, soweit die Gesamtleistung den Wert des Grundstücks (§ 12) bei der Abgabe des Meistgebots nicht übersteigt. Das Grundpfandrecht wird dabei höchstens mit dem Betrag angesetzt, den der Meistbietende für den Erwerb des Rechts aufgewandt hat;
5. bei der Abtretung der Rechte aus dem Meistgebot:
   die Übernahme der Verpflichtung aus dem Meistgebot. Zusätzliche Leistungen, zu denen sich der Erwerber gegenüber dem Meistbietenden verpflichtet, sind dem Meistgebot hinzuzurechnen. Leistungen, die der Meistbietende dem Erwerber gegenüber übernimmt, sind abzusetzen;
6. bei der Abtretung des Übereignungsanspruchs:
   die Übernahme der Verpflichtung aus dem Rechtsgeschäft, das den Übereignungsanspruch begründet hat, einschließlich der besonderen Leistungen, zu denen sich der Übernehmer dem Abtretenden gegenüber verpflichtet. Leistungen, die der Abtretende dem Übernehmer gegenüber übernimmt, sind abzusetzen;
7. bei der Enteignung:
   die Entschädigung. Wird ein Grundstück enteignet, das zusammen mit anderen Grundstücken eine wirtschaftliche Einheit bildet, so gehört die besondere Entschädigung für eine Wertminderung der nichtenteigneten Grundstücke nicht zur Gegenleistung; dies gilt auch dann, wenn ein Grundstück zur Vermeidung der Enteignung freiwillig veräußert wird.

(2) Zur Gegenleistung gehören auch

1. Leistungen, die der Erwerber des Grundstücks dem Veräußerer neben der beim Erwerbsvorgang vereinbarten Gegenleistung zusätzlich gewährt;
2. die Belastungen, die auf dem Grundstück ruhen, soweit sie auf den Erwerber kraft Gesetzes übergehen. Zur Gegenleistung gehören jedoch nicht die auf dem Grundstück ruhenden dauernden Lasten.

(3) Der Gegenleistung sind hinzuzurechnen

1. Leistungen, die der Erwerber des Grundstücks anderen Personen als dem Veräußerer als Gegenleistung dafür gewährt, daß sie auf den Erwerb des Grundstücks verzichten;
2. Leistungen, die dem Erwerber des Grundstücks bei Genehmigung des Erwerbsvorgangs durch die Genehmigungsbehörde zugunsten des *Reichs*, eines Landes oder einer Gemeinde (eines Gemeindeverbandes) oder zugunsten eines sonstigen Empfängers auferlegt werden;

3. Leistungen, die ein anderer als der Erwerber des Grundstücks dem Veräußerer als Gegenleistung dafür gewährt, daß der Veräußerer dem Erwerber das Grundstück überläßt.

(4) Die Grunderwerbsteuer, die für den zu besteuernden Erwerbsvorgang zu entrichten ist, wird der Gegenleistung weder hinzugerechnet noch von ihr abgezogen.

§ 12

Wert des Grundstücks

(1) Als Wert des Grundstücks ist der Einheitswert anzusetzen, wenn das Grundstück, das Gegenstand des Erwerbsvorgangs ist, eine wirtschaftliche Einheit (Untereinheit) im Sinn des *Reichs*bewertungsgesetzes bildet. Maßgebend ist der Einheitswert, der nach den Vorschriften des *Reichs*bewertungsgesetzes auf den dem Erwerbsvorgang unmittelbar vorausgegangenen Feststellungszeitpunkt festgestellt ist.

(2) Bildet das Grundstück, das Gegenstand des Erwerbsvorgangs ist, einen Teil einer wirtschaftlichen Einheit (Untereinheit), für die ein Einheitswert festgestellt ist, so ist als Wert der auf das Grundstück entfallende Teilbetrag des Einheitswerts anzusetzen. Der Teilbetrag ist unter sinngemäßer Anwendung der Grundsätze des *Reichs*bewertungsgesetzes zu ermitteln, die für die Zerlegung der Einheitswerte gelten.

(3) Weicht in den Fällen der Abs 1 und 2 der Wert der wirtschaftlichen Einheit (Untereinheit) im Zeitpunkt des Erwerbsvorgangs (Stichtag) von dem Einheitswert des letzten Feststellungszeitpunktes um mehr als $^1/_5$, mindestens aber um 500 Deutsche Mark, oder um mehr als 200000 Deutsche Mark ab[1]), so ist der Wert am Stichtag als Wert des Grundstücks anzusetzen, in den Fällen des Abs 2 aber nur dann, wenn sich die Wertabweichung auch auf den Teil der wirtschaftlichen Einheit erstreckt, der Gegenstand des Erwerbsvorgangs ist. Der Stichtagwert ist unter sinngemäßer Anwendung der Grundsätze des 2. Teils des BewGes zu ermitteln.

(4) Ist für den letzten dem Erwerbsvorgang vorausgegangenen Hauptfeststellungszeitpunkt oder einen späteren Zeitpunkt weder für das Grundstück, das Gegenstand des Erwerbsvorgangs ist, noch für die wirtschaftliche Einheit, zu der das Grundstück gehört, ein Einheitswert festzustellen, so ist der Wert zur Zeit des Erwerbsvorgangs (Stichtagwert) als Wert des Grundstücks anzusetzen. Der Wert ist nach den Wertverhältnissen am Stichtag unter sinngemäßer Anwendung der Grundsätze des Zweiten Teils des *Reichs*bewertungsgesetzes zu ermitteln.

IV. **Steuerberechnung**

§ 13

Steuersatz

(1) Die Steuer beträgt drei vom Hundert.

(2) Die Steuer beträgt zwei vom Hundert:

1. soweit Grundstücke in eine Kapitalgesellschaft (§ 5 Abs 1 und 2 des KVG) gegen Gewährung von Gesellschaftsrechten eingebracht werden. Dies gilt nicht für Gesellschaften, die den Erwerb, die Verwertung oder die Verwaltung von Grundstücken betreiben (Grundstücksgesellschaften);
2. wenn bei der Verschmelzung von Genossenschaften Grundstücke der aufzunehmenden Genossenschaft auf die aufnehmende Genossenschaft übertragen werden.

(3) Die Stadt- und Landkreise können einen Zuschlag nach den Vorschriften des Finanzausgleichsgesetzes erheben.

---

[1]) Änderung durch VO vom 4. April 1943 RGBl I 177 = RStBl 321.

§ 14

Pauschalbesteuerung

Das Finanzamt kann im Einvernehmen mit dem Steuerpflichtigen von der genauen Ermittlung des Steuerbetrags absehen und die Steuer und den Zuschlag in Pauschbeträgen festsetzen.

V. **Steuerschuld**

§ 15

Steuerschuldner

Steuerschuldner sind

1. regelmäßig: die an einem Erwerbsvorgang als Vertragsteile beteiligten Personen;
2. beim Erwerb kraft Gesetzes: der bisherige Eigentümer und der Erwerber;
3. beim Erwerb im Enteignungsverfahren: der Erwerber;
4. beim Meistgebot im Zwangsversteigerungsverfahren: der Meistbietende;
5. bei der Vereinigung aller Anteile einer Gesellschaft: derjenige, in dessen Hand die Anteile vereinigt werden; bei der Vereinigung in der Hand von Eheleuten, von Eltern und Kindern oder von herrschenden und unabhängigen Unternehmen: die mehreren Beteiligten.

§ 16

Fälligkeit der Steuer

Die Steuer wird binnen einem Monat nach der Bekanntgabe des Steuerbescheids fällig. Das Finanzamt darf eine längere Zahlungsfrist setzen.

VI. **Erstattung der Steuer**

§ 17

(1) Wird ein Erwerbsvorgang rückgängig gemacht, bevor das Eigentum auf den Erwerber übergegangen ist, so wird auf Antrag die Steuer nicht erhoben oder erstattet,

1. wenn die Aufhebung durch Vereinbarung, durch Ausübung eines vorbehaltenen Rücktrittsrechts oder eines Wiederkaufsrechts innerhalb von 2 Jahren seit der Entstehung der Steuerschuld stattfindet;
2. wenn die Vertragsbedingungen nicht erfüllt werden und der Erwerbsvorgang deshalb auf Grund eines Rechtsanspruchs rückgängig gemacht wird.

(2) Erwirbt der Veräußerer das Eigentum an dem veräußerten Grundstück zurück, so wird auf Antrag sowohl die Steuer für den Rückerwerb als auch die Steuer für den vorausgegangenen Erwerbsvorgang nicht erhoben oder erstattet,

1. wenn der Rückerwerb innerhalb von 2 Jahren seit der Entstehung der Steuerschuld für den vorausgegangenen Erwerbsvorgang stattfindet;
2. wenn das Rechtsgeschäft, das den Anspruch auf Übereignung begründen sollte, nichtig oder infolge einer Anfechtung als von Anfang an nichtig anzusehen ist;
3. wenn die Vertragsbedingungen des Rechtsgeschäfts, das den Anspruch auf Übereignung begründet hat, nicht erfüllt werden und das Rechtsgeschäft deshalb auf Grund eines Rechtsanspruchs rückgängig gemacht wird.

(3) Wird die Gegenleistung für das Grundstück herabgesetzt, so wird die Steuer auf Antrag ermäßigt oder erstattet,

1. wenn die Herabsetzung innerhalb von 2 Jahren seit der Entstehung der Steuerschuld stattfindet;

2. wenn die Herabsetzung (Minderung) auf Grund der §§ 459 und 460 des BGB vollzogen wird.

(4) Die Vorschriften der Abs 1 bis 3 gelten nicht, wenn einer der im § 1 Abs 2 und 3 bezeichneten Erwerbsvorgänge rückgängig gemacht wird, der nicht nach der Verordnung, die zur Durchführung dieses Gesetzes erlassen wird, ordnungsmäßig angezeigt war.

VII. Schlußbestimmungen

. . . .

3. Landesrecht

a) Berlin-West

Verfügungen des Senators für Justiz

betr Unbedenklichkeitsbescheinigung bei Grundbucheintragungen JR 1951, 574

1. Verfgg vom 15. Januar 1951 **Anh 106**

Nach Art 79 REAO sind Steuern aus Anlaß der Rückerstattung nicht zu erheben. Daraus ergibt sich nach meinem Dafürhalten nicht, daß in allen Fällen, in denen das Eigentum an einem Grundstück auf Grund einer Entscheidung der WGBehörden oder eines vor diesen geschlossenen Vergleichs auf einen anderen übertragen wird, keine Grunderwerbssteuer zu entrichten ist. Bei der Vielfalt der den WGBehörden zur Verfügung stehenden Gestaltungsmöglichkeiten können zahlreiche mit der Rückerstattung zusammenhängende Fälle in Betracht kommen, auf die die Befreiungsvorschrift des Art 79 REAO nicht anwendbar ist. Wird zB auf Grund einer Entscheidung der WG-Behörden oder eines vor diesen geschlossenen Vergleichs das zurückzuerstattende Grundstück nicht auf den Rückerstattungsberechtigten selbst, sondern auf eine von diesem beherrschte GmbH übertragen, so dürfte eine Befreiung von der Grunderwerbssteuer auf Grund des Art 79 REAO deshalb nicht in Betracht kommen, weil die Übertragung des Eigentums auf die GmbH schon eine über den Rahmen der Rückerstattung hinausgehende Weiterverfügung über das zurückzuerstattende Grundstück darstellt.

Für die Entscheidung darüber, ob die gesetzlichen Voraussetzungen für eine Steuerbefreiung gegeben sind, sind allein die Steuerbehörden zuständig. Der vom KG in der Entscheidung vom 9. Oktober 1950 — I. W 1854/50 — (Haus und Wohnung 1950 S 468 ff. und 473) vertretenen Auffassung, daß „der Art 79 REAO seinem Inhalt zufolge keine unmittelbaren Anweisungen an die Grundbuchämter, sondern nur gegenüber den Finanzämtern enthält", trete ich bei. Ich halte daher das Grundbuchamt nicht für befugt, in den Fällen, in denen die Eintragung der Eigentumsänderung auf Grund einer Entscheidung der WGBehörden oder eines vor diesen geschlossenen Vergleichs beantragt wird, von der Beibringung der vorgeschriebenen Unbedenklichkeitsbescheinigung des Finanzamts abzusehen. Nach meinem Dafürhalten hat vielmehr das Grundbuchamt auch in diesen Fällen die Eintragung der Eigentumsänderung erst vorzunehmen, nachdem die Unbedenklichkeitsbescheinigung eingereicht worden ist.

2. Verfgg vom 28. Mai 1951 **Anh 107**

Der Inhalt der nach § 189b AO zu erstattenden Anzeigen ergibt sich aus § 4 der DfVO zum Grunderwerbsteuergesetz vom 30. März 1940 — RGBl I 595 — und aus den §§ 3 und 73 der DfVest zum Kapitalverkehrssteuergesetz vom 17. Dezember 1934 — RGBl I 1593 —. Die Anzeigen sind an das Hauptfinanzamt für Erbschaftssteuer und Verkehrssteuern, Berlin W 15, Kurfürstendamm 193/194 zu richten.

Anh 108

3. Verfgg vom 22. August 1951

Im Interesse der Vermeidung von Steuerausfällen bitte ich, die mit Grundbuchsachen befaßten Richter und Rechtspfleger auf die genaue Beachtung meiner Verfügung vom 15. Januar 1951 hinzuweisen und daran zu erinnern, daß Eigentumsumschreibungen erst nach der Einreichung der steuerlichen Unbedenklichkeitsbescheinigung gem § 189d AO zulässig sind, sofern keiner der in dem Runderlaß des früheren Reichsministers der Finanzen vom 2. Dezember 1944 (RStBl 1944 S 377) vorgesehenen Ausnahmen vorliegt.

Die Ausführungen der Abhandlung „Umschreibung von Grundbesitz ohne Unbedenklichkeitsbescheinigung" im 2. Augustheft von HW 1951 S 286 sind ..... dargestellte Entwicklung überholt.

Anh 109

b) Niedersachsen

1. Bek des nds MdJ vom 11. Dezember 1952 NdsRpfl 1953, 4

Unbedenklichkeitsbescheinigung des Finanzamts bei der Grunderwerbsteuer

Nachstehenden Erlaß des Nds Min der Finanzen vom 29. November 1952 (S 4540-9-31) gebe ich hiermit bekannt:

Nach § 9 der Durchführungsverordnung zum Grunderwerbsteuergesetz (GrEStDV) darf der Erwerber eines Grundstücks, eines Erbbaurechts oder eines Erbpachtrechts in das Grundbuch erst eingetragen werden, wenn eine Unbedenklichkeitsbescheinigung des zuständigen Finanzamts vorgelegt wird. Diese Vorschrift gilt auch dann, wenn der Erwerbsvorgang von der Besteuerung ausgenommen ist.

Die Unbedenklichkeitsbescheinigung erscheint jedoch entbehrlich, soweit der Alleinerbe oder die Miterben auf Grund ihres Erbrechts als Erwerber in das Grundbuch eingetragen werden sollen.

Ich habe daher keine Bedenken, daß wie folgt verfahren wird:

1. *Umschreibung auf den Alleinerben oder auf die Miterben*

   Der Alleinerbe und die Miterben eines Grundstücks, eines Erbbaurechts oder eines Erbpachtrechts können künftig in das Grundbuch eingetragen werden, ohne daß eine Unbedenklichkeitsbescheinigung vorgelegt wird. Voraussetzung ist, daß

   a) der Alleinerbe oder die Miterben die Erbfolge durch einen Erbschein oder durch eine Verfügung von Todes wegen, die in einer öffentlichen Urkunde enthalten ist, und die Niederschrift über die Eröffnung dieser Verfügung nachweisen und

   b) die Eintragung in das Grundbuch lediglich eine Grundbuchberichtigung darstellt und eine Auflassung nicht stattfindet.

2. *Umschreibung auf den Alleinerben oder die Miterben des verstorbenen Alleinerben (Miterben)*

   Ist der Alleinerbe oder ein Miterbe verstorben, bevor er als Erwerber in das Grundbuch eingetragen wurde, so können auch der Alleinerbe oder die Miterben des verstorbenen Alleinerben oder Miterben als Erwerber in das Grundbuch eingetragen werden, ohne daß eine Unbedenklichkeitsbescheinigung vorgelegt wird. Voraussetzung ist, daß

   a) der Alleinerbe oder die Miterben ihr Erbrecht und das Erbrecht des verstorbenen Alleinerben oder Miterben durch die in Z 1 zu a) bezeichneten Urkunden nachweisen und

   b) die Eintragung in das Grundbuch lediglich eine Grundbuchberichtigung darstellt und eine Auflassung nicht stattfindet.

2. AV nds MdJ vom 17. Februar 1953 NdsRpfl 44 **Anh 110**

Unterstützung der Finanzbehörden durch die Grundbuchämter

Gemäß § 188 AO haben die staatlichen Behörden den Finanzämtern jede zur Durchführung der Besteuerung dienliche Hilfe zu leisten, insbesondere Einsicht in ihre Bücher und Urkunden zu gewähren. Zur Durchführung dieser Beistandspflicht bei den Grundbuchämtern bestimme ich im Einvernehmen mit dem Herrn Niedersächsischen Minister der Finanzen:

I. Die Grundbuchämter teilen den Finanzämtern mit:

1. die Eintragung von Hypotheken, Grundschulden, Rentenschulden, Altenteilsrechten, Nießbrauchsrechten, Reallasten und sonstigen Rechten auf wiederkehrende Leistungen,
2. die gänzliche oder teilweise Umschreibung eines dieser Rechte auf einen neuen Erwerber,
3. die Veränderung des Zinssatzes von Hypotheken und Grundschulden,
4. die Löschung eines der zu 1 bezeichneten Rechte.

II. Nicht mitzuteilen sind jedoch:

1. Eintragungen und Umschreibungen zugunsten einer juristischen Person, einer offenen Handelsgesellschaft oder einer Kommanditgesellschaft sowie Zinsveränderungen bei dem für diese Rechtssubjekte eingetragenen Hypotheken und Grundschulden,
2. Eintragungen, Umschreibungen und Löschungen von Höchstbetragshypotheken und Zwangshypotheken,
3. alle im Verwaltungszwangsverfahren erfolgenden Eintragungen,
4. Übertragungen von Rechten bei der Übertragung von Grundstücken auf ein anderes Blatt,
5. Eintragungen eines bereits eingetragenen Rechts auf ein anderes Grundstück zur Mithaft.

III. Die Mitteilung unterbleibt:

1. bei Hypotheken und Grundschulden, die den Betrag von 3000 DM nicht übersteigen,
2. bei Rechten auf wiederkehrende Leistungen, deren Jahreswert den Betrag von 500 DM nicht übersteigt.

Bei teilweisen Umschreibungen und Löschungen entscheidet der umgeschriebene oder gelöschte Betrag. Werden mehrere Posten gleichzeitig gelöscht oder auf einen neuen Berechtigten umgeschrieben, so entscheidet der Gesamtbetrag der Umschreibung oder Löschung.

IV. Die Mitteilungen sind unter Benutzung des Vordrucks GS Nr 85 an das für den Grundbuchbezirk zuständige Finanzamt zu richten. Die Mitteilungen sind zu sammeln und dem Finanzamt zum 10. jeden Monats gesammelt für den vergangenen Monat zu übersenden.

V. Diese AV tritt am 1 April 1953 in Kraft.

Zum gleichen Zeitpunkt werden aufgehoben:

1. die Bekanntmachung der Landesjustizverwaltung Braunschweig betr die von den Herzoglichen Amtsgerichten dem Herzoglichen Steuer-Collegium behufs Veranlagung der Einkommensteuer zu machenden Mitteilungen vom 6. Mai 1897 (Br GuVS 1897 S 69),

2. die Mitteilung des Braunschweigischen Staatsministeriums, Abt für Recht, betr Mitteilung über Grundbucheintragungen an Steuerbehörden vom 9. Januar 1922 (ABl d BrJV 1922 S 137),

3. die AV des PrJM über Mitteilungen der Amtsgerichte an Einkommensteuerbehörden vom 7. Juni 1910 (JMBl S 181),

4. die AV des PrJM über Mitteilungen der Amtsgerichte an die Finanzbehörden zu Einkommenssteuerzwecken vom 9. Februar 1924 (JMBl S 69),

5. die AV des PrJM über Mitteilungen der Amtsgerichte an Finanzämter zu Steuerzwecken vom 3. August 1925 (JMBl S 275),

6. die AV des RJM über Kriegsvereinfachungen im Geschäftsgang vom 18. Juni 1942 (DJ S 423),

7. die AV des Präsidenten des ZJA über Beistandspflichten der Grundbuchämter zur Durchführung der Besteuerung vom 18. Dezember 1937 (ZJBl 1948 S 5).

Anh 111 3. AV nds MdJ vom 25. August 1955 NdsRpfl 162 Nr 56

Durchführung des Grunderwerbsteuergesetzes durch die Grundbuchämter

(zu AV RJM vom 21. Mai 1940 DJ 622,

Bek des nds MdJ vom 11. Februar 1952 NdsRpfl 1953, 4)

Im Einvernehmen mit dem Herrn nds Minister der Finanzen weise ich darauf hin, daß die Bestellung eines Erbbaurechts nicht der Grunderwerbsteuer unterliegt; nur der Erwerb eines schon bestehenden Erbbaurechts ist steuerpflichtig (vgl Beschluß des OLG Celle vom 17. September 1952 — NdsRpfl 1955, 167 —).

Vor der Eintragung einer Erbbaurechtsbestellung ist deshalb keine Unbedenklichkeitsbescheinigung des Finanzamts zu fordern; die Finanzämter sind angewiesen worden, in solchen Fällen keine Unbedenklichkeitsbescheinigung mehr zu erteilen.

Die Grundbuchämter haben jedoch dem zuständigen Belegenheits-Finanzamt — das ist das Finanzamt, in dessen Bezirk das Grundstück belegen ist — eine Abschrift der Benachrichtigung zu übersenden, die den Beteiligten über die Eintragung eines Erbbaurechts zugeht. Die Übersendung ist nicht erforderlich, soweit dem Katasteramt die Veränderungsliste mit dem für das Belegenheits-Finanzamt bestimmten Zweitstück nach Maßgabe der AV des RJM betr Erhaltung der Übereinstimmung zwischen dem Grundbuch und dem Reichskataster vom 20. Januar 1940 (DJ 1940, 214) in Verbindung mit dem Fortführungserlaß vom 30. September 1940 — VIa 9026/40 - 6835 — zugeleitet wird.

c) Schleswig-Holstein

Anh 112 AV LJM vom 3. September 1952 schlh JMBl 171

Anzeigen der Wiedergutmachungsbehörden und Unbedenklichkeitsbescheinigungen in Rückerstattungssachen

Eigentumsübertragungen in Rückerstattungsfällen nach dem Ges Nr 59 können im GB eingetragen werden, ohne daß eine Unbedenklichkeitsbescheinigung nach § 9 GrEStDV vorgelegt wird, wenn

a) eine Wiedergutmachungsbehörde die Rückerstattung angeordnet hat oder
b) eine entsprechender Vergleich vor einer Wiedergutmachungsbehörde geschlossen worden ist,

und die Wiedergutmachungsbehörde bestätigt, daß der Rückerstattungsberechtigte selbst oder seine Erben das Grundstück im Wege der Rückerstattung zurückerhalten. Hierunter fällt auch die Rückerstattung nicht entzogener Grundstücke als Ersatzleistung. Bei privaten Vergleichen ist in jedem Fall eine Unbedenklichkeitsbescheinigung nach § 9 GrEStDV erforderlich.

Unter den genannten Voraussetzungen unterbleibt auch eine Anzeige der Wiedergutmachungsbehörde an die Grunderwerbssteuerstelle nach § 2 GrEStDV (§ 189b AO).

XVI. Kostenordnung **Anh 113**

idF vom 26. Juli 1957 BGBl I 960

(auszugsweise)[1]

I. Teil
Gerichtskosten

1. Abschnitt
Allgemeine Vorschriften

1. Geltungsbereich

§ 1 (§ 1)

In den Angelegenheiten der freiwilligen Gerichtsbarkeit werden, soweit bundesrechtlich nichts anderes bestimmt ist, Kosten (Gebühren und Auslagen) nur nach diesem Gesetz erhoben.

2. Kostenschuldner

§ 2 (§ 2)

Allgemeiner Grundsatz

Zur Zahlung der Kosten ist verpflichtet:

1. bei Geschäften, die nur auf Antrag vorzunehmen sind, jeder, der die Tätigkeit des Gerichts veranlaßt, bei der Beurkundung von Rechtsgeschäften insbesondere jeder Teil, dessen Erklärung beurkundet ist;

2. bei Geschäften, die von Amts wegen vorgenommen werden, derjenige, dessen Interesse wahrgenommen wird.

§ 3 (§ 3)

Weitere Kostenschuldner

Kostenschuldner ist ferner

1. derjenige, dem durch eine gerichtliche Entscheidung die Kosten auferlegt sind;

2. derjenige, der sie durch eine vor Gericht abgegebene oder dem Gericht mitgeteilte Erklärung übernommen hat;

3. derjenige, der nach den Vorschriften des bürgerlichen Rechts für die Kostenschuld eines anderen kraft Gesetzes haftet;

4. der Vollstreckungsschuldner für die notwendigen Kosten der Zwangsvollstreckung.

§ 4 (§ 131 Abs 2)

Gebührenschuldner in besonderen Fällen

Die Gebühr für die Eintragung des Erstehers als Eigentümer wird nur von diesem erhoben; für die Gebühren, die durch die Eintragung der Sicherungshypothek für Forderungen gegen den Ersteher erwachsen, haftet neben den Gläubigern auch der Ersteher.

---

[1]) Die KostO nF ist ab § 41 GBO zitiert. Bei den abgedruckten Vorschriften ist jeweils in Klammer die Nummerierung der Paragraphen der KostO aF angegeben.

§ 5 (§ 4)

Mehrere Kostenschuldner

(1) Mehrere Kostenschuldner haften als Gesamtschuldner. Sind an einer Beurkundung mehrere beteiligt und betreffen ihre Erklärungen verschiedene Gegenstände, so beschränkt sich die Haftung des einzelnen auf den Betrag, der entstanden wäre, wenn die übrigen Erklärungen nicht beurkundet worden wären.

(2) Sind durch besondere Anträge eines Beteiligten Mehrkosten entstanden, so fallen diese ihm allein zur Last.

§ 6 (§ 5)

Haftung der Erben

Für die Kosten, die durch die Eröffnung einer Verfügung von Todes wegen, die Sicherung eines Nachlasses, die Errichtung eines Nachlaßinventars, eine Nachlaßpflegschaft, eine Nachlaßverwaltung oder eine Pflegschaft für einen Nacherben entstehen, haften nur die Erben, und zwar nach den Vorschriften des BGB über Nachlaßverbindlichkeiten. Das gleiche gilt für die Kosten, die durch die Entgegennahme von Erklärungen über die Annahme, Ablehnung oder Kündigung des Amts als Testamentsvollstrekker entstehen.

3. Fälligkeit

§ 7 (§ 6)

Gebühren werden mit der Beendigung des gebührenpflichtigen Geschäfts, Auslagen sofort nach ihrer Entstehung fällig.

4. Vorauszahlung und Sicherstellung

§ 8 (§ 7)

Vorschüsse

(1) Bei Geschäften, die auf Antrag vorzunehmen sind, hat der zur Zahlung der Kosten Verpflichtete einen zur Deckung der Kosten hinreichenden Vorschuß zu zahlen. Bei Verrichtungen von Amts wegen kann ein Vorschuß nur zur Deckung der Auslagen erhoben werden. Auf die Verpflichtung zur Zahlung des Vorschusses finden die allgemeinen Vorschriften über die Zahlungspflicht Anwendung.

(2) Bei Geschäften, die auf Antrag vorzunehmen sind, soll die Vornahme des Geschäfts davon abhängig gemacht werden, daß der Vorschuß gezahlt oder sichergestellt wird. Dies gilt nicht, wenn dem Antragsteller das Armenrecht bewilligt ist oder wenn ihm Gebührenfreiheit zusteht; es gilt ferner nicht, wenn glaubhaft gemacht ist, daß eine etwaige Verzögerung einem Beteiligten einen nicht oder nur schwer zu ersetzenden Schaden bringen würde, oder wenn aus einem anderen Grund das Verlangen nach vorheriger Zahlung oder Sicherstellung der Kosten nicht angebracht erscheint, insbesondere wenn die Berichtigung des Grundbuchs oder die Eintragung eines Widerspruchs beantragt wird.

(3) Gegen Anordnungen nach Abs 2 ist auch wegen der Höhe des Vorschusses die Beschwerde nach §§ 19, 20, 21, 23, 24 Abs 1, §§ 25, 30 des Gesetzes über die Angelegenheiten der freiwilligen Gerichtsbarkeit, jedoch in Grundbuchsachen nach §§ 71 bis 77, 81 der Grundbuchordnung und in Schiffsregistersachen nach §§ 75 bis 82, 89 der Schiffsregisterordnung zulässig. Soweit in erster Instanz das Landgericht zuständig ist, entscheidet über die Beschwerde das Oberlandesgericht. Die Beschwerde ist auch statthaft, wenn der Beschwerdegegenstand fünfzig Deutsche Mark nicht übersteigt. Die Kosten für die Beschwerde bestimmen sich nach §§ 131, 136 bis 139 dieses Gesetzes.

§ 9 (§ 8)

Zurückzahlung von Vorschüssen

Vorschüsse werden nur insoweit zurückgezahlt, als sie den Gesamtbetrag der für das Geschäft bis zu dessen Beendigung entstandenen Kosten übersteigen.

§ 10 (§ 9)

Zurückbehaltungsrecht

(1) Ausfertigungen, Abschriften sowie zurückzugebende Urkunden, die aus Anlaß des Geschäfts eingereicht sind, können zurückbehalten werden, bis die in der Angelegenheit erwachsenen Kosten bezahlt sind.

(2) Von der Zurückbehaltung ist abzusehen,

1. wenn der Eingang der Kosten mit Sicherheit zu erwarten ist;
2. wenn glaubhaft gemacht wird, daß die Verzögerung der Herausgabe einem Beteiligten einen nicht oder nur schwer zu ersetzenden Schaden bringen würde, und nicht anzunehmen ist, daß die Kosten entzogen werden sollen;
3. wenn das Schriftstück nicht vom Kostenschuldner, sondern von einem Dritten eingereicht ist, dem gegenüber die Zurückbehaltung eine unbillige Härte wäre.

(3) § 14 Abs 2 bis 4 gilt entsprechend.

5. Kostenbefreiungen

§ 11 (§ 10)

Allgemeine Vorschriften

(1) Von der Zahlung der Kosten sind befreit der Bund und die Länder sowie die nach den Haushaltsplänen des Bundes und der Länder für Rechnung des Bundes oder eines Landes verwalteten öffentlichen Anstalten und Kassen. Bundesbahn und Bundespost sind von der Zahlung der Auslagen nicht befreit.

(2) Sonstige bundesrechtliche Vorschriften, durch die eine sachliche oder persönliche Befreiung von Kosten gewährt ist, bleiben in Kraft. Landesrechtliche Vorschriften, die in weiteren Fällen eine sachliche oder persönliche Befreiung von Kosten gewähren, bleiben unberührt.

(3) Nach dem 1. Oktober 1957 in Kraft tretende bundes- oder landesrechtliche Vorschriften, die Gebührenfreiheit gewähren, gelten für Beurkundungs- und Beglaubigungsgebühren nur, wenn sie ausdrücklich auch hiervon Befreiung gewähren.

§ 12 (§ 11)

Einschränkungen

(1) Die persönliche Gebührenfreiheit steht der Inanspruchnahme für die Gebühren nicht entgegen, wenn die Haftung auf der Vorschrift des § 3 Nr 3 (Haftung nach bürgerlichem Recht) beruht, oder wenn der Kostenschuldner als Erbe nach § 6 oder als Anteilsberechtigter nach § 116 Abs 6 für die Kosten haftet.

(2) Die Gebührenfreiheit entbindet, soweit nicht ein anderes bestimmt ist, nicht von der Verpflichtung zur Zahlung der Auslagen.

§ 13 (§ 12)

Gebührenfreiheit für einzelne Gesamtschuldner

Wenn einzelnen von mehreren Gesamtschuldnern Gebührenfreiheit zusteht, so vermindert sich der Gesamtbetrag der Gebühren um den Betrag, den die befreiten Beteiligten an die Nichtbefreiten auf Grund gesetzlicher Vorschrift zu erstatten hätten.

6. Der Kostenanspruch

§ 14 (§ 13)

Kostenansatz, Erinnerung, Beschwerde

(1) Die Kosten werden bei dem Gericht angesetzt, bei dem die Angelegenheit anhängig ist oder zuletzt anhängig war, auch wenn die Kosten bei einem ersuchten Gericht entstanden sind oder die Angelegenheit bei einem anderen Gericht anhängig war. Die Kosten eines Rechtsmittelverfahrens werden bei dem mit dem Rechtsmittel befaßten Gericht angesetzt.

(2) Über Erinnerungen des Kostenschuldners und der Staatskasse gegen den Kostenansatz entscheidet das Gericht, bei dem die Kosten angesetzt sind. Die Entscheidung ergeht gebührenfrei. Das Gericht kann seine Entscheidung von Amts wegen ändern. Schwebt das Verfahren wegen der Hauptsache oder wegen der Entscheidung über den Geschäftswert, den Kostenansatz oder die Kostenfestsetzung in der Rechtsmittelinstanz, so ist hierzu auch das Rechtsmittelgericht befugt.

(3) Gegen Entscheidungen nach Absatz 2 ist die Beschwerde nach § 567 Abs 2, 3, § 568 Abs 1, §§ 569 bis 575 der Zivilprozeßordnung zulässig. Gegen die Entscheidung, die ein Landgericht als Beschwerdegericht trifft, ist die weitere Beschwerde statthaft, wenn sie das Landgericht wegen der grundsätzlichen Bedeutung der zur Entscheidung stehenden Frage zuläßt. Die weitere Beschwerde kann nur darauf gestützt werden, daß die Entscheidung auf einer Verletzung des Gesetzes beruht; §§ 550 und 551 der Zivilprozeßordnung gelten entsprechend. Für die weitere Beschwerde gilt § 567 Abs 2 der Zivilprozeßordnung nicht.

(4) Erinnerungen oder Beschwerden können in allen Fällen zu Protokoll der Geschäftsstelle oder schriftlich ohne Mitwirkung eines Rechtsanwalts eingelegt werden. Die Kosten für die Beschwerde bestimmen sich nach §§ 131, 136 bis 139.

(5) Der Kostenansatz kann auch im Verwaltungsweg berichtigt werden, solange nicht eine gerichtliche Entscheidung getroffen ist.

§ 15 (§ 14)

Nachforderung

Kosten können wegen unrichtigen Ansatzes nur nachgefordert werden, wenn der berichtigte Ansatz vor Ablauf des nächsten Kalenderjahres nach endgültiger Erledigung der Angelegenheit dem Zahlungspflichtigen mitgeteilt ist. Ist innerhalb dieser Frist dem Zahlungspflichtigen davon Mitteilung gemacht, daß ein Wertermittlungsverfahren eingeleitet ist, so ist die Angelegenheit erst mit der Beendigung dieses Verfahrens endgültig erledigt.

§ 16 (§ 15)

Nichterhebung von Kosten wegen unrichtiger Sachbehandlung

(1) Kosten, die bei richtiger Behandlung der Sache nicht entstanden wären, werden nicht erhoben. Das gleiche gilt von Auslagen, die durch eine von Amts wegen veranlaßte Verlegung eines Termins oder Vertagung einer Verhandlung entstanden sind.

(2) Die Entscheidung trifft das Gericht. Solange nicht das Gericht entschieden hat, können Anordnungen nach Abs 1 im Verwaltungsweg erlassen werden. Eine im Verwaltungsweg getroffene Anordnung kann nur im Verwaltungsweg geändert werden.

§ 17 (§ 16)

Verjährung

(1) Ansprüche auf Zahlung von Kosten verjähren in vier Jahren nach Ablauf des Kalenderjahres, in dem der Anspruch fällig geworden ist.

(2) Ansprüche auf Rückerstattung von Kosten verjähren in vier Jahren nach Ablauf des Kalenderjahres, in dem der Anspruch entstanden ist.

(3) Auf die Verjährung sind die Vorschriften des Bürgerlichen Gesetzbuchs anzuwenden; die Verjährung wird nicht von Amts wegen berücksichtigt. Die Verjährung der Ansprüche auf Zahlung von Kosten wird auch durch die Aufforderung zur Zahlung und durch eine dem Schuldner mitgeteilte Stundung unterbrochen; ist der Aufenthalt des Kostenschuldners unbekannt, so genügt die Zustellung durch Aufgabe zur Post unter seiner letzten bekannten Anschrift. Bei Kostenbeträgen unter zwanzig Deutsche Mark wird die Verjährung nicht unterbrochen.

7. Geschäftswert

§ 18 (§ 17)

Grundsatz

(1) Die Gebühren werden nach dem Wert berechnet, den der Gegenstand des Geschäfts zur Zeit der Fälligkeit hat (Geschäftswert).

(2) Maßgebend ist der Hauptgegenstand des Geschäfts. Früchte, Nutzungen, Zinsen, Vertragsstrafen und Kosten werden nur berücksichtigt, wenn sie Gegenstand eines besonderen Geschäfts sind.

(3) Verbindlichkeiten, die auf dem Gegenstand lasten, werden bei Ermittlung des Geschäftswerts nicht abgezogen; dies gilt auch dann, wenn Gegenstand des Geschäfts ein Nachlaß oder eine sonstige Vermögensmasse ist.

§ 19 (§ 18)

Sachen

(1) Bei der Bewertung von Grundbesitz ist, sofern sich aus dem Inhalt des Geschäfts nicht genügend Anhaltspunkte für einen höheren Wert ergeben, der letzte Einheitswert maßgebend, der zur Zeit der Fälligkeit der Gebühr festgestellt ist. Das Gericht hat jedoch auf der Grundlage des Einheitswerts den Wert selbständig nach freiem Ermessen zu ermitteln, wenn der Gegenstand des gebührenpflichtigen Geschäfts vom Gegenstand der Einheitsbewertung wesentlich abweicht oder wenn der Wert infolge bestimmter Umstände, die nach dem Feststellungszeitpunkt des Einheitswerts eingetreten sind, sich wesentlich verändert hat. Wird der Einheitswert nicht nachgewiesen, so ist das Finanzamt um Auskunft über die Höhe des Einheitswerts zu ersuchen. Ist der Einheitswert noch nicht festgestellt, so ist dieser vorläufig zu schätzen; die Schätzung ist nach der ersten Feststellung des Einheitswerts zu berichtigen; die Angelegenheit ist erst mit der Feststellung des Einheitswerts endgültig erledigt (§ 15).

(2) Im übrigen ist der Wert einer Sache der gemeine Wert. Er wird durch den Preis bestimmt, der im gewöhnlichen Geschäftsverkehr nach der Beschaffenheit der Sache unter Berücksichtigung aller den Preis beeinflussenden Umstände bei einer Veräußerung zu erzielen wäre; ungewöhnliche oder nur persönliche Verhältnisse bleiben außer Betracht.

§ 20 (§ 19)

Kauf-, Vorkaufs- und Wiederkaufsrecht

(1) Beim Kauf von Sachen ist der Kaufpreis maßgebend; der Wert der vorbehaltenen Nutzungen und der vom Käufer übernommenen oder ihm sonst infolge der Veräußerung obliegenden Leistungen wird hinzugerechnet. Ist der Kaufpreis niedriger als der Wert der Sache (§ 19), so ist dieser maßgebend; beim Kauf eines Grundstücks bleibt eine für Rechnung des Erwerbers vorgenommene Bebauung bei der Ermittlung des Werts außer Betracht.

(2) Als Wert eines Vorkaufs- oder Wiederkaufsrechts ist in der Regel der halbe Wert der Sache anzunehmen.

§ 21

Erbbaurecht, Wohnungseigentum, Wohnungserbbaurecht

(1) Bei der Bestellung eines Erbbaurechts beträgt der Wert achtzig vom Hundert des Werts des belasteten Grundstücks (§ 19 Abs 1). Eine für Rechnung des Erbbauberechtigten erfolgte Bebauung des Grundstücks bleibt bei der Ermittlung des Grundstückswerts außer Betracht. Ist als Entgelt für die Bestellung des Erbbaurechts ein Erbbauzins vereinbart, dessen nach § 24 errechneter Wert den nach Satz 1 und 2 berechneten Wert übersteigt, so ist der Wert des Erbbauzinses maßgebend; Entsprechendes gilt, wenn statt des Erbbauzinses ein fester Kapitalbetrag vereinbart ist.

(2) Bei der Begründung von Wohnungseigentum (Teileigentum) sowie bei Geschäften, die die Aufhebung oder das Erlöschen von Sondereigentum betreffen, ist als Geschäftswert die Hälfte des Werts des Grundstücks (§ 19 Abs 1) anzunehmen.

(3) Bei Wohnungserbbaurechten (Teilerbbaurechten) gilt Abs 2 entsprechend mit der Maßgabe, daß an die Stelle des Werts des Grundstücks der Einheitswert des Erbbaurechts oder, wenn ein solcher nicht festgestellt ist, der nach Abs 1 zu bestimmende Wert des Erbbaurechts tritt.

§ 22 (§ 20)

Grunddienstbarkeiten

Der Wert einer Grunddienstbarkeit bestimmt sich nach dem Wert, den sie für das herrschende Grundstück hat; ist der Betrag, um den sich der Wert des dienenden Grundstücks durch die Dienstbarkeit mindert, größer, so ist dieser höhere Betrag maßgebend.

§ 23 (§ 21)

Pfandrechte und sonstige Sicherheiten, Rangänderungen

(1) Der Wert eines Pfandrechts oder der sonstigen Sicherstellung einer Forderung durch Bürgschaft, Sicherungsübereignung oder dgl bestimmt sich nach dem Betrag der Forderung und, wenn der als Pfand oder zur Sicherung dienende Gegenstand einen geringeren Wert hat, nach diesem.

(2) Als Wert einer Hypothek, Schiffshypothek oder Grundschuld gilt der Nennbetrag der Schuld, als Wert einer Rentenschuld der Nennbetrag der Ablösungssumme; bei der Einbeziehung in die Mithaft und bei der Entlassung aus der Mithaft ist jedoch der Wert des Grundstücks (Schiffs, Schiffsbauwerks) maßgebend, wenn er geringer ist.

(3) Bei Einräumung des Vorrangs oder des gleichen Rangs ist der Wert des vortretenden Rechts, höchstens jedoch der Wert des zurücktretenden Rechts maßgebend. Die Vormerkung gemäß § 1179 des Bürgerlichen Gesetzbuchs zugunsten eines nach- oder gleichstehenden Berechtigten steht der Vorrangseinräumung gleich.

§ 24 (§ 22)

Wiederkehrende Nutzungen oder Leistungen

(1) Der Wert des Rechts auf wiederkehrende oder dauernde Nutzungen oder Leistungen wird unter Zugrundelegung des einjährigen Bezugswerts nach Maßgabe folgender Vorschriften berechnet:

a) Der Wert von Nutzungen oder Leistungen, die auf bestimmte Zeit beschränkt sind, ist die Summe der einzelnen Jahreswerte, höchstens jedoch das Fünfundzwanzigfache des Jahreswerts; ist die Dauer des Rechts außerdem durch das Leben einer oder mehrerer Personen bedingt, so darf der nach Abs 2 zu berechnende Wert nicht überschritten werden;

b) Bezugsrechte von unbeschränkter Dauer sind mit dem Fünfundzwanzigfachen, Nutzungen oder Leistungen von unbestimmter Dauer — vorbehaltlich der Vorschriften des Abs 2 — mit dem Zwölfeinhalbfachen des Jahreswerts zu bewerten.

(2) Ist die Nutzung oder Leistung auf die Lebensdauer einer Person beschränkt, so gilt als Geschäftswert bei einem Lebensalter

von 15 Jahren oder weniger	der 22fache Betrag,
über 15 Jahren bis zu 25 Jahren	der 21fache Betrag,
über 25 Jahren bis zu 35 Jahren	der 20fache Betrag,
über 35 Jahren bis zu 45 Jahren	der 18fache Betrag,
über 45 Jahren bis zu 55 Jahren	der 15fache Betrag,
über 55 Jahren bis zu 65 Jahren	der 11fache Betrag,
über 65 Jahren bis zu 75 Jahren	der $7^1/_2$fache Betrag,
über 75 Jahren bis zu 80 Jahren	der 5fache Betrag,
über 80 Jahren	der 3fache Betrag

der einjährigen Nutzung oder Leistung. Hängt die Dauer der Nutzung oder Leistung von der Lebensdauer mehrerer Personen ab, so entscheidet, je nachdem ob das Recht mit dem Tode des zuerst oder des zuletzt Sterbenden erlischt, das Lebensalter des Ältesten oder des Jüngsten.

(3) Der Geschäftswert ist höchstens das Fünffache des einjährigen Bezugs, wenn das Recht dem Ehegatten oder einem früheren Ehegatten des Verpflichteten oder einer Person zusteht, die mit dem Verpflichteten in gerader Linie verwandt, verschwägert oder durch Annahme an Kindes Statt verbunden oder in der Seitenlinie bis zum dritten Grad verwandt oder bis zum zweiten Grad verschwägert ist, auch wenn die die Schwägerschaft begründende Ehe nicht mehr besteht.

(4) Der Geschäftswert des einem unehelichen Kind gegen seinen Erzeuger zustehenden Unterhaltsrechts bestimmt sich nach dem Betrag des einjährigen Bezugs. Ist dieser Betrag in den einzelnen Jahren verschieden, so kommt der höchste Betrag zum Ansatz.

(5) Der einjährige Wert von Nutzungen wird zu vier vom Hundert des Werts des Gegenstandes, der die Nutzungen gewährt, angenommen, sofern nicht ein anderer Wert festgestellt werden kann.

(6) Für die Berechnung des Geschäftswerts ist der Beginn des Bezugsrechts maßgebend. Bildet das Recht später den Gegenstand eines gebührenpflichtigen Geschäfts, so ist der spätere Zeitpunkt maßgebend. Steht im Zeitpunkt des Geschäfts der Beginn des Bezugsrechts noch nicht fest oder ist das Recht in anderer Weise bedingt, so ist der Geschäftswert nach den Umständen des Falles niedriger anzusetzen.

. . . .

§ 30 (§ 24)

Angelegenheiten ohne bestimmten Geschäftswert, nichtvermögensrechtliche Angelegenheiten

(1) Soweit in einer vermögensrechtlichen Angelegenheit der Wert sich aus den Vorschriften dieses Gesetzes nicht ergibt und auch sonst nicht feststeht, ist er nach freiem Ermessen zu bestimmen; insbesondere ist bei Änderungen bestehender Rechte, sofern die Änderung nicht einen bestimmten Geldwert hat, sowie bei Verfügungsbeschränkungen der Wert nach freiem Ermessen festzusetzen.

(2) In Ermangelung genügender tatsächlicher Anhaltspunkte für eine Schätzung ist der Wert regelmäßig auf 3000 Deutsche Mark anzunehmen. Er kann nach Lage des Falles niedriger oder höher, jedoch nicht unter 200 Deutsche Mark und nicht über eine Million Deutsche Mark angenommen werden.

(3) In nichtvermögensrechtlichen Angelegenheiten ist der Wert nach Abs 2 zu bestimmen.

§ 31 (§ 25)

Festsetzung des Geschäftswerts

(1) Das Gericht setzt den Geschäftswert durch Beschluß gebührenfrei fest, wenn ein Zahlungspflichtiger oder die Staatskasse dies beantragt oder es sonst angemessen erscheint. § 14 Abs 2 Satz 3 und 4 gilt entsprechend.

(2) Das Gericht kann eine Beweisaufnahme, insbesondere die Begutachtung durch Sachverständige auf Antrag oder von Amts wegen anordnen. Die Kosten können ganz oder teilweise einem Beteiligten auferlegt werden, der durch Unterlassung der Wertangabe, durch unrichtige Angabe, unbegründetes Bestreiten oder unbegründete Beschwerde die Abschätzung veranlaßt hat.

(3) Gegen den Beschluß findet Beschwerde nach Maßgabe des § 14 Abs 3 und 4 statt.

8. Volle Gebühr, Rahmengebühren, Nebengeschäfte

§ 32 (§ 26 Abs 1, 2)

Volle Gebühr

Die volle Gebühr bestimmt sich nach der Tabelle, die diesem Gesetz als Anlage beigefügt ist.

Anlage (zu § 32 KostO)

Die volle Gebühr beträgt bei einem Geschäftswert

bis zu 50 Deutsche Mark einschließlich	3 Deutsche Mark
bis zu 100 Deutsche Mark einschließlich	4 Deutsche Mark
bis zu 200 Deutsche Mark einschließlich	5 Deutsche Mark
bis zu 300 Deutsche Mark einschließlich	6 Deutsche Mark
bis zu 500 Deutsche Mark einschließlich	7 Deutsche Mark
bis zu 1000 Deutsche Mark einschließlich	10 Deutsche Mark
bis zu 2000 Deutsche Mark einschließlich	15 Deutsche Mark
bis zu 3000 Deutsche Mark einschließlich	20 Deutsche Mark
bis zu 4000 Deutsche Mark einschließlich	25 Deutsche Mark
bis zu 6000 Deutsche Mark einschließlich	30 Deutsche Mark
bis zu 8000 Deutsche Mark einschließlich	35 Deutsche Mark
bis zu 10000 Deutsche Mark einschließlich	40 Deutsche Mark
bis zu 12000 Deutsche Mark einschließlich	45 Deutsche Mark
bis zu 14000 Deutsche Mark einschließlich	50 Deutsche Mark
bis zu 16000 Deutsche Mark einschließlich	55 Deutsche Mark
bis zu 18000 Deutsche Mark einschließlich	60 Deutsche Mark
bis zu 20000 Deutsche Mark einschließlich	65 Deutsche Mark
bis zu 22000 Deutsche Mark einschließlich	70 Deutsche Mark
bis zu 24000 Deutsche Mark einschließlich	75 Deutsche Mark
bis zu 26000 Deutsche Mark einschließlich	80 Deutsche Mark
bis zu 28000 Deutsche Mark einschließlich	85 Deutsche Mark
bis zu 30000 Deutsche Mark einschließlich	90 Deutsche Mark
bis zu 35000 Deutsche Mark einschließlich	100 Deutsche Mark
bis zu 40000 Deutsche Mark einschließlich	110 Deutsche Mark
bis zu 50000 Deutsche Mark einschließlich	125 Deutsche Mark
bis zu 60000 Deutsche Mark einschließlich	140 Deutsche Mark
bis zu 70000 Deutsche Mark einschließlich	155 Deutsche Mark
bis zu 80000 Deutsche Mark einschließlich	170 Deutsche Mark
bis zu 90000 Deutsche Mark einschließlich	185 Deutsche Mark
bis zu 100000 Deutsche Mark einschließlich	200 Deutsche Mark
von dem Mehrbetrag für je 10000 Deutsche Mark	15 Deutsche Mark.

Werte über 100000 Deutsche Mark sind auf volle 10000 Deutsche Mark aufzurunden.

§ 33 (§ 26 Abs 3)

Mindestbetrag einer Gebühr, Aufrundung

Der Mindestbetrag einer Gebühr ist drei Deutsche Mark. Pfennigbeträge sind auf volle zehn Deutsche Pfennig aufzurunden.

§ 34

Rahmengebühren

Ist die Gebühr nur nach einem Mindest- und Höchstbetrag bestimmt, so ist die Gebühr im Einzelfall unter Berücksichtigung aller Umstände, insbesondere des Umfangs und der Bedeutung der Sache, nach billigem Ermessen zu bestimmen.

§ 35 (§ 27)

Nebengeschäfte

Die für ein Geschäft bestimmte Gebühr umfaßt die gesamte auf das Geschäft verwendete Tätigkeit des Gerichts, einschließlich der Nebengeschäfte.

2. Abschnitt

Gebühren in Angelegenheiten der freiwilligen Gerichtsbarkeit

1. Beurkundungen und ähnliche Geschäfte

§ 36 (§ 29)

Einseitige Erklärungen und Verträge

(1) Für die Beurkundung einseitiger Erklärungen wird die volle Gebühr erhoben; unerheblich ist, ob die Erklärungen von einer oder von mehreren Personen abgegeben wird.

(2) Für die Beurkundung von Verträgen wird das Doppelte der vollen Gebühr erhoben.

§ 37 (§ 30)

Vertragsangebot

Für die Beurkundung eines Antrags zum Abschluß eines Vertrags wird das Eineinhalbfache der vollen Gebühr erhoben.

§ 38 (§ 31)

Besondere Fälle

(1) Die Hälfte der vollen Gebühr wird erhoben

1. für jede besondere Beurkundung von Zustimmungserklärungen einzelner Teilnehmer zu einer bereits anderweitig beurkundeten Erklärung;
2. für die Beurkundung der Annahme eines anderweitig beurkundeten Vertragsantrags;
3. für die Beurkundung der Wiederaufhebung eines noch von keiner Seite erfüllten Vertrags;
4. für die Beurkundung einer Vollmacht oder des Widerrufs einer Vollmacht;
5. für die Beurkundung
   a) des Antrags auf Eintragung oder Löschung im Grundbuch, im Schiffsregister, im Schiffsbauregister und im Kabelbuch sowie einer Eintragungs- oder Löschungsbewilligung,
   b) der Zustimmung nach § 27 der Grundbuchordnung, nach §§ 35, 74 der Schiffsregisterordnung und nach § 22 Abs 1 des Kabelpfandgesetzes vom 31. März 1925 (RGBl I S 37);
6. für die Beurkundung
   a) der Auflassung,
   b) der Einigung über die Einräumung oder Aufhebung von Sondereigentum,
   c) der Einigung über die Bestellung oder Übertragung eines Erbbaurechts,
   d) der Abtretung von Geschäftsanteilen einer Gesellschaft mit beschränkter Haftung,

   wenn das zugrunde liegende Rechtsgeschäft bereits beurkundet ist;

7. für die Beurkundung der Anmeldung zum Handelsregister und ähnlichen Registern sowie für die Aufnahme einer besonderen Verhandlung über die Zeichnung einer Firma oder Unterschrift.

(2) Ein Viertel der vollen Gebühr wird erhoben für die Beurkundung von Erklärungen, die dem Nachlaßgericht gegenüber abzugeben sind (§ 112 Abs 1 und § 117 Abs 3); die Wertvorschrift des § 112 Abs 2 gilt entsprechend.

(3) Ein Viertel der vollen Gebühr wird ferner erhoben für die Beurkundung von Zustimmungserklärungen zur Ehelichkeitserklärung oder zur Annahme an Kindes Statt.

§ 39 (§ 32)

Geschäftswert

(1) Der Geschäftswert bestimmt sich nach dem Wert des Rechtsverhältnisses, auf das sich die beurkundete Erklärung bezieht. Handelt es sich um Veränderungen eines Rechtsverhältnisses, so darf der Wert des von der Veränderung betroffenen Rechtsverhältnisses nicht überschritten werden, und zwar auch dann nicht, wenn es sich um mehrere Veränderungen desselben Rechtsverhältnisses handelt.

(2) Bei Verträgen, die den Austausch von Leistungen zum Gegenstand haben, ist nur der Wert der Leistungen des einen Teils und, wenn der Wert der Leistungen verschieden ist, der höhere maßgebend.

(3) Bei Eheverträgen bestimmt sich der Geschäftswert nach dem zusammengerechneten Wert der gegenwärtigen Vermögen beider Ehegatten und, wenn der Ehevertrag nur das Vermögen eines Ehegatten betrifft, nach diesem. Bei Ermittlung des Vermögens werden die Schulden abgezogen. Betrifft der Ehevertrag nur bestimmte Gegenstände, so ist deren Wert maßgebend.

(4) Bei der Beurkundung von Satzungen ist der Wert höchstens auf 10 Millionen Deutsche Mark anzunehmen.

. . . .

§ 44 (§ 38)

Mehrere Erklärungen in einer Urkunde

(1) Werden in einer Verhandlung mehrere Erklärungen beurkundet, die denselben Gegenstand haben (zB der Kauf und die Auflassung, die Schulderklärung und die zur Hypothekenbestellung erforderlichen Erklärungen), so wird die Gebühr nur einmal von dem Wert dieses Gegenstandes nach dem höchsten in Betracht kommenden Gebührensatz berechnet. Dies gilt auch dann, wenn von mehreren Erklärungen die einen den ganzen Gegenstand, die anderen nur einen Teil davon betreffen, (zB das Schuldversprechen und die Bürgschaft für einen Teil der Schuld); unterliegen in diesem Fall die Erklärungen verschiedenen Gebührensätzen, so werden die Gebühren gesondert berechnet, wenn dies für den Kostenschuldner günstiger ist.

(2) Haben die in einer Verhandlung beurkundeten Erklärungen einen verschiedenen Gegenstand, so gilt folgendes:

a) unterliegen alle Erklärungen dem gleichen Gebührensatz, so wird dieser nur einmal nach den zusammengerechneten Werten berechnet.

b) Sind verschiedene Gebührensätze anzuwenden, so wird jede Gebühr für sich berechnet; soweit mehrere Erklärungen dem gleichen Gebührensatz unterliegen, werden die Werte zusammengerechnet; insgesamt darf in diesem Fall nicht mehr erhoben werden, als bei Zugrundelegung des höchsten der angewendeten Gebührensätze vom Gesamtwert zu erheben sein würde.

(3) Treffen Erklärungen, die sich auf eine Rangänderung beziehen, mit anderen Erklärungen in einer Urkunde zusammen, so gilt als Gegenstand der Rangänderung das vortretende oder das zurücktretende Recht, je nachdem es für den Kostenschuldner

nach den vorstehenden Vorschriften günstiger ist. Die Vormerkung gemäß § 1179 des Bürgerlichen Gesetzbuchs zugunsten eines nach- oder gleichstehenden Berechtigten steht der Rangänderung gleich.

§ 45 (§ 39)

Beglaubigung von Unterschriften

(1) Für die Beglaubigung von Unterschriften oder Handzeichen wird ein Viertel der vollen Gebühr, höchstens jedoch ein Betrag von 250 Deutsche Mark, erhoben. Der Wert ist ebenso zu bestimmen, wie wenn die Erklärung, unter der die Unterschrift oder das Handzeichen beglaubigt wird, beurkundet würde.

(2) Für die nach den Staatsschuldbuchgesetzen erforderlichen Unterschriftsbeglaubigungen wird nur die Mindestgebühr erhoben.

. . . .

§ 55 (§ 49)

Beglaubigung von Abschriften

(1) Für die Beglaubigung von Abschriften wird, soweit nicht § 132 anzuwenden ist, eine Gebühr von 30 Deutsche Pfennig für jede angefangene Seite erhoben; ist die Schrift nicht in deutscher Sprache abgefaßt, so erhöht sich die Gebühr auf 40 Deutsche Pfennig. Mindestens werden 2 Deutsche Mark erhoben.

(2) Werden die Abschriften durch das Gericht hergestellt, so kommen die Schreibgebühren hinzu.

. . . .

§ 59 (§ 53)

Erklärungen in fremder Sprache

(1) Gibt ein Beteiligter die zu beurkundende Erklärung in einer fremden Sprache ab, so wird für die Beurkundung eine Zusatzgebühr in Höhe der Hälfte der für die Beurkundung erwachsenden Gebühr bis zu einem Höchstbetrag von 60 Deutsche Mark erhoben.

(2) Schuldner der Zusatzgebühr sowie der durch die Zuziehung eines Dolmetschers entstandenen Auslagen ist der Beteiligte, der die Verhandlung in der fremden Sprache veranlaßt hat.

2. Grundbuchsachen

§ 60 (§ 54)

Eintragungen des Eigentümers

(1) Für die Eintragung eines Eigentümers oder von Miteigentümern wird die volle Gebühr erhoben.

(2) Die Gebühr ermäßigt sich auf die Hälfte bei Eintragung des Ehegatten oder von Abkömmlingen des eingetragenen Eigentümers, einschließlich der an Kindes Statt angenommenen Personen, auch wenn die Genannten infolge der Auseinandersetzung des Gesamtguts einer Gütergemeinschaft oder eines Nachlasses oder wenn sie nachträglich als Miteigentümer von Grundstücken eingetragen werden, die zu einer Gütergemeinschaft gehören; bei der Eintragung infolge einer Erbauseinandersetzung oder bei der Auseinandersetzung einer Gütergemeinschaft macht es keinen Unterschied, ob inzwischen die Erben oder diejenigen, die die Gütergemeinschaft fortgesetzt haben, im Grundbuch eingetragen worden sind oder nicht.

(3) Werden Gebühren auf Grund der Absätze 1 und 2 nebeneinander erhoben, so wird zunächst die volle Gebühr nach dem Gesamtwert berechnet; die so berechnete Gebühr mindert sich um die Hälfte des Anteils der Personen, deren Eintragung nach Absatz 2 nur die halbe Gebühr erfordert.

(4) Werden auf Grund eines gleichzeitig gestellten Antrags derselbe Eigentümer oder dieselben Miteigentümer bei mehreren Grundstücken eingetragen, über die das Grundbuch bei demselben Grundbuchamt geführt wird, so werden die Gebühren nur einmal nach dem zusammengerechneten Wert erhoben.

(5) Wird der Eigentümer auf Grund des § 82a der Grundbuchordnung von Amts wegen eingetragen, so wird für die Eintragung einschließlich des vorangegangenen Verfahrens vor dem Grundbuchamt oder Nachlaßgericht das Doppelte der in den Absätzen 1 und 2 bestimmten Gebühren erhoben.

§ 61 (§ 55)

Eigentumswechsel bei Gemeinschaften zur gesamten Hand

(1) Geht ein Grundstück, das für mehrere zur gesamten Hand eingetragen ist, auf einen oder mehrere der Mitberechtigten oder auf eine aus denselben Personen bestehende andere Gesamthandgemeinschaft über, so wird die Gebühr so berechnet, als ob die Beteiligten nach Bruchteilen berechtigt wären; die Anteile der Erwerber bleiben unberücksichtigt. Geht ein Grundstück von einem oder mehreren eingetragenen Eigentümern, die in einer Gesamthandgemeinschaft stehen, auf diese Gemeinschaft über, so wird die Gebühr so berechnet, als ob es sich um eine Gemeinschaft nach Bruchteilen handele; die Anteile der Veräußerer bleiben unberücksichtigt. Treten sonst Änderungen in der Person der an der gesamten Hand Berechtigten ein, so wird der Anteil des ausscheidenden oder neu eintretenden Mitberechtigten zugrunde gelegt.

(2) Die Anteile sind entsprechend der Beteiligung an dem Gesamthandvermögen zu bemessen. Mindestens sind die Gebühren nach dem kleinsten Anteil zu berechnen.

(3) Die Vorschriften der Absätze 1 und 2 gelten nicht für offene Handelsgesellschaften und Kommanditgesellschaften.

§ 62 (§ 56 Abs 1—3)

Eintragungen von Belastungen

(1) Für die Eintragung einer Hypothek, Grundschuld oder Rentenschuld, einer Dienstbarkeit, eines Dauerwohnrechts, eines Dauernutzungsrechts, eines Vorkaufsrechts, einer Reallast, eines Erbbaurechts oder eines ähnlichen Rechts an einem Grundstück wird die volle Gebühr erhoben.

(2) Werden Belastungen auf Grund von Gutsüberlassungsverträgen oder von Erb- oder Gesamtgutsauseinandersetzungen zugleich mit der Eintragung des neuen Eigentümers eingetragen, so wird die in Absatz 1 bestimmte Gebühr nur zur Hälfte erhoben.

(3) Als gebührenfreies Nebengeschäft der Eintragung des Rechts (§ 35) gilt insbesondere die gleichzeitig beantragte Eintragung der Unterwerfung und die sofortige Zwangsvollstreckung, eines Rangvorbehalts oder des Ausschlusses der Brieferteilung. Wird gleichzeitig mit dem Antrag auf Eintragung des Rechts beantragt, eine Löschungsvormerkung gemäß § 1179 des Bürgerlichen Gesetzbuchs zugunsten des Berechtigten einzutragen, so wird für diese Eintragung eine weitere Gebühr nicht erhoben.

§ 63 (§ 57)

Eintragung mehrerer Rechte, Belastung mehrerer Grundstücke

(1) Werden ein oder mehrere Grundstücke mit mehreren Rechten der in § 62 bezeichneten Art belastet, so wird die Gebühr für die Eintragung jedes Rechts besonders erhoben. Wird gemäß § 50 der Grundbuchordnung bei einer Hypothek, Grundschuld oder Rentenschuld, die in Teilbeträgen mehreren Berechtigten zusteht, lediglich der Gesamtbetrag des Rechts eingetragen, so gilt dies als Belastung mit nur einem Recht.

(2) Werden mehrere Grundstücke mit einem und demselben Recht belastet, so wird die Gebühr nur einmal erhoben, wenn die Eintragung auf Grund eines gleichzeitig

gestellten Antrags erfolgt und das Grundbuch über die Grundstücke bei demselben Grundbuchamt geführt wird. Als Belastung mit einem und demselben Recht gilt auch die Belastung mehrerer Grundstücke mit einem Nießbrauch, mit einer beschränkten persönlichen Dienstbarkeit, mit einem Altenteil oder mit einem Vorkaufsrecht.

(3) Wird gleichzeitig die Belastung mehrerer Grundstücke mit einem und demselben Recht beantragt und wird das Grundbuch über die Grundstücke bei verschiedenen Grundbuchämtern geführt, so wird für die Eintragung auf dem Grundstück, das den höchsten Wert hat, die in § 62 Abs 1 oder 2 bestimmte Gebühr in voller Höhe erhoben; für jede weitere Eintragung wird die Hälfte der in § 62 Abs 1 oder 2 bestimmten Gebühr angesetzt, und zwar nach dem Wert des Grundstücks, wenn er geringer ist als der Wert des Rechts. Dabei wird der Wert mehrerer Grundstücke, über die das Grundbuch bei demselben Grundbuchamt geführt wird, zusammengerechnet. Gleichzeitig sind die Anträge gestellt, wenn sie bei einem Grundbuchamt gemeinsam eingereicht sind, bei gesonderter Antragstellung, wenn sie innerhalb eines Monats bei den beteiligten Grundbuchämtern eingehen.

(4) Soweit der Antrag nicht gleichzeitig gestellt ist, wird für jede Eintragung die Hälfte der in § 62 Abs 1 oder 2 bestimmten Gebühr erhoben, und zwar nach dem Wert des Grundstücks, wenn er geringer ist als der Wert des Rechts. Dabei wird der Wert mehrerer Grundstücke, über die das Grundbuch bei demselben Grundbuchamt geführt wird, zusammengerechnet.

§ 64 (§ 58)

Eintragung von Veränderungen und Löschungsvormerkungen

(1) Für die Eintragung von Veränderungen eines Rechts wird die Hälfte der vollen Gebühr erhoben. Als Veränderung eines Rechts gilt auch die Löschungsvormerkung (§ 1179 des Bürgerlichen Gesetzbuchs), soweit sie nicht gemäß § 62 Abs 3 Satz 2 gebührenfrei einzutragen ist.

(2) Bezieht sich eine Veränderung auf mehrere Rechte, so wird die in Absatz 1 bestimmte Gebühr für jedes Recht besonders erhoben, auch wenn es nur der Eintragung eines einheitlichen Vermerks bedarf.

(3) Beziehen sich mehrere Veränderungen, deren Eintragung gleichzeitig beantragt ist, auf ein und dasselbe Recht, so wird, gleichviel ob es der Eintragung eines oder mehrerer Vermerke bedarf, die Gebühr nur einmal nach dem zusammengerechneten Wert der Veränderungen erhoben.

(4) Der Wert des veränderten Rechts darf, auch wenn es sich um mehrere Veränderungen desselben Rechts handelt, nicht überschritten werden. Handelt es sich um den Übergang eines Rechts, so finden die Vorschriften des § 61 entsprechende Anwendung.

(5) Änderungen des Ranges eingetragener Rechte sind nur als Veränderungen des zurücktretenden Rechts, Löschungsvormerkungen zugunsten eines nach- oder gleichstehenden Gläubigers (§ 1179 des Bürgerlichen Gesetzbuchs) nur als Veränderungen des Rechts zu behandeln, auf dessen Löschung der vorgemerkte Anspruch gerichtet ist; für die Wertberechnung bleibt die Vorschrift des § 23 Abs 3 unberührt.

(6) Betreffen die Veränderungen Rechte, mit denen mehrere Grundstücke gemeinsam belastet sind, so gelten die Vorschriften des § 63 Abs 2 und 3 entsprechend.

§ 65 (§ 59)

Eintragung von Verfügungsbeschränkungen

(1) Für die Eintragung von Verfügungsbeschränkungen, insbesondere einer Nacherbfolge, einer Testamentsvollstreckung oder einer Belastung des Anteils gemäß § 1010 des Bürgerlichen Gesetzbuchs, wird, soweit nicht die Eintragung nach § 69 gebührenfrei vorzunehmen ist, die Hälfte der vollen Gebühr erhoben.

(2) Bezieht sich eine Verfügungsbeschränkung auf mehrere Rechte, so wird die im Absatz 1 bestimmte Gebühr für jedes Recht besonders erhoben, auch wenn es nur der

Eintragung eines Vermerks bedarf. Betreffen die Eintragungen Rechte, mit denen mehrere Grundstücke gemeinsam belastet sind, so gilt § 63 Abs 2 und 3 entsprechend; eine Verfügungsbeschränkung, die Eigentum an mehreren Grundstücken betrifft, steht einer Belastung der Grundstücke mit einem und demselben Recht gleich.

(3) Beziehen sich mehrere Verfügungsbeschränkungen, deren Eintragung gleichzeitig beantragt ist, auf ein und dasselbe Recht, so wird die Gebühr, gleichviel ob es eines oder mehrerer Vermerke bedarf, nur einmal nach dem zusammengerechneten Wert erhoben.

(4) Der Wert des betroffenen Rechts darf, auch wenn es sich um mehrere Verfügungsbeschränkungen hinsichtlich desselben Rechts handelt, nicht überschritten werden.

§ 66 (§ 60)

Eintragung von Vormerkungen und Widersprüchen

(1) Für die Eintragung einer Vormerkung wird die Hälfte der Gebühr erhoben, die für die endgültige Eintragung zu erheben sein würde, mindestens jedoch ein Viertel der vollen Gebühr. Für die Eintragung einer Vormerkung, durch die der Anspruch auf Eintragung einer Veränderung oder der Aufhebung eines Rechts am Grundstück gesichert werden soll, wird die gleiche Gebühr erhoben, die für die gesicherte Eintragung zu erheben sein würde; die Vorschriften über die Eintragung einer Löschungsvormerkung (§ 64) bleiben unberührt.

(2) Für die Eintragung eines Widerspruchs wird die Hälfte der Gebühr erhoben, die für die Grundbuchberichtigung zu erheben sein würde, zu deren Sicherung der Widerspruch eingetragen wird; mindestens wird jedoch ein Viertel der vollen Gebühr erhoben.

§ 67 (§ 61)

Sonstige Eintragungen

(1) Für alle Eintragungen, die unter keine der vorstehenden Vorschriften fallen und auch nicht als Nebengeschäft gebührenfrei sind, wird ein Viertel der vollen Gebühr erhoben. Dies gilt insbesondere

1. für die Eintragung des Verzichts auf das Eigentum am Grundstück;
2. für die Eintragung des Ausschlusses der Erteilung eines Briefs sowie für die Eintragung der Aufhebung dieses Ausschlusses;
3. für den Vermerk von Rechten, die dem jeweiligen Eigentümer zustehen, einschließlich des Vermerks hierüber auf dem Grundbuchblatt des belasteten Grundstücks;
4. für die Eintragung der ohne Eigentumsübergang stattfindenen Teilungen, Vereinigungen und Zuschreibungen von Grundstücken;
5. für die Anlegung eines Grundbuchblatts für ein noch nicht im Grundbuch eingetragenes oder aus dem Grundbuch ausgeschiedenes Grundstück sowie für die nachträgliche Ausscheidung eines Grundstücks aus dem Grundbuch;
6. für die Eintragung der Unterwerfung unter die sofortige Zwangsvollstreckung bei einer Hypothek, Grundschuld oder Rentenschuld.

(2) § 60 Abs 4, § 63 Abs 2, § 64 Abs 3 gelten entsprechend, jedoch ist mindestens ein Viertel der vollen Gebühr zu erheben.

(3) Der Wert bestimmt sich nach § 30.

§ 68 (§ 62)

Löschungen und Entlassung aus der Mithaft

Für jede Löschung wird die Hälfte der für die Eintragung bestimmten Gebühr erhoben; für die Eintragung der Entlassung aus der Mithaft wird die Hälfte der Gebühr erhoben, die für die Eintragung der Einbeziehung in die Mithaft zu erheben sein würde. Mindestens wird ein Viertel der vollen Gebühr erhoben.

§ 69 (§ 63)

Gebührenfreie Eintragungen und Löschungen, Zwischenverfügungen

(1) Gebühren werden nicht erhoben

1. für die Umschreibung unübersichtlicher Grundbuchblätter und für die Neufassung einzelner Teile eines Grundbuchblatts;
2. für Eintragungen und Löschungen, die gemäß § 18 Abs 2 oder § 53 der Grundbuchordnung von Amts wegen erfolgen;
3. für Eintragungen und Löschungen, die vorgenommen werden, um Übereinstimmung zwischen dem Grundbuch und den nach § 2 Abs 2 der Grundbuchordnung maßgebenden amtlichen Verzeichnissen zu erhalten;
4. für die Eintragung der Vereinigung mehrerer Grundstücke zu einem Grundstück und für die Zuschreibung eines oder mehrerer Grundstücke zu einem anderen Grundstück als dessen Bestandteil, einschließlich hierzu notwendiger Grundstücksteilungen und der Aufnahme des erforderlichen Antrags durch das Grundbuchamt, sofern die das amtliche Verzeichnis (§ 2 Abs 2 der Grundbuchordnung) führende Behörde bescheinigt, daß die Grundstücke örtlich und wirtschaftlich ein einheitliches Grundstück darstellen;
5. für die Zusammenschreibung mehrerer Grundstücke auf einem Grundbuchblatt (§ 4 der Grundbuchordnung);
6. für die Beseitigung von Doppelbuchungen, einschließlich des vorangegangenen Verfahrens vor dem Grundbuchamt.

(2) Gebührenfrei sind ferner, soweit nicht ein anderes bestimmt ist, Eintragungen und Löschungen, die auf Ersuchen oder Anordnung eines Gerichts, insbesondere des Vergleichs-, Konkurs- oder Vollstreckungsgerichts, erfolgen; ausgenommen sind die Eintragung des Erstehers als Eigentümer, die Eintragung der Sicherungshypothek für die Forderung gegen den Ersteher und Eintragungen auf Grund einer einstweiligen Verfügung (§ 941 der Zivilprozeßordnung).

(3) Für Zwischenverfügungen des Grundbuchamts (§ 18 Abs 1 der Grundbuchordnung) werden besondere Gebühren nicht erhoben.

§ 70 (§ 64)

Löschung gegenstandsloser Rechte und Klarstellung der Rangverhältnisse

(1) Für die Löschung gegenstandsloser Eintragungen (§ 84 der Grundbuchordnung) sowie für das vorausgegangene Verfahren vor dem Grundbuchamt, einschließlich der Beurkundung der Erklärungen der Beteiligten, werden Gebühren nicht erhoben. Das Grundbuchamt kann die Gebühr für die Löschung einem Beteiligten auferlegen, wenn dies nach den Umständen angemessen erscheint.

(2) Für Eintragungen und Löschungen zur Beseitigung unklarer oder unübersichtlicher Rangverhältnisse (§ 102 Abs 2, § 111 der Grundbuchordnung) werden Gebühren nicht erhoben; gebührenfrei ist auch das vorangegangene Verfahren vor dem Grundbuchamt, einschließlich der Beurkundung von Erklärungen der Beteiligten. Die Auslagen werden von demjenigen erhoben, dem das Grundbuchamt sie gemäß § 114 der Grundbuchordnung auferlegt hat.

§ 71 (§ 65)

Erteilung von Hypotheken-, Grundschuld- oder Rentenschuldbriefen

(1) Für die Erteilung eines Hypotheken-, Grundschuld- oder Rentenschuldbriefs eines Teilbriefs oder eines neuen Briefs wird ein Viertel der vollen Gebühr erhoben. Für die Eintragung des Erteilungsvermerks in das Grundbuch wird daneben keine Gebühr erhoben.

(2) Für die Erteilung eines Gesamtbriefs wird die im Absatz 1 bestimmte Gebühr nur einmal erhoben, wenn die mehreren Grundstücke bei demselben Grundbuchamt ein-

getragen sind. Sind die belasteten Grundstücke bei verschiedenen Grundbuchämtern eingetragen, so werden für die gemäß § 59 Abs 2 der Grundbuchordnung zu erteilenden besonderen Briefe die Gebühren besonders erhoben, und zwar nach dem Wert, nach dem sich die Gebühren für die Eintragung des Rechts bestimmen; ist das Recht schon eingetragen, so ist der Wert maßgebend, nach dem die Eintragungsgebühr zu erheben wäre, falls das Recht im Zeitpunkt der Brieferteilung eingetragen würde. Wird im Fall des Eintritts in die Mithaft die Mitbelastung lediglich auf dem bisherigen Brief vermerkt (§ 63 der Grundbuchordnung), so wird hierfür neben der Eintragungsgebühr eine besondere Gebühr nicht erhoben.

(3) Bei Erteilung eines gemeinschaftlichen Briefs (§ 66 der Grundbuchordnung) werden die Werte der einzelnen Hypotheken zusammengerechnet.

§ 72 (§ 66 Abs 1)

Vermerke auf dem Brief

Für die Ergänzung des Grundbuchauszugs auf dem Brief sowie für sonstige Vermerke auf dem Brief wird, sofern es sich nicht um eine gebührenfreie Nebentätigkeit handelt, eine Gebühr von 3 bis 25 Deutsche Mark erhoben.

§ 73 (§ 67)

Beglaubigte Abschriften

Für die Erteilung beglaubigter Abschriften aus dem Grundbuch wird eine Gebühr von 3 bis 25 Deutsche Mark erhoben; daneben werden die durch die Abschriften erwachsenen Schreibgebühren erhoben. Gebührenfrei ist die Erteilung der beglaubigten Abschriften, der Auskunft und der Mitteilungen gemäß § 19 Abs 2 und 3 des Gesetzes über die Zwangsversteigerung und die Zwangsverwaltung.

§ 74 (§ 68)

Grundbucheinsicht

Für die Einsicht des Grundbuchs werden Gebühren nicht erhoben.

§ 75 (§ 69)

Eintragungsanträge

Für die Aufnahme von Anträgen auf Eintragungen und Löschungen werden Gebühren nach Maßgabe des Beurkundungsabschnitts besonders erhoben, soweit sie in der Form des § 29 der Grundbuchordnung gestellt werden müssen. Im übrigen ist die Aufnahme und Entgegennahme von Anträgen gebührenfrei.

§ 76

Wohnungs- und Teileigentum

(1) Für die Eintragung der vertraglichen Einräumung von Sondereigentum (§ 7 Abs 1 des Wohnungseigentumsgesetzes) und für die Anlegung der Wohnungsgrundbücher (Teileigentumsgrundbücher) im Falle des § 8 des Wohnungseigentumsgesetzes wird die Hälfte der vollen Gebühr erhoben. Die Gebühr wird auch dann besonders erhoben, wenn die Eintragung von Miteigentum und die Eintragung des Sondereigentums gleichzeitig beantragt werden.

(2) Für die Eintragung von Änderungen des Inhalts des Sondereigentums gilt § 64 entsprechend.

(3) Für die Eintragung der Aufhebung von Sondereigentum (§ 4 Abs 1 des Wohnungseigentumsgesetzes) und für die Anlegung des Grundbuchblatts für das Grundstück

(§ 9 Abs 1 Nr 2 und 3, Abs 3 des Wohnungseigentumsgesetzes) wird die Hälfte der vollen Gebühr erhoben.

(4) Für das Wohnungserbbaurecht (Teilerbbaurecht) gelten die Absätze 1 bis 3 entsprechend.

§ 77 (§ 70)

Grundstücksgleiche Rechte

(1) Die für Grundstücke geltenden Vorschriften finden auf Erbbaurechte sowie auf das Bergwerkseigentum und sonstige Berechtigungen, die den für Grundstücke geltenden Vorschriften unterliegen, entsprechende Anwendung.

(2) Wird ein Bergwerk mit unbeweglichen Anteilen der Gewerken in Ausführung eines nach den maßgebenden bergrechtlichen Vorschriften gefaßten Beschlusses auf die Gewerkschaft eingetragen, so wird für die Eintragung, einschließlich der vorläufigen Vermerke, der Anlegung des Gewerkenbuchs und der Ausfertigung und Aufbewahrung der Kuxscheine, die volle Gebühr erhoben. Die gleiche Gebühr wird für die Umschreibung eines Kuxes in dem Gewerkenbuch auf einen anderen Berechtigten erhoben. Für die Eintragung von Pfandrechten auf Kuxscheinen und die Eintragung von Veränderungen und Löschungen werden dieselben Gebühren erhoben wie bei entsprechenden Eintragungen und Löschungen im Grundbuch. Für die Erteilung beglaubigter Abschriften aus dem Gewerkenbuch und dessen Einsicht gelten die Vorschriften der §§ 73, 74 entsprechend.

§ 78 (§ 71)

Bahneinheiten

(1) Die für Grundstücke geltenden Vorschriften finden auf Bahneinheiten entsprechende Anwendung.

(2) Die Gebühr für die Anlegung und die Schließung des Bahngrundbuchs bestimmt sich nach § 67; das gleiche gilt für den Vermerk über das Erlöschen der Genehmigung, einschließlich der erforderlichen öffentlichen Bekanntmachung des Vermerks.

(3) Wird infolge Veräußerung der Bahn der Eigentumswechsel auf dem Grundbuchblatt des Bahngrundstücks eingetragen, so werden dafür Gebühren nicht erhoben.

(4) Die Kosten der Anlegung des Bahngrundbuchs sowie der Vermerke über die Zugehörigkeit eines Grundstücks zur Bahneinheit trägt der Bahneigentümer. Die Kosten fallen jedoch, wenn ein Gläubiger durch den Antrag auf Eintragung einer vollstreckbaren Forderung die Anlegung des Bahngrundbuchs veranlaßt hat, diesem Gläubiger, und wenn das Bahngrundbuch aus Anlaß eines Zwangsversteigerungsverfahrens auf Ersuchen des Vollstreckungsgerichts angelegt ist, dem Ersteher zur Last.

. . . .

7. Ergänzende Gebührenvorschriften für Anträge, Beschwerden usw.

§ 129 (§ 121)

Gesuche, Anträge

Gesuche und Anträge werden, soweit nichts anderes bestimmt ist, gebührenfrei aufgenommen.

§ 130 (§ 15 Abs 1 Satz 3 und § 122)

Zurückweisung und Zurücknahme von Anträgen

(1) Wird in Fällen, in denen das Gericht nur auf Antrag tätig wird, ein Antrag zurückgewiesen, so wird, soweit nichts anderes bestimmt ist, die Hälfte der vollen Gebühr, höchstens jedoch ein Betrag von 60 Deutsche Mark erhoben.

(2) Wird ein Antrag zurückgenommen, bevor über ihn eine Entscheidung ergangen ist oder die beantragte Handlung stattgefunden hat, so wird, soweit nichts anderes bestimmt ist, ein Viertel der vollen Gebühr, höchstens jedoch ein Betrag von 30 Deutsche Mark erhoben.

(3) Der für die beantragte Verhandlung oder Entscheidung bestimmte Gebührensatz darf nicht überschritten werden.

(4) Im Falle einer teilweisen Zurückweisung oder Zurücknahme ist die Gebühr nach dem Wert des zurückgewiesenen oder zurückgenommenen Teils, jedoch nur insoweit zu erheben, als die Gebühr für die teilweise Erledigung übersteigt.

(5) Bei Zurückweisung oder Zurücknahme eines Antrags kann von der Erhebung von Kosten abgesehen werden, wenn der Antrag auf unverschuldeter Unkenntnis der tatsächlichen oder rechtlichen Verhältnisse beruht. § 16 Abs 2 gilt entsprechend.

§ 131 (§ 15 Abs 1 Satz 2 und § 123)

Beschwerden, Anrufung des Gerichts gegen Entscheidungen anderer Behörden oder Dienststellen

(1) Für das Verfahren über Beschwerden wird, soweit nichts anderes bestimmt ist, erhoben

1. in den Fällen der Verwerfung oder Zurückweisung die Hälfte der vollen Gebühr; bei Beschwerden gegen die im § 100 bezeichneten Entscheidungen jedoch eine feste Gebühr von 40 Deutsche Mark;
2. in den Fällen der Zurücknahme ein Viertel der vollen Gebühr, bei Beschwerden gegen die im § 100 bezeichneten Entscheidungen jedoch eine feste Gebühr von 15 Deutsche Mark; betrifft die Zurücknahme nur einen Teil des Beschwerdegegenstandes, so ist die Gebühr nur insoweit zu erheben, als sich die Beschwerdegebühr erhöht haben würde, wenn die Entscheidung auf den zurückgenommenen Teil erstreckt worden wäre.

Im übrigen ist das Beschwerdeverfahren gebührenfrei.

(2) Der Wert ist in allen Fällen nach § 30 zu bestimmen.

(3) . . . .

(4) Werden Angelegenheiten der in diesem Abschnitt bezeichneten Art von anderen Behörden oder Stellen, insbesondere von Notaren, erledigt und ist in diesen Fällen eine Anrufung des Gerichts vorgesehen, so steht diese hinsichtlich der Gebühren einer Beschwerde gleich. Dies gilt nicht bei Anträgen auf Änderung von Entscheidungen des ersuchten oder beauftragten Richters oder des Urkundsbeamten der Geschäftsstelle. Es gilt ferner nicht, wenn nach einem Verwaltungsverfahren der Antrag auf gerichtliche Entscheidung gestellt wird.

(5) Auslagen, die durch eine für begründet befundene Beschwerde entstanden sind, werden nicht erhoben, soweit das Beschwerdeverfahren gemäß Abs 1 Satz 2 gebührenfrei ist.

§ 132 (§ 124)

Beglaubigte Abschriften

Soweit nichts anderes bestimmt ist, wird bei der Erteilung beglaubigter Abschriften der vom Gericht erlassenen Entscheidungen sowie der von ihm aufgenommenen oder in Urschrift in seiner dauernden Verwahrung befindlichen Urkunden eine Beglaubigungsgebühr nicht erhoben.

. . . .

3. Abschnitt

Auslagen

§ 136 (§ 138)

Schreibgebühren

(1) Als Auslagen werden Schreibgebühren erhoben für

1. Ausfertigungen und Abschriften, die auf Antrag erteilt werden;
2. Ausfertigungen und Abschriften, die angefertigt werden müssen, weil zu den Akten gegebene Urkunden, von denen eine Abschrift zurückbehalten werden

muß, zurückgefordert werden; in diesem Fall wird die bei den Akten zurückbehaltene Abschrift gebührenfrei beglaubigt;

3. Ausfertigungen und Abschriften jeder Art, wenn sachliche oder persönliche Gebührenfreiheit gewährt ist; Abs 2 bleibt unberührt.

(2) Schreibgebühren werden nicht erhoben

1. bei Beurkundungen von Verträgen für zwei Ausfertigungen oder Abschriften, bei sonstigen Beurkundungen für eine Ausfertigung oder Abschrift;
2. für die erste einem Beteiligten erteilte Ausfertigung oder Abschrift jeder gerichtlichen Entscheidung oder jedes vor Gericht abgeschlossenen Vergleichs; dies gilt für die erste vollständige Ausfertigung oder Abschrift auch dann, wenn eine Ausfertigung unter Weglassung der Entscheidungsgründe bereits erteilt worden ist, ohne daß Schreibgebühren erhoben worden sind.

(3) Die Schreibgebühr beträgt für die Seite, die 28 Zeilen von durchschnittlich 15 Silben enthält, 50 Deutsche Pfennig, auch wenn die Herstellung auf mechanischem Wege (ausgenommen durch Ablichtung) stattgefunden hat. Jede angefangene Seite wird als voll gerechnet.

(4) Für Schriftstücke, die in fremder Sprache abgefaßt sind, wird die doppelte Schreibgebühr erhoben.

(5) Für Schriftstücke in tabellarischer Form, Grundbuchblätter, Registerblätter, Verzeichnisse, Listen, Rechnungen, Zeichnungen u dgl wird die Schreibgebühr nach dem Zeitaufwand berechnet, der bei durchschnittlicher Arbeitsleistung zur Herstellung benötigt wird. Sie beträgt für jede angefangene Viertelstunde 60 Deutsche Pfennig.

(6) Werden Abschriften durch Ablichtung hergestellt, so werden für jede Seite ohne Rücksicht auf Zeilen- und Silbenzahl 50 Deutsche Pfennig, bei größeren Format als DIN B 4 eine Deutsche Mark erhoben.

(7) Aufwendungen für die besondere Ausstattung einer Urkunde (Verwendung besonderen Papiers u dgl) sind in jedem Falle zu erheben.

(8) Der Bundesminister der Justiz wird ermächtigt, durch Rechtsverordnung mit Zustimmung des Bundesrates, für bestimmte Arten von Fällen zur Vermeidung von Unbilligkeiten die Schreibgebühren niedriger festzusetzen.

§ 137 (§ 139)

Sonstige Auslagen

Als Auslagen werden ferner erhoben

1. Telegrafen- und Fernschreibgebühren;
2. Kosten, die durch öffentliche Bekanntmachung entstehen, mit Ausnahme der hierbei erwachsenen Postgebühren;
3. die nach dem Gesetz über die Entschädigung von Zeugen und Sachverständigen zu zahlenden Beträge sowie die an Urkundszeugen zu zahlenden Vergütungen; erhält ein Sachverständiger für die Sachverständigentätigkeit aus der Bundes- oder Landeskasse eine laufende, nicht auf den Einzelfall abgestellte Vergütung, so ist der Betrag zu erheben, der nach dem Gesetz über die Entschädigung von Zeugen und Sachverständigen zu zahlen wäre;
4. die bei Geschäften außerhalb der Gerichtsstelle den Gerichtspersonen auf Grund gesetzlicher Vorschriften gewährten Vergütungen (Reisekostenvergütung, Auslagenersatz) und die Kosten für die Bereitstellung von Räumen;
5. die Beträge, die anderen in- oder ausländischen Behörden, öffentlichen Einrichtungen oder Beamten zustehen, und zwar auch dann, wenn die Kasse des Gerichts aus Gründen der Gegenseitigkeit der Verwaltungsvereinfachung u dgl an die Behörden, Einrichtungen oder Beamten keine Zahlungen zu leisten hat;
6. die an Rechtsanwälte zu zahlenden Beträge;

7. Rechnungsgebühren (§ 139);
8. die Kosten einer Beförderung von Personen sowie Beträge, die mittellosen Personen für die Reise zum Ort einer Verhandlung, Vernehmung oder Untersuchung und für die Rückreise gewährt werden;
9. die Kosten der Beförderung von Tieren und Sachen, mit Ausnahme der hierbei erwachsenen Postgebühren, der Verwahrung von Sachen sowie der Verwahrung und Fütterung von Tieren;
10. die Kosten der Beugehaft in Höhe der für die Strafhaft geltenden Sätze, die Kosten einer sonstigen Haft nur dann, wenn sie nach den für die Strafhaft geltenden Vorschriften zu erheben wären.

. . . .

II. Teil

Kosten der Notare

. . . .

§ 141 (§ 144 Abs 1)

Anwendung des I. Teils

Für die Kosten der Notare gelten die Vorschriften der Ersten Teils dieses Gesetzes entsprechend, soweit in den nachstehenden Vorschriften nichts anderes bestimmt ist.

§ 142 (§ 144 Abs 2)

Entscheidung durch das Amtsgericht in Baden-Württemberg

Soweit im Lande Baden-Württemberg die Gebühren für die Tätigkeit des Notars der Staatskasse zufließen, entscheidet in den Fällen des § 14 Abs 2 und des § 31 (Erinnerung gegen den Kostenansatz, Festsetzung des Geschäftswerts) das Amtsgericht, in dessen Bezirk der Notar (Bezirksnotar) seinen Amtssitz hat.

§ 143 (§ 144 Abs 3)

Nichtanwendung des I. Teils

Fließen die Gebühren für die Tätigkeit des Notars diesem selbst zu, so finden die folgenden Vorschriften des Ersten Teils keine Anwendung:

§ 14 (Kostenansatz, Erinnerung, Beschwerde),
§ 15 (Nachforderung),
§ 16 Abs 2 (Entscheidung über die Nichterhebung von Kosten),
§ 17 Abs 1, 2, 3 Satz 1 (Verjährung),
§ 31 (Festsetzung des Geschäftswerts),
§ 137 Nr. 7, § 139 (Rechnungsgebühren).

. . . .

Anh 114 XVII. Sowjetzone

Gesetz über das Verfahren des Staatlichen Notariats

— Notariatsverfahrensordnung —

vom 16. November 1956 GBl DDR 1288 = SaBl 1957, 192

(auszugsweise)

Dieses Gesetz dient der Ergänzung der VO über die Errichtung und Tätigkeit des Staatlichen Notariats vom 15. Oktober 1952 (*GT 58*), deren §§ 11 und 14 aufgehoben wurden.

Es ist auf folgende Vorschriften hinzuweisen:

I. Teil
Allgemeine Bestimmungen

§ 1

Grundsatz

(1) Die Tätigkeit des Staatlichen Notariats dient der Sicherheit und Festigung der sozialistischen Gesetzlichkeit.

(2) Durch die Tätigkeit des Staatlichen Notariats soll dem Werktätigen Sinn und Inhalt der Gesetze und Verordnungen erläutert und ihnen bei deren Anwendung Hilfe geleistet werden.

(3) Die Vornahme solcher notarieller Handlungen, die sich gegen die Ziele der Politik der Regierung der Deutschen Demokratischen Republik richten würden, gegen die Gesetze der Deutschen Demokratischen Republik verstoßen würden oder zur Übervorteilung unerfahrener und ungewandter Beteiligter geeignet wären, hat der Notar abzulehnen.

§ 2

Sachliche Zuständigkeit

Das Staatliche Notariat ist zuständig:

1. für alle Beurkundungen und Beglaubigungen,
2. für alle im Zusammenhang mit der Errichtung, Verwahrung und Eröffnung eines Testaments oder Erbvertrags stehenden Angelegenheiten,
3. für alle übrigen Nachlaßsachen,
4. für alle Vormundschafts- und Pflegschaftssachen im Interesse volljähriger Personen,
5. für Hinterlegungen und Verwahrungen,
6. für die Bewilligung einer öffentlichen Zustellung gemäß § 132 Abs 2 des Bürgerlichen Gesetzbuches,
7. für die Entscheidung über die Kraftloserklärung einer Vollmacht gem § 176 Abs 2 des Bürgerlichen Gesetzbuchs,
8. für die Bestellung eines Vertreters des Grundstückseigentümers gem § 1141 des Bürgerlichen Gesetzbuches,
9. für die Abnahme von Offenbarungseiden, soweit hierfür nicht die Bestimmungen der Zivilprozeßordnung gelten,
10. für die Entgegennahme und Behandlung von Erklärungen über den Austritt aus einer Religionsgemeinschaft gem der Verordnung vom 13. Juli 1950 (GBl S 660),
11. für die Verwahrung von Akten, Büchern und amtlich übergebenen Urkunden eines Notars,
12. für die Aufnahme und Beurkundung von Wechsel- und Scheckprotesten,
13. für die Ersetzung zerstörter oder abhanden gekommener notarieller Urkunden gem der Anordnung vom 16. November 1956 über die Ersetzung zerstörter oder abhanden gekommener gerichtlicher und notarieller Urkunden (GBl I S 1299)[1]),
14. für die Bestellung von Verwahrern,
15. für die Benennung und Vernehmung von Sachverständigen in den Fällen, in denen der Zustand oder Wert einer Sache festzustellen ist,
16. für die Erteilung einer weiteren vollstreckbaren Ausfertigung einer notariellen Urkunde (§ 797 der Zivilprozeßordnung),
17. für alle anderen Handlungen, die durch gesetzliche Vorschriften dem Notar zugewiesen sind oder werden.

---

[1]) = SaBl 1057, 204

§ 3

Örtliche Zuständigkeit

(1) Die örtliche Zuständigkeit der Notariate richtet sich nach den Bestimmungen dieses Gesetzes.

(2) Sind für eine notarielle Handlung mehrere Notariate nebeneinander zuständig, so ist das Notariat zuständig, das zuerst in der Sache tätig geworden ist.

(3) Notarielle Handlungen sind nicht deshalb unwirksam, weil sie von einem für das Kreisgebiet nicht zuständigen Notar vorgenommen worden sind.

. . . .

II. Teil

Besondere Verfahrensbestimmungen

1. Abschnitt

Verfahren bei der Beurkundung von Rechtsgeschäften und bei Beglaubigungen

§ 23

Prüfungspflicht des Staatlichen Notariats

(1) Der Notar ist verpflichtet, die Gesetzlichkeit aller von ihm zu beurkundenden Rechtsgeschäfte unter den Voraussetzungen des § 1 dieses Gesetzes zu prüfen. Das gleiche gilt für den Inhalt von Abschriften, die beglaubigt werden sollen, und für Erklärungen, bei denen eine Beglaubigung der Unterschrift erfolgen soll. Der Notar hat ferner den Bürgern, Institutionen und Organisationen bei der Sicherung ihrer persönlichen Rechte in Übereinstimmung mit den gesellschaftlichen Interessen behilflich zu sein.

(2) Bestehen Zweifel, ob ein Ablehnungsgrund vorliegt oder ob das Geschäft dem wahren Willen der Beteiligten entspricht, so hat der Notar seine Bedenken mit den Beteiligten zu erörtern. Bleibt der Notar im Zweifel, so darf er die Beurkundung nicht vornehmen.

(3) Der Notar hat den wirklichen Willen der Beteiligten sorgfältig zu ermitteln, den Sachverhalt vollständig aufzuklären, die Beteiligten über die rechtliche Tragweite des Geschäftes zu belehren und ihre Erklärungen so klar und eindeutig in der Niederschrift wiederzugeben, daß Irrtümer und Zweifel vermieden werden.

§ 24

Prüfung der Verfügungsbefugnis

(1) Vor der Beurkundung von Rechtsgeschäften hat der Notar ferner die Verfügungsmacht und die Verfügungsbefugnis der Beteiligten zu prüfen. Bestehen Zweifel, so soll er die Beteiligten über die Rechtslage belehren und gegebenenfalls die Aufnahme eines entsprechenden Vorbehalts in der Urkunde veranlassen.

(2) Stellt er fest, daß die Vertretungsmacht oder Verfügungsbefugnis fehlt und daß auch eine Genehmigung durch den Berechtigten nicht möglich ist, so hat er die Beurkundung abzulehnen.

(3) Vollmachten und Ausweise über die Berechtigung eines gesetzlichen Vertreters sind in Urschrift oder beglaubigter Abschrift der Niederschrift beizufügen. Ergibt sich die Vertretungsberechtigung aus einer Eintragung im Handelsregister oder anderen Registern oder öffentlichen Urkunden, so genügt die Erklärung des Notars, daß er das Register, die Urkunde oder eine beglaubigte Abschrift davon eingesehen hat; dabei ist der Tag der Einsichtnahme in das Register oder die Urkunde bzw der Ausstellung der Abschrift anzugeben. Diese Erklärung ist in die Urkunde aufzunehmen.

(4) Bei Rechtsgeschäften, an denen Minderjährige beteiligt sind, ist deren Alter in der Urkunde anzugeben, auch wenn die Erklärungen durch einen Vertreter abgegeben werden.

§ 25

Rechtsgeschäfte, die einer besonderen Zustimmung bedürfen

(1) Bedarf ein Rechtsgeschäft der Zustimmung eines Organs der staatlichen Verwaltung der Deutschen Demokratischen Republik, so soll der Notar die Beteiligten darauf hinweisen. Bei Zweifeln über die Notwendigkeit der Zustimmung ist ein entsprechender Vermerk in die Niederschrift aufzunehmen.

(2) Bedarf das Rechtsgeschäft der vorherigen Zustimmung eines Organs der staatlichen Verwaltung der Deutschen Demokratischen Republik, so hat der Notar die Beurkundung abzulehnen, wenn die Zustimmung nicht nachgewiesen wird.

(3) In den Fällen des Abs 1 und 2 kann der Notar mit Einverständnis der Beteiligten vor der Beurkundung einen Entwurf der wesentlichen Bestimmungen des zustimmungspflichtigen Rechtsgeschäfts der zuständigen Dienststelle mit der Bitte um Bekanntgabe etwaiger Bedenken vorlegen. Er soll, soweit dies zweckmäßig erscheint, den Beteiligten dieses Verfahren nahelegen.

Feststellung des Grundbuchinhalts

§ 26

(1) Bei Geschäften, die im Grundbuch eingetragene Rechte zum Gegenstand haben, soll sich der Notar darüber vergewissern, ob die Beteiligten eine zuverlässige Kenntnis des Grundbuchstandes besitzen. Kann er diese Gewißheit nicht erlangen, so soll er die Beteiligten, falls er nicht selbst den Grundbuchinhalt feststellt, über die Notwendigkeit der Grundbucheinsicht belehren und die Beurkundung nur vornehmen, wenn die Beteiligten trotz Belehrung über die damit verbundenen Gefahren auf einer sofortigen Beurkundung bestehen.

(2) Die Abtretung oder Belastung eines Briefpfandrechts soll der Notar nur beurkunden oder beglaubigen, wenn ihm der Brief vorgelegt wird.

§ 27

(1) Vor der Beurkundung einer Auflassung oder der Bestellung oder Übertragung eines grundstücksgleichen Rechtes soll der Notar das Grundbuch oder eine beglaubigte Abschrift des Grundbuches einsehen. Die Einsicht einer beglaubigten Grundbuchabschrift genügt nur dann, wenn die Abschrift in jüngster Zeit ausgestellt oder berichtigt ist oder nach den Umständen Änderungen in der Zwischenzeit nicht wahrscheinlich sind.

(2) Der Notar soll in der Urkunde angeben, daß er den Grundbuchinhalt festgestellt oder eine beglaubigte Grundbuchabschrift eingesehen hat und auch den Tag der Einsicht, der Ausstellung oder Richtigstellung der Abschrift angeben.

(3) Auf Verlangen der Beteiligten kann der Notar von der Einsichtnahme des Grundbuchs oder einer Grundbuchabschrift absehen. Das Verlangen ist in der Niederschrift festzustellen.

Form der Urkunde

. . . .

§ 34

Einreichung von Anträgen

Hat der Notar Erklärungen beurkundet, die zur Einreichung bei einer Dienststelle, die ein staatliches Register führt, bestimmt sind, so soll er, wenn die Beteiligten nichts anderes verlangen, die Urkunde (Ausfertigung, beglaubigte Abschrift), sobald ihre Einreichung erfolgen kann, unverzüglich bei der das Register führenden Dienststelle einreichen. Ist die Eintragung in das Register vom Vorliegen besonderer staatlicher Zustimmungen abhängig, so müssen diese gleichzeitig mit der Erklärung eingereicht werden. Wünschen die Beteiligten eine spätere Einreichung, so soll er sie erforderlichenfalls auf die damit verbundenen oder unter Umständen daraus entstehenden Nachteile hinweisen.

. . . .

§ 38

Beglaubigungen

(1) Die Beglaubigung einer Unterschrift, eines Handzeichens oder einer Abschrift erfolgt durch einen Vermerk. Bei der Beglaubigung der Unterschrift ist der Vermerk auf die Urschrift der Urkunde zu setzen. Der Vermerk hat zu enthalten:

a) die Benennung des Notariats,
b) den Ort, das Jahr, den Monat und den Tag der Beglaubigung,
c) den Vermerk, daß die Unterschriften anerkannt oder in Gegenwart des Notars vollzogen worden sind bzw daß die Abschrift mit der Urschrift, der Ausfertigung, der beglaubigten oder einfachen Abschrift wörtlich übereinstimmt,
d) das Siegel und die Unterschrift des Notars.

Wird die vorstehend vorgeschriebene Form nicht gewahrt, so ist die Beglaubigung nichtig.

(2) Bei Beglaubigungen soll ferner die Registernummer und die Kostenrechnung mit aufgeführt werden.

(3) Entwirft ein Notar eine Urkunde, auf der die Unterschrift oder die Zeichnung in Registerangelegenheiten beglaubigt wird, so ist eine beglaubigte Abschrift zu den Akten zu nehmen. Die Urschrift ist der registerführenden Stelle vorzulegen.

(4) In Registerangelegenheiten darf die Unterschrift nur beglaubigt werden, wenn die Zeichnung unmittelbar vor dem Notar erfolgt ist.

. . . .

4. Abschnitt

Nachlaßsachen

§ 52

Örtliche Zuständigkeit

(1) In Nachlaßangelegenheiten ist das Notariat zuständig, in dessen Kreis der Verstorbene zum Zeitpunkt des Todes seinen Wohnsitz hatte.

(2) Hatte der Verstorbene weder seinen Wohnsitz noch seinen ständigen Aufenthalt in der Deutschen Demokratischen Republik, so ist auch das Notariat Mitte in Berlin zuständig. Das Notariat Mitte in Berlin kann die Angelegenheit an das Notariat abgeben, in dessen Kreis sich der Verstorbene zuletzt aufgehalten hat oder der überwiegende Teil der Nachlaßgegenstände sich befindet; diese Abgabeverfügung ist bindend.

(3) . . . .

. . . .

Erbscheinsverfahren

§ 56

(1) Der Notar hat über die Erteilung eines Erbscheines zu entscheiden. Wird die Richtigkeit des Erbscheines oder die Ablehnung der Erteilung des Erbscheines angefochten, weil Streit über die Erbfolge besteht, so kann nur Klage auf Feststellung des Bestehens oder Nichtbestehens eines Erbrechts bei dem Gericht erhoben werden.

(2) Das Notariat ist an die Entscheidung des Gerichts gebunden und hat gegebenenfalls den Erbschein einzuziehen oder für kraftlos zu erklären. Die Entscheidung des Gerichts ist dem Notariat von Amts wegen zuzustellen, das für die Erteilung des Erbscheines zuständig ist.

(3) Ist über das Erbrecht zwischen den Beteiligten bereits ein Rechtsstreit anhängig, so hat das Notariat das Erbscheinsverfahren bis zur Entscheidung durch das Gericht auszusetzen. Abs 2 gilt entsprechend.

§ 57

Im Erbscheinsverfahren ist eine Beschwerde nur zulässig, soweit nicht nach § 56 das Gericht über die Erbfolge zu entscheiden hat.

. . . .

10. Abschnitt

Schlußbestimmungen

§ 89

Dieses Gesetz gilt entsprechend für die Beurkundungen und Beglaubigungen der freiberuflichen Notare.

. . . .

§ 91

(1) Dieses Gesetz tritt am 1. Januar 1957 in Kraft.

(2) Gleichzeitig treten außer Kraft:

a) die Hinterlegungsordnung vom 10. März 1937 (RGBl I S 285),

b) §§ 11 und 14 der Verordnung über die Errichtung und Tätigkeit des Staatlichen Notariats vom 15. Oktober 1952 (GBl S 1055),

c) die Reichsnotarordnung vom 13. Februar 1937 (RGBl I S 191),

d) alle vor dem 8. Mai 1945 erlassenen Bestimmungen, in denen Kostenbefreiung für die Tätigkeit der Notariate festgelegt ist.

(3) Die von den früheren Ländern erlassenen Bestimmungen über die Tätigkeit der Notariate werden aufgehoben.

(4) Das Gesetz über die Angelegenheiten der Freiwilligen Gerichtsbarkeit vom 7. Mai 1898 (RGBl S 189) einschließlich der dazu erlassenen Ausführungs- und Durchführungsbestimmungen sind von staatlichen und freiberuflichen Notaren nicht mehr anzuwenden.

Ergänzungen und Berichtigungen
(ErgVerz)

Ergänzungen und Berichtigungen (*ErgVerz*)

— Stand 1. Oktober 1959 —

Diese Übersicht über Ergänzungen und Berichtigungen berücksichtigt die frühere Übersicht (*ErgVerz*), die sich auf S XXIVff. befindet; die Zusammenfassung erscheint zweckmäßig, um ein Nebeneinander von 2 Übersichten zu vermeiden.

Allgemeine Hinweise *Seite 2703*

Seite	Stelle	Ergänzung oder Berichtigung
AbkVerz		
VII ff.	A	auszw = auszugsweise
	B	BergGes = Berggesetz
	G	GleichberG = Gleichberechtigungsgesetz
	H	hambJVerwBl (anstatt hamJVerwB)
	J	JheringsJ (anstatt JeheringsJ)
	R	RPflegerG = Rechtspflegergesetz RPfliB (anstatt RpfliB)
	U	uä = und Ähnliches
LitVerz		
XIX ff.		Ergänzende Hinweise am Schluß dieses Verzeichnisses *Seite 2703*
ErgVerz		
XXIV ff.		ersetzt durch dieses Verzeichnis *Seite 2613 ff.*
Gesetzestexte		
3	bei *GT 44* unter VIII bei *GT 46* Zeile 2	Es heißt: § 27 Es heißt: Notarordnung
4	bei *GT 50* unter Z XIV	Es heißt: § 53
7	Vorbem unter Z 1 Abs 2 Zeile 3	Es heißt: Abdruck (anstatt: Ausdruck)
10	§ 7 II GBO Zeile 1	Es heißt: Ist das Recht <u>eine</u> Dienstbarkeit
14	§ 35 GBO Abs 1 Zeile 2 Abs 2 Zeile 1 § 36 I GBO Zeile 4	Es heißt: Erbfolge fortgesetzten Eigentumsübergangs

Seite	Stelle	Ergänzung oder Berichtigung
18	§ 58 II GBO Zeile 2	Es heißt: aufzunehmen (anstatt: anzunehmen)
20	§ 77 GBO	Es heißt: Beschwerdegerichts
22	§ 87 GBO unter c) Zeile 1	Es heißt: versehenden
33	§ 3 II GBVerfgg Zeile 3	Es heißt: von dem des sonst nach Abs 1 . . . .
34	§ 6 I GBVerfgg Zeile 1	Es heißt: ist die Spalte 1 . . . .
38	§ 17 V GBVerfgg letzte Zeile	Es heißt: in
39	§ 21 GBVerfgg (neu)	§ 21 GBVerfgg wurde durch VO zur Änderung des § 21 GBVerfgg vom 7. Juli 1959 BAnz vom 22. Juli 1959 Nr 137 = SaBl 862 wie folgt geändert: Abs 1 Satz 3 fällt weg. Nach Absatz 1 wird folgender neuer Absatz 2 eingefügt: (2) *Für Eintragungen, die mit gleichlautendem Text in einer größeren Zahl von Grundbuchblättern vorzunehmen sind, ist die Verwendung von Stempeln mit Genehmigung der Landesjustizverwaltung oder der von ihr bestimmten Stelle zulässig.* Der bisherige Absatz 2 wird Absatz 3.
	Fußn 1	Es ist hinzuweisen auf *§ 3 Bem 258*
42	§ 32 GBVerfgg Zeile 4	Es heißt: Handblatt
43	§ 36 GBVerfgg	In Rheinland-Pfalz Anwendung in anderer Fassung, *§ 3 Bem 417 unter 2*
45	§ 42 II a GBVerfgg Zeile 5	Es heißt: veräußert
66	bei lfd Nr $\frac{8}{\text{zu } 6}$	und 75 roter Strich (anstatt eines schwarzen Striches)
74	bei lfd Nr 4 Spalte 2	Bei 1, 2 wird die Zahl 1 rot unterstrichen
126	*§ 17 Abs 5 GBOGeschO*	§ 17 Abs 5 GBOGeschO hat in einigen Ländern (Baden-Württemberg AV JM vom 5. Dezember 1957 Justiz 1958, 2; Hamburg AV der LJVerwaltung vom 15. Dezember 1957 hambJVerwBl 1958, 1, Nordrhein-Westfalen AV JM vom 10. Januar 1958 NRW JMBl 57, Rheinland-

Seite	Stelle	Ergänzung oder Berichtigung
126	(neu)	Pfalz ZV JM vom 27. November 1957 rhpf JBl 111 Nr 69, Schleswig-Holstein AV JM vom 9. Januar 1958 SchlHAnz 31) folgenden Wortlaut: „*Die Versendung nach auswärts erfolgt als eingeschriebener Brief, als eingeschriebenes Päckchen oder als unversiegeltes Wertpaket, jeweils mit Rückschein.*"
	Fußn 1	Es ist hinzuweisen auf *§ 2 Bem 15*
130	*§ 27 GBOGeschO* (neu)	Dieser Vorschrift ist in einigen Ländern (Berlin AV des Senators für Justiz vom 27. August 1956 berl ABl 975, Hessen RdErl des MdJ vom 24. Juli 1956 hessJMinBl 69, Nordrhein-Westfalen AV JM vom 18. August 1956 JMBl NRW 207, Rheinland-Pfalz LV JM vom 12. September 1956 rhpf JBl 46) ein Absatz 3 hinzugefügt, der folgenden Wortlaut hat: „*Wird bei Eintragungen mit der Buchschreibmaschine die Eintragung im Grundbuch als Durchschlag hergestellt, so ist hierfür Dokumenten- oder Durchschlagpapier zu verwenden; außerdem ist die Schrift sofort nach der Eintragung mit Talkumpuder zu bestreuen oder in sonst geeigneter Weise beständig zu machen.*"
131	§ 31 I GBOGeschO Zeile 2	Es heißt: Handblatt
132	§ 36 I GBOGeschO	Über Änderung der Vorschrift durch Landesrecht *§ 56 Bem 9*
133	am Kopf der Seite	GT 17 (anstatt: GT 71)
132/3	§ 36 II und § 36 Eingang GBOGeschO	In folgenden Ländern: Baden-Württemberg AV JM vom 17. März 1959 Justiz 66, Hamburg AV LJVerwaltung vom 17. März 1959 JVerwBl 13, Niedersachsen AV MdJ vom 13. März 1959, NdsRpfl 77, Nordrhein-Westfalen AV JM vom 4. April 1959 JMBl NRW 100, Rheinland-Pfalz LV JM vom 12. März 1959 JBl 49, Schleswig-Holstein AV JM vom 24. April 1959 SchlHAnz 142 gelten § 36 Abs 2 und § 38 Eingang in nachstehender Fassung:

Seite	Stelle	Ergänzung oder Berichtigung
132/3	(neu)	§ 36 Abs 2 b) *Für die Beschriftung der Ausfertigungsvordrucke mit der Schreibmaschine gilt § 27 Abs2 sinngemäß. Bei Schreibversehen ist nicht zu radieren, sondern ein neuer Vordruck zu verwenden. Schreibversehen in nachträglichen Vermerken auf Briefen sind zu berichtigen; der ursprüngliche Text muß jedoch leserlich bleiben; die Berichtigung ist am Schluß des Vermerks zu bescheinigen.* c) bisher 2 b) **§ 38 Neufassung des Eingangs** *Briefe sollen den Empfangsberechtigten erst ausgehändigt werden, wenn die Schrift genügend getrocknet ist. Über die Verwendung (§ 60 GBO) muß . . .*
140	§ 1 der AV RJM (*GT 20*) Zeile 4	Es heißt am Ende der Zeile: die Bezeichnung (ein „die" entfällt)
141	§ 5 II AV RJM (*GT 20*) Zeile 1	Es heißt: Nummer (anstatt: Nummern)
146	§ 6 I AV RJM (*GT 23*) Zeile 4	Zeile 4 heißt: Das Grundbuchamt verweist in Spalte 10 der alten Durchschrift auf diese.
147	§ 10 AV RJM (*GT 23*) Zeile 2	Es heißt: ist (anstatt: sind)
148	Anlage 1 (*GT 24*) in Mitte der Seite	Es heißt unter Z 2: Vervollständigung Es heißt vor Z 3: Die (Geschäftsstelle usw)
152	AV RJM (*GT 26*)	Die AV RJM zitiert die 2. Auflage des Rösch-Kurandt. In der nunmehrigen 3. Auflage (*LitVerz*) ist die Seitenzahl die gleiche.
156	*GT 27* Bek des bay JM vom 31. März 1952 unter Z III (2) (neu)	Durch Bek des Bay JM vom 7. Februar 1957 bay JMBl 19 wurde der bezeichnete Abs 2 der Z III wie folgt neu gefaßt: *„Diese vereinfachten Sachregister können auf Anordnung des Behördenvorstandes auch in Karteiform oder in Loseblatt-Form (Ringbücher) geführt werden."*
163	Hessen, Runderlaß des Hessischen Ministeriums der Justiz vom 27. Februar 1951 (*GT 30*)	ersetzt durch den GemRdErl des MdJ und des MdF vom 8. Mai 1957 — Erhaltung der Übereinstimmung zwischen dem Grundbuch und dem Liegenschaftskataster — hess JMBl 41, 41 Nr 34 (*Anh 76* S 2482).

Seite	Stelle	Ergänzung oder Berichtigung
164	Wohnungseigentumsgesetz (*GT 32*)	Weitere Vorschriften *Anh 77* S 2491
165	§ 3 II WEGVerfgg (*GT 33*) Zeile 3	Es heißt in Klammer richtig: (§ 12 WEG)
166	§ 5 WEGVerfgg	Satz 2 ist aufgehoben durch VO zur Änderung und Ergänzung der WEGVerfgg vom 15. Juli 1959 BAnz vom 22. Juli 1959 Nr 137 = SaBl 862.
	§ 6 WEGVerfgg Zeile 1	§ 8 Abs 2 WEG (es ist einzusetzen: §)
	§ 9 WEGVerfgg	Nach der bereits erwähnten VO vom 15. Juli 1959 treten an die Stelle des Satz 2 in § 9 aaO die Sätze 2 und 3:
	(neu)	*Für den Inhalt eines Hypothekenbriefes bei der Aufteilung des belasteten Grundstücks in Wohnungseigentumsrechte unter Anlegung besonderer Wohnungsgrundbücher dient die Anlage 4 als Muster. Die in den Anlagen befindlichen Probeeintragungen sind als Beispiele nicht Teil dieser Verfügung.*

Anlage 4

(Probeeintragungen in einen Hypothekenbrief bei Aufteilung des belasteten Grundstücks in Wohnungseigentumsrechte unter Anlegung von besonderen Wohnungsgrundbüchern)

Muster

(Vorderseite)

Gruppe Nr . . .

Deutscher Hypothekenbrief

über

100 000 Deutsche Mark

eingetragen in dem Grundbuche von Trienach (Amtsgericht Schonberg) Band 3 Blatt 86 Abteilung III Nr 3.

Inhalt der Eintragung:

Nr. 3: 100000 (einhunderttausend) Deutsche Mark Darlehen für die Spar- und Darlehenskasse in Schonberg mit sechseinhalb vom Hundert jährlichen Zinsen. Unter Umständen sind siebeneinhalb vom Hundert jährlich sowie ein einmaliger Zuschlag von höchstens zweieinviertel vom Hundert des ursprünglichen Darlehensbetrages zu zahlen. Unter Bezugnahme auf die in anliegender Schuldurkunde enthaltene Eintragungsbewilligung vom 29. September 1954 eingetragen am 18. Oktober 1954.

Belastetes Grundstück:

Das im Bestandverzeichnis unter Nr 1 verzeichnete, in der Gemarkung Trienach gelegene Wohnhaus mit Garten, Viktoriastraße Nr 18, Flur 1, Flurstück $\frac{512}{43}$, Liegenschaftsbuch Nr 96, Gebäudebuch Nr 38, Größe 6 a, 95 qm.

....

Seite	Stelle	Ergänzung oder Berichtigung
166		(2. Seite)

Eigentümer:

1) Bankbeamter Gottlieb Meyer in Trienach zu $^{23}/_{100}$ Anteilen,
2) Witwe Pauline Scheuer geb. Schulze in Trienach zu $^{27}/_{100}$ Anteilen,
3) Rechtsanwalt Heinrich Müller in Schonberg zu $^{23}/_{100}$ Anteilen,
4) Kaufmann Erich Schmidt in Köln zu $^{27}/_{100}$ Anteilen.

Vorgehende oder gleichstehende Eintragungen:

Zweite Abteilung: keine
Dritte Abteilung: keine

Schonberg, den 18. Oktober 1954.

(Siegel)

Das Amtsgericht, Abt 2

Hofmann Kummer

Für jeden der genannten Miteigentumsanteile an dem Grundstück ist am 27. September 1955 ein Wohnungsgrundbuch angelegt worden; im Bestandsverzeichnis dieser Wohnungsgrundbücher ist jeweils eingetragen, daß der Miteigentumsanteil gemäß den Aufteilungsplan mit dem Sondereigentum an einer bestimmten Wohnung (einschließlich der Nebenräume) verbunden und durch die zu den anderen Miteigentumsanteilen gehörenden Sondereigentumsrechte beschränkt worden ist; wie folgt

....

(3. Seite)

Miteigentum	Wohnungsgrundbuch von Trienach		Wohnung einschl. Nebenräume	
	Band	Blatt	örtl. Lage der Wohnung	Nr des Aufteilungsplans für Wohnung und Nebenräume
zu a)	4	87	Erdgeschoß rechts	1
zu b)	4	88	Erdgeschoß links	2
zu e)	4	89	1. Stock rechts	3
zu d)	4	90	1. Stock links	4

Jeder Wohnungseigentümer bedarf zur Veräußerung des Wohnungseigentums der Zustimmung der Mehrheit der übrigen Wohnungseigentümer. Im übrigen ist wegen des Gegenstandes und des Inhaltes des Sondereigentums auf die Eintragungsbewilligung vom 28. Juli 1955 Bezug genommen.

Seite	Stelle	Ergänzung oder Berichtigung
166		Die Hypothek ist als Gesamthypothek in die dritte Abteilung unter Nr 1 der vorgenannten Wohnungsgrundbücher übertragen worden. Das Grundbuch von Trienach Band 3 Blatt 86 ist geschlossen worden*). Schonberg, den 27. September 1955 (Siegel) Das Amtsgericht, Abt 2 Hofmann Kummer Bem*): *Dieser Satz ist im Falle des § 6 Satz 2 der Verfügung über die grundbuchmäßige Behandlung der Wohnungseigentumssachen vom 1. August 1951 zu streichen.*
169	Anlage 1 (*GT 34*) vorletzte Zeile	Roter Strich unter (Wohnungs- und Teileigentumsgrundbuch)
170	Spalte 3 Zeile 5 von unten	Es heißt: Sondereigentumsrechte (anstatt: Sondereigentumsrecht)
191	§ 21 III Abs 2 AktO (*GT 41*) Zeile 3	§ 9 GBO aF entspricht § 10 GBO nF
194	Anlage II (*GT 42*) unter Bem 4 Zeile 3	Es heißt im heutigen Sprachgebrauch: Grunderwerbsteuerbescheinigung
198	EntlVerfgg (*GT 44*) § 1 II Zeile 2, § 2 IV Zeile 3	Es heißt: Beamten (anstatt: Beamte) Das Komma am Schluß der Zeile nach dem Wort „so" entfällt
198 ff.	*EntlVerfgg* (*GT 44*)	ersetzt durch das *RPflegerG* (*Anh 18* S 2371)
206	§ 32 FGG Zeile 5	Es heißt: Rechtsgeschäfte (anstatt: Rechtsgeschäft)
211 ff.	*GT 48 ff.*	Es heißt stets: Ratschreiber (anstatt: Ratsschreiber); es ist darauf hinzuweisen, daß der Sprachgebrauch nicht einheitlich ist (vgl auch S 557 Fußn 1).
211	§ 1 I bad AG GBO (*GT 48*) Zeile 2 Fußn*) vorletzte Zeile	Anstelle der §§ 83, 85, 86 GBO aF ist § 117 GBO nF getreten Einschaltung nach (296): /27. März 1931 GVBl 77
213	§ 12 I bad AG GBO (*GT 48*) Zeile 1	Es heißt: Grundstücke (anstatt: Grundbücher)
215	§ 23 II bad AG GBO (*GT 48*) Zeile 4	Es heißt: vorgelegt

Seite	Stelle	Ergänzung oder Berichtigung
216	§ 27 I bad AG GBO (*GT* 48) Zeile 3 bis 5	Anstelle des Art 20 des Feldbereinigungsgesetzes vom 5. Mai 1856 trat später § 32 des Gesetzes über die Feldbereinigung vom 27. März 1931 bad GVBl 27; nunmehr ist auf die Flurbereinigung hinzuweisen, *E 211 ff*.
217	Fußn*) am Schluß	Es ist anzufügen: letztmals 20. August 1932 bad GVBl 228
219	Überschrift zu § 2 bad GBO VollzVO (*GT 50*)	Es heißt: Dienstaufsicht
220	Fußn *)	Zum Ausdruck „Ratschreiber" und „Ratsschreiber" S 557 Fußn *) und *Erg* zu S 211 ff. (*S 2619*)
222	§ 17 bad GBO Vollz-VO (*GT 50*) Zeile 2	Dem § 8 GBO aF entspricht § 9 GBO nF
223	§ 22 bad GBO Vollz-VO (*GT 50*) Zeile 3	Dem § 45 GBO aF entspricht § 44 GBO nF
	§ 23 I aaO Zeile 2	Es heißt: Grundbuch (anstatt: Grundstück)
	§ 25 II aaO Zeile 1	Dem § 9 GBO aF entspricht § 10 GBO nF
225	§ 34 IV Z 2 bad AG GBO (*GT 50*) Zeile 2	Es heißt: Nummer (anstatt: Nummern)
231	Art 10 I wü AG BGB (*GT 51*)	Es heißt: Amtsgerichtsbezirk
234	bei Überschrift	Es heißt: II. Grundbuchgeschäfte
	Art 29 I wü AG BGB (*GT 51*) Zeile 1	Es heißt: Einem (anwesenden Beteiligten)
235	Art 35 II wü AG BGB (*GT 51*) Zeile 2	Es heißt: nächsthöhere
244	§ 11 II wü GBVO (*GT 53*) Zeile 4	Es heißt: Dienstaufsichtsbehörden
248	§ 27 II wü GBVO (*GT 53*) Zeile 3	Es heißt: mit Eintragungen begonnen wird
252	§ 39 VI wü GBVO (*GT 53*) Zeile 3	Es heißt: eingetretener
253	Fußn 3)	Es wird verwiesen auf S 247 Fußn 1 (nicht 2)
254	§ 43 III wü GBVO (*GT 53*) Zeile 8	Es heißt: ist (Verweisung usw)

Seite	Stelle	Ergänzung oder Berichtigung
257	§ 51 III wü GBVO (*GT 53*) Zeile 2	Es heißt: in einem besonders hierfür bestimmten Umschlagbogen
261	§ 76 wü GBVO (*GT 53*) Zeile 1	Es heißt: (statutarische)
262	§ 81 I wü GBVO (*GT 53*) Zeile 4	Es heißt: umgeschrieben (anstatt: umschrieben)
264	§ 96 III wü GBVO (*GT 53*)	Es heißt: Erscheinen (anstatt: Erbschein)
265	§ 101 I wü GBVO (*GT 53*) Zeile 1	Am Schluß der Zeile ein Punkt; es heißt daher: durch die Post.
266	Karteiblatt (*GT 54*) in Spalte 1	Es heißt: 1,5 cm
268	§ 3 I Z 9 VO (*GT 56*) Zeile 1	Es heißt: Abnahme (anstatt: Annahme)
271 ff. (274)	*GT 58*	§§ 11 und 14 der VO über die Errichtung und Tätigkeit des Staatlichen Notariats vom 15. Oktober 1952 sind durch § 91 Abs 2 unter b des Gesetzes über das Verfahren des Staatlichen Notariats vom 16. November 1956 (auszugsweise abgedruckt im *Anh 114* S 2611) aufgehoben worden.

Einleitung

Seite	Stelle	Ergänzung oder Berichtigung
279	*E 1* Abs 2 Zeile 4	Es heißt: Art (anstatt: §)
	letzter Absatz Zeile 2 von unten	DRiZ 1935, 251 (anstatt: 151)
280	*E 2* Abs 1 Zeile 2	Es heißt: vom 5. August 1935 (anstatt 15. August 1935)
	E 3 Vereinfachungs-VO	Dazu Bruhn Vereinfachung im GBVerfahren Rpfleger 1951, 147
281	*E 4*	Zu dem Bundesgebiet gehört auch das **Saarland,** da es der Deutschen Bundesrepublik durch Gesetz über die Eingliederung des Saarlandes vom 23. Dezember 1956 BGBl I 1011 = SaBl 1957, 77 eingegliedert wurde. Dazu VOen zur Einführung von Bundesrecht im Saarland: 1. VO vom 26. August 1957 BGBl I 1255 = SaBl 1568, 2. VO vom 28. November 1958 BGBl I 891 = SaBl 1489, ferner 1. Sammelgesetz zur Einführung von Bundesrecht im Saarland (Nr 646) vom 17. Juli 1958 ABl Saar 1958, 1171 = SaBl 1396,

Seite	Stelle	Ergänzung oder Berichtigung
281		Gesetz zur Einführung von Bundesrecht im Saarland vom 30. Juni 1959 BGBl I 313 = SaBl 689, Gesetz zur Einführung von Beamtenrecht des Bundes im Saarland vom 30. Juni 1959 BGBl I 332 = SaBl 708, Bek über die Beendigung der Übergangszeit im Saarland vom 30. Juni 1959 BGBl I 401 = SaBl 781, VO zur Einführung der Deutschen Mark im Saarland vom 29. Juni 1959 BGBl I 402 = SaBl 782 und VO über die Umstellung von Schuldverhältnissen und dinglichen Rechten im Saarland vom 26. Juni 1959 BGBl I 403 = SaBl 782.
	E 5 in § 11 des 3. ÜberleitungsG Zeile 2	Es heißt: Grundgesetzes (anstatt: Grundbuchgesetzes)
	in § 13 I aaO Zeile 2	Es heißt: Inkrafttreten
		Über Berlin als Land der Deutschen Bundesrepublik BVerfG NJW 1957, 1273.
		Das 3. Überleitungsgesetz wurde geändert durch Gesetz vom 11. Mai 1956 BGBl I 420 = SaBl 561 und durch die in Artikel I aaO bezeichneten Gesetze.
283	*E 6*	Bezügl Bayern *§ 2 Bem 101* Bez Lippe, das nunmehr zu Nordrhein-Westfalen gehört, BVerfG NJW 1955, 1313.
284 ff.	*E 8 ff.*	Dazu Spiegel, Ausfertigung, Verkündung und Inkrafttreten der Bundesgesetze, Rpfleger 1959, 118.
285	Zeile 20 von unten	Es heißt: Reichsrats
286	Zeile 20 von oben Zeile 6 von unten letzte Zeile	Es heißt: festgestellt (anstatt: festgesetzt) ZJA brZ (anstatt- bzZ letztere (anstatt: letzterer)
287	Zeile 4 von oben	Es heißt: Anwendbarkeit (anstatt: Anwendung)
288	Zeile 14 von unten	Es heißt: Konsensprinzips
289	Zeile 22 von unten Zeile 5 von unten	Es heißt: hierin (wohl besser usw) materiellrechtlich
290	Zeile 14 von oben	Es heißt: rechtsbegründende
292	Zeile 2 von oben	Es heißt: materiellrechtlich
294	*E 18* Abs 1 Zeile 2	Es heißt: zwischen dem materiellen (usw)

Seite	Stelle	Ergänzung oder Berichtigung
295	*E 19* Abs 2 Zeile 2	Es heißt: (*vgl E 27, 29, 49*); der Hinweis *E 48ff.* entfällt Ein öffentliches Buch ist auch das Wasserbuch nach § 37 Wasserhaushaltsgesetz vom 27. Juli 1957 BGBl I 1110 = SaBl 1491.
296	*E 19* letzter Abs	BayObLGZ I ist Band 1 (1948/51)
300	*E 25* Abs 1 Zeile 1	Es heißt: in (zeitlicher Übersicht) usw
	E 25	Zur Bek RJM vom 27. April 1936 DJ 703 Nr 158 auch Bek RJM vom 16. März 1936 DJ 446 Nr 95 AV RJM vom 21. Juni 1936 wurde abgeändert durch VO über die Führung der Grundbücher bei den Amtsgerichten Zell (Mosel) und Düsseldorf vom 21. Dezember 1957 BAnz Nr 247 = SaBl 1958, 19 AV RJM vom 8. Januar 1937; hierzu AV RJM vom 10. Februar 1938 (nicht: 1983)
302	*E 25*	Bei AV RJM vom 5. Juni 1937 Zeile 3 heißt es: DJ 322 (nicht: 1322).
304	*E 25*	Bei AV RJM vom 29. Dezember 1939 Zeile 2 heißt es: im
305		Es ist einzufügen: AV RJM vom 28. Februar 1942 DJ 182 Nr 108 Beschaffung der Katasterunterlagen im Versteigerungsverfahren Bei AV RJM vom 9. Oktober 1942 Zeile 1 heißt es: vom
313	*E 28* Zeile 8	Bei Steiner-Riedel ZVG in 7. Auflage (1955) S 65
	Schiffsregister Abs 3 Zeile 7	Es heißt: näheren (Regelung usw)
	E 29 Zeile 6	Bei Steiner-Riedel ZVG in 7. Auflage (1955) S 67
314	*E 30* Abs 4 Zeile 1	Am Schluß der Zeile ein Komma, also: Rechtsanwendung,
	Abs 5 Zeile 6	Es heißt: unserem (ganzen Rechtssystem usw)
	Zeile 11	Rechtsprechung
	Abs 6	Das Besatzungsrecht ist immer mehr im Abbau begriffen, vgl die Ges zur Aufhebung des Besatzungsrechts: 1. Gesetz vom 30. Mai 1956 BGBl I 437 = SaBl 590, 2. Gesetz vom 30. Mai 1956 BGBl I 446 = SaBl 600, 3. Gesetz vom 23. Juli 1958 BGBl I 540 = SaBl 979. Dazu kommen Landesgesetze; vgl Hinweise im SaBl im Register unter „Besatzungsrechtsaufhebungsgesetze“ und Sommer Gesetz-Weiser unter „Besatzungsrecht“.

Seite	Stelle	Ergänzung oder Berichtigung
314		Es ist auch darauf hinzuweisen, daß das gesamte Bundesrecht bereinigt wird; dazu Gesetz über die Sammlung des Bundesrechts vom 10. Juli 1958 BGBl I 437 = SaBl 861 (zu diesem Gesetz Pollig Rpfleger 1958, 241). Auch in den Ländern sind solche Bestrebungen im Gange. Es wäre freilich zu wünschen, daß nicht durch zu viel neue Gesetze, die erlassen werden, der Zweck wieder teilweise illusorisch gemacht wird. Man sollte bestrebt sein, nur im Rahmen eines unbedingten Bedürfnisses neues Recht zu erlassen. Die Vorwürfe gegen die „Gesetzesmaschine" sind insoweit berechtigt.
315	*E 31*	Im Abschnitt der Vorbehalte zugunsten des Landesrechts ist noch hinzuweisen auf §§ 64ff. GBVerfgg (*GT 5*).
316	Zeile 7 von unten	Es heißt: Landesschätzungsbeiräte
317	Zeile 3 bis 5	Die Bek des bay JustMin vom 15. September 1952 (*GT 29*) bezieht sich auf das Liegenschaftskataster
318	*E 34* Literaturhinweise	Kriegel Grundstücksteilungen (Die Buchungsvorgänge im Kataster und im Grundbuch) Hamburg 1958 Kurandt Grundbuch und Liegenschaftskataster Berlin 1957
	E 35	Kurandt (Allgemeine Vermessungs-Nachrichten 1955, 354) tritt der Auffassung bei, daß das Vermessungswesen zur konkurrierenden Gesetzgebung des Bundes gehört; **aA** Tönnies (Zeitschrift für Vermessungswesen 1955, 363), der das Vermessungswesen als Ländersache ansieht.
	Zeile 4 von unten	Es heißt: jetzt
319	*E 36*	Es wird auf *§ 2 Bem 99* hingewiesen
	Zeile 18 von unten	Es heißt: Beleihungswesens
	letzte Zeile von unten	Es hießt: § 6 BodSchätzG
325	*E 43* Abs 7 Zeile 1	Es heißt: bezüglich
	E 44	vgl dazu *§ 2 Bem 99* S 651
326	Zeile 16 von unten	Es heißt: Bezeichnungen
329	*E 48* Abs 2 Zeile 1	Es heißt: das (Liegenschaftskataster)
331	Zeile 4 von unten	Es heißt: so (anstatt: wo)

Seite	Stelle	Ergänzung oder Berichtigung
334	bei *E 57* bei *E 58*	Bei Überschrift Bezeichnung: C Bei Überschrift Bezeichnung: D
335	bei *E 59* letzte Zeile	Es heißt: Obststräuchern Zu den Abkürzungen *§ 2 Bem 99* S 651
338	*E 62* Zeile 4	Es heißt: Schätzungsplan üblich (Komma entfällt)
339	Zeile 19 von unten	Es heißt: eingetragen (anstatt: einzutragen)
340	Zeile 3 von oben	Es heißt: Eintragungen
342	Zeile 11 von unten	Es heißt: eine der Anzahl usw
343	Zeile 7 von unten	Es heißt: Kriegel
346	Anlage 3	Es heißt bei Überschrift: Vergleichendes Nummernverzeichnis
348	*E 73* Abs 1 Zeile 3 Zeile 17 von unten	Es heißt: einzelne (Karte usw) Es heißt: Gebäudebesitzung
352	Zeile 10 von oben	Es heißt: Devisenrecht
352ff.	*E 78* **Eigentum**	Dazu Kraker § 242 BGB im Sachenrecht BWNotZ 1958, 182, Mühl Treu und Glauben im Sachenrecht NJW 1956, 1657, Schütz Enteignung und soziale Bindung des Eigentums BlGBW 1956, 337. Über Anwendung des § 242 BGB OLG München BayJMBl 1957, 20 = DRspr I (120) 53d. Über Gemeingebrauch in öffentlichen Straßen BVerwG NJW 1957, 962. Über Eigentum am verlassenen Flußbett BGH NJW 1958, 1439 (preuß WasserG). Zur Frage der Verpflichtung des Eigentümers eines Grst zur Abgabe der nach der Fernsprechordnung vom 24. November 1939 vorgeschriebenen GrstEigentümererklärung LG Nürnberg-Fürth NJW 1959, 1639 (Aubert).
354	*E 79* Zeile 9	Es heißt: § 1006 BGB
356ff.	*E 84*	Dazu Redeker Nachbarklage öffentlich-rechtlich oder zivilrechtlich? NJW 1959, 749.
356		Zu **nachbarlichen Beschränkungen** *§ 117 Bem 109, 110*
	Zeile 22 von unten	Es heißt: Bundesgebiet
	§ 906 BGB	Dazu BGH NJW 1959, 1632 = MDR 1959, 741 = BlGBW 1959, 286 Imissionen durch Garagenanlagen, ferner Kraker Die Einwirkungen des § 906 BGB BWNotZ 1959, 81.

Seite	Stelle	Ergänzung oder Berichtigung
357	§ 909 BGB	Dazu BGH VersR 1959, 470 = DRspr I (150) 98a über Haftung des Unternehmers und Architekten für Vertiefungsschaden.
359	§§ 919ff. BGB	Dazu Wiethaup Instandhaltung einer gemeinschaftlichen rückwärtigen Grenzmauer BlGBW 1959, 101, Thiel Bauliches Nachbarrecht aaO 102.
360	Zeile 13 von unten	Es heißt: RGR BGB § 903 Bem 3
363	*E 91* Abs 3 Zeile 4	Es heißt: Rechts, das (usw); Komma (anstatt Punkt)
368	Zeile 11 von unten	Es heißt: Haus nicht oder in einer Form usw (das Wort <u>nicht</u> nach <u>oder</u> entfällt)
370	Zeile 12 von oben	DRspr I (130) 36ef (nicht nur: f)
	Zeile 27 von oben	§§ 1094, 1095, 1098 BGB (einzufügen ist: § 1098). Zu § 1098 BGB BGH NJW 1957, 1476 = JZ 1957, 578 = DRspr I (154) 38b
	Zeile 14 von unten	Es heißt: ausreichende (Gründe)
371	*E 103*	Über Erlöschen eines Verkaufsrechts Haegele Rpfleger 1957, 330. Zu behördlicher Genehmigung BGH aaO (wie *Erg* zu S 370 auf dieser Seite)
	Zeile 5 von unten	Es heißt: Rohloff (anstatt: Rohlaff)
	Zeile 3 von unten	Ähnlichkeit
374	Abs 2 Zeile 4	Es heißt: vorgesehen ist (anstatt: sei)
	Zeile 27 von unten	subsidiären (Charakter)
	Zeile 17 von unten	Altenteils
375	Zeile 5 von oben	Es heißt: Übernehmers
376	Zeile 15 von oben	Es heißt bei der Verweisung: (*E 119*) anstatt Bem 5 G
377	*E* 111 Abs 2 Zeile 4	Es heißt: muß, da (usw); (Komma anstatt Punkt)
378	Zeile 6 von oben	Thieme GBO S 315 bezieht sich auf die 3. Aufl (*LitVerz*)
379	*E 112* Abs 2 Zeile 1, 2	Es heißt: für den Übergang sind allein die materiellrechtlichen Vorschriften des Sachenrechts des BGB maßgebend; ......
	Zeile 21 von unten	Es heißt: Rechtsgeschäfte (anstatt: Rechtsgeschäft)
380	*E 116*	
	Zeile 24 von unten	Es heißt: §§ 896, 1116 usw (Komma)

Seite	Stelle	Ergänzung oder Berichtigung
380	Zeile 17, 18 von unten	Bei DRspr entfällt die Verweisung auf I (154) 2 Rücks
	Zeile 3 von unten	DRspr I (154) 2 Rücks entspricht nunmehr DRspr I (154) 3 der Lieferung 2/56
381	Zeile 26 von unten	Es heißt: die (Eintragung im Grundbuch)
	Zeile 14 von unten	der (durch Rangvorbehalt usw)
382	*E 118* letzte Zeile	Es heißt: Eigentümers
	Zeile 4 von unten	dingliche (Unterwerfungsklausel usw)
383	Zeile 9 von oben	Bei Steiner-Riedel ZVG in 7. Auflage (1955) S 33
385	Zeile 7 von oben	Es heißt: Gebäude
387	Zeile 6 von unten	Es heißt: Zweifeln (anstatt: Zweifel)
389	Zeile 5 von oben	DRspr I (154) 3 Rücks entspricht nunmehr DRspr I (154) 4 Rücks bei Lieferung 2/56
	Zeile 6 von unten	In Übersicht unter 3b heißt es: Dauerwohnrechts
390	*E 135* zum Absatz 5	Zum **Wohnungseigentumsgesetz** Es ist darauf hinzuweisen, daß das wüba Ges Nr 275 nebst den VOen Nr 291, 292 durch das Ges v 16. 2. 1953 bawü GVBl 1953, 9 = SaBl 194 aufgehoben wurde; es findet nur noch auf Miteigentum und Erbbaurecht, die am 1. Januar 1953 bestanden, weiter Anwendung. Dazu *§ 3 Bem 11, 450.*
	E 136 Zeile 1	Es heißt: § 48 II 2 WEG erhielt . . . eine neue Fassung. Es ist auch darauf hinzuweisen, daß das Saarland ein WEG vom 13. Januar 1952 saarl ABl 686 hat, das fast den gleichen Wortlaut wie das WEG der BRD hat.
391	*E 137*	Palandt BGB und Weitnauer-Wirths WEG sind inzwischen in Neuauflage erschienen (dazu *Lit-Verz*), ferner ist hinzuweisen auf Bärmann-Ackermann, München-Berlin 1958. Über Kredit- und Beleihungsfragen beim Wohnungseigentum Herold BlGBW 1958, 353
	Bei *E 137* Absatz 3 Zeile 1	Es heißt bei Brand-Schnitzler: § 167
392	*E 140*	Dazu AG Hamburg NJW 1959, 1638: Das WEG ist vor Eintragung des Wohnungseigentums entsprechend anzuwenden, wenn den Wohnungskäufern auf Grund der Kaufverträge die Wohnungen nach Fertigstellung übergeben worden sind.
	Zeile 14 von oben	Es heißt: Gebäude (eingeräumt usw)

Seite	Stelle	Ergänzung oder Berichtigung
394	*E 142* Absatz Zeile 2	oder seine Sicherheit (einzufügen das Wort: seine)
	E 144 Zeile 3 von unten	Es heißt: Zwangsvollstreckung
397	Zeile 11 von unten	Es heißt: am (Grundstück usw)
400	*E 155* bei Berlin-West	Zum **Landwirtschaftsrecht** Es heißt: VOBl 159, 171
401	*E 155* bei Rheinland-Pfalz	Ergänzungen zum Anerbenrecht: LVO über die Höferolle vom 15. Januar 1954 rhpf GVBl 3 = SaBl 139/19. Mai 1956 rhpf GVBl 68 = SaBl 626/3. November 1958 rhpf GVBl 189 = SaBl 1556,
	bei Württemberg-Hohenzollern	VollzugsVO zum Ges über das Anerbenrecht vom 25. Februar 1930/30. Juli 1948 RegBl 1950, 283,
	bei landwirtschaftlicher Entschuldung	Gesetz zur Abwicklung der landwirtschaftlichen Entschuldung vom 25. März 1952 BGBl I 203 = SaBl 412/20. August 1953 BGBl I 952 = SaBl 1347/26. Juli 1956 BGBl I669 = SaBl 859 (*Anh 62* S 2457), Gesetz über die Liquidation der Deutschen Rentenbank und über weitere Maßnahmen zur Abwicklung der landwirtschaftlichen Entschuldung vom 26. Juli 1956 BGBl I 669 = SaBl 859. Für Bayern Bek des bay JM vom 26. April 1952 bayJMBl 124 (*Anh 63* S 2460).
402	*E 156*	Zum LwVG ist auch der Kommentar von Pritsch erschienen, vgl *LitVerz* Es ist auch hinzuweisen auf den Aufsatz von Picalo Die Funktion des Grundbuchs im Landwirtschaftsrecht unter besonderer Berücksichtigung des Gutglaubensschutzes DNotZ 1957, 227.
404	*E 160*	
	Zeile 15 von oben	Es heißt: zum Wert des Grundstücks steht;
	Zeile 21 von unten	Es entfällt das Wort: die
	Zeile 8 von unten	Es heißt: privatrechtlich (Berechtigten usw) Zum Begriff des land- und forstwirtschaftlichen Grundstücks OLG Celle RdL 1958, 10, zur Frage des Verlustes der Eigenschaft eines landwirtschaftlichen Grundstücks BayOLGZ 1957, 9.
405	*E 161*	Zur bay Freigrenzenbekanntmachung vom 10. September 1949/28. Juli 1951 StAnz 1949 Nr 37/1951 Nr 32 BayObLGZ 1957, 9.

Seite	Stelle	Ergänzung oder Berichtigung
406	Zeile 5 von oben	Es heißt: BGH
	Zeile 19 von unten	Es heißt bei DRspr II: (284) anstatt (294)
407	*E 165*	Die dort angeführte Entscheidung des BayObLG ist auch abgedruckt im BayObLGZ 1954, 61. Dazu auch BayObLG 1953, 148 = DNotZ 1953, 438 und BayObLGZ 1957, 18.
408	Zeile 16 von unten	Es heißt: der (Rentenbank-Kreditanstalt usw)
410	*E 173* Zeile 1	Es heißt: § 8 EAbwG
411	Zeile 9 von oben	Es heißt: die der Bewirtschaftung
	Zeile 14 von oben	Es heißt: festgesetzte (steuerliche Wert)
	Zeile 10 von unten	waren, findet (Komma)
	Zeile 5 von unten	verringert
413	Zeile 17, 18 von unten	Es heißt: übergehen (anstatt: übergeben)
414	*E 176* Abs 2	Über die Zuständigkeit zur Ausstellung des Hoffolgezeugnisses *§ 35 Bem 16*
	letzte Zeile	Es heißt: Höver (anstatt: Hörer)
415		Zum **Boden- und Baurecht**
	Übersicht unter 7b	Es heißt: Rechte
416	Zeile 13 von oben	Es heißt bei Bodenreform: (*E 205 bis 210*)
	E 178	Es ist zum Baurecht hinzuweisen auf: Hessische Bauordnung vom 6. Juli 1957 idF des Änderungsgesetzes vom 6. Dezember 1957 hess GVBl 101, 159 = SaBl 2197 (dazu Zinkahn BlGBW 1957, 257), BGH NJW 1959, 1775, wonach auch die „faktische Bausperre" einen enteignungsgleichen Eingriff darstellen kann, sowie die Aufsätze von Clasen Die Bebauungsgenehmigung NJW 1959, 1616, Die Rechtslage bei ungenehmigten Bauten NJW 1959, 752, Dittus Die richterliche Nachführung baurechtlicher Verwaltungsakte BlGBW 1957, 241, 260, Für und Wider die Baulandsteuer BlGWB 1959, 97, Herold Bedingungen, Auflagen, Befristungen und Widerrufsvorbehalte bei Baugenehmigungen BlGBW 1959, 52, Mühl Baurecht und Privatrechtsordnung NJW 1958, 769, Pietzonka Die baurechtliche Dispens NJW 1957, 1582, Bauanpassungszwang und private Nachbarrechte NJW 1959, 755,

Seite	Stelle	Ergänzung oder Berichtigung
416		Thiel Die Rspr des BVerwGerichts in Bausachen NJW 1959, 1620, Wiethaup Zur BauregelungsVO BlGBW 1958, 291. Zum RNaturschutzgesetz vom 26. Juni 1935 stellte das BVerfG fest, daß das Gesetz nicht als Bundesrecht fortgilt, BVerfG NJW 1959, 237 = BlGBW 1959, 62 = RdL 1959, 37 = DVBl 1959, 136 = ÖV 1959, 100 = BBauBl 1959, 78 = DRspr V (529) 55a
417 ff.	*E 179 ff.*	Zum **Wohnsiedlungsgesetz:** Korff Grenzen des WSG BlGBW 1956, 305, Körner Das WSG in der Rspr der Verwaltungsgerichte NJW 1959, 130, Thiel Die Rspr zum WSG BlGBW 1957, 177, Wiethaup Die wirtschaftliche und rechtliche Bedeutung der WSGenehmigung RdL 1957, 311, BayObLGZ 1958, 85 = DNotZ 1958, 536 = NJW 1958, 1092 = DRspr V (529) 52e Genehmigungspflicht bei Grunddienstbarkeit, LG Hagen Rpfleger 1957, 389 (Haegele) bez beschränkter persönlicher Dienstbarkeit, BGH DNotZ 1958, 484 = LM § 4 WohnsiedlG Nr 2 bez Genehmigung nach WSG bei einem Schwarzkauf, BGHZ 23, 342 = NJW 1958, 830 = DNotZ 1957, 307 = BlGBW 1957, 222 = BB 1957, 351 = LM § 510 BGB Nr 1 (Piepenbrock), § 4 WohnsiedlG Nr 1 bez Notwendigkeit der Genehmigung des Verpflichtungsgeschäfts sowie Vorkaufsrecht, OLG Köln DNotZ 1958, 487 Prüfungspflicht des GBA bei beantragtem Widerspruch der WS-Behörde.
417	§ 1 I WSG Zeile 4 Zeile 6	Es heißt: *Die* (gleiche Befugnis usw) *obersten* (Landesbehörden usw)
418	§ 5 Z 1 WSG Zeile 3 Zeile 15 von unten	Es heißt: *Kleinsiedlung zu Zwecken des Betriebes oder der Kleinsiedlung, nicht aber* (usw) Überschrift: *AusfVO zum WSG*
420/1	*E 183*	Zum **sozialen Wohnungsbau:** Zweites Wohnungsbaugesetz vom 27. Juni 1956 (Familienheimgesetz) BGBl I 523 = SaBl 685, Änderung der beiden WohnungsbauGes durch Ges vom 26. September 1957 BGBl I 1393 = SaBl 1765.

Seite	Stelle	Ergänzung oder Berichtigung
420/1		Das Wohnungsbauprämiengesetz wurde geändert durch das 2. WohnungsbauG und das Ges vom 24. Juli 1958 BGBl I 539 = SaBl 978. Dazu Oschmann Eigenkapital und Eigenkapitalverzinsung im öffentlich geförderten Wohnungsbau BlGBW 1959, 5, 21, Schupp, Die Problematik des 2. WBG.
421	*E 185* Abs 1 Zeile 1	Es heißt: Grundsteuervergünstigung
422	Zeile 25 von unten Zeile 13 von unten	Es heißt: § 20 WGB Familienheime
423 ff.	*E 190*	Das Ges vom 30. Mai 1953 über Gebührenbefreiung beim Wohnungsbau wurde durch das 2. WBG (*vgl Ergänzung zu E 183*) abgeändert. Dazu Krause-Dünow Befreiung von Eintragungsgebühren bei „Schaffung von Wohnungen" DNotZ 1959, 467. Bez Saarland Steuer- und Gebührenbegünstigungen nach dem VO vom 6. März 1958 ABl Saar 607 = SaBl 867.
425	*E 190* Zeile 19 von unten	Es heißt: Pohl-von Germar-Menzer
426	*E 190*	Das HeimstG wurde geändert durch Ges vom 3. August 1953 BGBl I 720. Die zum Wohnungsgemeinnützigkeitsgesetz (RGBl I 1940, 438) erlassene DVO vom 23. Juli 1940 RGBl I 1012 gilt idF vom 25. April 1957 BGBl I 406 = SaBl 709. Dazu Oschmann BlGBW 1957, 180. Die VO über die weitere Förderung der Kleinsiedlung vom 19. Februar 1935 RGBl I 341 gilt mit der Änderung vom 20. Oktober 1940 RGBl I 1646.
427	Zeile 19 von oben Zeile 12 von unten	Es heißt: abgegebene Landlieferungsverbänden
432	*E 195* letzter Absatz vor „Eigenheime"	Die Einziehung der Renten erfolgt durch die Finanzämter, die Landesbehörden sind.
433	Zeile 17 von oben	Es heißt: stehen (den Betroffenen usw)
434	Zeile 6 von oben	Bez der Beitreibung gilt dasselbe wie bei der Einziehung der Renten (*vgl Ergänzung zu S 432*).

Seite	Stelle	Ergänzung oder Berichtigung
435	*E 197*	Das Aufbaugesetz von Hamburg gilt idF vom 12. April 1957 HambGVBl 242 = SaBl 1888.
437	*E 199*	Zum Verkaufsrecht in Niedersachsen BGH NJW 1959, 478 und OLG Celle NJW 1957, 1802. Über Enteignung nach dem Aufbaugesetz in Hessen §§ 12ff. (nicht: §§ 44ff.).
439	Zeile 9 von oben *E 200*	Es heißt: berichtigt Kommentierungen zum **Baulandbeschaffungsgesetz** von Dittus-Zinkahn, Pathe sowie Pergande-Schwender und Stahlkopf Zur Baulandbeschaffung und ihrer Rspr Dittus BlGBW 1959, 1, 17.
	Zeile 6 von unten	WBG
440	Zeile 22 von unten Zeile 11 von unten	Es heißt: BaulBeschG darf (anstatt: bedarf)
441	*E 204*	Zur Frage der Verfassungsmäßigkeit des gerichtlichen Verfahrens BVG NJW 1956, 625. Die Enteignung nach § 56 Abs 2 BaulBeschG ist mit Art 14 Abs 3 GG vereinbar, BGHZ 27, 35 = MDR 1958, 493 = NJW 1958, 1888 = BB 1958, 541 = DRspr V (522) 81 ab. Dazu auch Rspr des KG Berlin-West BlGBW 1959, 14.
447	Zeile 5 von unten	Es heißt: es sei denn (usw)
448	Zeile 20 von unten	Es heißt: zuständige (Grundbuchamt usw)
449	Zeile 23 von unten Landesrecht zur **Flurbereinigung**	Es heißt: BGBl (anstatt: RGBl) Für Bremen Gesetz zur Ausführung des FlBG vom 22. September 1959 GBl 135 = SaBl 1193 Zur Frage, ob Flurbereinigung Enteignung ist, BGH RdL 1958, 193. Über Baulandbewertung in der Flurbereinigung Leikam RdL 1958, 225, über das beschleunigte Zusammenlegungsverfahren in Bayern Lurz RdL 1959, 34. Über Flurbereinigung vgl auch *§ 117 Bem 90*.
450	Zeile 26 von unten (*E 213* Abs 4)	Es heißt: Sie (hat hierbei von den Eintragungen usw)
451	*E 214* Abs 4	Es heißt: . . . in Ausnahmefällen, und zwar mit Zustimmung . . . .
	E 215 Abs 1 Zeile 3	Es heißt: auf (anstatt: bei)

Seite	Stelle	Ergänzung oder Berichtigung
452	*E 217* **Enteignung**	Dazu Dittus Zur normativen Selbständigkeit des Enteignungsrechts BlGBW 1958, 241, 257, Frohberg Kritische Gedanken zur Enteignung BlGBW 1959, 209, Nordalm Zur Entschädigungsfrage bei Enteignungen BlGBW 1958, 373, bei Überspannung von Grsten mit Fernstromleitungsdrähten BlGBW 1959, 132.
453	Zeile 22 und 30 von unten	Zur **Währungsumstellung**: Es heißt: Amerik Zone
454	Zeile 16 von oben Zeile 23 von oben	Es heißt: Henke-Mönch GBO Der Hinweis auf *E 205* kommt in Wegfall.
458	*E 220* Zeile 10 von oben *E 221* Abs 1 Zeile 2 Zeile 3	Es heißt: Wirtschaftlich gemeinsame Vermögensbestände Es heißt: Haegele GBRecht S 4279 Bei Steiner-Riedel ZVG (in 7. Aufl 1955) wird auf S 42 verwiesen.
459	Zeile 4 von unten	Es heißt: Durchführung
460	Zeile 19 von unten	Es heißt: LAG
461	*E 224* Abs 2 Zeile 6	Es heißt: Lastenausgleich
462	*E 224* Abs 3 von oben Zeile 4 bei Literaturhinweisen Zeile 3	Es heißt: Kein Zurückbehaltungsrecht Es heißt: Lastenausgleich
463	Zeile 9 von oben Zeile 10 von oben Zeile 17 von unten	Es heißt: Wiederaufbaus §§ 3a, b, c LSG LAG
464	Zeile 3 von unten	Es heißt: übergegangenen
467	Abs 2 von oben Zeile 3 Zeile 18 von unten Zeile 15 von unten	Es heißt: belegenen Grundstück Es heißt: Schuldnergewinne Es heißt: den DM-Eröffnungsbilanz-Vorschriften
468	Zeile 16 von unten	Es heißt: wären, (wenn die ZwVerst usw)
470	Übersicht unter 3b	Es heißt: BEG
	E 228 **Rückerstattung und Wiedergutmachung**	Es ist hinzuweisen auf das Bundesgesetz zur Regelung der rückerstattungsrechtlichen Geldverbindlichkeiten des Deutschen Reichs und gleich-

Seite	Stelle	Ergänzung oder Berichtigung
470		gestellter Rechtsträger (Bundesrückerstattungsgesetz — BRüG) vom 19. Juli 1957 BGBl I 734 = SaBl 1081/24. März 1958 BGBl I 141 = SaBl 265/13. Januar 1959 BGBl I 21 = SaBl 133. Dazu Kommentar von Blessin-Wilden, München Berlin 1958. Über die Behandlung von Rückerstattungstatbeständen bei der Hypothekengewinnabgabe § 137 LAG mit der 15. AbgabenDV-LA-HGA-RErstDV vom 2. Juni 1855 BGBl I 267.
471	Zeile 2 von oben	Es heißt: Entschädigung (für Opfer usw) Das Bundesentschädigungsgesetz wurde geändert durch Ges vom 29. Juni 1956 BGBl 559 = SaBl 720/1. Juni 1957 BGBl I 663 = SaBl 987. Der Kommentar zum BEG von Blessin-Wilden-Ehrig ist in 2. Auflage erschienen, 1957 mit Nachtrag.
473	Zeile 26 von unten	Es heißt: einem (gegen die guten Sitten usw)
474	Zeile 8 von unten	Es heißt: weitgehendst
475	Zeile 4 von oben	Es heißt: amerik Zone
476	Zeile 18 von oben Zeile 13 von unten	Es heißt: BGHZ 11, 16 (amerik Z) anstatt (Anm 2)
479	Zeile 12 von oben Zeile 17 von oben	Es heißt: rechtskräftigen Es heißt: gemäß den in einer Verfügung zu erlassenden Bestimmungen
480	*E 235, 236*	Es heißt: BEG (anstatt REG)
481, 482	*E 237* **Preisrecht**	Zur Frage der Rechtsgültigkeit des Preisgesetzes vom 10. April 1948 BVerwGE 4, 24 = DVBl 1957, 177 = ZMR 1957, 114 = DRspr V (533) 98b. Zu § 2 PreisGes BVerfG BGBl 1959 I 48 = SaBl 290. Die allzu übereilt im Jahre 1954 aufgehobene Strafvorschrift gegen Preistreiberei wurde bereits im Jahre 1956 wieder als § 2a in das Wirtschaftsstrafgesetz 1954 eingefügt, und zwar durch Ges vom 19. Dezember 1956 BGBl I 924 = SaBl 1957, 7; dazu Schork NJW 1957, 332. Durch Gesetz zur Verlängerung der Geltungsdauer des Wirtschaftsstrafgesetzes 1954 vom 21. Dezember 1958 BGBl I 949 = SaBl 1959, 14 wurde die Geltungsdauer bis 31. Dezember 1962 ausgedehnt. Dazu Ebisch BB 1959, 96.

Seite	Stelle	Ergänzung oder Berichtigung
483	VO PR 75/52 Vorspruch Zeile 3 § 2 Zeile 3	Es heißt: RGBl I S 824 Widerruflich Zu der Frage: Wann wird der Preisstop für unbebaute Grundstücke fallen? Schupp BlBGW 1958, 134. Über die Auswirkung der Aufhebung der Preisbindung auf vorher geschlossene Verträge BGH NJW 1959, 93 (Bettermann). Über die Preisvorschriften bei GrstVeräußerungen Häussermann BlGBW 1959, 63.
484	*E 238* zur VO vom 7. Juli 1942	BGH NJW 1958, 99 = BlGBW 1958, 62 = LM § 817 BGB Nr 9 über Preis bei Schwarzgeschäften
487	Zeile 2 von unten	Es heißt: OLG Frankfurt aM NJW 1954, 153 (Huber)
489	Zeile 13 von oben	Es heißt: eingetreten ist, finden sich eingehende Ausführungen usw
492	*E 242* Abs 4 Zeile 4 Zeile 5 Zeile 8 von unten	Zum landesrechtlichen Enteignungsrecht *§ 117 Bem 74ff., 78* Es heißt: inwieweit können, dem Enteigneten usw; (das Wort „von" entfällt) ausdrückliche (anstatt: ausdrücklich) Über Enteignungsentschädigung und Preisstop NJW 1957, 1457
493	*E 243*	Zeile 20 von unten kommt der Hinweis auf *E 205* in Wegfall Das **Devisenrecht** befindet sich in ständiger Auflockerung. Zur Frage der Fortgeltung der Devisenbewirtschaftungsgesetze Ditges NJW 1957, 170, 897, Everling aaO 896. Zu erwähnen sind die Mitt Nr 7003/59, die Allgemeine Genehmigung Nr 90/59 betr An- und Verkauf, Übertragung und Belassung von Zahlungsmitteln in jeder Währung und von ähnlichen Devisenwerten vom 9. Januar 1959 BAnz Nr 7 = SaBl 139 sowie die Mitt Nr 6001/59 betr Bekanntmachung über die Erfüllung von Verbindlichkeiten gegenüber Ausländern; Aufhebung der Allgemeinen Genehmigung Nr 18/49 (4. Neufassung) vom 15. Januar 1959 BAnz Nr 11 = SaBl 140, ferner die Mitt Nr 6004/59, die Allgem Gen Nr 11/49 (3. Neufassung) betr Regelung inländischer Erbschaften vom 16. Januar 1959 BAnz Nr 12 = SaBl 155 und Mitt Nr 7004/59, die Allgem Gen

Seite	Stelle	Ergänzung oder Berichtigung
493		Nr 93/59 betr Leistung und Entgegennahme von Sicherheiten durch Deviseninländer vom 30. Januar 1959 BAnz Nr 21 = SaBl 211. Für das Saarland ist auf die Bek betr die Neuordnung und -regelung des Devisenmarktes vom 2. Juli 1958 ABl Saar 571 = SaBl 875 hinzuweisen.
494	Zeile 12 von oben Zeile 14 von oben	Es heißt: Wiedergutmachungsangelegenheiten Ausland
495, 496	*E 245*	Dazu Berner Devisenrechtliche Genehmigung und Zwangsvollstreckung Rpfleger 1958, 361. Mit der zunehmenden Erleichterung im Devisenrecht wird die Zahl der Allgem Gen im größer. Hinzuweisen ist bes auf die Mitt Nr 6027/57 Allgem Gen Nr 83/57 betr Erwerb und Veräußerung von Grundbesitz im Ausland oder im Saarland; Miet- und Pachtverträge vom 21. November 1957 BAnz Nr 227 = SaBl 2142.
496, 497	*E 246*	Die Landeszentralbanken und die Berliner Zentralbank wurden auf Grund des Gesetzes über die Deutsche Bundesbank vom 26. Juli 1957 BGBl I 745 = SaBl 1109 mit der Bank deutscher Länder verschmolzen, die seitdem die Bezeichnung Deutsche Bundesbank führt.
498	Übersicht	Bei **Steuerrecht** heißt es: 1. Allgemeines
499 ff.	*E 249*	Die **Abgabenordnung** wurde geändert durch die Gesetze vom 11. Mai 1956 BGBl I 418 = SaBl 559 und vom 22. Oktober 1957 BGBl I 1746 = SaBl 1912. Zu § 189d AO ist hinzuweisen auf die 22. Abgaben-DVLA vom 19. Juli 1958 BGBl I 526 = SaBl 966, dessen *§ 10* *Unbedenklichkeitsbescheinigung* (§ 189d der AO) zu § 203 LAG folgendes bestimmt: *Wird ein im Geltungsbereich dieser Verordnung belegenes Grundstück im Sinne des § 2 des Grunderwerbsteuergesetzes vom 29. März 1940 (RGBl I S 585) von einer Person veräußert, die in dem genannten Gebiet keinen Wohnsitz (Sitz) hat oder bei der mit der Aufgabe des Wohnsitzes (Sitzes) in absehbarer Zeit zu rechnen ist, so wird die zur Eintragung des Erwerbers in das Grundbuch erforderliche steuerliche Unbedenklichkeitsbescheinigung*

Seite	Stelle	Ergänzung oder Berichtigung
499 ff.		*(§ 189d AO, § 9 der DurchfVO zum GrEStG vom 30. März 1940 — RGBl I S 595) erst erteilt, wenn auch wegen der Vermögensabgabe keine Bedenken bestehen.* Zu §§ 189, 189a bis d AO für Rheinland-Pfalz Hinweis des JM vom 2. September 1957 rhpf JBl 86 Nr 50 betr Anzeigepflicht der Gerichte und Notare und sonstigen Urkundspersonen zur Durchführung der Erbschaftsteuer, der Schenkungssteuer, der Grunderwerbsteuer und der Kapitalverkehrssteuer gegenüber den Finanzämtern des Saarlandes.
503	Zeile 21 von oben *E 250*	Es heißt: Beschlagnahme Das **Steueranpassungsgesetz** idF der Anl 1 der VO zur Änderung der ESt-DurchfVO vom 16. Oktober 1948 (WiGBl S 139) gilt mit den Änderungen der Gesetze vom 11. Juli 1953 BGBl I 511 = SaBl 729, vom 26. Juli 1957 BGBl I 848 = SaBl 1244 und vom 18. Juli 1958 BGBl I 473 = SaBl 917.
504 ff.	*E 252*	Das **Bewertungsgesetz** idF der Gesetze vom 1. Dezember 1936 RGBl I 961 und vom 16. Januar 1952 BGBl I 22 = SaBl 89 gilt mit den Änderungen vom 26. Juli 1957 BGBl I 848 = SaBl 1244 und vom 24. Juli 1958 BGBl I 538 = SaBl 977.
505	Zeile 12, 13 von oben Zeile 10 von unten Zeile 7 von unten	Es heißt: landwirtschaftlichem Vermögen, ... gärtnerischem Vermögen fremdem (Grund und Boden) forstwirtschaftlichen (Vermögen usw)
506	*E 253*	Bei dem **Vermögensteuergesetz** erfolgte eine Änderung durch das Gesetz vom 26. Juli 1957 BGBl I 848 = SaBl 1244. Auch das Gesetz vom 24. Juli 1958 BGBl I 538 = SaBl 977 betrifft das Vermögenssteuerrecht.
506, 507	*E 254*	Das **Erbschaftsteuergesetz** idF vom 30. Juni 1951 BGBl I 764 = SaBl 1027 wurde geändert durch die Gesetze vom 16. Januar 1952 BGBl I 20 = SaBl 88, 14. August 1952 BGBl I 446 = SaBl 942, 19. Mai 1953 BGBl I 201 = SaBl 475, 23. Juni 1953 BGBl I 687 = SaBl 890, 16. Dezember 1954 BGBl I 373 = SaBl 3101, vom 26. Juli 1957 BGBl I 848 = SaBl 1244 und vom 24. März 1959 BGBl I 157 = SaBl 393, nunmehr in Neufassung vom 1. April 1959 BGBl I 187 = SaBl 438. Dazu Troll DNotZ 1959, 228. Zur Rspr des BFH Haegele BWNotZ 1958, 332.

Seite	Stelle	Ergänzung oder Berichtigung
506	Zeile 3 von unten	Es heißt: fortgesetzte
507	Zeile 9	Es heißt: insbesondere
507	*E 255*	Das **Einkommensteuergesetz** gilt nunmehr idF vom 23. September 1958 (EStG 1958) BGBl I 672 = SaBl 1250 mit der Einkommensteuer-DurchfVO idF vom 13. März 1959 (EStDV 1958) BGBl I 120 = SaBl 343. Mit Rücksicht auf das Gleichberechtigungsgesetz ist die Veranlagung von Ehegatten in §§ 26, 26a, 26b EStG 1958 neu geregelt, indem gemeinsame und getrennte Veranlagung je nach Antrag erfolgen kann. Ähnlich war die Regelung bereits im EStG 1957 BGBl I 1793 = SaBl 2105 in den §§ 26, 26a bis e. Diese Art der steuerlichen Veranlagung ist rechtsgültig, BFH NJW 1958, 1943. Zu den zum EStG ergangenen Entscheidungen des BVerfG *Erg zu § 33 Bem 4 S 2687*. Über erhöhte Herstellungskosten bei Wiederaufbau eines kriegszerstörten Hauses BFH NJW 1959, 1654, über erhöhte Absetzungen bei Gütergemeinschaft BFH NJW 1959, 1655 (Oswald). Über Zugehörigkeit von Grsten zum Betriebsvermögen Hanraths BlGBW 1959, 250.
507, 508	*E 256*	Das **Körperschaftsteuergesetz** gilt nach Neufassung vom 19. Dezember 1957 (KStG 1957) BGBl I 1865 = SaBl 1958, 1 und Änderung vom 18. Juli 1958 BGBl I 473 = SaBl 917 idF vom 18. November 1958 (KStG 1958) BGBl I 747 = SaBl 1433. Es ist auch auf die DurchführungsVO idF vom 5. August 1958 (KStDV 1958) BGBl I 625 = SaBl 982 hinzuweisen.
508	Zeile 1 *E 257*	Es heißt: insbesondere. Das **Kapitalverkehrsteuergesetz** gilt idF vom 24. Juli 1959 (KVStG 1959) BGBl I 530 = SaBl 882, die Durchführungsbestimmungen dazu (KVStDV) idF vom 20. Mai 1959 BGBl I 267 = SaBl 603. Der Kommentar von Kinnebrock ist nunmehr in 2. Auflage erschienen (1956). Im Saarland gilt das Gesellschaftsteuergesetz als Gesetz Nr 451 idF vom 29. April 1958 (GesStG 1957) ABl Saar 433 = SaBl 855.
510	*E 259* Ziffer 4 Zeile 2	Es heißt bei **Grundsteuer**: Rechtsverordnung

Seite	Stelle	Ergänzung oder Berichtigung
511	*E 259* Zeile 7 von oben	Zur Grundsteuer: Nach den Worten „einer ihrer Orden" ist einzufügen: eine ihrer religiösen Genossenschaften
	Zeile 18 von unten	Es heißt: begünstigten (Zwecken usw)
512	Zeile 12 von unten	Es heißt: grundstücksgleichen (nicht: grundsätzlichen) Über Verpflichtung des Nießbrauchers zur Zahlung der Grundsteuer SchlH OLG SchlHA 1956, 262 = DRspr I (154) 38a.
	E 262	Steuervergünstigungen bei sozialem Wohnungsbau vgl *E 183*. Für das Saarland ist auf § 16 der 3. VO über Steuer- und Gebührenerleichterungen für den Wohnungsbau vom 6. März 1958 ABl Saar 607 = SaBl 867 hinzuweisen.
514	*E 264*	Das **Gewerbesteuergesetz** gilt nach Neufassung vom 19. Dezember 1957 (GewStG 1957) BGBl I 1871 = SaBl 1958, 7, und Änderung vom 18. Juli 1958 BGBl I 473 = SaBl 917 idF vom 18. November 1958 (GewStG 1957) BGBl I 754 = SaBl 1440. Über öffentliche Lasten und Gewerbesteuer Häussermann BlGBW 1958, 193.
514, 515	*E 265*	Im Saarland gilt das **Grunderwerbsteuergesetz** vom 13. Juli 1950 (ABl Saar 1019) nach Änderung vom 13. Mai 1952 (ABl Saar 694) und vom 12. Juni 1957 (ABl Saar 905) idF vom 29. April 1958 (GrEStG 1957) ABl Saar 433 = SaBl 849. Literaturhinweise: Boruttau-Klein ist inzwischen in 2. Auflage erschienen (1957). Ferner ist hinzuweisen auf Boruttau Übersicht über Rspr DNotZ 1957, 116/1959, 80, Haegele Erbbaurecht und GrESt BlGBW 1957, 11, Verhältnis der GrESt zu anderen Steuern BlGBW 1958, 156, Die Rspr des BFH zur GrESt aaO 282.
520, 521	*E 268*	Steuervergünstigungen (Ergänzungen): Berlin nunmehr Ges vom 30. Mai 1956 berl GVBl 541 = SaBl 623, Bremen Ges vom 21. Dezember 1954 brem GBl 119 = SaBl 1955, 116, Hamburg Ges vom 28. Juni 1955 hamb GVBl 259 = SaBl 826, nunmehr Ges vom 20. August 1957 hamb GVBl 383 = SaBl 1900, Hessen bisher Ges vom 14. Oktober 1954 hess GVBl 159 = SaBl 1100, nunmehr Ges vom 15. Juli 1958 hess GVBl 74 = SaBl 1159, Niedersachsen neueste Änderung vom 25. März 1958 nds GVBl 11 = SaBl 457, Nordrhein-Westfalen Ges vom 4. März 1952

Seite	Stelle	Ergänzung oder Berichtigung
520, 521		nrw GS 609 = SaBl 360 mit Änderung vom 3. Juni 1958 nrw GVBl 221 = SaBl 765, nunmehr idF vom 19. Juni 1958 nrw GVBl 282 = SaBl 863, Saarland III. VO über Steuer- und Gebührenerleichterung für den Wohnungsbau (III. WStGEV) vom 6. März 1958 ABl Saar 607 = SaBl 867 §§ 17ff. Zu Baden-Württemberg ist hinzuweisen auf die AV JM vom 22. August 1957 betr Beurkundung von Grundstücksgeschäften, hier Ges über Erleichterung bei der Grunderwerbsteuer für den Erwerb von Grundstücken zur Verbesserung der inneren Verkehrslage land- und forstwirtschaftlicher Betriebe vom 6. Februar 1956 (GesBl 8), Justiz 1957, 349. Dazu auch Schütz Steuererleichterungen für Landwirtschaft in Baden-Württemberg BWNotZ 1958, 201.
521	Zeile 6 von unten	Es heißt: Betrachtungsweise
522	bei § 4 Z 2 GrEStG	Es heißt: § 4 I Z 2 GrEStG
524	Zeile 10 von oben Zeile 12 von oben	Es heißt: Sicherung haben (anstatt: hat)
525	letzte Zeile	Es heißt: Empfängers
526	*E 270* Abschnitt über Steuerschuld Zeile 1	Es heißt: Vertragsteile Über Zuschläge zur GrESt *E 274*
527	GrEStDV § 2 I Z 1 g II Z 2	 Es heißt: Handelsgesellschaft fremdem (Boden usw)
528	GrEStDV § 4 II Z 2 Zeile 2 von unten	Es heißt: Gesellschaftsanteile hat (anstatt: haben)
529, 530	Muster 1 und 2 unter 2 b unter 5 bei Restkaufgeld	Es heißt: Grundstück hypothekarisch
	unter 6	Es heißt: mir (anstatt: mit)
532	Zeile 3 von oben	Es heißt: Finanzamt
533	*E 273* Zeile 1 von oben Zeile 21 von oben	Es heißt: Unbedenklichkeitsbescheinigung Jahren (anstatt: Jahre) Zu Baden-Württemberg AV JM vom 4. März 1953 Justiz 79 und vom 4. März 1955 Justiz 120.

Seite	Stelle	Ergänzung oder Berichtigung
533		Zu Bayern JMinE vom 6. November 1950 bay-JMBl 517.
	E 274	Zur **Wertzuwachssteuer** und zu den Zuschlägen zur GrESt: Berlin Ges vom 13. Februar 1958 berl GVBl 213 = SaBl 297, Hamburg Ges vom 1. April 1958 hamb GVBl 93 = SaBl 530. In Berlin beträgt der Zuschlag 3%, in Hamburg nunmehr 6%.
534, 535	*E 275*	Zum **Notariatsrecht** Vorschriften: Bayern, Bek des JMin über Angelegenheiten der Notare vom 31. Mai 1957 bay JMinBl 351. Literaturhinweise: Gonella Wesen und Wandel der Aufgaben des Notars in rechtsstaatlicher Betrachtung DNotZ 1956 (Sonderheft Deutscher Notartag 1956), 45, Haegele Die Kosten einer notariellen Beurkundung BlGBW 1957, 212. Reformfragen: Saage Der neue Entwurf des Gesetzes über Maßnahmen auf dem Gebiete des Notarrechts DNotZ 1958, 171, Schack Zur bevorstehenden Neuordnung des Notarrechts JR 1956, 161.
535, 536	*E 276*	Zur Zuständigkeit: Niedersachsen Niedersächsisches Gesetz über die freiwillige Gerichtsbarkeit (Nds FGG) vom 14. Mai 1958 nds GVBl 117 = SaBl 690.
536	*E 276* vorletzte Zeile	Es heißt: Amtsrichter
536 ff.	*E 277*	Notarielle Beurkundung: Über Belehrungspflicht des Notars und Einreichung der Urkunde beim Grundbuchamt BGH DNotZ 1958, 557 mit Bem 531. Über Belehrungspflicht des Notars bei Grstgeschäften Herold BlGBW 1959, 225. Bedeutsam ist, daß ein Notar, da er Träger vorsorgender Rechtspflege ist (§ 1 NotO), verpflichtet ist, den Beteiligten den billigsten Weg aufzuzeigen, auf dem sie ihr Ziel erreichen können. Dieser Grundsatz ist besonders bei sozialem Wohnungsbau zu beachten, da die Beteiligten ohnedies möglichst billig bauen wollen. Es ist daher als Verstoß gegen diese Treupflicht anzusehen, wenn ein Notar bei solchen Gelegenheiten den an sich ohne notarielle Form gültigen Bauvertrag nochmals notariell beurkundet und aus der gemeinsamen Beurkundung die Gebühren auch aus dem Bauvertrag mitberechnet. Wenn schon solche Beteiligte die Kosten der Grunderwerbsteuer spa-

Seite	Stelle	Ergänzung oder Berichtigung
536 ff.		ren wollen, dann wollen sie nicht ein Mehrfaches für Notariatsgebühren bezahlen. Und auch, wenn Grunderwerbsteuerfreiheit nicht in Anspruch genommen wird, besteht je nach der Abfassung des Vertrags Gefahr, daß die Grunderwerbsteuer aus dem hohen Wert des Grundstücks einschließlich gebautem Haus berechnet wird (dazu Boruttau-Klein GrEStG § 11 Bem 41 (17). In solchen Fällen besteht Anlaß für die Belehrungspflicht des Notars und ist die gemeinsame Beurkundung nur vorzunehmen, wenn die Beteiligten sie nach Belehrung ausdrücklich verlangen. Da ein Fall unrichtiger Sachbehandlung vorliegen kann, können **uU die zuviel berechneten Gebühren nach § 16** KostO niedergeschlagen werden. Im übrigen kann sich der Notar wegen Amtspflichtverletzung haftbar machen. Daher können auch für die etwa erforderliche Berichtigungsurkunde keine Gebühren berechnet werden. Soweit die Beteiligten im Falle der Weigerung des Notars einen ergänzenden schriftlichen Vertrag mit Berichtigung schließen, heilt der Formmangel nach § 313 BGB, wenn die Auflassung in das GB eingetragen wird. Der Notar hat diese ergänzende Erklärung an die zuständigen Stellen, wie GBA oder FA, weiterzuleiten, wenn er beauftragt wird, da er insoweit Bote der Beteiligten ist.
537	Zeile 24 von oben	OLG Koblenz DNotZ 1955, 53 = DRspr IV (478) 83 de
538 ff.	*E 278 ff.*	Für den **Rechtspfleger** ist nunmehr das Rechtspflegergesetz vom 8. Februar 1957 BGBl I 18, 44 = SaBl 249, 317 mit Änderungen vom 18. Juni 1957 RGBl I 609 = SaBl 721 und vom 26. Juli 1957 BGBl I 861 = SaBl 1277 (*Anh 18* S 2371) maßgebend. Literaturhinweise: Kommentierungen: Arndt 1957, Arnold-Wiegandt 1957, Hofmann-Kersting 1957, Marquordt 1958. Haegele-Lüke Handbuch für den Rechtspfleger, Reichel Die Stellung des Rechtspflegers in der Gerichtsorganisation. Dazu ferner DRiZ 1957, 19 (zur Abgrenzung der richterlichen Tätigkeit), Keidel NJW 1957, 521, Schorn Rpfleger 1957, 267, Strauß Rpfleger 1947, 33

Seite	Stelle	Ergänzung oder Berichtigung
538	*E 278* Zeile 3	Es heißt: einer (Fülle usw)
539	§ 19 EntlVerfgg unter b)	Es heißt: Urkunden (anstatt: Urkunde)
541	Entwurf § 10 IV Zeile 1 Zeile 2	Es heißt: stattgeben Entscheidungen
543 ff.	*E 282 ff.*	Der neue Rechtszustand im **Familienrecht** wurde inzwischen durch das Gleichberechtigungsgesetz vom 18. Juni 1957 BGBl I 609 = SaBl 921 (*Anh 17* S 2348) geregelt; hierzu *§ 33 Bem 4 ff.*, *§ 35 Bem 65 ff.* Ergänzende Hinweise befinden sich am Schluß dieser Übersicht *Seite 2704*.
546	Zeile 6 von oben Zeile 23 von oben	Es heißt: vom (Zufall usw) ein (Ehegatte beim Eintritt usw)
548 ff.	*E 285 ff.*	Zum Recht der **Sowjetzone:** Es ist hinzuweisen auf die Notariatsverfahrensordnung vom 16. November 1956 GBl DDR 123 = SaBl 1957, 192 (*Anh 114* S 2606), wonach §§ 11 und 14 der VO vom 15. Oktober 1952 (*GT 58*) aufgehoben wurden, Anordnung über die Ersetzung zerstörter oder abhanden gekommener gerichtlicher und notarieller Urkunden vom 16. November 1956 GBl DDR 1299 = SaBl 1957, 204, Anordnung über die Arbeitsordnung des Staatlichen Notariats vom 16. November 1956 GBl DDR 1310 = SaBl 1957, 762, VO zur Aufhebung von Rechtsbeschränkungen aus der landwirtschaftlichen Entschuldung vom 12. März 1959 GBl DDR I 175 = SaBl 544. Über die gekündigte Hypothek auf ostzonalem Grst Gentzmann BlGBW 1959, 228.
549	Zeile 13 von oben Zeile 18 von unten	Es heißt: Rechtsbeziehungen des (Ministerrats usw)
550	Zeile 1	Es heißt: Besorgung

Kommentierung

Seite	Stelle	Ergänzung oder Berichtigung
556	**§ 1** (*5 unter b*)	Zu Bayern Bek über die Dienstsiegel der bayerischen Justizbehörden vom 30. Oktober 1956 bay JMBl 244/8. Mai 1957 bay JMinBl 314.
	1 (*5 unter c*)	§§ 1, 2 der VO vom 10. Mai 1944 sind aufgehoben durch Ges vom 23. Juni 1950 BGBl 225 = SaBl 558.

Seite	Stelle	Ergänzung oder Berichtigung
557, 558	*1* (*7*)	Zur Dienstaufsicht ist für Bayern auf das AG GVG vom 17. November 1956 bay GVBl 249 = SaBl 1216 hinzuweisen. Literaturhinweise: Hauth Dienstaufsichtsfragen DRiZ 1957, 284, Sarstedt Überlastung des Richters DRiZ 1957, 60, Schorn Richterliche Unabhängigkeit und Dienstaufsicht DRiZ 1959, 269.
558ff.	*1* (*8ff.*) FGG	Niedersachsen Nds FGG vom 14. Mai 1958 nds GVBl 117 = SaBl 690
570	*1* (*24*) Zeile 12	Es heißt: früher BayObLG OLG 9, 450. Dazu auch BayObLGZ 1957, 184 bez allgemeiner Gütergemeinschaft (*§ 33 Bem 50ff.*).
577	*1* (*41*)	Zustellung: Dazu Erlaß über Zustellungen, Ladungen, Vorführungen und Zwangsvollstreckungen in der Bundeswehr vom 7. Juli 1957 BAnz Nr 113 = SaBl 912. Ripfel Die Bekanntmachungen von Verfügungen in Grundbuchsachen im Landesteil Baden BWNotZ 1958, 278.
588	*1* (*78*)	Bei Zeile 7 von oben heißt es: § 27 GBO (in Wegfall kommt: „II")
	1 (*81*)	Bei Zeile 4 von unten heißt es: AV RJM .... vom 28. Mai 1937 (anstatt: 25. Juli 1937)
590ff.	*1* (*88, 89*)	Über Kosten *13* (*Vorbem 181 ff.*). Die KostO wurde neu gefaßt durch das Gesetz zur Änderung und Ergänzung kostenrechtlicher Vorschriften vom 26. Juli 1957 BGBl I 861 = SaBl 1277; Neufassung des Gesetzestextes in Anlage 2 zu Art XI § 7. Die wichtigsten Vorschriften sind abgedruckt im *Anh 113* S 2587; dort ist auch bez der einschlägigen Bestimmungen bemerkt, welche alte Vorschrift der neuen jeweils entspricht. Im übrigen vgl *Seite 2704*.
603	*1* (*110*) unter b Zeile 16 von unten Zeile 8 von unten	Für Baden ist GBOVollzVO in AG GBO (*GT 48*) richtigzustellen. Es heißt: Bek RJM vom 16. März und 27. April 1936 DJ 446, 703 (*Anh 5, 6*)
606	*1* (*118*)	Bestimmung des zuständigen Gerichts nach § 5 FGG bei Beteiligung von Rpflegern LG Berlin NJW 1958, 388 = Rpfleger 1958, 86

Seite	Stelle	Ergänzung oder Berichtigung
609	*1 (124 unter a)*	Zur Bestimmung des zuständigen Grundbuchamts für Führung eines Berggrundbuchs in Preußen nach Art 22 pr AG GBO mit § 1 Abs 2 GBO und § 5 FGG OLG Hamm JMBl NRW 1957, 200
612	**§ 2** Übersicht unter VI 4b	Der Hinweis bezieht sich auf Bem 98 und 99; es heißt daher: (98, 99)
615	*2 (3)* Zeile 10 von oben	Es heißt bei der AV RJM: 16. (nicht 15. März 1936)
	letzter Absatz	Die zur Frage der Normenkontrolle beanstandete Auffassung des BayVerfGH wurde mit Entscheidung vom 2. Mai 1957 aufgegeben, bay JMBl 1957, 367.
616	*2 (4)*	Zu den DA in Bayern BayObLG DNotZ 1958, 388 (Fritz Riedel) Die bay DA sind in der neuen Bereinigten Sammlung der bayerischen Justizverwaltungsvorschriften (BayBSVJu) Band 3 S 3 Nr 1 nicht abgedruckt, da es sich um eine „auslaufende Vorschrift" handele. Es wäre zu wünschen, daß diese bay DA, die für landesrechtliche Grundbuchführung und auch im übrigen noch Bedeutung hat, wie auch die Anwendung durch die Rspr zeigt, in „Bereinigung" veröffentlicht wird, um die Unklarheiten der Praxis zu beseitigen. *Dazu GesReg II 11, Anh 10* S 2333.
624	*2 (18)*	Niedersachsen AV MdJ vom 1. Mai 1959 Feststellung von Vordrucken; hier Vordrucke für das Handblatt zu den Grundakten NdsRpfl 1959, 98 Nr 33.
627	*2 (34)*	Für Baden-Württemberg, OLG-Bereich Karlsruhe AV JM vom 7. November 1957 betr Abschluß der Geschäftstagebücher der GBÄmter ohne Hilfsbeamte (Justiz 1957, 453)
630	*2 (50)*	Eigentümerverzeichnis: Genehmigung zur Führung einer Eigentümerkartei bei den Grundbuchämtern im Bezirk des OLG Karlsruhe AV JM Baden-Württemberg vom 2. April 1958 Justiz 127 auf Grund von § 28 Abs 2 bad GBVollzVO (*GT 50*)
631, 632	*2 (54)*	Grundbuchbezirke, Änderungen in Schleswig-Holstein AV JM vom 8. Mai 1956 SchlHA 177 (Gemeinden Rickling und Daldorf) und vom 18. Mai 1957 SchlHA 152 Übertragung der Befugnis

Seite	Stelle	Ergänzung oder Berichtigung
631/2		zur Bildung, Ergänzung und Aufhebung von GBBezirken auf den Präsidenten des SchlH OLG).
635	2 (*65*)	Bayern Änderung der GemO durch Ges vom 13. Dezember 1957 GVBl 313 = SaBl 1958, 25/13. März 1959 GVBl 113 = SaBl 466, der LKrO durch Ges vom 13. Dezember 1957 GVBl 313 = SaBl 1958, 25/12. November 1958 GVBl 329 = SaBl 1458/ 13. März 1959 GVBl 113 = SaBl 466. Berlin Änderung der Verfassung durch Gesetz vom 15. Januar 1958 GVBl 41 = SaBl 199/30. Januar 1958 GVBl 125 = SaBl 254/28. März 1958 GVBl 308 = SaBl 456, Bezirksverwaltungsgesetz vom 30. Januar 1958 GVBl 126 = SaBl 255. Niedersachsen Landkreisordnung (NLO) vom 31. März 1958 GVBl 17 = SaBl 476 Im übrigen vgl bez Änderungen *§ 32 Bem 59, 61.* In Niedersachsen Änderung der Grenze der Gemeinde Völlen und der Stadt Papenburg, Bek des nds JustMin vom 25. November 1957 NdsRpfl 283 Nr 47, und Beschl des nds Landesministeriums Nds MBl 1957, 858. Nordrhein-Westfalen LKrO vom 21. Juli 1953 GVBl 305 = SaBl 1148, Landschaftsverbandsordnung vom 12. Mai 1953 GVBl 271 = SaBl 1716.
659, 660	2 (*107*)	Für Hessen ist auf den nunmehr maßgebenden Gem RdErl des MdJ und des MdF vom 8. Mai 1957 betr die Erhaltung der Übereinstimmung zwischen dem Grundbuch und dem Liegenschaftskataster hess JMBl 41 Nr 34 hinzuweisen (*Anh 76* S 2482). Zu erwähnen sind auch der RdErl des MdJ vom 1. Juli 1957 hess JMBl 65 Nr 46 betr Maßnahmen der Gerichte bei Grenzstreitigkeiten, insbes Aktenübersendung an die Katasterämter und zweckmäßige Prozeßgestaltung (unter Aufhebung der pr AV JM vom 6. Juni 1921 pr JMBl 332) und der RdErl des MdJ vom 24. April hess JMBl 41 betr Zurückführung der Grundbücher auf das Reichskataster, wonach die AV RJM vom 20. Januar 1940 (*GT 20*) in § 5 Abs 3 wie folgt neu gefaßt wurde: *„Die Nummer des Gebäudebuchs ist aus Spalte 4 des Bestandsblatts in das Bestandsverzeichnis zu übernehmen.“*
664	2 (*115*)	Niedersachsen AVMdJ vom 4. April 1959 Behandlung der von den Vermessungsbehörden den GB-

Seite	Stelle	Ergänzung oder Berichtigung
664		Ämtern übersandten Durchschriften der Bestandsblätter des Liegenschaftsbuches nach der Zurückführung der GBücher auf das Reichskataster NdsRpfl 1959, 98 Nr 32.
669	2 (*118*)	Zur Übernahme der GrstBeschriebe aus den Meßurkunden und dem Liegenschaftskataster in das GB Grözinger BWNotZ 1959, 100.
679	2 (*140*) zu § 2 Abs 3	Abschreibung eines Grundstücksteils; dazu BayObLGZ 1956, 470 = DNotZ 1958, 393 (Saage und Weber) sowie *§ 7 Bem 66*
682	2 (*148*)	Auflassungsvormerkung bez eines Grundstücksteils BayObLGZ 1956, 408 = DRspr IV (473) 41 a.
687	**§ 3** (3) 3 (*4*)	Über Eigentum im Wasserrecht *117* (*27*) Zu Grundstück und Flurstück BayObLGZ 1956, 470 = DRspr IV (473) 41 bc
698	3 (*53ff.*)	Zu buchungsfreien Grundstücken *§ 117 Bem 111 bis 113*
699	3 (*53*)	Zu Baden § 3 ba dGBO AusfVO (*GT 49*)
712, 713	3 (*84, 85*)	Das Hamburger AG BGB wurde in Neufassung veröffentlicht durch Bek vom 1. Juli 1958 hamb GVBl 195 = SaBl 1015
714	3 (*89*)	Zur Buchung von gemeinschaftlichen Hofräumen, Winkeln uä im GB Grözinger BWNotZ 1959, 248.
720	3 (*110*) Zeile 7 von unten	Es heißt bei § 17 S 1 GBOAVO in Klammer: (*GT 4*)
730	3 (*120*)	Zur Führung des Loseblattgrundbuchs VO über die Führung der Grundbücher bei den Amtsgerichten Zell (Mosel) und Düsseldorf vom 21. Dezember 1957 BAnz Nr 247 = nrw JMBl 1958, 14 = SaBl 1958, 19 (*Anh 4* S 2321) Hinzuweisen ist auch für GBücher mit Einlegebogen auf die VO über die Führung der Grundbücher bei den Amtsgerichten Darmstadt, Dillenburg und Bad Nauheim vom 23. Februar 1959 BAnz Nr 39 = SaBl 298, die auch im Lande Berlin gilt. Sie lautet:

Seite	Stelle	Ergänzung oder Berichtigung
730		*§ 1* *Bei den Grundbuchämtern Darmstadt, Dillenburg und Bad Nauheim wird das Grundbuch nicht in festen Bänden, sondern in Bänden mit herausnehmbaren Einlegebogen fortgeführt. Die zur Durchführung erforderlichen Verwaltungsvorschriften erläßt die Landesjustizverwaltung.*
	3 (*122*)	Dazu für Niedersachsen AV nds MdJ vom 19. Juni 1956 NdsRpfl 118 und vom 22. Januar 1957 aaO 22 betr Herstellung von Grundbüchern, vom 13. Januar 1959 aaO 26 betr Beschaffung von Grundbüchern.
732	*3* (*131*) in dem vorletzten Absatz dieser Bem in der letzten Zeile	Es heißt bei der AV RJM: 10. August 1943
736	*3* (*137*)	Die VO des bay JM vom 7. März 1952 ist auch im SaBl 1952, 433 abgedruckt. Für die Niederschlagung von Gebühren ist nunmehr die Bek des bay JM vom 28. März 1957 betr die Niederschlagung von Gerichtsgebühren der GBUmschreibung bay JMBl 80 maßgebend.
738	*3* (*145*)	Nordrhein-Westfalen erließ die AV JM vom 8. April 1957 über Niederschlagung von Eintragungsgebühren bei der GBUmschreibung nrw JMBl 98.
756	*3* (*183*) Zeile 7 von unten	Es heißt nach § 13 I GBVerfgg in Klammer: (*GT 5*)
	Zeile 4 von unten	Nach § 11 II aaO anzufügen: (*GT 23*)
758	*3* (*187*) Zeile 3 von oben	Es heißt bei Anl 2a zur GBVerfgg in Klammer: (*GT 7*)
760, 761	*3* (*194*)	Zu Bestandsverzeichnis in Württemberg vgl auch *Bem 203*, insbes bez Spalten 6 und 7 des Personalformulars
763, 764	*3* (*201*)	BGHZ 7, 64 = NJW 1952, 1289 (Hoche) = LM § 892 BGB Nr 1 (Pritsch): Der Inhalt der in Spalte 4 der 1. Abteilung des Grundbuchs enthaltenen Angaben über die Grundlage der Eintragung nimmt an dem öffentlichen Glauben des Grundbuchs nicht teil. Für Hamburg gilt das AG BGB idF vom 1. Juli 1958 hamb GVBl 195 = SaBl 1015

Seite	Stelle	Ergänzung oder Berichtigung
777 ff.	*3* (*233*)	Zur Umstellungsgrundschuld *§ 45 Bem 110*, ferner Henke-Mönch Anh zu § 22 Bem 2 Der auf Seite 778 erwähnte Erl des BJustMin datiert vom 24. November 1952
783	*3* (*238* unter d) im Absatz über Brieferteilung	Es heißt bei der Bildung eines gemeinsamen Brief § 66 GBO und der Erteilung eines neuen Briefs § 67 GBO (nicht § 67 und § 68 GBO)
788 ff.	*3* (*247 ff.*)	Dazu Henke-Mönch Anh zu § 44
790	*3* (*251*)	Über Nichtigkeit einer Eintragungsverfügung, die unter Bedrohung erzwungen wurde, BGHZ 7, 64 = NJW 1952, 1289 (Hoche) = LM § 892 BGB Nr 1 (Pritsch)
791	*3* (*256*)	Über Verwendung von Kugelschreibern in Baden-Württemberg AV JM vom 4. März 1957 Justiz, in Bayern Bek des JustMin vom 27. April 1959 JMBl 113
792	*3* (*258*)	Dazu für Baden-Württemberg AV JM vom 4. März 1958 betr die Genehmigung von Druckverfahren für Grundbucheintragungen Justiz 1958, 10
795	*3* (*266*)	Zur Frage der Zusammenfassung mehrerer Eintragungen und des Rangverhältnisses Baden-Württemberg JustMin GBPrErl vom 27. August 1958 BWNotZ 300 sowie BayObLGZ 1953, 64 = DRspr I (150) 60d
800	*3* (*276*)	Zum Namen vgl auch von Bernsdorff Der Familienname in der deutschen Rechtsordnung NJW 1957, 1901
801	*3* (*277*) Zeile 15 von oben	Es heißt nach GBOAusfVO in Klammer: (*GT 50*)
	3 (*278*)	Dazu Schuler Die Firma im Prozeß und in der Vollstreckung NJW 1957, 1537
801 ff.	*3* (*278 ff.*)	Über firmenrechtliche Fragen Pabst DNotZ 1959, 33
807	*3* (*288*) Zeile 14 von unten	Es heißt richtig: OLG Dresden . . .
810	*3* (*290*)	Zum Bundesvermögen: Bundesfernstraßengesetz vom 6. August 1953 BGBl I 903 = SaBl 1046

Seite	Stelle	Ergänzung oder Berichtigung
820	*3 (303)*	Bezugnahme auf die Eintragungsbewilligung ist auch bei einer Löschungsvormerkung zulässig, BayObLGZ 1956, 196 = DNotZ 1956, 657 = Rpfleger 1956, 311 = DRspr I (154) 35a; ebenso Honisch Rpfleger 1946, 305, LG Ulm GBPrErl vom 28. Mai 1957 BWNotZ 1957, 268. Bezugnahme auf Eintragungsbewilligung zulässig bez Bezeichnung eines Hypothekengläubigers als Gesamtgläubiger BGH NJW 1959, 984 = DNotZ 1959, 310 = Rpfleger 1959, 154 (Haegele).
822	*3 (305)*	Nach OLG Karlsruhe (Freiburger ZS) ist die nach § 885 Abs 2 BGB unzulässige Bezugnahme auf die Eintragungsbewilligung nicht zur Auslegung des Grundbucheintrags verwendbar; eine solche unzulässige Eintragung kann daher nicht berichtigt werden, sondern ist nach § 53 GBO zu löschen, NJW 1958, 1189.
828	*3 (321)*	Zu Hypothek im allgemeinen: Bruhn Inhalt und Form von Hypotheken - Bestellungsurkunden Rpfleger 1957, 101, LG Hamburg aaO 114, Schäfer Kritische Bemerkungen zu Vordrucken im Realkreditgeschäft BWNotZ 1957, 123
829	*3 (323)*	Gläubiger der Hypothek, der mit dem Gläubiger der gesicherten Forderung identisch sein muß, muß hinreichend bestimmt sein, BayObLGZ 1958, 164 = NJW 1958, 1917.
831	*3 (325)*	Zum gleitenden Zinssatz OLG Stuttgart NJW 1954, 1646. Zum bedingten Zinsanspruch Baden-Württemberg JustMin GBPrErl vom 26. Juli 1957 BWNotZ 1957, 268
835	*3 (329)*	Zur Darlehenshypothek OLG Köln Rpfleger 1956, 340 (Bruhn), insbes bez Verzicht auf Vorlegung des Hypothekenbriefs und Gerichtsstandsklausel
836	*3 (330)*	Dazu BGHZ 21, 34 = NJW 1955, 1196 = MDR 1956, 600 = DNotZ 1956, 544 = LM § 874 BGB Nr 1 (Hückinghaus): Bei einer Darlehenshypothek kann Bezugnahme auf den die Kündigungsbedingungen enthaltenden Teil der Eintragungsbewilligung erfolgen.
840	*3 (337)*	Über den Ausschluß des Kündigungsrechts des Hypothekendarlehensschuldners Uebe NJW

Seite	Stelle	Ergänzung oder Berichtigung
840		1958, 1526. Über Eintragungsfähigkeit von Kündigungsbedingungen LG Hamburg Rpfleger 1959, 52 (Bruhn).
843	*3* (*341*) Zeile 4 von oben	Es muß heißen: OLG Colmar OLG 6, 105 (anstatt KG)
845	*3* (*342*)	Dazu Mohrbutter Grundbuchrechtliche Fragen zur Vergleichsgläubigerhypothek Rpfleger 1956, 274
850	*3* (*345 unter 2*)	Zur Bedeutung der Lösungssumme bei der Arresthypothek LG Düsseldorf NJW 1951, 81 = DRspr IV (473) 16e
853 ff.	*3* (*347*)	Zur Eigentümerhypothek usw: Haus Die Befriedigung des Hypotheken- und Grundschuldgläubigers durch einen Miterben BlGBW 1958, 371, Stöber Zweifelsfragen bei Pfändung von Eigentümergrundschulden und Eigentümerhypotheken Rpfleger 1958, 251, Wörbelbauer Die verschleierte Eigentümergrundschuld NJW 1958, 1513, 1705
865	*3* (*350*) unter a	Zur Sicherungsgrundschuld BGH DNotZ 1958, 383 (Hoche) Über Pfändung einer Grundschuld Siegelmann BlGBW 1959, 84. Zur Sicherungsgrundschuld Dempewolf Die Pfändung eines Anspruchs auf Rückgewähr einer Sicherungsgrundschuld NJW 1959, 556, *Stöber* Die Pfändung des (Rück-) Übertragungsanspruchs bei Sicherungshypothek Rpfleger 1959, 84
866	*3* (*350*) unter Z 4	Dazu Hieber Zur Bestellung der Eigentümergrundschuld DNotZ 1958, 381, Wörbelbauer Die verschleierte Eigentümergrundschuld NJW 1958, 1513, 1705
867	*3* (*351*) unter b1	Zum Unterschied von Rentenschuld und Rentenreallast KG DNotZ 1958, 203 (Hieber), wobei die strittige Frage der zeitlich begrenzten Rentenschuld offen gelassen wird
887	*3* (*384*) unter a Absatz 2 Zeile 4	Es heißt: Währungsumstellung
899	*3* (*414*) Zeile 15 von unten	Es heißt: § 34 GBVerfgg (*GT 5*)
921	*3* (*451*)	Zum Stockwerkseigentum *§ 117 Bem 115, 129*

Seite	Stelle	Ergänzung oder Berichtigung
922	*3 (453)* Zeile 16 von unten	Die Zeile heißt: Dazu Muster Anlage 1 und 2 zur WEGVerfgg (*GT 34, 35*)
923	*3 (454)*	Ein Dauerwohnrecht kann auch am eigenen Grundstück bestellt werden; den zutreffenden Ausführungen von Weitnauer DNotZ 1958, 352 = DRspr I (152) 11e ist zuzustimmen, **aA** AG Düsseldorf DNotZ 1958, 426 = DRspr I (152) 11d
939, 940	*3 (479)*	Dazu Herold Die Rechtsstellung der im Grundbuch noch nicht eingetragenen Eigenwohner im Rahmen der Eigenwohnergemeinschaft BlGBW 1957, 52 sowie AG Hamburg NJW 1959, 1638 BayObLG NJW 1958, 2116 = DNotZ 1959, 40 = Rpfleger 1959, 277 (zu §§ 4, 6, 10 WEG): Miteigentum und Sondereigentum brauchen nicht in einem bestimmten Wertverhältnis zu stehen. Die Wohnungseigentümer können ihre Miteigentumsanteile untereinander ohne Änderung des mit ihnen verbundenen Sondereigentums verkleinern oder vergrößern. Die darin liegende Inhaltsänderung (Bestandsänderung) des Wohnungseigentums erfordert Änderungsvereinbarung der Beteiligten, Teilauflassungen sowie Eintragung in den einzelnen Wohnungsgrbüchern. Die Verkleinerung der Miteigentumsanteile bedarf der Zustimmung der Inhaber dinglicher Rechte, mit denen diese selbständig belastet sind. OLG Frankfurt aM DNotZ 1959, 476 (zu § 12 WEG): Mit dinglicher Wirkung kann nicht als Inhalt des Wohnungseigentums vereinbart werden, daß ein Wohnungseigentümer zur Vermietung oder Verpachtung seines Wohnungseigentums oder zur Bestellung eines Dauerwohnungsrechts an demselben der Zustimmung anderer Wohnungseigentümer oder eines Dritten bedarf. Im übrigen vgl *Erg zu 3 (520)*.
943	*3 (485)* letzte Zeile	Es heißt in Klammer: (*GT 34*)
951	*3 (508)* Zeile 4 von unten	Es heißt § 7 Halbsatz 2 WEGVerfgg (*GT 33*)
956, 957	*3 (520)*	Über Änderung der Miteigentumsanteile bei Wohnungseigentum und den Vollzug im Grundbuch BayObLG NJW 1958, 2116 = DNotZ 1959, 40 = Rpfleger 1959, 277. Zur Einräumung des Wohnungseigentums nach § 3 WEG ist ebensowenig wie zur Vorratsteilung nach § 8 WEG die

Seite	Stelle	Ergänzung oder Berichtigung
956/7		Zustimmung der Gläubiger erforderlich, deren Grundpfandrechte das ganze Grundstück belasten, BayObLG NJW 1958, 2116, bez Vorratsteilung auch BayObLGZ 1957, 102 = NJW 1957, 1840: Dauerwohn- und Dauernutzungsrechte sind nach der Aufteilung nur an dem ihnen zugeordneten Raumeigentum einzutragen; die übrigen Raumeigentumsrechte werden von dieser Belastung frei. Im übrigen vgl *Erg zu 3* (*479*).
981	Randzahlenbezeichnung oben	Es heißt: 47, 48
982	**§ 4** (*50*)	Dazu Ripfel Das Recht der Reichsheimstätte BWNotZ 1958, 317
991, 992	*4* (*77*)	Zum Rang der Heimstätten-Eigenschaft *§ 45 Bem 75, 102*. Die Eintragung des Heimstättenvermerks an anderer Rangstelle wäre unzulässig iSd § 53 GBO. Wenn andere Rechte vorgehen, müssen die Berechtigten zustimmen und Rangrücktritt erklären. Die Frage die zum Erbbaurecht unbestritten ist (vgl Staudinger BGB ErbbauVO § 10 Bem 1b, Palandt BGB ErbbauVO § 10 Bem 1), ist hier in gleichem Sinne zu beantworten; soweit Wormith HeimstG § 5 Bem 2 eine abweichende Auffassung vertritt, ist ihr nicht zuzustimmen.
997	**§ 5** (2)	Dazu Corvy Die Vereinigung von Grsten in GB Rpfleger 1959, 173
1002	*5* (*13*)	BayObLGZ 1957, 354 = DNotZ 1958, 388 (Fritz Riedel) zur Frage der Ausdrücklichkeit der Erklärungen
1017	*5* (*58*)	Baden-Württemberg JustMin GBPrErl v. 1. August 1957 BWNotZ 1957, 268: Gibt die Eintragung im Grundbuch keine klare Auskunft darüber, ob es sich bei einer Zusammenschreibung um eine Vereinigung oder Zuschreibung handelt, so kann keine materiell-rechtliche Wirkung eintreten.
1018 ff.	*5* (*59 ff.*)	Zur Wiederaufhebung der Vereinigung von Grundstücken BayObLGZ 1956, 470 = DNotZ 1958, 393 (Saage und Weber) = DRspr I (473) 41 bc. Dazu *§ 7 Bem 26 und 66*.
1031	**§ 6** (*12*) in Absatz 2 Zeile 1	Bez der Form des Antrags ist zu verweisen auf *§ 5 Bem 11* (nicht *Bem 12*)

Seite	Stelle	Ergänzung oder Berichtigung
1038	*6 (29)* Zeile 32 von unten	Es heißt nach §§ 1131, 1192: § 1199 BGB (nicht § 1194 BGB)
1044	**§ 7** *(10)*	Dazu LG Hagen Rpfleger 1957, 389 (Haegele): Eine beschränkte persönliche Dienstbarkeit zugunsten eines Energieversorgungsunternehmens des Inhalts, daß auf dem Grundstück eine Hochspannungsleitung gehalten werden darf, ist nach § 4 WSG nicht genehmigungspflichtig.
1045	*7 (10)* Zeile 18 von oben	Es ist anzufügen: = NJW 1956, 1639
1046	*7 (16)*	Das Bundesversorgungsgesetz wurde geändert durch Ges vom 1. Juli 1957 BGBl I 661 = SaBl 985
1047	*7 (19)*	Über landesrechtliche Beschränkungen bei Veräußerung usw *§ 117 (69, 70, 104ff.)* Für Hamburg ist darauf hinzuweisen, daß hamb AG BGB idF vom 1. Juli 1958 hamb GVBl 195 = SaBl 1015 gilt
	7 (20) Absatz 1 Zeile 1	Es heißt: bad GVBl
1048	*7 (21)*	Das Forstgesetz in Bayern wurde geändert durch das Gesetz über die Forstrechte (FRG) vom 3. April 1958 bay GVBl 43 = SaBl 467
1051	*7 (26)*	Zur Abschreibung eines Grundstücksteils BayObLGZ 1956, 470 = DNotZ 1958, 393 (Saage und Weber) = DRspr I (473) 41 bc. Es ist insbes hinzuweisen auf die Ausführungen Webers aaO 403. Im übrigen wird auf *§ 7 Bem 66* mit *Erg* (S 2655) verwiesen
	7 (27)	Zur Veräußerung eines Grundstücksteils BayObLGZ 1956, 408 = DRspr I (473) 41a, OLG Hamm Rpfleger 1958, 268 (Haegele) = JMBl NRW 1958, 59. Nach ersterer Entscheidung bedarf es bei Eintragung einer Auflassungsvormerkung für ein Trennstück keiner Vorlage der Katasterunterlagen. Nach letzterer Entscheidung ist, wenn die katastermäßige Bezeichnung eines verkauften Teilgrundstücks bei der im Kaufvertrag selbst enthaltenen Auflassung noch nicht feststeht, nachträglich die Feststellung der genauen Beschreibung der veräußerten Fläche in der Form des § 29 GBO erforderlich. Hierzu auch BayObLGZ 1957, 408 = Rpfleger 1957, 48

Seite	Stelle	Ergänzung oder Berichtigung
1051		(Bruhn) = DRspr IV (473) 41 de. Dazu auch *§ 25 Bem 29, § 28 Bem 10.*
	7 (*30*) Zeile 4 von unten	Es heißt: § 11 I 2 BaufSG
1052 ff.	7 (*32 ff.*)	Dazu Kriegel Grundstücksteilungen Hamburg 1958
1056	7 (*44*)	Zur Änderung des BVersG *Erg zu § 7 Bem 16* S 2654
	7 (*48, 49*)	Zur Verschuldungsgrenze und zur Beschränkung des Kündigungsrechts bei Hypotheken und Grundschulden *§ 117 Bem 100, 101*
1057	7 (*50*)	Zu Meliorationsdarlehen *§ 117 Bem 102, 103*
	7 (*51*)	Zu Beschränkungen zugunsten des Staates *§ 117 Bem 108*
1058	7 (*55*)	Zur Auflassungsvormerkung *§ 7 Bem 27*
1061	7 (*66*)	Dazu BayObLGZ 1956, 470 = DNotZ 1958, 393 (Saage und Weber) = DRspr I (473) 41 bc, vgl auch bay JMinBl 1957, 41 und BWNotZ 1957, 148. Der ablehnende Standpunkt der Entscheidung veranlaßt keine Änderung der Ausführungen im Kommentar; es ist lediglich mit Rücksicht auf *§ 2 Bem 140* — worauf Weber aaO 403 hinweist — hinzuzufügen, daß *Bem 66* in Zusammenhalt mit *Bem 26 des § 7* zu betrachten ist. Bei Bem 26 liegt bereits Hinweis auf *Bem 59 ff.* vor. Die berechtigten Kritiken von Saage und Weber an der Entscheidung des BayObLG geben Anlaß zu wünschen, daß die vom BayObLG geäußerte Meinung bei sich bietender Gelegenheit erneut überprüft wird (vgl insbes Weber aaO 408). Es wäre bedauerlich, wenn die bewährte Praxis, die seit Jahrzehnten keinen Anlaß zu Schwierigkeiten oder Haftungen gegeben hat, aus den vom BayObLG angegebenen Gründen geändert werden müßte.
1062	7 (*70*) bei Überschrift zu a) nach Bestandsverzeichnis	Es heißt: § 6 VII, VIII . . . GBVerfgg (nicht § 5 . . .)
	im Absatz zu „Spalte 8" Zeile 4	Es heißt: Anlage 2a zu GBVerfgg (*GT 7*) . . .
1064	7 (*80*) vorletzte Zeile	Es heißt: AV RJM vom 12. August 1939 (nicht: 1938)

Seite	Stelle	Ergänzung oder Berichtigung
1066	**§ 8** (2)	Zum **Erbbaurecht** Haegele Übersicht über die Rspr und Literatur zum Erbbaurecht BlGBW 1959, 177 in Fortsetzung von aaO 1956, 145
1068	*8* (*6*)	Zur Bestellung eines Erbbaurechts Haegele Muster für den Vertrag über Bestellung einer Erbbaurechts BlGBW 1959, 259, Ripfel Heilung mündlicher oder privatschriftlicher Erbbauverträge gemäß § 313 S 2 BGB BWNotZ 1958, 193 Konkretisierte Bestellung des Erbbaurechts NJW 1957, 1826
	8 (*7*)	Über Erbbaurecht an realem Grundstücksteil BayObLGZ 1957, 217 = DNotZ 1958, 409 (Weitnauer) = Rpfleger 1957, 383, vgl auch bay JMinBl 1957, 496, BWNotZ 1957, 329
1069	*8* (*8*)	Zur Frage des Erbbaurechts am eigenen Grundstück OLG Düsseldorf NJW 1957, 1194 = JMBl NRW 1957, 201 = DNotZ 1958, 423, Weitnauer DNotZ 1958, 352
1069, 1070	*8* (*9*)	Über Grundpfandrechte am Erbbaurecht und ihre Auswirkungen auf den Grsteigentümer Petersen BlGBW 1959, 81, über Veräußerungs- und Belastungsbeschränkungen des Erbbaurechts Hipp BWNotZ 1957, 251, 317 Über Gesamterbbaurecht LG Münster MDR 1956, 678 = DRspr I (154) 34a. Über Eintragung der Zustimmung zur Zwangsversteigerung LG Bremen MDR 1957, 99 = DRspr I (154) 34b, LG Frankfurt aM NJW 1959, 772, zur Vormerkung nach § 648 BGB OLG Karlsruhe BWNotZ 1958, 131. Über Sicherung schuldrechtlicher Vereinbarungen bez späterer Anpassung des Erbbaurechts an veränderte Verhältnisse durch Vormerkung BGHZ 22, 220 = NJW 1957, 98 = Rpfleger 1957, 12 = Betrieb 1956, 1229 = DNotZ 1957, 300 = DRspr I (154), 34c = LM § 883 BGB Nr 4, ErbbauVO Nr 1 (Oechßler); dazu *§ 8 Bem 39* mit *Erg* S 2657.
1070	*8* (*10*)	Damit das Erbbaurecht an 1. Rangstelle eingetragen werden kann, sind, wenn andere Rechte vorgehen, Rangrücktrittserklärungen notwendig und müssen daher entsprechende Vereinbarungen vorliegen; dazu Staudinger BGB ErbbauVO § 10 Bem 1b, Palandt BGB ErbbauVO § 10 Bem 1.
1078	*8* (*35*) bei Überschrift	Es heißt: § 57 I GBVerfgg

Seite	Stelle	Ergänzung oder Berichtigung
1079, 1080	*8* (*38*)	Über Dienstbarkeit an einem Erbbaurecht: BayObLGZ 1958, 105 = DNotZ 1958, 542 = Rpfleger 1959, 17 (Haegele) zu Tankstellendienstbarkeit
1080	*8* (*39*)	Zur Erbbauzins- und Wertsicherungsklausel (*§ 8 Bem 9, § 28 Bem 18*) BGH NJW 1957, 98 = Rpfleger 1957, 12 = DNotZ 1957, 300 = BB 1956, 1163 = RdL 1958, 7 = DRspr II (265) 20f. Da der starre Erbbauzins den praktischen Bedürfnissen des Lebens bei wechselnden Preisverhältnissen nicht genügt, hat der Standpunkt des BGH lebhaften Widerspruch ausgelöst. Dazu Busse und Haegele Rpfleger 1957, 106, 108, Kehrer BWNotZ 1959, 87, Morbutter und Riedel NJW 1957, 1500, Nordalm RdL 1959, 236, Rahn BWNotZ 1958, 141, Ripfel DNotZ 1958, 455, Wangemann NJW 1957, 978, DNotZ 1959, 174, Weitnauer DNotZ 1957, 295. Dazu auch *§ 53 Bem 57*, Über Verzugszuschläge zum Erbbauzins OLG Stuttgart NJW 1958, 2019 = BWNotZ 1958, 210; dazu Rahn BWNotZ 1958, 226
1080, 1081	*8* (*40*)	Über Vormerkung zur Sicherung des Anspruchs auf Eintragung einer Bauhandwerkerhypothek OLG Karlsruhe Rpfleger 1958, 221 (Haegele) = BWNotZ 1958, 128 (Ripfel)
1094	**§ 9** (*19*) Zeile 11 von oben	Es heißt bei Anlage 2a zur GBVerfgg in Klammer: (*GT 7*) . . .
1099	**§ 10** (*9*) Absatz 1	Gleicher Auffassung BayObLGZ 1957, 229 = Rpfleger 1957, 351; vgl auch BWNotZ 1957, 321
1111	**§ 11** (*20*)	Zur **Amtspflichtverletzung**: Das Buch Kayser-Leiß Die Amtshaftung bei Ausübung öffentlicher Gewalt ist in 2. Auflage erschienen (München-Berlin 1958). *Vgl auch § 117 Bem 60, 61, 71, 72*
1114	*11* (*29*)	Über Rechtsstaat und Verfahrensverschleppung Bull NJW 1957, 1100. Über Haftung des Rpflegers in GBSachen BGH Rpfleger 1959, 49 (über Prüfung der einschlägigen gesetzlichen Bestimmungen an Hand der üblichen Hilfsmittel bei eiligen Anträgen auf Eintragung von Zwangshypotheken vor drohender Konkurseröffnung); dazu auch Bruhn aaO 39. Auch die Entscheidung des BGH Rpfleger 1959, 49 über die Sorgfaltspflicht bez Beachtung von veröffentlichten Entscheidungen ist von Interesse, wenn sie sich auch auf RAnwälte bezieht.

Seite	Stelle	Ergänzung oder Berichtigung
1119	*11* (*38*)	BGH NJW 1958, 1532 = DNotZ 1958, 557: Zu den Rechtsmitteln iSd § 839 Abs 2, 3 BGB gehören auch die Aufsichtsbeschwerde in Grundbuchsachen und die Erinnerung beim Grundbuchamt; die Unterlassung dieses Rechtsmittel ist jedoch nur dann fahrlässig, wenn die Annahme einer Amtspflichtverletzung des Grundbuchamts nahegelegen hat.
1120	*11* (*39*)	Über Amtshaftung gegenüber Staatenlosen Felix NJW 1957, 1099, Baade aaO 1586
1123	*11* (*43*) unter Z 3 am Schluß Zeile 3 von oben	Es ist anzufügen: Ob der Beamte auch die dem Staat in dem Rechtsstreit mit dem Geschädigten entstandenen Prozeßkosten zu erstatten hat, hängt von der Lage des Einzelfalles ab. Der Beamte hat sie jedenfalls dann nicht zu ersetzen, wenn der Rechtsstreit deswegen entstanden ist, weil der Fiskus seine Verpflichtung bestritten, der Beamte sie aber anerkannt hat.
1133	*12* (*30*)	Dazu für Bayern Bek des JustMin vom 24. Oktober 1957 über die Erledigung von Anträgen auf Erteilung von **Grundbuchblattabschriften** durch Erteilung von Photokopien bay JMBl 503
1144 ff.	**§ 13** (*Vorbem 1 ff.*)	Eintragung im Grundbuch BlGBW 1959, 261
1152	*13* (*Vorbem 22*)	Über Eintragungsfähigkeit des Aufrechnungsverbots und des Verzichts auf Berichtigungsanspruch nach § 894 BGB LG Hamburg Rpfleger 1959, 52 (Bruhn) Zum Ankaufsrecht bei Grundstücken Häussermann BWNotZ 1959, 9
1160	*13* (*Vorbem 44*)	Dazu OLG Köln NJW 1957, 992: Die Eintragung einer **Grunddienstbarkeit** im Rechtssinne liegt nicht vor, wenn im Eintragungsvermerk lediglich der gesetzliche Name des Rechts angegeben wird und im übrigen auf die Bewilligung Bezug genommen wird; eine derartige Eintragung ist inhaltlich unzulässig, wenn sie selbst ohne weiteres erkennen läßt, daß ihr ein notwendiges gesetzliches Erfordernis fehlt.
	13 (*Vorbem 46*)	Zum Wettbewerbsverbot OLG München NJW 1957, 1765 = DRspr I (154) 39b. Zur Frage, ob die Verpflichtung des Eigentümers, eine Haftpflichtversicherung einzugehen und zu halten, Nebeninhalt einer Grunddienstbarkeit sein kann, Ripfel BWNotZ 1958, 181

Seite	Stelle	Ergänzung oder Berichtigung
1161	*13* (*Vorbem 47*)	Über Forstrechte in Bayern Gesetz über die Forstrechte (FRG) vom 3. April 1958 bay GVBl 43 = SaBl 467
	13 (*Vorbem 48*)	Über Vereinbarung, daß auf dem Nachbargrundstück kein Fenster unterhalten werden darf, LG Lübeck DNotZ 1956, 558 = DRspr I (154) 37a; dazu BWNotZ 1957, 322
1162	*13* (*Vorbem 55*)	Zur **beschränkten persönlichen Dienstbarkeit** BGH NJW 1958, 1677: Der schuldrechtliche Anspruch auf Bestellung ist auch zugunsten mehrerer aufeinanderfolgender Personen zulässig; er kann auch übertragbar und vererblich sein. Dazu auch bawü JustMin GrBPrE vom 7. Oktober 1955 BWNotZ 1956, 71: Es ist zwar rechtlich möglich, auch beschränkte persönliche Dienstbarkeiten als einheitliche Rechte für mehrere Berechtigte zu bestellen: klarere Rechtsverhältnisse werden aber geschaffen, wenn anstelle solcher gemeinschaftlicher Rechte für jeden Berechtigten selbständige Dienstbarkeiten mit unter sich gleichem Rang begründet werden.
1163, 1164	*13* (*Vorbem 56ff.*)	Dazu OLG Düsseldorf DNotZ 1958, 155: Die Eintragung ist inhaltlich unzulässig, wenn die Angabe des Inhalts des Rechts (zB Wasser- oder Rohrleitungsrecht) in dem Eintragungsvermerk fehlt und insoweit auf die Eintragungsbewilligung Bezug genommen ist. Nicht kann Inhalt sein, daß auf dem zu belastenden Grst keine anderen Erzeugnisse als die des Dienstbarkeitsberechtigten verkauft oder vertrieben werden dürfen, BGH NJW 1959, 670 = DNotZ 1959, 191 = Rpfleger 1959, 123 = DRspr I (154) 22a bez einer Tankstelle. Über den Umfang einer Dienstbarkeit DNotZ 1959, 240 (Seilbahngerechtigkeit). Zur Tankstellendienstbarkeit ist auch hinzuweisen auf OLG Hamm Rpfleger 1959, 19, 25, KG aaO 20, OLG Stuttgart aaO 22, BayObLG aaO 22 = NJW 1959, 578 = MDR 1959, 220 = DNotZ 1959, 196 = DRspr I (154) 22b, LG Darmstadt Rpfleger 1959, 24 (dazu Haegele aaO 26), Wehrens Die Tankstellendienstbarkeit im GB DNotZ 1959, 386; bei Erbbaurecht *§ 8 Bem 38*, über Gebühren *§ 13 Vorbem 188*.
1164, 1165	*13* (*Vorbem 65*)	Zum **Wohnungsrecht** OLG Hamm JR 1957, 381 = DNotZ 1957, 314 (Glaser) = DRspr I (154) 39 cd

Seite	Stelle	Ergänzung oder Berichtigung
1164/5		über Verhältnis zu Mietvertrag, OLG Celle DNotZ 1958, 151 (Walberer) zu der Frage, ob die dem jeweiligen Eigentümer eines Grundstücks eingeräumte Befugnis, bestimmte Zimmer eines auf einem anderen Grundstück befindlichen Hauses zu benutzen, dinglich gesichert werden kann, BayObLGZ 1957, 322 = Rpfleger 1958, 88 (Haegele), OLG Oldenburg DNotZ 1957, 317 (Saage), wonach bei mehreren Wohnrechten für Ehegatten oder Geschwister kein Gemeinschaftsverhältnis iSd § 47 GBO vorliegt, Das BayObLG aaO spricht ferner aus, daß in solchen Fällen in der Regel mehrere selbständige gleichrangige **Wohnungsrechte in Frage kommen, daß** aber gegen die Eintragung unter einer einzigen laufenden Nummer im Grundbuch aus Vereinfachungsgründen nichts im Wege stehe. Diesem letzteren Standpunkt ist entgegenzutreten, da das GBA Eintragungen, die ordnungswidrig sind, zu unterlassen hat (*§ 45 Bem 15*). Zur Eintragung des Wohnungsrechts für mehrere (Ehegatten oder Geschwister) auch LG Aachen BlGBW 1959, 190,
1165	Zeile 13 von oben	Die dort angeführte Entscheidung des BayObLG ist auch abgedruckt in BayObLGZ 1956, 94.
1166	*13 (Vorbem 68)*	Bei der **Reallast** wird dem Bestimmungsgrundsatz nicht genügt, wenn die Höhe einer Reallast bei veränderten Verhältnissen durch einen Schiedsgutachter festgesetzt werden soll, OLG Düsseldorf NJW 1957, 1766 = DRspr I (154) 39e Die Unterwerfung unter die sofortige ZwV in der Weise, daß die ZwV aus der Urkunde gegen den jeweiligen Grsteigentümer bzw Erbbauberechtigten zulässig sein soll, ist bez einer Reallast oder Erbbauzinsreallast nicht möglich, BayObLG DNotZ 1959, 402; dazu Hieber Die Vollstrekkungsklausel bei der Reallast aaO 390.
1167	*13 (Vorbem 70)*	Zu **Vorkaufsrecht** LG Nürnberg-Fürth NJW 1957, 1521 bez der Unzulässigkeit der Belastung eines ideellen Grundstücksteils; dazu BWNotZ 1957, 322
	13 (Vorbem 71)	Über Veräußerung eines mit dem dinglichen Vorkaufsrecht eines Dritten belasteten Nachlaßgrundstücks an einen Miterben BGH LM § 1098 BGB Nr 3. Über Befreiung des Vorkaufsberechtigten durch schuldrechtlichen Erlaßvertrag vor Abschluß eines Kaufvertrags BGH DNotZ 1957, 306 = LM

Seite	Stelle	Ergänzung oder Berichtigung
1167		§ 1098 BGB Nr 2. Zur Frage, ob ein vor Entstehung des Vorkaufsrechts geschlossener Vertrag von dem Vorkaufsrecht erfaßt wird, BGH NJW 1957, 578 = JZ 1957, 578 = LM § 1098 BGB Nr 4; dazu auch BWNotZ 1957, 322. Das Vorkaufsrecht nach dem SiedlG kann auch im ZwVerstVerfahren nur gegenüber dem Vorkaufsverpflichteten, also hier gegenüber dem Grsteigentümer (Vollstreckungsschuldner) ausgeübt werden, LG Bückeburg (zu §§ 8, 11 SiedlG, § 81 ZVG) Rpfleger 1959, 224 (Drischler).
1169	*13 (Vorbem 76)*	Über Bestellung eines **Nießbrauchs** für mehrere als Bruchteils- oder Gesamtberechtigte BayObLG bay JMinBl 1955, 181 = DNotZ 1956, 209; dazu auch BWNotZ 1955, 276 Soll im GB ein Nießbrauchsrecht für Ehegatten eingetragen werden, so muß aus dem Antrag oder der Eintragungsbewilligung oder den im Zusammenhang damit in der Form des § 29 GBO abgegebenen Erklärungen der Beteiligten klar hervorgehen, welcher Art das Gemeinschaftsverhältnis der Nießbrauchsberechtigten ist; das Gemeinschaftsverhältnis ist nach § 47 GBO im GB einzutragen, OLG Oldenburg DNotZ 1959, 46; dazu BWNotZ 1959, 72.
1175	*13 (Vorbem 88)*	Zur **Hypothek** über Notwendigkeit der Identität von Gläubiger der Hypothek und der gesicherten Forderung BayObLG NJW 1958, 1917 = DNotZ 1958, 639 (dazu Hieber DNotZ 1958, 631); auf Grund eines Vertrags zugunsten eines Dritten kann eine Hypothek, wenn überhaupt, nur für den Dritten als Gläubiger, nicht für den Versprechensempfänger eingetragen werden
1176	*13 (Vorbem 92)*	Bei Abtretung einer Hypothek mit Zinsen muß die Abtretungserklärung Angaben über den Zeitpunkt enthalten, OLG Hamm JMBl NRW 1957, 185. Bei Eintragung einer Hypothekenvormerkung braucht Zinsbeginn nicht eingetragen zu werden LG Lübeck SchlHA 1957, 99. Dazu BWNotZ 1958, 31, 32
1177	*13 (Vorbem 95)*	Zur Barzahlungsklausel OLG Düsseldorf NJW 1958, 1142: Die Klausel: „Alle Zahlungen sind in DM und zu Händen des Empfangsberechtigten zu leisten" ist ohne besondere gegenteilige Anhaltspunkte nicht als Aufrechnungs- oder Hinter-

Seite	Stelle	Ergänzung oder Berichtigung
1177		legungsverbot aufzufassen und daher eintragungsfähig.
	13 (Vorbem 96)	Dazu Lehnart Die Eintragung des Verzichts auf das Widerspruchsrecht nach § 1160 BGB im Grundbuch Rpfleger 1958, 302
1181	*13 (Vorbem 105)*	Zur dinglichen Unterwerfungsklausel ebenso wie OLG Colmar und KG auch OLG Oldenburg DNotZ 1957, 669
1186 ff.	*13 (Vorbem 114)*	Zur **Grundschuld** über Abtretung des Rückübertragungsanspruchs Hieber DNotZ 1958, 378; dazu auch *§ 3 Bem 350, § 19 Bem 64, § 25 Bem 13, 40, § 26 Bem 4*
1189	*13 (Vorbem 116)* Zeile 5, 6 von oben	Die dort angeführte Entscheidung des BayObLG ist auch abgedruckt BayObLGZ 1956, 196
1193	*13 (Vorbem 125)* zu Abs bez Vormerkung	Dazu BGH NJW 1958, 2013/1959, 97 (Rahn), 527 (Seufert) = DNotZ 1959, 36 = JZ 1959, 170: § 878 BGB gilt auch für die Bewilligung einer Vormerkung; für den guten Glauben des Vormerkungsberechtigten kommt es auf die Zeit der Stellung des Antrags auf Eintragung der Vormerkung an. Zur Verfügungsbeschränkung und zum öffentlichen Glauben des GB auch Schönfeld JZ 1959, 140, NJW 1959, 1417, Seufert NJW 1959, 1419.
1196	*13 (Vorbem 128)* unter a) in Abs 1	Das Bundesversorgungsgesetz wurde geändert durch Gesetz vom 1. Juli 1957 BGBl I 661 = SaBl 985
	bei Kleindruck	Es heißt vor KGJ 52, 125: KG
	1. Absatz Zeile 2	Dazu BayObLGZ 1956, 278: Die Versorgungsbehörde kann nach § 75 BVersG anordnen, daß die Weiterveräußerung eines mit einer Kapitalabfindung erworbenes Dauerwohnrecht iSd §§ 31, 41 WEG, wenn der Dauerwohnberechtigte wirtschaftlich einem Wohnungseigentümer gleichgestellt ist, innerhalb einer Frist bis zu 5 Jahren nur mit Genehmigung der Versorgungsbehörde zulässig ist. Eine solche Veräußerungsbeschränkung ist auf Ersuchen der Versorgungsbehörde (§ 38 GBO) in das Grundbuch einzutragen und erlangt in dem Zeitpunkt der Eintragung absolute Wirkung gegenüber allen nachfolgenden Verfügungen über das Dauerwohnrecht.

Seite	Stelle	Ergänzung oder Berichtigung
1197	*13* (*Vorbem 130 unter 1*)	Zum **Entschuldungsbetrieb**: das EAbwG wurde geändert durch die Gesetze vom 20. August 1953 BGBl I 952 = SaBl 1347 und vom 26. Juli 1956 BGBl I 669 = SaBl 659.
1200	*13* (*Vorbem 134*)	Zum **Konkursverfahren** ist zur Vormerkung hinzuweisen auf Mohrbutter-Haarmann Leitfaden für Vergleichs- und Konkursverwalter (Köln-Berlin 1958), 107. Über Grstkauf und Konkurs Knöchlein DNotZ 1959, 3, über die Grstofferte im Konkurs- und Gläubigeranfechtungsverfahren Knöchlein BlGBW 1959, 193.
1202	*13* (*Vorbem 136*)	Zum **Vergleichsverfahren** vgl bez Verfügungsbeschränkungen Mohrbutter-Haarmann aaO 35ff.
1204ff.	*13* (*Vorbem 140ff.*)	Dazu und zu § 40 GBO LG Braunschweig DRspr IV (473) 52a über Eigentumsumschreibung auf Antrag des befreiten **Vorerben** ohne Anhörung des Nacherben bei urkundlichen Nachweis der Entgeltlichkeit des Grstveräußerungsgeschäfts. Über die Übertragung eines Rechts durch Vorerben und seine gbmäßige Behandlung Hill MDR 1959, 309, über Verfügungen und Verbindlichkeiten des Vorerben Ripfel BWNotZ 1959, 177.
1209	*13* (*Vorbem 152*)	Zu **Heimstätte**: Ripfel Das Recht der Reichsheimstätte BWNotZ 1958, 317
1213	*13* (*Vorbem 159*)	Zwangsversteigerung zur Aufhebung einer Gemeinschaft LG Bremen NJW 1955, 1642 = DRspr II (284) 108e
1214	*13* (*Vorbem 163*) Zeile 7 von unten	Zur **Enteignung**: Es heißt *§ 3 Bem 213*
1224	*13* (*Vorbem 181*)	Zu den **Kosten** ist darauf hinzuweisen, daß nunmehr die KostO idF des Gesetzes vom 26. Juli 1957 BGBl 861 = SaBl 1277 gilt (auszugsweise abgedruckt *Anh 113* S 2587). Für das Saarland ist durch das Gesetz Nr 637 betr die Anpassung verschiedener kostenrechtlicher Bestimmungen an das im übrigen Bundesgebiet geltende Kostenrecht vom 18. Juni 1958 ABl Saar 1039 = SaBl 1216 die erforderliche Angleichung erfolgt. Bez der Schreibgebühren kommt ergänzend die VO über gerichtliche Schreibgebühren vom 5. Dezember 1957 BGBl I 1836 = SaBl 2182 in Betracht.

Seite	Stelle	Ergänzung oder Berichtigung
1224		Dazu Haegele ABC der Kosten in Grundstücks- und Grundbuchsachen BlGBW 1957, 353, 371, Jaeger Die Reform des Kostenrechts BWNotZ 1957, 200, Lappe Die Kostenrechtsreform Rpfleger 1957, 332, Tschischgale Übergangsregelung im Kostenänderungsgesetz NJW 1958, 365 Kommentierungen zur neuen Kostenordnung: Korintenberg-Wenz und Rohs-Wedewer Die Kosten der Notare sind in §§ 140ff. KostO geregelt. Zur Vollzugsgebühr des § 146 Abs 1 Ackermann DNotZ 1959, 123. Von Interesse ist die Entscheidung des OLG Celle JR 1959, 304, wonach die unterbliebene richtige Sachbehandlung gebührenrechtlich als erfolgt angesehen wird (Fiktion), damit die Beteiligten keinen Vorteil aus der unrichtigen Sachbehandlung haben (Fall eines Verstoßes gegen die Belehrungspflicht des Notars bei Beurkundung eines Kaufpreises, der erheblich über dem preisbehördlich zulässigen liegt, weshalb kaum mit einer behördlichen Genehmigung zu rechnen war). In anderen Fällen gilt natürlich das Umgekehrte; die Beteiligten sollen auch keinen Nachteil aus der unrichtigen Beurkundung haben (vgl den Fall *Erg zu E 275* S 2641/2).
1224ff.	*13* (*Vorbem 181ff.*)	Eine Gegenüberstellung der einschlägigen Paragraphen der alten und der neuen KostO befindet sich *Anh 113* S 2587ff. bez der dort angeführten Vorschriften
1226	*13* (*Vorbem 187*)	Dazu Haegele Welche Kaufkosten hat gesetzlich der Grundstückskäufer zu tragen? BlGBW 1957, 179
1227	*13* (*Vorbem 187*)	Zum Geschäftswert bei Erbbauverträgen Ackermann DNotZ 1958, 506
	13 (*Vorbem 188*)	Zum Geschäftswert einer Tankstellendienstbarkeit OLG Hamburg DNotZ 1958, 209, OLG Stuttgart aaO 211 (Hornig) und 1959, 157, OLG Köln RPfleger 1959, 133 (Rohs)
1238	*13* (*Vorbem 224*)	Bez Bayern ist hinzuweisen auf das Gesetz über die Bayerische Landesbodenkreditanstalt vom 19. April 1949 bay GVBl 85 und die Bek des bay JMin über den Erlaß von Auslagen in Siedlungsverfahren nach dem RSiedlG und dem BVertriebenenGes sowie in Landabgabeverfahren nach dem Ges zur Beschaffung von Siedlungsland und zur Bodenreform vom 28. Juli 1957 bay JMBl 339

Seite	Stelle	Ergänzung oder Berichtigung
1240	*13* (*Vorbem 230*)	Über Gebühren- und Kostenfreiheit vgl auch § 71 Landbeschaffungsgesetz vom 23. Februar 1957 BGBl I 134 = SaBl 417
1241	*13* (*Vorbem 231*)	Gebührenfreiheit des Roten Kreuzes bejaht von OLG Stuttgart Rpfleger 1958, 355, OLG Frankfurt aM aaO 356, verneint von OLG München aaO 357 (Lappe). Mit Recht lehnt Lappe den von dem OLG München vertretenen Standpunkt ab.
1247	*13* (*9*) Zeile 18 von oben	Es ist bei den Zitaten vor „Palandt" einzufügen BGH NJW 1958, 2013/1959, 97 (Rahn) = DNotZ 1959, 36
1248	*13* (*13*)	Über die Auslegung eines Antrags und über die Anwendung der §§ 139, 140 BGB OLG Hamm JMBl NRW 1957, 92 = DRspr IV (473) 40c. Dazu auch *§ 18 Bem 144.*
1250	*13* (*19*)	Zur Frage, ob es unwiderrufliche Eintragungsanträge gibt, Haegele Rpfleger 1957, 293
1254, 1255	*13* (*30*)	Dazu Linde Zum Eingang von Anträgen bei bad GBÄmtern BWNotZ 1959, 12, Wörz Eingang von Anträgen bei den GBÄmtern in Baden-Württemberg (ohne Hohenzollern) BWNotZ 1959, 97.
1263	**§ 14** (*1*) *14* (*3*)	Ergänzend ist auf § 22 *mit Bem* hinzuweisen Dazu Bull Der lange und schwere Weg des Gläubigers zu seinem Gelde Rpfleger 1958, 304
1265	*14* (*4 unter 7*)	Dazu Knöchlein Vollstreckbarstellung notarieller Urkunden mit Wertsicherungsvereinbarungen MittBayNotV 1957, 265; dazu DNotZ 1958, 308
1283, 1284	**§ 15** (*17*)	Dazu auch OLG Frankfurt aM Rpfleger 1958, 221 (Haegele) = DRspr IV (473) 51a über Antragszurücknahme durch Notar nur bez der von ihm selbst gestellten Anträge (hM).
1286	*15* (*21*)	Dazu BGH NJW 1958, 1532 = DNotZ 1958, 557 (mit Bem auf S 534): Hat der Notar die Überwachung einer von ihm aufgenommenen Urkunde im Grundbuch nicht übernommen und hat er auch nicht von der Ermächtigung des § 15 GBO Gebrauch gemacht, sondern den in der Urkunde bereits enthaltenen Eintragungsantrag lediglich an das Grundbuchamt weitergeleitet, so ist er zur Überwachung des Vollzugs des Eintragungs-

Seite	Stelle	Ergänzung oder Berichtigung
1286		antrags nur beim Vorliegen besonderer Umstände verpflichtet. BGHZ 29, 366 = NJW 1959, 883 = Rpfleger 1959, 219 (Haegele) = MDR 1959, 477, 745 (Thieme) = BB 1959, 462 = LM § 29 GBO Nr 2 (Piepenbrock): Der Notar, der eine Auflassung beurkundet, ist in der Regel auch ermächtigt, eine etwa erforderliche Genehmigungserklärung eines Vertragsteils entgegenzunehmen.
1292 ff.	**§ 16** (*8 ff.*)	Zu § 16 II GBO LG Nürnberg-Fürth Rpfleger 1959, 55 (Haegele): Das GBA darf den Vollzug eines Übergabevertrags nicht aus dem Grunde ablehnen, weil auf dem übergebenen Anwesen Grundpfandrechte aus früherer Zeit eingetragen sind, deren Schicksal im Vertrag nicht näher geregelt worden ist.
1306	**§ 18** (*1*)	Dazu Riggers Die Entwertung der Zwischenverfügung Rpfleger 1957, 181
1308	*18* (*6*) im Absatz 2 letzte Zeile	Es heißt: *E 282 ff., Vorbem* .... (Einfügung eines Kommas)
1310, 1311	*18* (*13*)	Dazu LG Ravensburg GrBPrErl vom 24. Januar 1957 BWNotZ 1957, 156, wonach es zwar grundsätzlich nicht angängig ist, Anträge ohne Zwischenverfügung liegen zu lassen, wenn ein Hindernis im Wege steht, jedoch es ausnahmsweise im Einzelfall dann zu rechtfertigen ist, wenn die Beteiligten alles getan haben, was von ihnen billigerweise erwartet werden konnte, um das bestehende Hindernis aus dem Wege zu räumen, sie jedoch keinerlei Einfluß auf die Zeit seiner Beseitigung haben. Gegen eine derartige Praxis bestehen erhebliche Bedenken.
1313	*18* (*9*)	Zu den Beispielen: BGH NJW 1958, 1090 = Rpfleger 1958, 216 (Riggers) = MDR 1958, 498 = DNotZ 1958, 480 = LM § 867 ZPO Nr 2 (Piepenbrock) über Unzulässigkeit einer Zwischenverfügung, wenn bei einem Antrag auf Eintragung einer Zwangshypothek, die auf mehreren Grundstücken eingetragen werden soll, die Forderung nicht auf die einzelnen Grundstücke verteilt ist *§ 19* (*50 unter 3*); für den Rang ist bei Nachholung der Verteilung der Zeitpunkt maßgebend, in dem der die Verteilung enthaltende Antrag beim GBA eingeht. Dazu auch Hornisch NJW 1958, 1526

Seite	Stelle	Ergänzung oder Berichtigung
1314	*18 (21)*	Dazu SchlH OLG SchlHA 1957, 336 = DRspr IV (473) 46b über die Unzulässigkeit einer Zwischenverfügung, wenn das Eintragungshindernis nicht mit Rückwirkung auf den Zeitpunkt des Antragseingangs zu beseitigen ist.
1316	18 (22)	Dazu BayObLGZ 1956, 122 (127) unter Hinweis auf § 64 II bay DA
1349	*18 (101)*	Grbmäßiger Nachweis, daß eine Auflassungsvollmacht im Zeitpunkt der Auflassung bestanden hat, kann auch durch eine in öffentlich beglaubigter Form erklärte Vollmachtsbestätigung erbracht werden, BGH NJW 1959, 883 = Rpfleger 1959, 219 (Haegele). Über Prüfung der Auflassungsvollmacht OLG Hamm Rpfleger 1959, 127 (Haegele).
1357 ff.	*18 (112 ff.)*	Dazu Siegelmann Die Genehmigung des Vormundschaftsgerichts bei Grundstücksverkauf und Grundstücksbelastung BlGBW 1957, 163
1360, 1361	*18 (124 ff.)*	Zur Frage der vormundschaftsgerichtlichen Genehmigung nach §§ 1643, 1822, 2347 BGB BGH DNotZ 1957, 539 = NJW 1957, 1187 = Rpfleger 1958, 14: Wenn der durch seinen Vater vertretene Minderjährige, der der einzige lebende Abkömmling seines Großvaters ist, von diesem Grundstücke erwirbt und sich dabei verpflichtet, auf den Grundstücken ruhende Lasten zu übernehmen, für die Großeltern und später für seinen Vater und dessen künftige Ehefrau (seine zukünftige Stiefmutter) Nießbrauchsrechte an den Grundstücken einzuräumen, so ist vormundschaftsgerichtliche Genehmigung auch in dem Falle nicht erforderlich, daß die Grundstücke den wesentlichen Teil des Vermögens des Großvaters ausmachen. Über Mitwirkung des Vormundschaftsgerichts bei Grstgeschäften des Kindes und Mündels Schnitzerling BlGBW 1959, 196, über nachträgliche Erteilung einer verweigerten Genehmigung Münzel NJW 1959, 601. Infolge der Neuregelung nach dem GleichberG steht bei ehelichen Kindern die elterliche Gewalt den Eltern dh dem Vater und der Mutter gemeinsam zu, § 1626 BGB. Die Eltern haben bei Meinungsverschiedenheit zu versuchen, sich zu einigen, § 1627 BGB. Die Regelung der §§ 1628, 1629 BGB, wonach bei Meinungsverschiedenheit über Fragen

Seite	Stelle	Ergänzung oder Berichtigung
1360/1		der gemeinsamen elterlichen Gewalt dem Vater im Streitfalle der sog Stichentscheid zugebilligt wurde und dem Vormundschaftsgericht nur in bestimmtem Umfange ein Eingreifen gestattet wurde, wurde vom BVerfG NJW 1959, 1483 = JZ 1959, 528 = MDR 1959, 820 = Rpfleger 1959, 261 (Haegele) = DRiZ 1959, 283 für verfassungswidrig erklärt. Die Frage, die vor Erlaß des GleichberG und nachher immer wieder Anlaß zu Für und Wider war, ist nunmehr entschieden. Ob mit dieser Lösung der Praxis des Lebens wirklich gedient ist, darüber wird die Zukunft entscheiden, da man versuchen muß, einen besseren Weg zu finden; dazu auch Götz NJW 1959, 1809. Man hat damit einen patriarchalischen Grundsatz, wonach der Vater das Haupt der Familie ist, aufgegeben, der durch Jahrtausende naturrechtlich herrschend war und auch in der Bibel (Eph 5, 22 bis 24, Kol 3, 18, ferner Kor 11,2 und 1. Petr 3,1) schon enthalten ist. Ob man damit nicht die Einheit der Familie, wie sie in unserer christlich-abendländischen Kultur herrschte, wegnimmt, ohne etwas Besseres an die Stelle setzen zu können? Da der Gleichberechtigungsgrundsatz in der Ehe nach der Praxis des Lebens auszulegen ist, wie es auch die Rspr des BVerfG zum Gleichheitsgrundsatz betont, wäre es wohl nicht notwendig gewesen, den Stichentscheid für verfassungswidrig zu erklären; hierzu ist auf die vor Erlaß der Entscheidung des BVerfG gemachten bedeutsamen Ausführungen von Bosch Grundsatzfragen des GleichberG vor dem BVerfG (FamRZ 1959, 265) über eine verfassungskonforme Auslegung der §§ 1628, 1629 BGB hinzuweisen, die das BVerfG — mit nicht überzeugender Begründung — abgelehnt hat. Dazu auch BGH zur Frage der Bevorzugung des männlichen Geschlechts bei der gesetzlichen Hoferbfolge und BVerfG zur Steuerveranlagung *Erg zu § 33 Bem 4* S 2686/7. Hinzuweisen ist auch auf den Aufsatz von Wahl zur Verfassungsmäßigkeit des Stichentscheids des Vaters FamRZ 1959, 305.
1363	*18* (*134*)	Das GleichberG wirkte sich auch auf die Beistandschaft aus. Nach § 1685 I BGB nF hat das Vormundschaftsgericht dem Elternteil, dem die elterliche Gewalt oder die Sorge für die Person oder das Vermögen des Kindes allein zusteht, auf seinen Antrag einen Beistand bestellen.

Seite	Stelle	Ergänzung oder Berichtigung
1363	*18 (135)*	Über die Befugnisse des Beistands und seinen Aufgabenkreis §§ 1685 ff. BGB nF
1367, 1368	*18 (144)*	Zur Frage der Ausdrücklichkeit der Erklärungen im Grundbuchantragsverfahren und über Auslegung solcher Erklärungen (§ 133 BGB) BayObLG DNotZ 1958, 388 (Fritz Riedel). Dazu auch *§ 13 Bem 13*
1371, 1372	*18 (155)*	Zum Devisenrecht: Dazu Mitt der Bank deutscher Länder Nr 6061/57 — Allgem Genehmigung Nr 42/50 (5. Neufassung) — betr Anlage von liberalisierten Kapitalguthaben in Vermögenswerten im Bundesgebiet und in Berlin-West vom 29. Juli 1957 BAnz Nr 146 = SaBl 1271 Neuerdings ist eine wesentliche Auflockerung des Devisenrechts innerhalb der europäischen Länder erfolgt, so daß die Genehmigungspflicht in erheblich geringerem Umfange als vorher besteht.
1374	*18 (160)*	Zur Sozialversicherung: Das Selbstverwaltungsgesetz idF vom 13. August 1952 BGBl I 427, 600 = SaBl 905 wurde mehrfach geändert. Insbes ist hinzuweisen auf das Ges vom 26. Dezember 1957 BGBl I 1883 = SaBl 1958, 45 (das Selbstverwaltungs- und Krankenversicherungsangleichungsgesetz Berlin) und Ges vom 10. April 1958 BGBl I 213 = SaBl 465.
1381	*18 (175)*	Zur staatsaufsichtlichen Genehmigung bei Stiftungen in Hamburg §§ 6 ff., insbes §§ 8 ff. hamb AG BGB idF vom 1. Juli 1958 hamb GVBl 195 = SaBl 1015
	18 (176)	Dazu *Erg zu § 32 Bem 63* (Seite 2684).
1392 ff.	**§ 19** *(22)*	Dazu KG DNotZ 1958, 203 (Hieber) über die Anwendung des § 133 BGB auf die Eintragungsbewilligung
1405 ff.	*19 (50)*	Dazu Furtner Rechtliche Bedeutung von Zwangseintragungen, die unter Verletzung vollstreckungsrechtlicher Vorschriften im GB vorgenommen wurden, DNotZ 1959, 304.
1406	*19 (50 unter 2b)*	Über Zwangshypothek und Duldungstitel Siegelmann BlGBW 1959, 229. LG Oldenburg NJW 1959, 1375, wonach ein Gläubiger, der auf Grund eines persönlichen Schuldtitels die Eintragung einer Zwangshypothek erwirkt hat, keinen weite-

Seite	Stelle	Ergänzung oder Berichtigung
1406		ren dinglichen Vollstreckungstitel benötigt, um die Befriedigung aus dem Grst mit dem Rang der Zwangshypothek zu betreiben, stellt sich damit gegen die überwiegende Meinung und Praxis. Wenn auch die Auffassung von der Entbehrlichkeit des Vollstreckungstitels von beachtlichen Stimmen vertreten wird, so ist doch bedeutsam, daß in der ZVG-Kommentatoren einheitlich die Notwendigkeit des Duldungstitels verlangt wird. Man sollte dieser bewährten Praxis folgen. Es wäre jedoch an der Zeit, daß dieser Streit, der für die Beteiligten bez reinen Rechtsfrage unnötige Prozeßkosten verursachen kann, je nachdem zufällig ein Gericht diesen oder jenen Standpunkt einnimmt, durch oberste Rspr oder, wenn sich dazu keine Gelegenheit bietet, durch Gesetzesergänzung (der ZPO), beendet wird.
	Zeile 24 von unten	Es heißt: Verwaltungszwangsverfahren (nicht: Zwangsverwaltungsverfahren)
1408	*19* (*50 unter 2c*)	Dazu OLG Düsseldorf NJW 1958, 227: Ein mit der Vollstreckungsklausel versehener gerichtlicher Vergleich, der eine Verfallklausel enthält, ermöglicht die Eintragung einer Zwangshypothek wegen der gesamten Titelforderung, ohne daß das Grundbuchamt zu prüfen hätte, ob die Voraussetzungen der Verfallklausel gegeben sind.
1409	*19* (*50 unter 3*)	Dazu BGH NJW 1958, 1090 unter *§ 18 Bem 19*
1410	*19* (*50 unter 3*)	Dazu Reichle Zwangshypothek als Gesamthypothek? BWNotZ 1955, 267, Rahn aaO 1957, 242
	Zeile 23 von unten	Bei Hinweis auf den Mitbelastungsvermerk heißt es: § 48 (nicht § 47)
1411	*19* (*50 unter 5*) die beiden letzten Zeilen unten	Bei den Gebühren für den Rechtsanwalt kommt nunmehr in Betracht: § 57 RAGebO nF
1412	*19* (*51 unter 2*)	Dazu LG Düsseldorf NJW 1951, 81 = DRspr IV(473) 16e: Ein Arrestbefehl ohne Lösungssumme ist kein wirksamer Vollstreckungstitel und wahrt deshalb auch nicht den Rang für eine etwa eingetragene Arresthypothek. Über die rechtliche Bedeutung von Zwangseintragungen, die unter Verletzung vollstreckungsrechtlicher Vorschriften im GB vorgenommen wurden Furtner DNotZ 1959, 304.

Seite	Stelle	Ergänzung oder Berichtigung
1417	*19 (52 unter 3)*	Dazu Stöber Beschränkungen des § 1197 BGB bei Verpfändung und Pfändung einer Eigentümergrundschuld Rpfleger 1958, 339
1427, 1428	*19 (64)*	Dazu LG Saarbrücken SaarlRStZ 1957, 15: Zur Eintragung einer Grundschuld unter Ausnützung der zur Sicherung des Anspruchs auf Feststellung einer Grundschuld eingetragenen Vormerkung genügt die Bewilligung des Grundstückseigentümers, wenn die Identität der Grundschuld mit dem durch die Vormerkung gesicherten Anspruch feststeht (dazu BWNotZ 1957, 235). Zur Eintragung einer Vormerkung zur Sicherung des vom GrstEigentümer an den nachrangigen Grundschuldgläubiger abgetretenen bedingten Anspruchs gegen den vorrangigen Grundschuldgläubiger auf Übertragung der Grundschuld nach Tilgung der durch diese Grundschuld gesicherten Forderung und Erledigung des Sicherungszwecks ist die Bewilligung des vorrangigen Gläubigers erforderlich, OLG Düsseldorf Rpfleger 1957, 377, OLG Frankfurt aM aaO 378, OLG Hamm aaO 379, LG Bückeburg aaO 380 (Bruhn); dazu Ripfel DNotZ 1957, 518, Hieber Abtretung des Rückübertragungsanspruchs bei Grundschulden DNotZ 1958, 378, ferner LG Darmstadt und LG Hagen Rpfleger 1957, 382, wonach zur Eintragung einer Vormerkung zur Sicherung der Abtretung des Anspruchs des GrstEigentümers auf Rückübertragung einer Fremdgrundschuld nicht von der Bewilligung des Grundschuldgläubigers abhängig ist, LG Wuppertal aaO zur gleichen Frage. Zur Eintragung einer Vormerkung zur Sicherung des vom GrstEigentümer abgetretenen aufschiebend bedingten Anspruchs auf Übertragung einer Sicherungsgrundschuld nach Erledigung des Sicherungszwecks ist die Bewilligung des Gläubigers der Sicherungsgrundschuld erforderlich, OLG Düsseldorf NJW 1957, 1282 = JMBl NRW 1957, 92 = DRspr I (150) 84d, OLG Frankfurt aM und LG Darmstadt NJW 1957, 1283, auch OLG Celle aaO 1481, LG Braunschweig NJW 1957, 469 = DRspr I (150) 84e; dazu auch Dempewolf Der Rückübertragungsanspruch bei Sicherungsgrundschulden als Kreditmittel aaO 1257, sowie Der Rückübertragungsanspruch bei Sicherungsgrundschulden Berlin-Bielefeld-München 1958. Über die Notwendigkeit der Bewilligung der vorrangigen Grundschuldgläubiger bei Eintragung einer Vor-

Seite	Stelle	Ergänzung oder Berichtigung
1427/8		merkung zur Sicherung des Rückübertragungsanspruchs LG Karlsruhe Rpfleger 1957, 81 = DRspr IV (473) 42c. Dazu auch *§ 13 Vorbem 114 und § 25 Bem 9ff., § 26 Bem 4.*
1432	*19* (*71*) Zeile 13 von unten	Die angeführte Entscheidung des BayObLG ist auch abgedruckt in BayObLGZ 1956, 172
1432, 1433	*19* (*72*)	Dazu LG Frankfurt aM Rpfleger 1958, 126 (Haegele) über Genehmigung bei Eintragungsbewilligung seitens eines Vertreters ohne Vertretungsmacht
1434, 1435	*19* (*75*)	Dazu OLG Oldenburg: Der Nachweis, daß der gesetzliche Vertreter die Genehmigung des Vormundschaftsgerichts dem Vertragspartner nach § 1829 BGB mitgeteilt hat, muß dem GBA in der Form des § 29 GBO erbracht werden DNotZ 1957, 543 (Hieber), ferner BayObLGZ 1957, 370 = Rpfleger 1958, 345 (Bruhn): Läßt ein Gesamthänder im eigenen Namen ein gemeinschaftliches Grst an den anderen Gesamthänder zu dessen Alleineigentum auf, so stimmt letzterer als Erwerber der Auflassungserklärung des ersteren auch insoweit zu, als er selbst Teilhaber der Gemeinschaft und deshalb Mitveräußerer ist (§ 185 BGB); das GBA hat die Verfügungsbefugnis des Auflassenden von Amts wegen zu prüfen. Der Hypothekenvormerkungsschuldner (der frühere GrstEigentümer) ist nicht Betroffener iSd § 19 GBO, BGH BB 1958, 1225 = DRspr I (150) 96a.
1437	*19* (*78*)	Zu landesrechtlichen Erwerbsbeschränkungen *§ 117 Bem 69, 70*
	19 (*79*)	Für Hamburg gilt das ham AG BGB idF vom 1. Juli 1958 hamb GVBl 195 = SaBl 1015; eine sich auf Ausländer beziehende Vorschrift ist nicht mehr enthalten.
1443	**§ 20** (*8*)	Über Auflassung bei Übertragung eines Grst von einer Erbengemeinschaft auf eine von den Erben gebildete Personengesellschaft des Handelsrechts OLG Hamm DNotZ 1958, 416
1444	*20* (*10*)	Zum Anfall von Vereins- und Stiftungsvermögen *§ 117 Bem 68*
1447	*20* (*21*)	Zur Aneignung herrenloser Grst *§ 117 Bem 114, 133*

Seite	Stelle	Ergänzung oder Berichtigung
1451	*20 (34)*	Zu § 925 BGB über Zuständigkeit des Rpflegers § 23 Z 8 RpflegerG
1452	*20 (38)*	Zur Beurkundung der Auflassung *§ 117 Bem 120, 121*
1454	*20 (48)*	Dazu OLG Karlsruhe DNotZ 1959, 315 bez Frage, wann die Übertragung des ganzen Vermögens iSd § 419 BGB vorliegt (Auflassungsvormerkung für Hausgrst).
1455, 1456	*20 (52)*	Dazu OLG Hamm Rpfleger 1958, 268 (Haegele): Steht die katastermäßige Bezeichnung eines Teilgrundstücks bei der im Kaufvertrag enthaltenen Auflassung noch nicht fest, so bedarf die nachträgliche Feststellung der genauen Beschreibung der veräußerten Fläche der Form des § 29 GBO; eine formlose Feststellung des von den Beteiligten hierzu ermächtigten Notars ist nicht ausreichend.
1459	*20 (60)*	Dazu § 47 *mit Bem*
1461	*20 (65)*	Dazu OLG Celle DNotZ 1957, 660: Die noch ausstehende vormundschaftsgerichtliche Genehmigung stellt nur eine Rechtsbedingung dar, welche die Wirksamkeit der Auflassung nicht berührt. Nach OLG Düsseldorf JMBl NRW 1957, 160 ist ein Rücktrittsvorbehalt bei einem Kaufvertrag im Zweifel nur auf den schuldrechtlichen Vertrag zu beziehen; dazu BWNotZ 1958, 31.
1462	*20 (67)*	Dazu über Rücktrittsvorbehalt bei einem Kaufvertrag *§ 20 Bem 65*. Über nachträgliche Abänderung eines formgültig abgeschlossenen und noch nicht durch Auflassung und Eintragung erfüllten Grst-Veräußerungsvertrags BGH DNotZ 1958, 383 (Hoche) = Rpfleger 1957, 53 (Bruhn), auch Hoche DNotZ 1958, 346.
1464	*20 (70)*	Das GBA hat bei Eigentumseintragung auf Grund Auflassung die Wirksamkeit der dinglichen Einigung und damit auch einer nur für sie erteilten Vollmacht grundsätzlich unabhängig von dem Verpflichtungsgeschäft (dazu *§ 20 Bem 56*) zu prüfen; den ihm eingereichten schuldrechtlichen Vertrag braucht das GBA nur dann auf Mängel zu prüfen, wenn diese auf die dingliche Einigung übergreifen und sie in ihrer Wirksamkeit beeinflussen können, OLG Hamm Rpfleger 1959, 127 (Haegele).

Seite	Stelle	Ergänzung oder Berichtigung
1464		Über die „dingliche Anwartschaft" bei der Grstübereignung OLG Celle NJW 1958, 870 und Hieber DNotZ 1959, 350. Über unentgeltliche Grstüberlassung Lutz BlGBW 1959, 243.
1466, 1467	*20 (74)*	Zur Beurkundung von GrstVeräußerungsverträgen *§ 117 Bem 119* Zur Frage der Heilung eines formnichtigen Grst-Veräußerungsvertrags BGH MDR 1958, 320. Ein formnichtiger GrstKaufvertrag, der der Genehmigung nach dem WSG bedarf, wird durch die den beurkundenden Vertrag genehmigende Erklärung der Verwaltungsbehörde trotz nachfolgender Auflassung und Eintragung nicht rechtswirksam, BGH MDR 1958, 393. Dazu BWNotZ 1958, 353, 354
1468, 1469	*20 (78)*	Dazu Haegele Die Rechtslage, wenn der Verkäufer oder Käufer eines Grst nach der GrstAuflassung, aber vor der Eigentumsumschreibung stirbt BlGBW 1957, 148
1469, 1470	*20 (80)*	Zur **steuerlichen Unbedenklichkeitsbescheinigung** Götz NJW 1957, 1825, bez Landesrecht zum GrEStG *E 273.* Keine neue Unbedenklichkeitsbescheinigung ist erforderlich, wenn zu dem ursprünglichen Kaufvertrag eine solche erteilt wurde und später entsprechend der damals getroffenen Vereinbarung der Kaufpreis wegen bis zur Auflassung eingetretener Wertsteigerung erhöht wird, OLG Celle NJW 1957, 1242. Wird der Erbanteil an einem Nachlaß, zu dem ein Grst gehört, an einen anderen Miterben oder an einen Dritten übertragen und soll das GB, in dem die ursprünglichen Miterben als Eigentümer des Grst in ungeteilter Erbengemeinschaft eingetragen sind, durch Eintragung des Erbteilserwerbers anstelle des ausscheidenden Miterben berichtigt werden, so bedarf es keiner Unbedenklichkeitsbescheinigung; eine Ausnahme gilt nur, wenn die Erbteilsübertragung dazu führt, daß die sämtlichen Erbanteile in einer Person vereinigt sind, weil dann anstelle der erloschenen Erbengemeinschaft diese Einzelperson Eigentümerin des Nachlaßgrst geworden ist, BayObLGZ 1957, 303 = Rpfleger 1958, 17.
1471	*20 (82)*	Zur **Genehmigung nach KRG 45** Herb Prüfung des Erfordernisses der Genehmigung nach KRG

Seite	Stelle	Ergänzung oder Berichtigung
1471		45 durch das GBA BWNotZ 1958, 247. § 5 der bay DVO vom 22. Mai 1947 bay GVBl 180, 248, wonach die Übertragung eines Anteils an einer Erbengemeinschaft, zu deren Vermögen land- oder forstwirtschaftliche Grst gehören, der Auflassung gleichsteht, ist rechtsgültig, BGH NJW 1957, 1399.
1474	*20 (83)*	Zum **WSG** OLG Köln BlGBW 1958, 382: Wenn die Wohnsiedlungsbehörde das GBA um Eintragung eines Widerspruchs ersucht, so hat das GBA den Widerspruch ohne Prüfung seiner sachlichen Voraussetzungen einzutragen; es hat lediglich die Zulässigkeit eines derartigen Ersuchens (§ 38 GBO) nachzuprüfen. Eine Ausnahme besteht nur, wenn das GBA die Nichtberechtigung des Ersuchens mit Sicherheit kennt. Hierzu genügt nicht das Bekanntsein des dem Ersuchen zugrunde liegenden Sachverhalts, sondern es ist erforderlich, daß sich auch die daraus ergebende Rechtslage und die Nichtberechtigung des Ersuchens ohne jeden Zweifel ergibt.
1489	**§ 22** *(9)*	Zum Begriff der Unrichtigkeit des GB ist darauf hinzuweisen, daß sich § 53 in Gegensatz zu § 22 nur auf die ursprüngliche Unrichtigkeit bezieht; dazu *§ 53 Bem 18*
1494	*22 (23)*	Dazu KG DNotZ 1958, 255 bez Unrichtigkeitsnachweis zwecks Löschung einer Auflassungsvormerkung
	22 (24)	Zur Entgeltlichkeit der Verfügung eines Vorerben: Die angeführte Entscheidung des BayObLG ist auch abgedruckt in BayObLGZ 1956, 54; zu der Frage auch BayObLGZ 1957, 285
1500	*22 (38)*	Dazu Weimar Der dingliche und schuldrechtliche Berichtigungsanspruch MDR 1959, 631
	Abs 2 in der 4. Zeile	Bei dem Hinweis auf § 82 GBO ist auch § 82a GBO hinzuzufügen
	22 (39)	Schließt sich der Betroffene dem Antrag an, so liegt hierin eine Berichtigungsbewilligung, wenn die hierzu erforderlichen Voraussetzungen (*Bem 16 ff.*) erfüllt sind.
1502, 1503	*22 (43)*	Dazu Ripfel Das Pfändungspfandrecht am Erbteil NJW 1958, 692, Staudenmaier Auflösend bedingte Erbteilsübertragung und GBBerichtigung BWNotZ 1959, 191.

Seite	Stelle	Ergänzung oder Berichtigung
1502/3		Die Verpfändung und Pfändung eines Miterbenanteils kann, wenn zum Nachlaß ein Grst gehört, im Wege der Berichtigung im GB eingetragen werden, weil die eingetragenen Miterben zur Verfügung über das Grst sowie zur Auseinandersetzung des Nachlasses und zur Übertragung aller Miterbenanteile an einen Erben oder Dritten der Zustimmung der Pfandgläubiger bedürfen. Eine ohne diese Zustimmung vorgenommene Übertragung sämtlicher Miterbenanteile auf einen Miterben ist den Erbteilspfandgläubigern gegenüber unwirksam. Wird der Erwerber aller Erbanteile im GB als Alleineigentümer des Nachlaßgrst eingetragen, so wird dadurch das GB nicht unrichtig, wenn auch die Erbteilspfandrechte eingetragen bleiben. Die eingetragenen Erbteilspfändungen sind der Vollstreckungsversteigerung des Grst entgegenstehende Rechte iSd § 28 ZVG. Betreiben Erbteilspfand- und Überweisungsgläubiger die Teilungsversteigerung des Nachlaßgrst, so sind nachträglich auf dem Grst eingetragene Zwangshypotheken bei der Feststellung des geringsten Gebotes nicht zu berücksichtigen. Dazu BayObLG NJW 1959, 1780. Bei einer im Eigentum einer ungeteilten Erbengemeinschaft stehenden Heimstätte ist die Pfändung des Erbanteils eines Miterben insoweit unwirksam, als sie den Vollstreckungsschutz des § 20 HeimstG vereitelt. Die Pfändung darf nicht als Verfügungsbeschränkung in das GB der Heimstätte eingetragen werden, OLG Frankfurt aM DNotZ 1959, 474.
1505	*22* (*50*)	Dazu Wenz Haftung für die Kosten der GBBerichtigung (§§ 14, 22 GBO) Rpfleger 1957, 233. Über Streitwert bei GBBerichtigungsklage gegen Miterben BGH NJW 1958, 1397, RGZ 156, 263
1517	**§ 25** (*11*)	Dazu LG Düsseldorf NJW 1958, 673 (Dempewolf) über **Vormerkung** zur Sicherung von Alternativansprüchen und LG Lübeck SchlHA 1957, 99 = DRspr I (150) 84f über Zinsbeginn bei Vormerkung zur Sicherung einer Hypothekeneintragung, wenn Angabe fehlt. Über Vormerkung eines Wiederkaufsanspruchs, der eine Erweiterung des Auflassunganspruchs darstellt, BGH NJW 1959, 385 = DNotZ 1959, 399 = MDR 1959, 650.

Seite	Stelle	Ergänzung oder Berichtigung
1518	*25 (12)*	Zur **Auflassungsvormerkung** zugunsten eines Ehegatten bei allgemeiner Gütergemeinschaft BayObLGZ 1957, 184 = NJW 1957, 1521 = DNotZ 1957, 658 = Rpfleger 1957, 309, auch BWNotZ 1957, 322 (dazu *§ 33 Bem 51, § 82 Bem 7*), bei formnichtigen GrstKauf, insbes beim Schwarzkauf OLG Celle NJW 1958, 1095, 1496 (Diehl nimmt mit Recht in der Anm dazu einen ablehnenden Standpunkt ein; ebenfalls ablehnend Schilling DNotZ 1958, 573. Dazu auch Seufert JR 1959, 169). Über Auflassungsvormerkung zugunsten eines Dritten auch OLG Schleswig SchlHA 1957, 180 = DNotZ 1957, 661 (Hieber), auch BWNotZ 1958, 31, sowie *§ 3 Bem 280.* Zur Sicherung des Vertragserben kann zu Lebzeiten des Erblassers keine AuflVormerkung im GB eingetragen werden (OLG Hamm DNotZ 1956, 151 = BWNotZ 1956, 116); es bestehen aber keine Bedenken, daß eine Vormerkung eingetragen wird zur Sicherung des in Zusammenhang mit einem durch Rechtsgeschäft unter Lebenden begründeten Ankaufsrecht entstandenen schuldrechtlichen Anspruchs, der uU mit dem erbvertraglichen Anspruch verbunden sein kann, bawü JustMin GBPrErl vom 26. Juli 1957 BWNotZ 1957, 267. Bei einem land- oder forstwirtschaftlichen Grundstück kann ohne Vorlage einer Genehmigung nach KRG 45 eine AuflVormerkung eingetragen werden, LG Ulm GBPrErl vom 28.Mai 1957 BWNotZ 1957, 267, unter Hinweis auf Palandt BGB § 885 Bem 1d. Über Schutz des Grstkäufers durch Eintragung einer Auflassungsvormerkung Haegele BlGBW 1959, 33. Über Auflassungsvormerkung bei preisgebundenen Grstkauf Knöchlein BlGBW 1959, 49, über die Wirkung der Auflassungsvormerkung im ZwVerstVerfahren Siegelmann BlGBW 1959, 147. Über Auflassungsvormerkung an Hausgrst als Verfügung iSd § 419 BGB OLG Karlsruhe DNotZ 1959, 315.
1519	*25 (13)*	Zur **Löschungsvormerkung** nach § 1179 BGB ist auf *§ 19 Bem 64* hinzuweisen. Dazu auch Hoche und Göhler Die Wirkung der Löschungsvormerkung NJW 1959, 413, 416, Ripfel Sonderfragen zur Löschungsvormerkung BWNotZ 1957, 85, Die Eigentümeransprüche gegen den Grundschuldgläubiger und ihre Sicherung DNotZ 1957, 518, Schäfer Kritische Bemerkungen zu Vordrucken im Realkreditgeschäft BWNotZ 1957,

Seite	Stelle	Ergänzung oder Berichtigung
1519		123 (129ff.), Knöchlein Die Löschungsvormerkung nach § 1179 BGB und ihre Beziehungen zur Eigentümergrundschuld BlGBW 1958, 193, Der Rückgewähranspruch des Eigentümers bei Grundschulden und die bedingte Grundschuld BlGBW 1958, 305, Wörbelauer Die verschleierte Eigentümergrundschuld (Löschungsvormerkung nach § 1179 BGB und Hypothek) NJW 1958, 1513, (Löschungsvormerkung und Sicherungsgrundschuld) NJW 1958, 1705.
		BGH JZ 1957, 623 = Rpfleger 1958, 51 (Bruhn), dazu auch BWNotZ 1957, 323: Eine Vereinigung (der Grundschuld mit dem Eigentum in einer Person), die den bei einer Grundschuld nach § 1179 BGB vorgemerkten Löschungsanspruch auslöst, tritt nicht dadurch ein, daß die Forderung, zu deren Sicherung die Grundschuld bestellt ist, nicht besteht; dies gilt auch bez des nach dem Zuschlag in der Zwangsversteigerung an die Stelle der Grundschuld tretenden Erlöses. Über Löschungsvormerkung nach § 1179 BGB und Zwangsversteigerung BGHZ 25, 382 = NJW 1958, 21 = Rpfleger 1958, 49 (Bruhn) = DNotZ 1958, 144 (Hoche) = MDR 1958, 91 (Thieme) = DRspr I (154) 40a, Betrieb 1957, 818 = DRspr IV (436) 22b, OLG Hamm Rpfleger 1959, 130 (Stöber), Haegele BWNotZ 1956, 261, Stöber Rpfleger 1957, 205, Steiner-Riedel ZVG § 50 Bem 7. Über Wirkung einer Löschungsvormerkung gegenüber vor ihrer Eintragung entstandenen Eigentümerpfandrechten OLG Bremen NJW 1957, 1284 = DRspr I (154) 38d; dazu BWNotZ 1957, 269. Bei einer eingetragenen Eigentümergrundschuld können nicht auf Bewilligung des Grst-Eigentümers eine Löschungsvormerkung und eine Rückabtretungsvormerkung eingetragen werden, LG Bochum Rpfleger 1958, 55 (Bruhn) = MDR 1957, 610 = DRspr I (154) 40b.
		Die Beteiligten können auch den Fall des § 1163 I 1 BGB in die Löschungsvormerkung aufnehmen, sowie den Fall, daß die Vereinigung der Hypothek mit dem Eigentum bereits erfolgt ist; dies muß jedoch für Dritte erkennbar eingetragen werden, LG Ulm GBPrErl vom 28. Mai 1957 BWNotZ 1957, 268; zu der Frage, wann eine mit dem Wortlaut des Gesetzes eingetragene Löschungsbewilligung auch den Fall, daß die Forderung nicht zur Entstehung gelangt ist, erfaßt, OLG Celle DNotZ 1958, 544 (Rötelmann).

Seite	Stelle	Ergänzung oder Berichtigung
1519		Die Verweisung auf einen früheren Eintrag einer Löschungsvormerkung ist unzulässig, auch wenn die Eintragungen weitgehendst übereinstimmen, LG Ulm GBPrErl vom 28. Mai 1957 BWNotZ 1957, 269. Im übrigen *Bem 14, § 19 Bem 64, § 26 Bem 4*
1519, 1520	*25 (14)*	Es ist auch auf *Bem 13* zu verweisen
1521	*25 (16)*	Bei einer Vormerkung kann ein **Widerspruch** nur insoweit eingetragen werden, als die Eintragung der Vormerkung einen Rechtserwerb auf Grund des öffentlichen Glaubens des GB ermöglicht, BGH NJW 1957, 1229 = JZ 1957, 627 = BB 1957, 769 = MDR 1957, 668 = Betrieb 1957, 682 = DRspr I (150) 85a = LM § 883 BGB Nr 5 (Piepenbrock), dazu BWNotZ 1957, 267, ferner Rahn Widerspruch gegen Vormerkung BWNotZ 1957, 117 (vgl auch DNotZ 1957, 601).
1524	*25 (29)*	Zur Eintragung einer Auflassungsvormerkung bez einer noch nicht vermessenen Teilfläche *§ 7 Bem 27*, auch bez Hinweise zur angeführten Entscheidung des BayObLG
1525	*25 (35)*	Über Löschung einer Auflassungsvormerkung auf Grund Unrichtigkeitsnachweises KG-West DNotZ 1958, 255. Eine nach Eintritt des Erbfalls im Wege der einstweiligen Verfügung eingetragene Vormerkung kann auf Antrag des Nachlaßkonkursverwalters nach § 22 I GBO gelöscht werden (§ 221 II KO), OLG Hamm NJW 1958, 1928.
1527	*25 (40)*	Dazu OLG Celle DNotZ 1957, 664: Hat der Grst-Eigentümer einem Grundschuldgläubiger den ihm zustehenden Anspruch auf Übertragung einer anderen Grundschuld abgetreten, auch soweit dieser Anspruch bedingt ist oder erst künftig entsteht, so kann zugunsten des die Abtretung empfangenden Grundschuldgläubigers eine Vormerkung zur Sicherung ihres Anspruchs im GB eingetragen werden; hierzu bedarf es jedoch der Bewilligung des betroffenen Grundschuldgläubigers, das Fehlen dieser Bewilligung ist durch Zwischenverfügung zu beanstanden. Dazu auch *Bem 13.*
1530, 1531	*25 (51)*	Zur Frage der Gleichzeitigkeit der Antragstellung bei der Löschungsvormerkung und der Gebühr OLG Düsseldorf DNotZ 1957, 333

Seite	Stelle	Ergänzung oder Berichtigung
1531, 1532	*25* (*53ff.*)	Zum Streitwert eines auf Eintragung eines Widerspruchs im GB gerichteten Eilverfahrens OLG Frankfurt aM Rpfleger 1959, 29
1533, 1534	**§ 26** (*4*)	Zur Eigentümerhypothek und -grundschuld *13 Vorbem 116, § 19 Bem 64, § 25 Bem 13, 40*
1537	*26* (*15*)	Über Zinsbeginn bei Hypothekenabtretung OLG Hamm JMBl NRW 1957, 185 = DRspr I (154) 38c. Über Abtretung einer verbrieften Teilhypothek oder -grundschuld OLG Köln NJW 1957, 104 = DRspr I (154) 33b
	26 (*16*)	Zur Blankoabtretung einer Briefhypothek oder -grundschuld BGHZ 22, 128 = NJW 1957, 137 = BB 1956, 1168 = Betrieb 1956, 1178 = DRspr I (154) 33a
1546	**§ 27** (*11*)	Zur Pfandfreigabe Mansfeld Die gbliche Behandlung der Haftentlassungserklärungen Rpfleger 1957, 240
1551	*27* (*27*)	Dazu OLG Hamm DNotZ 1958, 547: Wird in einer abstrakten Löschungsbewilligung angegeben, in welcher Höhe die Hypothek am Währungsstichtag bestanden hat, so verliert diese Urkunde dadurch noch nicht ihren Charakter der Abstraktheit.
1554	*27* (*41*)	Die Löschungsgebühr nach § 68 KostO ist nach OLG Köln DNotZ 1959, 111 nicht zu erheben, wenn bei Übertragung des belasteten Grst auf ein neues Blatt die Löschungswirkung durch Nichtmitübertragung (§ 46 II GBO) herbeigeführt wird. Löscht das GBA bei gleichzeitiger Übertragung des Grst auf ein neues Blatt das Grundpfandrecht auf dem alten Blatt förmlich durch Löschungsvermerk (§ 46 I GBO), so sind die Löschungsgebühren nur niederzuschlagen (§ 16 I 1 KostO), wenn das GBA das ihm zustehende Ermessen mißbraucht. Dabei ist abzustellen auf Zweckmäßigkeit und GBKlarheit, auch für den Nichtgrbfachmann, der das GB nach Jahr und Tag einsieht.
1555	*27* (*43*)	Zum **Unschädlichkeitszeugnis** ergeben sich bei dem Landesrecht folgende Ergänzungen: Bremen § 23 bremAG BGB, Hamburg §§ 35 bis 42a hamb AG BGB idF vom 1. Juli 1958 hamb GVBl 195 = SaBl 1015, Hessen Art 97ff. hess AG BGB, dazu Gesetz über Unschädlichkeitszeugnisse vom 4. November 1957 hess GVBl 145 = SaBl 1958, 284. Im übrigen vgl *§ 117 Bem 107*.

Seite	Stelle	Ergänzung oder Berichtigung
1561	**§ 28** (*10, 11*)	Zur katastermäßigen Bezeichnung des Grundstücks bei Abschreibung eines Teils *§ 7 Bem 27, § 25 Bem 29*
1564	*28* (*16*)	Dazu Baden-Württemberg Tilgungsleistungen auf Schweizerfranken-Grundschulden Bek vom 10. März 1959 Justiz 67
	28 (*17b*)	Bez Rückerstattungsverfahren gleicher Auffassung BayObLGZ 1958, 139
1565	*28* (*18*)	Zur **Wertsicherungskausel** Fögen Bedeutung, Anwendungsbereich und Grundsätze für die Anwendung von § 3 Abs 2 WährG BB 1958, 1259, Goltz Konvertierbarkeit der DM — Genehmigungserfordernis nach § 3 WährG Betrieb 1959, 339, Mees Nicht genehmigte Wertsicherungsklauseln NJW 1957, 1261, Szagunn Bedingungen und Bezugsgrößen in Wertsicherungsklauseln BB 1959, 205, Walberer Preisindex in Wertsicherungsklauseln DNotZ 1958, 633. Nach OLG Schleswig DNotZ 1957, 537 (Eppig) enthält die Vereinbarung, daß der Berechtigte nach seiner Wahl statt des Bargeldaltenteils Naturalleistungen verlangen kann, auch dann keine genehmigungspflichtige Wertsicherungsklausel, wenn der Schuldner sich verpflichtet hat, die Naturalleistungen alsbald für Rechnung des Altenteilers zu verwerten. Unwirksamkeit einer Unterwerfung unter die sofortige ZwV wegen Unbestimmtheit der zu leistenden Geldsumme besteht, wenn in der Urkunde die Verpflichtung zur Zahlung einer Rente in Höhe einer bestimmten Beamtenpension übernommen wird, BGH DNotZ 1957, 200, OLG Nürnberg DNotZ 1957, 665 (Hieber). Diese Auffassung erscheint bedenklich und ist abzulehnen, sie bedarf einer erneuten Überprüfung und Richtigstellung. Wenn man in der Sozialversicherung eine gleitende Berechnung der Renten nach einem bestimmten Index zuläßt, um die Renten der Höhe der Lebenshaltung anzugleichen, so dürften keine Bedenken bestehen, auch nach anderen Wertmaßstäben ähnliche Berechnungen für eine Leistung vorzunehmen, um sie wertbeständig zu erhalten. In der Zeit des „Wirtschaftswunders" und der „Hochkonjunktur" und der damit verbundenen Steigerung der Lebensansprüche aller Volksschichten ohne Unterschied, in der auch die Arbei-

Seite	Stelle	Ergänzung oder Berichtigung
1565		terschaft in vollem Umfange an den Gütern des Volkes teilnimmt, muß die Möglichkeit der Anpassung von Werten an steigende Preise bestehen, zumal die Preisbindungen fast ganz beseitigt sind. Über Wertsicherungsklausel bei Erbbaurecht *§ 8 Bem 39 mit Erg* (S 2657). Zu § 3 WährG und Wertsicherungsklausel Mitt Nr 1009/58 der Deutschen Bundesbank vom 12. Dezember 1958 BAnz Nr 243 = DNotZ 1959, 59 = RdL 1959, 62, über nachträgliche Genehmigung von Wertsicherungsklauseln ein Schreiben der Bundesbank vom 17. April 1959 DNotZ 1959, 227 = RdL 1959, 207.
1569	**§ 29** (*8*)	Über den Nachweis einer Auflassungsvollmacht (auch in öffentlich beglaubigter Form möglich) BGHZ 29, 366 = NJW 1959, 883 = Rpfleger 1959, 219 (Haegele) = MDR 1959, 477, 745 (Thieme) = BB 1959, 462 = LM § 29 GBO Nr 2 (Piepenbrock).
1571	*22* (*16*)	Die in der letzten Zeile der *Bem 16* angeführte Entscheidung ist auch abgedruckt in DNotZ 1957, 543; dazu auch BWNotZ 1958, 33
1574	*29* (*24*)	Bez Zuständigkeit der wü Ratschreiber nach § 32 wü AG BGB zur Beurkundung OLG Stuttgart BWNotZ 1958, 35
1582	*29* (*41*)	Dazu Saage und Keidel Das Vorlesen des Protokolls bei der gerichtlichen oder notariellen Beurkundung von Rechtsgeschäften DNotZ 1959, 340, 347.
1585	*29* (*46*)	Dazu Zimmermann Behörden als Beteiligte im Verfahren der freiwilligen Gerichtsbarkeit Rpfleger 1958, 209
1586	*29* (*47*)	Zur Sozialversicherung: Zur Änderung des Selbstverwaltungsgesetzes *Erg zu § 32 Bem 71* S 2684
1588	*29* (*52*)	Zur Zuständigkeit für Beurkundung *§ 117 Bem 118.* Über öffentlich-rechtliche Formvorschriften im Rahmen gerichtlicher oder notarieller Beurkundungen Lutter Rpfleger 1959, 11
1588, 1589	*29* (*54 ff.*)	Dazu Stiebens Beurkundung in Siedlungssachen RdL 1956, 97

Seite	Stelle	Ergänzung oder Berichtigung
1591	*29* (*64*)	Dazu bawü JustMin GBPrErl vom 27. August 1958 BWNotZ 1958, 297, wonach die Unterschriftsbeglaubigung durch das Bürgermeisteramt keine öffentliche Beglaubigung iSd § 129 I BGB und des § 29 I 1 GBO ist
1594	*29* (*70*)	Die angeführte Entscheidung des BayObLG ist auch BayObLGZ 1957, 49 abgedruckt. Offenkundigkeit nachträglicher Eheschließung und der Vereinbarung des allgemeinen Güterstandes liegt nicht vor, wenn die Akten des GBA, bei dem die Offenkundigkeit vorlag, an ein anderes GBA abgegeben werden. Es hat die Prüfung selbständig vorzunehmen. Da ein Antragsverfahren vorliegt, ist das GBA nicht verpflichtet, die Grundakten des anderen GBA anzufordern und eine beglaubigte Abschrift der darin enthaltenen Heiratsurkunde zur Aufbewahrung bei seinen Grundakten zu fertigen.
1601	*29* (*85 unter Z 4* letzter Absatz)	Bei BayObLG 1956, 304 heißt es nunmehr: BayObLGZ 1956, 54 = DNotZ 1956, 304 (dazu auch BWNotZ 1956, 159) und BayObLGZ 1957, 285
1624	**§ 32** (*30* Absatz 1 Zeile 4)	Hinter „Grst" ist einzufügen: hin
1625, 1628	*32* (*32*, *33*) *32* (*38*)	Die Handelsregisterverfügung vom 12. August 1937 DJ 1251 wurde geändert durch VO vom 12. November 1958 BAnz Nr 224 = SaBl 1470.
1630	*32* (*45*)	Zum rechtsfähigen Verein: Zu wirtschaftlichem Verein *§ 117 Bem 66*
1634, 1635	*32* (*55*)	Zu **ausländischen Handelsgesellschaften** Mezger Die Vertretungsbefugnis bei französischen Handeslgesellschaften DNotZ 1959, 25, Schnitzler Die Vertretungsbefugnis bei schweizerischen Handelsgesellschaften DNotZ 1959, 182.
1635	*32* (*57*) letzte Zeile unten	Es heißt bei der Verweisung: *§ 3 Bem 290*
1636	*32* (*59*)	Zu Berlin-West: Änderung der Verfassung durch die Gesetze vom 15. und 30. Januar und 28. März 1958 GVBl 41, 125, 308 = SaBl 199, 254, 456. Zu Niedersachsen: Die Verfassung wurde abgeändert durch die Gesetze vom 29. Februar 1956 nds GVBl 13 = SaBl 258 und vom 23. Dezember 1958 nds GVBl 239 = SaBl 1959, 73.

Seite	Stelle	Ergänzung oder Berichtigung
1636		Zu Saarland: Änderung der Verfassung durch Ges vom 1. Juli 1958 ABl 735 = SaBl 1091.
1637/8	*32 (60, 61)*	Bez Gemeinden BGH NJW 1959, 526: Die Wiederkaufserklärung einer Gemeinde bedarf nicht der in § 36 rev deutschen GemO vom 21. November 1949 GVBl NRW 295 bestimmten Form.
1639	*32 (63)*	Bez katholischer Kirche: Ein unter § 10 der Satzung über die Verwaltung des kath Kirchenvermögens im Erzbistum Freiburg i Br bad Anteils vom 27. Februar 1934 ohne Genehmigung des Ordinariats abgeschlossenes Rechtsgeschäft (bez Kirchenorgel) ist unwirksam, LG Rottweil NJW 1959, 1090 (Ehret). Zur Frage ob eine kath Kirchengemeinde im Landesteil Baden der kirchenobrigkeitlichen Genehmigung zu Zustimmungserklärungen als Grsteigentümerin nach § 5 ErbbauVO bedarf, Reichert BWNotZ 1959, 173 (verneinend). Im übrigen *§ 18 Bem 176.*
1643	*32 (68 unter 1)*	Dazu Bek der Satzung der Deutschen Bundesbank vom 27. November 1958 BAnz Nr 7 = SaBl 136 und Prost Ges über die Deutsche Bundesbank NJW 1957, 1303, Spindler-Becker-Starke Die deutsche Bundesbank Stuttgart 1957.
1644	*32 (68 unter 6)*	In Bayern sind die Rechtsverhältnisse der Bayerischen Staatsbank nunmehr geregelt in dem Gesetz über die Bayerische Staatsbank vom 25. Oktober 1950 GVBl 221/27. Oktober 1953 GVBl 183. Zu Bremen: Satzung der Bremer Landesbank GBl 1959, 77 = SaBl 1632, Satzung der Staatlichen Kreditanstalt Oldenburg-Bremen GBl 1959, 80 = SaBl 635.
	32 (68 unter 7)	Zu **Sparkasse:** Nordrhein-Westfalen Sparkassengesetz vom 7. Januar 1958 nrw GVBl 5 = SaBl 175, Rheinland-Pfalz Sparkassengesetz vom 12. März 1958 GVBl 47 = SaBl 358, Schleswig-Holstein Sparkassengesetz vom 6. Mai 1958 schlh GVBl 191 = SaBl 1700
1645	*32 (71)*	Zu Sozialversicherung: Das Selbstverwaltungsgesetz idF vom 13. August 1952 BGBl I 427, 600 = SaBl 905 wurde mehrfach geändert. Insbes ist hinzuweisen auf die Gesetze vom 26. Dezember 1957 BGBl I 1888 = SaBl 1958, 45 und vom 10. April 1958 BGBl I 213 = SaBl 465. Durch das Gesetz vom 26. Dezember 1957 wurde es gleichzeitig im Lande Berlin eingeführt.

Seite	Stelle	Ergänzung oder Berichtigung
1648	§ 33 (*4*)	Zum **Gleichberechtigungsgesetz** Literaturhinweise: Kommentare Krüger-Breetzke-Nowack und Maßfeller-Reinicke 1958 Bergmann Gleichheitssatz und bäuerliche Vererbung FamRZ 1959, 87, GleichberG, Landwirtschaft und Höferecht RdL 1959, 85, 113, Bosch Das neue Ehevermögen, insbes das Ehegüterrecht FamRZ 1958, 289, Büttner Zur Neuregelung des gesetzlichen Güterstandes RdL 1958, 1, Donau Rückwirkende Kraft des GleichberG? NJW 1958, 250, Eißer Die Anerkennung der Persönlichkeit der Ehefrau im neuen Eherecht FamRZ 1959, 177, Frank Kein Gutglaubensschutz nach dem GleichberG? NJW 1959, 135, Fuß Gleichheitssatz und Richtermacht JZ 1959, 329, Goller Bruchteilsgemeinschaft als vertraglicher Güterstand BWNotZ 1959, 107 (dazu Vogt aaO 195, Hipp aaO 197), Graß Der gegenwärtige Stand der Ehegattenbesteuerung BB 1959, 821, Haegele Rspr und Literatur zur Gleichberechtigung von Mann und Frau im ehelichen Güterrecht DNotZ 1957, 133, Die Rechtsbeziehungen von Eheleuten zueinander und zu dritten Personen auf Grund des GleichberG Justiz 1958, 121, Beziehungen der Eheleute zueinander und zu ihren Gläubigern nach dem GleichberG BlGBW 1958, 65, Die Verpflichtungs- und Verfügungsbeschränkungen bei Zugewinngemeinschaft im GrstVerkehr Rpfleger 1959, 4, Kann Errungenschaftsgemeinschaft (Fahrnisgemeinschaft) noch als eheliches Güterrecht neu vereinbart werden? FamRZ 1959, 315, Hartung Der Schutz des guten Glaubens bei den Verfügungsbeschränkungen des GleichberG NJW 1959, 1020, Heldrich GleichberG und Güterstand bei Neubürgern FamRZ 1959, 46 (dazu auch Reithmann aaO 91), Hieber Grsterwerb durch Ehegatten DNotZ 1959, 463, Kehrer § 1365 BGB (GleichberG) in der Praxis des GBAmtes Justiz 1958, 119, Kersting Die Gütertrennungserklärung nach Art 8 Abs 1 Nr 3 Abs 2 GleichberG und die Zuständigkeit für ihre Bearbeitung Rpfleger 1959, 208, Maßfeller Das GleichberG mit Ausnahme des ehelichen Güterrechts DNotZ 1957, 342, Oswald Arbeits- und Gesellschaftsverträge zwischen Ehegatten DNotZ 1959, 187, Picalo Der Einfluß des Güterstandes der Zugewinngemeinschaft auf das Landwirtschaftsrecht RdL 1958, 281, auf das Höferecht RdL 1959, 1, Reithmann Das eheliche Güterrecht bei Flüchtlingen

Seite	Stelle	Ergänzung oder Berichtigung
1648		DNotZ 1958, 512, Schuler Der Sonderkonkurs des ehelichen Gesamtgutes NJW 1958, 1609, Schulin Das GleichberG und der Prozeßrichter DRiZ 1959, 76, Schulz-Kersting Die Auswirkungen des GleichberG auf den Grstverkehr JR 1959, 86, 134, Tiedan Zum neuen ehelichen Güterrecht, insbes zu den Beschränkungen des § 1365 BGB nF MDR 1959, 79, Troll Die Zugewinngemeinschaft bei der Erbschaftssteuer DNotZ 1958, 476, Wöhrmann Eintragungsfähigkeit des Verwaltungs- und Nutznießungsrechts des überlebenden Ehegatten nach § 14 HöfeO RdL 1959, 207 (verneinend). Die Vorschrift des § 1371 BGB **nF über den Zugewinnausgleich beim Tode eines** Ehegatten, auf deren Bedenklichkeit schon vor Erlaß des Gesetzes in diesem Kommentar bereits unter *E 284* hingewiesen wurde, ist in den Brennpunkt des Interesses gerückt. Dazu insbes Altenstetter BWNotZ 1958, 177, Boehmer NJW 1958, 524, Haußmann (zum Ehegatten-Pflichtteil) BWNotZ 1958, 343, Haegele Justiz 1957, 390/1958, 81, Lange NJW 1957, 1381/1958, 288, Reinicke NJW 1958, 121, 932, Schnitzerling RdJ (Zeitschrift „Recht der Jugend") 1958, 261, Ulmer NJW 1958, 170. Zu Erbvertrag und Zugewinngemeinschaft Scholten NJW 1958, 935. Über weiter strittige Fragen bei der Zugewinngemeinschaft *Bem 14ff* mit *Erg* (S 2687). Zur Gleichberechtigung im Höferecht BGH NJW 1959, 1173 (Dürig) = RdL 1959, 149, wonach der Vorzug des männlichen Geschlechts bei der gesetzlichen Hoferbfolge mit dem Gleichberechtigungsgrundsatz vereinbar ist. Mit Recht weist der BGH darauf hin, daß der Gleichberechtigungsgrundsatz des Art 3 GG nur verletzt ist, wenn die Rechtsungleichheit willkürlich wäre, wobei auch die objektiven oder funktionellen Unterschiede der beiden Geschlechter zu berücksichtigen sind, die eine unterschiedliche Behandlung ihrer Rechtslage erlauben — ein Gesichtspunkt, dem das BVerfG bei der Entscheidung zu §§ 1628, 1629 BGB wohl zu wenig Rechnung getragen hat (dazu *Erg zu § 18 Bem 124ff.*). Es ist daher bedauerlich, daß Dürig in der Anm zu der Entscheidung des BGH bemerkt, daß diese Entscheidung „geradezu schulmäßig" die Rechtsfigur der Verfassungsbeschwerde zu rechtfertigen scheint. Mit Recht mehren sich heutzutage die Bestrebungen, die Krise des Rechts und der Rechtsanwendung zu

Seite	Stelle	Ergänzung oder Berichtigung
1648		überwinden; das allzustarke Betonen des Prinzipiellen in der deutschen Rechtsanwendung und Normenkontrolle müßte wieder mehr einer einfacheren und natürlichen Betrachtungsweise Platz machen. Von Interesse ist auch die Stellungnahme des BVerfG zur Gleichberechtigung der Frau im Steuerrecht (dazu *Erg E 255* S 2638). Mit der Entscheidung vom 17. Januar 1957 BVerfG E 6, 55 = NJW 1957, 417 wurde § 26 EStG 1951 für nichtig erklärt, da Art 6 GG für den ganzen Bereich des Rechts gilt und die Frau die Möglichkeit haben muß, dem Manne gleichgestellt zu werden. Nachdem anstelle der erwähnten Vorschrift bei der Neufassung des EStG vom 13. November 1957 BGBl I 1793 eine Regelung trat, wonach bei getrennter Veranlagung die Steuerklasse I, also die der Unverheirateten, zugrundzulegen ist, war das BVerfG mit der Prüfung dieser neuen Vorschrift befaßt. Nach der Entscheidung vom 14. April 1959 NJW 1959, 979 = MDR 1959, 459 wurde die Rechtsgültigkeit bejaht zu Unrecht. Daß die Alleinversteuerung zu steuerlichen Nachteilen der Ehegatten führt, weil eine andere Steuerklasse maßgebend ist als bei gemeinsamer Veranlagung, gibt dem BVerfG keine Veranlassung zu einer anderen Beurteilung. Gerade diese beiden Entscheidungen des BVerfG sind für die Betrachtung, wie problematisch der Begriff der Gleichberechtigung der Geschlechter im Recht ist, interessant. Sie zeigen, daß tatsächlich die Gleichstellung nicht zu erreichen ist. Man sollte daher alle Fragen der Gleichberechtigung mehr vom Leben her zu lösen versuchen und von der Problematik des PrinzipStandpunkts, der weithin herrscht, befreien. Daß sich bei dieser Schau brauchbare Lösungen finden lassen, zeigt die erwähnte Entscheidung des BGH zur Hoferbfolge.
1651, 1652	*33* (*13*)	Dazu Haegele Gemeinschaftlicher GrstErwerb durch Eheleute BlGBW 1958, 310
1562	*33* (*14*)	Zur **Zugewinngemeinschaft:** Zu den Bedenken bez der Regelung in § 1371 BGB nF auch *Bem 4* mit *Erg*. Über Geschäftswert der durch Ehevertrag vereinbarten Ausschließung der Aufhebung des Güterstandes der Zugewinngemeinschaft sowie der einseitigen Erklärung eines Ehegatten, daß für die Ehe Gütertrennung gelten solle, Vogt

Seite	Stelle	Ergänzung oder Berichtigung
1562		Rpfleger 1958, 8, Rohs aaO 9, OLG Bremen aaO 23 (Rohs). Weitere Hinweise: Boennecke Zur Problematik des § 739 ZPO und des § 1362 BGB idF des GleichberG NJW 1959, 1260, Haegele Erbschaftssteuer bei der Zugewinngemeinschaft Rpfleger 1959, 115, Die Verpflichtungs- und Verfügungsbeschränkungen nach § 1365 BGB bei der Zugewinngemeinschaft Rpfleger 1959, 242, Hampel Zur Pflichtteilsregelung bei der Beendigung der Zugewinngemeinschaft durch den Tod eines Ehegatten FamRZ 1958, 162, Koeniger Der Schutz des Ausgleichsschuldners innerhalb der Zugewinngemeinschaft DRiZ 1959, 80, Linde Verfügungen über Vorbehaltsgut (bei Übergabe eines landwirtschaftlichen Anwesens) BWNotZ 1959, 217, Lorenz Die Verfügungsbeschränkungen im Rahmen der Zugewinngemeinschaft JZ 1959, 105, Meyer-Stolte Vinkulierung der Gesamtvermögensgeschäfte-Auswirkungen des § 1365 BGB nF auf das Grstrecht—FamRZ 1959, 228, Otten Die Dreijahresfrist bei Klagen auf vorzeitigen Zugewinnausgleich gemäß § 1385 BGB nF FamRZ 1958, 447, Reithmann Der Anwendungsbereich der Zugewinngemeinschaft (bei nach dem 1. Juli 1958 geschlossenen Ehen) FamRZ 1959, 267, Die Überleitung ehevertragsloser Ehen von Neubürgern in die Zugewinngemeinschaft FamRZ 1959, 309, Ripfel Rechtsgeschäfte des im gesetzlichen Güterstand lebenden Ehegatten über sein Vermögen im ganzen BWNotZ 1959, 48, Thiele Die Nahtstellen von Erbrecht und Güterrecht in der Zugewinngemeinschaft FamRZ 1959, 393, Thierfelder Echter und unechter „Zugewinn“ (zum Problem des Zugewinnausgleichs bei echten Wertsteigerungen und in den Fällen nur scheinbarer-unechter-Werterhöhung) FamRZ 1959, 225, Ulmer Verbietet das Wesen der Ehe den güterrechtlichen Zugewinnausgleich beim Tod des Ausgleichsberechtigten? FamRZ 1958, 251, Weimar Zur Anwendbarkeit des § 1365 BGB auf den Teilungsversteigerungsantrag NJW 1959, 1478. Zu einschlägigen Fragen auch BWNotZ 1959, 212 (bei Kritik zu Palandt BGB).
1652, 1653	*33 (16 ff.)*	Zu § 1365 BGB OLG Hamm Rpfleger 1959, 16 (dazu Haegele aaO 4) = RdL 1959, 49 = FamRZ 1959, 166, LG Augsburg DNotZ 1958, 550 und LG

Seite	Stelle	Ergänzung oder Berichtigung
		Nürnberg-Fürth NJW 1959, 104 = Fam RZ 1959, 247.
1652/3		Das GBA darf einen Nachweis, daß nicht über das Vermögen am ganzen verfügt werden solle, nur verlangen, wenn bestimmte gegenteilige Anhaltspunkte vorliegen Nach LG Bielefeld FamRZ 1958, 376 (Bosch) sollen Zweifel schon genügen; vgl auch BWNotZ 1958, 355. Dazu vgl die Auslegungsgrundsätze *Bem 30*. Zum Übergang LG Augsburg FamRZ 1958, aaO: Ein vor dem 1. Juli 1958 geschlossenes, aber gbamtlich noch nicht vollzogenes Verfügungsgeschäft bedarf der Zustimmung des anderen Ehegatten auch dann nicht, wenn diese Zustimmung nach § 1365 BGB nF erforderlich wäre. Ebenso die im folgenden angeführte Entscheidung des BayObLG FamRZ 1959, 241. Weitere Entscheidungen: BayObLG FamRZ 1959, 241 = Rpfleger 1959, 223 (Haegele) = NJW 1959, 1495 = DNotZ 1959, 419, OLG Frankfurt aM Rpfleger 1959, 275 (Haegele), OLG Düsseldorf JMBl NRW 1959, 53 = DRspr I (165) 47e, LG Berlin FamRZ 1959, 64, LG Bielefeld FamRZ 1959, 245, LG Bremen NJW 1959, 1828 = FamRZ 1959, 244 = MDR 1959, 127 = DRspr I (165) 47c, LG Darmstadt FamRZ 1959, 240 (Bosch), LG Itzehoe FamRZ 1959, 248 = BlGBW 1959, 190, LG Kiel JZ 1959, 315 = SchHAnz 1959, 78, LG Oldenburg DNotZ 1959, 204 = FamRZ 1959, 248 = BlGBW 1959, 190, LG Siegen FamRZ 1959, 64 = DRspr I (165) 47d, IV (473) 53a, AG Delmenhorst FamRZ 1959, 243, 249, AG Marl FamRZ 1959, 242.
		Zusammenfassend ist zu dieser Vielzahl der zu § 1365 BGB ergangenen und veröffentlichten Entscheidungen festzustellen, daß es stets um die gleichen Fragen geht, nämlich wann eine Verfügung iSd § 1365 BGB, also um eine Verfügung über das gesamte Vermögen des einen Ehegatten vorliegt, und in welcher Form gegebenenfalls der Nachweis nach der GBO zu führen ist. Scheinbar sind es neue Probleme und doch sind es Fragen, die nach den bisherigen Rechtsgrundsätzen zu beantworten sind, so daß es wohl der Veröffentlichung einer großen Zahl von Entscheidungen nicht bedurft hätte. Der Begriff des Vermögens im ganzen ergibt sich aus § 419 BGB, worauf die Kommentierungen zu § 1365 BGB auch hinweisen. Der Begriff der Verfügung ist ein im Sachenrecht ausgebildeter

Seite	Stelle	Ergänzung oder Berichtigung
1652/3		Begriff. Die ergangenen Entscheidungen bringen dazu nichts wesentlich Neues, da die Entscheidung auf den Einzelfall abzustellen hat. Was weiter die Frage des gbamtlichen Nachweises betrifft, so beantwortet auch sie sich nach den anerkannten Grundsätzen des § 29 GBO. In diesem Zusammenhang besteht Anlaß auf die Ausführungen von Weber DRiZ 1959, 211 (212) hinzuweisen, der mit Recht betont, daß wir mit einer Flut von Leitsätzen von Gerichten aller Instanzen überschüttet werden und daß nach einer Lösung gesucht werden muß, insbes indem den Leitsätzen der höchsten Gerichte Gesetzeskraft verliehen wird ähnlich denen der Verfassungsgerichte. Um über die Schwierigkeiten der heutigen unübersichtlichen Lage zu überwinden, sollte man die Auswahl von Entscheidungen in den Zeitschriften mehr als bisher beschränken und wirklich nur beachtliche Entscheidungen zum Abdruck bringen. Entbehrlich sind auch Leitsätze von Entscheidungen, die nur wiederholen, was bereits anerkannten Rechts ist und in jedem Kommentar zu finden ist. Dieser Weg könnte mit dazu beitragen, zu einer einfacheren und natürlichen Rechtsfindung zurückzukehren, die auf der Überzeugung der entscheidenden Richter beruht und nicht von der heutzutage so sehr beliebten Zitierkult beeinflußt ist. Dann wäre es auch wieder möglich, von der umständlichen Art der Begründung von gerichtlichen Entscheidungen zurückzukehren zur verständlichen einfachen Art. Wir müssen wieder in der Lage sein, einen einfachen Gedanken einfach zu begründen. Solche Erwägungen können dazu beitragen, die Krise des Rechts zu überwinden. Zu § 1369 BGB Ziege NJW 1957, 1579/1958, 131, Zunft NJW 1958, 130
1653, 1654	*33 (21ff.)*	Zur Problematik des Zugewinnes *Bem 4, 14ff.* mit *Erg.*
1655	*33 (27)*	Zur **Gütergemeinschaft** Metzger und Haegele Gütergemeinschaft und GB Rpfleger 1958, 204, 207
1666	*33 (51)*	Die zur Auflassungsvormerkung zugunsten eines Ehegatten bei Gütergemeinschaft erwähnte Entscheidung des BayObLG ist auch abgedruckt in BayObLGZ 1957, 184 (dazu auch BWNotZ 1957, 322); danach ist das GBA nicht gehindert, eine Auflassungsvormerkung auch bei Kenntnis der

Seite	Stelle	Ergänzung oder Berichtigung
1666		bestehenden Gütergemeinschaft allein zugunsten des das Grst erwerbenden Eheteils einzutragen. Man wird dem Standpunkt der Entscheidung nicht vorbehaltslos zustimmen können, sondern nur, wenn wirklich erwartet werden kann, daß die Vormerkung nur kurze Zeit im GB steht. Dazu auch *§ 25 Bem 12, § 47, Bem 23, § 82 Bem 7.*
1667	*33* (*53*)	Dazu BayObLGZ 1958, 76 = Rpfleger 1958, 218 (Haegele): Ein Ehevertrag vom August 1956, in dem der Güterstand der „allgemeinen Gütergemeinschaft nach den Bestimmungen des Bürgerlichen Gesetzbuches" vereinbart ist, sagt nicht mit hinreichender Deutlichkeit, daß die alte, vom GleichberG unberührte Form der allgemeinen Gütergemeinschaft des BGB idF bis 31. März 1953 gelten solle. Er kann deshalb nicht als Grundlage für eine Eintragung dieser Form der allgemeinen Gütergemeinschaft in das GB dienen. Mit Recht beanstandet Haegele das Ergebnis der Entscheidung.
1677	**§ 35** (*2*)	Dazu Haegele Rechtsstellung der **Erben** im Grstrecht BlGBW 1959, 241
1678, 1679	*35* (*12*)	Zur Vollmacht über den Tod hinaus LG Kassel DNotZ 1958, 429: Wird von den Parteien eines GrstVeräußerungsvertrages ein Dritter zur Erklärung und Entgegennahme der Auflassung beauftragt und bevollmächtigt, so wirkt die Vollmacht nach dem Tode der Auftraggeber — auch dem GBA gegenüber — weiter.
1680	*35* (*16*)	Zum Anerbenrecht zu Hoffolgezeugnis OLG Celle RdL 1955, 143, Wöhrmann RdL 1950, 161, 268. Dazu AG Plön SchlHA 1958, 182 = DRspr IV (473) 51b: Die Eintragung eines durch öffentliches Testament eingesetzten Hoferben als Eigentümer bedarf der Vorlage eines Hoffolgezeugnisses oder eines gerichtlichen Beschlusses über die Wirtschaftsfähigkeit des Erben. Das Nachlaßgericht ist an das Hoffolgezeugnis gebunden.
1686	*35* (39)	Zur Prüfungspflicht des GBA bei Vorlage des Erbscheins OLG Celle DRspr IV (473) 50c.
1691	*35* (*52*)	Bei der Überschrift heißt die Zahl: 3 (nicht: 2)

Seite	Stelle	Ergänzung oder Berichtigung
1694	*35 (62)*	Zum internationalen Erbrecht Fischer Das beim Tode von Flüchtlingen anzuwendende Erbrecht BWNotZ 1959, 20. Ferner ist hinzuweisen auf das Buch Ferid-Firsching Internationales Erbrecht.
1701	*35 (77)*	Zum **Testamentsvollstrecker:** Haegele Der Testamentsvollstrecker und das Selbstkontrahierungsverbot des § 181 BGB Rpfleger 1958, 370, Firsching Testamentsvollstrecker — executor — trustee DNotZ 1959, 354 Zur Zuständigkeit des GBRechtspflegers bei Bewilligungen des Testamentsvollstreckers Heim Rpfleger 1959, 113. Die Anwendung des § 17 Abs 1 Z 4 RPflegerG ist zu bejahen (bestritten).
1704	*35 (91)*	Dazu OLG Hamm Rpfleger 1958, 15 (Haegele) zu der Frage der Beendigung des Amtes und den Voraussetzungen der Löschung des Testamentsvollstrecker-Vermerks im GB; dazu *§ 52 Bem 12*
7126, 1727	**§ 38** (*12, 13*)	Zu **Eintragungsersuchen** LG Siegen DNotZ 1958, 647: Grundsätzlich hat das GBA die sachlichen Voraussetzungen für ein bestimmtes Ersuchen zu einer Eintragung einer Zwangshypothek nicht nachzuprüfen. Das GBA hat aber zu untersuchen, ob die ersuchende Behörde allgemein zuständig ist und ob, wenn es sich um ein Verwaltungszwangsverfahren handelt, die Forderung ihrer Art nach einem solchen Verfahren unterliegt (was zB nach dem pr Kommunalabgabengesetz nicht der Fall ist bei Krankenhauskosten, deren Tarif nicht in vollem Umfang aus einer Ortssatzung hervorgeht).
1727	*38 (13)*	Zur Frage der Nachprüfung von Ersuchen auch OLG Köln JMBl NRW 1958, 137 = MDR 1958, 696 = DNotZ 1958, 487 = BlGBW 1958, 382 = DRspr I (473) 51c bez eines Ersuchens der Wohnsiedlungsbehörde: Grundsätzlich ist die Prüfung auf die Zulässigkeit des Ersuchens beschränkt. Allgemein anerkannte Ausnahme besteht, wenn dem GBA die Nichtberechtigung des Ersuchens mit Sicherheit bekannt ist. Hierzu genügt nicht, daß der zugrunde liegende Sachverhalt mit Sicherheit bekannt ist. Erforderlich ist vielmehr, daß auch die sich daraus ergebende Rechtslage ohne jeden Zweifel geklärt ist und sich die Nichtberechtigung des Ersuchens ergibt. Dazu auch OLG Hamm JMBl NRW 1951, 93 = RdL 1951, 158 = DRspr IV (473) 17b, auf welche Entscheidung das OLG Köln verweist.

Seite	Stelle	Ergänzung oder Berichtigung
1730	*38 (23)*	Zu Ersuchen des Vollstreckungsgericht für Bayern die VOen vom 19. und 21. Juni 1957 bay GVBl 127 = SaBl 1013 und für Nordrhein-Westfalen die VOen vom 25. Februar 1958 nrw GVBl 55 = SaBl 357, 358 (bez der LGBezirke Köln und Detmold)
1731	*38 (24)*	Über Beschaffung der Katasterunterlagen im Versteigerungstermin AV RJM vom 28. Februar 1942 DJ 182
1741	*38 (43)*	Zum Vergleichsverfahren über Aufgaben des Verwalters Mohrbutter-Haarmann Leitfaden für Vergleichs- und Konkursverfahren (Köln-Berlin 1958) 60, 61
	38 (46)	§ 10 I EAbwG wurde durch § 5 des Gesetzes über die Liquidation der Deutschen Rentenbank und über weitere Maßnahmen zur Abwicklung der landwirtschaftlichen Entschuldung vom 26. Juli 1956 BGBl I 669 = SaBl 659 geändert. Es heißt daher unter Z 1 Abs 2 Zeile 1: EAbwG vom 25. März 1952 = SaBl 412/20. August 1953 BGBl I 952 = SaBl 1347/26. Juli 1956 BGBl I 669 = SaBl 659.
1743	*38 (49)*	Die Festsetzung des Opferausgleichs kann nur durch das Entschuldungsamt vorgenommen werden, BGH NJW 1959, 292 = MDR 1959, 117 = RdL 1959, 18 = DRspr II (284) 142 abc.
1745	*38* (62)	Über Nachprüfung des Ersuchens um Eintragung eines Widerspruchs der Wohnsiedlungsbehörde durch das GBA OLG Köln JMBl NRW 1958, 137 = MDR 1958, 696 = DNotZ 1958, 487 = DRspr IV(473) 51c
1746	*38 (66)*	Zur Eintragung von Steuerhypotheken für das FA OLG Stuttgart NJW 1959, 1280 (Nake). Über Eintragung einer Zwangshypothek zugunsten des FA Rahn BWNotZ 1959, 45
1747	*38 (69)*	Zu Flurbereinigung: In Abs 2 Zeile 1 heißt die Verweisung: *§ 2 Bem 137* (nicht *157*)
1748	*38 (70)*	In der 1. Zeile im Abschnitt betr Landabfindung heißt die Randziffer: 70
1749	*38 (77)*	Zum Landbeschaffungsgesetz Kommentare: Bauch-Schmidt, Dankelmann, ferner Forschbach-Bußmann-Hagemeister, von Schalberg, von Spreckesen,

Seite	Stelle	Ergänzung oder Berichtigung
1749		Aufsätze: Jung NJW 1958, 1520, Kunz RdL 1957, 91, Penning NJW 1958, 448
1750	*38* (*78*)	Zum Schutzbereichgesetz Kommentare wie zum *Landbeschaffungsgesetz* vgl *S 2693*
	38 (*79*)	Zum Bundesleistungsgesetz Kommentare: Bauch-Danckelmann und Oestreicher
1752	*38* (*87*) Zeile 19 von oben	Es heißt: LG München I (nicht JG)
1758, 1759	**§ 39** (*2*)	Gegen eine gelockerte Anwendung des § 39 Bruhn Rpfleger 1958, 31
1777	**§ 40** (*7*)	Dazu LG Braunschweig DRspr IV (473) 52a zur Eigentumsumschreibung auf Antrag des befreiten Vorerben und Nachweis der Entgeltlichkeit des Grstveräußerungsgeschäfts vgl auch *§ 13* (*Vorbem 140ff.*)
1786	**§ 41** (*5 unter 7*)	Es heißt: Abgeltungshypothek (nicht: Ablösungshypothek)
1793	*41* (*31*) Zeile 5 von unten	Es heißt: §§ 1003ff. ZPO (nicht: 103ff. ZPO)
1807	**§ 44** (*18*)	In Abs 1 Zeile 3 heißt es: § 254 I 2 bay DA In Abs 2 Zeile 3 heißt es: § 243 I 2 bay DA
1812ff.	**§ 45** (*4ff.*)	Über Eintragung in der Veränderungsspalte zur Ergänzung der Hauptspalte LG Würzburg Rpfleger 1958, 152 = DRspr IV (473) 53c
1814	*45* (*15*)	Zum **Rang**: Zur Eintragung mehrerer Wohnungsrechte unter einer Nummer BayObLGZ 1957, 322 = Rpfleger 1958, 88 (Haegele); nach dieser Entscheidung wird es geduldet, daß „aus Vereinfachungsgründen" mehrere Wohnungsrechte unter einer Nummer eingetragen werden. So sehr im GBrecht es erwünscht ist, die Formstrenge nicht zu übertreiben; hier bei der Eintragung unter einer Nummer erscheint es, wie auch allgemein die Meinung ist, notwendig im Interesse der Übersichtlichkeit und Klarheit im GB derartige zusammenfassende Eintragungen zu vermeiden. Die vom BayObLG in ständiger Rspr gebilligte, nicht empfehlenswerte bayerische Praxis, die ohnedies keine wesentlichen Vorteile für die GBÄmter bietet, sollte aufgegeben werden.

Seite	Stelle	Ergänzung oder Berichtigung
1827	*45 (59)*	Zum **Rangvorbehalt:** Bez Unpfändbarkeit und Unzulässigkeit einer Arrest- oder Zwangshypothek BGHZ 12, 245 = NJW 1954, 954 = LM § 881 BGB Nr 1 (Johannsen). Vgl auch *Bem 62.*
	45 (62)	Die angeführte Entscheidung des BGH ist auch abgedruckt bei LM, vgl oben *Erg zu Bem 59*
1830	*45 (68)* Zeile 7 von oben	Es ist auch hinzuweisen auf *§ 45 Bem 62*
1842	*45 (102)*	Der Rang des Heimstättenvermerks ist ein echter Rang (*§ 4 Bem 77*); daher darf nicht in Rechte anderer eingegriffen werden, wenn die Eintragung erfolgt und vorgehende Rechte vorhanden sind. Es sind Rangrücktrittserklärungen notwendig; dazu Erg zu § 4 Bem 77 S 2653. LG Aachen DNotZ 1959, 318, das den absoluten Rang zubilligt, hält Rangrücktrittserklärungen für entbehrlich. Es nimmt an, daß § 5 HeimstG eine Ausnahme von § 880 Abs 2 BGB; zu Unrecht, da der Fall des HeimstG nicht anders beurteilt werden kann wie die Regelung in § 10 ErbbauVO.
1845 ff.	*45 (111 ff.)*	Zur **HGA:** Aktuelles zur HGA Kussin BlGBW 1959, 91, 107. Über Übernahme des Lastenausgleichs bei Grstverkauf BGH DNotZ 1959, 160. Für Bayern Bek des bay StMin der Justiz über die gbmäßige Behandlung der HGABescheide der Finanzämter vom 29. Juni 1955, JMBl 1959, 43 (HGABescheide der FÄmter sind zu den Grundakten zu nehmen und dort ohne Einnumerierung beim Vorblatt zu verwahren; von einem Bleistiftvermerk im GB ist abzusehen). Zur Frage, welche Bedeutung die Beschränkung eines Befriedigungsvorrechts nach § 116 LAG und einer Vorrangeinräumung (§ 880 BGB) auf eine bestimmte jährliche Tilgungsleistung einer Hypothek hat, Busse MDR 1956, 209.
1874	**§ 47** *(3)*	Zur **Eintragung gemeinschaftlicher Rechte** für mehrere, und zwar zur strittigen Frage des **Vorkaufsrechts** ist hinzuweisen auf bawü JustMin GBPrErl vom 27. August 1958 BWNotZ 1958, 302, wonach die Eintragung eines Vorkaufsrechts für mehrere Berechtigte in der Weise möglich ist, daß entweder jeder Berechtigte ein selbständiges Vorkaufsrecht mit gleichem Rang haben oder aber daß das Vorkaufsrecht den Berechtigten nur

Seite	Stelle	Ergänzung oder Berichtigung
1874		gemeinschaftlich zustehen soll, wobei in letzterem Fall trotz des § 47 GBO eine Bezeichnung des Gemeinschaftsverhältnisses im GB nicht erforderlich ist. Nach dem Beschluß des BayObLG vom 15. Juli 1958 BWMNotZ 1958, 302 schließt der Umstand, daß 2 Teilhaber einer Bruchteilsgemeinschaft als Miteigentümer eines Grst je zu ¼ eingetragen sind, es nicht aus, daß ein subjektiv-dingliches Vorkaufsrecht zugunsten der jeweiligen Eigentümer ihres Hälfteanteils sowie an ihrem Hälfteanteil im GB eingetragen wird: auch bedarf es der Angabe eines Anteilsverhältnisses bei der Eintragung eines Vorkaufsrechts für mehrere Berechtigte nach § 47 GBO nicht.
1875	*47 (6)*	Über Nießbrauchsrecht für Eheleute und Eintragung im GB OLG Oldenburg NdsRpfl 1958, 271 = RdL 1958, 321 (Pritsch) = DNotZ 1959, 46 = DRspr IV (473) 52b, LG Göttingen NdsRpfl 1958, 238 = DRspr IV (473) 52c. Über Eintragung des Wohnungsrechts für mehrere (Geschwister) LG Aachen JMBl NRW 1959, 69 = DRspr IV (473) 55e. Bei Auflassung kann die Angabe über das Gemeinschaftsverhältnis nicht nachträglich einseitig geändert werden, BayObLGZ 1958, 353 = NJW 1959, 725 = Rpfleger 1959, 128 (Brunn) = DNotZ 1959, 200 = DRspr I (150) 97a, IV (473) 55d. Über Eintragung von Gesamtgläubigern bei Hypothek BGH DNotZ 1959, 310 = Rpfleger 1959, 154 (Haegele) = MDR 1959, 475 und Zulässigkeit der Bezugnahme auf Eintragungsbewilligung. Zur Bezeichnung „Allgemeine Gütergemeinschaft" bei Eintragungen in der Zeit zwischen 1. April 1953 und 1. Juli 1958 BayObLGZ 1958, 76 = Rpfleger 1958, 218 (Haegele) = DRspr IV (473) 53d.
1877	*47 (12)*	Zur Eintragung unter einer Nummer *§ 45 Bem 15* mit *Erg* (Seite 2696)
1881	*47 (23)*	Zur Gütergemeinschaft und deren Bezeichnung *§ 33 Bem 53* mit *Erg* (Seite 2691)
	47 (24)	Über atypische Formen der BGB-Gesellschaft Staudinger BGB § 705 Vorbem 45ff., insbes die Außengesellschaft ohne Gesamthandsvermögen aaO Vorbem 45a bis e, Innengesellschaft aaO Vorbem 46, 46a bis h, Enegattengesellschaft aaO Vorbem 46i, BGHZ 8, 249 = NJW 1953, 418 = LM § 705 BGB Nr 4 (Fischer)

Seite	Stelle	Ergänzung oder Berichtigung
1886	**§ 48** (*1*)	Zum **Mitbelastungsvermerk:** Saage Gbliche Behandlung von Gesamtrechten DFG 1938, 109
1896	*48* (*21*)	Die zur Frage der Unterwerfungsklausel angeführte Entscheidung des BGH ist auch abgedruckt in MDR 1958, 323 = LM § 48 GBO Nr 1 (Piepenbrock)
1910	**§ 49** (*3*)	Zu **Leibgeding** bez landesrechtlicher Vorschriften *§ 117 Bem 73* Die Eintragung des nach § 31 ErbhG begründeten Altenteils im GB kann nach § 59 LVO verlangt werden, OLG Celle RdL 1959, 181
1924	**§ 51** (*16*)	Beim **Nacherbenvermerk** ist zur Bezeichnung des Nacherben im GB eine Bezugnahme auf das Testament unzulässig, OLG Schleswig SchHA 1958, 178 = DRspr IV (473) 51d
1926	*51* (*19*) Zeile 23 von oben Zeile 25 von oben	Es heißt: . . . ob das Recht des Nacherben durch eine (nicht: für die) Verfügung des Vorerben . . . Es heißt: Das GBA darf, wenn es dem Antrag auf Eintragung des Nacherbenvermerks stattgegeben hat, später nur bei neuen Tatsachen eine Nachprüfung vornehmen
1937	**§ 52** (*12 unter 1* Z 2)	Zum **Testamentsvollstrecker-Vermerk:** OLG Hamm Rpfleger 1958, 15 (Haegele), wonach dem Antrag auf Löschung dieses Vermerks nur entsprochen werden kann, wenn der Unrichtigkeitsnachweis bez des GB in der Form des § 29 GBO erfolgt oder die Beendigung des Testamentsvollstreckeramts offenkundig ist, wobei dem GBA keine Ermittlungspflicht obliegt. Da das Amt aus vielerlei Gründen enden kann (wozu die Entscheidung im einzelnen Ausführungen bringt), muß es uU den Beteiligten überlassen bleiben, die Frage im konkreten Falle im Prozeßwege zu klären.
1942	**§ 53** (*6*) Zeile 33 von unten	Bei **Eintragung eines Widerspruchs:** Die angeführte Entscheidung des BGH ist auch abgedruckt in Rpfleger 1958, 310 = DRspr IV (473) 43e. Dazu auch *Erg* zu *§ 53 Bem 19, 26 ff.*
1948	*53* (*19*)	Die Eintragung eines Widerspruchs ist bei einer Vormerkung nur insoweit zulässig, als die Eintragung der Vormerkung einen Rechtserwerb auf Grund des öffentlichen Glaubens des GB ermöglicht, BGH NJW 1957, 1229 = Rpfleger 1958,

Seite	Stelle	Ergänzung oder Berichtigung
1948		310 = DRspr IV (473) 43e. Dasselbe muß auch für die Eintragung eines Amtswiderspruchs gegen einen Widerspruch gelten
1949	*53* (*22*)	Dazu OLG Karlsruhe (ZS Freiburg i Br) NJW 1958, 1189: Die nach § 885 II BGB unzulässige Bezugnahme auf die Eintragungsbewilligung kann nur zur Auslegung des GBInhalts verwendet werden; erweist sich deshalb der Eintrag als unzulässig, so darf er nicht berichtigt werden, sondern ist nach § 53 GBO zu löschen.
1951 ff.	*53* (*26ff.*)	**Eine Verletzung gesetzlicher Vorschriften** liegt nicht vor, wenn das GBA den ihm unterbreiteten Sachverhalt dem Gesetz gemäß angewendet hat, auch wenn der Sachverhalt unrichtig war, es sei denn, daß die Unrichtigkeit dem GBA bekannt war oder bei gehöriger Prüfung erkennbar gewesen wäre, BGH MDR 1959, 745. Über Amtswiderspruch gemäß § 53 GBO bei unübertragbaren Rechten Klingenstein BWNotZ 1959, 46.
1962	*53* (*57*)	Zur **Amtslöschung**: Bez Erbbaurecht ist auch hinzuweisen auf *§ 8 Bem 39* (Erbbauzins)
1952	**§ 54** (*16*)	**Zu öffentlichen Lasten**: Zu Baden § 10 bad GBOAusfVO (*GT 49*)
1973	*54* (*20*)	Zu Hamburg §§ 51ff. hamb AG BGB idF vom 1. Juli 1958 hamb GVBl 195 = SaBl 1015 deichrechtliche Bestimmungen
1984	**§ 55** (*20*) Zeile 4 von unten Zeile 2 von unten letzte Zeile unten	Zu **Bekanntmachung von Eintragungen** heißt es: AV RJM (nicht: AV RJA) Es heißt bei der Verweisung: *§ 38 Bem 69*) nicht: *Bem 70*) Zum Flurbereinigungsverfahren ist bez anderrechtlicher Vorschriften auf *Bem 42ff.* zu verweisen
1986	*55* (*25*) *55* (*26*) Zeile 2 von unten	Dazu auch § 34 GBO GeschO (*GT 16*) Es heißt bei der Verweisung: *Bem 40* (nicht: *Bem 48*)
1988	*55* (*30*)	Bei Flurbereinigung ist bei der Verweisung einzufügen: *Bem 42ff.*
1990	*55* (*42*)	Zu Baden-Württemberg: AV JM vom 2. April 1957 betr Flurbereinigung, hier Bedeutung des Flur-

Seite	Stelle	Ergänzung oder Berichtigung
1990		bereinigungs-Plans für die GBÄmter: Mitteilungspflichten der GBÄmter im Flurbereinigungsverfahren Justiz 134
	55 (*43*)	Zu Bayern: Bek des bay JM vom 22. März 1958 über die Mitteilungspflichten der GBÄmter bei Eigentumsveränderungen an forstberechtigten Anwesen bay GVBl 69
	55 (*44a*)	Zu Hamburg: AV LJustVerw vom 10. Januar 1957 über Mitteilungspflichten der GBÄmter in Flurbereinigungsverfahren hamb JVerwBl 6
1991	*55* (*47*)	Zu Niedersachsen: AV nds MdJ vom 31. Oktober 1955 Bedeutung des Flurbereinigungsplans für die GBÄmter; Mitteilungspflichten der GBÄmter im Flurbereinigungsverfahren NdsRpfl 202
	55 (*47a*)	Zu Nordrhein-Westfalen: AV JM vom 2. November 1957 betr Bedeutung des Flurbereinigungsplans für die GBÄmter, Mitteilungspflichten der GB-Ämter im Flurbereinigungsverfahren JMBl NRW 253
1994	**§ 56** (*Vorbem 5*)	Es heißt: Brand-Schnitzler (neue Auflage) § 120
2002	*§ 56* (*10*)	Zum **Hypothekenbrief:** Dazu für Niedersachsen AV nds MdJ vom 16. Mai 1957 betr Vordrucke für Hypotheken-, Grundschuld- und Rentenschuldbriefe NdsRpfl 111. Im übrigen vgl auch *§ 56 Bem 19* mit *Erg.*
2003	*56* (*13*) Zeile 6 von oben	Es heißt: Auf den Briefvordrucken, die nicht (anstatt: meist) mit dem Hoheitszeichen der Länder versehen werden, ... Vgl dazu *§ 56 Bem 20* AV bawü JM unter I 2
2004	*56* (*19*)	Ausfertigung der Hypotheken-, Grundschuld- und Rentenschuldbriefe unter Aufhebung der AV RJM vom 20. Januar 1936 DJ 1103 entsprechend der Regelung wie in Bayern: Niedersachsen AV JM vom 12. Mai 1959 NdsRpfl 123, Nordrhein-Westfalen AV JM vom 5. Februar 1959 JMBl NRW 49 Rheinland-Pfalz LV JM vom 21. April 1959 JBl 115
2016	**§ 57** (*11*) Zeile 5 dieses Abs	Es heißt: § 5 (anstatt § 6) WEGVerfgg (*GT 33*)
2051	**§ 62** (*8*) letzter Absatz	Zu **nachträglichen Vermerken auf dem Brief** ist zu den Ausführungen zu § 127 ZVG auch zu verweisen auf *§ 62 Bem 12, 13, 23*

Seite	Stelle	Ergänzung oder Berichtigung
2052	*62* (*9*) Zeile 6	Es heißt: Derartige Angaben können nur auf Antrag nach § 57 III auf dem Brief (anstatt: in dem GB) vermerkt werden.
2054	*62* (*12*) letzte Zeile	Zu den Ausführungen zu § 127 ZVG ist auch auf *§ 62 Bem 13, 23* zu verweisen.
2055	*62* (*20*)	Zum Unschädlichkeitszeugnis ist auf *§ 62 Bem 25* zu verweisen.
2093	**§ 69** (*15*) Zeile 22 von unten bei c)	Randziffer: 15 (fehlt)
2097	**§ 70** (*5*)	Zu **Grund- und Rentenschuldbriefen** über die Unzulässigkeit der Verbindung mit Urkunden Ripfel Justiz 1957, 87
2101	**§ 71** (*Vorbem 6*)	Zum **Beschwerdeverfahren:** Bei dem Erinnerungsverfahren gegen Entscheidungen des UrkBdGeschSt ist folgender Schlußsatz anzufügen: Mit Recht ist daher in § 25 III RPflegerG bestimmt, daß über Erinnerungen der Richter entscheidet
2102	*71* (*Vorbem 11*)	Dazu Arndt Das rechtliche Gehör NJW 1959, 6, Die Verfassungsbeschwerde wegen Verletzung des rechtlichen Gehörs NJW1959, 1297. Zu Art 103 GG ist auf BVerfG NJW 1958, 2011 und 1959, 427, 1315, Rpfleger 1959, 89, 90, 427 zu verweisen. Im übrigen vgl *§ 77 Bem 7* mit *Erg*.
2105	*71* (*5*) Zeile 21 von unten	Der Satz „die Einschränkung des § 71 II gilt hier nicht" ist zu streichen. Die im Kommentar bisher vertretene Auffassung wird aufgegeben, da sie nicht gerechtfertigt erscheint. Bei Hesse-Saage GBO AVO § 4 Bem VI 2 wird unterschieden zwischen Entscheidungen und Eintragungen. Da es sich bei den dem UrkBdGeschSt übertragenen Entscheidungen und Eintragungen um solche handelt, die früher dem GBRichter oblagen, ist eine unterschiedliche Behandlung bez der Zulässigkeit der Erinnerungen gegenüber dem RPfleger nicht möglich. Wenn ein Fall des § 71 II GBO vorliegt, muß derselbe einheitlich behandelt werden, ob der GBRichter oder ein sonstiger GBBeamter (RPfleger, UrkBdGeschSt ua) entscheidet. Im übrigen vgl hierzu *§ 71 Bem 6* mit *Erg*.

Seite	Stelle	Ergänzung oder Berichtigung
2106	*71* (*6*)	Gegen Entscheidungen des RPflegers sind Erinnerungen auch im Falle des § 110 GBO nicht möglich (insoweit erfolgt eine Berichtigung der Ausführungen in Zeile 11 von unten), da sich die Beschwerdebefugnis auf § 108 GBO bezieht und in diesem Falle der GBRichter, nicht der RPfleger zur Entscheidung zuständig ist, § 17 Z 2 RpflegerG. Es ist auch noch darauf hinzuweisen, daß für Eintragung eines Widerspruchs oder für Löschung einer Eintragung nach § 53 GBO der Richter zuständig ist, § 17 Z 1 RpflegerG, also auch im Falle des § 71 II 2 GBO (*Bem 31ff.*), so daß der Weg der Erinnerungen hier ausscheidet; so auch Arnold RpflegerG § 10 Bem 4 unter IIa. Die Ausführungen bei Hesse-Saage § 71 Bem I 3 erscheinen deshalb unzutreffend.
2128	**§ 73** (*6*) Zeile 36 von oben	Es heißt: § 18 II GBOGeschO (*GT 16*) . . .
2147	**§ 77** (7) letzter Absatz	Zur Frage des rechtlichen Gehörs auch BVerfGE 6, 12 = NJW 1957, 17, ferner NJW 1958, 1723/1959, 29 sowie Arndt NJW 1959, 6, Röhl NJW 1953, 1531/1958, 1268, Jagusch (bez Strafverfahren) NJW 1959, 265. Im übrigen vgl *§ 71 Vorbem 6* mit *Erg.*
2163 ff.	**§ 79** (*6ff.*)	Über Rechtseinheit und richterliche Entscheidungsfreiheit (eine kritische Betrachtung der Vorlegungspflicht im geltenden Recht) Schröder NJW 1959, 1517. Über Vorlegungspflicht bei Abweichung von einer Entscheidung des OLG Saarbrücken BGHZ 29, 244 = NJW 1959, 670 = MDR 1959, 382, 475 (Thieme) BB 1959, 281 = Rpfleger 1959, 123 (Haegele) = ZMR 1959, 124 = DRspr IV (473) 54d. Vorlegungspflicht entfällt, wenn ein OLG seine Rechtsauffassung aufgegeben hat, BGH DRspr IV (473) 55f.
2184	**§ 82** (7)	Zum **GBBerichtigungszwangsverfahren** BayObLGZ 1957, 184 (*vgl § 33 Bem 51*). Wenn darnach zugelassen wird, daß eine Auflassungsvormerkung nur zugunsten eines der in Gütergemeinschaft lebenden Ehegatten eingetragen wird, so wird man dieser Entscheidung nicht vorbehaltslos zustimmen können, sondern die Zulässigkeit davon abhängig machen müssen, ob demnächst die endgültige Eintragung zu erwarten ist, da nur dann die Voraussetzungen für eine GBBerichtigung nach § 82 entfallen

Seite	Stelle	Ergänzung oder Berichtigung
2184		Über Entbehrlichkeit des Berichtigungsverfahrens, wenn Verfahren nach §§ 180ff. ZVG durchgeführt wird, weil der beantragende Miterbe nicht im GB eingetragen zu sein braucht, OLG Düsseldorf MDR 1959, 582.
2252	**§ 116** (*13*)	Zum **Saarland** über weitere Gesetze *E 4*
2255	**§ 117** Übersicht unter III 2b	Es heißt: Landschaftliche Kreditanstalten
2259	*117* (*8*)	Zu den **Schutzforsten** für Baden-Württemberg Erl des OLGPräsidenten in Stuttgart vom 17. März 1958 an die GBÄmter des OLGBezirks Stuttgart bez Schutzforste Justiz 102
2268	*117* (*27*)	Zum Wasserhaushaltgesetz Haberkorn „Erlaubnis" zur Wassernutzung RdL 1959, 29
2269	*117* (*28*)	In Hessen wurde das Wasseränderungsgesetz vom 16. April 1957 hess GVBl 50 erlassen; dazu Grevemeyer RdL 1957, 203
2270	*117* (*31*)	Zum **Deichrecht** in Hamburg §§ 51ff. hamb AG BGB idF vom 1. Juli 1958 hamb GVBl 195 = SaBl 1015
	117 (*32*)	Zum **Bergrecht** Nordalm Zur Änderung des Bergrechts RdL 1958, 5
2274	*117* (*38*) Zeile 28 von oben	Es heißt: (§ 27 II 1 pr AV vom 20. November 1899)
2278	*117* (*47*)	Zum **Jagdrecht** in Bayern bay Jagdgesetz (BayJG) vom 12. November 1958 bay GVBl 321 = SaBl 495/9. März 1959 GVBl 122 = SaBl 479 mit 1. DurchfVO vom 23. Februar 1959 GVBl 113 = SaBl 466 und 2. DurchfVO vom 20. April 1959 GVBl 151 = SaBl 550
2279	*117* (*49*)	Zum **Fischereirecht** in Bayern BayObLGZ 1958, 119 bez Eintragung eines altrechtlichen Fischereirechts
2280ff.	*117* (*55ff.*)	Zu **Realgewerbeberechtigungen** Scharpf Wechsel von Eigentum oder Besitz von Grsten mit Abfindungsbrennereien (Branntweinmonopol) BWNotZ 1958, 235
2284	*117* (*64*)	Zum **Pfründenrecht** Sigloch Eintragungsfähigkeit von Kirchenpfründen BWNotZ 1958, 218

Seite	Stelle	Ergänzung oder Berichtigung
2284	*117* (*67*)	Zur Waldgenossenschaft im ehemaliger Preußen OLG Neustadt DNotZ 1959, 243 (zu Gesetz über gemeinschaftliche Holzungen): Das GBA hat nicht nachzuprüfen, ob ein ordnungsgemäßer Mehrheitsbeschluß der Waldinteressentenvorliegt; nach außen werden dieselben durch denVorstand der Waldinteressenschaft vertreten.
2297	*117* (*107*)	Zum **Unschädlichkeitszeugnis** ist bez Hessen darauf hinzuweisen, daß das Ges vom 4. November 1957 neben, nicht anstelle der Art 97ff. hess AB BGB zur Anwendung kommt
2303	*117* (*127*)	Bei Überschrift heißt es: Landschaftliche Kreditanstalten
	unten	Die Seitenzahl heißt: 2303 (nicht 230)
2312	**§ 123** (*5*)	Zur **Herstellung von Grundbüchern** für Niedersachsen AV nds MdJ vom 22. Januar 1957 betr Herstellung von GBüchern NdsRpfl 22 (zur AV
	Anh 77	vom 19. Juni 1956 NdsRpfl 118).

Anhang

2363	*Anh 17* § 1468 BGB	In der 3. Zeile heißt es Schuldners
2455	*Anh 61* § 2 LwVG	In der Zeile (1) .... heißt es: sind im 1. Rechtszuge
2497	*Anh 77*	Im Kolumnentitel heißt es: Anh 77, 78

Allgemeine Hinweise

1. Zum **Literaturverzeichnis** ist nachzutragen, daß zur **GBO** erschienen sind
Henke-Mönch in 6. Auflage,
Hesse-Saage in 4. Auflage,
Brand-Schnitzler in 9. Auflage.
Zu Thieme ist ein Anhang erschienen.

Bei **Brand**-Schnitzler sind teilweise die Paragraphen-Bezeichnungen verändert. Im Kommentar sind ab Vorbem zu § 56 die neuen Bezeichnungen berücksichtigt. Um das Auffinden der Zitate zu erleichtern, werden die Veränderungen der Paragraphen-Bezeichnungen der beiden Auflagen kurz angegeben:

neue Auflage		bisherige Auflage
§ 2	umfaßt	§ 2 und § 6
§ 3	enthält	§ 7
§§ 4 ff.	entspricht	§§ 3 ff.
§§ 7 ff.	entspricht	§§ 8 ff.
§ 172	entspricht	§ 174
		§ 173 entfällt
§ 173	entspricht	§ 175
§ 174	entspricht	§ 176

Ergänzende Hinweise auf allgemeine Aufsätze:

Haegele Neue Rspr und Literatur in Grstsachen BlGBW 1959, 113, 129,
Fritz Riedel Die Rspr in GBSachen JZ 1959, 597.

Der Hinweis auf das Gesetz über das gerichtliche Verfahren in Landwirtschaftssachen bezieht sich auf *E 155* (nicht *E 154*).

2. Die **Kostenordnung** neuer Fassung *Anh 113* S 2587 ist im Kommentar ab § 41 berücksichtigt. Um für die Zitierung in früheren Paragraphen das Auffinden der entsprechenden neuen Bestimmung zu erleichtern, findet sich eine Gegenüberstellung bei dem im Anhang abgedruckten Auszug aus der KostO; *vgl Seite* 2587 ff. Hinweise auf Kommentierungen zur neuen Kostenordnung *Seite* 2664.

3. Die sich auf das **Gleichberechtigungsgesetz** (*Anh 17* S 2348) beziehenden Vorschriften des ehelichen Güterrechts sind in den §§ 33 und 35 zusammenfassend dargestellt. Soweit daher Änderungen gegenüber dem bisherigen Rechtszustand in Frage kommen, wird hierauf verwiesen. Zur Frage der Neuregelung der gesetzlichen Vertretung wird auf *Seite* 2667 aufmerksam gemacht.

Hinweise auf Kommentierungen *Seite* 2685.

4. Das **Rechtspflegergesetz** (*Anh 18* S 2371), das inzwischen in Kraft getreten ist, ist teilweise berücksichtigt. Die EntlVerfgg *GT 44* ist überholt. Das neue RPflegerG ist, wie erwähnt, im Anhang auszugsweise abgedruckt; dort findet sich auch ein Hinweis, welche Vorschriften des alten Rechts denen des neuen Gesetzes entsprechen. Hinweise auf Kommentierungen *Seite* 2642.

5. Zum **Landesrecht** ist hinzuweisen auf das Buch

a) Krämer-Illner Grundbuchrechtlliche Vorschriften für Nord- und Südbaden, Verlag Müller Karlsruhe.

b) Für Bayern ist eine Sammlung des geltenden GBRechts enthalten in der Bereinigten Sammlung des bayerischen Landesrechts 1802—1956 (BayBS) 3. Band unter B (Zivilrecht und Zivilverfahrensrecht) 2. Liegenschaftsrecht und GBWesen Seite 117 ff. und in der Bereinigten Sammlung der bayerischen Justizverwaltungsvorschriften 1863—30. Juni 1957 (BayBSVJu) 3. Band (Bürgerliche Rechtspflege 2. Teil Notariatswesen) unter D GBSachen Seiten 3 ff. und unter K Notariatswesen Seite 297 ff.

Die bay DA wurd in der amtlichen Sammlung nicht mitbereinigt, da es sich um auslaufende Vorschriften handle (BayBSVJu Seite 3). Dies ist bedauerlich, da das BayObLG und auch die sonstige Rspr und Rechtspraxis in Bayern die bay DA, soweit sie noch Gültigkeit hat, anwenden. Daher wurde auch im Rahmen dieses Kommentars die bay DA miterörtert. Eine Zusammenstellung der besprochenen Bestimmungen befindet sich auf *Seite 2729 ff*. Einige wichtige Vorschriften sind abgedruckt unter *Anh 10* S 2333.

6. Zu den bei den einzelnen Paragraphen, meist am Schluß derselben, sich auf die **Verletzung der Vorschriften** beziehenden Anmerkungen ist, auch soweit es im einzelnen Falle nicht besonders erwähnt ist, um Mißverständnisse zu vermeiden, noch folgendes nachzutragen:

Das GBA hat die Vorschriften, auch wenn es sich um sog Soll-Vorschriften handelt, einzuhalten, und ist dazu verpflichtet. Ein Verstoß gegen solche Ordnungsvorschriften ist eine Gesetzesverletzung, *§ 53 Bem 29*, und kann Amtshaftung begründen, *§ 11 Bem 24*.

Gesetzesregister
(GesReg)

Gesetzesregister (*GesReg*)

Inhaltsübersicht

Vorbemerkung

zum Gesetzesregister

Das Gesetzesregister umfaßt 3 Teile.

1. Der **1. Teil** enthält Hinweise auf die in der Einleitung und im Kommentarteil abgedruckten Gesetzestexte. Im übrigen sind die Gesetzestexte zusammenfassend abgedruckt in den Teilen *GT* und *Anh*; Übersichten hierzu finden sich auf *Seite 1ff. und 2323ff.*
2. Der **2. Teil** umfaßt für die wichtigsten Vorschriften des GBRechts Hinweise auf die Stellen, an denen sich Besprechungen derselben befinden, wobei — soweit erforderlich — die Hauptstelle durch Kursivdruck gekennzeichnet ist. Da im Kommentar sich Erörterungen des materiellen und formellen GBRechts befinden, würde es zu weit führen, wenn alle, irgendwie erwähnten Gesetze hier zur Aufzählung gelangten. Es wurde daher vom praktischen Bedürfnis ausgehend eine Beschränkung auf die besonders bedeutsamen Vorschriften des formellen GBRechts vorgenommen. Im übrigen ist eine Auffindung nach dem Sachregister, das ausführlich gehalten ist, nach Sachgebieten zweckmäßiger.
3. Der **3. Teil** enthält in Ergänzung der unter *E 25, 26* gegebenen Übersicht über die zum GBRecht einschlägigen AV RJM eine Zusammenstellung derjenigen AV RJM, die abgedruckt und erörtert sind, damit die praktisch noch bedeutsamen AV RJM von denen, die nur historischen Wert haben, unterschieden sind.

Für das Gesetzesregister gelten in Ergänzung zum **Abkürzungsverzeichnis** noch folgende Besonderheiten:

Paragraphen-Bezeichnung erfolgt nicht.

Anmerkungen werden in Klammer gesetzt; Vorbemerkungen sind besonders bezeichnet, ebenso Seitenzahlen.

I. Hinweise auf in der Einleitung und im Kommentarteil abgedruckte gesetzliche Vorschriften

1. Bundesrecht, Besatzungs- und Zonenrecht

a) Grundgesetz

	abgedruckt bei
Art 14 II	7 (6 unter a)
Art 34	11 (21)
Art 123, 125, 126, 128, 129	E (8)

b) BGB

	abgedruckt bei
§ 69	32 (42)
§ 839	11 (21)
§ 876	9
§ 880	45 (73)
§ 881	45 (52)
§ 1507	35 (72)
§ 2353	35 (33)
§ 2368	35 (83)

EG BGB

	abgedruckt bei
Art 2, 3, 4	116 (5)
Art 15, 16	33 (3)
Art 32, 55	116 (5)

abgedruckt bei

c) HGB

d) GenG

e) ErbbauVO

f) NotO

g) VereinfachungsVO zur GBO

h) FGG

i) GBOGeschO

k) AV RJM

(vgl dazu Ges Reg III)

Bescheid RJM

l) Verfahren bei zerstörten GBüchern usw

	abgedruckt bei
AV MdJ vom 26. Febr. 1953 (Umstellungsgrundschulden)	3 (233)
vgl auch *Oldenburg*	

f) Nordrhein-Westfalen

AV JM vom 29. Jan. 1951 (Einführung des neuen Liegenschaftsregisters)	2 (116)

g) Oldenburg

AV nds MdJ vom 14. August 1953 (Übereinstimmung von GB und Liegenschaftskataster)	2 (115b)

h) Preußen

AG GVG § 71	1 (17)

i) Rheinland-Pfalz

	abgedruckt bei
LV JM vom 25. April 1947 (zu § 36 GBVerfgg)	3 (417 unter 2)
VO des Oberpräsidenten von Rheinland-Hessen-Nassau vom 9. Juli und 8. Oktober 1946 (Wiederherstellung von GB)	123 (9)
AV rhpf JM vom 19. Februar 1947 (Wiederherstellung von GB)	123 (10)

k) Schleswig-Holstein

Ges vom 8. Februar 1949 (Bodenreform)	E (209)

l) Württemberg

AG BGB Art 233	E (89)

II. Hinweise auf wichtige besprochene grundbuchrechtliche Vorschriften

1) VO zur Änderung des Verfahrens in GBSachen — *GT 2*

Inhaltsübersicht	E (22)
Art 1	Hinweise befinden sich bei den einzelnen Paragraphen der GBO, meist in Bem 1 oder 2
Art 3	4 (61)
Art 4	1 (75ff.)
Art 5	82 (15)
Art 7	3 (355), 116 (1)
Art 8	E (1, 20, 24), 1 (2 unter b, 95, 112), 2 (3, 54, 68, 71, 72), 29 (1), 71 (Vorbem 8)
Art 9	E (24)

2) VO zur Ausführung der GBO — *GT 4*

	I. Sachliche Zuständigkeit der Grundbuchbeamten
§§ 1 ff.	1 (2, 6 unter 1, 15, 95) 2 (2), 11 (23), 116 (15)
§ 1	1 (102, 106 unter b), 13 (*26*, *28*)
§ 2	1 (103, 105), 3 (153, 154, 199, *248*, 253, 397, 417), 44 (14)
§ 3	1 (103), 8 (20), 56 (7), 57 (22), 59 (4)
§ 4	1 (103), 3 (248), 13 (25, 26), 44 (14, 15)
I	1 (*105*), 71 (5)
a)	12 (31, 36)
b)	12 (18)
c)	12 (45)
d)	2 (9, 15), 10 (15), 12 (20)
II	1 (*105*. *106*), 71 (5)
a)	2 (114), 10 (15), 12 (33)
b)	3 (183, 249)
c)	3 (213)
d)	3 (249, 291)

GBVerfgg

VII. Die Schließung des Grundbuchblatts

VIII. Die Beseitigung einer Doppelbuchung

IX. Die Bekanntmachung der Eintragungen

GBVerfgg

X. Grundbucheinsicht und -abschriften

XI. Hypotheken-, Grundschuld- und Rentenschuldbriefe

XII. Das Erbbaugrundbuch

XIII. Der Reichsheimstättenvermerk

XIV. Übergangs- und Schlußvorschriften

GBOGeschO

III. Einzelne Grundbuchgeschäfte

1. Behandlung der Eingänge

2. Eintragungsverfügung

3. Eintragungen

4. Schließung des Grundbuchblatts

II b)	3 (170)
§ 8	2 (120), 55 (31)
§§ 9,10	2 (120)
	Anlagen dazu — *GT 21, 22*
	2 (2), 3 (168)

c) **AV RJM** vom 20. Januar 1940 Erhaltung der Übereinstimmung zwischen dem Grundbuch und dem Reichskataster — *GT 23*

	E (33, 49), 1 (4 unter a), 2 (107, 114, 115a, b, *121*, 131)
§ 1	2 (121)
§ 2	2 (121), 55 (15, 31)
§§ 3, 4	2 (121)
§ 5	2 (114, *121*)
§ 6	2 (114, *121*)
II	3 (170)
§ 7	2 (121)
I	5 (76)
§§ 8, 9	2 (121)
§ 10	2 (121), 3 (250)
§ 11	2 (121), 3 (183)
II	5 (31)
	Anlagen dazu — *GT 24, 25*
	E (33, 49), 1 (4 unter a)

d) **AVRJM** vom 28. April 1941 Einführung des Reichskatasters als amtliches Verzeichnis der Grundstücke — *GT 26*

E (49), 2 (99, 116), 3 (137)

e) **Bayern** Bek des bay JM vom 31. März 1952 über die Zurückführung der Grundbücher auf das Liegenschaftskataster — *GT 27*

	Dazu *ErgVerz* Seite 2616
	E (33), 1 (4 unter a), 2 (10, 120), 3 (167, 168, 169, 170, 257, 383)
II	2 (120), 3 (168, 169, 257)
III	2 (105)
V	2 (102, 104)
	Bek des bay JM vom 25. April 1952 Neudruck für die Veränderungsliste — *GT 28*
	2 (101, 121)
	Bek des bay JM vom 15. September 1952 Vereinheitlichung des Messungsverzeichnisses und des Veränderungsnachweises — *GT 29*
	1 (4 unter a), 2 (101, 102, 104, 121)

f) **Hessen** RdErl des hess JM vom 27. Februar 1951 Erhaltung der Übereinstimmung zwischen dem Grundbuch und dem Reichskataster — *GT 30*

Dazu *ErgVerz* Seite 2616

E (33), 2 (107), 55 (45)

g) **Niedersachsen** AV des nds JM vom 16. Januar 1954 Erhaltung der Übereinstimmung zwischen dem Grundbuch und dem Kataster — *GT 31*

E (33), 1 (4 unter a), 2 (115, 121)

7. Grundbuch und Wohnungseigentum

8. **Aktenordnung** — *GT 41*

9. FGG — *GT 45*

Über im Kommentarteil abgedruckte Vorschriften *GesReg unter I 1h* S 2707

Wü AG BGB

VII. Grundakten und Hilfshefte

	2 (7 unter b)
§ 25	2 (15a)
§ 26	2 (19), 3 (407)
§ 27	2 (15a, 19)

VIII. Listen

§ 28	2 (50)

IX. Verfahren bei der Einschreibung

§ 29	3 (261)
§ 30	3 (255, 256, 257)
§ 31	3 (274, 277, 278, 284, 288, 289)

X. Schließung, Umschreibung und Wiedereröffnung des Grundbuchheftes

§ 33	3 (413, 414, 417, 418)
§ 34	3 (369, 371, 375, 379, 384, 401, 404, 406, 411, 417)
§ 35	3 (413, 418)

c) **Württemberg**

1. **wü AG BGB** — *GT 51*

I. Ordentliche Gerichte

Art 1	1 (7 unter b)
Art 2	18 (48, 71 Vorbem 8)
Art 4	1 (10, 11, 13, 25, 35, 42, 55, 58, 69, 73, 76), 29 (27)

II. Bezirksnotariate

	20 (36)
Art 10	1 (112)
Art 11	1 (111)
Art 12	E (276), 1 (95, 97, 111)
Art 13	1 (95, 111)
Art 14	1 (111)

III. Grundbuchwesen

Grundbuchamt

Art 15	1 (2 unter b, 109, 112, 123 unter b), 2 (74)
Art 16	1 (112, 123 unter b), 2 (74)
Art 17	1 (6 unter 1, 111)
Art 18	1 (6 unter a, 111), 13 (29)
Art 23	1 (92)
Art 24	1 (91)

Grundbuchgeschäfte

Art 26	13 (29, 30)
Art 27	11 (2)
Art 28	5 (22), 6 (17 unter 6)
Art 29	55 (16)

Wü GBVO

Beurkundung und Auflassung durch Ratschreiber und Nachlaßgericht

	1 (97)
Art 32	11 (2), 20 (47, 74), 29 (26)

Unschädlichkeitszeugnis

Art 38ff.	27 (43)

2. wü Grundbuchausführungsverordnung — *GT 52*

§ 1	2 (118), 3 (7)

3. wü GBVO — *GT 53*

I. Grundbuchamt

§ 1	1 (4 unter b)
§ 2	1 (5 unter b)
§ 3	1 (7 unter b, 111)
§§ 5, 6	1 (111)
§§ 7, 8	1 (7 unter b, c)

II. Grundbücher und Grundakten

Aufbewahrung

§ 10	2 (7 unter b), 3 (119 unter c)

Grundbuchbezirke

§§ 11, 12	2 (74)

Grundstücke

§ 13	2 (118), 3 (7)
§ 14	2 (145), 7 (65)
§ 15	5 (48 unter 2)
§ 19	3 (224)

Grundbuch

— Grundbuchhefte —

§§ 22ff.	3 (119 unter c, 146, 194)
§ 26	3 (150)

— Personalformular —

§ 29	3 (2, 147, 194), 4 (20)
§ 30	4 (1, 6, 20)
§ 31	4 (11)
§§ 32ff.	3 (151)
§ 33	3 (203)
§ 34	3 (203, 274, 277, 278, 284, 289, 290)
§ 35	3 (203, 274), 47 (1)
§ 36	3 (413, 414, 417)
§ 37	3 (413, 418, 468, 523)
§§ 38, 39	3 (194, 203)
§ 40	3 (224), 54 (32)
§ 41	3 (224), 48 (1), 49 (1)
§ 42	3 (246)

Wü GBVO

§ 98	55 (16)
§ 99	3 (411)
§§ 100, 101	55 (16)

— Hypothekenbriefe usw —

§§ 102 ff.	56 (Vorbem 4)

11) Bayern

bay DA

— Dienstanweisung für die Grundbuchämter in den Landesteilen rechts des Rheins —
1 (9), 2 (4), 53 (29)

I. Abschnitt §§ 1 ff.

Grundbuchamt, Grundbuchbeamter

§ 2	1 (112, 124 unter a)
§ 4	1 (101)
§ 8	1 (6 unter 1), 2 (4)
§ 11	1 (7 unter a)

II. Abschnitt §§ 12 ff.

Verfahren in Grundbuchsachen

I. Allgemeines §§ 12 ff.

§ 12	1 (91), 2 (4)
§ 13 ff.	2 (4)
§§13	1 (16)
§§ 14, 15	1 (11)
§ 16	1 (17, 18), 73 (7)
§ 17	1 (24), 2 (4), 29 (35)
§ 18	1 (27)
§ 19	1 (28)
§ 20	1 (26)
§ 21	1 (31)
§ 22	1 (43)
§ 23	1 (41, 49)
§ 24	1 (4 unter a)
§ 25	1 (5 unter b), 12 (43)
§ 26	1 (58)
§ 27	1 (54)
§§ 29, 30	1 (10)

II. Eingangsvermerk §§ 31 ff.

. . . .

III. Tagebuch §§ 37 ff.

§§ 37 ff.	2 (4, 44)

IV. Erledigung der Eintragungsanträge §§ 53 ff.

§ 53	3 (248), 13 (21)
§ 56	55 (3, 11, 14)
§§ 57 ff.	55 (43)

bay DA

bay DA

IV. Abschnitt §§ 159 ff.

Das Grundbuch

I. Einleitung §§ 159 ff.

II. Grundbuchbezirk §§ 211 ff.

III. Grundbuchband §§ 214 ff.

. . . .

IV. Grundbuchblatt §§ 218 ff.

1. Allgemeines §§ 218 ff.

2. Besondere Bestimmungen für die gemeinschaftlichen Grundbuchblätter §§ 222 ff.

3. Einteilung des Grundbuchblatts §§ 229 ff.

. . . .

V. Eintragungen in das Grundbuch §§ 234 ff.

1. Allgemeines §§ 234 ff.

bay DA

bay DA

5. III. Abteilung §§ 400ff.

a) Eintragungen in die 3. Abteilung §§ 400, 401

§ 401	3 (349 unter 1)

b) Form der Eintragungen §§ 402ff.

. . . .

c) Hypothek §§ 405ff.

§§ 405ff.	3 (321)
§ 407	3 (323)
§ 410	3 (324, 328, 330)
§ 411	3 (329)
§ 413	3 (321)
§ 414	3 (349 unter 1, 2, 350 unter 7)
§ 415	3 (332)
§ 416	3 (341 unter 1, 350 unter 5)
§ 417	3 (341 unter 2, 350 unter 5)
§ 418	3 (341 unter 7, 350 unter 5)
§ 419	3 (343 unter 3), 4 (1)
§ 420	3 (349 unter 1, 2)
§§ 421ff.	19 (50)
§ 428	3 (344)
§ 430	3 (345), 19 (51)
§ 431	3 (332)
§ 433	13 (Vorbem 82)
§ 436	3 (348 unter 3)
§§ 446—452	3 (347)
§ 447	3 (347 unter 1h, 349 unter 1)
§ 448	3 (347 unter 2)
§§ 449, 450, 452	3 (347 unter 1e)

d) Grundschuld §§ 457ff.

§§ 457ff.	3 (350)
§ 458	3 (349 unter 1)

e) Rentenschuld §§ 461

§ 461	3 (351 unter 1)

f) Umwandlung der Hypotheken, Grundschulden und Rentenschulden § 462

§ 462	3 (349 unter 1, 350 unter 7, 351 unter 1)

V. Abschnitt §§ 463ff.

Übertragung der Grundbuchblätter

§§ 463ff.	3 (369, 379, 413, 426)
§ 463	3 (371, 373)
§ 468	3 (385, 389)
§ 469	3 (391)
§ 473	3 (388)
§ 478	3 (413)
§§ 481, 482	3 (426)

bay DA

VI. Abschnitt §§ 483ff.

Hypothekenbrief, Grundschuldbrief, Rentenschuldbrief

VII. Abschnitt §§ 502ff.

Grundstücke ohne Blatt

VIII. Abschnitt §§ 522ff.

Grundbuchanlagen

IX. Abschnitt §§ 535ff.

Die Einsicht des Grundbuchs

X. Abschnitt §§ 552ff.

Verkehr der Notariate mit den Grundbuchämtern

XI. Abschnitt §§ 578ff.

Verkehr der Grundbuchämter mit den Rentenämtern und mit den Messungsbehörden

XII. Abschnitt §§ 586ff.

Nachweisung über die Belastung der Grundstücke

. . . .

XIII. Abschnitt §§ 591ff.

Das Bergwerks-Grundbuch

bay DA

XIV. Abschnitt §§ 600 ff.

Übergangsbestimmungen

§ 600	3 (355)
§ 602	3 (137), 4 (23)

III.
AV RJM zum Grundbuchrecht

zu *E 25, 26* und zu *GesReg I 1 k* (S 2707)

AV RJM Datum	Abdruckstelle	Besprechungsstelle
Zu **E 25**		
9. 8. 1934 mit AV vom 24. 2. 1939		20 (74)
2. 10. 1934		2 (9)
8. 8. 1935 (GVerfgg)	GT 5	vgl *GesReg II 3* S 2710
dazu AV vom 18. 7. 1941		3 (431, 434, 436, 437)
3. 12. 1935		55 (33)
3. 1. 1936		2 (15)
25. 2. 1936 (GBOGeschO)	GT 16	vgl *GesReg II 4* S 2717
dazu AV vom 23. 12. 1937		48 (47)
16. 3. 1936 Bek	Anh 5	1 (110)
24. 4. 1936		55 (49)
27. 4. 1936 Bek	Anh 6	1 (110)
21. 6. 1936	Anh 2	3 (118, 120, 418 unter 2, 427), 116 (15)
22. 6. 1936	82 (11)	
20. 7. 1936	GT (17, 18)	vgl *GesReg II 5* S 2719
27. 10. 1936		3 (384 unter a)
24. 11. 1936 mit AV vom 22. 3. 1938, 24. 2. 1941		3 (409)
8. 1. 1937	1 (93)	1 (92)
22. 2. 1937 § 7	2 (115a)	2 (115a)
5. 3. 1937	3 (346 unter 1)	3 (346 unter 1)
17. 3. 1937	3 (410)	3 (410), 57 (24)
6. 4. 1937 Nr 117	2 (83)	2 (83), 3 (128)
6. 4. 1937 Nr 132	5 (74)	5 (74)
15. 4. 1937	2 (113)	2 (113)
26. 4. 1937		10 (14)
4. 5. 1937	Anh 3	
21. 5. 1937		2 (76)
5. 6. 1937		1 (5 unter c)
29. 6. 1937	Anh 8	10 (7)
25. 7. 1937 mit AV vom 6. 11. 1937, 7. 8. 1939 und 20. 9. 1940		1 (81)
16. 8. 1937	2 (70)	2 (70)
2. 11. 1937	Anh 7	2 (69)
13. 1. 1938 RdErl	Anh 70	10 (15)
20. 1. 1938	Anh 22	1 (104)
4. 3. 1938		29 (17)
27. 5. 1938	3 (366)	3 (356, 366)
23. 6. 1938 mit	5 (73)	5 (73), 7 (80)

AV RJM Datum	Abdruckstelle	Besprechungsstelle
AV vom 12. 8. 1939		7 (73)
5. 10. 1938		38 (69), 55 (20, 48, 49)
8. 12. 1938		13 (Vorbem 79)
8. 2. 1939	2 (81)	2 (81)
6. 4. 1939		55 (33)
22. 4. 1939	2 (79)	2 (60, 79)
9. 5. 1939		82 (7)
12. 8. 1939	5 (73)	5 (73)
4. 9. 1939		2 (59, 60, 68, 69, 76) und Seite 644 Fußn 1
4. 1. 1940		13 (Vorbem 202)
12. 1. 1940	Anh 9	
20. 1. 1940 Nr 86	GT 20ff.	vgl *GesReg II 6b* S 2719
20. 1. 1940 Nr 87	GT 23ff.	vgl *GesReg II 6c* S 2720
21. 5. 1940 mit AV vom 16. 4. 1943	E (271)	E (271)
24. 7. 1940 mit Ergänzungen, insbes vom 28. 4. 1941	GT 26	E (49), 2 (99)
18. 10. 1941	2 (114)	2 (114)
5. 12. 1941	2 (107)	2 (107)
28. 2. 1942	Anh 74	38 (24)
2. 10. 1942		55 (34)
15. 12. 1942	67 (9 unter a)	67 (9 unter a)
7. 1. 1943		67 (9 unter a)
1. 3. 1943	Anh 21	3 (135, 380)
13. 7. 1943	55 (37)	55 (37)
29. 3. 1944		41 (5)
16. 5. 1944		1 (5 unter c)
Zu **E 26** zur GBUmschreibung auf den neuen Vordruck		3 (132ff.)
16. 3. 1936	Anh 19	
5. 7. 1937	Anh 20	3 (257)
20. 1. 1938	Anh 22	1 (104)
1. 3. 1943	Anh 21	3 (135, 380)
16. 3. 1936 Baden	Anh 23	2 (3), 3 (117, 136)
30. 3. 1936 Bayern	Anh 24	3 (137, 257), 4 (17, 23),
mit AV vom 24.11.1936	Anh 25	117 (34)
10. 2. 1937		2 (69)
mit AV vom 2. 11. 1937	Anh 7	
20. 2. 1937 Braunschweig	Anh 27	3 (138, 257), 4 (23)
26. 3. 1936 Bremen, Hamburg, Lübeck	Anh 29	3 (117, 139, 140, 143), 4 (23)
17. 10. 1938 Bremen	Anh 30	3 (117, 139)
2. 3. 1936 Hessen	Anh 31	3 (141), 4 (23)
20. 6. 1936 Hessen	Anh 32	3 (141)
mit AV vom 24. 4. 1937	Anh 33	
3. 4. 1936 Lippe	Anh 34	3 (142), 4 (23)
27. 4. 1937 Oldenburg	Anh 35	3 (144), 4 (23)

AV RJM Datum	Abdruckstelle	Besprechungsstelle
10. 7. 1936 Oldenburg-Birkenfeld	Anh 36	3 (144)
27. 2. 1936 Preußen mit AV	Anh 37	2 (19), 3 (145, 247), 4 (23),
vom 25. 3. 1936 und	Anh 38	117 (38, 43, 85)
vom 19. 5. 1936	Anh 39	
31. 5. 1937	Anh 40	3 (257)
27. 5. 1936 Saarland	Anh 41	3 (145 b)
25. 2. 1936 Württemberg	Anh 42	2 (3), 3 (117, 146)
Zu **E 26** Kriegsvorschriften		
17. 3. 1942		13 (26)
19. 10. 1942		3 (131)
29. 1. 1944		67 (15), 69 (14 unter c)

Sachregister

Sachregister

Sachregister

Für das Sachregister gelten in Ergänzung zum Abkürzungsverzeichnis noch folgende Besonderheiten:

Paragraphen- und Artikel-Bezeichnung erfolgt nicht.
Anmerkungen werden in Klammer gesetzt; Vorbemerkungen sind besonders bezeichnet, ebenso Seitenzahlen.

Beispiele:

E (45)	= Einleitung Bemerkung 45	3 (341 ff.)	= § 3 Bem 341 und folgende
3 (341)	= § 3 Bem 341	13 (Vorbem 4)	= § 13 Vorbem 4

Bei den Verweisungen innerhalb des Sachregisters wird bei Begriffen gleicher Art, die im Interesse der Klarheit aufgegliedert sind, verwiesen durch den Zusatz
usw bedeutet zB

Grundbuch, Grundbuchabschrift usw = Grundbuch, Grundbuchabschrift, Grundbuchamt, Grundbuchamtsbezirk, Grundbuchaufschluß, Grundbuchauszug und die weiter aufgezählten sich auf das Grundbuch beziehenden Begriffe.

A

B

E

F

G

H

L

M

N

O

Q

R

S

U

W

Kolibri 360 GmbH
Ferdinand-Jühlke-Straße 7
99095 Erfurt, Deutschland
produktsicherheit@kolibri360.de